Möglichkeiten der Angleichung materiellen Strafrechts zwischen England und Deutschland im Rahmen des Art. K 31 EUV

Schriften zum Strafrecht und Strafprozeßrecht

Herausgegeben von Manfred Maiwald

Band 96

PETER LANG
Frankfurt am Main · Berlin · Bern · Bruxelles · New York · Oxford · Wien

Uttam Das

Möglichkeiten der Angleichung materiellen Strafrechts zwischen England und Deutschland im Rahmen des Art. K 31 EUV

PETER LANG
Europäischer Verlag der Wissenschaften

Bibliografische Information der Deutschen Nationalbibliothek
Die Deutsche Nationalbibliothek verzeichnet diese Publikation in der Deutschen Nationalbibliografie; detaillierte bibliografische Daten sind im Internet über <http://www.d-nb.de> abrufbar.

Zugl.: Trier, Univ., Diss., 2006

D 385
ISSN 0938-6181
ISBN-10: 3-631-56173-3
ISBN-13: 978-3-631-56173-7

www.peterlang.de

Voran und beharrlich!

Vorwort

Die vorliegende Arbeit wurde im Sommersemester 2006 vom Fachbereich Rechtswissenschaft der Universität Trier als Dissertation angenommen. Die mündliche Prüfung fand am 19. Juli 2006 statt.

Mein ausdrücklicher Dank gilt zunächst meinem Doktorvater Prof. Dr. Hans-Heiner Kühne für Anregungen und Austausch sowie seine jederzeit freundliche Unterstützung, ebenso wie Herrn Prof. Dr. Volker Krey für die Erstellung des Zweitgutachtens.

Besonderer Dank gilt auch dem Max-Planck-Institut für ausländisches und internationales Strafrecht, Freiburg/Br., welches mir mehrfach als Gast die offene und uneingeschränkte Nutzung seiner Bibliothek sowie vorhandener Arbeitsplätze gestattete. Ein weiterer Dank gilt der F.A.Z.I.T.-Stiftung, Frankfurt/Main, für die äußerst hilfreiche Gewährung eines Promotionsstipendiums sowie meinen Eltern, die mir ebenfalls die Erstellung dieser Arbeit, und zuvor des Studiums, ermöglichten.

Weiterhin danke ich Frau Ass. iur. Cordula Thielemann für ihre Anmerkungen. Dank möchte ich ferner der Firma Böhm & Co. sowie insbesondere meiner Partnerin Silke Dierkes für ihre Unterstützung und Geduld bei der Fertigstellung dieses Werkes aussprechen.

Inhaltsübersicht

Inhaltsverzeichnis

Abkürzungsverzeichnis

aaO	am angegebenen Ort
A.C.	Appeal Cases
Abl.	Amtsblatt
alic	actio libera in causa
All E.R.	All England Law Reports
APR	allgemeines Persönlichkeitsrecht
AöR	Archiv des öffentlichen Rechts
Art.	Artikel
AT	Allgemeiner Teil
Aufl.	Auflage
BGBl.	Bundesgesetzblatt
BGHSt	Entscheidungen des Bundesgerichtshofs in Strafsachen
BtMG	Betäubungsmittelgesetz
BVerfG	Bundesverfassungsgericht
BR -Drs.	Drucksache des Bundesrates
BT- Drs.	Drucksache des Bundestages
C.A.	Court of Appeal
C.C.C.	Canadian Criminal Cases
CLJ	Cambridge Law Journal
Col.L.R.	Columbia Law Review
Cox C.C.	Cox`s Criminal Law Cases
Cr.App.R.	Criminal Appeal Reports
Cr.App.R.(S)	Criminal Appeal Reports (Sentencing)
Crim.L.R.	Criminal Law Review
ders.	derselbe
DPP	Director of Public Prosecution
ed., Ed.	edited, Editor
EG	Europäische Gemeinschaft
EGV	Vertrag über die Europäische Gemeinschaft
EPZ	Europäische Politische Zusammenarbeit
ETS	European Treaties Series (amtliche, von Europarat selbst betreute Reihe der Veröffentlichung von Konventionen)
Eur.J.CrimeCr.L.Cr.J	European Journal of Crime, Criminal Law and Criminal Justice
EU	Europäische Union
EuR	Zeitschrift „Europarecht“

EUV/Amsterdam	Vertrag über die Europäische Union in der Fassung vom 02.10.1997 (Vertrag von Amsterdam)
Fn.	Fußnote
FS	Festschrift
GA	Goltdammer`s Archiv für Strafrecht
GASP	Gemeinsame Außen- und Sicherheitspolitik
HoL	House of Lords
H.L.R.	Harvard Law Review
HMSO	Her Majesty`s Stationary Office
Hrsg.	Herausgeber
JA	Juristische Arbeitsblätter
JCL	Journal of Criminal Law
Jura	Juristische Ausbildung
JuS	Juristische Schulung
JW	Juristische Wochenschrift
JZ	Juristenzeitung
K.B.D.	Kings Bench Division
KK	Karlruher Kommentar zur Strafprozeßordnung
Law Com.	Law Commission
L.Q.R.	The Law Quarterly Review
MDR	Monatsschrift für Deutsches Recht
M.L.R.	Modern Law Review
m.w.N.	mit weiteren Nachweisen
No.	number (Nummer)
NJW	Neue Juristische Wochenschrift
NStZ	Neue Zeitschrift für Strafrecht
OJLS	Oxford Journal of Legal Studies
PJZ	Polizeilich-Justizielle Zusammenarbeit in Strafsachen
Q.B.D.	Queens Bench Division
R.	Regina bzw. Rex
RdNr.	Randnummer

RpflEntlG	Rechtspflegeentlastungsgesetz
s.	section
StrEG	Gesetz über die Entschädigung für Strafverfolgungsmaßnahmen
StV	Strafverteidiger
vgl.	vergleiche
vol.	volume (Band)
W.L.R.	Weekly Law Review
ZBIJ	Zusammenarbeit in den Bereichen Inneres und Justiz
ZRP	Zeitschrift für Rechtspolitik
ZStW	Zeitschrift für die gesamte Strafrechtswissenschaft

Hinsichtlich weiterer Abkürzungen wird verwiesen auf das umfassende Abkürzungsverzeichnis bei Kleinknecht/ Meyer-Goßner, StPO, 45. Auflage München 2001, S. XI - XXX sowie das Abkürzungsregister bei Isensee/Kirchhof, Handbuch des Staatsrechts, Bd. X Gesamtregister S.25.

Einleitung

1. Abschnitt: Zielsetzung und Methode der Arbeit

Mit Inkrafttreten des Amsterdamer Vertrages, dem Vertragswerk zur Aktualisierung und Modifizierung der rechtlichen Grundlagen der Europäischen Union, am 01.05.1999 erlangen auch Regelungen Gültigkeit, deren Zielrichtung über die bisher primären Schwerpunktsetzungen wirtschaftlicher Art im Bereich des gemeinsamen Marktes der EG hinausgehen. Besonderes Augenmerk dieser Arbeit soll dem Strafrecht gelten, das bis vor wenigen Jahren eher nachrangig im Zusammenhang mit Regelungswerken der EU Beachtung gefunden hat.

Art. 31 des EUV sieht zur Verbesserung der Zusammenarbeit in Strafsachen unterschiedliche Maßnahmen im Bereich des Straf-, Strafprozeß- und Strafvollstreckungsrechts vor. Die Aufforderung zum Handeln in diesen verschiedenen vorgegebenen Bereichen geht dabei an die Mitgliedsstaaten. Diese Vorgehensweise läßt sich damit erklären, daß der EU nach nahezu unbestrittener Ansicht keine Kompetenz zur Regelung im Bereich des Strafrechts zukommt.

Um dennoch einen einheitlichen Standard zu erreichen, bleibt nur die Möglichkeit, daß die nationalen Gesetzgeber ihre eigenen Strafrechtsordnungen so ausgestalten, daß diese sich näher kommen, um das Ziel einer verbesserten Zusammenarbeit und damit auch einer einheitliche Beurteilung zu erreichen. Dies gilt unabhängig von einer Bezeichnung als Angleichung oder Rechtsvereinheitlichung. Sinn und Zweck solcher Vorhaben ist die Annäherung der unterschiedlichen nationalen Rechtsordnungen, um durch die Harmonisierung eine effizientere und europaweit vergleichbare Handhabung der Strafgewalt zu erreichen, die als ultima ratio im System rechtlicher Sozialkontrolle den wohl einschneidendsten Eingriff in das Leben eines Bürgers darstellen kann und deshalb auch sinnvoller Weise einer einheitlichen Handhabe zugeführt werden soll. Eine Angleichung ist zugleich als Chance zur Überwindung der alten Strukturen zu begreifen, womit sie im politisch gewollten Prozeß der europäischen Einigung eine eigenständige Perspektive eröffnet. War nämlich bislang der Charakter als Wirtschaftsgemeinschaft maßgeblich, so soll im Sinne des sog. „spill over"-Gedankens der Neo-Funktionalisten aus der beschränkten Zusammenarbeit in technischen Bereichen ein Umschlagen dieses ökonomisch geprägten Staatenverbundes in andere Politikbereiche bis hin zu einer Verdichtung der Kooperation zu einer politischen Union erfolgen. Eine solche Rechts- und Wertegemeinschaft soll nach dem Willen des Vertragsgebers auch eine weitergehende Angleichung in Bereichen zeigen, die bisher als Zeichen des Ausdrucks staatlicher Souveränität weitgehend einer gemeinschaftsrechtlichen Einflußnahme entzogen waren.

Eine Bedeutung für das materielle Strafrecht kommt neben Art. 280 EGV n.F. dem Art. 31 c des EUV zu. Dessen Auswirkung auf eine materiell-rechtliche Angleichung ergibt sich zum einen aus der Systematik des Artikels, da die eher praktisch zu absolvierenden Vereinfachungen bei Auslieferung und Vollstreckung in Art. 31 a, b EUV ausdrückliche Erwähnung finden. Zudem waren diese bereits, im Gegensatz zu einer materiellrechtlichen Angleichung, Gegenstand von verbindlichen Abkommen und zwischenstaatlichen Verträgen. Auch der Wortlaut legt nahe, daß mit dem nicht näher bezeichneten Begriff der Maßnahmen auch ein Vorgehen im Bereich des materiellen Strafrechts gemeint ist, denn wenn diese europaweit einheitlich gehandhabt würde, hätte dies zweifelsohne eine Verbesserung der Zusammenarbeit zur Folge.

Die Zielsetzung der Arbeit ist es, mitgliedstaatliche Rechtsordnungen daraufhin zu überprüfen, ob diese überhaupt die Voraussetzungen dafür mitbringen, sich bei Veränderungen aufeinander zu zu bewegen, also die Frage, wie weit angeglichen werden kann bzw. wo Divergenzen bestehen.
Die Auswertung der Angleichungsmöglichkeiten soll am Beispiel des englischen Strafrechts erfolgen, da die Überprüfung von mehr als eine Rechtsordnung im Rahmen einer solchen Arbeit nicht zu leisten ist. Eine weitergehende Selbstbeschränkung liegt in der besonderen Betrachtung dessen, was in Deutschland als Allgemeine Lehren bezeichnet wird und was in England zwangsläufig auch mit dem Strafverfahrensrecht verbunden ist. Dies erscheint insbesondere aus dem Grunde interessant, weil der Allgemeine Teil des deutschen Strafrechts besonders systematisch aufgebaut ist, so daß Änderungen erhebliche Folgen haben können. Zum anderen spielt dieser Bereich mit Aspekten wie der Schuld des Täters oder dem Rücktritt vom Versuch einer Straftat für die Anwendung strafrechtlicher Tatbestandsnormen eine erhebliche Rolle und könnte einer Änderung wesentlich unzugänglicher sein als die Tatbestände, die einzelne Strafbarkeiten normieren.

Wie noch dargelegt wird[1], sind Mindestvorschriften strafbarer Handlungen hinsichtlich Tatbestandsmerkmalen des Besonderen Teils in Ausdehnung und Handhabung maßgeblich von Rechtsfiguren des Allgemeinen Teils (AT) abhängig. Gerade diese abstrakten, vor die Klammer gezogenen Regelungen stellen das systematische Handwerkszeug zur Herangehensweise an die besonderen Deliktsnormen dar.

Bei den Regelungen des AT handelt es sich um Vorschriften allgemeinen Charakters, welche die gemeinsamen Wesenszüge der mit Strafe bedrohten Handlungen, ihre Begehungsformen und Rechtsfolgen verkörpern[2]. Diese bilden die Grundlagen eines Strafrechtssystems und zugleich die Kernfragen der Dogmatik. Die Einteilung des AT entspricht zudem dem Erfordernis der gesetzgeberischen Technik. Ein solcher Teil befindet sich dem gemäß in allen europäischen Strafrechtskodifikationen schon seit dem18. Jahrhundert.

Dies war zuerst im Codex juris Bavarici criminalis von W.X.A.v. Kreittmayr, später auch im preußischen ALR (1794) der Fall. Besondere Bedeutung als Vorbild für die europäische Strafgesetzgebung des 19. Jahrhunderts hat der im ersten und zweiten Buch enthaltene Allgemeine Teil des französischen Code pénal (1810) gewonnen[3].

Eine Unterteilung in AT und BT läßt sich nach formellen und materiellen Kriterien vornehmen. Formell stellt der AT alle diejenigen Regelungen, die für sämtliche Strafvor-

---

[1] 1.Teil 4. Abschnitt III
[2] vgl. Wessels/Beulke, 33. Aufl. 2003, § 1 I 3
[3] Jescheck, AT, § 3 III 1

schriften des BT Bedeutung gewinnen können dar, weswegen sich diese „vor die Klammer“ ziehen lassen[4]. Bei einer materiellen Betrachtung gibt der BT Deliktsbeschreibungen wider, welche als konstitutive Vorschriften Begründungen des strafrechtlichen Unrechts sind. Der Allgemeine Teil hat hingegen in seinen das Unrecht betreffenden Bestimmungen wie Rechtfertigung, Versuch oder Teilnahme immer nur eine die Deliktstypen ergänzende Funktion, niemals aber eine selbständig unrechtsbegründende Bedeutung.

Diese geschichtliche Relevanz, welche eine Schrittmacherfunktion auch für das Zusammenwachsen im europäische Kontext nahe legt, sowie die Ansätze zur Unterteilung verdeutlichen dies. Gerade die ergänzende Funktion des AT besitzt maßgebliche Bedeutung bei der Ermittlung der eigentlichen Strafbarkeit.

Methodisch soll dabei im Wege der Rechtsvergleichung vorgegangen werden, die als primär auf Erkenntnis gerichtete Disziplin in der wissenschaftlichen Diskussion auch einen gezielten Einsatz in Gesetzgebung und Normanwendung findet und internationalen Vereinheitlichungsvorhaben zwangsläufig vorangehen muß, weil sich erst auf der Grundlage ihrer Ergebnisse Änderungsmöglichkeiten beurteilen lassen. Der soziale Konflikt als Ansatzpunkt, also die Problemstellung der Rechtswirklichkeit, an dem orientiert jedes Rechtssystem Lösungen entwickelt hat, verdeutlicht dabei, daß es auch Problemlösungen jenseits der Strukturen des eigenen Systems gibt, auch wenn Perspektive und Terminologie der eigenen Rechtsordnung entnommen werden.

Die Weite des Themas läßt scheinbar einen allgemeinen Strukturvergleich im Rahmen einer solchen Arbeit nicht zu. Aus Darstellungsgründen und wegen der Zielrichtung der Untersuchung erfolgt eine weitere Selbstbeschränkung auf nur einige Aspekte. Doch soll über den Vergleich von Einzelinstituten hinaus auch der Versuch unternommen werden, eine Ahnung für die gerade zwischen dem kontinentaleuropäischen und angloamerikanischen Rechtskreis bestehenden strukturellen Unterschiede aufkommen zu lassen, etwa wenn zur Lösung von Einzelproblemen in dieser Rechtsordnung ein immer wiederkehrender, eigener Mechanismus herangezogen wird. Gerade die über die Einzelinstitute hinausgehenden Unterschiede in der allgemeinen Struktur können es sein, die einer Rechtsangleichung wesentlich schwerwiegender entgegenstehen, als die vom Wortlaut her einer Veränderung zugänglicheren einzelnen Rechtsfiguren.

Ob dabei der unlängst geäußerten Kritik, daß der Fundus an strafrechtsvergleichender Spezialliteratur ständig im Wachsen sei und es gleichzeitig an Werken, die nicht von vornherein eine bestimmte Problemstellung, sondern eher den auslandsrechtlich-rechtsvergleichenden Überblick im Auge haben, mangele[5], begegnet werden kann, läßt sich erst im nachhinein sagen. So soll zumindest die Bemühung unternommen werden, über die einzelnen konkreten Fragestellungen hinaus im Sinne einer allgemeinen Strukturdarstellung einen Überblick über die Grundsätze der Rechtsfindung und -gewinnung zu geben.

---

4 Jescheck, AT, § 3 III 2

5 So die Kritik von Heike Jung, JUS 1998, 1, 7

Letztlich geht es auch um die umfassendere Problematik des Verhältnisses von materiellem Recht, Strafprozeßrecht und dem Recht der Straftatfolge in England und Deutschland sowie in letzterem um die verfassungsrechtliche Determination dieser Teilgebiete und ihres Verhältnisses zueinander. Erst diese Gesamtschau der Teilrechtsgebiete gibt Aufschluß, welche rechtliche Lösung für gleichgelagerte Probleme eine Rechtsordnung wählt.

Die Bearbeitung eines Rechtsgebietes vor diesem Hintergrund ist immer der Gefahr der Unvollständigkeit ausgesetzt. Die Gratwanderung zwischen der Darstellung des zum Nachvollziehen der Schlüsse Notwendigem und der ausufernden Deskription einer Rechtsordnung mit ihren Eigenarten und faszinierenden Details muß man sich dabei ständig vor Augen halten. Es würde den Rahmen dieser Abhandlung sprengen, wollte man jeden für unser deutsches (Straf-) Rechtsverständnis fragwürdigen Aspekt einer eingehenden Untersuchung unterwerfen. Eine Beschränkung erfolgt daher schon auf die Darstellung jener Aspekte, an denen sich der Strukturunterschied deutlich machen läßt und die vor dem Hintergrund der Forderungen des EUV einer Rechtsangleichung in Deutschland vor dem Hintergrund des verfassungsrechtlichen Primats und den Anforderungen des Grundgesetzes, am ehesten entgegenstehen.

Bei der Darstellung muß man sich dieser Grenzen der Untersuchung bewußt sein. Auf eine kritische Auseinandersetzung mit den generellen Problemen, etwa der Strafzwecklehre in England wie in Deutschland, muß in der vorliegenden Untersuchung mit Rücksicht auf die eigentliche Thematik jedoch verzichtet werden. Der ohnehin schon weite Rahmen, der der Untersuchung gesetzt ist, schränkt die Möglichkeit, gewisse Vorfragen grundlegend zu klären, sogar noch weiter ein, denn ebenso wenig wie die vollständigen Grundlagen der Lehre von den Strafzwecken können etwa die Begriffe des Unrechts, der Schuld oder des Straftataufbaus in dieser Arbeit selbständig entwickelt werden. Soweit sich die Notwendigkeit zu derartigen grundsätzlichen Ausführungen im Laufe der Untersuchung ergeben wird, sollen die betreffenden Aspekte deshalb jeweils im Zusammenhang mit den Einzelproblemen dargestellt werden, das zu einer weiter ausgreifenden Erörterung der Zusammenhänge Veranlassung gegeben hat. Abgesehen davon, daß es nicht beabsichtigt sein kann, der Behandlung der genannten Bereiche die Darstellung der vollständigen Grundzüge einer Strafrechtssystematik vorzuschalten, rechtfertigt sich der Verzicht auf die Geschlossenheit der Ausführungen im Sinne der grundsätzlichen Klärung aller für die systematische logisch vorrangiger Fragen auch dadurch, daß nur auf diese Weise die Konzentration auf die Hauptrichtung der Untersuchung, der Erfassung der einer Angleichung entgegenstehenden Aspekte, bewahrt werden kann.

Die grundlegenden Besonderheiten des englischen Strafrechts verlangen zunächst einen einleitenden Überblick unter besonderer Hervorhebung der spezifischen Eigenarten dieser Rechtsordnung als Teil des anglo-amerikanischen Rechtskreises. Daran anschließend sollen in einem Länderbericht ausgewählte, die dem Allgemeinen Teil eines Strafrechtssystems zuzurechnenden Rechtsfiguren eine tiefergehende Betrachtung erfahren. Die Auswahl dieses Teils der englischen Strafrechtsordnung trägt wie erwähnt der Tatsache Rechnung, daß grundlegende Strukturen für die Anwendung des Strafrechts weniger in den oft detaillierten Strafbestimmungen des sog. Besonderen Teils oder der Nebenstrafgesetze zu finden sind, sondern vielmehr die Regeln über die Schuld oder die Rechtfertigungsgründe wesentlich zur Bestimmungen einer Strafbarkeit beitragen können. Ferner muß beachtet werden, daß der Besondere Teil ohne die strukturierenden Prinzipien der allgemeinen Figuren nicht zur Anwendung gelangen kann, wenn die Entscheidung eines Systems, z.B. für den Einheitstäterbegriff oder den Rücktritt vom Versuch als Strafaufhebungsgrund, nicht erkannt wird. Die Schaffung einheitlicher oder neuer Straftatbestände in den Mitgliedsstaaten dürfte dem Gesetzgeber daher auch einfacher fallen als eine die systemimmanenten Schranken berücksichtigende Neustrukturierung des Allgemeinen Teils. Besonderer Augenmerk ist auf Bereiche zu legen, die für eine solche Untersuchung vor dem Hintergrund des Prüfungsmaßstabes besonders fragwürdig und damit auffällig erscheinen.

Zunächst müssen die Unterschiede ermittelt und herausgearbeitet werden, um dann mögliche Annäherungsmöglichkeiten darzustellen, welche die Vereinbarkeit im Sinne des Art. 31 c EUV gewährleisten. Um nicht ins beliebig Spekulierende abzugleiten, wird dabei ein Abgehen der deutschen Position hin zur Handhabung im englischen Rechtssystem angedacht und überprüft werden. Hierbei sind sowohl systematische Gesichtspunkten im Gesamtzusammenhang des deutschen Strafrechts als auch verfassungsrechtliche Vorgaben des Grundgesetzes zu beachten, wobei letzteren der Schwerpunkt dieser Arbeit gehören soll, um festzustellen, ob die Möglichkeit zur Angleichung nicht an nationalen Rahmenvorgaben scheitert[6].

Vereinfacht gesagt muß man sich fragen: Wenn die Rechtsanwendung in Deutschland die englische Vorgehensweise übernimmt, ist diese eventuelle partielle Änderung mit dem Strafrechtssystem und vor allem mit der deutschen Verfassung, dem Grundgesetz, vereinbar? Letztlich geht es um die Frage der Flexibilität unseres Systems[7].

Das Interesse des Lesers an dieser Arbeit kann sich zum einen daraus ergeben, daß die Durchführung eines solchen Erkenntnisprozeßes wesentliche Bedeutung für die Angleichungsdiskussion[8] hat. Denn eventuelle Verluste für eigene oder auch für fremde Rechtsordnungen sollten vorher aufgezeigt werden, damit sich der Gesetzgeber dieser auch bewußt wird, denn letztlich handelt es sich, wie bei dem Vorhaben einer Europäischen Union als solcher, um ein Unternehmen, daß gewachsene Strukturen willentlich verändert und in gewissen Fällen neue, der Rechtsordnung möglicherweise fremde Lösungsansätze aufnimmt.

---

6 So warnt auch Moll, Blankettstrafgesetzgebung, S. 3 vor den Gefahren auf grundrechtsrelevantem Gebiet bei einem „Galopp" der Europäisierung des Rechts, der tragende verfassungsrechtliche Hürden der nationalen Rechtsordnungen leichtfertig überspringe, ohne das dies bemerkt werde.

7 Auf die umgekehrte Frage, ob sich Vorgehensweisen des deutschen Strafrechts ins englische Recht implementieren lassen, wird nicht gesondert eingegangen.

8 Nicht eingegangen werden soll auf die Angleichung der europäischen Rechtsordnungen durch die Rechtsprechung von EuGH und EGMR. Kühne, GA 2005, 195 ff. setzte sich zuletzt mit der europäischen Methodenvielfalt sowie der nationalen Umsetzung von Entscheidungen europäischer Gerichte auseinander. Insbesondere der Wettbewerb der nationalen Rechts- und Sprachsysteme in diesen Gerichten führt seiner Ansicht nach zu einer Freiheit der Methodenbildung, aaO, S. 201. Dies beinhaltet damit auch strukturelle und methodische Grenzen bei der Rezeption europäischer Gerichtsentscheidungen in den jeweiligen Mitgliedsstaaten. Vgl. dazu auch die Aussagen von Richterin am EGMR R. Jaeger, F.A.Z. Nr. 213 vom 13.09.2005 S.6 zu den Unterschieden der Rechtskulturen.

Andererseits ist der Stellenwert des Allgemeinen Teils deshalb so hoch, weil er für die Anwendung der einzelnen Deliktstatbestände prägend ist. Letztlich geht es exemplarisch um die Frage, wie schwer es gegebenenfalls sein kann, das zu verwirklichen, was der Vertragsgeber mit leichter Hand formuliert hat.

Ohne an dieser Stelle bereits ein Ergebnis vorwegnehmen zu wollen, soll die Arbeit die nicht ganze neue, im Zuge europäischer Einigung zunehmende Entwicklungsdiskussion des Strafrechts weniger unter dem rein dogmatischen Gesichtspunkt der europäischen Strafrechtssysteme betrachten, sondern auch die dabei oft ausgeblendete verfassungsrechtliche Dimension möglicher Angleichungsschritte beleuchten.

1. Teil: Europarechtliche Vorgaben für das Strafrecht

Die Einflußnahme europarechtlicher Regeln auf das deutsche materielle Strafrecht ist in den letzten Jahrzehnten zweifelsohne gewachsen, und es wird mittlerweile anerkannt, daß das Strafrecht in der Entwicklung einer europäischen Rechtsvereinheitlichung nicht länger unberührt bleiben kann.[9] In Bezug auf den hier gewählten europarechtlichen Hintergrund muß man sich zunächst die verschiedenen Ebenen des Europarechts sowie die divergierenden Arten der Einflußnahme klar machen, die es zu unterscheiden gilt.[10]

2. Abschnitt: EG-Vertrag

Eine Rechtssetzungskompetenz der EG nach dem EGV zur Einführung und Verhängung echter, kriminalstrafrechtlicher Sanktionen wird heute noch einhellig abgelehnt[11]. Der Gemeinschaft fehlt nach Rechtsprechung und herrschender Meinung in der Literatur eine echte Kriminalstrafgewalt[12], weil die Mitgliedsstaaten den Organen wegen der Befürchtung nationaler Souveränitätsverzichte keine Strafgewalt bei Abschluß der „Römischen Verträgen" übertragen wollten. Eine eigenständige (echte[13]) supranationale Strafgesetzgebung im primären und sekundären Gemeinschaftsrecht existiert nicht, weil strafrechtliche Hoheitsbefugnisse nicht in den Verträgen festgeschrieben worden sind. Auch wenn deren Schaffung teilweise unter Hinweis auf Art. 280 EGV n.F. als möglich gesehen wird[14], vereinzelt auf längere Sicht als unumgänglich gefordert wird[15], weil die Gemeinschaft als Rechtsträger eigener Finanzmittel durch supranationale Straftatbestände vor Schädigung geschützt werden soll, bedarf es nach gegenwärtigem Meinungsstand dazu einer entsprechenden Ergänzung der Verträge, die eben einen

---

9 Zur Begrifflichkeit: Supranationale Einflüsse auf das Strafrecht werden unter den Begriffen Harmonisierung, Rechtsvereinheitlichung oder Rechtsangleichung diskutiert. Weil diesen Begriffen nicht von allen dieselbe Bedeutung zugemessen wird, können sich Verständnisunterschiede ergeben. Soweit im folgenden nicht ausdrücklich etwas anderes gesagt wird, soll wie im Titel dieser Arbeit von einer Rechtsangleichung gesprochen werden, weil dies vom Gesamtverständnis her, wie sich noch zeigen wird, am nächsten liegt. Rechtsharmonisierung hingegen wird eher als Weg zu einem einheitlichem Recht verstanden. Vgl. zur Terminologie auch 5. Abschnitt II.

10 Zum Stand der Europäisierung des Strafrechts insgesamt: vergleiche die wegen des Sinnzusammenhangs nachfolgende Darstellung unter 5. Abschnitt I-III.

11 Für die Rechtsprechung siehe EuGH, Rs.186/87-Cowan/Trésor public, Slg. 1989, 195, 221 f.; BGHSt 25, 190, 193 f.; zur Literatur: Dannecker, Strafrechtsentwicklung, S. 1990 mit weiteren Nachweisen in Fußnote 84; Moll, Blankettstrafgesetzgebung, S. 4 m.w.N.; Sieber ZStW 103 (1991), 957, 968 ff.; Zuleeg JZ 1992, 763 ff.; Tiedemann NJW 1993, 23 ff.; Kühne, Strafprozeßrecht, § 3 I RDNr. 54 m.w.N.: „..weder die Befugnis zur „jurisdiction to prescribe" noch „ jurisdiction to enforce"..."; anders Pache EuR 93, 173 ff.; grundlegend zur Problematik schon Oehler, FS Jescheck, S. 1399 ff., insb. S. 1403

12 Vgl. etwa EuGH, Slg. 1981, S. 2595, 2618 (Casati); EuGH, Slg. 1989, S. 195, 221 f. (Cowan/Trésor public); zur Literatur bereits oben Fußnote zuvor

13 dazu sogleich

14 Vgl. zum Gedankengang etwa Moll, Blankettstrafgesetzgebung, S. 7 unter Hinweis auf Tiedemann

15 Insb. Tiedemann in seinen Beiträgen NJW 1993, 23 ff., GA 1998, S.107 ff.; vgl. dazu auch 5. Abschnitt II 1 m.w.N.

Souveränitätsverzicht beinhalten müßte[16]. Die EG kann wegen des erwähnten erforderlichen Souveränitätsverzichts der Mitgliedsstaaten bisher an sich nicht selbst vorgehen. Wegen des Prinzips der begrenzten Einzelermächtigung und sich einer daraus ergebenden fehlenden Kompetenz-Kompetenz steht ihr ein Recht bezüglich der Schaffung einer eigenen Strafgesetzgebung nicht zu.

Zudem wird angeführt, daß es der „personalisierten" Strafgewalt an der maßgeblichen Voraussetzungen in der parlamentarischen Demokratie, des unmittelbar vom Volke legitimierten, demokratischen Gesetzgebers und der unabhängigen Strafrichtern mangele. Die Ausübung einer so wesentlichen Befugnis kann ohne entsprechende ausdrückliche Ermächtigung auch nicht dem Rat überlassen werden, der weder Parlament ist noch von einem solchen in zufriedenstellender Weise kontrolliert wird[17].

Den Weg einer vertragsergänzenden Kompetenzzuweisung ist jedoch auch der Amsterdamer Vertrag nicht gegangen. Statt einer Erweiterung der bisherigen Anweisungskompetenz des Rates zur Koordinierung und Harmonisierung nationaler Strafvorschriften gem. Art. 100 EGV/Maastricht und der auf dasselbe Ziel hinauslaufenden Möglichkeit einer Klage der Kommission gegen einzelne Mitgliedsstaaten wegen Vertragsverstoßes gem. Art. 173 EGV/Maastricht (dazu unten), womit die Mitgliedsstaaten im Sinne der Gemeinschaftstreue zur „Leihe" der Strafgesetzgebung verpflichtet werden können, wird nun im Vertragserneuerungswerk von Amsterdam die Angleichung [18] bewußt den Mitgliedsstaaten überlassen. Der nationale Gesetzgeber erhält einen Regelungsauftrag, dessen Umsetzung sich nach der innerstaatlichen Kompetenzordnung und dem national vorgesehenen Gesetzgebungsverfahren richtet. Es handelt sich bei den Normen des EUV mithin nicht um Rechtsvorschriften mit Blickrichtung auf eine Vereinheitlichung innerhalb der sog. ersten Säule[19] innerhalb des Dachs der politischen Union EU.

Davon zu unterscheiden ist die Kompetenz zur Einführung und Verhängung supranationaler Geldbußen aufgrund primärrechtlicher Ermächtigungen wie Art. 87 EGV/Maastricht sowie der ehemaligen Art. 64 EGKSV und Art. 83 EAGV. Eine Zuordnung dieser Geldbußen erfolgt ganz überwiegend zum Strafrecht im weiteren Sinne, das vergleichbar ist mit dem deutschen, italienischen und portugiesischen Geldbußen im Ordnungswidrigkeitenrecht[20], was zur Folge hat, daß die besonderen rechtsstaatlichen Garantien des materiellen Straf- und Strafverfahrensrechts etwa auch im europäischen Kartellordnungswidrigkeitenrecht Anwendung finden.

---

16 Musil NStZ 2000, S. 68, 68/70 begründet dies über eine gemeinschaftsrechtliche Auslegung des Begriffs „Strafrecht", womit sich die Rechtsetzungskompetenz der Gemeinschaft auf den Erlaß nichtstrafrechtlicher Normen beschränkt, wie es auch die h.M. sieht.

17 Musil aaO zeigt dieses Problemfeld auf, kommt aber unter Hinweis auf Art. 79 III GG sowie geänderter Kompetenzen zugunsten des Europäischen Parlaments zu dem Ergebnis, daß Demokratie- und Rechtsstaatsprinzip einer Übertragung auf die EG nicht entgegenstehen.

18 Zur Terminologie oben Fußnote 8

19 Die bildliche Vorstellung orientiert sich an einem aus drei Säulen bestehenden Gebäude, welche das Dach tragen. Nur wenige Vorschriften des EUV gelten als „Dach"-Vorschriften gemeinsam für alle Säulen. Unterschiedliche Verfahren für Rechtssetzung, Instrumente und Kontrolle finden sich in der ersten Säule EG, der zweiten Säule Gemeinsame Außen- und Sicherheitspolitik (GASP) sowie der dritten PJZ (dazu sogleich 4. Abschnitt II); vgl. Wasmeier, Strafrecht der EU, S. 9.

20 Vgl. nur Dannecker, aaO, S. 2005; Zuleeg JZ 92, 763 ff.

Einen dritten Aspekt bildet die Kompetenz zur Einführung und Verhängung repressiver Verwaltungssanktionen, die im Sekundärrecht wurzeln und nach finanziellen Einbußen oder Rechtsverlusten unterschieden werden können. Die Kompetenz der EG zur Schaffung nicht-kriminalstrafrechtlicher Sanktionen umfaßt auch diese verwaltungsstrafrechtliche Art der Sanktionierung[21].

Eine weitere Möglichkeit, Strafrecht über europarechtliche Quellen zu begründen, stellt eine Verpflichtung der Mitgliedsstaaten dar, zur Sanktionierung einer Verletzung des Gemeinschaftsrechts Maßnahmen zu ergreifen. Der EuGH hat in seiner Entscheidung im „Griechischen Maisskandal"[22], einem Vertragsverletzungsverfahren gegen Griechenland, den Mitgliedsstaaten klar gezeigt, daß diese eine Verpflichtung haben, alle geeigneten Maßnahmen zu treffen, um die Gewährleistung der Geltung und die Wirksamkeit des Gemeinschaftsrechts sicherzustellen (Art. 5 EGV/Maastricht, jetzt Art. 10 EGV). Verstöße hiergegen verlangen, daß eine Ahndung nach ähnlichen sachlichen und verfahrensrechtlichen Regeln erfolgen muß, wie bei nach Art und Schwere gleichartiger Verstöße gegen nationales Recht. Die grundsätzliche Wahlfreiheit der Sanktionen durch die Mitgliedsstaaten wird durch die Maßgabe eingeschränkt, daß ein Vorgehen mit derselben Sorgfalt zu erfolgen hat, wie bei der Anwendung der entsprechend nationalen Vorschriften und die Sanktionen wirksam, verhältnismäßig sowie abschreckend sein müssen.

Das Urteil wird als Grundlage für eine strafrechtliche Anerkennung gemeinschaftlicher Rechtsgüter gesehen; ein rechtlicher Zwang zur Einführung strafrechtlicher Normen wird daraus jedoch grundsätzlich nicht zu entnehmen sein[23].

Diese grundsätzlichen Erwägungen, auch zur Rechtsetzungskompetenz, können jedoch nicht darüber hinwegtäuschen, daß mittelbar bereits erheblicher Einfluß der Europäischen Gemeinschaft auf die strafrechtliche Sanktionierung besteht. Moll[24] weist in seiner grundlegenden Arbeit nach, daß durch nationale Blankettstrafgesetzgebung bereits eine Vielzahl von Regelungen geschaffen worden sind. Diese haben gleichsam als strafrechtlicher Annex im Nebenstrafrecht zur Tatbestandsformulierung geführt; es gibt jedoch auch nationale Straftatbestände, die im Rahmen von Blankettverweisungen unmittelbaren Bezug auf europarechtliche Regelungen nehmen. Ungeachtet der verfassungs- und europarechtlichen Friktionen, wie sie bei der statischen und dynamischen Verweisung mit höherrangigem Recht sowie mit der Kompetenzordnung und dem Parlamentsvorbehalt entstehen können, ergibt sich insbesondere unter dem Gesichtspunkt der Sicherstellung gemeinschaftsrechtlichen Sekundärrechts bei der Auswahl der Sanktionen

---

21 So der EuGH in NJW 93, 47 ff.; Pache EuR 93, 173 sieht in dem Urteil, daß der EuGH auch strafrechtliche Sanktionen nicht von der Kompetenz der EG ausnimmt; ausführlich zur ganzen Thematik Dannecker, aaO, S. 2007 ff.

22 EuGH, Slg. 1989, S. 2965 ff.= NJW 1990, 2245 = EuZW 1990, 99 mit Anm. Tiedemann; bestätigt durch EuGH, Slg.1990 I, S. 2911, 2935 (Anklagemyndigheden/Hansen)

23 Vgl. Dannecker, aaO, S. 2018 mit weiteren Hinweisen zum Diskussionsstand wie etwa Bleckmann, FS für Stree und Wessels, S.112 der weiterreichende Schlüße aus dem Urteil zieht.

24 Blankettstrafgesetzgebung, S. 63 ff.

eine mittelbarer Verpflichtung zur strafrechtlichen Bewehrung[25]. Angesichts der berechtigten Warnungen[26] vor diesem Weg wird dieser auf Dauer nicht den Erfordernissen einer europäischen Strafgesetzgebung gerecht werden können.

3. Abschnitt: EG-rechtliche Auswirkungen auf das Strafrecht

Auch wenn in den Rechtsquellen des EG-Rechts bisher kein ausreichender Anknüpfungspunkt für die Einführung oder Verhängung echter Kriminalstrafen gefunden werden kann, so sind allerdings unbestreitbar dessen Auswirkungen auf das Strafrecht vorhanden.

I) Ausdehnung des Anwendungsbereichs der nationalen Strafrechtsordnungen durch supranationale Regelungen

Eine ausdrückliche Möglichkeit vom Grundsatz abzuweichen, daß es kein Strafrecht supranationalen Ursprungs gibt, stellen jene gemeinschaftlichen Regelungen dar, welche den Anwendungsbereich der nationalen Strafrechtsordnungen zum Schutz supranationaler Rechtsgüter ausdehnen. Zu nennen sind dabei Eidesverletzungen[27], Geheimnisverrat[28] sowie Verstöße gegen die gemeinsame Verfahrensordnung des EuGH[29]. Festzuhalten ist deshalb, daß im Wege der Verweisung echtes supranationales Strafrecht im engsten, klassischen Sinne von Freiheits- und Geldstrafen geschaffen wird, die Verfolgungs- und Ahndungskompetenz hingegen weiter in der Zuständigkeit der Mitgliedsstaaten verbleibt[30].

II) Zum Erlaß von Strafnormen verpflichtende Richtlinien der EG

Die EG ist nicht gehindert, Anweisungen zur Verabschiedung von nationalem Strafrecht mit bestimmten Inhalt in Form von Richtlinien zu schaffen. Deren Grundlage wird mangels ausdrücklicher Regelung entweder in der Konstruktion einer Annex-

---

25 Weshalb Moll, aaO, S. 201 auch von einer faktischen Kompetenzübertragung auf die Gemeinschaft ausgeht und und das Vertragsverletzungsverfahren Art. 226 EGV n.F. als Instrument eines Zwangs zur strafrechtlichen Ahndung sieht, S. 204.

26 Moll, aaO, S. 277 insbesondere unter Hinweis auf die fehlende Warn- und Informationsfunktion des strafrechtlichen Bestimmtheitsgebots, wie sie bei ergänzungsbedürftigen Blankettstrafgesetzen je nach Konstellation nicht gewahrt.

27 Etwa Art. 27 des Protokolls über die Satzung des Gerichtshofes der Europäischen Wirtschaftsgemeinschaft sowie Art. 28 des Protokolls über die Satzung des Gerichtshofs der Europäischen Atomgemeinschaft, beide vom 17.04.1957, BGBl. II 1957 S.1166 ff. sowie S.1194; beide geändert durch Art. 20 Beitritts- und Anpassungsakte zum Vertragswerk vom 22.01.1972, BGBl. 1972 II S. 1127 ff. sowie S. 1144 und mittlerweile außer Kraft; vgl. zu weiteren Normen aus der Verfahrensordnung des EuGH und andere Regelungswerken die Ausführungen bei Dannecker, aaO, S. 1999 und 2001

28 Art. 194 I 2 EAGV

29 Art.48 § 2 der gemeinsamen Verfahrensordnung des Gerichtshofs der Europäischen Gemeinschaften vom 04.12.1974, vgl. ABl. 1974, L 350, S.1; vertiefend zu diesen Bereichen Dannecker, aaO, S. 1998 ff.

30 Ausführlich zu den Formen und Problemen der Blankettstrafgesetzgebung Moll, aaO, S. 23 ff.; allgemein zur Entwicklung des Strafrechts unter dem Einfluß des Gemeinschaftsrechts Dannecker, Jura 1998, 79 ff.

Kompetenz i.V.m. den Spezialvorschriften des EGV gesehen oder es erfolgt eine Heranziehung von Art. 100 EGV/Maastricht bzw. Art. 94 EGV zum Richtlinien-Erlaß zur Angleichung gewisser Rechtsvorschriften („Anweisungskompetenz")[31]. Allerdings hat sich die EG bisher damit begnügt, lediglich die Forderung nach wirksamen Sanktionen zu erheben, ohne Art und Ausmaß der Sanktionen zu determinieren, wie es auch der EuGH im „Maisskandal-Fall" getan hat. Anerkannt ist, daß solche Richtlinien selbst bei unbedingtem und hinreichend genauem Inhalt nicht zu einer unmittelbaren Wirkung selbiger führen, weil das Prinzip, daß nicht umgesetzte Richtlinien niemals zum Nachteil einer Person führen können, auch im Strafrecht gilt[32]. Der EuGH weist in diesem Zusammenhang darauf hin, daß trotz des Gebots der europarechtskonformen Auslegung durch die nationalen Gerichte eine Begrenzung durch die allgemeinen Grundsätze des Gemeinschaftsrechts wie etwa des strafrechtlichen Bestimmtheitsgebots und des Rückwirkungsverbots erfolgt. Eine Richtlinie ist daher nicht geeignet, aus sich heraus alleine eine strafrechtliche Verantwortlichkeit festzulegen oder zu verschärfen[33]. Gemeinsam ist den betreffenden Richtlinien, daß sie ihren prägenden Einfluß nur auf die Ausgestaltung einzelner Delikte in den Strafrechtsordnungen der Mitgliedsstaaten haben[34].

III) Richtlinienkonforme Auslegung des nationalen Strafrechts

Wie gerade erwähnt, beansprucht die richtlinienkonforme Auslegung[35] auch im Strafrecht unter den genannten Beschränkungen Geltung. Umstritten ist deren Reichweite bei einem klar erkennbaren Widerspruch zwischen nationalem Gesetz und Richtlinie oder einer richtlinienorientierten Auslegung und der nationalen Verfassung. Herrschend ist gegenwärtig die Auffassung, wonach der erkennbare andere Wille des nationalen Gesetzgebers und der Wortlaut des Gesetzes eine Grenze für die richtlinienkonforme Interpretation bilden, was zu einem Vorrang der verfassungsrechtlich abgesicherten Strafrechtsprinzipien vor der richtlinienkonformen Auslegung führt[36].

IV) Sonstige Begrenzungen des nationalen Strafrechts durch das Gemeinschaftsrecht

Daß das Gemeinschaftsrecht der Zuständigkeit der Mitgliedsstaaten für das Straf- und Strafverfahrensrecht über das bisher gesagte hinaus Schranken setzt, ist in der Literatur anerkannt und spiegelt sich in der Rechtsprechung des EuGH wieder. Zu nennen ist da-

---

31 So Thomas NJW 1991, 2233, 2234; Dannecker, aaO, S. 2022 mit weiteren Hinweisen; ders. JZ 1996, S. 869, 873

32 EuGH, Slg. 1987, S. 2545 (Rs 14/86: Pretore di Salo/Unbekannt)

33 EuGH, Slg. 1987, S. 3969 (Rs 80/86: Kolpinghuis Nijmegen BV)

34 Zu nennen sind die Richtlinie zur Bekämpfung der Geldwäsche, AblEG 1991 L 166/ 77 sowie zur Regulierung des Kapitalmarkts: Transparenz-Richtlinie AblEG 1995 C 348/62, Insider-Richtlinie AblEG 1989 L 334/30 und Wertpapierdienstleistungen-Richtlinie AblEG 1993 L 141/27

35 Ausführlich zur richtlinienkonformen Auslegung Köhne, Abfallbegriff, S. 71 ff.; vgl. auch die grundlegende Entscheidung BGHSt 37, 333 ff. bei welcher der Abfallbegriff des § 326 StGB unter Rückgriff auf zwei EG- Richtlinien und die diesbezügliche EUGH-Rechtsprechung erfolgte.

36 Vgl. Hugger NStZ 1993, 423 ff.; Dannecker, aaO, S. 2029 mit weiteren Hinweisen; a.A. Thomas NJW 1991, 2237; vertiefend zur Auslegung im Umwelt-, Steuer-, Bilanz- und Lebensmittelstrafrecht Dannecker, aaO; zu den nationalen Grenzen im Umweltstrafrecht auch Köhne, Abfallbegriff, S. 118 ff.

bei das Diskriminierungsverbot, der Anwendungsvorrang des Gemeinschaftsrechts, der gemeinschaftsrechtliche Verhältnismäßigkeitsgrundsatz, das Rückwirkungsverbot und das Stand-Still-Gebot[37]. Eine gezielte rechtsangleichende Wirkung geht hiervon für die gesamte Breite des Strafrechts jedoch nicht aus.

4. Abschnitt: Europäische Union

Das Vorhaben der Rechtsangleichung kann deshalb nur als Teil der politischen Union EU in der intergouvernementalen Zusammenarbeit der sog. Dritten Säule angesiedelt werden. Im „Vertrag von Amsterdam zur Änderung des Vertrages über die Europäische Union, der Verträge zur Gründung der europäischen Gemeinschaften sowie einiger damit zusammenhängender Rechtsakte“, dem der Deutsche Bundestag mit dem „Gesetz zum Vertrag von Amsterdam vom 2. Oktober 1997“ am 08. April 1998 zugestimmt hat, finden sich deshalb Regelungen zur Änderung des Art. K 3 EUV/Maastricht[38].

Ob Art. 24 EUV dabei die eigenständige Völkerrechtspersönlichkeit der EU neben derjenigen der EG unterstreicht, weil eine originäre Verhandlungs- und Abschlußkompetenz der EU als solcher entsteht, ist umstritten[39]. Unter Hinweis auf die intergouvernementale Regelung, bei der die entsprechenden Kompetenzen bei den Vertragsstaaten bleiben und der EU keine eigenen Hoheitsrechte zukommen lassen, ist dies eher abzulehnen[40].

I) Regelung vor dem Amsterdamer Vertrag

Die Regelung vor dem Amsterdamer Vertrag war im Rahmen der „Zusammenarbeit in den Bereichen Inneres und Justiz“ (ZBIJ) untergebracht und formulierte in Art. K 3 EUV/Maastricht die Themenbereiche, deren Fortentwicklung unionsrechtlich erfolgen sollten. Im Gegensatz zur Gemeinsamen Außen- und Sicherheitspolitik (GASP), die ihren Vorläufer bereits in der Europäischen Politischen Zusammenarbeit (EPZ) der Mitgliedsstaaten hatte, ist dieser Bereich im wesentlichen eine Neuschöpfung des EUV[41]. Nachdem mit einer lockeren, informellen, zwischenstaatlichen Abstimmung, angelehnt an oder außerhalb der EG-Strukturen, begonnen wurde, danach die Zusammenarbeit institutionalisiert und völkerrechtlich verbrieft und nun sogar ein Teil vergemeinschaftet wurde, hat für diesen Bereich insgesamt ein dynamischer Transfer von der Peripherie ins Zentrum des Integrationsprozeßes stattgefunden, um das unausgeschöpfte Integrationspotential zu erschließen[42].

---

37 Ebd., S. 2039; zusammenfassend dazu auch Moll, Blankettstrafgesetzgebung, S. 16 f.

38 Zur Stellungnahme des Bundestages zusammenfassend Nanz/Silberberg, Strategien, S. 378

39 Zum Meinungsstand vgl. Ukrow ZEUS S. 142, 173 Fußnote 179; zum Wesen des Unionsrechts und zur gerichtlichen Überprüfbarkeit Müller-Graff, Reformen, S. 259/270 ff.; insgesamt dazu Streinz JURA 98, 57 ff.; Pechstein/König RdNr. 55 ff.

40 Dazu auch Streinz JURA 98, 57, 61 mit Fußnote 47 f. sowie S. 64, wo er in der Anlehnung der beschränkten Jurisdiktion des EuGH an die fakultative Erklärung der obligatorischen Gerichtsbarkeit des IGH eine Bestätigung des intergouvernementalen Charakters sieht; Pechstein/König RdNr. 81; gegen eine Deutung als Verlagerung von Gesetzgebungskompetenzen auch Moll, Blankettstrafgesetzgebung, S. 5

41 Oppermann, Europarecht, RdNr. 305; vgl. zur bisherigen Rechtslage Winkler, Justiz, RdNr. 2 ff.

42 So auch Kux, Zusammenarbeit, S. 116; Nanz/Silberberg, aaO, S.16

Die Geschehnisse haben in den letzten Jahren zu mittlerweile zahlreichen Übereinkommen geführt, wovon viele allerdings noch nicht in Kraft getreten sind und allenfalls mittelbar über das Institut der vorläufigen Anwendung Wirkung entfalten. Der Rat hatte dabei insbesondere Übereinkommen zum vereinfachten Auslieferungsverfahren und zum rechtlichen Schutz der finanziellen Interessen der EG bewerkstelligt[43]; ferner sind Ausarbeitungen betreffend die Rechts- und Vollstreckungshilfe und betreffend die Anerkennung von Urteilen ergangen[44]; daneben auch der Beschluß einer gemeinsame Maßnahme zum Austausch von Verbindungsrichtern/-staatsanwälten zur Verbesserung der Zusammenarbeit[45].

II) Polizeilich-Justizielle Zusammenarbeit in Strafsachen (PJZ)

Nunmehr hat jedoch eine teilweise Vergemeinschaftung anderer Bereiche (Einbeziehung des Schengen-Besitzstandes, Visa-Politik[46]) zu einer Beschränkung der noch verbliebenen Materien geführt, die sich schon im Titel niederschlägt[47]. Als Polizeilich-Justizielle Zusammenarbeit in Strafsachen (PJZ) inhaltlich reduziert, findet in Art. 29-39 EUV, insb. in Art. 30/31 EUV, eine enumerative Vorgabe der Sachbereiche und vorzunehmenden Schritte statt, wobei dieser Kernbereich intergouvernemental[48] bleibt. Die dortige engere Zusammenarbeit ist wegen des schrittweisen Abbaus der Binnengrenzen eine Folge von Sachzwängen, wobei insbesondere die Vergemeinschaftung der Visa- und Asylpolitik durch deren Angleichung eine Beschäftigung mit der Folgeseite der Marktintegration darstellt[49]. Wie weit diese Harmonisierung letztendlich reichen wird, ist inhaltlich noch nicht zu übersehen[50].

Besondere Beachtung findet in diesem Zusammenhang die Schaffung einer europäischen Polizeibehörde (EUROPOL), deren unionsvertragliche Grundlage in Art. 30 II EUV zu finden ist. Als Antwort auf einen einheitlichen kriminalgeographischen Raum mit grenzüberschreitendem Element, der allein durch rein nationale Maßnahmen innerhalb der Staatsgrenzen nicht mehr wirkungsvoll bekämpft werden kann, wird diese mit Rechtspersönlichkeit ausgestattete Institution intergouvernementaler Kooperation durch die EUROPOL-Konvention näher geregelt[51]. Im Bereich der Auslieferung, der Rechts-

---

43 Etwa ABl. EG 1995 Nr. 78, S.1 und ABl. EG 1995 Nr. C 316, S. 48.

44 Überblick bei Kühne, Strafprozeßrecht, 6. Aufl. 2003 § 3 RdNr. 71 f. sowie bei Janicki, Beweisverbote, S. 524, 526 f.

45 Etwa ABl. EG 1996 Nr. L 105, S.1

46 Titel IV des EG: Visa, Asyl, Einwanderung und andere Politiken betreffend den freien Personenverkehr, Art. 61-69 EGV; vgl. zu den Neuerungen Ukrow ZEUS 98, S. 142, 151ff.; Oppermann, Europarecht, RdNr. 1567 ff.

47 Titel VI des EUV lautet nunmehr: Bestimmungen über die polizeiliche und justizielle Zusammenarbeit in Strafsachen, kurz: PJZ; vgl. Oppermann, aaO, RdNr. 311; Kühne, aaO, § 3 I RdNr. 70

48 Zur Entwicklung der intergouvernementalen Zusammenarbeit unlängst: Janicki, Beweisverbote, S. 505 ff.

49 So auch Kux, aaO, S. 117

50 So prophezeien Scholz/Hofmann ZRP 1998, 295, 301 eine weitergehende Harmonisierung, weil EU-Interessen mit nationalen Interessen strafrechtlich zu assimilieren sind.

51 Zur Konzeption und deren Problematik vgl. Schmidt-Jortzig ZEUS S.7 ff.; Oppermann, aaO, RdNr. 1556; ein anderes, bereits bestehendes Beispiel ist etwa der zur Vereinfachung der polizeilichen Zusam-

und Vollstreckungshilfe sind weitere Übereinkommen bereits geplant oder in Kraft getreten[52].

III) Inhaltsbestimmung der Vorschrift Art. 31 c EUV

Das gemeinsame Vorgehen im Bereich der justiziellen Zusammenarbeit ist auf das Strafrecht beschränkt worden[53]. Artikel 31 EUV, der den ehemaligen Artikel K. 3 aufnimmt und inhaltlich fortführt, sieht in Buchstabe a) eine Verbesserung der Zusammenarbeit bei Gerichtsverfahren und der Entscheidungsvollstreckung vor, fordert eine Erleichterung der Auslieferung zwischen den Mitgliedsstaaten, Art. 31 b EUV, verlangt in Buchstabe c) „die Gewährleistung der Vereinbarkeit der jeweils geltenden Vorschriften der Mitgliedsstaaten untereinander, soweit dies zur Verbesserung dieser Zusammenarbeit erforderlich ist“ sowie in d) die Vermeidung von Kompetenzkonflikten zwischen Mitgliedsstaaten. Art. 29 2. Spiegelstrich EUV faßt dies einheitlich unter dem Gesichtspunkt der engeren Zusammenarbeit der Justiz- sowie anderer zuständiger Behörden zusammen, während der dritte Spiegelstrich eine Annäherung der Strafvorschriften bei Erforderlichkeit nach Art. 31 e EUV vorsieht, was sich dem dortigen Wortlaut zufolge auf die organisierte Kriminalität, den Terrorismus und den illegalen Drogenhandel bezieht[54]. Ob diese Einteilung in polizeiliche Zusammenarbeit, justizielle Zusammenar-

---

menarbeit bei der Verfolgung von Straftätern ergangene Ratsbeschluß zur Überwachung des Fernmeldeverkehrs; zur daraus herrührenden Scheindiskussion um das sog. Überwachungssystem der EU Enfopol vgl. F.A.Z. Nr. 62 vom 15.03.1999, S. 6; zur Entwicklung der europäischen Ermittlungsbehörden OLAF, vormals UCLAF, sowie EDU und EUROPOL vgl. Kühne, Strafprozeßrecht, § 3 IV RdNr. 94 ff. mit fundamentaler Kritik an der Haftungsfreistellung für Europol-Bedienstete RdNr. 100. Kompakte Darstellung auch bei Janicki, Beweisverbote, S. 510 ff.,534 ff.. Beispiele etwa für die Kooperation supranationaler und nationaler Strafverfolgungsbehörden sowie zur Auftrennung nach zugeordneten Schutzgütern durch den Leiter des EU-Amtes für Betrugsbekämpfung in F.A.Z vom 28.12.2001, Nr. 301, S. 4 sowie zur Forderung nach einem EU-Staatsanwalt, F.A.Z. vom 16.10.2002, Nr. 240, S. 42.

52 Zu den von Deutschland schon gezeichneten strafrechtlichen EU/EG-Übereinkommen: Kühne, Strafprozeßrecht, § 3 I 3 RdNr. 71; ebenso Schomburg NJW 1999, S. 540 ff. zu den Übereinkommen bezüglich Auslieferung, Rechts- und Vollstreckungshilfe sowie dem SDÜ; ders., ZRP 1999, S. 237 ff. plädierte unter ausführlicher Darstellung der praktischen Probleme für eine justizielle Zusammenarbeit im Bereich des Strafrechts unter der Bezeichnung EUROJUST, welche nunmehr realisiert ist, vgl. zu Umsetzung und Verfahren Esser/Herbold, NJW 2004, 2421 ff. sowie umfassend Milke, Europol und Eurojust, Göttingen 2003. Zum Stand der gerichtlichen Zusammenarbeit in Europa auch: Hoffmann, ZStW 1997, 265 ff.; grundlegende Zusammenfassung zum Auslieferungsrecht bei Weigend, JuS 2000, S. 105 ff..

53 Vgl. dazu Kux, aaO, S. 110, der von *down-sizing* spricht; Müller-Graff, Reformen, S. 259, 261 bezeichnet es unter Vermeidung eines Anglizismus als *sachgebietliche Verschlankung*

54 Vertrag von Amsterdam zur Änderung des Vertrages über die europäische Union, der Verträge zur Gründung der Europäischen Gemeinschaften sowie einiger damit zusammenhängender Rechtsakte
Auszug : Artikel K 3(jetzt: Art. 31 EUV)
Das gemeinsame Vorgehen im Bereich der justiziellen Zusammenarbeit in Strafsachen schließt ein
a) Erleichterung und Beschleunigung der Zusammenarbeit zwischen den zuständigen Ministerien und den Justizbehörden oder entsprechenden Behörden der Mitgliedsstaaten bei Gerichtsverfahren und der Vollstreckung von Entscheidungen
b) Erleichterung der Auslieferung zwischen den Mitgliedsstaaten

beit und Normannäherung, wie sie der Vertrag vorsieht und die in der Literatur übernommen wird[55], sich auch zwingend so verstehen läßt, gilt es jedoch zu hinterfragen[56]. Eine materielle Rechtsangleichung nur in Art. 31 e EUV bezüglich der dort genannten Themengebiete vorzunehmen, könnte nämlich zu kurz greifen. Die schrittweise Annahme von Maßnahmen zur Festlegung von Mindestvorschriften über die Tatbestandsmerkmale strafbarer Handlungen in den genannten Bereichen muß sich nach deutschem Verständnis auf Delikte des Besonderen Teils beziehen.

So haben die EU-Mitgliedsstaaten auf dem EU-Gipfel in Tampere für ihrer Ansicht nach besonders wichtige Delikte wie Finanz- und Umweltkriminalität, Bestechung, Menschenhandel und sexuelle Ausbeutung ein Bemühen um gemeinsame Definitionen, Tatbestandsmerkmale und Sanktionen unterstrichen[57].

Deren Ausdehnung und Handhabung hängt jedoch maßgeblich von Rechtsfiguren des Allgemeinen Teils ab, wobei für letztere eine Annäherung in Art. 31 e EUV allerdings nicht vorgesehen ist. Dies hindert eine Angleichung dessen, was in Deutschland als Allgemeiner Teil verstanden wird, zwischen den Mitgliedsstaaten nicht, wenn man auf die Vereinbarkeitsgewährleistung des Art. 31 c EUV zurückgreifen könnte. Maßgeblich für eine solche Gewährleistung ist die Erforderlichkeit zur Verbesserung der Zusammenarbeit. Der Wortlaut spricht nicht gegen eine materiell-rechtliche Angleichung, auch wenn sie, anders als bei e), nicht expressis verbis vorgesehen ist[58]. Moll[59] sieht bereits bei einer isolierten Betrachtung des Art. 31 e EUV die Möglichkeit für weitere und weitergehende Übereinkommen als bei der früheren Regelung. Kühne spricht von einer „sehr fein strukturierten Ermächtigung zur europäischen Vorgabe von nationalen Tatbeständen"[60], welche schon einer Kompetenz nahe komme. Dieser Ansicht scheint auch Wat-

---

c) die Gewährleistung der Vereinbarkeit der jeweils geltenden Vorschriften der Mitgliedsstaaten untereinander, soweit dies zur Verbesserung der Zusammenarbeit erforderlich ist
d) die Vermeidung von Kompetenzkonflikten zwischen Mitgliedsstaaten
e) die schrittweise Annahme von Maßnahmen zur Festlegung von Mindestvorschriften über die Tatbestandsmerkmale strafbarer Handlungen und die Strafen in den Bereichen organisierte Kriminalität, Terrorismus und illegaler Drogenhandel
Artikel K 4 (jetzt: Art. 32)
Der Rat legt fest, unter welchen Bedingungen und innerhalb welcher Grenzen die in den *Art. K 2* (jetzt: Art. 30 EUV) und *K 3* (jetzt: Art. 31 EUV) genannten zuständigen Behörden im Hoheitsgebiet eines anderen Mitgliedsstaates in Verbindung und in Absprache mit dessen Behörden tätig werden dürfen.
Artikel K 5 (jetzt: Art.33)
Dieser Titel berührt nicht die Wahrnehmung der Zuständigkeit der Mitgliedsstaaten für die Aufrechterhaltung der öffentlichen Ordnung und den Schutz der inneren Sicherheit.

55 Vgl. Müller-Graff, Reformen, S. 259, 266/267

56 Auch Moll, Blankettstrafgesetzgebung, S.281 sieht die sich durch den Amsterdamer Vertrag ergebenden Modifikationen in ihrer praktischen Bedeutung noch nicht ausgelotet.

57 F.A.Z. Nr. 242 vom 18.10.1999, S. 2

58 Was sich genau für Delikte hinter dem Begriff Organisierte Kriminalität verstecken, ist im einzelnen klärungsbedürftig. Die damalige finnische Ratspräsidentschaft sah 1999 Delikte der Geldfälschung als besonders zur Rechtsangleichung geeignet, F.A.Z. Nr. 240 vom 15.10.1999, S. 6

59 Blankettstrafgesetzgebung, S. 281

60 GA 2005, 195, 196

tenberg[61] zu sein, denn bei der Auseinandersetzung mit dem Corpus Juris[62], eines Entwurfs strafrechtlicher Regelungen zum Schutz der finanziellen Interessen der Europäischen Union vor betrügerischen Vorgehen im Abgaben- und Subventionssektor, der auch Aspekte des Allgemeinen Teils berührt, sieht er als mögliche Rechtsgrundlage neben dem von vielen genannten Art. 280 EGV auch Art. 31 e EUV wegen des Merkmals „organisierte Kriminalität". Eine solche Sichtweise zeigt deutlich, daß die Festlegung von Mindestvorschriften über reine Deliktstatbestände für die genannten Bereiche hinausgehen muß und vom Sinnzusammenhang mit dem K-Artikel erfaßt ist. Eine Handhabung der Tatbestände ohne Anwendungsregeln ist wenig logisch.

Diesen in e) selbst die Rechtsgrundlage zu geben, wie Wattenberg es tut, ist angesichts des Wortlauts des c) nicht notwendig.

Problematisch könnte hingegen die vom Vertrag selbst vorgenommene Einordnung von c) in die justizielle Zusammenarbeit sein, so daß sich ein Bezug nur auf technische Vorschriften der Gerichts- und Verwaltungsorganisation beziehen könnte und eine Anwendung auf materielles Strafrecht ausgeschlossen wäre. Es ist jedoch zu bedenken, daß eine solche Einordnung ohne nähere Betrachtung die vorgefundene nationale Einteilung der Rechtsordnung übernimmt, ohne die oft erheblichen Differenzen zwischen den rechtsgebietlichen Einteilungen zu berücksichtigen. Das soll heißen, daß jenes Rechtsproblem, das in einem Land durch eine Regelung des materiellen Rechts erfolgt, in einem anderen mit Hilfe behördlicher Entscheidung, gerichtlicher Verfahrensweise oder organisatorischer Vorkehrungen gelöst wird. Dieses Elementarverständnis funktioneller Rechtsvergleichung zugrundelegend, kann die nationale Einteilung der Rechtsgebiete für die Gewährleistung der Vereinbarkeit der Vorschriften nicht begrenzend wirken. Denn je nach nationaler Sichtweise handelt es sich ja um Vorschriften, die Justiz- oder andere Behörden anwenden, andernorts hingegen im materiellen Recht getroffen sind. Wie gerade diese Arbeit im folgenden zeigen wird, ist der Unterschied der Zuordnung der Lösung eines Rechtsproblems zwischen den Rechtsordnungen bzw. den Rechtsfamilien erheblich und kann mit einer gängigen Einteilung in materielles und sonstiges Recht nur unzutreffend wiedergegeben werden.
Eine Angleichung materieller Rechtsvorstellungen scheitert daher nicht daran, daß die Angleichungsaufforderung im Kontext organisatorisch-technischer justizieller Zusammenarbeit steht.

Gestützt wird dies durch weitere Überlegungen. Für eine materiell-rechtliche Angleichung kann man auch Argumente aus den Inhalten der anderen Buchstaben des Artikels gewinnen, um eine Deutung aus der Systematik vorzunehmen. Da die eher praktisch zu absolvierenden Vereinfachungen bei Auslieferung und Vollstreckung in Art. 31 a, b EUV ausdrückliche Erwähnung finden, ist eine materiell-rechtlichen Angleichung auch systematisch eher mit der offen gehaltenen Formulierung „der jeweils geltenden Vorschriften" des c) zu vereinbaren. Zudem waren erstere, im Gegensatz zu einer materiell-rechtlichen Vereinheitlichung, bereits Gegenstand von verbindlichen Abkommen und

---

61 StV 2000, 95, 95

62 Zu dessen Inhalt ausführlicher unter 5. Abschnitt I 2

zwischenstaatlichen Verträgen, bilateral oder auch im Rahmen des Europarats[63], so daß im Sinne fortschreitender Integration die materiell-rechtliche Angleichung als nächste, quasi höhere Stufe beschritten werden soll, was Art. 31 e EUV auch zum Ausdruck bringt.

Auch der Wortlaut widerspricht dieser Deutung nicht, denn mit dem nicht näher bezeichneten Begriff der Maßnahmen kann das materielle Strafrecht gemeint sein, denn wenn dieses europaweit in seinen deliktsunabhängigen Strukturen einheitlich gehandhabt würde, hätte dies zweifelsohne eine Verbesserung auch der Zusammenarbeit zur Folge. Hinzu kommt, daß gerade auf dem Gebiet der internationalen Rechtshilfe bereits zahlreiche bi- und multilaterale Abkommen bestehen, eine materielle Angleichung bisher aber nur Gegenstand theoretischer Erörterungen war[64].

Teleologisch orientiert, ist der Raum der Freiheit, der Sicherheit und des Rechts das Ziel, welches es zu erreichen gilt, Art. 29 I EUV. Zur Erreichung dieses Ziels ist Kriminalitätsverhütung und -bekämpfung[65] das gewünschte Mittel, das im Wege der beiderseitigen Zusammenarbeiten sowie der Rechtsangleichung erfolgen soll. Die stützende Funktion einer Angleichung auch der allgemeinen Vorschriften sowie deren erst Praktizierbarkeit herbeiführende Wirkung sind deshalb auch unter den Gesichtspunkten von Sinn und Zweck der vertraglichen Regelung für die Begründung einer materiellrechtlichen Angleichung fruchtbar zu machen. Diese Praktikabilitätssicht ist der einschränkenden, rein auf Art. 31 e EUV beschränkten Sichtweise entgegenzuhalten[66].

Ob die angesichts des völkerrechtlichen Charakters der PJZ unterliegenden Maßnahmen der Dritten Säule, etwa ein Rahmenbeschluß zur Angleichung allgemeinen materiellen Rechts auch durch Anwendung der Auslegungsregeln zur kohärenzbegünstigenden Auslegung, dies stützen, weil der EG wie dargelegt keine Kompetenz für den Bereich des materiellen Strafrechts zukommt und deshalb ergänzend Unionsregeln zur Anwendung kommen, soll hier nicht vertieft werden.

Es bleibt festzuhalten, daß im Rahmen der Dritten Säule rechtsangleichende Maßnahmen der EU-Mitgliedsstaaten in Blickrichtung auf das ergehen könnten, was in Deutschland im Allgemeinen Teil geregelt ist, weil eine Erwähnung der allgemeinen Vorschriften in Art. 31 EUV keine notwendige Voraussetzung für ein Tätigwerden darstellt.

---

63 Vgl. 5. Abschnitt II 2; die EU selbst ist um die Inkraftsetzung einer Konvention über Rechtshilfe bei Strafsachen bemüht, die u.a. auch das Abhören von Telefongesprächen im EU-Ausland erfaßt; vgl. F.A.Z. Nr. 282 vom 03.12.1999, S. 17. Näher zu diesem im Sommer 2000 gezeichnete Rechtshilfeabkommen: Janicki, Beweisverbote, S. 515 ff.

64 So gilt für das Vereinigte Königreich, das nachfolgend im Mittelpunkt der Betrachtungen stehen soll, bereits jetzt die Europäische Konvention über den Austausch verurteilter Personen (Treaty Service No. 122), über die Rückführung von im Ausland verurteilten Strafgefangenen in ihre Heimat zur Strafverbüßung.

65 Die nicht nur die organisierte, sondern ausdrücklich auch die nichtorganisierte Kriminalität erfaßt.

66 So aber etwa Moll, Blankettstrafgesetzgebung, S. 281 Fußnote 36

IV) Vorgesehene Vorgehensweise

Die gesetzestechnisch gewollte Vorgehensweise legt eindeutig das Tätigwerden des nationalen Gesetzgebers, z.B. aufgrund eines Rahmenbeschlusses[67], zugrunde. Ein eigenständiges Vorgehen als erster Schritt eines Staates in Eigeninitiative ist dagegen nicht gewollt, weil der Angleichung zum Gelingen besser konkrete Vorgaben vorangestellt werden sollen. Da von Zusammenarbeit gesprochen wird, sollen und dürfen den Mitgliedsstaaten aber auch keine Maßnahmen durch die EU oktroyiert werden, denn die Verantwortlichkeit für eine Annäherung liegt bei den Mitgliedsstaaten selbst[68]. Institutionell findet die PJZ im wesentlichen im Rat[69] statt, Art. 34 I EUV, wobei Unterrichtung, Konsultation und Koordinierung das Vorgehen kennzeichnen sollen. Daneben bilden Kommission, der Koordinationsausschuß aus hohen Beamten (K-4-Ausschuß), der Ausschuß der Ständigen Vertreter (AStV), Steuerungsgruppen und Arbeitsgruppen eine fünfstufige Entscheidungsstruktur. Der Kommission kommt dabei ein umfassendes Initiativrecht neben den Mitgliedsstaaten zu, Art. 34 II 2 EUV.

Dabei gilt es auch, die neuen Regelungsmechanismen, die Art. 34 EUV vorsieht, als eigenes, adäquates Instrumentarium zu beachten. Auf Initiative eines Mitgliedstaates oder der Kommission kann der Rat die in Art. 34 II EUV neu vorgesehenen Maßnahmen ergreifen, nämlich verbindlich gemeinte Gemeinsame Standpunkte festlegen, rechtsangleichende Rahmenbeschlüsse erlassen, nicht unmittelbar wirksame, aber verbindliche Beschlüsse fassen oder Empfehlungen des Abschlusses von Übereinkommen durch die Mitgliedsstaaten abgeben.

Die teilweise Ähnlichkeit mit dem Instrumentarium des Gemeinschaftsrechts, z.B. des Rahmenbeschlusses mit der Richtlinie i.S. von Art. 249 EGV[70], ändert nichts an der völkerrechtlichen Natur dieser Maßnahmen[71], was allenfalls die rechtliche Herleitung der Bindungswirkung beeinflußt, diese aber nicht ausschließt.

Wesentlicher Aspekt der intergouvernementalen Zusammenarbeit im Bereich der justiziellen Zusammenarbeit in dieser dritten Säule ist die Erarbeitung völkerrechtlicher Ver-

---

67 Musil NStZ 2000, 68, 70 weist auf die Neuartigkeit dieses Verfahrens und die Belassung der Rechtsetzungskompetenz bei den Mitgliedsstaaten hin und kehrt daher die Mittelstellung zwischen gemeinschaftsrechtlicher Rechtssetzung und völkerrechtlichen Übereinkommen heraus. Vgl. auch die Darstellung bei Wasmeier, Strafrecht der EU, S. 9 ff.

68 So auch Moll, Blankettstrafgesetzgebung, S. 5

69 Zur Stellung des Europäischen Rates in der zweiten und dritten Säule Pechstein/König RdNr. 170, die diesen mangels Organqualität als Regierungskonferenz bewerten; zur Justiziabilität des Unionrechts Pache, EuR 1999, 1 ff.; ausführlich auch Kühne, Strafprozeßrecht, § 3 I RdNr. 59 bezüglich der Vorlage an den EUGH.

70 So auch die Einschätzung von Scholz/Hofmann, ZRP 1998, 295, 301, die trotzdem auch auf den Charakter als bindendes EU-Recht verweisen; vgl. zur Bindungswirkung auch Moll, Blankettstrafgesetzgebung, S. 282 f.

71 Vgl. zum weiteren Zusammenspiel der Institutionen den Überblick bei Oppermann, Europarecht, RdNr. 312 ff.; Müller-Graff, Reformen, S. 275 ff.; Pechstein, Europarecht, S. 281, 293 ff. verneint Rechtsschutzlücken in der intergouvernementalen PJZ, weil richtiger Prüfungsgegenstand für innerstaatliche Gerichte das deutsche Zustimmungs- bzw. Umsetzungsgesetz mit dem Inhalt der genannten Maßnahmen wäre; zur Rechtsprechungskompetenz des EuGH, insb. der Vorabentscheidung vgl. Art. 73 p EGV sowie Art. K 7 EUV

träge zwischen den Mitgliedsstaaten, wie sie Art. 31, 34 II EUV Vertrag vorsehen. Derartige Übereinkommen müssen von den mitgliedstaatlichen Parlamenten ratifiziert werden; eine unmittelbare Wirksamkeit ist vom Vertrag auch gar nicht gewollt. Es besteht daher nicht die Möglichkeit bzw. die Gefahr eines oktroyierten supranationalen Systems, sondern es ist eine vereinbarte Angleichung kraft der Souveränität der Mitgliedsstaaten angestrebt[72]. Die Verbindlichkeit etwa von Rahmenbeschlüssen gegenüber den EU-Staaten bestimmt sich nicht nach den die EG kennzeichnenden supranationalen, sondern nach den allgemeinen völkerrechtlichen Grundsätzen, die es erlauben, den Besonderheiten des „Staatenverbundes" Europäische Union Rechnung zu tragen[73]. Es handelt sich dabei um sog. Unionssekundärrecht, daß grundsätzlich nur die Mitgliedsstaaten berechtigt und verpflichtet und weder die unmittelbare Wirkung noch den Anwendungsvorrang des Gemeinschaftssekundärrechts teilt[74].

Auch wenn konkrete Maßnahmen innerhalb von fünf Jahren nach Inkrafttreten vorgesehen sind[75], bleibt mangels zeitlicher Zielvorgaben noch offen, wann, wie und wieweit der geforderte „Raum der Freiheit, der Sicherheit und des Rechts" in seiner gesamtkonzeptionellen Vorstellung realisiert werden kann. Eine weitergehende Vorgabe durch den Vertragsgeber findet nicht statt, da der EU keine eigene Normgebungskompetenz im Bereich des Strafrechts zukommt.

Somit erfolgte eine Aufnahme in die Regelungsmaterie der EU und eine Modernisierung durch den Amsterdamer Vertrag, die zuvor allenfalls der intergouvernementalen Zusammenarbeit als völkerrechtlicher Rahmenvereinbarung im Rahmen der ZBIJ überantwortet war, Art. 31 II c EUV/Maastricht. Dies macht einen notwendigen Bestandteil der politischen Union aus. Es bleibt sich zu vergegenwärtigen, daß es sich im ganzen um ein komplexes institutionelles Geflecht mit Durchmischung von intergouvernementalen und supranationalen Bestandteilen handelt.

Insgesamt ist zu bemerken, daß die tatsächliche Entwicklung der PJZ bisher bereits einiger Rahmenbeschlüsse sowie weitere Vorschläge hervorgebracht hat. Deren volle Einbeziehung in das supranationale Gemeinschaftssystem i.S. einer weitergehenden Vergemeinschaftung in den Kernbereichen nationaler Souveränität auch bei weitergehender Europäisierung wird von manchen eher als unwahrscheinlich gesehen[76]. Der neue Rahmen wurde aber schon erkennbar mit Inhalten gefüllt, was angesichts des Ein-

---

72 so Kühne, Strafprozeßrecht, § 3 I 1

73 Streinz, Europarecht, 6. Aufl 2003, § 5 RdNr. 422 c; ausführlich zum Charakter auch Wasmeier, Strafrecht der EU, S. 10 ff.

74 Vgl. ausführlich zu den Handlungsformen unter dem Unionsvertrag: Streinz, Europarecht, 6. Aufl. 2003, § 5 RdNr. 422 ff.: Gemeinsame Standpunkte und Aktionen, Rahmenbeschlüsse, Beschlüsse, Übereinkommen. Zu den Akten der Gesamtheit der Mitgliedsstaaten: vgl. aaO, RdNr. 423 ff. Vgl. auch unlängst Reichelt, Die Rechtmäßigkeitskontrolle von Rahmenbeschlüssen und Beschlüssen gemäß Art. 35 VI EUV, S. 81 ff.

75 Art. 61 EGV nennt allerdings ausdrücklich nur Art. 31 e EUV

76 Diese Einschätzung teilt auch Oppermann, aaO, RdNr. 315 f; kritisch zu den ca.15 Varianten des Entscheidungsverfahrens Kux, Zusammenarbeit, S. 119

stimmigkeitszwangs in der Innen- und Rechtspolitik und wegen der unterschiedlichen einzelstaatlichen Traditionen die Überwindung zahlreicher Bedenken erfordert[77].

Zu nennen sind daher die Rahmenbeschlüsse des Rates mit strafverfahrensrechtlichem Bezug, etwa zum europäischen Haftbefehl[78] und zur Stellung des Opfers im Strafverfahren[79] sowie weiterhin die (vorgeschlagenen) Rahmenbeschlüsse mit materiell-strafrechtlichem Bezug, etwa zur Geldfälschung[80] und Terrorismusbekämpfung[81]; ferner zur Geldwäsche, Menschenhandel, Umweltstraftaten und spezifischen Betrugsdelikten[82]. Die Hinnahme von Zonen unterschiedlicher Kooperations- und Regelungsdichte liegt jedoch im Wesen der „Säulenkonstruktion" ebenso wie eine Überschneidung bei Kompetenzneuordnungen. So fällt der gesundheitliche Aspekt der Drogenpolitik in die Erste Säule, die strafrechtliche Seite hingegen in die Dritte[83].

Da nach dem EU-Gipfel von Tampere im Herbst 1999 als „Eckstein der justiziellen Zusammenarbeit" die gegenseitige Anerkennung von gerichtlichen Entscheidungen u.a. in Strafsachen beschlossen wurde, ist eine materielle Angleichung des Strafrechts zumindest derzeit kein beherrschendes Thema[84] zur Erreichung des europäischen Rechtsraums.

---

77 Kritisch daher zunächst F.A.Z. Nr. 240 vom 15.10.1999, S. 6; auf dem EU-Gipfel in Tampere/Finnland wurde zwischen den Staats- und Regierungschefs Einigkeit erzielt bezüglich einer engeren Zusammenarbeit der Strafverfolgungs- und Justizbehörden; organisatorisch soll ein Netz zum besseren Informationsaustausch der nationalen Staatsanwaltschaften (EUROJUST) als justizielles Gegenstück zu EUROPOL als Polizeibehörde entstehen. In Bezug auf das materielle Recht wurde eine Harmonisierung bei Delikten zur Bekämpfung des Drogen- und Menschenhandels, des Terrorismus und der Geldwäsche *angedacht*, F.A.Z. Nr. 241 vom 16.10.1999, S. 2. Diese Pläne wurden in den vergangenen Jahren dann auch umgesetzt. Wasmeier, Strafrecht der EU, S. 12 hebt zudem das Prinzip der gegenseitigen Anerkennung strafrechtlicher Entscheidungen hervor, welches der Gipfel als Leitbild der europäischen Integration im Strafrecht vorgegeben habe.

78 Rahmenbeschluß des Rates vom 13.06.2002 über den Europäischen Haftbefehl und die Übergabeverfahren zwischen den Mitgliedsstaaten: ABl. EG Nr. L 190/1 vom 18.07.2002

79 Rahmenbeschluß des Rates vom 15.03.2001 über die Stellung des Opfers im Strafverfahren: ABl. EG Nr. L 82/1 vom 22.03.2001

80 Etwa Rahmenbeschluß des Rates vom 06.12.2001 zur Änderung des Rahmenbeschlusses 2000/383/JI über die Verstärkung des mit strafrechtlichen und anderen Sanktionen bewehrten Schutzes gegen Geldfälschung im Hinblick auf die Einführung des Euro: ABl. EG Nr. C 329/3 vom 14.12.2001

81 Rahmenbeschluß (2002/475/JI) vom 13.06.2002 zur Bekämpfung des Terrorismus: ABl. EG Nr. L 164/3 vom 22.06.2002

82 Rahmenbeschlüsse des Rates 2001/500/JI; 2002/629/JI; 2003/80/ JI; 2001/413/JI; vgl. vollständige Aufzählung mit Veröffentlichungsnachweis bei Kühne, Strafprozeßrecht, 6. Aufl.2003, § 3 RdNr. 73; vgl. insgesamt zum Stand aktueller Regelungswerke in Europa die Textsammlung von Wasmeier, Strafrecht der EU, 2003

83 Ob das von Kux, aaO, S.111 gewählte Beispiel des Art. 280 EGV bei der Bekämpfung von Betrug gegen die Interessen der Gemeinschaft und Art. 29 EUV bei der Zusammenarbeit gegen kriminelle Betrügereien ebenfalls herangezogen werden kann, ist allerdings zweifelhaft; tiefergehend zu den Berührungspunkten von Unions- und Gemeinschaftsrecht Pechstein/König RdNr. 115 ff.

84 Zu den Zielvorgaben mit Zeitplänen F.A.Z. Nr. 242 vom 18.10.1999, S. 2

In diesem Zusammenhang können auch andere supranationale Regelungen bereits richtungsweisende Wirkungen entfalten, etwa die Europäische Menschenrechtskonvention (EMRK). Auf deren Einfluß soll im folgenden nur kurz eingegangen werden. Kühne[85] weist zu recht auf das uneinheitliche Verständnis des Begriffs „Europa" hin.

Die Diskussion über Möglichkeiten der Rechtsvereinheitlichung/-angleichung[86] hat in der jüngeren Vergangenheit zu zahlreichen inhaltlichen Auseinandersetzungen und vielfachen Veröffentlichungen geführt[87]. Während vor allem aufgrund der Rechtsharmonisierung der EG im Bereich des zivilrechtlichen Wirtschafts- und Verbraucherrechts wegen des europäischen Binnenmarktes besondere Bedeutung und Beachtung zukam, war das Strafrecht lange Zeit aufgrund seines besonderen Charakters als Ausdruck staatlicher Souveränität für solche Bestrebungen als ungeeignet und unzugänglich angesehen worden[88]. Doch mit dem stärkeren wirtschaftlichen Zusammenwachsen und dem Voranschreiten eines angenäherten Rechtsstandards in den klassischen Rechtsbereichen, welche den Binnenmarkt formen, wuchs das Bewußtsein, daß auch ein einheitlicher Rechtsgüterschutz, wie er durch das Strafrecht gewährleistet werden kann, auf Dauer unumgänglich ist. Neben einer kurzen Darstellung der verschiedenen Ebenen[89] soll aus der Vielzahl konzeptioneller Überlegungen den beiden Konzepten Beachtung geschenkt werden, die sich besonders hervorheben: dem Corpus Juris und dem Modellstrafgesetzbuch. Beide verbindet ein gewisser halbamtlicher Charakter, weil sie aufgrund der Unterstützung europäischer Institutionen entwickelt worden sind. Von ihrer Zielrichtung her sollen sie in die Strukturen eines europäischen Strafrechts vordringen. Der maßgebliche Unterschied liegt jedoch in ihrem voneinander abweichenden strategischen Ansatz.

Der Streitstand diesbezüglich spiegelt ein breites Spektrum wider, das von den Befürwortern eines einheitlichen Europäischen Strafgesetzbuchs[90], zumindest dessen Allgemeinen Teil[91], über Ansichten, die eine Annäherung der nationalen Rechtsordnungen

---

85 Strafprozeßrecht, § 3 RdNr. 51, wo Kühne die Wichtigkeit der Unterscheidung der europäischen Ebenen wegen der unterschiedlichen rechtlichen Grundlagen und Einflußformen herausstreicht.

86 Zur terminologischen Differenzierung vgl. Fußnote 2; im folgenden soll wie bereits gesagt, aus Vereinfachungsgründen, der Begriff Angleichung gewählt werden, wenn nicht inhaltlich eindeutig gegenteilige Aussagen einen anderen Begriff verlangen; in Auseinandersetzung mit den Begrifflichkeiten schon Jung/Schroth, GA 1983, S. 241, 244 f..

87 Neben zahlreichen anderen Beiträgen etwa Tiedemann, Europäisierung, S. 134 ff.; ders. NJW 1993, 23 ff.; Dannecker JZ 1996, 869 ff.; Perron, Strafrechtsvereinheitlichung, S. 135 ff.;ders. ZStW 1997, 281 ff. Sieber ZStW 1991, 957 ff.; Jung Crim.L.R. 1993, S. 237 ff.; zur Europäisierung der Strafrechtswissenschaft Kühl ZStW 1997, 777 ff.; kritisch zur Zukunft der deutschen Straftatsystematik Perron, FS für Lenckner, S.227 ff.

88 Vgl. Nachweise 1.Teil 2. Abschnitt Fußnote 10

89 Kühne, Strafprozeßrecht, § 3 RdNr. 51 weist auf das uneinheitliche Verständnis des Begriffs „Europa" und die zu unterscheidenden rechtlichen Grundlagen und Einflußformen hin.

90 So schon Sieber in ZStW 1991, 957 ff.; mehr Nachweise unten 5. Abschnitt II 2.

91 Vgl. Nachweise unter Fußnoten 10 und 11

unter gewissen Aspekten für ausreichend halten[92], bis hin zu Gegnern einer weitreichenden Änderungen des Status quo zum gegenwärtigen Zeitpunkt reicht[93]. Begleitet wird dies von zahlreichen weiteren Überlegungen zur Europäisierung des Strafrechts oder der Schaffung eines europäischen Straftatsystems[94].

In der Diskussion sind dabei mehrere Ebenen der Auseinandersetzung mit dem Strafrecht zu unterscheiden. Da sich unter der Bezeichnung „Europa" verschiedene Organisationen und Gremien Gedanken zu diesem Bereich gemacht haben, soll im folgenden überblicksartig eine Darstellung erfolgen, aus der ersichtlich wird, inwieweit bereits auf erarbeitete Konzepte zurückgegriffen werden kann und ob es rechtliche Wechselwirkungen zwischen Strafrecht und Verfassungsrecht gibt, die bereits berücksichtigt wurden. Wie bereits ausgeführt[95], lassen die verschiedenen „Säulen" des Europarechts i.e.S. nicht nur unterschiedliche Vorgehensweisen zu bzw. verhindern diese, sondern geben aufgrund ihrer Stoßrichtung auch ein spezifisches Gepräge vor. Dabei werden etwa beim Corpus Juris materielles Strafrecht und Strafverfahrensrecht wegen des bereichsspezifischen Zusammenhangs gemeinsam geregelt. Wegen des Sachzusammenhangs sollen Vereinheitlichungsvorhaben im Bereich des materiellen Strafrechts im Vordergrund der Darstellung stehen[96].

I) EG-Finanzinteressen

1) Bisherige Problemdiskussion

Der Schutz der Finanzinteressen der EG im Rahmen der Ersten Säule nimmt eine eigenständige Rolle in der Diskussion ein. Vor dem Hintergrund vor allem von Subventionsbetrug sowie Zoll-/Abgabenhinterziehung wurden zahlreiche Überlegungen zum Schutz der EG-Finanzen angestellt, weil die nationalen Rechtsordnungen teilweise weder eine Strafbarkeit noch sonst eine Sanktion im Mißbrauchsfalle vorsahen[97]. Neben konkreten

---

92 Vgl. die Thesen von Götz, JZ 1994, S. 265 ff.

93 Weigend, ZStW 1993, 774, 783 ff. befürchtet eine Einebnung gewachsener Rechtskulturen und Traditionen

94 grundlegende Überlegungen etwa bei Tiedemann, GA 1997, 107 ff.; ders. ZStW 1998, S. 497 ff.; Jung/Schroth, GA 1983, 240 ff.; Perron, FS für Lenckner, S. 227 ff.; ders. ZStW 1997, 281 ff.; Kühl ZStW 1997, S. 777 ff.; auch in der englischen Literatur: Dine, Crim.L.R. 1993, S. 246 ff.; Cadoppi, European Journal of Crime, Criminal Law and Criminal Justice 1986, S. 3 ff.; ders., Criminal Code in: Watkins, Europeanisation, S. 143 ff.; für einen Ansatz aus der gemeinsamen europäischen Rechtsgeschichte heraus plädiert aaO auch Gordon, European legal history and the Europeanisation of law, S. 52 ff.

95 3. und 4. Abschnitt

96 Ausführlich zu den spezifischen Überlegungen im Strafverfahrensrecht zuletzt Perron, ZStW 2000, S. 202 ff.; ebenso Weigend, ZStW 1992,S. 486 ff.; Nelles, ZStW 1997, S. 727 ff.; Eser, ZStW 1996, S. 86 ff.; zur Europäisierung des Strafverfahrensrechts im Rechtsraum der EG/EU: Kühne, Strafprozeßrecht, § 3 I; ebd. II RdNr. 74 ausführlich zum Schengener Durchführungsübereinkommen (SDÜ) und dessen Bedeutung fürs das Strafverfahren; ders., JZ 1998, 876 ff. insb. zu Art. 54 SDÜ ne bis in idem; ferner Esser, Europäisches Strafverfahrensrecht, insb. zur Rechtsprechung des EGMR.

97 Grundlegend zu den Erscheinungsformen der Unregelmäßigkeiten zu Lasten des EG-Haushalts, dem Schutz durch die nationalen Strafrechtsordnungen bei Vergleich der verschiedenen Ansätze des Betrugstatbestandes und den ersten Überlegungen für Schutzvorschriften Dannecker ZStW 1996, S. 577 ff.; e-

Deliktstatbeständen sind zur Anwendung von Normen aber auch immer Erwägungen anzustellen, die sich mit Problemen beschäftigen, die dem Allgemeinen Teil zuzuordnen sind[98]. Dieser ist für die Schaffung eines Sanktionenrechts ganz allgemein von Bedeutung, weil sich erst daraus die Grenzen der strafrechtlichen Verantwortlichkeit ergeben und hat deshalb auch gesondert von der Problematik des Schutzes der Finanzinteressen in der Literatur vielfältige Betrachtung erfahren[99].

2) Corpus Juris

Als besondere konzeptionelle Überlegung ist vor dem Hintergrund des bereits gesagten der Corpus Juris[100](CI) zu nennen, welcher von einer Gruppe europäischer Strafrechtslehrerinnen und -lehrern vorgelegt wurde. Dabei wird ausgehend von der Verfolgung bestimmter Straftaten vorschlagen, einheitliche materiell-strafrechtliche, verfahrensrechtliche und vollstreckungsrechtliche Vorschriften zu schaffen. Dieser punktuelle Ansatz soll eine Möglichkeit der gleichmäßigen Anwendung von bestimmten Straftatbeständen sichern, also Grundvorschriften aus den verschiedenen Bereichen der Rechtsanwendung. Im CI finden sich zunächst die Definitionen von acht besonderen Straftatbeständen aus dem typischen Bereich der Verbrechen zu Lasten der finanziellen Interessen der EG[101] sowie die damit verbundenen Strafen. Dem folgen Regelungen zu den Grundfragen strafrechtlicher Verantwortlichkeit wie Vorsatz, Irrtum, Täterschaft und Teilnahme sowie zur Strafzumessung. Als zentrale Verfahrensgestalt ist eine europäische Anklagebehörde vorgesehen, in deren Verantwortung auch die Vollstreckung fällt. Auch eine gerichtliche Kontrolle ist konzipiert, die einem (nationalen) „Richter im Ermittlungsverfahren" aufgetragen wird. Die Vorstellungen des CI zum Strafverfahren sind kontradiktorisch und versuchen bereits, einige grundlegende Fragen des Beweis-

---

benso Tiedemann, NJW 1990, 2226 ff.; Effizienzprobleme sieht auch Perron, Strafrechtsvereinheitlichung, S. 135, 142 ff.; zu den empirischen Grundlagen auch Dannecker JZ 1996, S. 869, 875; zum Verhältnis der Sanktionen zueinander Sieber, FS Geerds, S. 113 ff.; zur Forderung nach einem EU-Finanz-Strafgesetzbuch Schwarzburg/Hamdorf, NStZ 2002, S. 617 ff.

98 Zum damaligen Stand der Lehren des Allgemeinen Teils eines europäischen gemeinschaftsrechtlichen Strafrechts schon Tiedemann, FS Jescheck, S. 1411 ff.; die Diskussion hat nichts an Aktualität verloren, wie die Reihe zu den Grunderfordernissen des AT eines europäischen Sanktionenrechts mit diversen Landesberichten zeigt: Paliero (Landesbericht Italien), ZStW 1998, 417 ff.; Zapatero (Landesbericht Spanien), ZStW 1998, 438 ff.; Ashworth (Landesbericht England), ZStW 1998, 461 ff.; Schick (Landesbericht Österreich), ZStW 1998,473 ff.; Tiedemann (Generalbericht), ZStW 1998, 497 ff.

99 Dieses Problem etwa im Bereich der Täterschaft verdeutlicht am Beispiel der inländischen Beteiligung bei einer ausländischen straflosen Haupttat: Cornils, Harmonisierungsbedarf, S. 319 ff.; grundlegend hingegen der Beitrag von Vogel, JZ 1995, 331 ff. sowie Tiedemann, FS Lenckner, S. 411 ff.; zu den Auswirkungen des Gemeinschaftsrechts auf das englische Strafrecht Baker, Crim.L.R. 1998, S. 361 ff..

100 Der Text ist außer in den abgefaßten Sprachen Englisch und Französisch mittlerweile auch in Deutsch erschienen: Delmas-Marty (Hrsg.), Corpus Juris der strafrechtlichen Regeln zum Schutz der finanziellen Interessen der Europäischen Union, 1998; grundlegende Dokumentation bei Huber, CI als Grundlage, S.1 ff.

101 Dabei handelt es sich um die Straftatbestände des Betrugs zum Nachteil des Gemeinschaftshaushalts, Ausschreibungsbetrug, Mißbrauch von Amtsbefugnissen, Bestechlichkeit und Bestechung, Amtspflichtverletzung, Verletzung des Dienstgeheimnisses, Geldwäsche, Hehlerei sowie Bildung einer kriminellen Vereinigung.

rechts[102] sowie das Öffentlichkeitsprinzip zu normieren. Der Entwurf gliedert sich in einen materiell-rechtlichen und einen prozessualen Teil, der auch die Schaffung neuer Institutionen vorsieht.

Der Vorschlag ist zweifelsohne ein noch ergänzungsbedürftiges Modell, das zumindest der Strafverfolgung der genannten Katalogtaten eine einheitliche europäische Kontur geben möchte. Dabei lassen die offengebliebenen Fragestellungen weiterhin eine Möglichkeit der Anwendung nationalen Rechts zu.

Jung[103] sieht darin kriminalpolitisch eine Beachtung der Kontrollinteressen, ohne das Rechtsschutzbedürfnis vernachlässigen zu wollen. Auffallende Charakteristika sind seiner Ansicht nach auf der Ebene der materiell-rechtlichen Verantwortlichkeit die Strafbarkeit der juristischen Person sowie auf der Ebene des Verfahrens die Etablierung einer europäischen Staatsanwaltschaft. Auch Kühne[104] streicht trotz des Charakters als Spezialrecht zur strafrechtlichen Bewahrung der finanziellen Interessen der EU den „Samen eines Konzepts“ heraus, in dem sich letztlich ein europäisches Strafverfahrensrecht als Rahmen für Verfahren mit internationalem europäischen Bezug ergeben könnte.

Der Entwurf des Corpus Juris verdient in dieser Arbeit auch deshalb eine besondere Erwähnung, weil in diesem von namenhaften internationalen Experten erarbeiteten Konzept bereits zahlreiche Überlegungen und Problemstellungen zusammenfließen, die bei einem Vorgehen in der Dritten Säule ebenfalls nicht ohne Beachtung bleiben können[105].

Auch wenn den Bestimmungen des CI bislang[106] keine Rechtswirkung zukommt und sich durch die Diskussion bereits erste Ergänzungs- und Änderungsvorschläge entwickeln, ist seine Indizwirkung für weitere Anstrengungen in diesem Bereich nicht zu leugnen. Durch die Berücksichtigung und der versuchten Integration möglichst vieler Rechtsordnungen sollte bereits ein gemeineuropäischer Konsens erzielt werden. Die hier getroffenen Regelungen können auch richtungsweisend im Umgang insbesondere mit jenen Aspekten sein, die nicht oder nicht so im deutschen Recht bekannt sind.

Unter Hinweis auf die in den Landesberichten beleuchteten Aspekte sind insbesondere die Artikel zum Straftataufbau, zum Schuldverständnis, zur Strafbarkeit juristischer Personen sowie zu den Verteidigungseinreden, der Prozeßrechtsmaxime und der Strafvollstreckung erwähnenswert.

---

102 Vgl. zur Bewertung der Beweisverbote nach dem CI: Rosaria Sicurella, Towards a European Legal Area: A few guidelines for European Rules of Evidence in Criminal Proceedings S. 23 ff. in: Höpfel, Frank/Huber, Barbara : Beweisverbote in Ländern der EU und vergleichbaren Rechtsordnungen Freiburg i.Br. 1999

103 JuS 2000, S. 419, 423

104 Strafprozeßrecht, § 76 RdNr. 1402; ausführliche Auseinandersetzung mit den Modellcharakter, Schwächen und Gefahren aaO, § 3 I 2

105 Kühne aaO § 3 I 2 RdNr. 69 sieht sowohl eine Möglichkeit zur Umsetzung im Wege des Art. 280 IV EGV n.F. im Rahmen des Mitentscheidungsverfahrens wie auch aufgrund von Art. 34 EUV durch den mitgliedsstaatlichen Gesetzgeber.

106 Stand: Oktober 2004

Über Einzelkritiken an einigen Regelungen des CI[107] hinaus sehen Kritiker aber auch die gesamte Stoßrichtung des Entwurfs skeptisch. Der ausschlaggebende Hintergrund zur Entwicklung, nämlich eine wirksame Verbrechensbekämpfung zu erzielen, hat nach deren Ansicht dem Entwurf Schlagseite gegeben und die Beschuldigtenrechte, wie sie sich im nationalstaatlichen Bereich entwickelt haben, eindeutig zu kurz kommen lassen. Ein Ausgleich von Kontrollinteressen und Rechtsschutzbedürfnis durch Wahrung der Beschuldigtenrechte wird darin nicht erkannt[108].

Dieser letzte Kritikpunkt zeigt auch, daß eine allein am einfachen Strafrecht orientierte Vorgehensweise schnell den Interessenausgleich aus dem Auge verlieren kann, den das Strafrecht in der nationalen Rechtsordnung beachtet. Dort, in einer Jahrhunderte langen Entwicklung stehend und vor allem unter dem Einfluß der nationalen Verfassungen, ist als Konkretisierung von grundrechtlichen Anforderungen an das einfache Recht die Begründungslast zur Durchführung von Änderungen zuungunsten des Angeklagten wesentlich höher als bei der Schaffung strafrechtlicher Regelungen, die von Anbeginn keiner derart geprägten verfassungsrechtlichen Legitimationslast ausgesetzt sind[109].

Angesichts einer fehlenden bzw. sich erst herausbildenden europäischen Verfassung[110] und trotz der Rolle der Grundrechte, die auch ohne Kodifikation Berücksichtigung finden sollen, besteht somit die Gefahr, daß auf diese Weise geschaffene strafrechtliche Regelungen den Ausgleich einseitig vornehmen und Effizienzgesichtspunkt überbetonen.

II) Europarat

1) Allgemeines

Eine eigenständige Rolle im Rahmen der Gestaltung des europäischen Strafrechts spielen die Vorhaben des 1949 gegründeten Europarates. Dieser steht nicht unter dem Dach der EU, sondern bildet eine selbständige internationale Organisation mit eigenen Ziel-

---

107 Vgl. zur Kritik am CI etwa Ruegenberg, ZStW 2000, 269 ff., der sich insb. an der Unternehmensstrafbarkeit und dem subjektiven Fahrlässigkeitsbegriff stört und in diesem Zusammenhang auch den Gedanken der Vereinbarkeit mit der nationalen Verfassung aufgreift. Ebenfalls kritisch zu den strafverfahrensrechtlichen Auswirkungen Perron ZStW 2000, 202, 224

108 So das Fazit von Wattenberg, StV 2000, 95, 103

Dem gesamten Ansatz begegnet Wattenbergs Kritik auch deshalb, weil er es als fraglich ansieht, ob wirklich ein empirisch nachzuweisender Anstieg der Kriminalität in diesem Bereich vorliegt, wie die Schöpfer des Entwurfs angeben. Auch der behaupteten Diskontinuität und Ineffizienz des bisherigen Vorgehens steht er skeptisch gegenüber. Zudem ist das Rechtsgut der Finanzinteressen der Gemeinschaft seiner Ansicht nach wenig konturiert. Am stärksten wiegen seine Bedenken, weil eine Ausrichtung ausschließlich an einer effektiveren Verbrechensbekämpfung erfolgt. Eine solche Maxime solle nicht alleinige Grundlage einer Harmonisierung strafprozessualer Regeln sein. Man müsse sich auch die Entwicklungsgeschichte der Vergangenheit vor Augen halten, als deren Ergebnis im Rechtsstaat die Begrenzung einer effektiven Strafverfolgung entstanden ist, um die Rechtsposition des Beschuldigten im Strafverfahren zu wahren.

Auch Alexis F.A.Z. vom 24. April 2003, Nr. 95, S. 8 beklagt die selektive Stoßrichtung unter Hinweis auf die Grundlinien freiheitlicher Strafrechtsprinzipien.

109 Wolter, GA 99, S. 158, 175 spricht etwa im Zusammenhang mit einem europäischen Ermittlungsverfahrensrecht vom Strafprozeßverfassungsrecht als „Bollwerk gegen den strafprozessualen Zeitgeist".

110 Vgl. dazu 18. Abschnitt II

vorstellungen. Der Auftrag des Europarates gibt ihm ein Wirken vor hin zu einer Harmonisierung der Lebensbedingungen durch die Erarbeitung von Konventionen, die Verabschiedung von Empfehlungen und die Durchführung von Fachtagungen.

2) Strafrechtliche Beschäftigung

Besonderen Stellenwert für das Strafrecht kommt neben dem Europäischen Gerichtshof für Menschenrechte auch dem Anti-Folter-Komitee zu, auch wenn diese beiden Institutionen keine Organe des Europarats sind, sondern solche der jeweiligen Konventionen (Europäische Menschenrechtskonvention und die Anti-Folter-Konvention), die nur beim Europarat angesiedelt sind[111]. Neben diesen besonders hervorzuhebenden Vertragswerken sind vom Europarat bislang über 20 für das Strafrecht relevante Konventionen eingebracht worden, deren Themen in ziemlicher Breite vom Auslieferungsrecht über die Geldwäsche bis zum Umweltschutz reichen[112]. Dem Europarat kommt bei der Schaffung der Konventionen eine Initiativfunktion zu, er bildet die Grundlage für ihre Erarbeitung und entscheidet über die Frage der Auflegung zur Ratifikation. Die konkrete Umsetzung ist dann Sache der Mitgliedsstaaten, was zu unerwünschten Verzögerungen führen kann[113]. Äußerungen des Europarates selbst in kriminalpolitischer Hinsicht finden durch vom Ministerkomitee beschlossenen Empfehlungen statt. Von den bisher verabschiedeten über 90 Empfehlungen für den strafrechtlichen Bereich finden sich solche zu Fragen der Strafzumessung, zum Sanktionensystem und zum Strafvollzug, daneben gibt es themenzentrierte Zusammenfassungen seiner Empfehlungen[114].

Hervorzuheben ist in diesem Zusammenhang auch die Empfehlung des Sachverständigenausschusses des Europarates zur Einführung der echten Verbandsstrafe[115], einem Aspekt, der auch in dieser Arbeit als wesentlich bei der Angleichungsdiskussion zu beachten gilt.

---

111 Beide haben eine direkte Wirkungsweise: der Gerichtshof durch die Individualbeschwerde (Art. 43 EMRK) als Garant des Europäischen Menschenrechtsschutzes im Hinblick auf eine Fortentwicklung gesamteuropäischer Standards und das Anti-Folter-Komitee durch ein präventives Kontrollsystem im Bereich der Freiheitsentziehung.

112 Genannt werden sollten in diesem Zusammenhang etwa die European Convention on Extraditon von 1957 (ETS Nr.24), die European Convention on the Punishment of Road Traffic Offences von 1964 (ETS Nr. 52) , die Convention on Money Laundering , Search and Seizure and Confiscation of the Proceeds from Crime von 1990 (ETS Nr. 147), die Convention on the Protection of the Environment through Criminal Law von 1998 (ETS Nr.172); vgl. zur Zusammenfassung bei der internationalen Rechtshilfe Grützner/Pötz, Internationaler Rechtshilfeverkehr in Strafsachen, 2. Aufl. (Loseblattsammlung); umfassende Übersicht auch bei Vogler Jura 1992, 586 ff.; aktueller bei Kühne, Strafprozeßrecht, § 3 III RdNr 85

113 Vgl. zu einem bedauernswerten Beispiel etwa die European Convention on the International Validity of Criminal Judgements von 1970, die aber im Herbst 1999 erst von zehn Staaten ratifiziert worden ist.

114 Vgl. dazu die Aufzählung bei Jung, JuS 2000, S. 417, 419 Fn. 14, 15

115 Council of Europe, European Committee on Crime Problems, PC -R- C (87) 5 vom 18.12.1987

Insgesamt läßt sich sagen, daß der Europarat auf eine Politik der Überzeugung setzt und seine Aktivitäten in den letzten Jahren ausgebaut hat, womit ihm teilweise auch eine Rolle als „Trendsetter" zugeschrieben wird[116].

3) Modellstrafgesetzbuch

Unter dieser Bezeichnung ist das von Sieber[117] im Auftrag des Europarates entwickelte Konzept eines europäischen Modellstrafgesetzbuches gemeint, das durch die Statuierung eines unverbindlichen Modellgesetzes einen anderen Ansatz wählt, dessen Wirkungsweise in erster Linie in seiner Vorbildfunktion liegt. Eine solche Vorbildfunktion mit Einfluß auf einzelne verschiedene Rechtsordnungen gibt es auch im *Model Penal Code* der USA, in dessen gedanklicher Anlehnung es wohl auch steht. Anders als bei CI soll aber keine sektorale Grundanlage der Ausgangspunkt sein, sondern, darauf beschränkt, das gesamte materielle Strafrecht erfaßt werden. Eine scheinbare Breite des Unterfangens wird von Sieber vermieden, indem er neben einer inhaltlichen Begrenzung auch bereits ergangene Empfehlungen nutzen will und damit ein stufenweises Vorgehen erfolgen soll.

Bei der Diskussion um ein Modellstrafgesetzbuch führen Befürworter und Gegner dabei in den unterschiedlichen Veröffentlichungen oft ähnliche Argumente erneut an[118]. Die Erforderlichkeit eines solchen Regelungswerkes und deren praktische Umsetzbarkeit werden dabei recht unterschiedlich eingeordnet. Eine europarechtliche Vorgehensweise zur Schaffung eines Modell-Strafgesetzbuches ergibt sich dabei aus den schon genannten Möglichkeiten[119] und ist von der Idee her nicht auf den Europarat beschränkt.

III) Europäische Menschenrechtskonvention (EMRK)

Ebenfalls Erwähnung finden soll die Europäische Menschenrechtskonvention (EMRK), zu deren Signatarstaaten die beiden in Rede stehenden Staaten gehören. Verschiedene Artikel der Konvention enthalten Vorgaben, die auch das Strafrecht berühren[120]. Der

---

116 Zur Organisation der praktischen Umsetzung und zur Bedeutung einzelner Projekte, Jung, aaO, S. 419

117 Vgl. dessen grundlegende Erläuterungen in JZ 1997, 369 ff. sowie in dem Werk Europäische Einigung und Europäisches Strafrecht Köln 1993

118 Vgl. die Nachweise unter Fußnoten 9-11; allenfalls an einen langfristigen Erfolg glaubt Dannecker JZ 1996, 869, 879

119 Vgl. Abschnitt 3 und 4; unabhängig davon sind in der Literatur bereits zahlreiche Überlegungen zur theoretischen Grundlage eines europäischen Strafrechts angestellt worden, etwa Wolter, Europäisches Strafrechtssystem, S. 3, 32 zur Charakterisierung der Systeme; Mir Puig, Europa, 35 ff. zu den Prinzipien eines zukünftigen europäischen Strafrechtssystems; Moccia, Systematische Funktion, S. 45 zu den normativen Grundsätzen eines teleologisch orientierten Strafrechtssystems; Schünemann, Funktion, S. 149 zur unterschiedlichen Abgrenzung von Unrecht und Schuld in den Systemen; De Figueiredo Dias, Probleme, S. 357 ff. zum Aufbau eines funktionalen und zweckrationalen Strafrechtssystems mit der Warnung vor einer vorschnellen Doktrinbildung.

120 Scholz/Hofmann ZRP 1998, 295, 301 sprechen von einem strafrechtlichen und -prozessualen Minimalkonsens; ausführlich zum Einfluß der EMRK auf das Strafrecht und Strafverfahrensrecht in

Konvention kommt wegen der Individualbeschwerde nach Art. 34 EMRK und der damit verbundenen Wirkungsweise des Europäischen Gerichtshofs für Menschenrechte eine weitreichende Rolle im europäischen Menschenrechtsschutz zu[121].

Die strafrechtlichen und strafprozessualen Einflüsse zeigen sich etwa in Artikel 6 II EMRK: „Bis zum gesetzlichen Nachweis der Schuld wird vermutet, daß der wegen einer strafbaren Handlung Angeklagte Unschuldig ist". Hieraus hat der EuGHMR gefolgert, daß Art. 6 II EMRK das Schweigerecht eines Angeklagten garantiere[122].

Die Umsetzung der EMRK in nationales Recht ist in England einen anderen Weg gegangen als in Deutschland. Die EMRK ist dort kein unmittelbar anwendbares Recht, sondern nur eine völkerrechtliche Verpflichtung und eine konventionskonforme Auslegung durch die Rechtsprechung ist vereinzelt geblieben[123]. In Großbritannien ist dieses multilaterale Abkommen zudem erst 1998 in Kraft getreten und erlangte zum Herbst 2000 Geltung[124]. Gerade deshalb sind die Auswirkungen der EMRK[125] auf das englische Strafrecht und Strafprozeßrecht in letzter Zeit verstärkt Thema der Auseinandersetzung in der englischen Literatur gewesen.

Diese überblicksartige Darstellung zeigt, daß das Strafrecht durchaus schon Gegenstand zahlreicher Überlegungen zur Angleichung war und Impulse aus dem supranationalen Bereich erhalten hat. Das Streben nach mehr Gemeinsamkeit, das diese Unterfangen eint, hat somit mehrere gangbare Wege gezeigt, vom Werk mit Orientierungsfunktion wie beim Modellstrafgesetzbuch bis hin zur sektoral begrenzten weitgehenden Vereinheitlichung eines CI[126].

Auch diesen Hintergrund gilt es zu bedenken, wenn später[127] die verfassungsrechtliche Dimension einer Veränderung strafrechtlicher Vorschriften untersucht werden soll, denn nicht nur bei einer Vorgehensweise, die sich am EUV orientiert, sondern auch bei anderen Wegen zur Annäherung des Strafrechts sind die Grenzen möglicher Änderungen im Auge zu behalten und zu vergegenwärtigen, wenn aus diesen Schlüsse gezogen werden sollen.

Deutschland der gleichnamige Beitrag von Kühl, ZStW 1988, S. 406 ff., S. 601 ff.; zu Auswirkungen und Stellung im deutschen Recht auch Kühne, Strafprozeßrecht, § 2 II; zu den Auswirkungen der EMRK auf die Haft in England: Law Commission Consultation Paper No. 157; allgemein Ashworth, Criminal Process, S. 40 ff.;

121 Vgl. zum Verfahren und den Anforderungen Kühne, Strafprozeßrecht, § 2 II 3; ebd. (6. Aufl.) auch zu den Auswirkungen in England: § 71 RdNr. 1153

122 Funke, Cremieux and Miailhe v. France, A. 256 (1993)

123 Ausführlicher im einzelnen: Kühne, aaO, § 71 RdNr. 1153 f.

124 Zur Rechtslage davor vgl. Schroth, ZStW 1988, 470 ff.; Huber, LB 1993/96, S. 1052 f.; zur Rückführung verurteilter Personen nach der Unterzeichnung der EMRK: Huber, LB 1984, S. 415 ff.

125 Zum Verhältnis CI, EMRK und europäischer Grundrechtsschutz: vgl. Janicki, Beweisverbote, S. 537 ff..

126 Skeptisch zur gegenwärtigen Realisierung beider Modelle Jung JuS 2000, S. 417, 423, der aber auf die nicht zu leugnende Stimuluswirkung abstellt.

127 5. Teil 16. Abschnitt

2. Teil: Wichtige allgemeine Aspekte des englischen Strafrechts und der Strafrechtsvergleichung

Wie bereits aus den einleitenden Überlegungen deutlich geworden ist, soll das Interesse dieser Arbeit dem englischen Strafrecht gelten. Als Teil des anglo-amerikanischen Rechtskreises hat das englische Recht[128], wie andere gesellschaftliche Bereiche auch, eine von der kontinentaleuropäischen zu unterscheidende Entwicklung genommen. Bevor eine Auseinandersetzung mit den maßgeblichen strafrechtlichen Fragen erfolgt, soll vorher ein Blick auf den geschichtlichen Hintergrund geworfen werden, aus dem heraus sich auch die Rechtsquellen (6. Abschnitt) und deren Abgrenzungen (7. Abschnitt) ergeben[129]. Wegen der außerordentlichen Relevanz für das Gesamtverständnis muß auch eine Betrachtung der Besonderheiten des englischen Rechts und des Strafprozeßes erfolgen (8. Abschnitt), dessen Rolle bei der Problemlösung im weiteren Verlauf der Arbeit noch deutlich wird. Vorweg bemerkt, spielt aus der Struktur des englischen Strafrechts auch und gerade das Verfahrensrecht bei der Frage der Angleichung des materiellen Rechts eine maßgebliche Rolle[130]. Die Betrachtung und Darstellung des gesamten materiellen Strafrechts erfolgt überwiegend aus der Perspektive des Verfahrensrechts. Fragen der Tatbestandserfüllung, etwa bei Mord oder Diebstahl, werden dort unter der Perspektive behandelt, wie diese Tatbestände einem wirksamen Beweis zugeführt werden können[131].

---

128 Überblicksartige Einführungen etwa bei Graf von Bernstorff, Einführung in das englische Recht, München 1996; Geldart, Introduction to English Law, Oxford 1995; Lyall, An introduction to British law, Baden-Baden 1994 sowie in den Werken zur Rechtsvergleichung im Rechtskreisbericht etwa bei Rheinstein, Einführung Rechtsvergleichung oder David/Grasmann, Einführung Rechtssysteme der Gegenwart

129 Die Darstellung auch geschichtlicher Hintergründe ist kein Selbstzweck, sondern verdeutlicht die Jahrhunderte lange Entwicklung, die gerade in England wegen der geographischen und staatspolitischen Besonderheiten weitgehend kontinuierlich stattfand. Es besteht ein besonders enger Zusammenhang zwischen dem Prozeß der historischen Entwicklung und dem jeweiligen Erscheinungsbild des geltenden Rechts, so daß der Zugang zu den aktuellen Befindlichkeiten sich über eine vornehmlich die geschichtliche Entwicklung berücksichtigende Annäherung erschließt (Reinhardt, Konsistente Jurisdiktion, S.226). Der Stellenwert einer solchen Entwicklungsgeschichte ist gerade bei einer Arbeit, die dem Gedanken der Rechtsangleichung Aufmerksamkeit widmet, zu betonen, denn ein solcher Hintergrund kann einer Änderung viel stärker entgegenstehen, als dies dem modern denkenden, das Vereinheitlichungsvorhaben im Auge habenden Juristen bewußt ist. Dies kann in dieser Arbeit allerdings, allein aus Platzgründen, nur rudimentär anklingen.
Zudem wird vom Kenntnisstand des deutschen Durchschnittsjuristen, der als Leser vorausgesetzt wird, keine so detaillierte Wissensbasis in diesem Zusammenhang unterstellt.
Ausführlich zu diesen tiefgehenden Aspekten, die auch bei der Rechtsvergleichung Bedeutung gewinnen: Großfeld, Kernfragen, der sich unter C VI etwa mit dem Gesamteinfluß der Insellage auf das englische Recht beschäftigt; grundlegend auch David/Grasmann, Einführung Rechtssysteme.

130 Der Verzahnung von materiellem und Prozeßrecht kommt dabei ein ähnliches Verhältnis zu wie im deutschen Zivilrecht bis zur Durchsetzung des aktionenrechtlichen Denkens Mitte des 19. Jahrhunderts. Der Anspruch wurde dabei in seiner bereits verneint, wenn die prozessuale Durchsetzung nicht gewährleistet war; er galt dann als nicht entstanden. Das Verhältnis von Strafbarkeit und Durchsetzung des Strafanspruchs in England ist als ebenso eng einzuordnen.

131 Kühne, Strafprozeßrecht, 6.Aufl. 2003, § 71 RdNr. 1152 verweist insbesondere auf das Hauptwerk zum englischen Strafverfahren von *Archbold, Criminal Pleading, Evidence and Practice, 2001*, welches

Die Unterschiede, welche sich aus dem Opportunitätsprinzip, dem adversarischen System der Hauptverhandlung sowie aus den Grundsätzen des Beweisrechts[132] ergeben, sind für die Beurteilung der Behandlung materieller Rechtsfragen, vorliegend insbesondere solcher des Allgemeinen Teils, als Kenntnis unabdingbar und zumindest kursorisch vorauszuschicken. Nur so können die im folgenden behandelten Aspekten richtig eingeordnet und in ihrer Verzahnung erkannt werden.

Zu nennen sind bereits die Auswirkungen des Opportunitätsprinzips auf die Einstellung von Verfahren bei fehlendem Verschulden im Falle sog. *strict liability*-Delikte[133], ebenso bei üblichen Delikten im Falle fehlender mens rea[134] und eine Lösung in der Strafvollstreckung aufgrund der fehlenden Anwendbarkeit von *duress* bei *murder*[135].

Ferner wird die Rolle der Strafzumessung, welche bei Aspekten wie dem unvermeidbaren Verbotsirrtum und dem Rücktritt vom Versuch erst dort zu einer Berücksichtigung führt, nur durch die Rollenverteilung zwischen Berufsrichter und Jury sowie der Erkenntniskompetenz in der Hauptverhandlung verständlich, welche wiederum als Korrektiv zu einer fehlendem Systematik einzuordnen ist.

6. Abschnitt: Grundlagen

I) Rechtshistorischer Überblick

Kennzeichnend für eine Rechtsordnung der *common law*-Rechtsfamilie ist, daß die Ausprägung des materiellen Rechts weniger auf Leistungen der Strafrechtswissenschaft oder gesetzgeberischer Tätigkeit beruht als vielmehr eine maßgebliche Prägung durch die Gerichte erfahren hat. Das Jahr 1066 stellt auch für die Rechtsentwicklung ein wichtiges Datum dar. Bereits kurze Zeit nach der Eroberung durch die Normannen wurden im 12. Jahrhundert unter der Herrschaft von König Henry II. (1154-1189) Zentralgerichte gebildet, die eine Zuständigkeit für den gesamten Bereich des Landes besaßen und heute gemeinhin als ein Ursprung des *common law* gelten[136]. Begünstigt wurde diese Entwicklung dadurch, daß England als geeintes Reich bereits eine zentrale Regierungsgewalt besaß und unter Sir Ranulf de Glanville, als *justiciar of England*, ein kohärentes System englischen Rechts geschaffen wurde, das seine uneingeschränkte Autorität vom König ableitete[137].

---

nach der Darstellung allgemeiner Beweisgrundsätze das gesamte Strafrecht unter Beweiserhebungsperspektiven darstellt.

132 Diese werden im 11. Abschnitt II im Zusammenhang mit dem Straftataufbau dargestellt. Die Relevanz des Beweisrechts für materielle Fragen wird etwa bei der mens rea (10. Abschnitt II 5) oder der Bestrafung von Versuchshandlungen (13. Abschnitt C IV) deutlich.

133 vgl. 10. Abschnitt II 4

134 vgl. 10. Abschnitt II 3

135 vgl. 13. Abschnitt C II 5

136 Vgl. van Caenegem, Judges, S. 94; Baker, Legal History, S. 15; ausführlich zur geschichtlichen Entwicklung des *common law* auch Reinhardt, Konsistente Jurisdiktion, S. 228 ff.

137 Baker, aaO, S. 14

In jede Grafschaft (*County*) kamen regelmäßig drei- bis viermal im Jahr Richter der *Assize Courts*, welche Teil dieser Zentralgerichte waren und die als Richter im Auftrag des Königs durch das Land reisten, um gefangengenommenen, eines schwerwiegenden Verbrechens verdächtigen Tätern den Prozeß zu machen[138].

Dabei verlieh der König den Richtern der Zentralgerichte auch die Befugnis, ihre eigenen Regeln und Prinzipien zu entwickeln. Das sich auf diese Weise herausbildende Richterrecht entwickelte sich auf den Gebieten des Zivil- und Strafrechts kontinuierlich bis in die Gegenwart fort und ist unter der Bezeichnung *common law* charakterisierend für diese Rechtsfamilie. Die fortgehende Entwicklung des *common law* beginnend im Mittelalter bis in die heutige Zeit wurde weder durch geschichtliche Umbrüche, wie sie auf dem Kontinent beispielsweise durch Revolutionen oder Umstürze stattfanden, gestört noch durch eine Gesamtkodifikation frühzeitig festgelegt[139].

Somit war bereits um das Jahr 1200 in England ein Recht entstanden, welches für das gesamte Land Geltung besaß. Die Ausbreitung des *common law* wurde dadurch begünstigt, daß die Zentralgerichte die zum damaligen Zeitpunkt bestehenden feudalen Gerichte des örtlichen Adels weitgehend zurückdrängen konnten.

Von Beginn an kam außer der Entstehung des *common law* einer Institution Bedeutung zu, die im weiteren Fortgang eine wichtige Rolle für die Anwendung des materiellen Rechts und die Gestaltung des prozessualen Rechts spielte, nämlich der Jury. Ausgehend von der fränkischen inquisitio, bei der örtliche Vertrauensleute eine Befragung vornahmen über Geschehnisse, die für die Rechte des Königs von Bedeutung waren, und die von den Normannen mit nach England gebracht wurde, entstand zuerst die *grand jury*, die Anklagejury. Deren Mitglieder erstatteten den königlichen Richtern der *Assize courts* Bericht über die Anklage und die Persönlichkeit des Beschuldigten aufgrund selbstgemachter Erfahrungen und eigener Sichtweise[140]. Die örtlichen Geschworenen gingen mit der Zeit allerdings immer mehr dazu über, sich gestützt auf Zeugenaussagen über das Tatgeschehen zu äußern und damit eine Entscheidung über Schuld oder Unschuld des Angeklagten zu treffen. Somit hatte sich aus der Anklagejury die *petty jury*, die Urteilsjury, entwickelt, wobei erstere bis zu ihrer Aufhebung im Jahr 1933 neben der Urteilsjury fortbestand. Die Entwicklung zum Schwurgericht der Neuzeit, so wie es heute noch bekannt ist, wurde im 16./17. Jahrhundert abgeschlossen.

Das Verfahren vor einer solchen Jury führte auch zum Entstehen bestimmter Verfahrensgrundsätze. Besonders erwähnenswert sind die Grundsätze über die Öffentlichkeit und Mündlichkeit des Verfahrens sowie die Unmittelbarkeit der Beweisaufnahme, denen heute auch in anderen Prozeßordnungen Rechnung getragen wird[141]. Ferner hervorzuheben ist, daß das Jurysystem, welches ein adversarisches Verfahren darstellt, dadurch gekennzeichnet ist, daß der Anklage und dem Angeklagtem die Rolle von gleich-

---

138 Näher zur Entwicklung der Assize Courts bei Jackson/Spencer, Machinery of Justice, S. 5; Baker, aaO, S.18

139 Vgl. dazu Radbruch, Der Geist des Englischen Rechts, S. 7 ff.; Baker, aaO, S. 34.

140 Baker, aaO, S. 576; vgl. zur historischen Entwicklung: bzgl. der Grand Jury Baker, aaO, S. 29; bzgl. des einsetzenden Gedankens der Trennung von *crime* und *tort* Eser/Walther, Wiedergutmachung, S. 114 ff.

141 Vgl. zu den geschichtlichen Aspekten Grünhut in: Mezger/Schönke/Jescheck, Bd. 3, S. 143

berechtigten Partnern zukommt, während der Richter die Funktion eines unparteiischen Schiedsrichters einnimmt, der über die Einhaltung der Verfahrensregeln durch die Parteien wacht[142]. Entscheidend für die Entwicklung eines Rechts, das sich am Einzelfall orientiert, waren die Möglichkeiten, die Entscheidungen der Gerichte aufzuzeichnen und so zu sammeln, daß die weitere Rechtsentwicklung verfolgt werden konnte. Ab dem 13. Jahrhundert wurden bereits gerichtliche Entscheidungen in den sog. Jahrbüchern, den *year books*, aufgezeichnet. Die *year books* stellten jedoch keine *law reports* im Sinne des heutigen englischen Rechts dar, welche die Entscheidungen des Gerichts über einen ganzen Zeitraum beinhalten[143]. Die verhandelten und aufgezeichneten Fälle dienten allenfalls dazu, vereinzelt Hinweise zu geben und so Juristen auf gewisse Aspekte aufmerksam zu machen, falls diese Bedeutung in ihren Fällen zukam[144].

Die Ablösung der *year books* erfolgte im 16. Jahrhundert durch eine Reihe von verschiedenen *law reports*, die teilweise gerichtliche Entscheidungen mit der ganzen Urteilsbegründung zur Veröffentlichung enthielten. Allerdings wurden diese *law reports* nicht von den Gerichten selbst herausgegeben, sondern es waren Privatpersonen für ihre Publizierung verantwortlich. Dies hatte zur Folge, daß die Qualität und damit auch die Zuverlässigkeit dieser eher privaten *law reports* recht unterschiedlich ausfiel. Dem sollte mit der Gründung der „*Incorporated Council of law Reporting for England and Wales*" entgegengewirkt werden. Dessen Aufgabenkreis bestand darin, *law reports* zu publizieren, die dadurch einen offizielleren Charakter erhalten sollten, daß die zu veröffentlichende Entscheidung zuvor der Autorisierung durch die Gerichte unterlagen[145]. Der rechtlichen Praxis kam somit für die Rechtsentwicklung im Strafrecht frühzeitig eine prägende Bedeutung zu, die von den Gerichten und den übrigen praktizierenden Juristen ausging. Dies fand auch darin Ausdruck, daß die Ausbildung der Juristen im Mittelalter nicht an den englischen Universitäten erfolgte, an denen nur römisches und kanonisches Recht gelehrt wurde, sondern an den *Inns of Court*, an denen Rechtsanwälte, die *barrister*, oder Richter für die Ausbildung des juristischen Nachwuchses verantwortlich waren. Der erste Lehrstuhl für englisches Recht wurde erst im 18. Jahrhundert an der Universität in Oxford eingerichtet[146].
Die erste wissenschaftliche Bearbeitung eines Allgemeinen Teils des Strafrechts erfolgte 1953 durch Williams in *Criminal Law - General Part*. Diese recht späte Auseinandersetzung mit den strukturellen Grundlagen zeigt deutlich die vergleichsweise geringe Rolle, die die Rechtswissenschaft bei der Entwicklung des englischen Strafrechts eingenommen hat. Rechtswissenschaftler schreiben in erster Linie für ihre Kollegen und Studenten. Bis in die siebziger Jahre des 20. Jahrhunderts war den Gerichten das Zitieren der Werke lebender Autoren bei der Urteilsbegründung sogar verwehrt, weil ein noch lebender Verfasser seine zuvor publizierte Meinung wieder geändert haben könnte und deshalb von den Gerichten nicht als sog. Autorität (*authority*) betrachtet werden durfte. Die Justiz nahm deshalb nur eingeschränkt Notiz von den rechtswissenschaftli-

142 Dazu Jackson/Spencer, Machinery of Justice, S. 19 ff.
143 zur Geschichte der *law reports*: David, Bindung des Richters, S. 2/3
144 Bailey/Gunn, English Legal System, S. 405; vgl. Jackson/Spencer, Machinery of Justice, S. 13
145 Bailey/Gunn, English Legal System, S.406; vgl. auch zur geschichtlichen Entwicklung des Aufzeichnungswesens Ward, Walker & Walker's English Legal System, S. 81 ff.
146 vgl. van Caenegem, Judges S. 60/61; Grünhut in: Mezger/Schönke/Jescheck Bd. 3, S. 146

chen Meinungen. Erst in der jüngeren Vergangenheit ist eine intensivere Auseinandersetzung von Rechtsprechung und Rechtswissenschaft entstanden[147], etwa hinsichtlich der Strafzumessungspraxis, nachdem sich zuvor ein echter inhaltlicher Austausch überhaupt nicht vollzogen hatte[148].

Daß in England bis heute noch keine Gesamtkodifikation des materiellen Strafrechts geschaffen wurde[149], ist ebenfalls der eher starken Stellung der englischen Richterschaft zuzuschreiben. Jede Gesamtkodifikation hätte zwangsläufig die Bedeutung des *common law* relativiert und damit die Gestaltungsspielräume der Richter eingeschränkt, so daß ein Zusammenhang zwischen der Machtfülle der englischen Richterschaft und dem Scheitern sämtlicher Kodifikationsbemühungen nicht von der Hand zu weisen ist[150]. Die gesetzliche Regelung einzelner Deliktsgruppen fand zwar im 19. Jahrhundert im Rahmen der allgemeinen Kodifikationsbewegung statt; eine Gesamtkodifikation steht wie erwähnt aber noch aus und auch der 1989 von der *Law Commission*[151] vorgelegte Entwurf zu einer Kodifikation des Strafrechts als solchem, ist bisher nicht verwirklicht worden[152]. Der Entwurf hat trotzdem in der Strafrechtswissenschaft eine eingehende Erörterung erfahren, so daß ihm bei zukünftigen Reformvorhaben in irgendeiner Weise auf jeden Fall Rechnung getragen wird. Um zumindest die Möglichkeit einer Teilverwirklichung zu eröffnen, wurden von der *Law Commission* in der Folgezeit besonders reformbedürftige Bereiche des Allgemeinen und Besonderen Teils ausgekoppelt und die Entwicklung entsprechender Reformpläne vorangetrieben[153].

II) Die Rechtsquellen des englischen Strafrechts

Angesichts des beschriebenen Stellenwerts im juristischen Leben und der dominierenden Rolle der Gerichte bei der Strafrechtsentwicklung erscheint es konsequent, daß ihren Entscheidungen[154] der Rang einer primären Rechtsquelle eingeräumt wird. Das Strafrecht beruht folglich auf zwei Rechtsquellen, der des *common law* und der des Gesetzesrechts, das vom Parlament in Westminster in Form von *statutes* erlassen wird.

---

147 Etwa durch den seit 1982 erscheinenden Rechtsprechungsüberblick, in dem Rechtswissenschaftler die wichtigsten Urteile eines Jahres kommentieren und in einen größeren juristischen Zusammenhang zu stellen versuchen; Kommentarliteratur wie in Deutschland fehlt hingegen völlig.

148 Vgl. dazu auch Atiyah, Pragmatism and Theory, S. 182 ff.; Huber, Landesbericht 1982/84, S. 380; zur Bedeutung von herausragenden Werken der Strafrechtswissenschaft bei der konkreten Entscheidungsfindung von Gerichten im *common law* vgl. Bailey/Gunn, English Legal System, S. 401

149 vgl. Wyngaert, systems, 1.1

150 Dazu van Caenegem, Judges, S. 152 ff. sowie Grünhut in: Mezger/Schönke/Jescheck, Bd. 3, S. 152 f.; Schwarz in: Goldschmidt, Bd.2, S. 7 f.

151 Einem auf Grundlage des s. 1 Law Commission Act 1965 eingerichteten Gremiums zur Reform des englischen Rechts.

152 Vgl. Law Com. No. 177; dazu Jescheck, Entwurf in: FS für Schmitt, S. 56

153 Siehe dazu Law Com. No. 122, Legislating the Crime Code. Offences against the Person and General principles; Law Com. No. 218, Legislating the Criminal Code. Offences against the Person and General principles; Law Com. No. 127, Intoxication and Criminal liability; Law Com. No. 134, Consent and Offences against the Person

154 Als Nachschlagewerk zur Wiedergabe der im nachfolgenden genannten Entscheidungen ist etwa *Allen, Elliott and Wood`s cases on criminal law* geeignet.

Diese ergänzen sich zu einem System von Regeln und Prinzipien (*rules and principles*)[155].

Im folgenden soll nach einer kurzen Betrachtung des örtlichen Geltungsbereichs eine Darstellung der Bedeutung der beiden Rechtsquellen für das englische Strafrecht erfolgen. Dabei verdient auch Aufmerksamkeit, wie *common law* und Gesetzesrecht bei der Regelung einzelner Tatbestände oder Strafausschließungsgründe ein Ineinandergreifen ermöglichen. Betrachtung erfährt danach die Grundlage des *common law*, nämlich das Prinzip der Bindung an Präzedenzfälle, die *rule of precedents* oder *principle of stare decisis*.

1) Der örtliche Geltungsbereich

Eine unmittelbare Geltung des englischen Strafrechts besteht nur in England und Wales[156]. Schottland und Nordirland hingegen haben eigene Rechtssysteme, wobei Nordirland, anders als Schottland, weitgehend die allgemeinen Grundsätze der Rechtsanwendung sowie die gesetzlichen Bestimmungen des englischen Rechts besitzt. Es liegen somit von Verfassungs wegen getrennte Rechtsbereiche vor. Das Parlament von Westminster stellt jedoch eine für alle drei Rechtssysteme gemeinsame gesetzgebende Körperschaft dar[157]. Der Geltungsbereich englischer Strafgesetze war ursprünglich streng am Territorialprinzip orientiert. In den letzten Jahren ändert sich in Bezug auf einzelne Delikte. Da es an einer grundlegenden Regel diesbezüglich fehlt[158], sind Besonderheiten bei jedem Deliktskomplex zu vermerken.

2) Die Relevanz des *common law* und des Gesetzesrechts

Infolge der historischen Entwicklung handelt es sich bei dem englischen Recht insgesamt gesehen um ein eher unsystematisches Gebilde, dessen Regeln bis heute niemals in einer Art und Weise geordnet oder strukturiert wurden, etwa durch Kodifizierung[159], wie dies in kontinentaleuropäischen Bereichen geschehen ist. Auch ohne Gesamtkodifikation sind die meisten Tatbestände mittlerweile, verteilt auf eine Vielzahl von Einzelgesetzen, geregelt. Aber auch in der Gegenwart existieren noch echte *common law*-Delikte, deren tatbestandliche Voraussetzungen ausschließlich durch das *common law* vorgegeben werden. Als Beispiele sind dabei zu nennen: *common law conspiracy* (Verabredung zu bestimmten Straftaten), *battery* (Körperverletzung) oder auch *murder* (Mord),

-denn auch mit Erlaß des Homicide Act 1957 hat sich nichts daran geändert, daß die Tatbestandsvoraussetzungen für Mord noch immer dem *common law* entnommen werden.-

---

155 A.T.H. Smith, Reshaping, S. 95

156 Bailey/Gunn, English Legal System, S. 4

157 Grünhut in: Mezger/Schönke/Jescheck, Bd. 3, S. 155 ff.

158 Jedes Gesetz bestimmt selbst seinen Geltungsbereich, auch bezüglich einer Auslandsstrafbarkeit, da es Regelungen wie in Deutschland die §§ 3- 9 StGB als sog. internationales Strafrecht nicht gibt. Vgl. Huber, LB 1984, S. 348; zur Geltungskraft englischer Gesetze und deren zeitlicher und örtlicher Reichweite vgl. Ward, Walker & Walker's English Legal System, S. 23 ff.

159 Huber, LB 82/84, S. 342

Ersichtlich wird die Rolle des *common law* auch bei den meisten allgemeinen Grundsätzen wie den Strafausschließungsgründen, etwa Notwehr (*private defence*), Nötigungsnotstand (*duress by threat*) oder der Schuldunfähigkeit (*insanity*), die alle, anders als Deliktstatbestände, aus diesem stammen[160].
Zwar läßt sich allgemein feststellen, daß die Tatbestände zum größten Teil im Gesetzesrecht geregelt sind, die Strafausschließungsgründe hingegen zahlenmäßig stärker dem *common law* entstammen, doch daraus läßt sich keine strikte Trennung zweier völlig unterschiedlicher Rechtsmaterien konstruieren. Beide Materien sind durch eine Vielzahl von Überschneidungen miteinander verbunden, die sich in der Gestalt äußern, daß die Zuordnung eines *defence* zu einer dieser Rechtsmaterien Schwierigkeiten bereiten kann. So handelt es sich beispielsweise bei der Einrede der Provokation (*provocation*) um einen *common law defence*, der anfänglich nur durch das *common law* eine Regelung fand, dessen einzelne Voraussetzungen allerdings später durch s. 3 Homicide Act 1957 einer Modifikation unterzogen wurden. Bei ihrem Eingreifen wird eine Herabsetzung von Mord zu *(voluntary) manslaughter* vorgenommen. Trotz der ausführlichen Regelung einzelner Voraussetzungen dieser erkennbar relevanten Provokationseinrede durch dieses Gesetz, kann diese immer noch als *common law defence* angesehen werden[161].

Ein isoliertes Eigenleben des Gesetzesrechts wird auch deshalb verhindert, weil die Strafgesetze von den Gerichten zunächst ausgelegt werden müssen, bevor sie einer Anwendung zugänglich gemacht werden. Die Auslegung eines gesetzlich geregelten Tatbestandes bringt aber die Entstehung von neuem *common law* mit sich. Relevant ist dabei, daß die Entscheidungen eines Gerichts formell eine Bindungswirkung für Gerichte derselben oder einer unteren Instanz entfalten, sog. *rule of precedent*. Ein Zusammenwachsen von Gesetzesrecht und *common law* zu einer einheitlichen Rechtsmaterie ist deshalb eine zwangsläufige Konsequenz dieser Entwicklung[162].

Es bleibt somit dem Gesetzgeber überlassen, einmal entstandenes *common law* durch Gesetz einer Modifikation zu unterwerfen oder es außer Kraft zu setzen. Denn eine Anwendung des Gesetzes durch die Gerichte auch bei fehlendem Einklang mit den herkömmlichen Grundsätzen des *common law* ist dadurch sichergestellt, daß nach englischem Verfassungsrecht das Parlament als höchster Souverän keinerlei richterlicher Kontrolle unterliegen darf[163].

Insgesamt läßt sich festhalten, daß dadurch, daß das Strafrecht in Einzelgesetzen enthalten ist und auch Abänderungen in einzelnen Gesetzen erfolgen, ohne daß gleichzeitig eine abgeänderte vollständige Fassung des früheren Gesetzes erscheint, eine Handhabung des Rechts als unübersichtlich und schwierig bezeichnen werden muß. Weil Änderungen von Vorschriften unterschiedlicher Thematik häufig in Gesetzen mit allgemeinen Titeln wie *Criminal Law Act, Criminal Justice Act, Criminal Justice Administration Act* erfolgen, deren Bezeichnungen nur wenig auf den Inhalt schließen lassen, wird die Schwierigkeit im Umgang mit diesen englischen Vorschriften noch ver-

---

160 Anders hingegen das Festnahmerecht, das durch Gesetz, s.3 Criminal Law Act 1967, geregelt wurde.
161 So Smith/Hogan, Criminal law, S. 351
162 Vgl. Jackson/Spencer, Machinery of Justice, S. 15
163 Vgl. Jackson/ Spencer, Machinery of Justice, aaO; ferner Loewenstein, Staatsrecht Bd. I, S. 46 ff.

stärkt[164]. Als wichtiger Faktor der Rechtsfortbildung und Hauptquelle für die Formulierung von Rechtsgrundsätzen sind die richterlichen Entscheidungen von fundamentaler Bedeutung. Die Grundsätze und Regeln der Präzedenzfälle haben normativen Charakter und sind erst im Falle des Erlasses eines Parlamentsgesetzes nachrangig zu behandeln.

Deutlich erkennbar sind auch die Systemunterschiede, die zwischen Deutschland und England, zwischen *common law* und Gesetzesrecht allgemein sowie im hier interessierenden Strafrecht im besonderen hervortreten und verschiedenen Ursachen haben.

Die Erklärung für die unterschiedlichen Gestaltungen des einfachen Rechts in England und Deutschland lassen sich sowohl auf unterschiedliche historische Entwicklungen wie auch grundlegende Systemunterschiede, die sich daraus ergeben haben, zurückführen. Oft bestehen nicht erkennbare Einflüße. Diese verdienen deutliche Beachtung, weisen doch die zahlreichen detaillierten Darstellungen immer wieder auf hinter dem einzelnen Komplex stehende Gesamtzusammenhänge hin. Überhaupt macht erst ein Makrovergleich die großen Bezugspunkte innerhalb einer nationalen Rechtsordnung deutlich.

Ein besonders enger Zusammenhang besteht auch in England zwischen dem Prozeß der historischen Entwicklung und dem jeweiligen Erscheinungsbild des geltenden Rechts. Der Zugang zu den aktuellen Befindlichkeiten erschließt sich über eine vornehmlich die geschichtliche Entwicklung berücksichtigende Annäherung.

Die Ursprünge des *common law* wirken noch fort in der Verhinderung einer materiellen Rezeption des römischen Rechts in England, in der fehlenden Unterscheidung zwischen privaten und öffentlichem Recht, in der Dominanz des Verfahrens vor dem materiellen Recht sowie in der Kontinuität der Systematik und Begrifflichkeit, mitunter gar auch in ihren überkommenen materiellen Inhalten[165], wie etwa am Beispiel der mens rea deutlich gemacht werden soll.

Die historische Dimension in der Fallorientiertheit der englischen Rechtsordnung, die die materiellen Maßstäbe aus einer zeitunabhängigen Kontinuität der durch das Postulat der Verbindlichkeit miteinander inhaltlich verknüpfter richterlicher Judikate gewinnt, anstatt es unter der Vorgabe einer einzelnen, zeitlich regelmäßig nur punktuellen gesetzgeberischen Entscheidung im übrigen dem Richter zu überlassen, ist dabei ebenso zu nennen wie die Distanz zwischen den Zeitpunkten von Normsetzung und Entscheidungsausspruch. Ein extensiv verstandenes Gebrauchmachen der verfassungsrechtlich gewährten Unabhängigkeit überbrückt diese Distanz.

Die Bindung des Richters an das Präjudiz, die in England als ein der Mischung aus sachlicher Notwendigkeit und richterlicher Bequemlichkeit erwachsenes Faktum begann, nicht aber als ein methodisches Dogma, bewirkt in unterschiedlicher Weise die deutlich gewordene konsistenzstiftende Kraft einer Bindung rechtsprechender Organe an ihre Präjudizien in einem von lediglich der richterlichen Anwendung bedürfenden materiellen Maßstäben freien Raum[166]. Auch die unterschiedliche Aufarbeitung und Aufbereitung eines Sachverhalts durch ein Prozeßsystem bewirkt eine andere prozessuale Situation, denn auch die Tatsachenermittlung bestimmt das materielle Recht. Nur

---

[164] So auch die Einschätzung von Huber, LB 82/84, S. 345

[165] So insgesamt die Erkenntnis von Reinhardt, Konsistente Jurisdiktion, S. 226

[166] aaO, S. 232, 237

innerhalb eines Systems ist die Umsetzung relativ gleich, was eine implizite Zugrundelegung ist.

Die Geschichte des geschriebenen Rechts in England in erster Linie eine Geschichte gescheiterter Kodifikationsversuche, über deren tieferen Gründe für das Nichtzustandekommen derartiger Kodifikationen spekuliert werden kann, und das erst in jüngster Zeit ein gewissen Wandel erlebt hat. So weist schon die bloße Feststellung dieses historischen Faktums auf ein von der kontinentaleuropäischen Doktrin grundsätzlich abweichendes, ja dieser gegensätzliches Verständnis der englischen Rechtsdogmatik von der Einordnung einer geschriebenen Rechtsnorm in das System der Rechtsquellen hin. Auch heute ist es noch zutreffend, auf die grundsätzlichen dogmatischen Unterschiede zwischen dem geschriebenen Recht in England und dem geschriebenem Recht auf dem europäischen Kontinent hinzuweisen und eindringlich vor einer pauschalierenden Gleichsetzung zu warnen[167].

Die Darstellung dieser einleitenden Kapitel zur Präjudizienbindung, zum Strafverfahren und zum Opportunitätsprinzip haben ihre Relevanz auch wegen der unterschiedlichen Rechtstraditionen. Gerade um diese „Leerformel" auszufüllen, ist es wichtig, auf konkrete Rechtsentwicklungen einzugehen.

3) Das *Principle of stare decisis*[168]

Das *common law* als ein in sich gefestigtes Richterrecht[169] kann eine solche Ausformung nur erfahren, wenn sich die Gerichte bei der Entscheidung des konkreten Einzelfalles an die überlieferten Präzedenzfällen halten, aus denen sie das anzuwendende Recht entnehmen können[170]. Da dem Richterrecht eine der gesetzlichen Grundlage vergleichbare Basis fehlt, muß es sich wesentlich stärker an die in früheren Entscheidungen entwickelten Prinzipien und Regeln halten und diese auch in künftigen, gleichgelagerten Fällen befolgen. Das *common law* beinhaltet mit dem Prinzip der Bindung an Präzedenzfälle die Leitlinie der Voraussetzungen, die erfüllt sein müssen, damit das Gericht bei der Entscheidung des konkreten Falls an einen früher entschiedenen Präzedenzfall in formeller Weise gebunden ist. Nach einer Erläuterung dieser Voraussetzungen (3.1) folgt eine Darstellung der wesentlichen Wandlung dieses Prinzips im Verlauf der letzten hundert Jahre (3.2).

3.1) Die Voraussetzungen einer formellen Bindung an den Präzedenzfall (*precedent*)

Die Grundregel, die in der Wirklichkeit erst durch ihre Modifikationen zur Einsetzbarkeit dieser Methode beitragen, wird mit der Umschreibung vorgenommen: „*Every court*

---

167 So Reinhardt, Konsistente Jurisdiktion, S. 239, 243

168 Stare decisis et non quieta movere, d.h. bei Entscheidungen stehen bleiben; Beispiel, um Gefahr der Bindungswirkung aufzuzeigen, bei Watzek, aaO, S. 231 ff.

169 Zur Rolle der richterlichen Rechtsbildung im anglo-amerikanischen Rechtskreis: Jaffe, Lawmakers, S. 31 ff., insb. zum demokratischen Charakter

170 Anders Reinhardt, Konsistente Jurisdiktion, S. 249, der das Institut der Präjudizienbindung von der nur scheinbar ausschließlichen Umgebung des case law gelöst sieht hin zu einem autarken methodischen Instrument.

is bound to follow any case decided by a court above it in the hierarchy, and appellate courts ... are bound by their previous decisions"[171]. Nur die Festlegung einer Rechtsfrage, der *proposition of law*, kann bindend für einen später zu entscheidenden Fall sein, denn nur was das Gericht in einem früheren Fall in rechtlicher Hinsicht zu entscheiden hatte, kann für spätere Fälle eine Bindungswirkung entfalten. Dabei kommt der Abgrenzung der Tatsachenfeststellung von der Rechtsfrage auch für die Aufgabenteilung zwischen Richter und Jury eine maßgebliche Rolle zu, weil der Richter grundsätzlich nur Rechtsfragen zu entscheiden hat, während der Jury die Feststellung der Tatsachen zukommt[172]. Allerdings kommt nicht allen in einem konkreten Fall getroffenen rechtlichen Festlegungen eine rechtliche Bindungswirkung zu, sondern nur den sog. ratio decidendi.

Diese sind als sämtliche rechtliche Festlegungen zu charakterisieren, die für ein Gericht im konkreten Fall erforderlich waren, um zu dem betreffenden Urteil mit der entsprechenden Aussage zu gelangen. In der Literatur wird die ratio decidendi folgendermaßen umschrieben:
„*The ratio decidendi of a case is any rule of law expressly or impliedly treated by the judge as a necessary step in reaching his conclusion, having regard to the line of reasoning adopted by him, or a necessary part of his direction to the jury.*“[173]

Zu unterscheiden ist die ratio decidendi vom obiter dictum, welches zwar gleichfalls die Aussage des Gerichts zu einer rechtlichen Fragestellung enthält, aber im Unterschied zu diesem nicht zu den tragenden Gründen zählt, auf welchen das Urteil des Gerichts beruht[174]. Eine wissenschaftliche Unterscheidung ist jedoch abstrakt schwierig und kaum durchführbar. Für eine formelle Bindung an die ratio decidendi sind noch zwei weitere Voraussetzungen erforderlich. Dies ist zum einen, daß der Sachverhalt des zu entscheidenden Falls mit demjenigen des Präzedenzfalles vergleichbar sein muß (*on point*). Erstens dürfen deshalb zwischen den beiden Fällen keine wesentlichen Unterschiede (*material distinction*) bestehen, wobei allerdings in Einzelheiten eine gewisse Unklarheit dahingehend besteht, was als solch ein wesentlicher Unterschied einzustufen ist. Weil im englischen Recht wegen der Schwierigkeit der Aufstellung kein Prüfungsmaßstab vorhanden ist, welcher dem Gericht zeigen würde, wann die Unterschiede zwischen zwei Fällen als wesentlich einzustufen sind, ist dem Richter bei der Anwendung von Präzedenzfällen ein gewisses Ermessen zugewiesen[175]. Und zweitens ist ein Gericht grundsätzlich nur an Entscheidungen eines Gerichts derselben oder einer höheren In-

171 Cross/Harris, Precedent in English Law, S.39; dazu auch Benditt, Rule of Precedent; in deutscher Sprache bereits grundlegend David, Bindung des Richters; zur formellen Bindung insb. S. 65 ff.

172 Vgl. Bailey/Gunn, English Legal System, S. 371; zum Zusammenhang von *law reports* und Präjudizienbindung: Ward, Walker & Walker's English Legal System, S. 62 ff.

173 Cross, Precedent, S. 76

174 Instruktiv zur Auswahl einflußreicher Vorentscheidungen, den unterschiedlichen Definitionsansätzen des Begriffs ratio und den Ebenen der Nichtanwendung von Vorentscheidungen sowie der vertikalen und horizontalen stare decisis Lundmark, JuS 2000, S. 546, 547 m.w.N.

175 Reinhardt, Konsistente Jurisdiktion, S. 254 m.w.N., spricht von dem „erheblichen praktischen Freiraum des englischen Richters im Geflecht der verbindlichen Präjudizien.“

stanz gebunden, was allerdings nicht für die untere Gerichtsebene der Magistrates' Courts gilt[176].

Allerdings können auch Entscheidungen ohne formelle Bindungswirkung als „*persuasive authority*“[177] in die Entscheidungsfindung eingeführt werden. Sie ist mithin überzeugungsbildend, wenn die Entscheidung je nach Ansehen oder Stellung des Gerichts als relevante Orientierung zur Auffindung geltenden Rechts gesehen werden kann, wie z.B. Entscheidungen des *Privy Council*, welche für die Gerichte als besondere Orientierung dienen und „*highly persuasive*“ sind[178]. Verdeutlichen muß man sich, daß sich auch die ratio decidendi nicht zum gesetzesgleichen allgemeinen Rechtssatz kontinentaleuropäischen Zuschnitts verselbständigt, sondern eben nur ausschließlich unter Heranziehung des ihr zugrundeliegenden Sachverhalts erschöpfend verständlich ist, womit die Verbindlichkeit sich ausschließlich auf gleichgelagerte Fälle erstreckt[179].

3.2) Die Lockerung der Bindung an Präzedenzfälle durch das *Practice Statement* des *House of Lords* 1966

Trotz der jahrhundertealten Tradition einer fallrechtlichen Ordnung in England ist die scheinbar untrennbar hiermit verknüpfte rechtliche Doktrin der strikten Bindung des Richters an das Präjudiz noch keine zweihundert Jahre alt[180]. Im Laufe der letzten 100 Jahre war das Prinzip der Bindung an Präzedenzfälle einigen Veränderungen ausgesetzt. Mit einer Entscheidung des *House of Lords*[181] im Jahre 1898[182] wurde das *principle of stare decisis* ersichtlich klar ausgeprägt, um sich im Interesse der Rechtssicherheit formell an eigene frühere Entscheidungen zu binden. Nach einer abschließenden Stellungnahme des *House of Lords* zu einer rechtlichen Frage konnte es nicht aufgrund eines späteren Falls die früher geäußerte Auffassung korrigieren. Vielmehr mußte es einen von ihm selbst entschiedenen Präzedenzfall in einem gleichgelagerten Fall selbst dann einer entsprechenden Entscheidung zuführen, wenn diese sich als „falsch“ herausge-

---

176 Dazu und zu dem Verhältnis der Gerichte der verschiedenen Landesteile zueinander vgl. Huber, Landesbericht 1982/84, S. 363 f.; vgl. zum Verfahren der Ermittlung der ratio decidendi auch Reinhardt, Konsistente Jurisdiktion, S. 253

177 Hinsichtlich des Begriffs gilt es anzumerken, daß die Quellen des common law als „*authorities*“ bezeichnet werden, auch wenn sie für die konkrete Entscheidung keine Bindungswirkung haben, etwa bei Fehlen der gerichtshierarchischen Position des vorentscheidenden Gerichts zum Anwendenden.

178 Vgl. dazu etwa Huber, Landesbericht 1982/84, S. 363; zur Ausnahme von dieser Regel Bailey/Gunn, English Legal System, S. 397

179 Vgl. Reinhardt, Konsistente Jurisdiktion, S. 252

180 Ausführlich zu den Ursprüngen der Präjudizienbindung: Reinhardt, Konsistente Jurisdiktion, S. 245 ff.

181 Das *House of Lords* ist das höchste britische Gericht Zivil- und Strafsachen und zugleich als Oberhaus die zweite Kammer des Parlaments. In personeller Hinsicht sind diese beiden Funktionen jedoch gewohnheitsrechtlich dadurch getrennt, daß Rechtsfälle nur von eigens dazu befundenen *Law Lords* beurteilt werden dürfen, diese von den politischen Entscheidungen des *House of Lords* dagegen ausgeschlossen sind. Vgl. zu dieser Gratwanderung auch Robertson, Legal Arguments and Politics in: Judicial Discretion in the House of Lords, S. 378 ff.. In der Diskussion gewesen ist unlängst in Abgrenzung zum bisherigen Gewaltenverständnis die Schaffung eines selbständigen obersten Gerichts, F.A.Z. Nr. 59 vom 10.03.2004, S.7.

182 London Tramways v. London County Council (1898) A.C. 375

stellt hatte und ein Bedürfnis nach einer Anpassung des geltenden Rechts vorlag[183]. Das *House of Lords* konnte eine Korrektur der eigenen höchstrichterlichen Rechtsprechung nun nicht mehr selbst vornehmen, sondern mußte ein Eingreifen des Gesetzgebers abwarten, was ersichtlich gegen Praktikabilitätserwägungen verstieß.

Um dies zu ändern, erließ das *House of Lords* 1966 das *Practice Statement* und gab die strikte Bindung an eigene frühere Entscheidungen wieder auf[184]. Obwohl das Oberste Gericht davon nur äußerst zurückhaltend Gebrauch gemacht hat, wurde das *common law* mit Erlaß dieser Maßgabe flexibler, denn es wurde für das *House of Lords* die Möglichkeit geschaffen, eine erstmals als unzutreffend erkannte Entscheidung entweder zu korrigieren oder wegen den veränderten gesellschaftlichen bzw. sozialen Entwicklungen das Recht entsprechend anzupassen. Zu beachten ist, daß das *Practice Statement* 1966 nur dem *House of Lords* die Befugnis gewährt, im Einzelfall die Bindungswirkung einer eigenen früheren Entscheidung aufzuheben, während der *Court of Appeal* weiterhin grundsätzlich an seine eigenen Entscheidungen gebunden bleibt.

7. Abschnitt: Zur Reichweite der richterlichen Rechtschöpfungsbefugnis im englischen Recht

Um sich des Stellenwertes richterlicher Entscheidungen bewußt zu werden, muß man sich klar machen, daß sich diese Entscheidungen der Strafgerichte von der Rechtsqualität her im Range einer echten Rechtsquelle befinden. Strafrichter unterliegen nicht nur einer Beschränkung auf bloße Anwendung des Rechts, sondern sie können vielmehr in verstärktem Maße selbst eine neue Rechtsschöpfung vornehmen, deren Geltung wegen Bindung an Präzedenzfälle erhebliches Eigengewicht erhält.

Zu erklären ist diese Besonderheit mit dem großen Ansehen, das Richter hoher Gerichte genießen, welches sich auch in dem Respekt gegenüber deren Entscheidungen niederschlägt[185]. Wie weit diese Befugnis zur Rechtsschöpfung im gegenwärtigen Strafrecht geht, verdient daher einer genaueren Betrachtung. Dies wirft auch ein Licht auf Begrenzungen, denen das Recht unterliegt, und die in der Rechtsordnung selbst angelegt sind, ohne dabei etwa als verfassungsrechtliche Aspekte zu gelten.

---

183 Vgl. Jackson/Spencer, Machinery of Justice, S. 12

184 Practice Statement (Judicial Precedent) (1966) 1 W.L.R. 123 oder (1966) 3. All E. R. 77; zitiert auch bei Cross/Harris, Precedent, S. 104

185 Huber, LB 82/84, S. 342; zur Einordnung des folgenden eine kurze, generalisierende Bemerkung zur Gerichtsstruktur: in England und Wales sind erstinstanzliche Gerichte die überwiegend mit Laienrichtern besetzten *Magistrates` Courts*, die eine Aburteilung der einfachen und mittelschweren Kriminalität in einem summarischen Verfahren vornehmen können. Höheres Eingangsgericht ist der *Crown Court*, welcher aus Jury und Berufsrichtern besteht. Die Funktion als Rechtsmittelgerichte nehmen der *Court of Appeal (Criminal Division)* und der *Queen's Bench Divisional Court* wahr, der *Crown Court* hat diese sachliche Kontrollfunktion nur gegenüber den *Magistrates` Courts*. Oberstes Gericht ist das *House of Lords*. Vgl. ausführlicher Gibson/Cavadino, Criminal Justice Process, S. 23 ff.; so auch Huber, LB 82/84, S. 343; zum englischem Strafrichter unlängst Schulte-Nover, Strafrichter in Deutschland und England, 2002. Zur Autorität und Kompetenz des Strafrichters vor dem Hintergrund von 20/30 Jahren Berufspraxis als Rechtsanwalt: Kühne, Strafprozeßrecht,§ 3 RdNr. 48

Besonderes Interesse gilt dabei zum einen der Frage einer möglichen Begrenzung durch den Grundsatz „nullum crimen sine lege“. Zum anderen sind auch Bereiche außerhalb der Schaffung von Straftatbeständen auf ihre Gestaltungsmöglichkeiten hin zu beachten, wie etwa die Befugnis zur Schaffung neuer Strafausschließungsgründe[186].

I) Die Rechtschöpfungsbefugnis der Gerichte und der Grundsatz „nullum crimen sine lege“

Eine geschriebene Verfassung existiert in England nicht[187]. Dennoch hat auch hier das Rechtsstaatsprinzip (*rule of law*) Geltung, aus dem sich weitere Grundsätze und Rechtsprinzipien ergeben können[188]. Enthalten ist etwa ein Verbot rückwirkender Bestrafung im Strafrecht (*principle of legality*). Schließlich ist die Bindungswirkung völkerrechtlicher Vereinbarungen zu berücksichtigen, die dazu führt, daß sich eine Geltung des Rückwirkungsverbotes auch aus Art. 7 der *European Convention on Human Rights* ergibt, da diese von England ratifiziert worden ist[189].

Die verbotene Rückwirkung gesetzlich geregelter Tatbestände wird von den Gerichten eingehalten, so daß „nullum crimen sine lege“ diesbezüglich kein Problem darstellt[190]. Ein natürliches Spannungsverhältnis zwischen richterlicher Rechtschöpfung im Rahmen des *common law* und dem Verbot rückwirkender Bestrafung dagegen ergibt sich vielmehr daraus, daß die Gerichte einen konkreten Fall als Anlaß nehmen, Prinzipien und Regeln eine weitere Entwicklung zu geben, die durch Richterrecht entstanden sind. Ein *case-law*-System ist schon von seinem Charakter her notwendigerweise retrospektiv. Tatbestände des *common law* sind im Gegensatz zum Gesetzesrecht, daß vom Gesetzgeber in dieser Form (*statutes*)[191] geschaffen wird, von Richtern hergeleitet worden. Aus dieser unterschiedlichen Entstehung kann sich das Problem ergeben, daß das Rückwirkungsverbot, das grundsätzlich auch für Richterrecht gelten muß, der Gefahr eines Verstoßes ausgesetzt ist, weil die Gerichte neue Straftatbestände entwickeln können. Für das England der Gegenwart ist eine solche Neuentwicklung von Tatbeständen nicht mehr zu erwarten. Maßgeblich für diese Sicht ist die Aufgabe der Annahme dieser Befugnis zur Schaffung neuer durch *common law* geregelter Straftatbestände durch eine Entscheidung, die erst 1975 explizit ergangen ist[192]. Dabei wurde aber festgehalten,

186 Die Darstellung erfolgt hier auch deshalb, weil diese Themenkreise im deutschen Recht verfassungsrechtliche Implikationen haben und somit beispielhaft sind für die Behandlung nach englischem Rechtsverständnis. Der im deutschen Strafrecht üblichen Einteilung in Rechtfertigungs- und Entschuldigungsgründe steht dieser gewählte Oberbegriff gegenüber, um unter dem verbindenden Gesichtspunkt des Ausschlusses der Strafbarkeit diejenigen Aspekte zu würdigen, denen diese Wirkung zukommt.

187 Wyngaert, systems, 1.3

188 Vgl. Dicey, Law of the Constitution, S. 202; vgl. 16. Abschnitt A I

189 Zum englischen Verfassungsrecht: 16. Abschnitt A I; zur Geltung der EMRK im englischen Recht: 5. Abschnitt II

190 Vgl. z.B. die Entscheidung in R. v. Sutcliff, Williams and Gaskell (1983) Crim.L.R.255 sowie A.T.H. Smith, (1984) L.Q.R. 46, 73

191 Ausführlich zum Verhältnis der Rechtsprechung zum *statute law*: Reinhardt, Konsistente Jurisdiktion, S. 259 ff., der die Auslegungsunterschiede bei dieser seines Erachtens systemfremden Rechtsquelle im Vergleich zum deutschen Recht in der Vorrangstellung des *case law* begründet sieht.

192 R. v. Withers (1975) A.C. 842

daß die fehlende Befugnis zur Schaffung neuer Tatbestände allerdings nicht heißt, daß althergebrachte Prinzipien nicht auf neue Fakten angewendet werden dürfen.

Noch wenige Jahre zuvor hatte das *House of Lords* in der umstrittenen Entscheidung *Shaw* 1962 festgelegt, daß die Gerichte Befugnis zur Schaffung neuer Straftatbestände haben, wie etwa des Straftatbestandes der „*conspiracy to corrupt public morals*“[193].

In der zugrundeliegenden Fallgestaltung hatte der Angeklagte eine Broschüre mit Adressen von Prostituierten herausgegeben, weil Werbung für Prostituierte bis dahin nicht strafbar gewesen war. Das *House of Lords* entwickelte daraufhin einen Tatbestand des genannten Inhalts und gelangte zur Strafbarkeit des Verhaltens. Zugrunde lag dabei die Vorstellung, daß das Gericht als Sittenwächter des Volkes (*custodes morum of the people*) die Befugnis habe, sittlich verwerfliches Verhalten unter Strafe zu stellen, auch wenn zum Zeitpunkt der Vornahme der Handlung des Täters kein entsprechender gesetzlicher Tatbestand zur Anwendung hätte gelangen können.

Die Schaffung einer solchen Strafbarkeit verstieß gleich in doppelter Hinsicht gegen den Grundsatz „nullum crimen sine lege“. Zum einen deshalb, weil ein Verhalten für strafbar erklärt wurde, daß bis dato kein strafbares Unrecht darstellte. Besonders widersprüchlich war dabei, daß zuvor der Gesetzgeber mit dem Street Offences Act 1959, der diesen Lebensbereich gesetzlich regeln sollte, keine Ausdehnung der Strafbarkeit für solches Verhalten vorgenommen hatte. Dem Gesichtspunkt, daß der Bürger die Rechtslage von vornherein kennen muß, um sich in seinem Verhalten darauf einzurichten, wurde vom *House of Lords* nicht Rechnung getragen und lediglich ein sozial unerwünschtes und moralisch fragwürdiges Verhalten pönalisiert.

Zum anderen wurde ein generalklauselartiger Tatbestand formuliert, dessen Inhalt angesichts der Breite moralischer Anschauungen und der Vielzahl denkbarer Verstöße zu vage erscheint. Gegen Generalklauseln dieser Art haben englische Richter an sich eine Abneigung, auch wenn es für *common law offences* signifikant ist, daß ihre Tatbestandsvoraussetzungen im Gegensatz zu den oft kasuistisch gefaßten Gesetzen allgemein formuliert sind. Damit hat das Gericht den Bestimmtheitsgrundsatz als Bestandteil des Rückwirkungsverbots nicht ausreichend beachtet[194]. Auch wenn die Judikatur nicht mehr von einer Befugnis zur Schaffung neuer Straftatbestände ausgeht, besteht der genannte Konflikt in anderem Umfang fort, denn ungeachtet dessen sieht sich die Rechtsprechung weiterhin dazu ermächtigt, ihr Richterrecht der neuen sozialen, wirtschaftlichen und kulturellen Entwicklungen anzupassen, um auf dem Stand der Zeit zu bleiben[195].

Beispiel aus jüngster Vergangenheit für die rechtsschöpfende Tätigkeit der Judikative ist wiederum eine Entscheidung des *House of Lords*[196], in der das oberste Gericht den

---

193 Shaw v. DPP (1962) A.C. 220; kritisch dazu Ashworth, Principles, S. 68 ff.

194 Vgl. A.T.H. Smith, (1984) 100 L.Q.R. 46, 52, der die allgemein gehaltene Formulierung der Tatbestandsvoraussetzungen als kennzeichnendes Merkmal der *common law offences* ansieht.

195 Ausführlich zu den sich daraus ergebenden Problemen für das deutsche Recht die Aufsatzreihe von Krey, JZ 1978, S. 361 ff.; 428 ff.; 465 ff.

196 (1991) 3 W.L.R. 767

normierten Tatbestand der Vergewaltigung auch auf die Vergewaltigung in der Ehe ausgedehnt hat.

Bis zu dieser Entscheidung war die Vergewaltigung durch s. 1 (1) (a) *Sexual Offences (Amendment) Act* 1976 definiert und zwar mit folgender Umschreibung:
1 (1) ... a man commits rape if
(a) he has unlawful sexual intercourse with a woman who at the time of the inter course does not consent to it ...

Maßgeblich war vor der Entscheidung ein Grundsatz des *common law*, wonach Geschlechtsverkehr in der Ehe generell nicht rechtswidrig war, weil von der Rechtsfiktion ausgegangen wurde, die Frau habe mit Eheschließung für jeden künftigen Geschlechtsverkehr mit dem Ehemann unwiderruflich eingewilligt. Das *House of Lords* kam nunmehr aber zur Auffassung, daß dieser althergebrachte Grundsatz nicht mehr der heutigen Stellung der Frau in der Gesellschaft entspricht. Auch jeder eheliche Geschlechtsverkehr, in den die Frau nicht eingewilligt habe, sei strafrechtlich wie eine Vergewaltigung zu behandeln. Eine ausdrückliche Anwendung des *Practice Statement*, um die Abweichung von der bis dahin gefestigten *common-law*-Tradition wenigstens zu begründen, erfolgte nicht und wurde durch diese Entscheidung hingenommen.

Unabhängig von Bewertung des Ergebnisses für die gesellschaftlichen Verhältnisse ist darin ein klarer Verstoß gegen das Rückwirkungsverbot zu sehen, weil ein Sachverhalt unter einen Tatbestand subsumiert wurde, der bis zum Zeitpunkt der Entscheidung durch das *common law* ausdrücklich von dessen Reichweite ausgenommen war[197].

Ferner wäre noch darauf einzugehen, ob nicht entgegen dem Gedanken der Gewaltenteilung eine Aufgabe des Gesetzgebers wahrgenommen worden ist. Eine solche Verletzung des Rückwirkungsverbots stellt auch keinen Einzelfall dar[198]. Die Rechtsprechung hat deshalb zur Rechtfertigung ihre zugrundeliegende Vorstellung durch das sog. *„Thin Ice" -Principle* formuliert. Lord Morris drückte es in der maßgeblichen Entscheidung folgendermaßen aus: *„Those who skate on thin ice can hardly expect a sign which will denote the precise spot where he will fall in*"[199]. Als dahinterstehender Grundgedanke ist zu verstehen, daß derjenige, der sich am Rande der Legalität bewegt, jederzeit damit rechnen müsse, daß die Gerichte das entsprechende Verhalten unter Strafe stellen werden[200]. Zwar wird in der Entscheidung anerkannt, daß Gesetze so präzise sein müssen, daß jeder die Folgen seines Handelns erkennen und sein Verhalten mit vollständiger Sicherheit darauf einrichten kann. Das Gericht meint jedoch, daß es keinen Anlaß zur Kritik gebe, wenn das Parlament ein Gesetz macht und es der Jury zur Beurteilung überlassen wird. Die Kritik an Schaffung oder Tolerierung von Rechtsunsicherheit, wie schon an der Entscheidung *Shaw* geübt, wird nicht geteilt. Dagegen läßt sich einwenden, daß es gerade die Aufgabe des Strafrechts sein muß, die Stelle klar und

---

197 Kritisch Giles (1992) Crim. L.R. 407, 411
198 Vgl. A.T.H. Smith (1984) 100 L.Q.R. 46, 50 ff. mit weiteren Beispielen für eine rückwirkende rechtschöpfende Tätigkeit der Gerichte
199 (1973) A.C. 435, 463 Knuller v. DPP
200 Zum Verständnis auch Ashworth, Principles, S. 72; ferner A.T.H. Smith (1984) 100 L.Q.R. 46, 71

deutlich aufzuzeigen, wo es nicht mehr betreten werden darf und Grenzen klar aufzuzeigen[201].

II) Befugnis der Gerichte zur Schaffung und Erweiterung von Strafausschließungsgründen

Die Schaffung und Erweiterung von Strafausschließungsgründen geschieht im Gegensatz zur Begründung einer Strafbarkeit im Interesse des Angeklagten. Sie stellt deshalb nur eine mittelbare Berührung des Rückwirkungsverbots dar, da dadurch die Gegenwehr des anderen Betroffenen nicht mehr zulässig war und dessen Strafbarkeitsbereich dadurch faktisch erweitert wird. Angesichts der bereits zuvor in einem wesentlich sensibleren Bereich angenommenen Verständnis der Rechtsprechung liegt eine großzügige Interpretation der richterlichen Rechtsschöpfungsbefugnis nahe. Es könnte sich damit das Verständnis durchsetzen, daß bei Schaffung und Erweiterung von Strafausschließungsgründen eine weitgehende Freiheit besteht, was teilweise auch vertreten wird, indem keine verfassungsrechtliche Bindungen als einschlägig gesehen werden[202]. Die Gerichte beurteilten dies insgesamt recht unterschiedlich. Allerdings hat das *House of Lords* das Eingreifen von *duress by threats* (Nötigungsnotstand) als Verteidigungseinrede (*defence*) bei Mord abgelehnt, weil eine solche Erweiterung des Anwendungsbereichs eines Strafausschließungsgrundes auf einen so gewichtigen Tatbestand wie Mord nicht durch Gerichte, sondern durch den Gesetzgeber erfolgen müsse[203]. Die Feststellung der sozialen Angemessenheit sowie die genauen Modalitäten bei der Anwendung auf Mord werden als so wichtig gesehen, daß sie gesetzgeberisches Handeln und nicht gerichtliche Entwicklung verlangen. Zur Begründung dieser richterlichen Zurückhaltung wird auf das Gewaltenteilungsprinzip verwiesen und ausgeführt, daß es wünschenswert sei, die Durchführung wichtiger Reformen des geltenden Rechts in die Zuständigkeit des Gesetzgebers fallen zu lassen.

Außerdem ergeben sich weitere Aspekte, die begrenzend für eine solche Schaffung wirken. So kann es als Widerspruch zur Stellung des Richters im Strafprozeß als unparteiischer Vermittler zwischen Anklage und Verteidigung gesehen werden, wenn zugunsten des Angeklagten ein neuer *defence* im Verfahren zur Anwendung gelangt, auf den sich die Anklage in ihrer Prozeßführung nicht einrichten konnte[204]. Ferner kann aus Gründen der Rechtssicherheit die Schaffung und Erweiterung von Strafausschließungsgründen nur äußerst maßvoll erfolgen.

Ungeachtet dieser Aspekte zur Begrenzung gerichtlicher Rechtsschöpfungsbefugnis wurde mit dem *duress of circumstances* (eine Art Notstand durch Umstände) unlängst ein völlig neuer Strafausschließungsgrund in die gerichtliche Praxis eingeführt. Die Einrede des Automatismus, also die Einwendung, daß es an einer strafrechtlich relevantem

---

201 Kritisch daher zu diesem *principle*: Ashworth, aaO

202 Williams, Textbook, S. 15

203 A.T.H. Smith 1984 (100) L.Q.R. 67 f. zum Gewaltenteilungsprinzip als Grenze richterlicher Rechtsschöpfungsbefugnis

204 Lord Devlin (1976) 39 MLR 1, 5

Handlung fehlt, ist ebenfalls durch richterliche Rechtsfortbildung entstanden[205]. Das *House of Lords* hat diese Befugnis schließlich sogar explizit bejaht[206].

Festhalten läßt sich deshalb, daß die Interpretation im konkreten Fall davon abhängt, wie die Gerichte die mögliche Reform des geltenden Rechts unter rechtspolitischen Gesichtspunkten sehen. Auf die Beeinflussung des Entscheidungsergebnisses vom konkreten Sachverhalt des zugrundeliegenden Falles wird auch noch bei anderer Gelegenheit die Rede sein[207].

8. Abschnitt: Besonderheiten des englischen Rechts

Um sich ein zusammenhängendes Verständnis des englischen (materiellen) Strafrechts zu verschaffen, muß man, wie einleitend erläutert, insbesondere eine wesentlich stärkere Betrachtung des Prozeßrechts[208](I) vornehmen als in Deutschland. Weiterhin sind neben dem Recht der Strafzumessung (II) vor allem allgemeine Aspekte der Rechts-Denkweise zu berücksichtigen (III).

Im folgenden sollen einige wichtige Besonderheiten herausgekehrt werden, welche als grundlegend für das Verständnis des Strafprozeßrechts zu sehen sind und deren Auswirkungen auf das gesamte Strafrecht es stets im Hinterkopf zu behalten gilt. Der Einfluß des Prozeßrechts zeigt sich auch heute noch darin, daß bestimmte Probleme, die nach kontinentaleuropäischen Rechtsverständnis eher dem materiellen Recht zuzuordnen sind, im Zusammenhang mit der prozessualen Lage des Verfahrens Bedeutung erlangen. Diese werden erst dort einer Lösung zugeführt, was an späterer Stelle noch eine tiefergehende Betrachtung erfahren soll.

I) Strafprozeßrecht

Strafausschließungsgründe wie Notwehr, Automatismus oder Schuldunfähigkeit bilden im englischen Recht ein sog. „*good defence*", sie stellen Verteidigungseinreden des Angeklagten im Prozeß dar. Unterschiede zwischen englischem und deutschen Strafrecht lassen sich hier beispielsweise schon bei der Ausdifferenzierung der Strafausschließungsgründe in Rechtfertigungs- und Entschuldigungsgründen in relevanter Weise aufzeigen[209]. Eine Unterscheidung in diese Kategorien macht nur Sinn, wenn die Bedingungen für eine Unterscheidung vorhanden sind und eine solche Differenzierung sich im Strafrechtssystem auch anbietet. Die prozessuale Rahmenbedingungen, unter denen das materielle Recht angewendet wird, entscheiden also, ob solche materiell-rechtlichen Unterscheidung sinnvoll sind[210].

Als kennzeichnende Merkmale des englischen Strafprozesses lassen sich das adversarische System der Hauptverhandlung (1) sowie die wesentlich stärker ausgeprägte Betei-

---

205 A.T.H. Smith (1984) 100 L.Q.R. 46, 63 f.
206 Kingston 1994, 99 (Cr.App.R.) 286, 301
207 vgl. 13. Abschnitt A I
208 Ausführlich zur historischen Entwicklung des englischen Strafprozeßes: Baker, Legal History, S. 570
209 Dazu ausführlich Watzek, Rechtfertigung, insb. S. 299 ff.
210 Hassemer in: Eser/Fletcher, Rechtfertigung und Entschuldigung, Bd. 1, S. 185

ligung von Laienrichter (2) nennen. Auch der Prozeßrechtsmaxime (3) kommt im Rahmen eines Überblicks über das Strafverfahren (4) Bedeutung zu.

1) Adversarisches System der Hauptverhandlung

In einer Charakterisierung läßt sich ein Strafverfahren[211] in England als Wettstreit zwischen Anklage und Verteidigung beschreiben, dessen Ziel es ist, den Fall zu gewinnen. Im Mittelpunkt steht nicht die Wahrheitsfindung an sich, sondern die Präsentation von genügend (belastenden) Beweisen, die sich im Rahmen eines Kräftemessens zwischen zwei wettstreitenden, parteiischen und prozeßtaktisch agierenden Parteien vollzieht und zur Überzeugung der Geschworenen führen soll[212]. Dem Richter ist in dieser Auseinandersetzung nur die eher passive Rolle eines unparteiischen Schiedsrichters zugedacht, der die Einhaltung der prozessualen Regeln zu überwachen hat[213]. Eine Präsentation der Beweistatsachen erfolgt durch die Parteien in der Hauptverhandlung, weil bei diesen die Verantwortung für die Sachverhaltsaufklärung liegt. Während die Ermittlungsfunktionen allein bei der Polizei liegen, wird über die Frage der Fortsetzung bzw. der Einstellung nach Ermittlungsabschluß durch den *Crown Prosecution Service* (CPS) als weiterem Strafverfolgungs- und Anklageorgan entschieden. Die gerichtliche Vertretung vor dem Geschworenengericht erfolgt hingegen durch Anwälte (*barrister*)[214]. Dem Richter kommt bei der Sachverhaltsaufklärung keine eigenständige Rolle von Gewicht zu, weil kein Amtsermittlungsgrundsatz besteht.

Das Urteil basiert daher auf Feststellungen, die aufgrund von Beweisen zustande kommen, die von den nicht neutralen Parteien beigebracht wurden, auch wenn diese Beweise unzureichend sind und der Sachverhalt noch weiter aufgeklärt werden könnte[215]. Eine Dispositionsmacht der Parteien besteht wegen des adversarischen Systems auch über den Verfahrensgegenstand, nicht nur über die Beweisgewinnung und deren Wahl der Beweismittel wie mündlicher Beweis, Urkundenbeweis und Gegenstände. In einem ersten Abschnitt des Hauptverfahrens[216], dem *arraignment*, soll sich der Angeklagte nach Vorlesung der Anklageschrift in Abwesenheit der Geschworenen zu jedem Anklage-

---

211 ausführlich zu den Rechtsquellen des englischen Strafverfahrens: Kühne, Strafprozeßrecht, 6.Aufl. § 71 RdNr. 1149 ff. Als besonders wesentliche Gesetze sind der *Police and Criminal Evidence Act* (PACE) von 1984, der *Criminal Justice and Public Order Act* (CPOA) von 1994 und der *Criminal Procedure and Investigation Act* (CPIA) von 1996 insbesondere hinsichtlich Beweisaufnahmefragen herauszuheben.

212 Huber in: Perron, Beweisaufnahme S. 18; zu beachten sind aber auch die allmählichen stärkeren Abmilderungen der streng adversarischen Züge etwa durch Offenlegungspflichten der Anklage Huber aaO S. 66 ff.

213 Zur aktiveren Haltung in der Praxis sowie deren rechtlichen Grundlagen und dem Spannungsfeld zur Einmischung in die Parteiautonomie vgl. Huber aaO S. 37 ff.

214 Vgl. zu Status und Rolle des Verteidigers: Kühne, Strafprozeßrecht, 6. Aufl., § 71 RdNr. 1173 ff., bei dem sich auch kompakte Darstellungen zu den anderen Verfahrensbeteiligten finden, ebd. RdNr. 1169 ff..

215 Vgl. zum ganzen: Huber in: Perron, Beweisaufnahme, S. 48 ff, insb. zur *diclosure* S. 67; ebenso Kühne, aaO, Rdr. 1176, der im System der *disclosures* einen Ersatz für das (in England anders geprägte) Akteneinsichtsrecht des inquisitorischen Strafprozeßes sieht.

216 Zum genauen Ablauf: Kühne, Strafprozeßrecht, 6.Aufl. § 71 RdNr. 1159 f.; zu den anderen Verfahrensabschnitten wie dem Ermittlungsverfahren und Vorverfahren (*committal proceedings*) vgl. etwa Huber, aaO, S. 20 ff.

punkt schuldig oder nicht bekennen. Durch ein Schuldeingeständnis (*guilty plea*) hat es der Angeklagte in der Hand, vorzeitig eine Beendigung des Verfahrens herbeizuführen[217]. Bekennt sich der Angeklagte in allen Anklagepunkten schuldig, so erfolgt keine Beweisaufnahme mehr, weil die Anklage nichts mehr zu beweisen hätte. Ein Zusammentreten der Jury findet nicht statt, sondern es wird quasi direkt zum zweiten Teil übergegangen, der sich mit der Strafzumessung befaßt. Möglich ist auch ein Sich-Bekennen der Schuld zu leichterer Form der vorgeworfenen Tat.

Bei einer Annahme des Schuldeingeständnisses durch die Anklage muß dann allerdings ein unverzüglicher Freispruch wegen des ursprünglich angeklagten Delikts ergehen, weil feststeht, daß die Verurteilung und Bestrafung wegen der leichteren Tat zu erfolgen hat[218].

2) Aufgabenteilung zwischen Richter und Jury

Der Schwerpunkt der Rechtsanwendung liegt aufgrund der Aufgabenteilung bei den Laienrichtern[219]. Um zu verhindern, daß die Geschworenen als leicht zu beeindruckende juristische Laien die Bedeutung der Beweise überbewerten oder sich von den Tatsachen, die Schuld oder Unschuld des Angeklagten beweisen sollen, ablenken lassen, sind etwa die Beweisregeln so ausgestaltet, daß wichtige Beweise wie Tatsachen vom Hörensagen, Bezugnahme auf Charaktereigenschaften, auf Vorstrafen oder auf die Meinung von Nichtfachleuten nicht Gegenstand der Beweisaufnahme sein dürfen. Dies kann jedoch auch zu einer Vorenthaltung wichtiger Tatsachen vor dem entscheidenden Organ führen[220]. Auch die Entwicklung des materiellen Rechts muß unter dem Gesichtspunkt gesehen werden, daß es wesentlich für Laien gedacht war. Die Vermutung liegt nahe, daß aus Vereinfachungsgründen auf mögliche dogmatische Differenzierung verzichtet wurde, anders als in Rechtsordnung, wo weniger Laienbeteiligung besteht. Der tatsächliche Einfluß wird erst bei der konkreten Aufgabenteilung zwischen Berufs- und Laienrichter in der Hauptverhandlung deutlich. Die Arbeitsweise des *Crown Court*, welcher für die Aburteilung mittelschwerer und schwerer Straftaten zuständig ist und als Geschworenengericht mit einem Berufsrichter und einer zwölf Mitglieder zählenden Jury eingerichtet ist, sieht so aus, daß der Schuldspruch allein durch die Jury erfolgt, wobei zwar möglichst im Ergebnis Einstimmigkeit der Jurymitglieder erzielt werden soll, aber auch andere Mehrheitsverhältnisse denkbar sind[221]. Dem Richter bleibt

---

217 Dies geschieht vor dem *Crown Court*, dem oberen Eingangsgericht in 72 % der Fälle, vor den *Magistrates' Court* bei 80 % der Angeklagten; vgl. dazu Nachweise bei Huber aaO, S.17 Fußnote 4; vgl. zu den aktuellen Zuständigkeiten auch Kühne, aaO, RdNr. 1162 ff.; insgesamt zum Gerichtsaufbau Fußnote 171

218 Section 6 (1) Criminal Justice Act 1967; näher zur Möglichkeit des *plea bargaining*, die sich bei fehlendem Beweisvortrag der Anklage oder bei einem Schuldgeständnis für ein weniger schweres Delikt stellt bei Weigend, Absprachen, S. 84 ff.; aaO nimmt dieser auch eine Unterscheidung von *charge* und *sentence bargaining* vor und erläutert Vorgehens- und Verfahrensweise; ausführlich zu den Konsequenzen fehlgeschlagener Absprachen in England: Bömeke, Rechtsfolgen, S. 73 ff.

219 Juries Act 1974 ;vgl. Wyngaert/Kühne, systems, 2.3.2.

220 Huber, aaO, S. 18

221 s. 17 Juries Act 1974 läßt auch ein Stimmverhältnis von 11:1 oder 10:2 genügen; im Falle fehlender Mehrheitsverhältnisse erfolgt eine Entbindung der Jury von ihrer Aufgabe und eine Verfahrensbeendi-

dann nur noch die Strafzumessung als eine seiner zentralen Aufgaben überlassen, die er neben der Überwachung der Einhaltung der prozessualen Regeln etwa der Beweisaufnahme, der Jury-Belehrung hinsichtlich Aufgabe, Recht und Beweislast sowie der Zusammenfassung und Kommentierung der Beweise nachzukommen hat.

Wird nicht bereits zu Beginn auf schuldig plädiert, so findet ein normaler Verfahrensablauf statt, bei dem die Anklage der Jury einen Überblick über den Sachverhalt gibt, eine Erläuterung der bestrittenen Anklagepunkte vornimmt, das anzuwendende Recht erläutert und Beweise würdigt, die vorgelegt werden. Nach dieser Beweisaufnahme für die Anklage (*examination in chief*) wird das Ende der Zeugenbefragung durch die Anklageseite mittels der Vernehmung des Zeugen durch die Verteidigung im Kreuzverhör (*cross examination*) fortgesetzt. Der passiven Rolle der Jury bei der Beweisaufnahme, die sich allein auf das inhaltliche Nachvollziehen des Vorgetragenen, also die Tatsachenfrage beschränkt, steht die Richteraufgabe zur Seite, welche, wie zuvor erwähnt, u.a. die Überwachung der prozessualen Regeln der Beweisaufnahme beinhaltet[222].

Nach der Anklage bietet die Verteidigung ihre Beweise an. Außer bei den zuvor genannten Verteidigungseinreden besteht zwar nur eine Beweispflicht der StA und keine Vorlagepflicht für die Verteidigung, i.d.R. werden von der Verteidigung jedoch Beweise zur Entlastung des Angeklagten vorgebracht. Das Ergebnis der Beweisaufnahme wird von dem Ankläger in der Schlußrede kommentiert, bevor die Erwiderung durch das Plädoyer der Verteidigung als Gegenrede gehalten wird. Die Belehrung der Jury schließt sich den Schlußvorträgen durch den Richter *(summing up)* an, dessen Aufgabe es ist, Erläuterungen des anzuwendenden Rechts herauszustellen, Beweislasten deutlich zu machen und die Beweise, die von den Parteien vorgebracht wurden, zusammenzufassen.

Maßgeblich ist jedoch, daß keine freie Beweiswürdigung durch den Richter wie bei § 261 StPO in Deutschland stattfindet, weil die Jury, nicht der Richter entscheidet, ob die Anklage Beweis für alle Tatsachen geführt hat, was zur Verurteilung erforderlich ist. Nicht unerwähnt bleiben soll in diesem Zusammenhang die Rolle von Beweisverwertungsverboten (*exclusion of evidence*), über deren Einhaltung der Richter wacht und womit er Einfluß auf das sich den Geschworenen ergebende Bild hat[223]

Der Urteilsspruch (*verdict*) ergeht nach einer Beratung der Jury ohne das Beisein des Richters, wobei es zwei Entscheidungsmöglichkeiten gibt, nämlich schuldig oder nicht. Bei der *insanity*-Einrede[224], kommt im Urteilsspruch zum Ausdruck, daß der Freispruch nur deshalb erging, weil nach Jury-Auffassung Schuldunfähigkeit vorlag. Der Urteilsspruch wird dann besonders formuliert: „*not guilty by reason of insanity*" (*speci-*

---

gung, allerdings ohne Rechtskraft, was ein erneutes Verfahren nicht ausschließt. Vgl. zur Jury: Hatchard/Huber, Comparative Criminal Procedure, S. 212 f.; Gibson/Cavadino, Criminal Justice Process, S. 111

222 Ausführlich zur Unmittelbarkeit des Beweises, der Beweisaufnahme und den damit verbundenen Rechtsproblemen Kühne, Strafprozeßrecht, 6. Aufl., RdNr. 1182 ff.; ferner: Huber, aaO, 3. Kapitel S. 36 ff.

223 vgl. dazu und zu den Zwangsmaßnahmen den aktuellen Stand bei Kühne, aaO, RdNr. 1193 ff.

224 Die von ihren Anforderungen her § 20 StGB vergleichbar ist.

al verdict). Hinsichtlich der Ansichtsfindung erfolgt keine nähere Begründung durch die Jury, auch keine Befragung der Jury-Mitglieder nach den genauen Urteilsgründen[225].

Es läßt sich vertreten, daß die Form des Urteilsspruchs auch Einfluß auf materielles Recht hat, z.B. auf die Unterscheidung von Rechtfertigung und Entschuldigung, die lange Zeit als ohne rechtliche Bedeutung gesehen wurde. Da nur zwei Entscheidungsmöglichkeiten offen stehen und keine nähere Begründung erfolgt, spielt es keine Rolle für den Ausgang des Verfahrens, ob der vom Angeklagten vorgebrachte *defence* seinem Wesen nach ein Rechtfertigungs- oder Entschuldigungsgrund ist[226].

3) Opportunitätsprinzip als Prozeßrechtsmaxime

Die Entscheidung, einen strafrechtlich relevanten Sachverhalt zur Anklage bei Gericht zu bringen, richtet sich nach der jedem Strafverfahrensrecht eigenen Prozeßrechtsmaxime. Da die Bestimmungen über die Verfolgbarkeit von Straftaten weitreichende Auswirkungen auf den tatsächlichen Anwendungsumfang materiellrechtlicher Regelungen haben, bedarf es auch deren Betrachtung, um im Sinne eines Gesamtbildes die zum Vergleich erforderliche Grundlage zu haben.

Es ist anerkannt, daß mit der Entdeckung des Täters die Pflicht der Exekutive endet und an diesem Punkt die Verantwortlichkeit für die Anwendung des Gesetzes auf die Gerichte wegen der verfassungsrechtlichen Rolle der Richter übergehen soll. Dennoch herrschte zwischen diesen beiden eine „Schattenregion", im Hinblick auf die Entscheidungen, ob oder ob nicht der Täter der Rechtsprechung der Gerichte überlassen werden soll, und noch vor wenigen Jahren eine große Unsicherheit, weil diese Frage ziemlich ungeklärt war[227]. Der Mangel an veröffentlichten Informationen über diesen Findungsprozeß, welcher die Verfolgungsentscheidung beeinflußt und damit bei Teilen der interessierten Öffentlichkeit den Eindruck ergab, daß es etwas zu verstecken gebe, wurde durch vielfältige neuere organisatorische und inhaltliche Anstrengungen behoben.

In England wird die Entscheidung über Anklageerhebung und eine solche über die Fortführung der Ermittlungen seit der Schaffung des *Crown Prosecution Service* (CPS)[228] im Jahre 1986 von dieser Behörde wahrgenommen[229], während die Polizei seit der Re-

---

225 Vgl. zur *Jury* als Beteiligter des Verfahrens: Hatchard, comparative criminal procedure, S. 179 ff.; Kühne, aaO, RdNr. 1163

226 Vgl. dazu 13. Abschnitt C I

227 So noch Wilcox, Decision, S.V. Anfang der 70er Jahre des 20. Jahrhunderts

228 Ausführlich zu Organisation und Tätigkeit der CPS: Annual report, Chapter 4 ff. sowie unter der offiziellen Heimseite http://www.cps.gov.uk/cps; ferner zu beachten die empirischen Untersuchungen des Innenministeriums zur Arbeit der CPS: Home Office, Case Screening: How and why cases are terminated HO Research Study 137 London 1994; HO, Public Interest Case Assessment Schemes HO Research Study 138 London 1995 sowie die ebenfalls vom HO herausgegebene Kriminalstatistik für England und Wales

229 Die Schaffung eines nationalen Strafverfolgungsdienstes beruht auf dem Prosecution of Offences Act (POA) 1985 ; s. 1 legt dabei die Leitung und Überwachung des CPS in die Hände des DPP, neben dem es dann *Chief Crown Prosecutors* und andere ernannte Mitglieder gibt. Der DPP seinerseits ist der Aufsicht des *Attorney- General* unterworfen, welcher dem Parlament gegenüber verantwortlich ist. Vgl.

form nur noch für den Beginn der Untersuchungen und die Ermittlungsarbeit zuständig ist[230]. Die Einleitung und Durchführung des englischen Ermittlungsverfahrens liegt maßgeblich bei der Polizei als autonomer Ermittlungsbehörde, wird aber durch die unterschiedlichen Polizeibehörden sowie den Spielraum von Rundschreiben und Richtlinien zersplittert[231].

Beschreibt man den Verfahrensablauf in kurzen Worten, so beginnt die Strafverfolgung, indem entweder dem Richter am *Magistrate Court* oder der Polizei Informationen unterbreitet werden, die einen Verdacht gegen eine Person beinhalten. Dies kann sowohl von Polizisten wie auch von Privatpersonen erfolgen. Rein tatsächlich werden die meisten Fälle von Beamten der Polizeikräfte zur Kenntnis gebracht, und nach dieser Einleitung vom CPS weitergeführt[232]. Während die Entscheidung hinsichtlich der Übernahme in die Betreuung durch den CPS gesetzlich geregelt ist[233], steht den Entscheidungsträgern bei der Entscheidung über die Einleitung und Fortführung eines gerichtlichen Verfahrens und der Auswahl der anzuklagenden Delikte, *discretion* zu, welches auszuüben sie berechtigt sind[234]. Jeder Fall wird damit separat beurteilt.

Diese hier einmal mit dem Begriff Ermessen übersetzte *discretion* ist allerdings nicht völlig frei, sondern hat sich im Laufe der Zeit Orientierungspunkte und Aspekte gesucht, welche das Treffen einer Entscheidung in eine gewisse Richtung erleichtern sollen.

Die Einleitung oder Fortsetzung eines Verfahrens[235] orientiert sich in jüngster Zeit am *Code for Crown Prosecutors* und den darin niedergelegten Prinzipien[236]. Die letzte

---

zu den Pflichten des DPP s. 3 dieses Gesetzes; zu Aufgaben und Stellung des *Attorney-General*: Papdelides, Attorney General und Staatsanwaltschaft, S. 3 ff; umfassender Überblick auch bei Zander, Cases and materials, S. 197 ff. sowie Kühne, Strafprozeßrecht, 6. Aufl., § 71 RdNr. 1169

230 Ausführlich zur Rechtslage davor Wilcox, Decision, der auch diejenigen Aspekte beschreibt und zusammenfaßt, die gegen eine Entscheidung zur Strafverfolgung sprechen, aaO, Appendix A, S. 123

231 Vgl. Kühne, Strafprozeßrecht, 6. Aufl. § 71 RdNr. 1154, der auch auf die Auswirkungen des Opportunitätsgedankens in der Strafverfolgungspolitik je nach Bezirk hinweist.

232 Nicht unerwähnt bleiben sollen die anderen offiziellen Behörden, denen ein Recht zur Strafverfolgung zusteht, meist für Delikte innerhalb ihrer besonderen Kompetenzsphäre, während der CPS als nationale Strafverfolgungsbehörde agiert. Zu nennen sind etwa *Inland Revenue, Customs and Excise, Department of Social Security, Department of Trade and Industry, Health and Safety Executive, Ministry of Agriculture, Fisheries and Food, Post Office, National Television Licence Records Office* sowie *Department of the Environment.*

233 s. 3 (2) POA 1985

234 Zu den historischen Ursprüngen dieses Ermessens vgl. Daw, JCL 1989, 485, 487 f.; zu den Motiven hinter den einzelnen Entscheidungen als praktische Erklärung für die Anwendung Tevli, JCL 1993, 288 ff.

235 Ausführlich zum Verlauf des Verfahrens in diesem Stadium: Kühne, Strafprozeßrecht, 6. Aufl. RdNr. 1155 ff.

236 Ausführlich dazu Code for Crown Prosecutors, Appendix C in: LC, Consents to Prosecution, Consultation Paper (CP) No. 149; auch im Internet unter http:// www.lawcom.gov.uk/ 231.htm#ccp149. Ursprünglich enthielt der *Code* nur Kriterien gegen eine Einstellung des Verfahrens; erst im jüngsten *Code* geht es auch um die Durchführung des Verfahrens.

nennenswerte Novellierung dieser internen Verfahrensrichtlinie stammt von 1994[237]. Als allgemeine Leitlinie soll das Vorgehen der Vertreter der Anklagebehörde gerecht, unabhängig und objektiv sein, frei von persönlicher Sichtweise und Beeinflussung durch äußere Faktoren der beteiligten Personen.

Der Strafverfolger muß daher insbesondere zwei grundsätzliche Überlegungen bei seinem Vorgehen anstellen, nämlich den *„evidential test"* und den *„public interest test"*. Ersterer ist als objektiver Test zu verstehen, in dem danach gefragt wird, ob es genügend verwertbare Beweise gibt, um eine realistische Aussicht auf Verurteilung des Angeklagten zu jedem der angeklagten Delikte zu erreichen. Realistisch ist diese Aussicht, wenn eine Verurteilung in Übereinstimmung mit dem geltenden Recht wahrscheinlicher erscheint als ein Freispruch[238].

Nur wenn diese erste Beurteilung positiv ausgefallen ist, wird auch die zweite Überprüfungsfrage aufgestellt[239]. Hier sollen Faktoren für und gegen eine Strafverfolgung abgewogen werden. Der *Code* liefert eine Anleitung, welche Faktoren berücksichtigt werden sollen[240]. Grundsätzlich wird davon ausgegangen, daß eine Strafverfolgung im öffentlichen Interesse um so wahrscheinlicher ist, je schwerer die Tat wiegt. Bei schwerwiegenden Fällen wird gewöhnlich eine Strafverfolgung stattfinden, solange nicht Faktoren des öffentlichen Interesses, die gegen eine Strafverfolgung sprechen, deutlich ein Übergewicht gewinnen zu denen, die für eine solche sprechen[241]. Die einzelnen Kriterien sind deshalb interessant, weil sie auch im deutschen Recht Beachtung erfahren, was häufig in der Strafzumessung geschieht.

Für eine Strafverfolgung sprechen etwa die Tatsache, daß eine Verurteilung zu einer bedeutsamen Strafe führt, daß bei der Tatbegehung Waffengewalt oder Gewaltandrohung angewendet wurde, daß das Opfer ungeschützt war oder Angst bzw. physische Beeinträchtigungen erlitten hat, daß die Tat einer diskriminierenden Geisteshaltung entsprang, daß eine Fortsetzungs- oder Wiederholungsgefahr besteht, oder wenn eine Delikt trotz fehlender Schwere als solches in der Gegend, in der es begangen wurde, weitverbreitet ist. Besonderheiten in der Person des Opfers oder des Täters gilt dabei ein spezielles Augenmerk. War die Tat gegen eine Person im öffentlichen Dienst gerichtet, der Angeklagte in einer Autoritäts- oder Treuhänderposition oder hatte er eine führende Rolle bei der Bandenkriminalität inne, spielen dessen frühere Verurteilungen oder noch laufende Bewährungsanordnungen für diesen Fall eine Rolle, so spricht dies auch für die Strafverfolgung.

---

237 Ausführliche Würdigung der Neuerungen sowie die Beurteilung von rechtspolitischen Gefahrenquellen bei Ashworth/Fionda, Crim.L.R. 1994, 894 ff. sowie als Entgegnung darauf Daw, Crim.L.R. 1994, 904 ff.; kritisch die Auswertung der Neuerungen bei Hoyano u.a., Crim.L.R 1997, 556 ff..

238 Zu den unterschiedlichen Anforderungen hinsichtlich des *evidential test* auch Ashworth/ Fionda, Crim.L.R. 1994, 894, 895; Hoyano u.a.,Crim.L.R. 1997, 556, 558; zu den Problemfällen der Beurteilung bei nur einem Zeugen der Anklage Lewis, Crim.L.R. 1997, 653 f.

239 Ausführlich zu den Problemen des *public interest* auch: Hetherington, public interest, S. 137 ff.; ebenso Ashworth, Criminal Process, S. 176 ff.; Zander, Cases and materials, S. 209 ff.

240 Ausführliche Erörterung zu Inhalt und Problemen des *public interest*-Kriteriums bei Daw, JCL 1989, 485 ff.

241 Als klassisches Statement zu *public interest* gilt die Bemerkung von Lord Shawcross, A.G.: „It has never been the rule in this country and I hope it never will be that suspected criminal offences must automatically be the subject of prosecution." aus: House of Common Debates, Volume 483, column 681, 29 January 1951; vgl. auch Tevlin, JCL 1993, 288, 288

Gegen eine Strafverfolgung sprechen hingegen etwa die Tatsache, daß das Gericht wahrscheinlich eine sehr kleine oder nur nominelle Strafe verhängen würde, wenn sich die Deliktsbegehung als Ergebnis eines echten Fehlers oder Mißverständnisses darstellt, wenn es zu einer langen Verzögerung zwischen der Tatbegehung und Termin der Gerichtsverhandlung gekommen ist[242], wenn durch die Strafverfolgung sehr schwerwiegende Beeinträchtigungen der körperlichen oder seelischen Verfassung des Opfers zu befürchten sind, wenn der Angeklagte fortgeschrittenen Alters ist oder zum Zeitpunkt der Tat unter einer bedeutsamen mentalen oder physichen Krankheit litt[243], oder wenn der Prozeß die Gefahr birgt, daß Details an die Öffentlichkeit gelangen können, die Informationsquellen, internationale Beziehungen oder die nationale Sicherheit gefährden. Auch ein nur geringfügiger Schaden bei einem Einzelvorfall, besonders im Zusammenhang mit Fehleinschätzungen, spricht ebenso gegen eine Strafverfolgung wie eine Wiederherstellung des verursachten Schadens oder Verlustes, wobei eine bloße finanzielle Kompensation nicht ausreichend ist.

Die Faktoren der einzelnen Seiten werden nicht einfach nur zusammengezählt, sondern es unterliegt der Entscheidung der Strafverfolger, wie bedeutsam jeder einzelne Faktor im einzelnen Fall ist und wie sich daraus eine Gesamtbeurteilung bilden läßt[244]. Besonderheiten für die Verfahrenseinstellung gelten allerdings für Delikte gegen die körperliche Unversehrtheit im Polizeigewahrsam oder Strafvollzug und durch Polizisten.

Die Entscheidung des CPS, ein Verfahren nicht einzuleiten oder fortzuführen, unterliegt der gerichtlichen Überprüfung[245]. Die Gerichte halten sich bei der Beurteilung der Ordnungsmäßigkeit der Entscheidung des *Director for Public Prosecution* (DPP) eher zurück. Einem Rechtsmittel gegen die Einstellungsentscheidung ist nur Erfolg beschieden, wenn die Entscheidung als das Ergebnis einer nicht ordnungsgemäßen Verfahrenspolitik ergeht, wenn der DPP nicht im Einklang mit dem auf s. 10 POA 1985 basierenden *Code* agierte oder die Entscheidung ersichtlich abwegig war[246].

Auch in einigen anderen Punkten kommt es auf ein sachgerechtes Vorgehen der Strafverfolger an. Die Wahl der dem Angeklagten vorgeworfenen Delikte soll sich an der Ernsthaftigkeit des Geschehenen, einer adäquaten Strafgewalt des Gerichts und einer einfachen und klaren Darstellung vor Gericht orientieren. Bei einem Delikt mit der Wahlmöglichkeit zwischen *magistrate court* und *Crown Court* erleichtern allerdings wiederum Richtlinien die Entscheidung, die jedoch nur für die Richter verbindlich sind, für die Strafverfolger aber Anhaltspunkte bieten, auf jeden Fall aber die Wahl des nur

---

242 Wobei diese Einschätzung sich ändert, wenn das Delikt schwerwiegend ist, die Verzögerung auf Seiten des Angeklagten zu verantworten ist, die Straftat erst kürzlich entdeckt wurde oder die Komplexität der Tat eine langwierige Untersuchung erforderte.

243 Die vom Innenministerium herausgegebenen Richtlinien (*Home Office Guidelines*) gibt Anhaltspunkte für einen Ausgleich zwischen einem wünschenswerten Schutz des beeinträchtigten Angeklagten und der Aufrechterhaltung der Ordnung durch ein ordnungsgemäßes Strafverfahren

244 Vgl. bereits die Relevanz dieser Aspekte unter der alten Rechtslage, als noch der Polizei die maßgeblich Entscheidung zustand, bei Wilcox, Decision, mit ausführlicher Beschäftigung mit den einzelnen Fallgruppen sowie Appendix A, S. 123. Den rechtspolitischen Charakter dieser Entscheidung zeigen dort besonders die Fälle von überholten, widersprüchlichen und unpopulären Gesetzen, wie sie verstärkt wohl nur bei einer durch historische Großereignisse unbeeinträchtigten Rechtsentwicklung auftreten können.

245 Ausführlich zu den gerichtlichen Entscheidungen bezüglich der Überprüfung des Verfolgungsermessens Hilson, Crim.L.R. 1993, 739 ff.

246 So die von Lord Justice Kennedy gemachte Aufzählung in R. v. DPP (1995) Crim.L.R. App.R.136, 139-141

einfacheren Verfahrens verhindern. Die Annahme eines Schuldeingeständnisses des Angeklagten muß sich ebenfalls an der Sachgerechtigkeit orientieren und darf nicht nur aus Bequemlichkeit zur Verfahrensabkürzung akzeptiert werden. Dies gilt auch für die Wiederaufnahme einer bereits eingestellten Strafverfolgungsmaßnahme, etwa beim Auffinden neuer verwertbarer Beweise nach vorheriger Einstellung wegen Beweismangels.

Auch wenn das englische Prozeßrecht in weitgehendem Umfang die Privatklage (*private prosecution*) kennt, ist auch diese nicht frei von Einschränkungen, die sich aus Zustimmungserfordernissen[247] der Strafverfolger für einige Delikte ergeben. Der Möglichkeit der Privatklage kommt der Charakter eines grundlegenden Rechts zu, auch wenn Einschränkungen in gewissen Bereichen[248] oder Konstellationen[249] unbestritten sind. Auch die Übernahme einer Privatklage durch den DPP aus dem öffentlichen Interesse heraus mit dem Ziel der Fortführung oder der Einstellung des Verfahrens je nach Standpunkt der Strafverfolgung ist vorgesehen.

Die Darstellung entsprechender Regelungen in Deutschland soll ebenso wie eine grundlegende Kritik des Opportunitätsprinzip aus deutscher Sicht aus Gründen des Sachzusammenhangs und der Schwerpunktsetzung im verfassungsrechtlichen Teil , etwa bei der Cannabis-Entscheidung des BVerfG, erfolgen[250].

4) Stationen und Ablauf eines Strafverfahrens im Überblick

In einer kurzen Charakterisierung sollen neben den Stationen auch die unterschiedlichen Verfahrensbeteiligten und ihre Rollen verdeutlicht werden[251].

Die Ermittlungsarbeit bezüglich der Straftaten liegt in der Verantwortlichkeit der Polizei. Vor dem gerichtlichen Beginn jeder Strafverfolgung unternimmt der CPS eine unabhängige Beurteilung der Beweismittel im Fall vor. Die Einordnung des Strafverfahrens ist vom adversarischen Charakter geprägt, bei dem die Gerichtsverhandlung die Gestalt einer Überprüfung der zulässigen Beweismittel annimmt, welche von der Anklageseite und der Verteidigung ausgewählt und dem Gericht vorgelegt wurden.

---

247 Mangels eines einheitlichen zugrundeliegenden Prinzips, daß diese Einschränkungen rechtfertigt, begegnet das gegenwärtige System der Kritik, wie sie auch in den Befassungen der Law Commission (LC) zu diesem Themenbereich deutlich wird, vgl. LC, Consents to Prosecution, Consultation Paper (CP) No. 149; Internet: http: // www.lawcom.gov.uk/ 231.htm#ccp149

248 Die ausdrückliche Wahrung des Rechts zur *private prosecution* erfolgt in s. 6 (1) of the POA 1985. Die LawCom aaO, Part VII, nennt dabei die nach ihrer Ansicht berechtigten Ausnahmen vom Delikt her und präzisiert diese später in Consultation Paper No. 255, Consents to Prosecution unter Http: // www.lawcom.gov.uk/ 122.htm#LC255

249 Nur bei guten Gründen sollen auch gegenteilige prozedurale Einschränkungen denkbar sein, vgl. die Aufzählung in CP No.149, Part II, 2.30

250 16. Abschnitt C IV 2

251 Ausführlich dazu etwa Gibson/Cavadino, Criminal Justice Process, S. 101 ff.; kompakt zu den allgemeinen Verfahrensprinzipien, den Rechten des Angeklagten sowie den Phasen und Beteiligten des Verfahrens: Hatchard, comparative criminal procedure, S. 179 ff.; Wyngaert, systems, 3, 4, 6 ff.; jüngst auch Kühne, Strafprozeßrecht, 6. Aufl., § 71

Trotz einer umfassenden Eingriffsbefugnis des Gerichts sind die Anklage und die Verteidigung mit den Hauptinitiativrechten ausgestattet und kontrollieren die Abfolge der vor Gericht angesprochenen Aspekte und das Zusammenstellen, die Auswahl und die Befragung der Zeugen. Die Anklageseite muß dabei „ihren Fall“, die Sachverhaltsdarstellung, vor dem Maßstab *„beyond reasonable doubt“* beweisen. Beim Jury-Verfahren kommt den Richtern nur eine Rolle als *„neutral umpires“* zu, die sich mit Rechts- und Verfahrensfragen befassen. Tatsachenfragen sind Aufgabe der Jury. Die Begründungen ihrer Entscheidungen werden niemals abgelehnt. Große Bedeutung kommt der Durchführung mündlicher Verfahrensschritte zu und auch der Zeugenbeweis soll, wann immer möglich, mündlich in öffentlicher Verhandlung gegeben werden, wobei dem Kreuzverhör (*cross-examination*) eine bestätigende Funktion zugedacht ist. Die der Verurteilung folgende Frage der Strafe und der Strafzumessung ist auch im Jury- Prozeß die alleinige Aufgabe des Richters.

II) Strafzumessung

Eine wesentliche Rolle kommt auch den Gedanken und Regeln zu, die das Ergebnis richterliche Rechtsfindung strukturieren. Dem englische Strafzumessungssystem (*English sentencing system*) werden die Vergeltung (*retributivism*) und die Proportionalität (*proportionality*) als die Leitgesichtspunkte nachgesagt; relativ wenig Rechnung dagegen trägt es der Betonung der Eingliederung in die Gesellschaft (*rehabilitation*) sowie der Effektivität (*effectiveness*) der verhängten Strafe[252].

1.1) Zuständigkeit und Rechtsquellen

Die Möglichkeiten der Strafzumessung hängen von den Kompetenzen der jeweiligen Gerichte ab. Aufbau und Zuständigkeit wurden bereits zuvor[253] zusammenfassend dargestellt. Die Masse der Fälle, ca. 98 %, werden vor dem *magistrates court* verhandelt[254]. Die verhängbare Höchststrafe richtet sich hier nach den gesetzlichen Vorgaben der jeweiligen Delikte, die vor diesem Gericht angewendet werden[255]. Angesichts der Zusammensetzung der Gerichte, der gerichtlichen Hierarchie und der Schwere der Delikte sind allein die *Crown Courts* als Rechtsmittelgerichte und deren zur Verfügung stehende Strafmöglichkeiten interessant.

Die Rechtsquellen des Strafzumessungsrechts sind wie beim materiellen Strafrecht einerseits Gesetze und andererseits gerichtliche Entscheidungen. Das Hauptgesetz ist das Powers of Criminal Courts Act 1973; in Kraft sind auch noch Teile des Criminal Justice Acts von 1948, 1967 und 1972, die zum besseren Verständnis teilweise in Zusammen-

252 Vgl. etwa Cross/Ashworth, Sentencing System, S. 120 ff.

253 Vgl. 7. Abschnitt I, 8. Abschnitt I 3

254 In absoluten Zahlen etwa wurden 1988 vor den *magistrates` courts* 1, 9 Millionen Täter angeklagt, von denen 1, 5 Millionen eine Strafe erhielten; vor dem Crown Court waren 110 600 Straftäter erschienen, von denen 98 400 eine Strafe erhielten. Ausführliche Statistiken bei Ashworth, Sentencing System, 2.Aufl. S. 8 ff.. Vgl. auch Kühne, Strafverfahrensrecht, 6. Aufl. RdNr. 1162.

255 Die gewöhnliche Grenze der Befugnisse des magistrates `court liegt bei Geldstrafen bis zu 2000 BrPfund und bei Haftstrafen bis 6 Monate.

hang mit weiteren Dokumenten betrachtet werden müssen[256]. Bis zu Beginn der 90er Jahre des 20. Jahrhunderts zeigte der Gesetzgeber wenig Interesse an einer größeren Reform des Strafzumessungsrecht. Für den größten Teil jenes Jahrhunderts beließ er es bei der Setzung von Höchststrafen und wenig aussagekräftigen Ermahnung wie etwa Haftstrafen zu vermeiden[257]. Erst im ausgehenden Jahrhundert war eine rege Tätigkeit des Gesetzgebers zu vermerken, deren Inhalt nicht nur auf Zustimmung traf. Erlassen wurden etwa der Criminal Justice Act 1982, Criminal Justice Act 1991 und der verstärkt der Kritik ausgesetzte Crime (Sentence) Act 1997[258].

Dem urteilenden Richter beläßt das Recht kein ungebundenes Ermessen. Auch in diesem Bereich hat das englische *common law* über die Jahre ein komplexes Netz von (ungeschriebenen) rechtlichen Regeln, Prinzipien, Standards und Vorgaben entwickelt, die die Urteilspraxis beherrschen[259].

1.2) Sanktionsmöglichkeiten

Die Einteilung der Strafen und Korrekturmaßnahmen führt zu einem breiten Spektrum denkbarer Sanktionen. Dies ermöglicht bei der Strafzumessung, daß es auch bei Delikten, die mit Gefängnisstrafe bestraft werden können, viele Fälle gibt, die ziemlich sicher nicht zu einem Aufenthalt im Gefängnis führen. Ein signifikantes Kennzeichen des englischen *sentencing*-Systems ist die relative Weite des richterlichen Ermessens in der Auswahl von Straf- oder Korrekturmaßnahmen, die bei einem bestimmten Straftäter angewendet werden können[260]. Nur in Fällen der Verurteilung bei Hochverrat oder Mord sind grundsätzlich die „Hände des Richters gebunden", da hier Strafart und -höhe festgelegt sind, bei Mord etwa zu lebenslanger Inhaftierung. Mit dem Crime (Sentence) Act 1997 wurde jedoch ein umstrittener Eingriff in dieses Ermessen vorgenommen, weil in bestimmten Fällen Mindeststrafen und unter Umständen obligatorisch zu verhängende lebenslange Haftstrafen bei Mehrfachtätern festgelegt wurden.

In allen nicht in dieser Weise festgelegten Fällen ist hingegen sicherlich die erste Frage, die sich der Richter stellen wird, ob er es vermeiden kann, eine Freiheitsstrafe zu verhängen und den Täter ins Gefängnis zu schicken. Dieser Gedankengang stellt auch eine gesetzliche Pflicht dar, die im Powers of Criminal Courts Act 1973, s. 20 (1) normiert ist. Mitentscheidend ist auch die Schwere der Tat (*gravity*), einem Aspekt, dem noch später eigene Aufmerksamkeit zuteil wird.

---

256 Vgl. dazu die umfassende Aufzählung in Cross/Ashworth, Sentencing System, Appendix II ab S. 235

257 Beispielsweise in s. 20 (1) des Powers of Criminal Courts Act 1973

258 Fundamentalkritik bei Thomas, Crim.L.R.1998, 83 ff.

259 So auch die Einschätzung von Shute, Crim.L.R. 1998, 465, 466.

260 So die Einschätzung von Cross/Ashworth, Sentencing System, S. 6

Neben den Gefängnisstrafen (*prison sentence*)[261] gibt es verschiedene „Nicht"-Haftmaßnahmen (*non-custodial measures*), die etwas anderes darstellen als bloß einen suspendierten Gefängnisaufenthalt, etwa *absolute discharge, conditional discharge*[262], *binding over*[263], *probation*[264], *fine*[265], *community service order*[266] sowie ein *derferment*[267]. Das Gericht kann grundsätzlich die Strafmaßnahme frei auswählen und verhängen, und zwar bei jedem Delikt, daß mit Gefängnisstrafe belegt werden kann, außer bei Mord und den genannten Einschränkungen. Eine Ausnahme besteht hinsichtlich einer Methode des Binding over („*the common law bind-over*").

Die unterschiedlichen Erwägungen, die angestellt werden, um die am besten geeignete Sanktion festzulegen, sind Teil der in England sehr ausführlich geführten *sentencing policy*-Diskussion. Gerade die gedankliche Trennlinie von einer Gefängnisstrafe zu den anderen Maßnahme ist wechselnden Gewichtungen ausgesetzt[268].

Measure ist als Begriff weiter als *punishment*; letzterer meint die Verhängung von sog. „schmerzlichen Maßnahmen" (*pain*). Hierunter werden von den *non-custodial measures* nur Geldstrafe und Gemeinschaftsdienstbefehle als Strafmaßnahmen gefaßt. *Pain* ist heutzutage weniger rein körperlich zu verstehen, sondern vielmehr als finanzieller und Freiheitsverlust.

---

261 Näher zu *imprisonment* und den verschiedenen Suspendierungsmöglichkeiten Home Office, Sentence, S. 53 ff.; zu der Rolle der Beendigungsmöglichkeiten der Haftstrafe durch die Exekutive siehe 13. Abschnitt C II 6.2

262 Powers of Criminal Courts Act 1973 s. 1 A; der Täter wird erst dann zur Maßnahme herangezogen, wenn er in einer vom Gericht festgesetzten Zeitspanne eine weitere Straftat begeht, Thomas, Referencer, S. 23.

263 Justices of the Peace Act 1968 s. 1 (7); wenn sich der Täter während einer Bewährungsfrist nicht ordnungsgemäß verhält, verfällt eine von ihm entrichtet Sicherheitsleistung vollständig und er wird wegen des ursprünglichen Delikts vor Gericht gestellt; das nicht ordnungsgemäße Verhalten muß keine Straftat darstellen, sondern kann auch eine allgemeine Verhaltensanforderung sein, vgl. Thomas, Referencer, S. 9.

264 Powers of Criminal Courts Act 1973 ss. 2, 3; der Verurteilte bleibt in Freiheit, muß aber zusammen mit einem ihn überwachenden Beamten eine Besserung der Lebensführung mittels verschiedener Vorgehensweisen erreichen.

265 Powers of Criminal Courts Act 1973 ss. 30-32; Criminal Justice Act 1991 s. 18; Geldstrafe, die von einer Ausgleichszahlung (*compensation order*) sowie der Auferlegung der Verfahrenskosten zu unterscheiden ist.

266 Die *community order* ist in Criminal Justice Act 1991 ss. 6, 7 als Verrichtung unbezahlter Arbeit zum Nutzen der Gemeinschaft geregelt; vgl. Thomas, Sentencer, S. 16; zur Sanktionierung bei Nichterfüllung aaO S. 10; bei der *community service* order kommt hinzu, daß sie nur dann ergehen kann, wenn auch eine Gefägnisstrafe ergehen könnte, Powers of Criminal Courts Act 1973, s. 14, Thomas aaO, S. 19

267 Powers of Criminal Courts Act 1973 s. 1; Verschiebung der Urteilsfindung um eine zu benennende Zeitspanne, um gewisse den Angeklagten betreffende Aspekte, dessen Zustimmung erforderlich ist, abzuwarten, die eine Strafmilderung versprechen. Ausführlich zu Charakter und Inhalt dieser Maßnahmen Cross/Ashworth, Sentencing System, S. 6 ff., 34 ff.; Home Office, Sentence, S. 7 ff.; aktuell und praxisbezogen Thomas, Referencer 1998 mit zahlreichen weiteren Maßnahmen, die auch unselbständige Nebenfolgen erfassen oder nur auf spezielle Delikte anwendbar sind

268 Zur Entwicklung der Strafarten seit Beginn der angelsächsischen Zeit wie auch der damit verbundenen Gewichtungen der Strafarten zueinander John Hastettler, The Politics of Punishment.

Die Strafzwecke sollen hier keine nennenswerte Betrachtung erfahren[269], da eine solchen Materie, die auch rechtsphilosophische Aspekte beachtet, nicht Thema dieser Arbeit ist[270]. Auch im englischen Strafrecht muß man sich allerdings vergegenwärtigen, daß die Strafzumessungspraxis nicht nur anhand einer der Theorien über die Strafzwecke zu erklären ist, sondern es ist mal einer, mal dem Zusammenspiel mehrerer Theorien zuzuschreiben, wie die Ergebnisfindung verläuft. Es gibt aber auch Ergebnisse, die sich keiner Theorie zuordnen lassen und deren Begründung von Zweckdienlichkeitsgesichtspunkten geprägt ist[271]. Für das Gesamtverständnis ist zu berücksichtigen, daß der Begriff der Theorie weit zu verstehen ist, denn es geht eher um den Versuch einer Rechtfertigung für die Bestrafung als um die Begründung einer richtigen einschlägigen Lösung aus einem einzigen Ansatz heraus.

Cross/Ashworth gehen in ihrem Buch davon aus, daß die beiden maßgeblichen Aspekte des Strafens die Reduzierung von Kriminalität sowie die Förderung der Achtung des Gesetzes sind[272]. Diese Ziele können erreicht werden durch die Abschreckung anderer Täter und des bestraften Täters oder durch die Änderung des bestraften Täters sowie durch eine vom Großteil der Bevölkerung anerkannte gerechte Strafe. Während die ersten Aspekte eher präventiv wirken (*utilitarian, rehabilitative*), werden letztere dem Vergeltungsgedanken zugerechnet (*retributive*). Die schlagwortartig mit Prävention und Vergeltung bezeichneten Ziele hängen gegenseitig voneinander und schließen sich nicht aus; den übergeordneten Gesichtspunkten liegen unterschiedliche Blickrichtungen zugrunde.

2) Neuere Entwicklungen im englischen Strafzumessungsrecht

Seit den 60er Jahren des 20. Jahrhunderts haben sich zahlreiche Änderungen ergeben. Die seit jeher skeptisch beäugte kurze Freiheitsstrafen begegnet zeitweilig genauso viel Mißtrauen wie die längere. Die dabei geführte rechtspolitische Diskussion wird auch stark von den Standpunkten der unterschiedlichen Theorien zu den Strafzwecken beeinflußt[273]. Die seit jeher geltende und auch damals vorherrschende Sicht, daß nicht der Richter, sondern die Exekutive über den exakten Entlassungszeitpunkt entscheiden soll, was mit der Einführung der *parole boards* auch organisatorisch sichergestellt wurde, wird heute skeptischer betrachtet[274]. Auch der damals noch vorherrschende Opti-

---

269 Vgl. statt vieler nur Cross/Ashworth, Sentencing System, S. 120 ff.

270 Allgemein dazu etwa der Überblick prägender Strafzumessungsgesichtspunkt in Home Office, Sentence, S. 7/8.

271 Cross/Ashworth, Sentencing System, S. 120

272 Cross/Ashworth, Sentencing System, S. 121; dort grenzen sie sich einerseits von Kant ab, dessen Ansatz keinen Raum für Zweckdienlichkeit läßt, weil Gerechtigkeit alleine nach ihrer Sicht keine Rechtfertigung ersetzen kann und andererseits zu Vertretern, die die Verbrechensreduzierung ohne Bezug zur Förderung der Gesetzesachtung sehen und dabei die Orientierung an ökonomischen Kriterien und Menschlichkeit vermissen lassen.

273 Dazu sogleich 8. Abschnitt II 3

274 Vgl. Shute, Crim.L.R.1998, S. 465, 473 m.w. Nachweisen in Fußnote 26; ausführlicher dazu 13. Abschnitt C II 6.2

mismus bezüglich des rehabilitierenden Potentials der *probation orders* (Bewährungsauflagen) wird heute in Frage gestellt[275].

Zwar legte die *Royal Commission on Criminal Justice* 1993 einen Bericht vor[276], der Criminal Justice and Public Order Act 1994 hat jedoch nur wenige Vorschläge aufgegriffen und eher eine zuwiderlaufende Entwicklung aufgezeigt.

Zusammenfassend läßt sich der Grundtenor der jüngeren Änderungen im Strafzumessungsrecht mit der Formel festhalten: längere Strafen und ein strengeres Regime für Gesetzesbrecher. Im Recht der Strafzumessung in den 90er Jahren des 20. Jahrhunderts hat es einen repressiven Umschwung in der Gesetzgebung gegeben, der zum Teil auf heftigen Widerstand gestoßen ist [277]. 1991 verdeutlichte der *Criminal Justice Act* den neoklassischen Verhältnismäßigkeitsgrundsatz, wonach die Tat so schwerwiegend sein mußte, daß allein eine Freiheitsstrafe gerechtfertigt sein konnte. Die Länge der Strafe sollte „dem Ausmaß der Schwere der Tat entsprechen", wobei eine längere Strafe für Gewalt- und Sexualstraftäter als Gefahr für die Allgemeinheit als Regel von der Ausnahme galt. Der Criminal Justice Act 1993 brachte eine Distanzierung zum Gesetz von 1991. Als Ausdruck eines *Law and Order*-Verständnisses war die Crime (Sentence) Bill 1997 geplant, die als Gesetz auch in Kraft trat[278].

Diese enthält drei Klauseln: zur lebenslangen Freiheitsstrafe bei schweren Gewalt- oder Sexualverbrechen, zur Mindeststrafe beim Handel mit gewissen Drogen sowie zur Verhängung von Mindeststrafe bei Wohnungseinbruch und sieht eine Vermeidung nur vor, wenn das Gericht außergewöhnliche Umstände feststellt. So enthält es zudem eine Änderung der Bedeutung von Gefängnisstrafen. Die Formulierung „*honesty in sentencing*" bedeutet, daß die im Gefängnis tatsächlich verbüßte Zeit stärker der vom Gericht verhängten Strafe entsprechen sollen. In dem bis damals aufgewendeten System war die Mehrzahl der Häftlinge nach Verbüßung der Hälfte ihrer Strafe entlassen, denn die Vollstreckung der Reststrafe wurde ausgesetzt. Das neue System soll bewirken, daß Häftlinge rund 85 % der verhängten Strafe ableisten, wobei das Gericht Sorge tragen soll, daß die Täter nicht länger im Gefängnis bleiben. Deshalb muß ein neues Strafmaß quasi unter Bezugnahme auf altes System errechnet werden, denn Strafen würden bei Verhängung kürzer erscheinen, was zu einem Mißverständnis der Bevölkerung und Kritik an den Richtern, obwohl diese nur die Vorgaben der Politik ausführen. Zudem soll es erstmalig auch eine Mindeststrafe als Zeichen für den erhöhten Grad an Repression geben.

---

275 Vgl. insgesamt zu diesen Tendenzen Cross/Ashworth, Sentencing System, S. 1 ff.

276 Royal Commission on Criminal Justice unter Vorsitz von Lord Runciman, Cm 2263, London 1993

277 Schon in den 80er Jahren sollte die Strafzumessungspolitik das Ermessen der Richter stärker strukturieren, vgl. Huber, LB 86/88, S. 484; aaO , S. 514 auch zur Reform der Strafzumessungspraxis; ferner zur Kriminalpolitik durch Strafen: Ashworth, Sentencing and Criminal Justice sowie Home Office: The sentence of Court - A handbook for Courts on the treatment of offenders. Siehe zuvor 8. Abschnitt II 1.1.

278 Vgl. Thomas, Crim.L.R 1998, 83 ff.

Durch die Schaffung solcher Gesetze zur Strafzumessung zeigt sich, daß der Gesetzgeber in jüngster Zeit in die Sphäre des Richters einzugreifen versucht und das Ermessen bei der Strafzumessung, wie angedeutet, beschränken will. Ashworth[279] spricht dies auch aus, weil sich die Richter bei der Befolgung der Vorgaben des Parlaments/der Regierung möglicher Kritik ausgesetzt sehen. Daß dies Ausdruck eines anderen Verständnisses der Gewalten zueinander ist, wird hier sehr deutlich. Anderseits ist auch zu bedenken, daß es in England, anders als in Deutschland grundsätzlich keine Mindeststrafen gibt, so daß deren partielle Einführung kein bahnbrechender Eingriff in die richterliche Freiheit ist.

3) Charakterisierung der englischen Strafzumessung

Strafzumessungsregeln im Sinne der kontinentalen Rechtsordnung waren dem englischen Recht lange fremd, auch wenn nun in der jüngeren Vergangenheit gesetzliche Bestimmung, die die Strafzumessung betreffen, ergangen sind[280]. Bedeutsam hingegen ist eine Erscheinung des englischen Rechtslebens, die gewöhnlich als *comity among judges*, als Höflichkeit unter Richtern bezeichnet wird. Es entspricht dieser *comity*, daß die Ausführungen, die ein Richter in einer Entscheidung macht, von anderen Gerichten unabhängig von ihrem Rang mit dem größten Respekt behandelt werden. Die Aufhebung oder Abänderung eines Urteils erfolgt in der Regel zögerlich und nur bei Vorliegen sehr erheblicher oder außergewöhnlicher Umstände. In Fragen der Strafzumessung bedeutet dies, daß ein vom Verurteilten eingelegtes Rechtsmittel wenig Aussicht auf Erfolg hat, wenn ein Urteil nicht das Strafmaximum überschreitet[281].

Ein Grund für die Annahme einer großen Ermessensfreiheit des englischen Richters ist die Strafandrohungen als Maximum, womit eine Bindung grundsätzlich nur an das Strafhöchstmaß besteht. Da häufig keine Minima genannt werden, erübrigen sich in Folge dessen auch Vorschriften über Milderungsumstände. Strafzumessungsvorschriften waren außer in wenigen Regelungen bis vor einigen Jahren weder im *common law* noch in den Gesetzen enthalten. Meist wird nur auf den gesunden Menschenverstand und auf die *Bill of Rights* verwiesen, die grausame Strafen verbietet. Als allgemeine Bewertungsgrundsätze haben sich die Natur der Handlung, Begehungsumstände, Grad der Überlegung, die Herausforderung im Fall von gewaltsamen Handlungen, das Vorleben des Täters sowie die Bitte der Geschworenen um barmherzige Behandlung herauskristallisiert, wobei es dem Richter freisteht, letztere zu berücksichtigen[282]. Ein allgemeiner Erschwerungsgrund mit straferhöhender Wirkung innerhalb des gesetzlichen Rahmens ist in England der Rückfall des Täters.

Dies darf nicht verwechselt werden mit den meist wesentlich ausführlicheren Ausführungen zum Zweck der Strafe. In den wenigen Fällen absolut bestimmter Strafe kann eine Abgabe an den Innenminister zugesagt werden, in dessen Hand Strafvollstreckung und Begnadigung liegen[283]. Der weite Ermessens-

279 ZStW 1997, 677, 684/685

280 Vgl. viel deutlicher die Entwicklung in den USA, wo *sentencing guidelines* als Hilfsmittel der richterlichen Strafzumessung eingesetzt werden; umfassend dazu Fischer, Normierung, S.128 ff.

281 So zusammenfassend Schmidt, Strafzumessung, S. 71

282 Vgl. Schmidt, aaO, S. 73

283 Zum Verfahren vor dem *parole board* 13. Abschnitt C II 6.2.1

spielraum wird letztendlich daran deutlich, daß in England der Richter über die Anrechnung der Untersuchungshaft nach freiem Ermessen bestimmt.

Schließlich kennt man in England auch keine Vorschriften über die Verbrechenskonkurrenz; es gelten aber das Kumulations-, das Absorptions- und das Asperationsprinzip (Schärfungsprinzip). Eine Strafenkumulierung ist zulässig; Unbilligkeiten der Strafenhäufung kann der Richter, was fast immer geschieht, durch die Anordnung der gleichzeitigen Verbüßung mehrerer Strafen vermeiden, so daß in der Praxis statt Strafenkumulierung das Absorptionsprinzip vorherrscht[284].

III) Englisches Rechtsdenken

Um der Gefahr zu entgehen, im späteren Teil „Äpfel mit Birnen" zu vergleichen, soll an dieser Stelle kurz auf grundlegende Unterschiede zwischen dem deutschen und dem englischen Recht hingewiesen werden wie etwa der juristischen Denkweise, die sich auch hinsichtlich der Funktion und des Inhalts, beispielweise der mens rea, niederschlägt. Die Erfassung der Stileigenarten dieses Rechtsdenkens, selbst in grober Vereinfachung, um dann zu zeigen, wie sich dieser bestimmte Denkstil auf die greifbaren Resultate auswirkt bzw. welche hervorgebracht werden, kann im folgenden allerdings nicht geleistet werden[285]. Es handelt sich auch nicht um kontradiktorischen Gegensätze handeln, sondern es gibt vielmehr hervorstechende Eigenschaften des Denkstils, die diesen charakterisieren. Es ist bereits zuvor deutlich geworden, daß sich das englische Recht auf die Kultivierung der freien richterlichen Rechtsfortbildung im Rahmen der Schaffung von *common law* und die Präjudizienfindung im Hinblick auf die Anwendung eben dieses Rechts konzentriert statt sich, wie das kontinentale Recht, seit langer Zeit mit der kommentierenden Auslegung von Gesetzestexten zu befassen[286]. Methodisch sucht die angelsächsische Rechtsanwendung sich für das gewünschte Ergebnis einen entschiedenen Fall und bearbeitet diesen so lange, bis er dem konkreten Fall vergleichbar erscheint, während nach kontinentalem Vorgehen ein Gesetz mit erwünschtem Inhalt gesucht wird, welches durch Auslegung dem Fall vergleichbar gemacht wird[287].

Die Andersartigkeit des Denkstils in Ländern des anglo-amerikanischen Rechts fällt sowohl in der Lehre als auch in der Praxis auf. Landläufig erfolgt meist vielfach eine Kennzeichnung mit Begriffen wie „konkret und praktisch", „dem abstrakten und der Abstraktion abgeneigt", weil es scheinbar oft weniger allgemein gehaltene Formulierungen gibt. Diese Einschätzung resultiert daraus, daß die Bildung und der Vorstellungsgehalt der Begriffe einfach anders ist.

---

284 Vgl. Schmidt, aaO, S. 148, 158

285 Es kann also schon vom Ausgangspunkt her nur eine systematische Arbeit beabsichtigt gewesen sein, die nicht im Sinne einer deduktiv-systematischer Darstellung der Ergebnisse strafrechtlichen Denkens darstellt, sondern als Erklärungssystem, dessen eine Koordinate die in einer bestimmten Form erfaßte Denkweise des fremden Rechts ist; die zweite Koordinate des Erklärungs- und Darstellungssystems bildet die bestimmenden Grundvorstellungen, in diesem Falle über Schuld und Vorsatz.

286 Kühne, GA 2005, 195, 202

287 Kühne, aaO, 203

In der theoretischen Diskussion werden dafür auch die Begriffspaare Universalismus und Nominalismus[288] verwendet oder Empirismus oder Induktion[289], und zwar unter Hinweis auf einen anderer englischen Tatsachensinn. De Boor[290] sieht die Bindung an Präjudizien in Verbindung mit der Abneigung der Engländer gegen Verallgemeinerungen als Ursache für diesen Unterschieds.

Diese Neigung ist angesichts des Funktionsmechanismus der Präjudizienbindung verständlich, denn um anderen Richtern kein Korsett anzulegen und auch ihnen die Möglichkeit zur Berücksichtigung von Umständen des Einzelfalls zu geben, wird der entscheidende Richter sich nur zu den wesentlichen Fakten äußern. Daß diese Eigenart nicht zu leugnen ist, wird auch bei der vorliegenden Darstellung deutlich, nicht nur von der Sprache des Rechtskreises her[291]. Es wird zum Problem, wenn man die aus dem deutschen Recht geläufige Begriffsapparatur auf den fremden Gegenstand ansetzen will[292].

Es gilt jedoch auch die grundlegenden Unterschiede vom Rechtsdenken her zu sehen, die noch tiefgreifender sein können. Da diese Stoff für eigenständige Arbeiten liefern, kann hier nur eine verdeutlichender Anriß erfolgen. Eine Erfassung von Problemen von der dogmatisch-systematischen Seite her wird der Eigenart des anglo-amerikanischen Rechtsdenkens, das nicht auf deduktiv-systematische Darstellung seiner Ergebnisse aus ist, nicht gerecht. Wie deutlich geworden ist, gibt es kaum eine Gesamtdarstellung der Vorsatz-/Schuldproblematik im englischen Recht. Das ist auch kaum verwunderlich, denn nach englischer Art gäbe es eine schier endlose Fallsammlung mit eingestreuten Bemerkungen, was schnell die räumlichen Grenzen erreichen und auch das Gesamtverständnis beeinträchtigen würde.

Eine Bestimmung der Eigenart des englischen Rechts läßt sich mit Hilfe der wissenschaftstheoretischen Kategorie der Topik erreichen. Diese läßt sich allgemein kennzeichnen als eine am Problem orientierte Technik des Denkens[293], die sich für

288 So Becker, Das *common law* als Methode der Rechtsfindung

289 Radbruch, Der Geist des englischen Rechts, 1956 4. Aufl., S. 8

290 Die Methode des englischen Rechts und die Deutsche Rechtsreform, S. 13: „ ... mit ihrer Neigung, beim konkreten Fall stehen zu bleiben, (wird) eine Folge gezeitigt, die für das ganze Rechtsleben von höchster Bedeutung ist, und in der vielleicht der wesentliche Unterschied zwischen englischem und kontinentalem Recht beruht: Ein englischer Richter hat keine Neigung, die Begriffe, die er verwendet, um ihrer selbst Willen klarzustellen. Er sagt über sie nur, was er braucht, um den Fall zu entscheiden."

291 In diesem Zusammenhang wurde schon bei der Analyse, wie zuvor bei der materiellen Darstellung, darauf hingewiesen, daß schon vom Sprachlichen her die Gefahr besteht, daß das Besondere des anderen Rechts einem entgleitet könnte, quasi unter den Händen zerrinnt könnte, weil es „eingedeutscht" wird. Behrendt, Vorsatz, S. 3 weist darauf hin, daß er nach seiner Ansicht genug Beispiele für in diesem Sinne verfehlte Arbeiten gibt, weil meist der Versuch unternommen wird, die „fremden Lösungen" gewisser Probleme von ihrer dogmatisch-systematischen Seite her zu erfassen.

292 Behrendt, aaO, sieht eine Möglichkeit, dem aufgezeigten Dilemma zu entgehen darin, den Gegenstand in der gleichen Weise zu behandeln, wie dies in England geschähe, nur eben auf deutsch.

293 Viehweg definiert den Begriff in seinem Buch „Topik und Jurisprudenz", 3. Aufl. 1965 wie folgt: „Die Topik will Winke geben, wie man sich in einer solchen Situation (der Aporie) verhält , um nicht rettungslos stecken zu bleiben. Sie ist die Techne des Problemdenkens".

die Lösungen an Gesichtspunkten oder Gesichtspunktkatalogen, den sog. Topoi, orientiert. Diese bleiben immer problemgebunden, denn sie dienen dem Gedanken als Leitfaden, sind gewissermaßen Miniatursysteme, die sich aber niemals zu einem zusammenhängenden in sich widerspruchslosen Gesamtsystem auswachsen. Dem topischen Denken läßt sich dahingehend ein Gegensatz zu dem systematischen nachsagen, denn jenes ordnet ein Problem zum Zweck der Lösung in ein umfassendes Abteilungssystem ein: Das, was sich nicht einordnen läßt, wird als Scheinproblem abgetan, womit das Systemdenken letztlich eine Problemauslese bewirkt. Topisches Denken wählt umgekehrt unter verschiedenen Ableitungszusammenhängen den passenden aus[294]. Man kann deshalb vereinfachend sagen, daß die systematische Denkweise vom Ganzen ausgeht und dabei der Konzeption einen Stellenwert als erstes und beherrschendes Merkmal einräumt. Die Funktion der Topoi läßt sich als gefühlsbestimmte Grundübereinstimmung auszudrücken. Topisches Denken kann sich, da es nicht unter dem Druck eines anzuwendenden Systems steht, in viel weitergehendem Maße als systematisches Denken offen halten für den Sachverhalt, der der zu beurteilenden Situation zugrunde liegt, weil die Gegenstände für eine logische Ordnung zu vielschichtig und zu kompliziert seien.

Die Indizien für einen topischen Ansatz sind etwa die Betonung des Dialogs und der Auseinandersetzung. Dies wird deutlich am Strafprozeß, der als „Kampf" verstanden wird[295]. Nur eine erbitterte Auseinandersetzung ist die beste Gewähr, daß alle maßgebenden Gesichtspunkte zur Sprache kommen. Erst dies soll eine angemessene Entscheidung ermöglichen[296].
Auch der *common sense*, des entwickelten Gefühls dafür, worüber alle vernünftigen Menschen einer Auffassungen sein müssen, ist Ausdruck eines gewissen Bestands an gemeinsamen Grundüberzeugungen und Einstellungen. Wegen des Gleichbehandlungsgebots ist eine Orientierung an den Vorentscheidungen als historische Absicherung notwendig. Die Rolle der Präjudizien im *common law* ist Ausdruck der beherrschenden Denkweise und verhilft der Analogie zur Rolle als häufigster Schlußform dieses Denkstils.

Die werthaltigen Gesichtspunkte oder Kataloge sind als charakteristische Merkmale topischen Denkens einzuordnen. Dabei sollen die materiellen Wertgesichtspunkte als Hauptargumente des *common law* gelten, was bei neu aufkommenden Rechtsproblemen ebenso wie bei der fallweisen Entwicklung einer Regel gelten soll[297]. Wegen der Heranziehung derselben Topoi für vergleichbare problematische Sachverhalte bilden sich Regeln heraus, die zwar keinen dogmatischen Charakter haben, sondern rein heuristi-

294 Jescheck, AT, § 21 III 1 spricht von einem unverbundenen Nebeneinanderstehen bleiben von Merkmalen im Falle einer topischen Ordnung, während die systematische Ordnung Merkmale in einen Zusammenhang bringt durch logische Gesetze von Über-/Unterordnung, Regel und Ausnahme.

295 Vgl. zum adversarischen Charakter des Hauptverhandlung 8. Abschnitt I 1

296 Als Ausdruck des dialogischen Charakters fällt auch die Sitte des Niederlegens selbständiger Voten im Urteil auf, sog. *dissenting* oder *concurring opinions*. Eine Beeinflußung von Wesen und Form läßt sich auch in anderen Bereichen aufzeigen.

297 So die Einschätzung von Behrendt,Vorsatz, S. 10. Hinzu kommt das Grundverständnis des angloamerikanischen Rechtskreises, wonach nicht in erster Linie das Gesetz, sondern persönliche Wertesysteme der entscheidenden Juristen die Rechtsfindung beeinflussen, Kühne, GA 2005, 195, 203.

sche Qualität. Trotzdem stellen diese Wertgesichtspunkte die eigentlich treibende Kraft in der Entscheidung des Einzelfalls und in der Weiterbildung des Rechts dar.

Hier stellt erneut die Art der Rechtsfindung einen maßgeblichen Gesichtspunkt dar. Man muß sich verdeutlich, daß die ratio decidendi einer Entscheidung eine verbindliche Kraft entfaltet[298]. Die vorzunehmende Unterscheidung zwischen ratio und dictum, also ob eine Aussage zu den denknotwendigen Entscheidungsgründen gehört oder nicht, ist deshalb wichtig, weil nur der erste Fall als „*rule of the case*" gelten kann. In Wahrheit allerdings hat die ratio keinen feststehenden Inhalt, denn lediglich Sachverhalt und Entscheidung stehen fest. Was der Richter als *rule* zwischen den Tatsachenboden und die Entscheidungsdecke des Präjudizes schiebt, sind auch die Fragen der Wertung einer Entscheidung aus der Vergangenheit als *precedent*.

Dies hängt einzig und allein von dem maßgeblichen Topoi ab, also den werthaltigen Gesichtspunkten. Deren überragende Bedeutung auch innerhalb des *precedent* ergibt sich aus der *art of distinguishing*, die danach fragt, ob der Fall *on the facts* ist. Auch hier zählen nur *material facts*, d.h. solche Tatsachen, die im Lichte der einschlägig erachteten Topoi entscheidungserheblich sind. Letztlich entscheiden Wertgesichtspunkte über die Verbindlichkeit und Unverbindlichkeit eines *precedent*. Dieser natürlichen Rolle der Werte, d.h. des Volitiven, bei der Rechtsfindung sind sich Juristen dieses Rechtskreises sehr wohl bewußt[299]. Auch die fehlenden Kodifikation im Sinne der systematischer Erfassung eines Rechtsgebiets ist Ausdruck der traditionellen topischen Denkweise.

Wegen des Zustands und der Bedeutung der Gesetze ist deren Stellenwert ohnehin anders, weil es sich teilweise nur um wortreiche und weitschweifige Zusammenfassungen gesicherter Rechtsprechung handelt und einem solchen punktweisen Vorgehen eine Kodifikation eines Rechtsgebiets fremd erscheinen muß[300].

Für das topisches Denken charakteristisch ist ferner die weitgehende Berücksichtigung aller menschlichen Erkenntnisleistungen, insbesondere der Intuition. Daraus soll sich eine größere Wirklichkeitsnähe des Denkens ergeben. Diese Menschlichkeit im Sinne einer Beteiligung allen menschlichen Empfindungs- und Erkenntnisvermögens an der geistigen Problemerörterung verdeutlicht die Verwurzelung des Rechts im menschlichen und bringt das enge Verhältnis zwischen der Gestalt des Rechts und dem konkreten psychischen Habitus der Menschen des Kulturkreises zum Ausdruck. Die sehr verschiedene Sprache der Urteile, die im Stil und Tonfall einer lebendigen Person gehalten sind und sich weniger einer objektiven Sprache bedienen, lassen auch irrationale Elemente an der Urteilsbildung beteiligt sein[301]. Diese Rolle der Intuition bei der Erfas-

---

298 So bereits 6. Abschnitt II 3

299 Auch die Eigenart als Richterrecht weist auf die topische Art des Denkens hin. Wenn sich das Rechtsdenken in erster Linie an einem Problem orientiert, dann muß der einen konkreten Rechtsstreit entscheidende Richter zu allerhöchster Autorität gelangen. In Wahrheit ist er damit ein Gesetzgeber und wird als solcher verstanden, was die große Autorität des Richterstandes in diesem Rechtskreis bewirkt und Zentralstellung auch bei den Rechtsquellen erklärt. Vgl. dazu 6. Abschnitt II 2

300 Zum Stellenwert der Rechtsquellen 6. Abschnitt II

301 Auch im deutschen Recht nicht auszuschließen, Jescheck, 1969, S. 558

sung des Sachverhalts und Heranziehung von Präjudizien bei der Auswahl der relevanten Wertgesichtspunkte, wird als *„hunch"* bezeichnet. Sie läßt sich als der durch Schulung erworbene Orientierungssinn im Bereich der das Rechtsganze ordnenden Prinzipien beschreiben, verbunden mit der Urteilskraft über ihre aktuelle Reichweite und Funktion. Zu unterstreichen ist zudem, daß es stärker auf den einzelnen Sachverhalt ankommt[302].

Man kann sagen, daß der Pragmatismus ein angelsächsisches Charakteristikum darstellt. Diese auf die konkrete Problembewältigung ausgerichtete Einstellung steht im Geiste des Praktikers, der kein Interesse an der Erfassung und Lösung aller denkbaren Zweifelsfragen hat, sondern Problembearbeitung „hic et nunc" betreiben will.

9. Abschnitt: Methodik der Strafrechtsvergleichung

I) Funktionalitätsfrage und Perspektivwahl

Ein kompletter Vergleich der Regeln, die dem Allgemeinen Teil entsprechen, wäre zwar sehr aufschlußreich, ist in einer Arbeit von der Art der vorliegenden allerdings schlichtweg nicht zu leisten. Die Gefahr des Dilettantismus besteht als Grenze bei jeder Arbeit, die sich mit Strafrechtsvergleichung beschäftigt; sie wächst aber um ein Vielfaches, je breiter und ungenauer die Definierung des Sachproblems erfolgt[303]. Aus denkbar zahlreichen Lebenssachverhalten, die eine Lösung durch die Rechtsfiguren mittels einer sozialen Wertung erfahren, müssen diejenigen ausgewählt und thematisch begrenzt werden, die aus Sicht des gewählten Blickwinkels der europäischen Rechtsangleichung besonders interessant und vielversprechend erscheinen. In einer rechtsvergleichenden Betrachtung stellen diese Rechtsfiguren vor allem Systembegriffe dar, welche ein mit rechtlichen Figuren zu lösendes Problemfeld beschreiben, wobei der Ansatzpunkt der soziale Konflikt, also die Problemstellung der Rechtswirklichkeit ist, an der orientiert jedes Rechtssystem Lösungen entwickelt[304]. Dabei ist auch zu bedenken, daß die deutsche Rechtsfigur, die diesen Lebenssachverhalt löst, vor dem Hintergrund eines Messens einfachrechtlicher Entscheidungen am Maßstab der Verfassung besonders fruchtbringend sein soll.

---

302 Vgl. Radbruch-Zitat, Geist des englischen Rechts, S. 35, 36, dem gemäß der deutsche Richter an dem zugrundeliegenden Sachverhalt weniger interessiert ist, weil er mit Hilfe des Gesetzes einen Tatbestand herausschält, der nur ein unter juristischen Gesichtspunkten herauspräpariertes Skelett des wirklichen Sachverhalts darstellt, während der englische Richter den Sachverhalt in seiner konkreten Fülle erfaßt, ohne ihn von vornherein zu reduzieren auf die juristisch entscheidenden Züge, die ja erst das Ergebnis seiner empirischen Analyse sein sollen.

303 Vgl. zur Methode der Strafrechtsvergleichung grundlegend: Jescheck, H.H.: Entwicklung, Aufgaben und Methoden der Strafrechtsvergleichung, S. 1-44 in: Recht und Staat, Tübingen 1955; ders./Kaiser, Günther: Die Vergleichung als Methode der Strafrechtswissenschaft und der Kriminologie, Berlin 1980, S. 1-25; zum Wesen der Rechtsvergleichung grundlegend: Großfeld, Kernfragen der Rechtsvergleichung, der bei England insbesondere auf die entwicklungsgeschichtlichen Unterschiede und ihre Einflüsse auf die Rechtsordnung verweist.

304 Koch/Magnus/Winkler v. Mohrenfels, Rechtsvergleichung, S.237; Zweigert/Kötz, Einführung, S. 33; Rheinstein, Rechtsvergleichung, S. 25 ff.

Vorliegend wird letztlich eine deutsch-rechtliche Perspektive gewählt. Dies weist allerdings auf die methodischen Probleme der Strafrechtsvergleichung im internationalen Bereich hin[305].

So treffen Bantekas/Nash[306]mit ihrem Buch zum internationalen Strafrecht zunächst eine Auswahl von Delikten mit internationalem Bezug. Die Annäherung erfolgt über verschiedene Deliktsgruppen wie Terrorismus, Delikte der grenzüberschreitenden organisierten Kriminalität im Drogen-, Falschgeld- und Internetbereich, aber auch über das geschützte Objekt wie die körperliche Unversehrtheit der Person oder die internationale Meeresschiffahrt. Hinsichtlich der strafverfahrensrechtlichen Seite werden die Umsetzungen internationaler Konventionen und Verträge in nationales Recht als Leitlinie genommen. Gewisse Delikte finden Darstellung im Rahmen der Gerichte, die über sie zu urteilen befugt sind.

Grundlage ist somit der Rückschluß vom Stand des internationalen Strafrechts auf die nationalen Rechtsordnungen. Gedanke ist dabei, daß es sich beim bereits erreichten Stand dieses supranational zu verstehenden Rechts gleichsam um ein Destillat der anerkannten Rechtsgüter und Strukturen handelt. Gleichzeitig wird auch deutlich, daß allein die Abstrahierung von nationalen Delikten nicht automatisch zu einem „Internationalem Strafrecht" führt. Ebenso wenig bewirkt die Umsetzung gemeinsamer Konventionen angesichts des dem einzelnen Gesetzgeber verbleibenden Spielraums und den der jeweiligen Rechtsordnung immanenten Besonderheiten eine identische Strafbewehrung, sondern kann eine deutliche Streubreite erzielen.

Pradel/Cortens[307] beleuchten die zwischenstaatliche Kooperation im Strafverfahrensrecht nach allgemeinen und besonderen Verfahrensarten, etwa der Art der Rechtshilfe. Ferner wird nach materiellen Justizgrundrechten und nach Verfahrensrechten unterschieden.

Die Herangehensweise kann sich daher unter verschiedenen Gesichtspunkten ergeben. Um zu verhindern, daß aus dem Zusammenhang gerissene Details sachfremd miteinander verglichen werden, muß der Rechtsvergleichung eine solide Basis für die Ausgangsbetrachtungen gegeben werden. Es sind durchaus verschiedene Ansätze als Ausgangspunkt eines unterschiedlichen methodischen Herangehens wie auch bei der Auswahl der Betrachtungsobjekte denkbar. Dabei kann etwa ein Betrachtungspunkt außerhalb der jeweiligen Rechtssysteme eingenommen werden. Eine solche Abstrahierung sucht mit eigenen Kategorien nach Phänomenbeschreibungen und muß sich daher auch eigener Begrifflichkeiten bedienen.

---

305 Vgl. etwa Bradley, Criminal Procedure- a worldwide study, S. 5 ff. für den anglo-amerikanischen Bereich und Hendler, Sistemas procesales penales comparados, S. 27 ff. zur Methode sowie zu den sistemas nationales Europeos S. 51 ff. aus südamerikanischer, insb. argentinischer, Sicht.

306 International Criminal Law, S. 17 ff.

307 Das französisch-niederländische Autorenpaar hat 2002 sowohl in Englisch (*Europeen Criminal Law*) wie auch in Französisch (*Droit penal europeen*) publiziert.

Die beispielhaft betrachtete internationale Literatur macht vor allem deutlich, daß in der Strafrechtsvergleichung tatsächlich unterschiedliche Herangehensweisen bestehen und kein einheitliches Verständnis von Rechtsvergleichung auf internationaler Ebene existiert. Die Einnahme der jeweils nationalen Sichtweise ist daher auch in anderen Länder üblich und problemgerecht, denn sie bietet zunächst einen Orientierungsmaßstab.

Sieht man daher aus der Perspektive des nationalen Rechts auf eine fremde Rechtsordnung, so muß auch der terminologische Kontext zunächst am nationalen Recht orientiert sein. Vorteilhafter und daher vorzugswürdiger ist das Einnehmen einer deutschrechtlichen Perspektive. Die Gründe der deutsch-rechtlichen Perspektive für die Auswahl englischer Institute lassen sich den jeweiligen Darstellungen entnehmen. Maßgeblich ist dabei jeweils, welche Instrumentarien im Zusammenspiel die Lösung eines Problems aus deutscher Sicht erreichen. Das Einnehmen ein solchen Perspektive läßt tiefere Einblicke in die englischen Rechtskultur zu, weil die Einbettung in den Gesamtzusammenhang der Grundlagen deutlich wird. Erst dies erklärt gegebenenfalls die spezifischen Besonderheiten der Rechtskultur für einen ausländischen Betrachter. Dabei soll es sich jedoch nicht alleine um eine kontradiktorische Gegenüberstellung markanter Unterschiede der jeweiligen Betrachtungsobjekte handeln, sondern es muß auch eine Betrachtung des entsprechenden Vorfeldes vorangehen. Eine isolierte Betrachtung ohne Berücksichtigung des Gesamtkontextes des jeweiligen Rechtssystems kann schnell dazu führen, daß verkannt wird, daß Rechtssysteme sich nur anderer Instrumentarien bedienen, um damit die letztlich gleichen Probleme auf eine andere Art und Weise zu lösen.

Aufbauend auf dem systematischen und terminologischen Vorverständnis[308] des deutschen Straf-/Strafverfahrensrechts wird das fremde Recht beschrieben und durch beispielhafte Nennung können Unterschiede verdeutlicht werden. Dabei wird die Einschätzung von Kühne[309] geteilt, daß allein das vergleichende Messen fremder Rechtsordnungen an der eigenen ein tieferes Verständnis zu vermitteln mag.

II) Definierung der Sachprobleme

Aufgeworfen werden sollen dabei als Definierung von Sachproblemen folgende Funktionalitätsfragen:
1) Das deutsche Strafrecht wird als **Schuldstrafrecht** bezeichnet.
Diesem Rechtsbereich als Kernelement deutschen allgemeinen materiellen Strafrechts soll nachgegangen werden. Leitgesichtspunkt ist dabei: Orientiert sich das englische Strafrecht, die englische Verbrechenslehre am Gedanken der Schuldfeststellung und ist die gedankliche Konstruktion der Vorwerfbarkeit der Tat von Bedeutung? Wenn ja, in-

308 Kühne, GA 2005, 195,201 weist dabei zu Recht darauf hin, daß Jurisprudenz als Sprachwissenschaft letztlich untrennbar mit der jeweiligen Sprache verbunden ist. Selbst sorgfältige Übersetzungen kollidieren daher in der Regel mit dem der Zielsprache inhärenten eigenen juristischen Verständnis.

309 Strafprozeßrecht, 6. Aufl. 2003, § 71 RdNr. 1146, der zu recht auf die Gefahr des Gefangenseins nationaler Rechtsvergleicher im Ghetto ihres Selbstverständnisses bei der Darstellung ihres Rechts aus anwendungsbezogener rechtsvergleichender Sicht hinweist; ferner auch auf die Verdeckung terminologischer Eigenheiten durch fehlende Beachtung oder unzutreffende Übersetzung.

wieweit wird dies schon bei der Strafbarkeitsfeststellung berücksichtigt oder zu einem anderen Zeitpunkt im Gesamtablauf von Anklageerhebung, Strafbarkeitsfindung im Prozeß sowie sich gegebenenfalls anschließender Strafvollstreckung?

2) Ausgangspunkt für die Beurteilung **strafrechtlicher Verantwortung** im deutschen Strafrecht ist der Mensch, juristisch gesehen die natürliche Person. Frage hier soll sein: An welche Personen der juristischen Einteilung knüpft die strafrechtliche Verantwortlichkeit an ?

Schwerpunktmäßig soll dem Aspekt nachgegangen werden, ob und in welcher Form im englischen Recht eine Strafbarkeit juristischer Personen, sog. Unternehmensstrafbarkeit, besteht.

3) Dem deutschen Strafrecht wird im Bereich der Rechtfertigungsgründe, Entschuldigungsgründe und anderer **strafbarkeitsausschließender Gründe** eine weitreichende dogmatische Verästelung nachgesagt. Nicht alle diese Rechtsfiguren tauchen im englischen Strafrecht im Rahmen des dortigen Oberbegriffs der Verteidigungseinreden ebenfalls auf. Deshalb drängt sich die Frage auf: Wie geht das englische Strafrecht mit gewissen Fallkonstellationen um, wenn diese nicht im Rahmen des materiellen Strafrechts gelöst werden?

Im Gegensatz zu anderen strafrechtsvergleichenden Arbeiten kommt der Auswahl der zu vergleichenden Länder hier keine weitergehende Bedeutung mehr zu. Aufgrund des Gesagten[310] ist im Rahmen der EU-Rechtsangleichung hier England von besonderer Bedeutung. Die Anfertigung des Länderberichts orientiert sich an den zum Vergleich notwendigen Schilderungen von Rechtsinstituten sowie allgemeinen Regeln und Prinzipien, ergänzt um knappe, charakteristische Ausführungen zum deutschen Recht, und soll inhaltlich die Vergleichsgrundlage schaffen[311]. Die Bereiche, die durch die Fragestellungen berührt werden, werden im Verlauf der Darstellung im Bedarfsfall noch näher begründet, da starre Regeln eine flexible Bearbeitung verhindern und zuviel von den Besonderheiten des einzelnen Problems und seiner Lösung in den verschiedenen Rechtsordnungen abhängt[312].

---

310 Vgl. 1. Abschnitt; angesichts des tiefgehenden Charakters der Untersuchung ist eine Betrachtung eines weiteren Landes nicht möglich und auch nicht notwendig; es bedarf dieser hier auch nicht, denn gerade die Berücksichtigung nur zweier nationaler Rechtordnungen verstellt den Blick auf grundlegende Probleme weniger als wenn eine nicht mehr ganz überschaubare Zahl von Rechtsordnungen „unter einen Hut" gebracht werden muß.

311 Vgl. allgemein zur Erstellung der Länderberichte die zuvor genannte Literatur zur Rechtsvergleichung, insbesondere Koch/Magnus/Winkler v. Mohrenfels, Rechtsvergleichung, S. 243 sowie Zweigert/Kötz, Einführung, S. 31 ff.

312 Zweigert/Kötz, aaO, S. 42

3. Teil: Darstellung der aufgrund der Vergleichsgegenstände maßgeblichen Rechtsfiguren der allgemeinen Lehren, insbesondere des englischen Strafrechts

Die nachfolgend ausgewählten Einzelgebiete des englischen Rechts, die man im deutschen Recht im Einzelfall entsprechend dem AT zuordnen würde, berücksichtigen bereits in einer erster Einordnung im Sinne einer Abschichtung nach dem Bedeutungsgehalt alle maßgeblichen Aspekte.

Ausgehend von den Bemerkungen zur Methodik der Rechtsvergleichung wird im folgenden eine deskriptiv-analytische Darstellung des englischen Rechts jeweils an der aus der deutsch-rechtlichen Perspektive passenden Stelle um entsprechende Gesichtspunkte des deutschen Rechts ergänzt. Diese bilden die Grundlage des dann unter dem 4. Teil vorzunehmenden Vergleichs zur Beantwortung der Funktionalitätsfragen. Die Darstellung erfolgt dabei mit Blick auf die spezifische Relevanz, was fast zwangsläufig zu einem fragmentarischen Charakter der Darstellung führt. Dies ist vom Ergebnis jedoch wegen des deutsch-rechtlichen Hintergrundes des Lesers zu vernachlässigen, zumal die dadurch erreichte höhere Stringenz und Zielführung durch die Konzentration auf das wesentliche dem Anliegen einer rechtsvergleichenden Arbeit entgegenkommt.

10. Abschnitt: Actus reus und mens rea als grundlegende Kategorien strafrechtlicher Zurechnung

Der Ausgangspunkt strafrechtlicher Zurechnung läßt sich aus der lateinischen Maxime „actus non facit reum nisi mens sit rea“ herleiten. Die sich daraus ergebende Unterscheidung nach den beiden Kategorien actus reus und mens rea ist grundlegend für die Prüfung der Strafbarkeit einer Handlung im englischen Strafrecht. Die Sentenz „actus non facit reum nisi mens sit rea“ bedeutet: „Erst die persönliche Schuld verleiht dem verbotenen Tun einen kriminellen Charakter“[313] und beschreibt die Erfassung strafrechtlicher Verantwortlichkeit durch diese beiden Zurechnungskriterien[314]. Die englische Straftatlehre fügt sich ein in die Straftatlehren der *common law*-Rechtsordnungen, denen mit wegweisenden Werken wie Hales „History of the Pleas of the Crown“ (1736) und Blackstones „Commentaries on the Law of England“ (1765-69) ein gemeinsamer Kern zugrunde liegt.

Als Ausgangspunkt strafrechtlicher Zurechnung ist bei der Rechtsanwendung zu beachten, daß eine Verantwortlichkeit nicht schon bei einem bloßem Verstoß gegen ein rechtliches Verbot oder Gebot beginnt, sondern daß es darüber hinaus zwingend grundsätzlich einer Zuwiderhandlung mit der nötigen „Schuld“ (*guilty mind*) bedarf, wobei kei-

313 Wörtlicher übersetzt bei Smith/Hogan, Criminal Law, S. 30 Fußnote 7: „An act does not make a man guilty of a crime, unless his mind be also guilty“. Sprichwörtlich geworden ist diese Sentenz wegen ihres Vorkommens in Cokes "Institutes" (1628 -1644).

314 Vgl. Williams, Textbook, S. 70 Fußnote 1, der den Ursprung des Grundsatzes im kanonischen Recht mit dem erstmaligen Auftauchen in den Leges Henrici sieht; eine Bewertung als Ausgangspunkt erfolgt auch bei Radbruch, Geist, S. 77; Smith/Hogan, Criminal Law, S. 29 f.

nesfalls eine Gleichsetzung der mens rea mit dem Schuldbegriff des deutschen Rechts erfolgen darf[315].

Handelt es sich um eine idealtypische Fallrealisierung ohne das Vorliegen weiterer, strafbarkeitsausschließender Gesichtspunkte[316], kann die Zusammensetzung des Verbrechens als zweistufig bezeichnet werden. Actus reus stellt sich als die Verletzung des rechtlichen Verbots bzw. Gebots dar und bezieht sich grundsätzlich eher auf äußere Handlungselemente, während mens rea eine Aussage darüber treffen soll, ob bei der Verbotsverletzung die erforderliche innere geistige Haltung vorliegt, was von einigen Stimmen auch als eine Art Schuld gesehen wird. Diese beiden (positiven) Elemente der Straftat (*elements of crime*) stehen den verantwortungsausschließenden oder -mindernden Verteidigungen, also negativen Elementen, gegenüber[317].

Auch wenn die Anforderungen an diese Zurechnungskriterien[318] zum Teil vielgestaltiger ausfallen, läßt sich grundsätzlich feststellen, daß actus reus alle objektiven Elemente, welche zur Definition eines Delikts zählen, umfaßt, während mens rea die geistige Seite wiedergibt[319], was im folgenden näher dargestellt werden soll.

I) actus reus

Actus reus erfaßt sämtliche objektiven Strafbarkeitselemente und alle weiteren Tatbestandsvoraussetzungen außer der mentalen Seite des Täters; es handelt sich mithin um eine Abstraktion der gesetzlichen Tatbestandsbeschreibungen nach ihren externalen Aspekten[320]. Anders als bei einem objektiven Tatbestand des deutschen Rechts erfaßt actus reus auch Merkmale, auf die sich die subjektive Seite nicht zu erstrecken braucht. Diese Merkmale entstammen aus den gesetzlichen Definitionen einer Straftat oder bei *common-law*-Delikten aus dem *common law* selbst, wobei es keinen Unterschied der Behandlung einzelner Bestandteile macht, woher diese stammen. Bei der Nichtverwirklichung eines Elements erfolgt ein Ausschluß der Strafbarkeit. Zu unterscheiden ist die Verneinung eines Tatbestandelements und das Vorliegen von Tatsachen, die einen Rechtfertigungs- und Entschuldigungsgrund (*defence*) begründen. Auch im englischen Recht ist die Unterscheidung nach Erfolgs- (*result crimes*) und Tätigkeitsdelikten (*conduct crimes*) geläufig, weshalb es verschiedenartige Bestandteile wie Handlungen oder Unterlassungen, den Erfolg sowie den zwischen diesen beiden bestehenden Kausalzusammenhang geben kann[321]. Es geht normativ somit um das unter Strafe gestellte und

---

315 Vgl. etwa Clarkson/Keating 3. Aufl. S.135: „In short, blameworthiness and mens rea are not synonymous." Zu einer der Kernfragen dieser Arbeit vertieft unten 14. Abschnitt A II

316 Vgl. zu den Verteidigungseinreden 11. Abschnitt

317 Näher zu diesen unter 11. Abschnitt sowie zum Deliktsaufbau unter 12. Abschnitt I

318 A.T.H. Smith bezeichnet sie als einfache Werkzeuge, die nützlich sind in der Exposition des Strafrechts, Reshaping, S. 96

319 Diese Einschätzung teilt auch Vogel GA 1998, 127, 136

320 Smith/Hogan aaO S. 31 mit dem Hinweis auf eine verbreitete, restriktivere Sicht; Vogel GA 1998, 127, 140

321 Smith/Hogan aaO S. 31

verbotene äußere Verhalten, das grundsätzlich Handlungsqualität haben muß[322]. Durch die Definition der Straftat sollen zum Teil noch weitere Merkmale in den actus reus einbezogen werden, die die Tat näher beschreiben, also Umstände und externe Kriterien sowie besondere Anforderung an das Verhalten oder die Folgen (*conduct, circumstances, consequences*).

Abweichend von der grundsätzlich objektiven Natur der Bestandteile des actus reus können auch mentale Elemente, also subjektiver Komponenten wie die Willensrichtung des Opfers, als Teil des actus reus erscheinen. So liegt z.B. eine Vergewaltigung nur vor, wenn die Handlung gegen den Willen des Opfers vom Täter ausgeführt wurde, so daß die fehlende Einwilligung in Geschlechts- oder Analverkehr bei der Vergewaltigung Bestandteil des actus reus ist[323]. Ansonsten nimmt die h.A. im englischen Recht bei Vorliegen der notwendigen Voraussetzungen der Einwilligung[324], also bei deren Wirksamkeit, einen Ausschluß des actus reus an[325].

Eine Abhängigkeit der Reichweite des actus reus von der formalen Straftatdefinition wird auch ersichtlich bei Delikten, deren actus reus einen bestimmten rechtlich verbotenen Zustand (*a state of affairs*) verlangen. Diese Situations- oder Zustandsdelikten (*situational liability oder status offences*), wie zum Beispiel das Mit-sich-Führen von Werkzeug, um es zum Zweck des Einbruchdiebstahl zu verwenden, stehen als Zustand unter Strafe[326], wobei nicht die zu dem betreffenden Zustand führende Handlung unter Strafe steht, also das Sich-verschaffen, sondern der herbeigeführte Zustand, das In-Besitz-haben des Gegenstandes zu einem gewissen Zweck[327]. Insbesondere bei diesen *offences of possession*, dem Mitführen oder In-Besitz-haben gewisser Gegenstände, wird dem Merkmal neben der physisch-tatsächlichen auch eine mentale Dimension zugeschrieben, weil z.T. erst diese über die wahre Qualität des Gegenstandes Auskunft geben kann[328].

---

322 Zu den Ausnahmen bei *vicarious liability* -bei denen dem Arbeitgeber für Straftaten seiner Arbeitnehmer, deren Handlungen ihm auf objektiver Grundlage wie z.B. einer Aufgabendelegation zugerechnet wird- oder *strict liability offences*, die z.T. nur einen Zustand verlangen vgl. unten 13. Abschnitt A II

323 Nach s. 1 Sexual Offences Act 1956, neugefaßt durch s. 142 Criminal Justice and Public Order Act 1994, werden die Voraussetzungen des actus reus von Vergewaltigung demgemäß so definiert :

----

s. 1 (2) A man commits a rape if he has sexual intercourse with a person (whether vaginal or anal) who at the time of the intercourse does not consent to it...

Opfer einer Vergewaltigung kann deshalb auch ein Mann sein, der keine Einwilligung in den Analverkehr erteilt hat. Die grundsätzliche Strafbarkeit auch des einverständlichen Analverkehrs wurde mit demselben Gesetz abgeschafft. Vgl. zur Bewertung Ashworth, ZStW 1997, 677, 683

324 Dies auch deshalb, weil das englische Strafrecht nicht zwischen tatbestandsausschließendem Einverständnis und rechtfertigender Einwilligung unterscheidet

325 Im folgenden wird deshalb wie im englischen Strafrecht einheitlich der Begriff Einwilligung gebraucht

326 s. 25 (1) Theft Act: "A person shall be guilty of an offence if, when not at his place of abode, he has with him an article for use in the course of or in connection with any burglary, theft or cheat"

327 Smith/Hogan, Criminal Law, S. 45

328 Smith/Hogan, Criminal Law, S. 30 mit weiteren Beispielen wie *permits, appropriates, cultivates, abandons* u.a.

Actus reus ist nicht lediglich nur eine grundlegende Zurechnungskategorie, nicht bloße Aufzählung der grundsätzlich objektiven Strafbarkeitselemente, sondern zudem Beschränkung der Zurechnung strafrechtlicher Verantwortlichkeit durch das Erfordernis des Vorliegens einer Handlung. Eine Handlung ist nach h. A. nur gegeben, wenn ein willensgesteuertes Verhalten vorliegt[329], ansonsten findet, von einer Ausnahme abgesehen, keine Erfolgszurechnung statt[330], denn die unwillkürliche Nicht-Handlung (*involuntariness, automatism*) ist nicht erfaßt. Bedeutung kommt in diesem Zusammenhang der Vorverschuldensproblematik (*prior fault*) und auch der Abgrenzung zwischen schlechthin entlastender Handlungsunfähigkeit und solcher, die auf Geisteskrankheit beruht und zur Verhängung von Maßregeln führen kann, zu[331].

Ein willensgesteuertes Verhalten kann auch in einer willentlichen Unterlassung liegen, (*omissions*), es bedarf dann aber einer Handlungspflicht (*duty to act*). Diese kann sich ergeben aus gesetzlichen Vorgaben (*statute*)[332], Vertrag (*contract*)[333], enger verwandtschaftlicher Beziehung (*relationship*)[334], Amtsstellung (*office*)[335] oder vorangegangenem Verhalten (*conduct; supervening fault*)[336].

Ferner erforderlich ist eine Kausalbeziehung (*causation*) zwischen Handlung und Erfolg als weiterem Zurechnungselement, die nach dem herrschenden *principle approach*

---

329 Smith/Hogan, Criminal Law, S. 37; Williams, General part, S. 8; a.A. Turner, Kenny's outline

330 Zur Rolle der (*voluntary) intoxication* später 13. Abschnitt A I; Smith/Hogan, Criminal Law, S. 40 sehen *voluntariness* als Teil des actus reus

331 Ausführlich Smith/Hogan, Criminal Law, S. 29 ff.

332 Etwa s. 25 Road Traffic Act 1972: Vorstellungs- und Meldepflicht bei Verkehrsunfällen

333 Wie in R. v. Pittwood (1902) 19 TLR 37; abgedruckt bei Elliott&Woods, Cases, S. 30 f.

334 Wie in R. v. Stone and Dobinson (1977) 2 All.E.R. 341

335 Wie in R. v. Dytham (1979) Crim.L.R. 666: etwa ein Polizeibeamter, wenn er Zeuge einer Straftat wird

336 Vgl. insgesamt zu den Unterlassungsdelikten Smith/Hogan, Criminal Law, S. 47 ff. und den Handlungspflichten aaO S. 51. Zu conduct: Fagan v. Metropolitan Police Commissioner (1968) 3 All.E.R. 442 (*Queens Bench Division*):
Die ursprüngliche Handlung geschah ohne Vorsatz, dieser kam erst später durch die Unterlassung hinzu. Dies wurde als ausreichend gesehen, um einen einheitlichen Akt anzunehmen, wenn die Folgen des Geschehens noch andauerte, auch wenn grundsätzlich Zeitgleichheit verlangt wird zwischen der Geisteshaltung und der Handlung. Es liegt jedoch keine Umwandlung eines unvorsätzlich begangenen Handelns durch nachträglichen Vorsatz in vorsätzliches Handeln vor. Die umstrittene Begründung dieser Entscheidung wurde in R. v. Miller (1983) 1 All.E.R 978 (*House of Lords*) präzisiert, wonach ein unvorsätzlicher Akt, gefolgt von einer vorsätzlichen Unterlassung, als eine Korrektur des Geschehenen als ganzes und damit als vorsätzlicher Akt gesehen werden kann. Der Miller-Test verlangt deshalb die von einem selbst verursachte Gefahr, ein Unterlassen der Gefahrbekämpfung und zum Zeitpunkt der Unterlassung muß die Geisteshaltung einen notwendigen Bestandteil des Delikts bilden. Besonderer Beachtung verdient dies wegen des Verständnisses einiger Teile als Ausnahme vom Koinzidenzprinzip. Vgl. dazu 10. Abschnitt II 3.4

auf objektiver Ebene und rechtsprinzipiell[337] unabhängig von einem Schuldverständnis die Ereignisse zueinander in Beziehung setzt[338].

II) mens rea

Mens rea ist ein vieldeutiger, umstrittener Begriff, dem im Gegensatz zum actus reus kein einheitliches Begriffsverständnis zugrunde liegt[339], wobei insbesondere den Gerichten und ihrer schwankenden Rechtsprechung die herrschende Begriffsunklarheit angelastet wird.

Wie im Anschluß zu schildern, kann die mens rea in verschiedenen Formen vorkommen. Einhellig anerkannt ist nur, daß sie eine umstrittene Zurechnungskategorie ist, über deren Verständnis vom Inhalt erhebliche Unterschiede bestehen.

Wichtig ist auch zu beachten, daß sie im Laufe der geschichtlichen Entwicklung einen erheblichen Bedeutungswandel unterlegen war, der jedoch auch für das heutige Verständnis vorauszusetzen ist.

Nachfolgend soll zunächst ein kurzer geschichtlicher Überblick über die Entwicklung gegeben werden (1), danach soll eine Darstellung der relevanten, unterschiedlich vertretenen Meinungen zu ihrem Inhalt erfolgen (2). Nach Schilderung der einzelnen Formen dieser Zurechnungskategorie auf der Grundlage der h. M. (3) und der Berücksichtigung, daß diese nicht bei allen Delikten in vollem Umfang erforderlich ist, sog. *strict liability*-Delikte (4), wird schließlich eingehend der Frage nachgegangen werden, welche Aspekte noch der Trägerschaft des Begriffes unterliegen und wie es sich mit deren Verständnis verhält (5). Dies geschieht unter dem Blickwinkel des vorzunehmenden Vergleichs und mit dem besonderen Interesse, ob der Begriff der mens rea auch Träger von Aspekten ist, wie sie der deutsche Strafrechtler von der Konzeption der Schuld als eigenständigem Deliktsteil her kennt.

1) Die historische Entwicklung der mens rea

1.1) Bis zum 12. Jahrhundert

In der ältesten Zeit, bis zum Beginn des 12. Jahrhunderts, bestand eine strafrechtliche Haftung, welche in ihrer Auswirkung dem Wesen einer Erfolgshaftung nahe kam. Zurückzuführen ist dies auf die Rache als eines der wesentlichsten Elemente des Strafrechts, welche als Gefühlsäußerung sich nicht mit der Beziehung zwischen Täter und Tat auseinander setzte. Eine Berücksichtigung eines wie auch immer gearteten Verschuldens lag an und für sich fern, auch wenn die Mehrzahl der bestraften Taten Vorsatztaten waren[340]. Allerdings fand noch keine ausdrückliche genaue Differenzierung

---

337 Vogel nennt auch noch den *policy-approach*, der Zurechnung als Frage der sozialen Wahrnehmung nach sozio-politischen Kriterien beantwortet, und den mens rea-approach, wonach eine Entscheidung über die Zurechnung im Hinblick auf Vorsatz und Fahrlässigkeit getroffen werden, Vogel GA 1998, 12, 140 mit Nachweisen in Fn. 84

338 Vgl. Smith/Hogan, Criminal law, S. 44 f.

339 Vgl. A.T.H. Smith, Reshaping, S. 95; zur Schwierigkeit der Zugrundelegung einheitlicher Begriffe auch Cross/Ashworth, Sentencing System, S. 147; Allen, Textbook, S. 47 spricht von *ambiguous, vague, obscure, imprecise* bezüglich der Rechtsprechungsaussagen.

340 Dazu insgesamt Sayre, H.L.R. (1934) Bd. 45, 974, 976, 981

zu fahrlässigen oder zufällig ausgeführten Taten statt, womit auch der besonderen Schuld einer Fahrlässigkeitstat noch keine Bedeutung eingeräumt wurde. Berücksichtigt wurden diese gegebenenfalls bei der Begnadigung[341], durch den König, etwa bei Zufallstaten und bei Fahrlässigkeitstaten mit geringer „Täterschuld"; wurde letztere nicht gesehen, wurde wie bei einer vorsätzlichen Tat bestraft[342]. Herauszustellen ist, daß der Verschuldensgedanke bis zum 12. Jahrhundert noch keine Bedeutung als wesentlicher Begriff des Strafrechts erfahren hatte. Die quasi formal bestehende Erfolgshaftung wurde jedoch durch eine unbewußte Anerkennung der Schuld und auch deren Ausmaßes einer Milderung zugeführt.

1.2) Auftreten des Begriffs „mens rea"

Im 12. Jahrhundert wurde das englische Recht maßgeblich durch das römische Recht sowie das Kirchenrecht beeinflußt. Während ersteres mit den Begriffen dolus und culpa einen anderen Ansatz mit sich brachte, führte letzteres mit der Betonung des Sündenbegriffs eine Blickrichtung an, die stärker als früher auf den Geisteszustand des Täters sah. Die erste Erwähnung des Begriffs mens rea ist deshalb den Lehren der Kirche entnommen[343]; der Begriff der mens rea wird seitdem mit der heute noch geltenden Sentenz „actus non facit reum nisi mens sit rea" beschrieben. In weiteren mittelalterlichen Werken wird die wesentliche Bedeutung des psychischen Elements für das Delikt betont und auch eine Schuldunfähigkeit anerkannt, auch wenn dies in der damaligen Praxis noch nicht berücksichtigt wurde[344].

1.3) Stellenwert als Verbrechenselement

Dem Einfluß der Kirche nachgebend, wurde das moralisch tadelhafte Verhalten (*moral blameworthiness*) mit zu einer Voraussetzung der Strafbarkeit. Dieses moralische Element prägte den Inhalt der mens rea-Sentenz und bestärkte deren Anerkennung[345]. Mit der Betonung der Moral als geistiges Element wurde mehr Wert auf die psychische Beziehung zwischen Täter und Tat gelegt, was dadurch begünstigt wurde, daß die meisten Delikte naturgemäß vorsätzlich begangen wurden (Tötungsdelikte, Notzucht, Einbruch). Mit der moralischen Tadelhaftigkeit ließ sich auch der maßgebliche Unterschied zwischen der zivilrechtlich unerlaubten (*torts*) und der strafbaren Handlung bestim-

---

341 Der Vergleich drängt sich auf; auch im Mittelalter wurde eine ähnliche Vorgehensweise bei noch nicht anerkannter Zufallstat gewählt, nämlich bei Verurteilung zum Tode und gleichzeitigem Erbitten der Begnadigung vom König. Dies ist zurückzuführen auf den stärker werdenden Einflusses der Kirche; zugleich hatte sich das Ansehen des Königs verbessert; vgl. Tidow, Schuldbegriff, S. 31; Sayre, H.L.R. (1934) Bd. 45, 974 ff.

342 Sayre, H.L.R. (1934) Bd. 45, 974, 981; ausführlicher bei Tidow, Schuldbegriff, S. 30 f.

343 Vgl. Leges Henrici, V. 28 unter Bezugnahme auf den Hl. Augustinus mit der Sentenz „reum linguam non facit reum nisi mens sit rea", wobei die ersten beiden Worte später durch actus ersetzt wurden; vgl. auch Tidow, Schuldbegriff, S. 32

344 Tidow, aaO, S. 33 f. nennt hierzu das stark vom kanonischen Recht geprägte Werk von Bracton, De Legibus et Consuetudinibus Angeliae aus der Zeit von 1250-1258

345 Vgl. Sayre, H.L.R. (1934) Bd. 45 S. 974, 988

men[346]. Im Gegensatz zum kirchenrechtlichen Ansatz wurde das, was als Schuld bezeichnet wurde, nie alleine, also ohne eine Handlung bestraft.

Damals fand weder eine vertiefte Auseinandersetzung mit dem Begriff noch eine genaue Definition statt[347]. Bedeutsam ist ab dieser Zeit die Gleichsetzung von mens rea mit *guilty intention*, damit des Vorsatzes als Kriterium der Straftat sowie die Gleichstellung des strafrechtlichen Verschuldens mit einem moralischen Vorwurf. Das Erfordernis einer solchen Übereinstimmung als Verquickung von moralischen und strafrechtlichen Bestandteilen hielt sich lange in der englischen Schuldlehre. Während eine Berücksichtigung der Schuldform Fahrlässigkeit noch ganz fehlte, wurde eine Haftbarmachung des Täters für seine Tat aufgrund der allgemein tadelhaften Geisteshaltung nicht dadurch eingeschränkt, daß das Wesen der mens rea darin gesehen wurde, daß diese auf ein bestimmtes Delikt gerichtet war.

2) Mehrdeutiger Begriff

2.1) Herrschende Ansicht

Entsprechend der herkömmlichen, noch herrschenden Ansicht handelt es sich bei mens rea um die jeweilige subjektive Tatseite einer Straftat[348]. Es handelt sich um das nach der Definition der Straftat vorausgesetzte Wissen bzw. Wissen-Können des Täters (*the mental element required by the definition of a crime*). Zu unterscheiden sind danach die möglichen Formen *intention* (Absicht), *recklessness* (am ehesten als bedingter Vorsatz zu bezeichnen)[349]und neuerdings *negligence* (Fahrlässigkeit), wobei deren Übersetzung im Wortsinne nicht einer inhaltsgleichen Bedeutung im deutschen Strafrecht entspricht. Je nach Straftatdefinition richtet sich die Erbringung des erforderlichen Nachweises im Prozeß an die Anklageseite. Bei Zugrundelegung dieses mens rea-Begriffs handelt es sich um einen subjektiven Tatbestand. Um der irreführenden wörtlichen Bedeutung *guilty mind* zu entgehen, muß man sich stets vergegenwärtigen, daß es sich in der Gegenwart um eine rechtliche, keine moralische Schuld handeln soll, deren Einordnung nicht vom deutschen Deliktsaufbau her gesehen werden kann[350]. Daß eine alte Auffassung näher am Wortsinn liegt, die in mens rea einen Geisteszustand erblickt, der moralische Vorwerfbarkeit oder Schuld meint (*moral blameworthiness, guilt*) [351], mag,

---

346 Vgl. Sayre, aaO, S. 990

347 Hale hebt in „History of the Pleas of the Crown" (1736) die Bedeutung von *will* und *intention* neben Handlung und Erfolg hervor, allerdings ohne sich über das Verständnis von *intention* zu äußern; auch für Blackstone in seinen „Commentaries on the Law of England" (4. Buch 1769) kommt dem Begriff des *vicious* will eine zentrale Rolle zu, aber auch er gibt keine tiefergehende Antwort und gibt mit „*vicious*" (verderbt) zu erkennen, daß er eine Gleichsetzung von strafrechtlicher und moralischer Schuld vornimmt

348 Vgl. Smith/Hogan, Criminal Law, S. 56

349 Bei wörtlicher Übersetzung bedeutet der Begriff Rücksichtslosigkeit bzw. Gefährlichkeit; bei einem rechtstechnischen Begriff hat dies jedoch wenig Aussagekraft, so daß bei der weiteren Darstellung wie zuvor auch bei anderen Begriffen eine Verwendung im Original erfolgt; die Bezeichnung als Leichtfertigkeit zieht Vogel GA 1998, S. 127, 141 vor.

350 Vertieft dazu unten 14. Abschnitt A II

351 So Vogel aaO unter Hinweis auf Lacey/Wells/Meure, Reconstructing, S. 38

wie beschrieben, vom Wortsinn her angehen. Es bleibt zu hinterfragen, ob von der Konzeption inhaltlicher Art her eine solche Vorwerfbarkeit auch heute noch überhaupt erhoben wird[352].

2.2) Neuere Meinung

Eine neuere Meinung der Strafrechtswissenschaft will über die subjektive Seite hinaus sämtliche Anforderungen, die die strafrechtliche Verantwortlichkeit des Täters außerhalb des actus reus ausmachen, erfaßt wissen[353]. Neben dem bereits zuvor beim actus reus genannten Kriterien wird die gesamte materielle Verantwortlichkeit in der Zurechnungskategorie der mens rea geprüft, was auch alle Rechtfertigungs- und Entschuldigungsgründe als deren Merkmale beinhalten würde. Die negativen Elemente wären in der Prüfung in eines der positiven Elemente integriert.

2.3) Stellungnahme

Die neuere Betrachtung scheint auf den ersten Blick wenig hilfreich. Zugute zuhalten ist ihr allerdings, daß sie auch in der Lage ist, die Verantwortlichkeit umfassender zu erklären als es die herkömmliche Ansicht mit ihrem Modell leisten kann. Da seit jeher die Tendenz bestand, die strafrechtliche Verantwortlichkeit mit actus reus und mens rea abschließend zu erfassen, setzt die herkömmliche Ansicht sämtliche Rechtfertigungs- und Entschuldigungsgründe zu den Kategorien actus reus und mens rea in Relation. Bei Eingreifen eines Rechtfertigungs- und Entschuldigungsgrundes wird stets eine der beiden Zurechnungskategorien ausgeschlossen. Bei diesem engen Begriff von mens rea kann es jedoch zu einem Bruch im Sinnzusammenhang kommen, weil die Wirkungsweise einzelner Verteidigungseinreden mit dem so verstandenen Aufbau nicht zu erklären ist. Trotz des Vorliegens einer Verteidigungseinrede muß kein automatischer Ausschluß von actus reus oder mens rea eingreifen, so daß es man dem schwer vermittelbaren Ergebnis kommt, daß ein Freispruch trotz Vorliegens beider Zurechnungskategorien erfolgt. Die Rechtsprechung hat beispielsweise mit dieser Ausgangsposition des engen mens rea-Begriffs unlängst als Ergebnis einer Entscheidung festgestellt, daß der Nötigungsnotstand (*duress*) nicht zu einem mens rea-Ausschluß führt[354]. Die Grundmaxime des englischen Strafrechts, daß bei Verwirklichung von beiden Merkmalen eine strafrechtliche Verantwortlichkeit zu bejahen ist, wurde damit erschüttert und erscheint fraglich[355].

---

352 Dazu später 14. Abschnitt A II

353 Vgl. dazu Hart, Punishment and responsibility, S. 219; Kadish (1968) 26 L.C.J. 273 ff.; Packer, Limits of Criminal Sanction, S.107-118

354 Während der *Court of Appeal* in R. v. Bourne (1952) 36 Cr.App.R 125, 129 noch zugrundegelegt hat, daß der Nötigungsnotstand zu einem Ausschluß von mens rea führt, wurde diese Ansicht später vom House of Lords revidiert, Lynch (1975) A.C. 653, 710 und Howe (1987) A.C. 417, 428; zu dieser Rechtsprechung tiefergehend 13. Abschnitt C II

355 Kritisch zur Einordnung des Gesamtsystems Wells (1982) Crim.L.R. 209 ff.; tiefergehend diesbezüglich 12. Abschnitt I

Die neuere Ansicht dagegen hat eine Erweiterung der mens rea um Zurechnungselemente wie Rechtfertigungs- und Entschuldigungsgründe zur Folge, die als negative Elemente dort geprüft würden. Die strafrechtliche Verantwortlichkeit soll sich umfassend niederschlagen.

Im Ergebnis würde dies eine Änderung des gesamten Systemverständnisses bedeuten, was über die Fälle des Nötigungsnotstandes hinaus Änderungen mit sich bringen würde, eine schlüssige Erklärung aber auf seiner Seite hätte. Die letztere Position konnte sich bisher nicht durchsetzen, die Rechtsprechung hält (noch) an der mens rea im traditionellen Sinne fest[356].

Die in der Diskussion unter den gemeinsamen Begriff der mens rea gefaßten Zurechnungselemente sind zu verschiedenartig, um eine Anordnung auf ein und derselben Wertungsstufe vorzunehmen. Die wünschenswerte Differenzierung von Rechtfertigungs- und Entschuldigungsgründen, die allmählich in England einsetzt, wird zudem durch eine einheitliche Zurechnungskategorie[357] ausgehöhlt. Faktisch gegen die Anwendung der neueren Ansicht spricht vor allem die Handhabung durch die Gerichte, die dem traditionellen Verständnis folgen. Wegen des wesentlich höheren Stellenwerts der Entscheidungen von Gerichten bzw. deren rechtlicher Bindungswirkung und aufgrund der historischen Entwicklung des Verhältnisses zur Wissenschaft ist bei der folgenden Bearbeitung daher grundsätzlich von der ersten Ansicht auszugehen. Für die spätere Analyse soll jedoch im Hinterkopf behalten werden, daß der gegenwärtige Aufbau nicht in der Lage ist, jeden Strafbarkeitsausschluß stringent zu erklären, sondern das die Entscheidung vielmehr aufgrund von Faktoren außerhalb der Zurechnungskategorie mens rea beeinflußt wird. Das ist ein erster Hinweis darauf, daß die Funktion der mens rea von ihrem Verständnis her keine abschließende Erfassung von Sachverhalten erlaubt, die ihr als Schuldelement eigentlich zukommen müßte[358].

2.4) Deutsches Verständnis

Im deutschen Recht können als drei Bestandteile der Vorwerfbarkeit des normativen Schuldbegriffs eingeordnet werden: die Zurechnungsfähigkeit, die Möglichkeit des Unrechtsbewußtsein, wie sie sich heute in § 17 StGB äußert, und die Zumutbarkeit normgemäßen Verhaltens, an der es etwa in den Fällen der Konstellation von § 33 und § 35 StGB fehlt.

Eine Stützung erfuhr dies durch die These, daß erst so eine konsequente Durchsetzung des normativen Schuldbegriffs bewirkt werden kann. Die subjektiven Elemente (das

356 Clarkson/Keating, Criminal law, S. 151 Fußnote 98 nennt als Beleg dafür, daß die Rechtsprechung weiter dem herkömmlichen Begriff der mens rea folgt, die Entscheidungen: R. v. Kingston (1994) 99 Cr.App.R. 286; DPP v. Morgan (1976) A.C. 182; R. v. Williams (1984) 78 C.App.R. 276 sowie Beckford (1988) A.C.130

357 Ausführlich die Diskussion in Watzek, aaO, S. 28 f.; in diese Richtung Anregungen gebend auch Lacey/Wells/Meure, Reconstructing, S. 38 f.

358 Dies wird später noch vertieft aufzugreifen sein und auch bei einer Auseinandersetzung mit den Verteidigungseinreden unter 13. Abschnitt C eine Rolle spielen.

Objekt der Wertung) waren für den Schuldbegriff nicht mehr maßgeblich; es blieb vielmehr das Kriterium der Vorwerfbarkeit (die Wertung des Objekts) zurück[359]. Dies führte teilweise auch zur Einordnung als komplexer Schuldbegriff wegen des Nebeneinanders von psychischen und wertenden Elementen. Die Schuld wurde dabei nicht als reines Werturteil erfaßt, was erst der finalen Handlungslehre gelungen sei[360].

Auch wenn diese Auffassung als herrschend bezeichnet werden kann, wird auch der normative Schuldbegriff kritisiert. Dieser ist jedoch besser, weil er eine andersartige Bewertung des Tatgeschehens darstellt und nicht bloß einen psychischen Sachverhalt. Die Vorwerfbarkeit ist daher nach Roxin eine notwendige, aber keine hinreichende Bedingung der Verantwortlichkeit. Es bedarf nach seiner Einschätzung überdies der präventiven Sanktionsnotwendigkeit. Festzuhalten bleibt auch, daß die Eliminierung des Vorsatzes aus der Schuld daraus noch kein reines Werturteil macht[361].

3) Die einzelnen Formen der mens rea

Mens rea läßt sich in verschiedene Formen unterteilen und wird unter Hinweis auf die herkömmliche Ansichten der Rechtsprechung und der ihr an manchen Stellen gegenüberstehenden Literatur dargestellt. Die Einordnung der *negligence* unter dem Begriff mens rea ist umstritten[362], angesichts der sich in den letzten Jahrzehnten entwickelten Begriffsunschärfe für das Gesamtverständnis aber unumgehbar.

3.1) *intention*

Zahlreiche Delikte verlangen, daß die Verwirklichung des actus reus beabsichtigt ist. Bei Mord etwa wird verlangt, daß Täter mit Absicht (*intention*) handelt. Die Anforderungen im einzelnen sind zwischen Rechtsprechung und Strafrechtswissenschaft umstritten[363], wobei letztere wie auch bei anderen Formen begriffliche Unklarheit bemängelt und eine vom Wortsinn sich eigentlich anbietende klare oder restriktive Bedeutung nicht erkennen kann.

3.1.1) Maßstab der Rechtsprechung

Die Rechtsprechung hat sich mit einigen Entscheidungen einen einheitlichen Prüfungsmaßstab zugelegt[364], wenngleich dieser teilweise durch die Besonderheiten des Einzelfalls wie etwa bei *murder*[365] oft auch deliktsspezifische Auffälligkeiten umfaßt. Danach wird in den Konstellationen von der Rechtsprechung Absicht bejaht, wenn der

---

359 Begrifflichkeiten nach Welzel, Strafrecht, S. 140

360 Maurach/Zipf, AT 1, S. 22 f., 30

361 Tiefergehend Roxin, AT, § 19 IV, RdNr. 14

362 Kritisch dazu Allen, Textbook, S. 46

363 Allen, Textbook, S. 47; Blackstone`s Criminal Practice, S. 17 ff.; grundlegende Begriffsbestimmung etwa auch bei Williams, mental element, S. 9 ff.

364 House of Lords in: Hyam (1975) A.C. 55; Moloney (1985) A.C. 905; Hancock and Shankland (1986) A.C. 455; Court of Appeal in: Nedrick (1986) 1 W.L.R. 1025; beispielhaft die Übersetzung bei Pechstaedt, Stalking, S. 107:... Court of Appeal im Fall R.v. Mohan (1976) QB 1 definiert als : „ ...einen Entschluß herbeizuführen insofern, als es der Macht des Angeklagten unterliegt ...gleichgültig, ob der Angeklagte jene Folge seiner Handlung wünschte oder nicht."

365 So in Hyam aaO und Moloney aaO

Täter entweder den herbeigeführten Erfolg bezweckt (*purpose of doing*) oder der Schluß auf eine vorliegende Absicht bei zwei Voraussetzungen gezogen werden kann: Erfolg muß als sichere Konsequenz der Handlung (*virtually certain consequence*)[366] eintreten und der Täter weiß, daß die Handlung den Erfolg mit Sicherheit herbeiführt, unabhängig, ob er ihm auch erwünscht ist[367]. Deutlich ist zu erkennen, daß der Vorhersehbarkeit nur eine Rolle als Beweisregel zukommen soll, es aber immer nur materiellrechtlich auf die subjektive Geisteshaltung des Angeklagten ankommen soll.

3.1.2) Kritik

An der letzteren Gruppe wird fundamentale Kritik geübt[368]. Denn als erster Prüfungsschritt wird die Feststellung der objektiven Wahrscheinlichkeit des Erfolgseintritts vorgenommen, was für die Absicht als subjektives Kriterium nicht entscheidend sein darf. Aus analytischer Sicht handelt es sich bei diesem *mental state* um einen Bereich in der Anordnung der Risikoaufnahme, wobei der Grad des Risikos von praktischer Sicherheit bis zu ungefährer Möglichkeit reicht, was eine Einordnung bei der noch zu erläuternden *recklessness* nahelegt. Hier ist gleichsam das Maß fast praktischer Sicherheit erreicht. Gegen eine Zusammenfassung unter dem Oberbegriff *intention* für diese Fallgruppe spricht auch der starke Unterschied hinsichtlich des voluntativen Elements, weil das Erreichen des Ziels eben nicht der Beweggrund zum Handeln ist, unter Umständen eben der Erfolgseintritt sogar unerwünscht ist. Dem trägt auch der letzte Entwurf der Law Commission[369] Rechnung, wo der Grad der Wahrscheinlichkeit

-*awareness of any degree of probability* als genauere Aussage zu *virtual certainty*-

keine Rolle mehr spielen, sondern allein das Vorstellungsbild über die Beurteilung der Strafbarkeit entscheiden soll[370].

Letztlich handelt es sich um die Vermengung objektiver und subjektiver Kriterien durch die Rechtsprechung, denn die objektiven Wahrscheinlichkeit kann allenfalls Indiz für

366 In der Literatur sprechen manche auch dann schon davon, wenn eine Wahrscheinlichkeit (*foresight of probability*) nur *likely* ist unter Hinweis auf die weite Auslegung in den älteren Gerichtsentscheidungen Hyam v. D.P.P. (1974) 2 All E.R. 41, 59 und Lemon (1979) 1 All E.R. 898, 905

367 Lacey/Wells/Meure, Reconstructing, S. 31 wählen dafür die Bezeichnungen *direct* und *oblique intention* ebenso wie Allen, Textbook, S. 47. Cross/Ashworth, Sentencing System, S. 146 sprechen von *direct intention* und *foresight of certainty*.

368 Etwa Smith/Hogan, Criminal Law, S. 54; Cross/Ashworth, Sentencing System, S. 147 ff.

369 Legislating the Criminal Code: Offences against the Person and General Principles (LawCom. No.218);

370 LawCom. aaO para. 7.6 - 7.14:

1. ... a person acts
 (a) "intentionally" with respect to a result when-
  (i) it is his purpose to cause it, or
  (ii) although it is not his purpose to cause it, he *knows* that it would occur in the ordinary course of events if he were to succeed in his purpose of causing some other result;..

Smith Crim.L.R. 1998, S. 317 ff. wünscht sich statt *would* in (ii) *will*, um Strafbarkeitslücken wie in Woolin (1997) 1Cr.App.R. 97 zu vermeiden, bewertet diese Definition aber als Erfolg seiner Publikation *Note on Intention* (1990) Crim.L.R. 85

diese Vorstellung des Täters sein, daß es zu einer sicheren Erfolgsherbeiführung kommt. Der Umkehrfall macht dies deutlich: Legt der Täter eine hohe Wahrscheinlichkeit des Erfolgseintritts zugrunde, ist der Erfolgseintritt aber objektiv gesehen eher unwahrscheinlich, so wäre die Absicht nämlich zu verneinen. Die Erfassung dieser Konstellation erscheint daher weder zwingend noch sachgerecht.

Auch bei dem Streit über die Behandlung der Bezweckung von notwendigen Zwischenzielen zur Erreichung eines weitergehenden Zwecks, bei dem das strafrechtlich relevante Zwischenziel an sich unerwünscht ist, aber nur auf diesem Wege die Erreichung des Endziels gelingen kann, wird von der Rechtsprechung teilweise die Verurteilung wegen Absicht verneint[371]. Die Entscheidungen der Gerichte weisen eine Gemeinsamkeit auf, denn das materielle Ergebnis, daß rechtstechnisch sauberer durch einen Rechtfertigungs- oder Entschuldigungsgrund hätte erreicht werden können, der vorliegend allerdings überhaupt nicht bzw. nicht in dieser Form anerkannt war, wird hier über die Konstruktion der Verneinung der Absicht erreicht[372], weil sich sonst kein anderer Weg angeboten hat und der Jury generell ein Ermessen zugebilligt wird, ob *intention* vorliegt. Die Rechtsprechung wollte in diesen Fällen wohl keine neuen Rechtfertigungs- oder Entschuldigungsgründe schaffen oder deren Anwendungsbereich nicht erweitern; allerdings ging sie wohl auch nicht von einem Fall aus, der strafwürdig erschien. Die Lösung lag deshalb in einer engen Auslegung des Absichtsbegriffs, wobei unterstellt wurde, der Täter wolle nur ein sozial anerkanntes Endziel erreichen, nicht aber auch das notwendige Zwischenziel bezwecken.

Diese Interpretation, die auch Watzek in seiner grundlegenden Arbeit vornimmt[373], erscheint zutreffend, vor allem vor dem Hintergrund des zuvor gesagten. Da die herkömmliche mens rea-Auffassung auch gewisse Konstellationen erfaßt, deren Strafbedürftigkeit in Frage steht, und aus Gründen des *judicial self-restraint* keine neuen Verteidigungseinreden geschaffen werden sollten, kann eine vom Rechtsgefühl her gewollte Straflosigkeit nur durch eine Anpassung, wenn man es negativ ausdrücken will: einer Verbiegung, der Definition eines mens rea-Grades erreicht werden[374].

3.1.3) *knowledge*

Als eigenständiges mentales Element wird verbreitet auch „*knowledge*" betrachtet. Ist die Unrechtmäßigkeit einer Handlung, einer Unterlassung, eines Zustandes oder Ereignisses an die Existenz gewisser Umstände gebunden, und das Delikt erfordert mens rea, ist *knowledge* bezüglich dieser Umstände auf Seiten des Angeklagten zur Begründung

371 Steane (1947) 1 All.E.R. 813; die Entscheidung wurde in Moloney (1985) A.C.905, 929 nicht aufgehoben (*overruled*), fraglich ist aber, ob dies angesichts der Widersprüche als Bestätigung gesehen werden kann; ferner die zivilrechtliche Entscheidung Gillick v. West Norfolk and Wisbech Area Health Authority (1985) All E.R. 402

372 In Steane aaO wäre ein Freispruch besser auf Nötigungsnotstand (*duress by circumstances)* gestützt worden und in Gillick aaO die Lösung des Falls auf rechtfertigenden Notstand (*necessity);* Zusammenfassung des Sachverhalts etwa bei Allen, Textbook, S. 53; ausführlicher dazu auch 13. Abschnitt C II

373 Watzek, Rechtfertigung und Entschuldigung im englischen Strafrecht

374 Allen, Textbook, S. 47 teilt diese Ansicht unter Hinweis auf Williams, Oblique intention, 1987, CLJ 417: " ... judges decline to define (intention), and they appear to adjust it from one case to another.."

der notwendigen mens rea ausreichend[375]. Bei den gesetzlich geregelten Delikten wird dies oft durch das Wort *knowingly* indiziert, ohne daß wie bei weiteren Fällen auch die Nichterwähnung das Erfordernis von vornherein ausschließt. Die Einordnung von *knowledge* als eigenständige Kategorie wird nicht von allen vorgenommen. Teile der Literatur[376] sehen darin nur eine die Wissenskomponente besonders betonende Form der *intention*.

3.2) *recklessness*

Diese Form der mens rea gilt für die Mehrzahl der Straftaten und es kann bei manchen Delikten bezüglich einzelner Tatbestandsmerkmale alternativ der Nachweis von Absicht oder *recklessness* genügen, etwa bei der mangelnden Einwilligung der Frau in den Geschlechtsverkehr im Rahmen einer Strafbarkeit wegen Vergewaltigung.

Es handelt sich bei dieser Form der mens rea um eine besonders beachtenswerte Grundform der strafrechtlichen Verantwortlichkeit. Um die Unterscheidung zu *negligence* zu ermöglichen, bedarf es auch einer klaren Definition der Grundparameter.

3.2.1) Unterscheidung Cunningham- und Caldwell-*recklessness*

Die Entwicklung der Rechtsprechung hat dazu geführt, daß man zwei Formen der *recklessness* kennt, deren Prüfungsmaßstäbe nach den Entscheidungen benannt wurden, in denen sie erstmals eingeführt wurde: Cunningham-*recklessness* und Caldwell-*recklessness*[377]. Bei der Cunningham-*recklessness* muß der Täter in Kenntnis eines ungerechtfertigten Risikos handeln. Der Täter muß sich der Gefahr des Vorliegens oder Eintretens eines bestimmten Umstandes oder Erfolges bewußt sein und seine Handlung dennoch vornehmen. Kennzeichnend ist also das Bewußtsein des Täters in Bezug auf das Risiko der Handlungsweise; er handelt aber dessen ungeachtet. Entscheidend ist das kognitive Element. Nicht entscheidend ist, ob das Risiko bewußt in Kauf genommen wurde oder ob ein Vertrauen darauf bestand, daß es gut gehen und sich das Risiko sich nicht verwirklichen werde.

Die Caldwell-*recklessness* hingegen ist als schärfere strafrechtliche Haftung von den Gerichten ausgestaltet wurden. Zusätzlich zur Risikoverwirklichung ist sie nur gegeben, wenn die Handlungsweise des Täters ein offensichtliches und schwerwiegendes Risiko schafft und der Täter sich entweder keinerlei Gedanken macht, ob das Verhalten ein derartiges Risiko in sich birgt oder wenn er erkannt hat, daß ein solches Risiko besteht und trotzdem weiter handelt[378]. Das fehlende Bewußtsein in der ersten Variante macht

---

[375] Vgl. Allen, Textbook, S. 60, der darüber hinaus eine weitere Unterteilung von *knowledge* vornimmt, die sich an den mens rea-Formen orientieren soll; auch „das Verschließen der Augen" vor dem Offensichtlichen kann *knowledge* begründen, Divisional Court JCL 1997, 113 ff.

[376] vgl. etwa Smith/Hogan, Criminal Law, S. 57 ff.

[377] R. v. Cunningham (1957) 2 All E.R. 412; R. v. Caldwell (1981) 1 All E.R. 961

[378] Lord Diplock, für den die Schaffung der strengeren Form maßgeblich ist, formuliert den Prüfungsmaßstab: „ ... if he does an act which in fact creates an obvious risk.....(2) when he does the act he either has not given any thought to the possibility of there being any such risk or has recognised that there was some risk involved and has nonetheless gone on to do it" aus (1981) 1 All E.R. 961, 967

den kennzeichnenden Unterschied zur bisherigen Rechtsprechung in *recklessness*-Fällen deutlich. Die Caldwell-*recklessness* verlangt stets, daß der Täter ein offensichtliches, schwerwiegendes (*serious*) Risiko geschaffen hat[379]. Der Offensichtlichkeit als Merkmal kommt die Begrenzung der strafrechtlichen Verantwortlichkeit zu. Im Einzelfall kann sich eine sehr strenge Haftung ergeben, denn das Risiko muß nicht für den Täter, sondern für einen objektiven vernünftigen Dritten (*reasonable man*) offensichtlich gewesen sein[380]. Fehlt es dem Täter an den intellektuellen oder geistigen Voraussetzungen zu erkennen, daß die Handlungsweise ein für den objektiven Dritten offensichtliches Risiko mit sich bringt, so führen diese Gründe, die in seiner Person liegen, nicht zu einem Entfallen der Verantwortlichkeit durch unvollständige oder fehlende mens rea, sondern es kann dies, wenn es zum Prozeß gekommen ist, allenfalls auf der Strafzumessungsebene berücksichtigt werden. Ein auf eine eher subjektive, persönliche Voraussehbarkeit abstellendes Korrektiv als Begrenzung auf Schuldebene besteht nicht. Wegen des mittlerweile rein objektiven Maßstabes können auch außergewöhnliche Härten oder gravierende Umstände wie Schizophrenie, die es dem Täter nicht erlauben die Gefährlichkeit seiner Handlung zu sehen, nicht berücksichtigt werden.

Für beide Formen der *recklessness* besteht nach der Rechtsprechung ein eigener Anwendungsbereich. Die Caldwell-*recklessness* als strengere Form wird von den Gerichten bei sämtlichen Arten der Sachbeschädigung, rücksichtslosem Fahren im Straßenverkehr (*reckless driving*), fahrlässiger Tötung durch rücksichtslosem Fahren im Straßenverkehr (*causing death by reckless driving*) zugrundegelegt. Das *House of Lords* wollte *recklessness* immer im Sinne der Caldwell-*recklessness* angewendet wissen, aber die Instanzgerichte waren bisher zögerlich, die strengere Form auch auf andere Delikte auszudehnen. Einig ist man sich hingegen, daß Cunningham-*recklessness* zugrunde zu legen ist, wenn *maliciously* als Merkmal gefordert wird. Auch bei wie daß bei Sexualdelikten wie *indecent assault* und Vergewaltigung sowie *manslaughter* und bei den *common law offences* gegen die persönliche Integrität soll keine Anwendung der Caldwell-*recklessness* erfolgen. In der Entwicklung der Rechtsprechung handelt es sich durch die neueren Entscheidungen um eine Ausdehnung des Begriffes der *recklessness*[381].

3.2.2) Zur Entwicklung im einzelnen

Über die Jahre hat sich ein Wechsel in der Sichtweise der Rechtsprechung eingestellt, wobei Williams[382] schon zu Beginn der Entwicklung prophezeite, daß das eine Verschmelzung des Merkmals der *recklessness* mit dem von der *carelessness/negligence* aufgrund dreier Faktoren möglich sein würde. Er führte dies zum einen auf die Ethymologie des Wortes zurück, weiter auf den konstanten Druck zur Ausdehnung der Reichweite des Strafrechts im Zusammenhang mit einer erhofften Politik des Individualfalles sowie auch dem Formular zur Benutzung zur Instruktion der Jury wegen der Schwierigkeiten des Beweises von *recklessness*.

379 In Lawrence (1981) 1 All E.R. 961 wurde gar von *obvious and serious risk* gesprochen.
380 Smith/Hogan, Criminal Law, S. 64
381 Vgl. zur umfassenden Diskussion und Kritik an dieser Änderung der Rechtsprechung Huber, LB 82/84, S. 365 ff.
382 So Allen, Textbook, S. 63

Nach der Definition der *recklessness* durch die Gerichte handelte es sich hierbei ursprünglich um ein subjektives Element. Ein Angeklagter konnte hiernach nur schuldig befunden werden, wenn er die Möglichkeit des Eintritts der verbotenen Konsequenz oder die besonderen bestehenden Umstände erkannt hatte. Maßgebliche Entscheidung ist der bereits erwähnte Fall Cunningham gewesen, weshalb das Ergebnis oft als Cunningham-*recklessness* bezeichnet wird. Diese geht davon aus, daß der Angeklagte vorhergesehen hat, daß ein bestimmter Schaden eintreten kann und gleichwohl das Risiko aufgenommen hat. Dabei wird diese weder begrenzt noch erfordert es einen schlechten Willen gegen die verletzte Person.

Nicht klar zu machen war der Jury, ob der Angeklagte tatsächlich vorhersah, was er anrichten würde.

Die Entscheidung bezog sich damals auf einen Gesetzestext in dem das Wort *maliciously* verwendet wurde, mittlerweile benutzt das Parlament eher *intentionally* oder *recklessly*.

Der *Court of Appeal* bestätigte diesen subjektiven Test in einigen Entscheidungen[383] und verlangte den Beweis, daß der Angeklagte das Risiko erkannte, obwohl er es unterdrückt oder umgangen hat. Im Fall Stephenson etwa war der Angeklagte schizophren, womit fraglich war, ob er seinen Verstand vor der offensichtlichen Tatsache des Risikos verschlossen hat. Als Berufungsgericht betonte der *Court of Appeal* den subjektiven Charakter, der Wissen oder Erkenntnis des Risikos mit sich brachte. Eine Geisteskrankheit halte davon ab, diese Vorstellung wahrzunehmen, weshalb es zur Aufhebung der Verurteilung kam.

Diese Klarheit wurde so vom *House of Lords* nicht übernommen. Es kam vielmehr zu einer Neudefinition in den 80er Jahren in der maßgeblichen Entscheidung Caldwell, auch wenn es eigentlich ein Trunkenheitsfall war. Der Test sah dann eine Formel des Inhalts vor: Wenn jemand eine Handlung vornimmt, die tatsächlich ein ernstes Risiko schafft, und wenn er die Handlung vornimmt entweder ohne einen Gedanken an die Möglichkeit des Risikos zu geben oder aber wenn er das Risiko erkannt hat und trotzdem gehandelt hat, dann hat der Täter *recklessness* an den Tag gelegt.

Es scheint, als ob das Risiko dem Angeklagten bewußt gewesen sein muß, bevor er handelte und *reckless* war, was einen Widerspruch zu früherer Aussage darstellt.

In Reid[384] hieß es dann, daß er bei einem Erkennen und Trotzdem-handeln in subjektivem Sinne verantwortlich sei; alternativ, wenn er zwar keine Gedanken aufbrachte, beim Aufbringen das Risiko aber dem Normalmenschen offensichtlich gewesen wäre, ist es *Caldwell-recklessness*. Letztere Variante ist objektiv, weil Verantwortlichkeit sich nicht an dem orientierte, was der Angeklagte vorhersah, sondern auf der Basis, was er hätte vorhersehen sollen. Neu war damit, daß die Ernsthaftigkeit keine Rolle spielen soll, wenn das Risiko bereits von der Definition her erkannt wurde. Von den beiden Varianten ist eine als subjektiv zu sehen, die andere eher objektiv.

---

383 Briggs (1977) 1 WLR 605; Parker (1977) 1 WLR 600; Stephenson (1979) 1 QB 695
384 Reid (1992) 3 All E.R. 673

Grund für die Neudefinition, die gleichzeitig eine Ausdehnung des Begriffs der *recklessness* mit sich brachte, war zunächst die Heranführung näher an den Wortsinn als *careless*, was aber letztlich zu einer Verschmelzung mit *negligence* führte. Außerdem sollten zwei Geisteshaltungen das von manchen noch geforderte *blameworthy* erfüllen, nämlich *foresight of risk* und das Versagen des Anstellens eines Gedanken an die Möglichkeit des Risikos. Allerdings ist fragwürdig, ob eine solche Gleichstellung erfolgen soll, weil erstere *advertence* verlangt, während letztere *inadvertance* bedarf. Wer freiwillig so handelt, scheint mehr das Stigma *culpable* zu verdienen.

Allen vermutet, daß die Ausdehnung geschah, um auch den betrunkenen Täter zur Verantwortlichkeit zu ziehen, der keine Gedanken aufbrachte, was aber auch über die allgemeinen *intoxication*-Regeln gehen würde, denn bei *recklessness* kann nicht auf *intoxication* plädiert werden, weil die mens rea erfüllt ist[385].

Der fehlende Gedanke als *recklessness* wurde damit in Reid bestätigt. Beide sollen gleichgewichtig sein, weil eher auf den konkreten Einzelnen abgestellt wird als auf den Durchschnittsmenschen. Kritiker wenden ein, daß, wenn aber einer keinen Gedanken an *obvious risk* verschwendet hat, er subjektiv auch kein Risiko gesehen hat. Es ist letztlich eine Frage der Rechtspolitik, ob jemand verurteilt werden soll, der es hätte sehen sollen. Eine Lösung kann nicht durch ethymologische Analyse des Wortes *reckless* erfolgen. Der Cunningham-Test verlangt der Jury viel ab bezüglich dessen, was durch den Kopf des Angeklagten ging. Das konkrete Gesetz allerdings, auf das sich die Entscheidung bezog, war subjektiv ausgerichtet. Es ist fraglich, ob die Entscheidung des *advertent und inadvertent risk-taking* sinnvoll ist oder doch nicht eher ein Aspekt von *culpable actor* und *negligent actor*.

Allen[386] stützt seine Kritik, ob dies so zu handhaben sei, darauf, daß wenn subjektive *recklessness* gefordert ist, die Jury *common sense* anwenden wird. Wenn sie es vorgesehen haben, werden sie unterstellen, daß auch der Angeklagte dies vorhergesehen haben müßte, wenn keine Anhaltspunkte vorliegen, die diesbezüglich Zweifel aufkommen lassen. Bei normaler Intelligenz ist dieser Schluß auf das Vorherzusehende einfach zu ziehen, denn im Normalfall beim Normalmensch stellt dies kein Problem dar. Wenn der Angeklagte aber nichts gesehen hat, kann er dies durch andere Beweise versuchen zu belegen, wobei letztlich alles eine Beweisfrage aufgrund von Schlüssen ist wie bei anderen mens rea-Arten wie *intention* auch.

Die Zweifel von Lord Keith of Kinkel, ob noch weitergehende Schwierigkeiten beim subjektiven Test entstehen, weil es ein Problem bezüglich *beyond reasonable doubt* gibt und damit schwierig wird zu verurteilen, wird allerdings durch die Praxis widerlegt.

Die Kernfrage ist natürlich, wem das Risiko *obvious* sein muß, der *reasonably prudent person* oder den Angeklagte selbst. Dazu gibt es widersprüchliche Aussagen von Lord Diplock. In Caldwell wird auf den Täter vor Begehung der Tat abgestellt, was es nahe legt, daß es dem Täter offensichtlich gewesen sein muß, wenn er dran gedacht hätte. Der Fall Stephenson mit einem schizophrenen Angeklagtem wurde *overruled.* Dies legt es

385 Dazu auch später 13. Abschnitt A I

386 Textbook, S. 66

nahe, daß es ausreicht, wenn eine vernünftige, vorsichtige Person das Risiko als offensichtlich sehen würde. Ein solcher Schluß wird auch durch die Entscheidung Lawrence[387] nahegelegt. Abzustellen ist demnach auf die Umstände, aus denen der normale vorsichtige Einzelne die Möglichkeit gesehen hätte, daß sein Handlung in der Lage war, schweren Schaden zuzufügen.

So wurde auch in dem Fall Elliott[388] bei einem geistig zurückgebliebenem Mädchen als Täterin auf den Maßstab des vernünftigen Dritten abgestellt. Die Entscheidung Miller[389] stellt ebenfalls die Doktrin von mens rea, die sich auf die Idee der Verantwortlichkeit bezieht, mit der dort geforderte Fähigkeit zur bewußten Wahl als maßgeblich in Frage, in dem auf den vernünftigen Dritten abgestellt wird.

Bei der Unfähigkeit, die Folgen der Handlung wegen geistiger Defizite vorherzusehen, kann keine Berücksichtigung als *blameworthy* erfolgen, so aber die Kritik[390]. Es bleibt nur *blamed for being mentally deficient.*

Allen sieht es als nicht vermittelbar an, daß Täter mit Unzulänglichkeiten, für die sie keine Verantwortlichkeit tragen und über die sie keine Kontrolle haben, der Bestrafung des Strafrechts ausgesetzt sind. Er schreibt die Entstehung dieser Entscheidung, etwa des *divisional court*, dem Beharren auf der Doktrin des *precedents* zu.

Eine andere Handhabung soll etwa bei *reckless driving* stattfinden, wo keine *recklessness* vorliegen soll, wenn die Fähigkeit zur Wahrnehmung beeinflußt wurde durch Faktoren, die keine Schuld (*fault*) auf seiner Seite einschließen. Es soll bei allen Caldwell-*recklessness* Delikten angewendet werden. In dem Fall Stephen[391] soll der vorsichtige, vernünftige Dritte wenigstens dasselbe Alter und Geschlecht haben wie der Angeklagte und jene Charakteristiken teilen, die seine Fähigkeit beeinflussen das Risiko wahrzunehmen, daß mit seinem Verhalten verbunden ist.

Der *Court of Appeal* folgte aber auch hier nur der *precedent*-Bindung, denn die Person braucht nur mittleren Alters und Verständnisses zu sein. Der Einzelne kann deshalb nach einem Standard beurteilt werden, den er von seiner Verfassung her unfähig ist, zu erreichen. Selbst wenn der Dritte nicht mit dem Charakter des Angeklagten ausgestattet ist, stellt sich die Frage, ob ein etwa vorhandenes Expertenwissen berücksichtigt werden muß. Nach der Entscheidung Sangha[392] sollen Sonderwissen und *hindsight*[393] nicht berücksichtigt werden.

Eine Situation, wo der Grund für die Unfähigkeit der Risikowahrnehmung ist, daß *intoxication* vorlag und der Täter dies, etwa bei einem Schmerzmittel wie Valium, dieses

---

387 (1982) A.C. 510
388 (1983) 1 WLR 939
389 (1983) 2 AC 161
390 So sieht es Allen, Textbook, S. 68
391 (1984) 79 Cr.AppR 334
392 (1988) 2 All E.R. 385
393 Wörtlich übersetzt: Im nachhinein ist man ja immer schlauer.

Potential nicht wahrnahm, bewirkt dann keine strafrechtliche Verantwortlichkeit[394]. Es muß aber kritisch gesehen werden, warum eine Person, die für ihre Unfähigkeit, ein ernsthaftes Risiko zu erkennen, verantwortlich ist besser behandelt werden soll als einer, der nicht verantwortlich ist wegen Schizophrenie oder als geistig verzögerte Person.

Wie in der bisherigen Darstellung gesehen, wird eine Person, die es unterließ, Gedanken an das Risiko zu verwenden, als *reckless* gesehen, auch wenn sie unfähig war, das Risiko zu erkennen. Wenn das Risiko erkannt und fälschlicherweise als nicht existent gesehen oder vernachlässigt wird, weil es auch ein vernünftiger Dritter so einschätzen würde, dann soll keine *recklessness* vorliegen, weil der Betreffende weder das Bedenken des Risikos unterlassen noch er eine Erkenntnis hatte, ungeachtet derer er weitergehandelte. Diese Situation, in der sich Caldwell-*recklessness* und *negligence* überhaupt nicht überlappen, entsteht, weil *negligence* nur den erfaßt, der die Möglichkeit des Risikos wahrgenommen hat und diese unvernünftigerweise ausgeschlossen hat.

Es gibt noch eine Situation, und zwar wenn das Risiko erkannt und Vorsichtsmaßnahmen ergriffen wurden, aber diese sich als nicht genügend herausstellten. Dabei ist es schwierig zu unterscheiden zum Fall, wenn nachgedacht wurde und der Schluß gezogen wurde, daß kein Risiko vorliegt.

Die Anwendung des Caldwell-Test unterliegt nach anfänglicher Konfusion nun klareren Linien. Sie soll laut Rechtsprechung auf alle Gesetze angewendet werden, wo *recklessness* steht, es sei den der Gesetzgeber drückt etwas Gegenteiliges aus. Nach der Caldwell-Entscheidung ist ein objektiver Test scheinbar überall angebracht. Allerdings gab es später Einschränkungen, wo Fällen nur mit der subjektive Sichtweise dem gerecht werden, was angebracht ist.

Es ist letztlich nicht möglich genau zu bestimmen, was Cunningham- und was Caldwell-*recklessness* ist bzw. wo wann welcher Maßstab angelegt wird, weil es an Leitentscheidungen bezüglich des exakten Anwendungsbereichs fehlt. Es ist anerkannt, daß es vom gesetzlichen Kontext abhängt, weil unterschiedliche Gerichte in ihren Entscheidungen eine unterschiedliche Sichtweise und Lösungsansätze wählten.

Die Delikte des *reckless driving* und *causing death by dangerous driving* sind ersetzt worden durch *dangerous driving* und *causing death by dangerous driving* (s. 1 Road Traffic Act 1991). Später wurde dann vom *House of Lords* geäußert, daß eher *gross negligence* als Caldwell-*recklessness* der korrekte Test für *manslaughter* war.

In einem Fazit läßt sich sagen, daß sich nach einigen Jahren das Spektrum von *Caldwell-recklessness* verringert hat, und eher eingedämmt ist auf Delikte wie die des Criminal Damage Act 1971 .

---

394 Hardie (1985) 1 WLR 64

3.2.3) Ungerechtfertigtes Risiko (*unjustified risk*) bei *recklessness*

Der besondere Charakter der *recklessness* ist die Aufnahme eines nicht zu rechtfertigenden Risikos, des *unjustifiable risk*. Die beiden Formen der *recklessness* erfassen nur die Schaffung eines ungerechtfertigten Risikos, was an sich ein Merkmal der subjektiven Tatseite ist. Das Erfordernis der mangelnden Rechtfertigung des Risikos ist hingegen eher als objektives Kriterium zu verstehen. Diese Bezugnahme der Rechtfertigung ergibt sich genauer betrachtet aus einer Güterabwägung, welche die soziale Wertigkeit des vom Täter verfolgten Zwecks in Beziehung setzt zu den Risiken, die aus dem strafrechtlich relevanten Verhalten resultieren[395].

Diese *social justification* ist bei Gewaltdelikten meist eine gedankliche Formalität, im Gegensatz zu *intention*, wo eine solche Beurteilung natürlich nicht vorgenommen wird, aber hier als Prüfungspunkt relevant ist[396]. Dabei gilt es sich zu vergegenwärtigen, daß ein Handeln mit Wissen um eine tödliche Gefahr nicht zwingend *unjustifiable* ist, während andererseits auch bei einem geringen Risiko dieses Merkmal erfüllt sein kann, wenn die Umstände den Ansprüchen der Rechtfertigung nicht gerecht werden, beispielsweise bei „Russisch Roulette“ mit einem Trommelrevolver. Es ist nicht jede Risikoaufnahme *unreasonable*. Es gibt vielmehr Umstände, die die Risikoaufnahme rechtfertigen. Es bedarf hier einer Ausbalancierung der sozialen Nützlichkeit (*social utility*) bzw. dem Wert der Handlung gegenüber der Wahrscheinlichkeit und Schwere des Schadens. Dies läuft letztlich auf eine Güterabwägung von öffentlichem Interesse und Individualbelangen hinaus und ermöglicht die Einflußnahme von Erwägungen, die eher objektiver Natur sind, denn irgendwelche „Fun-Ziele“ werden den Anforderungen kaum genügen. Die persönliche Wertung des Betroffenen (z. B. „Russisch Roulette“ als Mutprobe für eine Bandenmitgliedschaft) kann deshalb keine Rolle spielen. Die entscheidende Frage dieses objektiven Test lautet letztendlich, ob ein *„reasonable and prudent man would have taken the risk in the circumstances“*.

Auch bei diesem Maßstab geht es darum, ob der Angeklagte das Risiko vorausgesehen haben muß oder ob es ausreichend ist, daß ein *reasonable and prudent man* dies vorhergesehen hätte. Wegen mentaler Defizite könnte nämlich der Einzelnen unfähig sein, daß vorherzusehen, was ein vernünftiger Mensch vorhersehen würde.

Es ist dabei erörterungswürdig, ob eine strafrechtliche Verantwortlichkeit auch in diesem Fall an seinem Versagen anknüpft oder ob die Begrenzung der strafrechtlichen Verantwortlichkeit auf jene erfolgen soll, die in einer Weise *culpable* sind, weil sie verantwortlich Handelnde sind .

3.2.4) Strafbarkeitslücke bei *recklessness*

Trotz der strengen Haftung bei *recklessness* kann jedoch, wie bei der Darstellung der Rechtsprechung gesehen, eine Strafbarkeitslücke entstehen. So erfaßt *Caldwell-recklessness* nicht denjenigen Täter, der ein ungerechtfertigtes Risiko schafft, dieses er-

395 Vgl. Ashworth, Principles, S. 177; Smith/Hogan, Criminal Law, S. 64
396 Vgl. u.a. Cross/Ashworth, Sentencing System, S. 147 f.

kennt, dann irrtümlich aber glaubt, das Risiko durch, in Wirklichkeit hingegen nicht ausreichende Vorsichtsmaßnahmen komplett beseitigt zuhaben. Dieser Täter fällt unter keine der beiden Formen der *recklessness*. Unter die *Cunningham-recklessness* deshalb nicht, weil er nach dem Erkennen des Risikos nicht einfach gehandelt hat und unter die *Caldwell-recklessness* nicht, weil er über das Risiko nachgedacht hat und es dann verneint hat. Dieses als *Caldwell-loophole* bezeichnete Phänomen erlaubt es einem Angeklagten im Falle der Beweiserbringung ein Risiko dadurch zu verneinen, daß er behauptet, nach der Tatsachenberücksichtigung kein Risiko erkannt zu haben oder nur ein zu vernachlässigendes. Wenn diese Sicht aber in kriminell nachlässiger Weise zustande gekommen ist, etwa trotz der getroffenen, aber nicht ausreichenden Vorsichtsmaßnahmen, ist eine Strafwürdigkeit nach einigen Stimmen ebenso gegeben wie bei den beiden genannten Formen der *recklessness*, auch wenn die Rechtsprechung dies noch anders sieht[397].

3.3) *negligence*

Die durch *recklessness* nicht erfaßten Konstellationen verbleiben als Anwendungsbereich der *negligence*. Gerade der *negligence* ist zu eigen, daß der Täter die Vergegenwärtigung des Risikos unterließ, obwohl jeder *reasonable man* in seiner Position dies getan hätte.

Diese wird in der Mehrzahl der Fälle durch *Caldwell-recklessness* abgedeckt. Von deren Charakter her handelt es sich somit eher um einen hohen Grad der unbewußten Fahrlässigkeit, wobei die Bezeichnung der *gross negligence* seit der Änderung der Rechtsprechung nicht mehr ersichtlich ist.

Der jedoch davon nicht erfaßte Fall, daß der Täter irrtümlich annimmt, das Risiko durch objektiv nicht ausreichende Vorsichtsmaßnahmen vollständig ausgeschaltet zu haben, ist Kernanwendungsbereich für Fahrlässigkeitstaten[398].

Auch bei der *negligence* gilt ein rein objektiver Prüfungsmaßstab, wonach fahrlässig handelt, wer den Verhaltensanforderungen nicht entspricht, die an einen objektiven, vernünftigen Dritten (*reasonable man*) gestellt werden müssen[399].

Im Bereich des Kernstrafrechts gibt es nur ein Delikt, das in Form der Fahrlässigkeit verwirklicht werden kann, nämlich *manslaughter*. Ferner finden sich Tatbestände, bei denen einzelne Merkmale des actus reus durch Fahrlässigkeit verwirklicht werden können, während andere Merkmale hingegen Absicht oder *recklessness* erfordern. Bei zahlreichen Delikten im Nebenstrafrecht, besonders bei den sog. *regulatory offences*, ist eine fahrlässige Verwirklichung möglich. Hierbei handelt es sich um eine große, vielschichtige Gruppe gesetzlich geregelter Delikte, die speziell für Gewerbetreibende be-

---

397 Kritisch daher Smith/Hogan, Criminal Law, S. 69/70; zur Rechtsprechung: Lamb (1967) 2 All E.R. 1282

398 Vgl. Smith/Hogan, Criminal Law, S. 69

399 Grundlegend Andrews v. DPP (1937) A.C. 576; Smith/Hogan, Criminal Law, S. 92 teilen diese Ansicht

sondere Pflichten normieren sowie bestimmte Tätigkeiten in den unterschiedlichsten Industrie- und Gewerbezweigen rechtlich präzisieren[400]. Daraus ergibt sich, daß teilweise auch die fahrlässige Pflichtverletzung unter Strafe gestellt ist.

3.4) Weitere Aspekte

Gemeinsam ist den verschiedenen mens rea-Formen, daß sie sich sowohl auf die Umstände (*circumstances*) als auch auf die Folgen (*consequences*) beziehen müssen, wobei sich zur Abgrenzung bei beiden dieselben Kriterien heranziehen lassen[401].

Ferner bleibt festzuhalten, daß jedes Delikt ein eigenes Verständnis von mens rea hat, also welcher Grad gegeben sein muß, um mens rea im spezifischen Delikt zu bejahen. Geht diese nicht über den actus reus hinaus, so wird sie auch als *basic mens rea* bezeichnet[402]. Im Gegensatz dazu wird bei dem Erfordernis des *ulterior intent* ein Bezug auf weitergehende Folgen über den actus reus hinaus verdeutlicht, denn die Begehung solcher Taten, auf die sich der *ulterior intent* bezieht, ist nicht Teil des actus reus[403]. Kurz gesagt soll *basic mens rea* vorliegen, wenn schon *recklessness* zur Erfüllung der mens rea genügt, während es *ulterior intent* erfordert, wenn nur *intent*, im Sinne einer Zweckerreichung, also *intention*, zur Erfüllung des mens rea-Erfordernisses ausreicht[404].

Neben dieser herkömmlichen Meinung wird auch vertreten, daß es auf die Frage, welche mens rea-Form zur Erfüllung notwendig ist, nicht ankommt[405]. Es ist jedoch festzuhalten, daß die meisten Delikte nur einer *basic mens rea* bedürfen. Diese kann auch die eines schwächeren Delikts sein als desjenigen, wegen dessen angeklagt wurde, so daß etwa bei Mord der *intent of serious bodily harm* ausreicht. Bedeutung gewinnt diese Unterscheidung vor allem in Fällen einer Tat im Rauschzustand (*intoxication*)[406].

Trotz der Gleichwertigkeit von Tatbestandsmerkmalen werden zum Teil unterschiedliche Anforderungen an die mens rea-Form gestellt, was sich als Ergebnis einer historischen Entwicklung im Einzelfall darstellt. Auch bei der Teilnahme an einer Straftat gel-

---

400 Zum Begriff der *regulatory offences*: Williams, Textbook, S. 18

401 Lacey/Wells/Meure, Reconstructing, S. 31 sehen hingegen in Bezug auf *consequences* die Begriffe *knowledge of* und *belief* in als ergänzende Formen

402 DPP v. Morgan (1976) A.C. 182: „..those crimes whose definition expresses a mens rea which does not go beyond the actus reus".

403 In Einklang mit Smith/Hogan, Criminal Law, S. 74 wird wegen der Vieldeutigkeit des ebenfalls geläufigen Begriffs *specific intent* die hier gewählte Bezeichnung verwendet; statt von basic mens rea wird auch von basic intent gesprochen; vgl. auch Allen, Textbook, S. 59 f., der ersteren Begriff vorzieht, weil es eben nicht immer intent i.S.v. *intention* zur Erfüllung bedarf

404 Vgl. zu dieser Ansicht auch Court of Appeal in der Entscheidung Hardie (1984) 3 All E.R 848; Ward, (1986), C.L.J. 247 ff.

405 Vgl. zur Begründung White, 1989 Crim.L.R. 271, weshalb es auf die Entscheidung *Caldwell* nicht ankommen soll

406 Vgl. dazu 13. Abschnitt A I

ten andere Formen der mens rea[407]. Da sich mens rea auf das mentale Element bezieht, daß für ein spezielles Verbrechen erforderlich ist und dieses sich bei den Delikten unterscheidet, muß die genaue Form, auch hinsichtlich einzelner Tatbestandsmerkmale, aus der Definition jedes Delikts heraus untersucht werden.

Die besonderen Erfordernisse können durch eine Vielzahl von Worten indiziert werden und in adjektivischem oder adverbialen Varianten stehen wie etwa *dishonestly, knowingly, maliciously, deliberately, wilfully, corruptly, fraudulently* u.a.[408].

Entscheidend ist auch die Koinzidenz von actus reus und mens rea im Zeitpunkt der maßgeblichen Handlung. Actus reus und mens rea müssen also im Normalfall gleichzeitig vorliegen. Dies gewinnt besondere Bedeutung in Fällen der Abweichung von vorgestelltem und wirklichem Kausalverlauf und eines Fehlgehens des Geschehensablaufs, der als vollendete Tat bestraft wird (*doctrine of transferred malice*)[409].

Kein Element des Delikts ist hingegen das Motiv, das nicht über fehlende Aspekte des actus reus oder der mens rea hinweghelfen kann. Die Bedeutung des Motivs kann in seiner Funktion als Beweis liegen und spielt vor allem bei der Frage der Strafzumessung eine Rolle, wenn dem Richter diesbezüglich ein Ermessen (*discretion*) zusteht. Andernfalls kann bei fehlendem Ermessen ein entsprechendes Motiv das Innenministerium (*Home Secretary*) zu einer vorzeitigen Haftentlassung veranlassen[410].

3.5) Grundzüge des deutschen Schuldgrundsatzes

Im deutschen Recht erfolgte eine einflußreiche Weiterentwicklung des Schuldgrundsatzes durch die Vorstellung, daß der Einzelne sein inneres Verhalten so einzurichten hat, daß er den von der Rechtsordnung an sein äußeres Verhalten gestellten Anforderungen entsprechen kann[411]. Auch im deutschen Recht dreht sich die wesentliche Auseinandersetzung um die inhaltlichen Anforderungen an die Vorwerfbarkeit. Die Kernfragen werden in den verschiedenen Theorien beantwortet.

Der Maßstab des „Andershandeln-Könnens" etwa bestimmt den Inhalt der Schuld als das „Dafür-können" der Person für ihre rechtswidrige Willensbildung[412]. Die Begründung des persönlichen Vorwurfs gegen den Täter liegt darin, daß er die rechtswidrige Handlung nicht unterlassen hat, obwohl er sie hätte unterlassen können.

Diesen gedanklichen Ausgangspunkt wählt der BGH: „Schuld ist Vorwerfbarkeit. Mit dem Unwerturteil der Schuld wird dem Täter vorgeworfen, daß er sich nicht rechtmäßig verhalten, daß er sich für das Unrecht entschieden hat, obwohl er sich rechtmäßig verhalten, für das Recht hätte entscheiden können. Der

---

407 *Knowledge* und *belief* sollen hier maßgeblich sein, vgl. dazu ausführlich Sullivan Crim.L.R. 1994, 252 ff.

408 Allen, Textbook, S. 46

409 Statt vieler nur Clarkson/Keating, Criminal Law, S. 246 ff; Smith/Hogan, Criminal Law, S. 77 ff.

410 Smith/Hogan, Criminal Law, S. 83; vgl. zur Problemlösung in der Strafvollstreckung auch 13. Abschnitt C II 6.2

411 Vgl. Nachweis Roxin, aaO, § 19 II RdNr. 13

412 Welzel, Strafrecht, S. 138, 140

innere Grund des Schuldvorwurfs liegt darin, daß der Mensch auf freie, verantwortliche, sittliche Selbstbestimmung angelegt und deshalb befähigt ist, sich für das Recht und gegen das Unrecht zu entscheiden, sein Verhalten nach den Normen des rechtlichen Sollens einzurichten und das rechtlich verbotene zu vermeiden ...“[413]. Diesem Standpunkt folgte zudem der Große Strafsenat des Bundesgerichtshofs[414] und stellte auf den bloßen Mißbrauch der Willensfreiheit und die sozialethisch stigmatisierende Vorwerfbarkeit ab.

Der als traditionell bezeichneten Schuldbegriff[415] hat die Grundvorstellung zum Inhalt, daß der Mensch ein in Freiheit gesetztes Individuum ist, welches grundsätzlich einer autonomen Willensbildung unterliegt, was trotz Berücksichtigung sämtlicher potentiell verhaltensbeeinflussender Faktoren gilt.

Dieser indeterministische Ansatz begegnet namenhafter Ablehnung[416]. Nicht nur die unbeweisbare Prämisse der Willensfreiheit stößt auf Widerstand, vielmehr wird auch der fehlende Zugang eines Andershandeln-Könnens des individuellen Täters im Tatzeitpunkt zu wissenschaftlichen Feststellungen kritisiert[417]. Diese Ablehnung wird dadurch bestärkt, daß die Vertreter der Lehre vom Andershandeln-Können zur Beibringung des empirischen Befundes nicht auf das Können des individuellen Täters abstellen, sondern auf das erfahrungsgemäß gegebene Können des Durchschnittsmenschen oder auf die Fähigkeiten der meisten Menschen und dieses als Anknüpfungspunkt wählen.

Eine Formulierung des Schuldvorwurfs gegen den Einzelnen lautet dann: „Der Täter hätte in der Situation, in der er sich befand, in dem Sinne anders handeln können, als nach unserer Erfahrung mit gleichliegenden Fällen ein anderer an seiner Stelle bei Anspannung der Willenskraft, die dem Täter möglicherweise gefehlt hat, unter den konkreten Umstände möglicherweise anders gehandelt hätte.“[418] Diese Begründung eines Vorwurfs gegen eine individuelle Person unter Bezugnahme auf andere Personen stellt jedoch für einen indeterministischen Ansatz nach Ansicht der Kritiker eine Friktion dar.

Die Schuld als rechtlich mißbilligte Gesinnung setzt „die Vorwerfbarkeit der Tat mit Rücksicht auf die darin bestätigte rechtlich mißbilligte Gesinnung“ voraus und nimmt eine generalisierende, an sozialethischen Wertmaßstäben orientierten Betrachtung vor. Mit der Schuld wird ein Unwerturteil über die in der konkreten Tat aktualisierte Gesamteinstellung des Täters zu den Anforderungen des Rechts gefällt[419].

Die Schuld als Einstehenmüssen für den eigenen Charakter geht vom Einstehenmüssen für die Persönlichkeit aus, dem „So-sein“, für das man ohne weiteres verantwortlich ist.

---

413 BGH St 2, 194, 200
414 BGH St (GS) 2, 194, 200
415 Geisler, Vereinbarkeit, S. 108 ff.
416 Roxin, AT, § 19 IV Rd Nr. 19
417 Ausführlich zur Ablehnung Roxin, aaO, RdNr. 19, 20; Bockelmann in: ZStW 75 (1963), 380; umfassende Darstellung von Determinismus und Indeterminismus sowie die Willensfreiheit im Schulenstreit bei Kim, Grenzen, S. 41 ff.
418 Vgl. die Formulierung bei Jescheck , AT, § 37 I 2 b
419 Grundlegend zu dieser Lehre: Gallas, ZStW 67 (1955), 45

Die These von der Grundwahl ist einem Beweis nicht zugänglich und wird deshalb als Sache des philosophischen Glaubens gewertet, nicht aber als empirisch-rationale Strafrechtskonzeption[420].

Bei diesen sozialen Schuldlehren[421] stellt sich die Schuld dann als Zurückbleiben hinter den gesellschaftlichen Anforderungen dar, das Schuldurteil ergeht als Akt sozialer Zuschreibung. Die Vorhaltung an den Täter, daß er durch die Enttäuschung gesellschaftlicher Erwartungen zwar nicht im ethischen Sinne, sondern eher im sozialen Sinne versagt hat, ist maßgeblich. Eine deutliche Verdrängung individualisierender Momente im Schuldurteil hängt dabei mit der Anreicherung des Schuldbegriffs mit sozialvergleichenden Erwägungen zusammen[422], denn der in die soziale Gemeinschaft gestellte Mensch wird als Individuum begriffen. Unterschied zum indeterministischen Ansatz ist damit auch, daß ihm Subjektsqualität eingeräumt wird, aber keine souveräne Vorausprägung gegenüber den Gemeinschaftsbeziehungen.

Folgt man einer solchen zugrundegelegten Ansicht, ist ausschlaggebend, ob an die Stelle des Realtäters eine hypothetische Vergleichsperson, also ein maßstabsgerechter Normalbürger, sich in der konkreten Tatsituation rechtmäßig verhalten hat.

Der funktionale Schuldbegriff, etwa nach Jakobs, der die Schuld als eine generalpräventive Zuschreibung versteht, womit Schuld zweckbestimmt sein soll[423], dient die Schuld als Zuschreibung nach generalpräventiven Bedürfnissen der Einübung der Rechtstreue. Bei Schuld als unrechtem Handeln trotz normativer Ansprechbarkeit muß die Entscheidungsmöglichkeit zu einem normorientierten Verhalten einer psychischen Zugänglichkeit offengestanden haben, d.h. die psychische Steuerungsmöglichkeit, die dem gesunden Erwachsenen in den meisten Situationen gegeben ist, muß im konkreten Fall vorgelegen haben. Der Charakter dieses Maßstabes als erfahrungswissenschaftlicher Befund wird hervorgehoben. Die Beurteilungskriterien, die Psychologie und Psychiatrie entwickelt haben, können die Einschränkungen der Fähigkeit der Selbststeuerung mittlerweile empirisch nachweisen und eine Gewichtung nach dem Schweregrad vornehmen[424].

Als Merkmale des angewandten Schuldbegriffs sind herauszustellen, daß das Unwerturteil nicht pauschal aufgrund eines Gesamteindrucks gefällt wird, sondern die Schuldmerkmale in Deutschland im Gesetz festgelegt sind. Es steht daher nicht im Ermessen des Richters, wann er den Schuldvorwurf bejahen will. Eine relative Strenge ergibt sich wegen der negativen Fassung als Schuldausschlußgründe. Das erste Merkmal ist die geistig-sittliche Gesundheit des erwachsenen Täters, so daß kein Tadel ergehen kann, wenn dem Täter die Fähigkeit zur Selbstbestimmung fehlt. Das zweite Merkmal und eigentliches Kennzeichen des Mangels an Rechtsgesinnung ist das Bewußtsein der

---

420 Formulierung der Einwände auch bei Roxin, aaO, RdNr. 27

421 Die soziale Schuldlehre ist hier als Oberbegriff zu verstehen für alle Schuldkonzepte, welche nicht der Ansicht folgen, daß die indeterministischen Seinsaussage zur Voraussetzung strafrechtlicher Schuld zu erheben sei.

422 Vgl. Otto, Grundkurs, § 12 III 4; dazu detailliert Neumann ZStW 1987, S. 567, 585 ff.

423 Jakobs, AT, 17/18 ff. m.w.N.; vgl. zudem die Darstellung bei Kim, Grenzen, S. 19 ff.

424 Albrecht GA 1983, 193

Rechtswidrigkeit. Es bedarf nicht der Kenntnis des verletzten Rechtssatzes, sondern es genügt, wenn der Täter weiß, daß sein Verhalten den Erfordernissen der Gemeinschaftsordnung widerspricht und deswegen rechtlich verboten ist.

3.6) Schuld und Fahrlässigkeit

Auch die Einordnung der Fahrlässigkeit in die Konzeption der Schuld ist von Interesse. Im Gegensatz zum englischen Recht werden Probleme aus dem Bereich der Fahrlässigkeit nicht im Zusammenhang mit anderen Vorsatzproblemen erläutert. Die im deutschen Recht abweichende Prüfung von Delikten im Fahrlässigkeitsbereich wird dabei durch die andere Stelle der Berücksichtigung von subjektiven Elementen wegen des Messens des Verhaltens an einem Verhaltensmaßstab begründet. Aus dieser Gestaltung des einfachen Rechts können sich im Rechtsvergleich ebenfalls Hinweise ergeben, die die konzeptionellen Unterschiede der Schuld verdeutlichen. Wie erwähnt, erfährt die Schuld bei Fahrlässigkeitstaten eine besondere Prüfung. Hier ist festzustellen, ob eine objektive Sorgfaltspflichtverletzung auch unter Berücksichtigung der persönlichen Fähigkeiten vorzuwerfen ist. Dabei geht auch der BGH etwa für den Fall der unbewußten Fahrlässigkeit davon aus, daß derjenige eine Sorgfaltspflichtverletzung begeht, der die Sorgfalt, zu der er nach den Umständen und nach seinen persönlichen Fähigkeiten und Kenntnissen verpflichtet und imstande ist, außer acht läßt und infolgedessen die Tatbestandsverwirklichung nicht voraussieht[425]. Prüfungstechnisch erfolgt dabei jene Differenzierung, die zwischen der Verletzung der objektiv gebotenen Sorgfalt und der objektiven Vorhersehbarkeit des Erfolges als Teil der objektiven Fahrlässigkeit und der sog. subjektiven Fahrlässigkeit als Maßstab der individuellen Fähigkeit und Kenntnisse des Täters unterscheidet[426].

Eines der grundlegenden Probleme ist auch im deutschen Strafrecht die Entscheidung zu einer Generalisierung oder einer Individualisierung des Fahrlässigkeitsmaßstabs. Bei der Errichtung von objektiven Maßstäben legen diese den Normalfall zugrunde, daß die individuellen Fähigkeiten des Täters diesen Maßstäben entsprechen, mithin von einer durchschnittlichen Person mit normalem Erfahrungsschatz ausgegangen werden kann.

Allerdings ist zu bedenken, daß im Einzelfall geringere oder größere individuelle Fähigkeiten existieren, als dies den generellen Anforderungen entspricht, so daß eine Abweichung zur „Maßfigur", dem Normalbürger, vorliegen kann. Fast zwangsläufig führt dies zu einem Streit über die Berücksichtigung der individuellen Fähigkeiten des Täters bei der Bestimmung der Fahrlässigkeit. Die herrschende Meinung wendet einen doppelte Maßstab an[427]. Diese Zweistufigkeitslehre geht bei einem Verstoß gegen die näher konkretisierten objektiven Maßstäbe von der Tatbestandsmäßigkeit aus. Die Frage, ob auch der Täter den an ihn gesetzten Anforderungen gerecht werden konnte, ist allein ein Problem der Fahrlässigkeitsschuld. Auch weit unterdurchschnittliche Fähigkeiten verhindern nach dieser Ansicht die Bejahung der Tatbestandsmäßigkeit nicht, bewirken aber einen Ausschluß der Fahrlässigkeitsschuld durch individuelles Unvermögen. Es kann hiernach aber zu einem Übernahmeverschulden kommen, wenn der Täter seine Unfähigkeit hätte erkennen können.

---

425 Z.B. BGH St 10, 369

426 So auch Krey, Bd. 1, RdNr. 827

427 Welzel Strafrecht, S. 131 ff.; Jescheck/Weigend § 54 I; Blei AT § 82 II; Schünemann JA 1975, 512 ff..

Eine Strafbarkeit bei unterdurchschnittlichen Fähigkeiten wird verneint, sei es durch Ausschluß des Tatbestandes, sei es durch ein Entfallen der Schuld nach einer Mindermeinung. Beide legen auch Übernahmeverschulden zugrunde.

Unterschiedlich wird das Vorliegen überdurchschnittlichen Fähigkeiten behandelt. So verlangt der der h.A. zugrundliegende objektive Maßstab nur ein Handeln nach den allgemeinen Wertungen, während anders und strenger die individualisierende Auffassung auch den Einsatz der überschießenden Fähigkeiten verlangt. Dieses Ergebnis relativiert sich aber bei der objektiven Lehre durch die Schaffung besonderer Bezugspunkte oder Maßfiguren, der Verkehrskreise. Zudem soll man sich auch nach der individualisierenden Auffassung beim überdurchschnittlich befähigten Täter im Regelfall am objektiven Maßstab des erlaubten Risikos orientieren.

Roxin[428] wählt somit eine Kompromißformel, nach unten zu generalisieren, nach oben zu individualisieren und sieht damit die Vermeidbarkeit des Normverstoßes als eine Frage der in der Regel erst nachträglich feststellbaren Schuld. Angemerkt werden soll noch, daß Vorsatz, Leichtfertigkeit, einfache und geringfügige Fahrlässigkeit als Abstufung von Unrecht und Schuld gesehen werden können, auch wenn es Grenzbereiche gibt. Die herrschende Meinung heute geht davon aus, daß Vorsatz und Fahrlässigkeit in einem „ Stufenverhältnis" stehen. Bei unklarer Beweislage kann deshalb nach dem Grundsatz „in dubio pro reo" nur wegen Fahrlässigkeit verurteilt werden. Andere Autoren lehnen ein begriffslogisches Stufenverhältnis ab und sehen eher einen begrifflichen Ausschluß von Vorsatz und Fahrlässigkeit in den einzelnen Formen. Auch dies ändert aber nichts an dem normativen Stufenverhältnis, was heißen soll, daß dem Vorsatz im Hinblick auf dieselbe Rechtsgüterverletzung ein größeres Maß an Unrecht und Schuld zuzusprechen als der Fahrlässigkeit. Dabei handelt es sich um eine vergleichende Wertung, nach der die soziale Mißbilligung eines Verhaltens mit dem Maß der inneren Beteiligung an der Erfolgsherbeiführung zunimmt. Auch dies begründet den Ansatz, im Zweifel die schwächere Zurechnungsform zu wählen. Dies entspricht auch der Rechtsprechung des BGH[429], der zufolge Fahrlässigkeit zum Vorsatz im Verhältnis des „Schwächeren zum Stärkeren" steht. Auch bei einem solchen „normativ-ethischen Stufenverhältnis" kann jedoch der Grundsatz „in dubio pro reo" angewendet werden, weil es sich um ein graduelles Abstufungsverhältnis handelt.

Festzuhalten bleibt, daß der Maßstab der individuellen Fähigkeit und Kenntnisse des Täters bei einem Zurückbleiben des Täters hinter den damit gesetzten Anforderungen eine Straflosigkeit bewirkt.

---

428 Roxin, AT, § 24 RdNr. 46

429 BGH St 32, 48, 57

4) mens rea und *strict liability*

Kaum ein Grundsatz gilt ohne Ausnahmen. Dies gilt auch für den Grundsatz „actus non facit reum nisi mens sit rea“.

Die strafrechtliche Verantwortlichkeit, die sonst nur beim vollständigen Vorliegen der beiden Zurechnungskategorien actus reus und mens rea bejaht wird, wird ausnahmsweise auch bei sog. strenger Haftung (*strict liability*) sowie der stellvertretenden Verantwortlichkeit (*vicarious responsibility*) angenommen, wo auf das Vorliegen von mens rea verzichtet wird[430]. Die Delikte sind dadurch gekennzeichnet, daß sie bezüglich einem oder mehreren Merkmalen des actus reus keiner mens rea bedürfen. Bei Vorliegen eines solchen Delikts ist der Täter auch haftbar, wenn er weder vorsätzlich noch fahrlässig gehandelt hat. Allerdings ist zu beachten, daß die gemeinhin getroffenen Aussage, daß es überhaupt keines Nachweises von mens rea bedarf, nur in extremen Fallgestaltungen vollständig zutrifft[431]. Tatsächlich wird ein solcher Deliktstypus bereits anzunehmen sein, wenn die mens rea für ein einziges Element, das in der Regel ein Tatbestandsmerkmal von großer Bedeutung sein wird, nicht erforderlich ist. Deutlich wird dies etwa an dem aus dem *common law* stammenden Tatbestand der Blasphemie, der zwar den vorsätzlichen Gebrauch von Worten verlangt, die objektiv geeignet sind, den Tatbestand zu erfüllen, aber keinen darüber hinausgehenden Willen diesbezüglich erfordert. Die bestrafende Wirkung eines *strict liability*-Delikts setzt daher ein, wenn beim Täter überhaupt kein Bewußtsein für eventuelle Folgen vorhanden ist.

4.1) Anwendungsbereich der *strict liability offences*

Da es sich auch hier nicht um einen eindeutigen Begriff handelt, weil teilweise auch Delikte darunter gefaßt werden mit dem Entlastungsbeweis, daß der Täter mit der entsprechenden Sorgfalt (*due diligence*) agiert hat, gilt es zu differenzieren. Bei dieser Art von Delikten ist die Beweislast dann beim Täter.
Primär sind unter den *strict liability offences* Delikten zu verstehen, bei denen die mens rea, in welcher Form auch immer, entbehrlich ist. Dabei handelt es sich keineswegs um vereinzelte Ausnahmen. Hauptanwendungsbereich dieser Delikte ist nicht das *common law*, sondern seit Mitte des 19. Jahrhunderts sind es die Strafgesetze (*statutory offences*). Insbesondere sind weite Bereiche des Nebenstrafrechts durch diese strenge Haftung geprägt; zu nennen sind etwa das Straßenverkehrs-, Umwelt- und Wirtschaftsstrafrecht[432]. Allgemein gesagt, ist als materielle Begründung für diese Delikte typisch, daß sie einem sozialen Wohlfahrtszweck (*issues of social concern, public welfare*) dienen;

---

430 Zu diesen 13. Abschnitt A II

431 So ist etwa nach s. 1 (1) Drugs Prevention of Misuse Act 1964 der unerlaubte Drogenbesitz strafbar. Es ist allerdings ausreichend, wenn der Täter weiß, daß er eine Sache in seiner Kontrolle hat und diese sich später als Droge herausstellt, auch wenn er nichts davon wußte und auch nicht wissen konnte. Das Wissen um die Kontrolle einer Schachtel und darum, das sich etwas darin befindet, reicht aus, so daß aus dem Besitz als neutralem Konzept ein Anknüpfungspunkt der Strafbarkeit wird.

432 Vgl. etwa zu den gesetzlichen Ausweitungen im 19. Jahrhundert wie dem Factory Act 1878, Liquor Licensing Act 1872, Food and Drugs Act 1875 im Wirtschaftsrecht, dem Public Health Act 1875, Alkali Act 1881 sowie den Rivers Pollution Prevention Acts zwischen 1876 bis 1893: Leigh, strict liability, S. 15 f.

die Ausgestaltung als *strict liability offence* soll den Gesetzesadressaten zu möglichst großer Wachsamkeit bewegen und so den Gesetzeszweck effektiv durchsetzen, während formell eine streng gesetzespositivistische Begründung erfolgt[433].

Allerdings ist zu beachten, daß in England keine Unterscheidung nach Strafrecht und Ordnungswidrigkeitenrecht vorgenommen wird[434]. Die *regulatory offences*, bei denen oft Fahrlässigkeit ausreicht, sind von der Konstruktion her in der Mehrzahl *strict liability offences*. Zumeist ist nur eine Geldstrafe vorgesehen, teilweise aber auch eine Freiheitsstrafe. So besteht für den unerlaubten Schußwaffenbesitz eine Strafandrohung von maximal drei Jahren Gefängnisstrafe.

Von der Rechtsprechung[435] wird teilweise wegen der geringfügiger Strafandrohung und dem daraus zu entnehmenden fehlenden sozialethischen Vorwurf behauptet, es handele sich nicht um eine wirkliche Straftat (*real crimes*). Wegen des fehlenden Stigmas, das letzteren nur bei vorsätzlicher Verwirklichung inne wohnen soll, wird von *quasi crimes* gesprochen, die nicht kriminell in einem wirklichen Sinne, sondern aus öffentlichem Interesse heraus verboten sind. Die Rechtfertigung von *strict liability offences* wird darin gesehen, daß der Gerechtigkeitssinn des normalen Menschen nicht dahingehend berührt würde, daß moralische Schuld ein Bestandteil des Delikts ist[436]. Die grundsätzliche Konzeption einer niedrigen Strafe für geringe soziale Schuld soll trotzdem kein Widerspruch sein, auch bei hohem Strafmaß, also schwerer Strafandrohung, *strict liability*-Charakter eines Delikts anzunehmen.

4.2) Kriterien für die Annahme von *strict liability*

Die meisten Delikte dieses Deliktstypus sind gesetzlich normiert, nur wenige entstammen direkt dem *common law* selbst. Bei der Auslegung von Gesetzen greift der Grundsatz, daß für eine Strafbarkeit der Nachweis von mens rea geführt werden muß, weil diese zu den elementaren Deliktsteilen zählt und zudem bei zwei Interpretationsmöglichkeiten die für den Angeklagten günstigere zu wählen ist. Bei den Gesetzestatbeständen (*statutory offences*) haben die Gerichte in zahlreichen Fällen angenommen, daß das Parlament eine Ausgestaltung als *strict liability* wollte. Das Fehlen von mens rea bezog sich dabei oft auf ein zentrales Element des actus reus. Durch Auslegung kann sich auch ausnahmsweise etwas anderes ergeben, wenn der Wortlaut des Gesetzes[437] oder der geregelte Lebenssachverhalt (*subject matter*) dies nahe legen oder erfordern[438]. Indizwir-

433 Vgl. Vogel GA 1998, S. 127, 141 f. mit weiteren Nachweisen Fn. 92 und 93

434 Vgl. Commission of EC, System of administrative and penal sanctions -- UK

435 Vgl. die Rechtsprechungsnachweise bei Smith/Hogan, Criminal Law, S. 109 Fußnote 12-15

436 Kritisch dazu Smith/Hogan, Criminal Law, S. 110

437 Zum einen kann dies geschehen durch eine Verwendung unterschiedlicher Verben mit oder ohne mentale Implikation, wobei deren Interpretation durch die Gerichte als willkürlich beurteilt werden kann, weil auch das Wort *willfully* die Annahme von *strict liability* nicht hindern soll oder die Interpretation ein und desselben Wortes aus Gründen der Rechtspolitik (*social policy*) widersprüchlich ist. Auch Adverbien können ein ausdrücklicher Weg sein um deutlich zu machen, daß mens rea erforderlich ist, wenn etwa mit *knowingly* ausdrücklich daß gesagt wird, was sonst nur angenommen wird. Vgl. dazu Smith/Hogan, Criminal Law, S. 106 ff.; Card, Cross& Jones, Criminal Law, S. 114 ff.

438 Ashworth, Principles, S. 167; Clarkson/Keating, Criminal Law, S. 227; zu den Tests auch Blackstone`s Criminal Practice, S. 58 ff.; zu den Konstruktionsaspekten auch Leigh, strict liability, S. 27 f.

kung hat auch, ob es sich um die Anwendung eines Delikts im generellen Bereich oder um besondere Handels-, Berufs- oder Spezialaktivitäten handelt, denen gemeinsam ist, daß sie gegen potentielle Gefahren für die öffentliche Gesundheit, Sicherheit und Moral gerichtet sind und jeder Bürger die Wahl hat, an diesem besonderen Rechtsverkehr teilzunehmen. Allein die Aufnahme der Tätigkeit wird quasi um den Preis und mit dem Risiko einer objektiven Verantwortlichkeit verknüpft[439]. Es handelt sich somit um eine für den anglo-amerikanischen Rechtskreis typische utilitaristische Begründungsführung[440].

Das Kriterium der potentiellen Gefahren bringt allerdings Rechtsunsicherheit mit sich. Die Rechtsprechung argumentiert, daß bei diesen Delikten Nachweis von mens rea nur außerordentlich schwer zu führen sei und der Aufwand, diesen Nachweis zu führen, in keinem Verhältnis zum nur geringfügigen sozialethischen Stigma stehe, welches die Verurteilung bei so einem Delikt mit sich bringen würde. Dabei wird die Erwägung deutlich, daß es sich bei den meisten der einschlägigen Delikten um „moralisch farblose"[441] *regulatory crimes* handelt.
Dies sind jedoch reine Praktikabilitätserwägung, die auf die Gesamtheit der Fälle zutreffen, wobei es schwierig sein kann, dies auch im Einzelfall zu bejahen.

Naheliegen kann eine solche Einordnung auch bei den als sog. *status offences* aufgezählten Delikten. Typischerweise kann sich dort aus der Rolle oder der Position heraus eine strafrechtlich bedeutsame Einordnung ergeben. Dies verdeutlichen etwa Beispiele zu der Existenz in einem Zustand, etwa wie die Prostituierte, die hinter öffentlich einzusehender Glasscheibe sitzt oder die Trunkenheit des Insassen im Fahrzeug im Straßenverkehr, wo bloßes Antreffen in diesem Zustand reicht (s. 5 Road and Traffic Act). Genügen kann sogar die schlichte Anwesenheit in einem bestimmten Gebiet, etwa mit der Formulierung *being found* beschrieben, z.B. im Ausländerrecht bei fehlendem aufenthaltsrechtlichem Titel[442].

Die herrschende Meinung in der Strafrechtswissenschaft steht diesen Delikten kritisch gegenüber, weil auch ein Täter verurteilt werden kann, obwohl er zur Vermeidung des Normverstoßes die größtmögliche Sorgfalt aufgewendet hat[443]. Dieser Ansatz der Kritik zeigt, daß man mit der Ausnahme der *strict liability* zur mens rea-Notwendigkeit nicht zufrieden sein kann, weil ein möglicherweise weitergehende Charakter als Schuldelement nicht von der Rechtsprechung aufgegriffen wird. Zudem bekennt sich das englische Strafrecht zum *fault principle*, während hier eine Ausnahme vorliegen soll, die vom Umfang und Charakter über bloße Einzelfälle hinausgeht.

---

439 So etwa Lacey/Wells/Meure, Reconstructing, S. 30

440 Der Gesichtspunkte des Utilitarismus ist auch bei den Strafzwecken relevant, welche allerdings nicht weiter ausgeführt werden. Vgl. unten 13. Abschnitt C IV. Zu den rechtsphilosophischen Grundlagen auch Henke, Utilitarismus, S. 1 ff.

441 So die Formulierung von Vogel GA 1998, S. 127, 142

442 Entscheidung Larsonneur (1933) 24 Cr.App.R. 74 sowie 97 J.P.206

443 Allen, Textbook, S. 95; Ashworth, Principles, S.140; Hart, Punishment and Responsebility, S. 180

4.3) Verfolgungspraxis der *regulatory agencies*

Die Aufgabe, einen Verstoß gegen ein *strict liability offence* zu verfolgen, liegt bei den *regulatory agencies*. Teilweise werden durch diese *agencies* solche Täter von der Verfolgung ausgenommen, denen weder Vorsatz noch Fahrlässigkeit zur Last gelegt werden können[444]. Eine gerichtliche Verurteilung wäre zwar zu erreichen, aber die *regulatory agencies* als Verfolgungsbehörden setzen bewußt nicht zur Strafverfolgung an, um so zu erreichen, daß durch die *strict liability offences* hervorgerufene Härten im Individualfall korrigiert werden können. Denn wie schon erwähnt, kann sich eine Verantwortlichkeit auch in Fällen ergeben, bei denen auch eine vernünftige Vorsorge nicht geschützt hätte, weshalb es zu Verurteilungen bei als nicht vorwerfbarem empfundenen Fehlen von Bewußtsein kommen kann[445].

Die Entscheidung, ob ein Normverstoß dem Täter als Unrecht angelastet werden kann, mithin also eine ureigenste Aufgabe des Gerichts, wird im Gefolge nicht von diesem, sondern von den *regulatory agencies* als Strafverfolgungsbehörden vorgenommen. Denn während das Gericht mit der Feststellung des Normverstoßes ein Vorliegen der Strafbarkeit bejaht und eine Verurteilung nicht mehr verhindern kann, können die *agencies* im Falle einer Handlung des Täters mit derjenigen Sorgfalt, die die Rechtsordnung verlangt, von der Anklageerhebung absehen. Dem Gericht bliebe die Möglichkeit einer Berücksichtigung erst auf der Ebene der Strafzumessung, ohne daß eine Verurteilung umgangen werden kann. Dem Betroffenen eine Verurteilung zu ersparen ist nur dadurch möglich, daß die Anklagebehörde innerhalb des Opportunitätsprinzips auf die Einleitung eines strafgerichtlichen Verfahrens verzichtet[446]. Die Berücksichtigung eines Aspekts des materiellen Rechts, nämlich der Frage nach einer Vermeidung der Sorgfaltspflichtverletzung, wird nicht vom Gericht, sondern von der Strafverfolgungsbehörde als Anklagebehörde geklärt. Maßgeblich ist eine prozessuale Lösung. Diese Frage spielt für die Anklageerhebung eine Rolle, worauf noch zurückzukommen sein wird.

5) Aspekte des Wesens dieses Begriffs und deren Verständnis

5.1) Hintergrund der Entwicklung

Bei der Entwicklung der einzelnen mens rea-Formen fallen einige Besonderheiten auf, die zum Verständnis kurz erwähnt werden sollen. Diese Aspekte, die auch bei der mens rea-Form der *intention* sichtbar geworden sind, spiegeln Grundsätzliches im Umgang mit der mens rea wieder. Einige der dortigen Erwägungen verdeutlichen das Gesagte und zeigen die typische englische Eigenarten auf.

Ursprünglich wurde mens rea generell als schwerwiegender begriffen als *negligent* oder *strict liability*; erfaßt wurden nur *intention* und *recklessness*. Die meiste Zeit des letzten

---

444 vgl. Wells 1982 Crim.L.R. 209, 219

445 Smith/Hogan, Criminal Law, S. 103/104 unter Hinweis auf einige ältere Entscheidungen

446 Zur Rolle des Opportunitätsprinzip siehe 8. Abschnitt I 3

Jahrhunderts verstanden die Gelehrten mens rea als *advertent state of mind*, während die anderen beiden Formen für *inadvertent consequences* standen.

Nimmt man hingegen heute eine Bewertung vor, so ist die Grenzlinie von mens rea und *negligence* verschwommen, weil die Richter die Begriffe und damit auch die Inhalte vermischt haben. Zwei Jahrzehnte der Vermengung führten zu Unsicherheit und Verwirrung, was besonders unbefriedigend ist wegen der ernsthaften Konsequenzen für den Einzelnen, der eine Verurteilung zu erwarten hat[447]. Den Gerichten und ihrer schwankenden Rechtsprechung kann die herrschende Begriffsunklarheit durchaus angelastet werden.

Als Grund für diese Schwankungen in der Rechtsprechung kann die stärkere Beachtung des Einzelfalls gesehen werden. Wegen des anderen Denkansatzes der Topik[448] ist eine Berücksichtigung von Werten und Intuition notwendig und muß in die feststehende Prüfungsfolge integriert werden.

Die englische Literatur hat dies auch, etwa bei *intention*, erkannt: „..judges decline to define intention, and they appear to adjust it from one case to another"[449].

Teilweise werden durch die Besonderheiten des Einzelfalls wie etwa bei *murder* auch deliktsspezifische Besonderheiten beim Definitionsversuch der Rechtsprechung umfaßt. Ein weiteres Problem etwa bei der Auseinandersetzung mit *intention* ist die gerichtliche Vermengung von materiellem Recht und Beweisrecht (*law of evidence*)[450].

Der *collective common sense* (in etwa: gesellschaftliches Allgemeingefühl) soll Schlüsse bezüglich der mens rea aus den Umständen ziehen und den natürlichen und wahrscheinlichen Konsequenzen des Verhaltens des Angeklagten vor diesem Hintergrund würdigen. Auch hier ist maßgeblich, was eine Person mit normalem Intellekt vorausgesehen haben würde als Ausgang eines solchen Verhaltens, wobei die Voraussehbarkeit nicht gleich Vorsatz ist, sondern Grundlage, daraus Schlüsse zu ziehen. Wie erwähnt, sind hier die zahlreichen theoretischen Erörterungen, die in der Literatur angestellt werden, überlagert von dem Laiendenken der Jury, bei dem sich jedes Jury-Mitglied selber fragt, ob es dies vorausgesehen hätte.

So sieht das englische Strafrecht die Wahrscheinlichkeit als Teil des Beweisrechts und nicht des materiellen Rechts (*foresight to a high degree of probability is not equivalent to intention)*[451].

Es gibt immer wieder Bereiche, die durch die Aufgabenteilung Richter-Jury nicht adäquat erfaßt werden können. So hat etwa *natural consequence* (in etwa: natürliche Konsequenzen) Verwirrung hervorgerufen, weil es zeigte, daß es zwar nur um eine Tatsa-

---

447 Allen aaO sieht auch eine Inakzeptanz mit der Idee der *rule of law*

448 Vgl. zur topischen Problemlösung und dem Rechtsdenken auch 8. Abschnitt III

449 Allen, Textbook , S. 47 unter Hinweis auf Williams, Oblique intention, 1987, CLJ 417

450 Dazu bereits oben 11. Abschnitt II

451 Allen, Textbook , S. 54 unter Hinweis auf Lord Bridge

chenfrage ging, aber diese durch die Anweisung des Richters an die Jury verkompliziert wurde.

Die Entwicklung des Inhalts zur Begründung der Strafbarkeit zeigt bereits deutlich die Auswirkungen der einleitend erläuterten Besonderheiten des englischen Rechts, nämlich der aus Einzelfallentscheidungen stattfindenden Entwicklung von Rechtsbegriffen (*case law*) sowie eine durch das stärkere Laien-Element des Jury-Systems bedingte unterschiedliche Verständlichkeit juristischer Begrifflichkeiten. Die Verfahrensaufteilung beeinflußt damit die Ergebnisfindung weit über das vorgesehene Maß durch die faktischen Besonderheiten.

5.2) Verständnis

Das Verständnis der mens rea als zweite Zurechnungskategorie, die neben dem actus reus eine Verbindung zwischen Täter und Erfolg der Tathandlung schafft, läßt sich sicher als gemeinsamer Nenner der verschiedenen Ansichten bezeichnen. Die weitergehende Einordnung hingegen ist unterschiedlich. Die aus der älteren Ansicht her stammenden Begriffe von *fault*[452], *blameworthiness* und *guilty mind* [453]lassen die Vermutung zu, daß neben einer Ebene der kognitiven und voluntativen Beziehung des Täters zur Tathandlung und zum Erfolgseintritt auch ein Werturteil beinhaltet sein soll. Dieses Werturteil müßte über Wissen und Wollen der Tatbestandverwirklichung hinaus den Täter in eine darüber hinausgehende Beziehung zur Tat stellen oder ihm gegenüber eine Einordnung vornehmen, die eine Mißbilligung seiner Handlung als Verstoß gegen die Rechtsordnung beinhaltet.

Zu fragen ist daher, ob mens rea auch heute noch eine Funktion ausübt, die einem Schuldcharakter zukommt. Früher lag dies unter Hinweis auf verschiedene Ausdrücke für Verschulden (*blameworthy condition of mind*) eher nahe. Während in der Literatur durchaus noch ein moralisches Urteil der mens rea gesehen wird, hat die Rechtsprechung dies eindeutig abgelehnt. Dem Begriff wurde der Charakter (*notion*) von *culpability* oder *moral blameworthiness* auf Seiten des Täters beigemessen[454]. In jüngerer Zeit wird diese Position wegen ihres vergeltenden, rückwärtsblickenden Ansatzes kritisiert und wegen der Vermengung von moralischer Verurteilung und Urteil über die individuelle Schuld abgelehnt[455].

---

452 Die Verwendung des Begriffs *fault* ist in der anglo-amerikanischen Literatur sehr unterschiedlich und wird meist als Oberbegriff verstanden; auch zeitgenössische Darstellungen beziehen sich auf die mens rea-Formen, wie etwa ein Vergleich mehrerer Länder bei *involuntary manslaughter* zeigt, vgl. Yeo, fault, S. 280

453 Die Verwendung dieser Begriffe ist uneinheitlich und folgt im folgenden der Sprache der jeweiligen Autoren.

454 So Allen, Textbook , S. 46

455 Dazu insgesamt Lacey/Wells/Meure, Reconstructing, S. 31 ff.; deutlich zuletzt dazu die Rechtsprechung in der Entscheidung Dodman (1998) 2 Cr.App.R. 338, wo *blameworthiness* kein Platz in der Definition eingeräumt wird.

Der *Martial Appeal Court* hat in Dodman[456] befunden, daß „*blameworthiness*“ in seiner Bedeutung als „schuldig“ keinen Platz in der Definition von mens rea hat. Das Gericht meint wohl, daß die Trennung von strafrechtlicher und moralischer Schuld nie vollkommen vollzogen wurden und noch nicht so selbstverständlich ist, daß sie noch einer ausdrücklichen Erwähnung bedarf.

Dabei ist auch heute noch, trotz der starken Zunahme der rechtswissenschaftlichen Literatur der vergangenen Jahrzehnte, eine grundsätzliche wissenschaftliche Auseinandersetzung über die Natur der mens rea nur in Grenzen ersichtlich, auch wenn gerade in den letzten 25 Jahre Änderungen aufgetreten sind. Über die Gründe läßt sich spekulieren[457], aber eine ausdrückliche Auseinandersetzung mit den Aspekten, die dem deutschen Strafrechtler im Zusammenhang mit dem Schuldbegriff geläufig sind, findet in der englischen Literatur nicht statt.
Bei näherer Befassung drängt sich jedoch dem Betrachter des englischen Strafrechtssystems auf, daß im Rahmen der mens rea nicht nur eine psychologische Beziehung Täter zur Tat erfaßt werden soll, sondern auch ein Verschulden, möglicherweise im Sinne eines Schuldvorwurfs, festgestellt werden soll, ja sogar von einer normativen Schuldauffassung ist aus deutscher Sicht die Rede[458]. Gerade ausländische Betrachter[459] gebrauchen in Bezug auf mens rea den Begriff der Schuld. Welche Art diese inhaltlich hat, wird hingegen weniger deutlich herausgekehrt.

Dies bedarf insgesamt einer tiefergehenden Betrachtung. Wegen der dabei vorzunehmenden Differenzierung von Elementen, die in Deutschland eher dem Vorsatz angehören, und solchen, die der Schuld entsprechen, soll die Untersuchung in diese Richtung im Rahmen des rechtsvergleichenden Teils dieser Arbeit vorgenommen werden[460].

11. Abschnitt: Die Verteidigungseinreden (defences)

Eine Strafbarkeit, die besteht, wenn der Täter den actus reus einer Straftat mit der dazugehörigen mens rea erfüllt, kann dennoch entfallen, wenn ihm die Berufung auf eine Verteidigungseinrede (*defence*) gelingt. Nach einer Begriffserklärung soll im folgenden die praktische Wirkungsweise eines *defence* in der Hauptverhandlung anhand der Beweislastverteilung dargestellt und danach der Frage nachgegangen werden, ob eine Einschränkung der Anwendbarkeit der allgemeinen Verteidigungseinreden (*general defences*) bei den *strict liability offences* vorgenommen werden muß.

Die Darstellung dieser Aspekte soll sowohl den Aufbau der Strafbarkeitsprüfung als auch die Sonderrolle der *strict liability*-Delikte verdeutlichen. Die Rolle subjektiver Elemente wird erst in der Zusammenschau sowie in Ausnahmekonstellationen ersichtlich.

---

456 (1998) 2 Cr.App.R. 338

457 Tidow, Schuldbegriff, S. 15 führte dies seinerzeit noch auf die Abneigung der englischen Juristen gegenüber theoretischen Erörterungen und der Eigenart des *case law* zurück

458 So äußert Tidow, daß das Verschulden dem Täter zum Vorwurf gemacht wird und sieht in England eine normative Schuldauffassung, die freilich nirgends offen ausgesprochen wird, aaO, S. 15

459 So Watzek aaO; Vogel aaO

460 Siehe dazu 14. Abschnitt

I) Einteilung der Verteidigungseinreden

Mit dem Begriff des *defence* sind nicht nur Rechtfertigungs- und Entschuldigungsgründe gemeint, sondern die Strafrechtspraxis beschreibt darüber hinaus sämtliche Umstände des materiellen Strafrechts, die eine Verurteilung verhindern[461].
In einem weiten Sinne erfaßt ist auch das Alibi, weil bei erfolgreicher Berufung des Angeklagten hierauf keine Erfüllung des actus reus mehr angenommen werden kann. Ein *defence* kann auch vorliegen, wenn ohne die erforderliche mens rea gehandelt wurde, etwa weil die Tötung eines Opfers bei einem Unfall geschah und es sich nicht um eine beabsichtigte Tötung (*defence of accident*) handelte[462].

Mit *defence* im engeren Sinne von Verteidigungseinrede soll hingegen der Ausschluß der Strafbarkeit gemeint sein, obwohl der Täter die Merkmale des actus reus mit notwendiger mens rea ausgeführt und den Tatbestand zunächst erfüllt hat[463].
Als Beispiele in diesen engen, technischen Sinn zu nennen sind etwa die Notwehr *(self-defence)*[464], Automatismus (*automatism*), Provokation (*provocation*), welche nur bei Mord Anwendung finden kann[465].

Rauschzustand (*intoxication*) je nach Art sowie die Nötigungsbeeinflussungen (*duress; necessity*)[466]. Von der Konzeption her wird eine pragmatische Anknüpfung an bestimmte Verteidigungsvorbringen und deren synthetische Behandlung vorgenommen, so daß etwa beim Problem der willentlich herbeigeführten Rauschzustände (*voluntary intoxication*) eine Problembehandlung der *prior fault*, des Vorverschulden unter Einschluß von rauschbedingter Handlungsunfähigkeit, rauschbedingtem Irrtum und des Sorgfaltsmaßstabs für Berauschte[467] erfolgt.

Als Unterscheidung hat sich in der Praxis deshalb die Bezeichnung des Alibis oder des Fehlens von mens rea als *„failure of proof defence"* durchgesetzt. Dahinter steckt der Gedanke, daß in diesen Fällen die Anklageseite schon die erste maßgebliche Voraussetzung der Strafbarkeit nicht durch Beweise erbringen kann, nämlich das actus reus und mens rea vorliegen[468].
Die meisten Verteidigungseinreden gehören zu den *defences* im technischen Sinne. Die Differenzierung zwischen diesen und der als *failure to proof defence* bezeichneten Verteidigungseinreden muß danach beurteilt werden, wie die Definition der Voraussetzungen durch den Gesetzgeber oder das *common law* erfolgt ist.

---

461 Vgl. Lanham (1976) Crim.L.R. 276; Robinson (1982) 82 Col.L.R. 199, 203; vgl. die kompakte Darstellung unterschiedlicher *defences* bei Blackstone's Criminal Practice, S. 32 ff.

462 Vgl. dazu Kiralfy, Burden of proof, S. 54 ff.; zu beachten auch die konfuse Lage bei *mistake* wegen der engen Verflechtung mit dem materiellen Recht

463 Vgl. etwa Ashworth, Principles, S. 201

464 Ausführlich zu den allgemeinen Grundsätzen des Notwehrrechts: Kerll, Notwehrrecht, S. 24

465 Es handelt sich dabei um einen *partial defence*, der nur zu einer Verantwortungsminderung führt, weil bei seinem Vorliegen nur noch eine Verurteilung wegen *manslauhgter*, nicht aber *murder* erfolgen kann

466 Vgl. zu letzterem ausführlich 13. Abschnitt C II

467 Vgl. die Gliederungspunkte bei Smith/Hogan, Criminal Law, S. 225 ff.

468 Vgl. Robinson (1982) 82 Col.L.R 199, 204

Die erste Alternative der *insanity*-Einrede (Schuldunfähigkeit wegen Geisteskrankheit)[469] hat etwa eine Ausgestaltung als *failure to proof defence* erfahren. Derjenige, der infolge einer Wahnvorstellung handelt und sich bei Begehung eines Tötungsdelikt nur in Vornahme einer Sachbeschädigung glaubt, ohne das der Vorsatz die eigentlichen Tatbestandsmerkmale des Tötungsdelikts erfaßt, kann nicht mit dem Beweis des Tötungsvorsatzes konfrontiert werden; es fehlt mithin an der mens rea. Die Anklageseite unterliegt einem *failure to proof defence*, weil sie den Tötungsvorsatz nicht beweisen kann. Allgemein gesagt, kann sich dies je nach Fall so auswirken, daß entweder der actus reus oder die mens rea nicht erfüllt ist.

In Deutschland geht die rechtliche Konstruktion des § 20 StGB hingegen von vier psychopathologische Befunden aus und auf einer zweiten Stufe erfolgt eine Schuldfähigkeitsprüfung. Zur Charakterisierung der gemischten, teilweise als biologisch-psychologisch bezeichneten Methode läßt sich zwischen dem intellektuellen Faktor der Unrechtseinsichtsfähigkeit und dem voluntativen Faktor der Steuerungsfähigkeit unterscheiden. Entscheidend ist, ob der Täter in der Lage war, seine etwaige Unrechtseinsicht motivierend auf sein Handeln einwirken zu lassen[470]. Geläufig ist auch der Begriff der Einsichts- und Hemmungsfähigkeit.

Es geht dabei nicht um eine Äußerung der Willensfreiheit oder zum individuellen Andershandeln-Können, sondern um ein Urteil darüber, ob und gegebenenfalls inwieweit der Täter im Tatzeitpunkt normativ ansprechbar war. Die Aufgabe des Gutachters liegt darin, am seelischen Zustand des Täters aufzuzeigen, ob dieser ein tauglicher Normadressat gewesen ist."[471], d.h. ob er die Rechtswidrigkeit der Tat entweder eingesehen hat oder einsehen konnte. Zusammenfassend läßt sich sagen, daß § 20 StGB eine empirische Fragestellung an Psychiatrie und Psychologie somit erfordert, wobei auch normativer Wertungsspielraum besteht. Die fehlende Steuerungsfähigkeit ist maßgeblich, weil diese auf der fehlender Einsichtsfähigkeit beruht; eine Nennung wäre wegen § 17 StGB sogar überflüssig. Einsichtsfähigkeit und auch Unrechtseinsicht lassen keinen Rückschluß auf das Hemmungsvermögen zu.

Es ist festzuhalten, daß sich die Einsichtsfähigkeit in ein Verantwortlichkeitskonzept einfügt, bei dem die Entscheidungsmöglichkeit des Einzelnen im Mittelpunkt steht. Der Stellenwert des § 20 StGB besteht darin, einfachgesetzlich das Schuldstrafrecht zu normieren und dessen Grenzen aufzuzeigen.

In England wird hingegen bei Einordnung einer Verteidigungseinrede als *defence* im technischen Sinne deutlich, daß trotz des Vorliegens der Verteidigungseinrede die Voraussetzungen einer Straftat mit der notwendigen subjektiven Tatseite bejaht werden, wie sich aus der gleich folgenden Betrachtung der verschiedenen Aufbaumöglichkeit der Straftat ergibt[472].

Innerhalb der *defences* im engeren Sinne kann auch die teilweise vorfindbare Bezeichnung von *justification*, also Rechtfertigung, und *excuse*, Entschuldigungsgründen,

469 Ausführlich zu den theoretischen Grundlagen und dem Wesen der *insanity*: Mackay, mental condition defences, S. 74

470 Tröndle/Fischer, StGB, § 20 RdNr. 5

471 Vgl. Schreiber NStZ 1981, 64

472 Dazu gleich 12. Abschnitt I

nichts daran ändern, daß es sich nach bis heute herrschender Auffassung um eine von der Umgangssprache und der Moral formulierte sprachtechnische Unterscheidung handelt, der aber keinerlei rechtliche Bedeutung zukommen soll[473].

Eine Differenzierung nach der aus dem deutschen Recht vertrauten Unterteilung zwischen Rechtfertigung und Entschuldigung läßt sich nach dem Gesagten dem englischen Recht nicht entnehmen. Eine Auseinandersetzung über den Sinn dieser Handhabung soll hier aus Gründen von Platz und Sinnzusammenhang nicht vertieft werden[474].

II) Verteidigungseinreden und Beweislast

Bei der Beweislast für Verteidigungseinreden ist zwischen der Darlegungslast (*evidential burden*) und der Beweislastverteilung (*burden of proof*) zu unterscheiden. Die Darstellung der Beweislastregeln ist angesichts des adversarischen Systems der englischen Hauptverhandlung erforderlich, da Fragen der Tatbestandserfüllung unter der Perspektive dargestellt werden, wie diese einem wirksamen Beweis zugeführt werden können. Erst die Beweisregeln erklären, wessen Vorbringen die Tatbestandserfüllung stützt und wie die praktischen Aspekte den theoretischen Rahmen ausfüllen können. Spezifische Aspekte der Verteidigungseinreden können wegen ihrer Besonderheiten über die Anwendung subjektiver Elemente wie der mens rea mitentscheiden[475].

1) Darlegungslast (*evidential burden*) bei Verteidigungseinreden

Bei der Darlegungslast handelt es sich um eine Obliegenheit, Tatsachen in die Hauptverhandlung einzuführen, die das Vorliegen der Verteidigungseinrede als möglich erscheinen lassen[476]. Hinsichtlich sämtlicher Verteidigungseinreden ist es Sache des Angeklagte, für deren Einführung in den Prozeß zu sorgen, ihn trifft die Darlegungslast.[477] Hierzu ist es ausreichend, wenn durch die Vernehmung ihrer Zeugen (*defence witnesses*) oder der Zeugen der Staatsanwaltschaft im Kreuzverhör (*prosecution witness*) Um-

---

473 Statt aller Stephens, A history in the Criminal Law in England, Bd. III, 1883 , S. 11 („no legal consequence") ; Greenawalt, in: Eser/Fletcher, Rechtfertigung und Entschuldigung, Bd. I, 1987, S. 17; grundlegend zur geschichtlichen Entwicklung: J.C. Smith, Justification and Excuse in the Criminal Law, 1989; a. A. schon Radbruch, Journal of Comparative Legislation and International Law 18 (1936) 212, 217; Fletcher, Rethinking Criminal Law, S. 760

474 Aus Gründen von Platz und Sinnzusammenhang .Vgl. Smith/Hogan, Criminal Law, S. 193/194; grundlegend zu dieser Problematik und den daraus resultierenden Problemen Watzek, Rechtfertigungs- und Entschuldigungsgründe, S. 74 ff.; zum Für und Wider unter den Aspekten Notwehrbefugnis und Teilnehmerstrafbarkeit auch Vogel GA 1998, S. 127, 143; zu den möglichen Konsequenzen daraus für das Schuldverständnis vgl. 14. Abschnitt C I.

475 Deutlich wird diese Relevanz des Beweisrechts für das materielle Recht etwa bei der mens rea (10. Abschnitt II 5) oder wenn Beweisschwierigkeiten Grund für die fehlende Bestrafung bei Versuchshandlungen (13. Abschnitt C IV) sein können.

476 Vgl. etwa Kiralfy, Burden of proof , S. 13: „ ... die Last zu zeigen, daß ausreichender Beweis für eine Tatsache existiert, um den Gesichtspunkt, der durch diese Tatsache berührt wird, einer Berücksichtigung durch die Jury für wert zu empfinden."

477 Vgl. dazu im einzelnen Kiralfy, Burden of proof , S. 41

stände dargelegt werden können, die für die Möglichkeit des Eingreifens einer Verteidigungseinrede sprechen[478].

Es bedarf aber, anders als bei der subjektiven Beweislast des deutschen Zivilprozeßes, keines ausdrücklichen Berufens der Verteidigung auf diese Einrede, wenn sich aufgrund der Zeugenvernehmung oder anderer Beweismittel die Hinweise verdichten, daß eine Verteidigungseinrede vorliegen könnte. Denn wenn die Beweisaufnahme Anhaltspunkte hierfür erbringt, so muß der Richter die Geschworenen dahingehend belehren, daß ein Freispruch ergehen muß, wenn sich bei ihnen nicht die Überzeugung einstellt, daß die Anklageseite das Vorliegen der Verteidigungseinrede widerlegt hat[479].

Aus der Stellung des Richters im englischen Strafprozeß als die eines unparteiischen Schiedsrichters, dem keine „Parteinahme" zusteht, ergibt sich eine solche Einschränkung der Darlegungslast nicht selbstverständlich, doch wird hier die richterliche Fürsorgepflicht für den Angeklagten höher bewertet als die generelle Rollenverteilung[480]. Eine Ausnahme hingegen ist in Bezug auf die Verteidigungseinreden Geisteskrankheit (*insanity*) und verminderte Schuldfähigkeit, welche auf einer Abnormität des Geisteszustandes beruht (*deminished responsibility*), bei denen es allein beim Angeklagten liegt, sich zur Verteidigung auf seinen Geisteszustand zu berufen. Der Anklageseite ist eine Beweisführung darüber nicht gestattet, ob dieser zum Tatzeitpunkt geisteskrank war. Bei Anhaltspunkten für eine abnorme geistige Veranlagung des Angeklagten, die zu einer Annahme der genannten *defences* führen könnte, darf der Richter nur in Abwesenheit der Geschworenen die Verteidigung von seiner Mutmaßung unterrichten. Dieser bleibt es dann selbst überlassen, ob sie eine Verteidigungsstrategie unter Abstellen auf den Geisteszustand vornimmt.

Die strenge Beachtung des *evidential burden* läßt sich unter zwei Gesichtspunkten erklären. Bei Eingreifen der *insanity*-Einrede muß von einer Unterbringung in einem psychatrischen Krankenhaus ausgegangen werden, die je nach Fall zu lebenslanger Einweisung führen kann. Ferner ist die Auferlegung eines sozialen Stigmas, welches in der Regel mit der Feststellung einer Geisteskrankheit einhergeht, so schwerwiegend, daß dem Angeklagten wegen dieser Schwere noch die Möglichkeit der Einflußnahme gewährt werden soll, was bei einer anderen Handhabung nicht der Fall wäre.

2) Beweislastverteilung (*burden of proof*) bei Verteidigungseinreden

Beruft sich der Angeklagte auf eine Verteidigungseinrede, regelt im folgenden der *burden of proof*, welche Seite für welche Tatsachen Beweis zu erbringen hat, um das Vorliegen oder Nichtvorliegen zu beweisen[481]. Der *burden of proof* liegt grundsätzlich bei der Staatsanwaltschaft als Vertreterin der Anklageseite. Der Beweis durch die Staats-

---

478 Vgl. Emmins/Sprack, Procedure, S. 85

479 Smith/Hogan, Criminal Law, S. 28

480 Vgl. zur Stellung des Richters im englischen Strafprozeß 8. Abschnitt I 2 sowie umfassenden Jackson/Spencer, Machinery of Justice, S. 20 f.

481 Bei Kiralfy, Burden of proof, S.12 erfolgt eine Bezeichnung als *persuasive* oder *legal burden*; maßgeblich ist die Goldene Regel in Woolmington v. DPP (1935) A.C. 462

anwaltschaft muß hinsichtlich des Inhalts (*probative burden*) jenseits eines vernünftigen Zweifels (*beyond reasonable doubt*)[482] sein, was jedoch keine absolute Sicherheit der Jury bezüglich des Beweisgegenstandes verlangt, daß beispielsweise Voraussetzungen der vom Angeklagten geltend gemachten Verteidigungseinrede nicht vorliegen. Somit ist bei den allermeisten Verteidigungseinreden keine andere Behandlung vorzunehmen als bei den Zurechnungskategorien actus reus und mens rea, bei denen die Staatsanwaltschaft grundsätzlich für die Tatsachen, die eine Verurteilung herbeiführen können, die Beweislast hat, während die Verteidigung die entlastenden Aspekte vorbringen muß.

Liegt die Beweislast hingegen beim Angeklagten, muß die Verteidigung Tatsachen nach der Regel des Wahrscheinlichkeitsgleichgewichts (*balance of probabilities*) beweisen, was bedeutet, daß die Jury zwar nicht sicher sein muß, ihr müssen sich aber weniger Zweifel an der Version der Verteidigung als an jener der Anklageseite auftun; mit anderen Worten muß die Wahrscheinlichkeit der Version einer Seite diejenige der anderen Seite überwiegen[483]. Es sind deshalb Tatsachen in die Hauptverhandlung einzuführen, die das Eingreifen von Strafausschließungsgründen möglich machen. Diese Meßlatte kann im Vergleich zu derjenigen der Staatsanwaltschaft als der niedrigere Maßstab gesehen werden, der auch andere Anforderungen unterliegt, weil ein Wahrscheinlichkeitsurteil (*balance of probabilities*) genügt.

Die Verteidigung muß etwa bei einem Fall von Nötigungsnotstand, der einen *defence* bilden kann, durch Zeugen- oder sonst einem von ihr gewählten Beweis Tatsachen darlegen, die nach den Lebensumständen wegen des *evidential burden* ordentlich und sauber der *Jury* vorgelegt werden können. Ist dies erfolgreich geschehen, muß die Anklage diese Darlegungen zur *defence* in einer Weise zerstören, daß kein begründeter Zweifel (*reasonable doubt*) mehr bei der *Jury* zurückbleibt, den Angeklagten aus Gründen der Zwangseinwirkung von außen freizusprechen. Die Anklageseite muß hingegen hinsichtlich der belastenden Tatsachen ausreichend Beweis führen mit Ausnahme von Schuldunfähigkeit wegen Geisteskrankheit (*insanity*) und verminderter Schuldfähigkeit (*deminished responsibility*), welche dem Angeklagten die Beweislast auferlegen. Dies verändert auch den Inhalt des Beweises (*burden of proof*), weil dann ein Wahrscheinlichkeitsurteil (*balance of probabilities*) genügt.

Ferner gibt es Ausnahmen zu der Regel in engen, gesetzlich normierten Fällen (*statutory exceptions*), bei denen der *burden of proof* von Gesetzes wegen ausdrücklich auf dem Angeklagten ruht[484].

III) Verteidigungseinreden und *strict liability*

Regelfall ist die allgemeine Verteidigungseinrede (*generel defence*); *provocation und diminished responsibility* hingegen stellen sog. Teil-Entschuldigungsgründe (*partial excuses*) dar, denn sie sind nur bei der Anklage wegen Mordes anwendbar und reduzie-

---

482 Zur Schwierigkeit einer genaueren Definition dieses Begriffs vgl. Kiralfy, Burden of proof, S. 14 ff.

483 Kiralfy, Burden of proof, S. 16 f. : „ .. more likely than not ..“

484 Vgl. zu den Beispielen Kiralfy, Burden of proof , S. 67 ff.; zu den grundlegenden Unterschieden der Rechtssysteme anhand der Stellung des Beweisrechts und deren daraus resultierenden unterschiedlichen Ausrichtungen: Nijboer, Beweisprobleme und Strafrechtssysteme, S. 9 ff.

ren dort die Strafbarkeit zu *manslaughter*. Üblich ist, daß sich eine Anwendung der Einrede bei allen Straftaten ergeben kann. Die *strict liability offences* könnten eine Ausnahme darstellen, so daß ein Ausschluß der Geltendmachung gewisser *defences* denkbar ist[485].

Zum Teil wurde in der Vergangenheit die Anwendbarkeit der allgemeinen Verteidigungseinreden abgelehnt. Die Rechtsprechung hat in der umstrittenen Entscheidung Larsonneur[486] den *defence* des Automatismus (*automatism*) nicht eingreifen lassen, obwohl mit dieser einer der grundlegenden Strafbarkeitsvoraussetzungen in Frage gestellt wird, nämlich das Vorliegen einer Handlung. Wie noch darzulegen sein wird[487], wird mit diesem *defence* vom Angeklagten eingewendet, daß es ein strafrechtlich relevantes Verhalten nicht gibt, weil keine Willenssteuerung vorhanden war. Die Voraussetzungen einer Handlung sind dann nicht gegeben, wenn etwa der Angeklagte Ziel der absoluten Gewalt (vis absoluta) eines Dritten gewesen ist, die die von ihm ausgehenden Körperreaktionen unmittelbar erzwungen hat. Unter Hinweis auf den Wortlaut hat das Gericht einen *strict liability offence* bei einem Verstoß gegen eine ausländerrechtliche Bestimmung angenommen und obwohl dieser Zustand[488] durch absolute Gewalt von Polizeibeamten herbeigeführt worden war, eine Anwendung der Verteidigungseinrede des Automatismus nicht zugelassen. Der schwerwiegenden Kritik des Schrifttums[489], die eine Anwendung grundlegender Verteidigungseinreden auch bei den *strict liability offences* verlangte, kam die Rechtsprechung später dann nach. Automatismus wurde bei einer Anklage wegen gefährlichen Fahrens (*dangerous driving*) trotz dessen Charakterisierung als *strict liability offence* angewendet, ohne daß das Gericht sich allerdings von der Entscheidung Larsonneur distanzierte, womit noch keine generelle Klarheit herrscht. Allgemeine Kriterien der Anwendbarkeit haben sich noch nicht herausgebildet, so daß die Ansichten im Schrifttum von der grundsätzlichen Anwendung der allgemeinen Verteidigungseinreden wie Nötigungsnotstand oder Schuldunfähigkeit[490] über eine Einzelfallprüfung für jedes Delikt[491] bis hin zu einer Differenzierung zwischen Rechtfertigungs- und Entschuldigungsgründen reichen. Letztere Auffassung, die eine im englischen Strafrecht nicht unumstrittene Unterscheidung in diese Kategorien zugrundelegt[492], will Rechtfertigungsgründe bei *strict liability offences* beachtlich sein lassen, während Entschuldigungsgründe wegen des bei diesen Delikten nicht erforderlichen mens rea keine Anwendung finden sollen[493].

---

485 Vgl. Leigh, strict liability, S. 54 ff.

486 (1933) 24 Cr.App.R. 74

487 Dazu näher unter 13. Abschnitt A I

488 Der Nachweis einer Handlung der Angeklagten war deshalb nicht erforderlich, weil es sich um ein Zustandsdelikt handelte, nämlich das Antreffen der Angeklagten ohne Aufenthaltsgenehmigung im Vereinigten Königreich.

489 Vgl. Ashworth, Principles, S. 105; Clarkson/Keating, Criminal Law, S. 281; Smith/Hogan, aaO, S. 44

490 Smith/Hogan, Criminal Law, S.114; vgl. dazu auch Kiralfy, Burden of proof, S. 36 ff.

491 Clarkson/Keating, Criminal Law, 3. Aufl., S. 282

492 Vgl. Nachweise Watzek, Rechtfertigung und Entschuldigung, S. 64 Fußnote 115; schwerpunktmäßig zu dieser Thematik aaO, S. 299 ff.

493 aaO S. 64, Fußnote 117

12. Abschnitt: Die Stellung der Verteidigungseinreden im Rahmen des Verbrechensbegriffs

I) Der Aufbau der Straftat im englischen Strafrecht

Der Aufbau der Straftat hängt nach den im Schrifttum vertretenen Straftatsystemen davon ab, in welche Beziehung man die allgemeinen Verteidigungseinreden zu den Zurechnungskategorien actus reus und mens rea setzt. Je nach dem, ob man eine Einordnung der Verteidigungseinreden als eigenständige Zurechnungskategorien vornimmt oder nicht, ergibt sich entweder ein zweigliedriger oder ein dreigliedriger Aufbau der Straftat. Zugrundegelegt wird ein einheitlicher Begriff der Verteidigungseinrede, der wie erwähnt keinerlei Differenzierung nach Rechtfertigungs- oder Entschuldigungsgründen vornimmt[494]. Als Unterscheidung der beiden im Schrifttum vertretenen Straftatsysteme bietet sich nur die Behandlung der Verteidigungseinreden als einer von actus reus und mens rea unabhängigen Zurechnungskategorie an. Während das eine sämtliche Verteidigungseinreden als negative Merkmale des actus reus versteht, stellen sie beim anderen eine eigenständige Zurechnungskategorie dar.

1) Das zweigliedrige Straftatsystem nach Glanville Williams[495]

Dieser normtheoretischer Ansatz geht von einer Einordnung sämtlicher Verteidigungseinreden als negative Merkmale des actus reus aus. Williams behauptet, die Unterscheidung zwischen den positiven Merkmale des actus reus und den Elementen einer Verteidigungseinrede sei willkürlich und zudem bedingt durch eine formale Straftatdefinition. Praktikabilitätsgründe verhinderten das Aufzählen sämtlicher Verteidigungseinreden in der Straftatdefinition; dagegen sei es vom materiellen Strafrecht kein Unterschied, ob ein Merkmal strafbarkeitsbegründend und damit Teil des actus reus oder strafbarkeitsausschließende Verteidigungseinrede sei. Ein Beispiel bilde die Einwilligung, deren Formulierung bei Vergewaltigung ausdrücklich „... does not consent to it ..“ beinhaltet. Diese negative Fassung ließe sich auch auf andere Delikte übertragen. Ein Argument sei auch aus der Vorgehensweise der Staatsanwaltschaft zu gewinnen, die sowohl positive Merkmale des actus reus als auch für das Nichtvorliegen von Verteidigungseinreden sammele, wenn sie dafür die Beweislast trägt[496]. Williams findet allerdings wenig Gefolgschaft. Die Schwierigkeit der Abgrenzung ist zwar anerkannt. Der Einwand lautet, daß es praktisch nicht machbar sei, alle Verteidigungseinreden in die Definition einer Straftat hineinzulesen. Ferner ist zu bedenken, daß subjektive wie objektive Elemente in Verteidigungseinreden enthalten sind, erstere als Bestandteil des actus reus, obwohl dieser eher objektive Tatseite darstellt. Die Auffassung von Williams führt daher auch aus diesem Grunde zu Friktionen. Sie wurde aber zum Teil fruchtbar gemacht, in dem man, die umstrittene Unterteilung nach Rechtfertigungs- oder Entschuldigungsgründen vornehmend, erstere so in die Prüfung integrieren wollte, während dies für Gründe, die

494 Vgl. dazu Watzek, Rechtfertigung und Entschuldigung, S. 67 ff. mit weiteren Hinweisen
495 Williams, Textbook on Criminal Law, 2. Aufl. 1983, S. 14 ff.; ders. Crim.L.R 1982, S. 732 ff.
496 Vgl. 11. Abschnitt II

sich an einer Entschuldigung und einer Schuldausschließung orientierten, kritisiert wurde[497].

2) Das dreigliedrige Straftatsystem nach David Lanham[498]

Das dreigliedrige Straftatsystem ist wesentlich verbreiteter und sieht die Verteidigungseinreden als eigenständige Zurechnungskategorie. Die drei grundlegenden Voraussetzungen der Strafbarkeit sind demnach actus reus als vorrangiger Verkörperung der objektiven Merkmale der Straftat, mens rea als eher subjektive Tatseite sowie das Fehlen von Verteidigungseinreden.

Allerdings soll es keine eigentliche Unabhängigkeit der dritten Zurechnungskategorie von den beiden anderen geben, sondern es soll ein vielfältiger Zusammenhang, welcher je nach Verteidigungseinreden variieren kann, bestehen. Materiell führt etwa das Fehlen von Willkür, wie das Vorliegen einer unwillkürlichen Bewegung wie eines Reflexes, das die Verteidigungseinreden der fehlenden Willkür (*involuntariness*) darstellt, zu einer Negation des actus reus. Ein auf die Elemente des actus reus bezogener Tatirrtum (*error in fact*) führt zum Ausschluß von mens rea.

Grundsätzlich wird aber für die meisten Verteidigungseinreden, die wie schon erwähnt ein übergeordneter Begriff für nach deutschem Verständnis unterschiedlich zu bewertende Möglichkeiten des Verantwortungsausschluß sein können, eine solche ausschließende Wirkung nach klassischer und herrschender Ansicht verneint[499].

Folgt man der Unterteilung *failure of proof defences* und *defences* im technischen Sinne, so gibt es drei verschiedene Konstellationen. Verteidigungseinreden wie das Alibi können actus reus ausschließen oder aber mens rea bei fehlendem Vorsatz. Die Strafbarkeit kann aber auch ausgeschlossen sein, obwohl actus reus und mens rea vorliegen, etwa bei Notwehr. Die Bewertung aller Verteidigungseinreden einheitlich als eigenständige Zurechnungskategorie hat den Zweck der übersichtlicheren Darstellung. Der Verlust inhaltlichen Zusammenhangs wird in Kauf genommen, um Übersichtlichkeit und Einfachheit hervorzuheben.

3) Haltung der Rechtsprechung

Die Rechtsprechung hat letztere Haltung grundsätzlich anerkannt, selbst aber allgemeingültige Strukturen und Abhängigkeiten bisher nicht herausgearbeitet und dargelegt, sondern vielmehr auf eine am herbeigeführten Erfolg orientierte ganzheitliche Analyse der Straftat verzichtet. Trotz einzelner Urteile ist keine generelle Schlußfolgerung auf die Wirkungsweise der Verteidigungseinreden herausgestellt worden. Zu den beiden genannten Stimmen der Literatur liegt bisher keine Äußerung vor, so daß die Stellung im Rahmen des Straftataufbaus offengelassen wurde.

---

497 Vgl. Vogel GA 1998, S. 127, 143 Fn. 102 mit weiteren Nachweisen

498 Crim.L. R. 1976, 276 ff.

499 Smith/Hogan, Criminal Law, S. 29 ff.; S. 193 ff ; Vogel, aaO, S. 144 verweist darauf, daß auch die draft Criminal Code Bill 1989 von diesem Ansatz her ausgeht, also auch bei einer gesetzgeberischen Aktivität keine Abkehr vom Geschilderten zu erwarten ist.

Im Rahmen einer kritischen Würdigung läßt sich feststellen, daß diese Materie noch nicht ausreichend erforscht ist. Es wird keine Differenzierung vorgenommen und durch die dadurch hervorgerufene Gleichstellung sämtlicher Verteidigungseinreden werden Wertungsunterschiede eingeebnet, etwa ob die Tat von vornherein nicht begangen wurde oder aber eine besondere Rechtfertigung vorliegt. Bei Williams rein formale Anknüpfung werden materielle Zusammenhänge verdeckt, während Lanham zwar unterschiedliche Wirkungsweisen erkennt, die Einstufung als dritte Ebene aber ebenfalls keinen Platz für eine differenzierte Sichtweise läßt.

Auch wenn es generelle Zweifler am englischen Straftatsystem gibt und die Beschränkungen des traditionellen Aufbaus zu tage treten, bietet keine der Stimmen der Literatur eine bessere Einordnung an, so daß das Befolgen des traditionellen Aufbaus gesichertem Boden entspricht.

Im deutschen Strafrecht folgt die Prüfung der Strafbarkeit heute anerkanntermaßen dem dreigliedrigen Deliktsaufbau. Dieser stellt das Ergebnis einer Entwicklung seit dem 19. Jahrhundert dar und geht in seiner ursprünglichen Form auf Beling zurück. Kennzeichnend ist dabei die Unterteilung in Tatbestandsmäßigkeit, welche wiederum in objektiven und subjektiven Tatbestand gegliedert wird, Rechtswidrigkeit und Schuld. Diese stellen die maßgeblichen Kategorien der Prüfung einer Strafbarkeit dar. Sie werden dabei als die normativ aufeinander bezogenen und auf- und auseinander folgende Wertungsstufen verstanden.

Betont werden soll hier ausdrücklich die schuldzentrierte Konstruktion des Tatbestandsaufbaus. Zur Bejahung einer Strafbarkeit bedarf es des Vorliegens der Voraussetzungen aller drei Ebenen, so daß das bloße Vorliegen von Tatbestandsmäßigkeit und Rechtswidrigkeit nicht genügt. Die Schuld als eigenständige Kategorie der Beurteilung der Strafbarkeit des Täters ist immer erforderlich, weshalb das deutsche Strafrecht Wert darauf legt, als Schuldstrafrecht konzipiert zu sein und die besondere Relevanz dieses Merkmals liegt in seiner unabdingbare Voraussetzung für die strafrechtliche Verantwortlichkeit. Das Schuldstrafrecht ist zwar auch in den vergangenen Jahren in Deutschland unter Kritik geraten und von Sinn und Zweck her in Frage gestellt worden[500], doch ist an seiner uneingeschränkten Geltung bisher keine Änderung eingetreten.

II) Zusammenfassung

Bei einer zusammenfassenden Charakterisierung ist zunächst der pragmatisch-prozedurale Wesenszug einer solchen Straftatlehre hervorzuheben. Die gegenwärtig noch systembildende Trennung der Faktoren positiver oder konstitutiver Art des actus reus und der mens rea und der Verteidigungseinreden als solcher negativer Art läßt sich entscheidend darauf zurückführen, daß erstere ausnahmslos von der Anklage dargelegt werden müssen und dem strengeren Maßstab des Schweigens vernünftiger Zweifel (*proof beyond reasonable doubt*) unterliegen, wohingegen Verteidigungseinreden überwiegend und nur mit einer Darlegungs- oder Beweisbeibringungslast (*evidential burden*) oder ausnahmsweise mit einer Beweislastumkehr unterschiedlicher Intensität einhergehen[501]. Maßgebliche Bedeutung erhalten die Beweisregeln auch bei der Erör-

---

500 Vgl. dazu Kaufmann, Jura 1986, 1 ff. mit weiteren Nachweisen in Fußnote 1, etwa Kargl, Kritik am Schuldprinzip

501 Ausführlich zu strafprozessualen Beweisfragen bereits 11. Abschnitt II

terung der Elemente der Straftat selbst, so wie etwa das Recht des Vorsatznachweises integraler Bestandteil der materiellen Vorsatz- und Irrtumslehre ist[502].

Die beweisrechtliche Diskussion etwa der mens rea-Problematik bei der Frage der *reasonableness* führt zu einer Verknüpfung materiell-rechtlicher Fragen mit prozessualen Lösungen, wie sie bezeichnend ist für das englische Rechtsdenken und in dieser Arbeit noch verstärkte Berücksichtigung finden wird. Dabei hat der Zuschnitt auf das Laiengremium der Jury auch Auswirkungen auf den Vereinfachungsgrad von Problemen.

Als weiteres Charakteristikum wird gesehen, daß die Systemelemente des *common law* weniger als wissenschaftliche Denk- und Seinskategorien verstanden werden, sondern vielmehr als Rechtsprinzipien zu verstehen sind[503]. Ob dabei schon eine Verschmelzung des sog. Allgemeinen Teils und der Straftatlehre in eine Lehre von den allgemeinen Prinzipien des Strafrechts stattgefunden hat[504], bleibt abzuwarten. Die Lehre von Rechtsprinzipien beinhaltet dabei, daß es sich um rechtsverbindliche Sätze handelt[505]. Dies hindert nicht die Möglichkeit von Ausnahmen zum Prinzip, wie etwa das bereits dargestellte ausnahmsweise Fehlen von mens rea bei den *strict liability offences*[506] oder den Verzicht von actus reus im Sinne von Handlung bei den sog. *status offences*[507].Weitere maßgebliche Prinzipien sind außer den *principles of* actus reus bzw. mens rea das Gesetzlichkeitsprinzip (*principle of legality*), das „Schuldprinzip" (*principle of culpability*), das Schadensprinzip (*principle of harm*) so wie auch ein Verhältnismäßigkeitsprinzip (*principle of proportionality*)[508].

Hervorgehoben wird auch der rechtspositivistische Zug der Straftatlehre des *common law* [509]. Erfordernis und Gestalt der Zurechnungskategorien sind mehr Recht, als daß es sich um bloße wissenschaftliche Konzepte handelt. Vorrechtliche Konzepte interessieren gar nicht; eine Lehre wie die von Welzel über die finale Handlungslehre wird eher mit Erstaunen zur Kenntnis genommen[510]. Beachtung verdient auch das Verhältnis zwischen Straftatlehre und gesetzlicher Kodifikation bzw. Konsolidierung des Allgemeinen Teils durch *statute law*. So wurde in England der allgemeine Teil vor allem im

---

502 Smith/Hogan, Criminal Law, S. 88 f.; vgl. dazu Kiralfy, Burden of Proof, S. 44 ff., der die Relevanz der prozeßrechtlichen Beweisregeln für das materielle Recht herauskehrt. Zum Vermischen von materiell- und prozeßrechtlicher Denkweise im englischen Strafrecht am Beispiel der Körperverletzungsdelikte: Huber, LB 1984, S. 402

503 So Vogel GA 1998, S. 127, 138

504 So die Einschätzung von Vogel, aaO, S. 138 unter Hinweis auf die im Vordringen befindliche Ansicht von Ashworth, Principles, S. 58 ff.

505 Als Beispiel kann etwa angeführt werden, daß der actus reus in einer Handlung bestehen muß und hierfür unwillkürliches Verhalten (*involuntary acts*) in der Regel nicht genügt.

506 Vgl. 10. Abschnitt II 4

507 Bekannte Beispiele etwa das Antreffen im Vereinigten Königreich ohne Aufenthaltsgenehmigung wie im berühmten englischen Fall R. v. Larsonneur (1933) 24 Cr.App.R. 74 oder in der Öffentlichkeit im Zustande der Volltrunkenheit (*to be found*). Dazu auch Smith/Hogan, Criminal Law, S. 45 ff.

508 Ausführlich bei Ashworth, Principles, S. 23 ff; 58 ff; zum *principle of legality* auch 17. Abschnitt A

509 Vogel GA 1998, S. 127, 138 mit Vertiefungshinweisen Fn. 73

510 Clarkson/Keating, Criminal Law, 3. Aufl. S. 94 f. unter Hinweis auf den „deutschen Philosophen"

20. Jahrhundert zum Teil vom *statute law* überlagert[511]. Ob die weiteren Entwicklungen, besonders bei den Reformvorhaben der *Law Commission* die Regelungsdichte des im kontinentaleuropäischen Üblichen erreichen werden[512], bleibt angesichts der gegenwärtig eher ablehnenden Haltung des englischen Parlaments hinsichtlich weiterer größerer strafrechtlicher Kodifikationen der kommenden Entwicklung überlassen. Die Kodifikationsbemühungen des englischen Strafrechts sind deshalb ein heikles Unternehmen, weil sie nichts anderes bedeuten als den Versuch der Einführung des Gesetzlichkeitsprinzips in Gestalt eines systematisch geordneten Gesamtwerks und das in jenem Land, das klassisch dem *common law* verpflichtet ist.

Die bisherigen umfangreichen Darstellungen gilt es im folgenden stets zu bedenken, wenn nun zur konkreten Untersuchung geschritten wird. Die Wirkungsweise des Systems ist bei den Einzelaspekten mitzubedenken. Darüber hinaus muß auch in dem späteren Teil, der sich mit der Angleichung befassen wird, dieser geschilderte Hintergrund mitbedacht werden. Soweit die zunächst abstrakt vorneweg geschilderten Aspekte konkrete Bedeutung erlangen und Ergebnisgleichheit oder Unterschiede bewirken, kann auf diese Darstellung Bezug genommen werden.

13. Abschnitt: Beispielsuntersuchungen

Nach dem bisher gesagten werden aus der mens rea zwar verschiedene subjektive Aspekte deutlich. Im Hinblick auf die Ausgangsproblematik ist aber fraglich, ob die gedankliche Konstruktion einer Vorwerfbarkeit der Tat in abstrakter Weise, als Teil eines Schuldverständnisse, aus dem bisher dargestellten hervorgehen kann. Die Nennung eines entsprechenden Begriffs, wie sie bei einer älteren Ansicht [513] als *blameworthiness* geschah, sagt nichts über eine tatsächliche Berücksichtigung dieser Gesichtspunkte aus, bei neueren Ansichten fällt der Begriff ohnehin nicht mehr. Statt einer expliziten Beachtung im Deliktsaufbau kann sich jedoch ein wie auch immer geartetes Schuldverständnis und eine eventuelle Vorwerfbarkeit, die Anrechnung eines verbotenen Verhaltens als Schuld, wenn man ihm einen Vorwurf daraus machen kann, daß er es eingeschlagen hat, auch bei der Problemlösung im Einzelfall zeigen.

---

511 Hervorzuheben sind dabei Accessories and Abettors Act 1861 (Teilnahmen); Trial of Lunatics Act 1883 und Criminal Procedure (Insanity) Act 1964 (Schuldunfähigkeit); Homicide Act 1957 (Vorsatz, verminderte Schuldfähigkeit bei Tötungsdelikten); Criminal Law Act 1967 (Verbrechen und Vergehen); Criminal Justice Act 1967 (Vorsatznachweis); Criminal Law Act 1977 (Verbrechensverabredung); Criminal Attempts Act 1981 (Versuch). Ferner besteht eine Tendenz in der englischen Gesetzgebung, etwa Irrtumsfragen bei den besonderen Straftatbeständen zu regeln: vgl. S. 2 (1) (a) Theft Act 1968 bezüglich des Irrtums über die Rechtswidrigkeit der Zueignung beim Diebstahl; der Bedeutungsgewinn der Parlamentsgesetze bei Überlagerung des Richterrechts gilt für das Jugendstrafrecht, vgl. Crofts, ZStW 1996, 214, 215.

512 So Vogel GA 1998, 127, 139 unter Hinweis auf die detaillierten Regelungen der draft Criminal Code Bill bezüglich der Kausalität, zu Vorsatzformen und -nachweisen oder zur rechtlichen Behandlung der Rauschtat (*intoxication*); vgl. die umfassende Bewertung des Entwurfes eines Strafgesetzbuches für England und Wales (LawCom. No.177: Criminal Law, A Criminal Code for England and Wales Volume 1, 2 HMSO 1989) durch Jescheck, Entwurf, S. 56; vgl. auch die Veröffentlichungen zum Kodifikationsreport No. 143 bei Huber, LB 1984/86, S. 676 f.

513 10. Abschnitt II 1.1

Verschiedene Rechtsinstitute können durch die Berücksichtigung in ihren materiellen Voraussetzungen dem Gedanken einer Vorwerfbarkeit Rechnung tragen. Deren Ansiedlung, etwa bei einer Verteidigungseinrede, würde bei dem hier zugrundegelegten Aufbau eine Prüfung im Rahmen der negativen Tatbestandsmerkmale zur Folge haben. Die bei der Darstellung der mens rea bisher noch nicht erfolgte Klarheit ist noch kein Beweis für die Nichtberücksichtigung dieses Aspekts.

Um für den vorzunehmenden Vergleich konkrete Ansatzpunkte zu haben, soll auch die Lösung von Problemkonstellationen dargestellt werden, die in ihrer Ausgestaltung Rückschlüsse über ein Schuldverständnis zulassen können. Im folgenden soll daher drei Beispiele näher betrachtet werden, die möglicherweise die Grundlage für solche Rückschlüsse bilden und bei denen die Wahrnehmung einer entsprechende Funktion im konkreten Einzelfall stattfinden kann. Die ausgewählten Beispiele haben exemplarischen Charakter. Dies erfolgt auch deshalb, weil ein Vergleich auf abstrakter Ebene, gerade bei einem komplexen Aspekt wie der Schuld, anerkanntermaßen schwierig ist und sich ein größerer Erkenntnisgewinn bei einer Orientierung an bestimmten Fallkonstellationen ergeben kann, was anschließend wiederum eine typisierende Betrachtung erleichtert[514].

A. Zur Verdeutlichung des Schuldverständnisses ausgewählte Beispiele

I) Die strafrechtliche Verantwortlichkeit des Täters bei unfreiwilliger Trunkenheit (*involuntary intoxication*)

1) Allgemeine Regelung bei freiwilliger und unfreiwilliger Trunkenheit

Gemeinhin geht man vom typischer Fall aus, daß der Täter sich schuldhaft (*voluntary*) in den Defektzustand versetzt hat, welchen er durch Drogen oder alkoholische Getränke, also Stoffen, die das Bewußtsein oder die Steuerungsfähigkeit beeinträchtigen, herbeiführt. Die Trunkenheit bildet in diesem Fall keinen *defence* an sich.

Bei einer heimlichen Verabreichung von Drogen oder Alkohol durch einen Dritten (*involuntary intoxication*) finden andere Grundsätze Anwendung[515], die einen Rückschluß über die Behandlung eines Täters zulassen, der nicht allein durch eigenes Tun verantwortlich sein soll. Die rechtliche Behandlung stellt solange kein Problem dar, solange der Täter trunkenheitsbedingt ohne die erforderliche mens rea gehandelt hat, egal ob freiwilliger oder unfreiwilliger Rausch[516], weil dann ein Freispruch zu ergehen hat.

---

514 Vgl. zur Methodik Jung JuS 98, 1, 3

515 Der Begriff der unfreiwilligen Trunkenheit findet nur dann Anwendung, wenn der Täter entweder nicht weiß, daß er seinem Körper Drogen oder Alkohol zuführt, weil sein Getränk oder seine Speise unbemerkt durch einen Dritten mit Alkohol oder Drogen versetzt wurden, oder wenn der Täter die Mittel, die sich als Drogen darstellen, nach ärztlicher Verordnung zugeführt hat; vgl. Smith/Hogan, Criminal Law, S. 228. Begriffsbestimmung auch bei Neß, Trunkenheit, S. 33 ff.; zur geschichtlichen Entwicklung des *defence of drunkeness* aaO, S. 23 ff.

516 Diese Einschätzung teilt auch Jescheck, Entwurf, S. 69.

Einschränkungen dieser Regel ergeben sich allerdings vom Umfang des erforderlichen mentalen Elements her. In der umstrittenen Entscheidung Majewski[517] des *House of Lords* wurde festgestellt, daß ein Angeklagter, der durch den Rausch an der Bildung einer willentlichen Entscheidung als mentalem Elements gehindert wurde, verurteilt werden kann, allerdings nur, wenn es sich um ein *basic intent offence* handelt. Eingeführt wurde die bereits erwähnte Unterteilung in *specific* und *basic intent offences* (im folgenden *ulterior intent* und *basic mens rea*).

Die Fälle, in denen die Trunkenheit so schwerwiegend ist, daß sie die Bildung eines mentalen Elements verhindern, sind jedoch die Ausnahme[518].

Bei einer Konstellation der Fallgruppe unfreiwillige Trunkenheit hat die Unterscheidung nach *basic* und *specific intent offences* keine Relevanz[519]. Der freiwillige, also selbst herbeigeführte Rausch kann wie gesagt auch eine Grundlage für einen *defence* bei einem Delikt mit *specific intent* sein. Dagegen stellt das trunkenheitsbedingte Fehlen von mens rea auch bei den sog. *basic intent offences* eine Verteidigungseinreden dar, sobald der Täter an der Herbeiführung des Defektzustandes nicht schuldhaft beteiligt war.

Die von der Abstufung her weniger starken Schweregrade der Trunkenheit führten zur grundsätzlichen Regel, daß diesem Zustand im allgemeinen keine Relevanz bei der Bestimmung strafrechtlicher Verantwortlichkeit zukommt[520].

Wegen der meist freiwilligen Berauschung liegt die Beweislast des Gegenteils beim Angeklagten, diesem kommt hinsichtlich der Unfreiwilligkeit ein *evidential burden* zu, während sich die Beweisbürde hinsichtlich des Vorhandensein des Rausches auf der Anklageseite befindet[521].

2) Besonderheiten

Problematisch ist hingegen jene Fallgestaltung, bei der sich die Frage stellt, ob sich der Täter auch auf die Verteidigungseinrede der unfreiwilligen Trunkenheit berufen kann, wenn trunkenheitsbedingt das Steuerungsvermögen in Bezug auf seine Handlungen fehlt, bei der Vornahme der Handlung jedoch die erforderliche mens rea vorlag. Als Steuerungsvermögen soll das bezeichnet werden, was bei Smith/Hogan[522] als die Fähigkeit zur Einschätzung von richtig und falsch bezeichnet wird oder wenn wegen der Trunkenheit der Impuls, auf den der Täter reagierte, unwiderstehlich war .

---

517 (1977) A.C.443, 469; kritisch dazu etwa Mackay, mental condition defences, S. 149 f.

518 Vgl. Virgo (1993) Crim.L.R. 415, 416

519 Vgl. zu dieser Unterteilung 10. Abschnitt II 3; ausdrücklich bei Smith/Hogan, Criminal Law, S. 227; zur Diskussion um die unterschiedlichen Bedeutungen vgl. auch White Crim.L.R. (1989) 271 ff.

520 So von der Rechtsprechung oft zitiert unter Hinweis auf die Entscheidung Doherty (1887) 16 Cox C.C.306, 308: „A drunken intent is nevertheless an intent".

521 Ausführlich zur Beweislast im englischen Strafprozeß 11. Abschnitt II.

522 Criminal Law, S. 225

2.1) Rechtsprechung

Von maßgeblicher Bedeutung ist dabei die Entscheidung R. v. Kingston, deren Sachverhalt vom *Court of Appeal* und dem *House of Lords* jeweils unterschiedlich beurteilt wurde[523]. In diesem Fall -in dem es um die Vornahme sexueller Handlungen an einem Minderjährigen durch den Täter, einen Päderasten, ging, welchem zuvor ohne sein Wissen von einem Dritten Medikamente in seinen Drink gemischt worden waren, um das sich abzeichnende Geschehen zu Erpressungszwecken ausnutzen zu können-, konnte die Staatsanwaltschaft den behaupteten Verlust des Steuerungsvermögens nicht widerlegen. Als Steuerungsvermögen wurde dabei die Fähigkeit angesehen, der Erkenntnis des Begehens einer Unrechtshandlung zu folgen und diese zu unterlassen.

Der *Court of Appeal* gewährte dem Angeklagten die Berufung auf die Verteidigungseinrede des unfreiwilligen Rauschzustandes, obwohl er mit der für *indecent assault* erforderlichen Absicht gehandelt hatte. Diese war trotz der Alkoholisierung nicht entfallen. Das *House of Lords* hingegen billigte dem Angeklagten keine Verteidigungseinreden zu und hob die Entscheidung des *Court of Appeal* auf.

Der *Court of Appeal* hat in der erwähnten Entscheidung R. v. Kingston die herkömmliche Sichtweise der mens rea in Frage gestellt[524]. Dabei stellt er heraus, daß eine *involuntary intoxication* zu einem *defence* führt, wenn der Täter wegen eines Defektzustand ohne mens rea handelt. Diese Frage nach der Verneinung von mens rea in einer solchen Fallkonstellation wurde hier aufgeworfen, doch der Streit in der Strafrechtswissenschaft darüber wird ignoriert. Im Mittelpunkt der Entscheidung stand die Streifrage, ob der Begriff der mens rea auf die jeweilige subjektive Tatseite zu beschränken ist, was der traditionellen Auffassung entspricht, oder eine Erweiterung um ein zusätzliches Kriterium stattfinden muß, anhand dessen dem Täter das strafrechtlich relevante Verhalten im Sinne eines Schuldvorwurfs vorgehalten werden kann. Bei einer solchen Fallgestaltung, also bei heimlichem Beibringen des den Defektzustand auslösenden Mittels, ist ein solches Vorhalten von diesem Gericht abgelehnt worden. Diesem Vorhalten kommt damit quasi eine Vorwerfbarkeit zu, denn es wird berücksichtigt, daß der Täter an seinem Verhalten nichts hätte ändern können oder er keine Wahlmöglichkeit hinsichtlich seines Verhaltens hatte, denn auf die Aufnahme des Alkohols hatte er mangels Kenntnis keinen Einfluß.

Entscheidend als neuer Gesichtspunkt ist damit, daß eine vorsätzliche Handlung des Täters für die Annahme von mens rea nicht für ausreichend erachtet wird. Vielmehr soll für deren Annahme noch eine weitere Komponente erforderlich sein, die als eine Vorwerfbarkeit des strafrechtlich relevanten Verhaltens bezeichnet werden kann[525].

---

523 Court of Appeal, (1993) Crim.L.R. 781 und House of Lords, (1994), 99 Cr.App.R.286

524 (1993) Crim.L.R. 781 ff.

525 Das Gericht drückt dies durch die Formulierung „the operative fault was not his" (1993) Crim.L.R. 781, 783 aus, läßt aber offen unter welchen Voraussetzungen strafbarkeitsbegründend die Schuld vorliegt.

Beim Täter lag im erwähnten Fall wegen des heimlich verabreichten Medikaments strenggenommen ein Fehlen des Steuerungsvermögens vor, weil er in Kenntnis des Normverstoßes seinen Neigungen nachging, was durch den von ihm unwissentlich herbeigeführten Alkohol bewirkt wurde. Vom entscheidenden Gericht wurde wie bei dem Gesichtspunkt einer Vorwerfbarkeit der Tat berücksichtigt, daß der Täter seinen Rauschzustand nicht hätte verhindern können und er aus Wertungsaspekten nicht strafrechtlich für die Einnahme eines Stoffes belangt werden sollte, der als Wegbereiter für sein späteres Verhalten gesehen werden muß und ohne den das spätere Verhalten wegen der bestehend bleibenden Selbstbeherrschung nicht stattgefunden hätte. Das Gericht hat zur Anpassung an dieses Rechtsempfinden die mens rea als Anknüpfungspunkt gewählt und diese verneint.

Das *House of Lords* knüpfte in R. v. Kingston hingegen an den traditionellen Begriff von mens rea an, nahm also eine Bezug auf die subjektive Seite. Mens rea liegt danach vor, wenn der Täter die Verwirklichung des actus reus beabsichtigt. Nichts anderes soll gelten, wenn dem Täter trotz fehlendem eigenen Verschulden das als Steuerungsfähigkeit bezeichnete Vermögen fehlt und er für die Tat nicht entsprechend einem Schuldvorwurf verantwortlich gemacht werden kann. Das vom Rechtsempfinden vorgegebene Ziel einer Straflosigkeit wird bei dieser Konstruktion nicht im Rahmen der mens rea erreicht.

Diese Rechtsprechung des *House of Lords* zeigt, daß das Gericht die mens rea als unabhängig von einem strafrechtlichen Schuldvorwurf ausgestaltet sieht.

Zur Begründung wird dabei angeführt, daß, wenn der Täter wegen einer inneren Ursache nicht in der Lage war, sein Verhalten zu steuern, etwa infolge einer seelischen Störung, keine Verantwortlichkeit des Täters für das Fehlen seiner Steuerungsfähigkeit vorliegt. Das Steuerungsunvermögen (*irresistible impulse*) ist hingegen nicht als Verteidigungseinrede anerkannt und kann folglich auch keinen *defence* bilden, wenn es eine äußere Ursache -dies ist hier die unverschuldete Trunkenheit des Täters- gibt. Maßgeblich ist in England nicht die Fähigkeit, einen Willen zu bilden, sondern ob tatsächlich ein Wille gebildet wurde. Dies kann im Extremfall sogar dazu führen, daß der Täter freigesprochen wird, wenn er wegen eines trunkenheitsbedingten Fehlers keine mens rea gebildet hat, auch wenn die generelle Fähigkeit zur Bildung von mens rea gar nicht beeinträchtigt worden ist.

Die Gleichsetzung der mens rea mit der subjektiven Tatseite ist für Delikte des Kernstrafrechts, für die es im Gegensatz zu den *strict liability*-Delikten der mens rea bedarf, ohne Zweifel, so daß nach der Rechtsprechung eine strafrechtliche Verantwortlichkeit entsteht, ohne daß es einer Konstruktion im Sinne eines Schuldvorwurf bedarf.

Diese Gleichsetzung würde die conclusio erlauben, daß es eines Bewertungsmaßstabs wie der Vorwerfbarkeit des strafrechtlich relevanten Verhaltens auch bei Delikten des Kernstrafrechts aus englischer Sicht nicht bedarf und diese nicht zu den Strafbarkeitsvoraussetzungen gehört[526]. Bisher zumindest drängt sich die Einschätzung auf, das eine Berücksichtigung im materiellen Recht oder bei den ungeschriebenen Strafbarkeitsvoraussetzungen nicht stattfindet. Eine Unterscheidung nach dem Freiwilligkeit oder Unfreiwilligkeit des Rausches findet damit in dieser Konstellation auf der Seite des Tatbestandes nicht statt[527].

2.2) Literatur

In der Literatur ist anerkannt, daß in Konstellationen wie der geschilderten, also bei einem als unverschuldeten Fehlen der Steuerungsfähigkeit bezeichneten Defekt, eine Berücksichtigung auf Strafzumessungsebene stattfindet, diese Konstellation also strafmildernden Charakter hat (*mitigating factor*)[528].

Es handelt sich also bei Konstellationen wie der vorliegenden dieser Ansicht entsprechend um ein Beispiel dafür, daß das Ergebnis, scheinbar eine unnachgiebige Strenge des materiellen Rechts, wie es in der Rechtsprechung des *House of Lords* zu tage tritt und wegen der Stellung des Gerichts auch Bindungswirkung hat, dann durch Mechanismen außerhalb dieses Teilbereichs des Strafrechts, hier im Rahmen der Strafzumessung durch eine Milderung, eine vom Rechtsempfinden geleitete Korrektur erfährt und seiner Brisanz entgegengewirkt werden soll.

2.3) Deutsche Regelungen

Die deutsche Rechtsprechung hat mit der Figur der actio libera in causa (alic) eine Richtung ausgeurteilt, daß nicht jede Trunkenheit automatisch zur Straflosigkeit bezüglich des angeklagten Delikts führt. Diese äußerst umstrittene und auch in ihrer Begründung variierende Figur läßt in einfachen Worten gesagt eine Straflosigkeit des Täters nach § 20 StGB nicht zu, wenn ihre Voraussetzungen vorliegen. Voraussetzung für die Bejahung einer alic ist eine Handlung, für die der Täter in willensfreiem Zustand eine Ursache setzt, die dann erst in willensunfreiem Zustand die Verwirklichung des Tatbestandes zur Folge hat.

Hauptanwendungsfall ist dabei das verantwortliche In-Gang-Setzen eines Geschehensablaufs, der im Zustand der Schuldunfähigkeit, etwa im Alkoholrausch, zu Ende geführt wird. Der Entschluß zur Tatbegehung ist bereits zu einem Zeitpunkt gefallen in dem der Täter noch nicht unter Alkoholeinfluß stand, so daß er vollständig einer Verantwortlichkeit unterliegen kann.

Nach Einschätzung der Rechtsprechung sind Strafgrund ausschließlich die Steuerungsvorgänge zur Zeit der Schuldfähigkeit und eine Anknüpfung findet auch nur an diesen statt. Die alic wird als scheinbare Ausnahme zu dem Grundsatz gesehen, daß für die Verantwortlichkeit die Zeit der Tat maßgebend ist[529].

---

526 Dies soll später noch eingehend untersucht werden: 14. Abschnitt A II

527 Dies gilt bei Zugrundelegung der genannten Rechtsprechung.

528 Smith/Hogan, Criminal Law, S. 228

529 BGH St 17, 333, 335; vgl zu den weiteren Einzelheiten der Rechtsprechung Lackner/Kühl, StGB, § 20 RdNr. 25

Die Meinung über die dogmatische Struktur der alic gehen im Schrifttum weit auseinander[530]. Jedem der angebotenen Erklärungsmodelle stehen wegen dogmatischer Schwierigkeiten Bedenken gegenüber, eines der Modelle ist schon als verfassungswidrig abgelehnt worden[531], so daß der Ruf nach eine gesetzgeberischen Entscheidung nicht unbegründet erscheint[532].

Ergibt sich keine Strafbarkeit nach den Grundsätzen der alic, geht der Täter dennoch nicht straflos aus, wenn die Voraussetzungen der gesetzlich Regelung des Vollrauschtatbestandes § 323 a StGB vorliegen. Dessen Anwendbarkeit scheidet dann aus, wenn die Rauschtat als actio libera in causa strafbar ist[533]. Der § 323 a StGB als abstraktes Gefährdungsdelikt ist einschlägig, wenn der Täter nicht wegen der eigentlich Rauschtat belangt werden kann. Diese Subsidiaritätsfunktion soll unbefriedigende Ergebnisse verhindern und soziale Konflikte vermeiden, denn der Alkoholrausch ist oft Ursache von Delikten und damit von genereller Gefährlichkeit für strafrechtlich relevante Rechtsgüter[534]. Trunkenheit soll keine Honorierung erfahren, weil dem Täter eine Pflicht zur Selbstkontrolle auferlegt ist.

Der Gegenstand des Schuldvorwurfs ist umstritten, teilweise wird auf das Herbeiführen des Zustandes abgestellt, andere sehen die Gemeingefährlichkeit oder die Beziehung Rausch-Rauschtat als maßgeblich an, sogar eine entgegen dem Wortlaut stehende Interpretation als Ausnahmeregel zu §§ 20, 21 StGB wird vertreten[535]. Gemeinsam ist diesen Deutungen, daß sich keine widerspruchsfrei in den allgemeinen dogmatischen Systemzusammenhang einfügt.

Zentraler Punkt ist das vorsätzliche oder fahrlässige Versetzen in den Rausch, wobei sich das Verschulden im Gegensatz zur alic nicht auf die im Rausch begangene Tat, sondern auf das Voraussehen bzw. Voraussehen-Können des Rausch-Schweregrades bezieht.

2.4) Zusammenfassung

Grundsätzlich bilden weder die *voluntary* noch die *involuntary intoxication* eine Verteidigungseinrede (*defence*), sondern führen bei Fehlen einer mens rea zu einem Freispruch. Besonderheiten gelten u.a. bei der unfreiwilligen Trunkenheit, wenn das Steuerungsvermögen fehlt, die Handlung aber mit der notwendigen mens rea vorgenommen wurde. Es ist festzuhalten, daß die strafrechtliche Verantwortlichkeit des Täters bei einer unfreiwilligen Trunkenheit bei bestehen gebliebener mens rea nach der Rechtsprechung des obersten Gerichts nicht im Rahmen der Strafbarkeitsvoraussetzungen Berücksichtigung findet. Hintergrund ist, daß es unter Zugrundelegung des herkömmlichen mens rea-Begriffs vom Schuldverständnis her keine im Straftataufbau zu verwurzelnde Lösung gibt. Der Aspekt einer unverschuldeten Trunkenheit zeigt vielmehr auf

530 Umfassend zu den zahlreichen Erscheinungen Lackner/Kühl, StGB, § 20 RdNr. 25

531 BGH St 42, 235, 241 zum Ausnahmemodell wegen Verstoßes gegen Art. 103 II GG unter dem Gesichtspunkt des strafbegründenden Gewohnheitsrechts; einleitende Auseinandersetzung mit diesen Modellen bei Kühl, Strafrecht, § 11 RdNr. 9 ff.

532 Lackner/Kühl aaO; Kühl, Strafrecht, § 11 RdNr. 8 unter Hinweis auf die Gefahrverursachungsklausel des § 35 1 2 StGB als Ausnahmeregel a.A. hingegen Tröndle/Fischer § 20 RdNr. 19 b

533 Zusammenfassend zum Verhältnis alic und § 323 a StGB: Roth JuS 95, 405, 413.

534 BGH St 16, 124

535 Vgl. zu den Nachweisen: Lackner/Kühl, StGB, § 323 a RdNr.1

der Strafzumessung im Rechtsfolgenbereich Wirkung. Der Täter erfährt damit eine Privilegierung nicht bei den Strafbarkeitsvoraussetzungen, sondern allenfalls im Strafmaß. Die Situation einer unfreiwilligen Trunkenheit findet im englischen materiellen Strafrecht keine Beachtung und wird in der Praxis keiner systematischen Lösung zugeführt.

Die strafrechtliche Verantwortlichkeit des Täters per se wird nicht ausgeschlossen. Das gewählte Beispiel macht deutlich, daß die höchste Rechtsprechung der Tatsache, ob dem Täter das strafrechtlich relevante Beispiel vorgehalten werden kann, nicht (mehr) im Rahmen der mens rea berücksichtigt. Hinzuweisen bleibt auf den strafmildernden Charakter, womit allenfalls der Strafzumessung eine Rolle zukommen kann, Aspekte einer Wahlmöglichkeit zu berücksichtigen und zu würdigen.

II) *strict liability*-Delikte

Eine ausführliche Darstellung des Charakters und Inhalts dieser Delikte erfolgte bereits zuvor im Zusammenhang mit der Beschreibung des Erfordernisses der mens rea, von denen diese Delikte ausgenommen sind[536].

1) Kategorisierung

Eine Strafbarkeit nach den Grundsätzen der *strict liability* findet sich insbesondere bei Delikten, die im öffentlichen Interesse unter Strafe stehen und eine geringe Schwere aufweisen. Ausnahmsweise gelten die Grundsätze bei Delikten, die einen schweren sozialen Schaden zur Folge haben können. Die genannten Regeln zur *strict liability* finden keine Anwendung, wenn die Begehung eines Delikts mit einer Gefängnisstrafe bedroht ist[537]. Diese nicht ganz exakt umschreibende Charakterisierungsmöglichkeit besagt nicht unbedingt etwas über den Ursprung dieser Delikte.

Eine Erklärung für die Entstehung dieses Instituts kann sich unter prozessualen Aspekten finden lassen. Denn je schwerer die Ermittlung der Wahrheit in bestimmten Bereichen fällt, desto eher liegt auch die Vermutung nahe, daß dem Gesetzgeber an der Schaffung einer Strafbarkeit, ohne ein wie auch immer geartetes, Verschulden gelegen war. Eine Begünstigung erfuhr die Einführung dieser als verschuldensunabhängig bezeichneten Strafbarkeit auch durch die Tatsache, daß in England grundsätzlich in allen Gerichtszweigen dieselben Richter entscheiden. Es lag für die Jurisprudenz daher nahe, die ihr bekannten Grundsätze zur zivilrechtlichen Gefährdungshaftung auf das Strafrecht zu übertragen[538]. Geht man also der Ursache für die Schaffung solcher Delikte nach, so zeigt sich eine eher pragmatische Begründung. Die Problemlösung findet vor allem unter Effizienzgesichtspunkten statt. Über die rechtsdogmatische Begründung werden sich hingegen wesentlich weniger Gedanken gemacht.

---

536 Vgl. 10. Abschnitt II 4

537 Ackermann, Strafbarkeit, S. 81 m.w.N.

538 Ackermann, aao, S. 82

Wie erwähnt, steht die herrschende Meinung in der Strafrechtswissenschaft in England diesen Delikten kritisch gegenüber, weil auch ein Täter verurteilt werden kann, obwohl er zur Vermeidung des Normverstoßes die größtmögliche Sorgfalt aufgewandt hat[539].

Diese Kritik artikuliert, wenn auch nicht streng rechtstechnisch, jene Bedenken, die sich auch dem Betrachter aus einem anderen Rechtssystem aufdrängen. Der Sorgfaltsmaßstab wird sonst im Rahmen einer der Grade von mens rea beurteilt. Da es dieser vorliegend gerade nicht bedarf, findet sie hier keine Beachtung. Rechtsprechung und englische Literatur scheinen wie dargelegt in der mens rea auch ein Verschuldenselement zu sehen. Auch wenn der Inhalt dieses Verschuldenselementes später noch geklärt werden muß[540], so lassen sich hier bereits einige Überlegungen anstellen.

Wenn mens rea somit nach englischem Recht ein wie auch immer geartetes Verschuldenselement beinhaltet, Delikte der *strict liability* im äußersten Fall aber für keinen Teil des actus reus einen mens rea-Bezug verlangen, ist eine Verwirklichung der Strafbarkeit ohne ein sogenanntes Verschulden möglich. Wie auch die Entstehung aus dem Zivilrecht zeigt, wird dem, im deutschen Strafrecht fremden, Gedanken der Gefährdungshaftung ohne Verschuldensbezug Rechnung getragen.

Ungeachtet der möglichen weiteren Unterschiede im Schuldverständnis der zu untersuchenden Länder, die im Vergleichsteil herausgearbeitet werden sollen, ist deshalb bemerkenswert, daß es im als Schuldstrafrecht bezeichneten englischen Recht anerkannte und praktizierte Ausnahmen zu diesem Grundsatz gibt. Gerade das Bestehen von Ausnahmen kann als ein Indiz für ein anders geartetes Schuldverständnis gewertet werden.

2) Deutsches Ordnungswidrigkeitenrecht

Zwei Erwägungen sind zu beachten. Die *strict liability*-Delikte bilden den Großteil der *regulatory offences*, welche wiederum aufgrund des soeben gesagten Anlaß bieten, eine ähnliche Funktion wie das Ordnungswidrigkeitenrecht des deutschen Rechts wahrzunehmen. Dessen Schuldkonzeption ist vom Strafrecht zu unterscheiden. Zum anderen stellen die *strict liability*-Delikte wie geschildert eine Ausnahme zum Erfordernis der mens rea dar. Vor diesem Hintergrund wird deutlich, daß auch hier ein Verständnis der Schuld vorliegen kann, daß für den weiteren Prüfungsmaßstab von Bedeutung sein kann.

2.1) Existenz und Geschichte

Das deutsche Sanktionenrecht ist gekennzeichnet durch die Unterscheidung von Strafrecht und Ordnungswidrigkeitenrecht, wobei letzteres ein selbständiges Rechtsgebiet darstellt und die Behandlung von Delikten aus dem administrativen Bereich ermöglicht.

Die historischen Wurzeln des Ordnungswidrigkeitenrechts reichen bis ins 16. Jahrhundert zurück; ein Schwerpunkt lag schon damals bei Delikten gegen kommunale und soziale Interessen, besonders bei

539 Allen, Textbook, S. 95; Ashworth, Principles S. 140; Hart, Punishment and Responsebility, S. 180
540 Vgl. 14. Abschnitt A II

Rechtsbrüchen im Bereich von Handels- und Geschäftsregelungen sowie der öffentlichen Moral[541]. Zugrundeliegende Idee war schon der Einsatz relativ milder Sanktionen durch die Verwaltungsbehörden.

Der Kodifikationsanspruch des StGB 1871, der im Sinne der Zeit eine umfassende Auflistung aller Delikte bewirken sollte, wurde nach einigen Jahrzehnten als nicht haltbar erkannt. Die Zunahme staatlicher Eingriffe im wirtschaftlichen Bereich und das Bedürfnis zur Regelung des Straßenverkehrs machten es notwendig, Maßnahmen zu treffen, die außerhalb des Strafgesetzes gestellt waren.

Die theoretische Grundlage für dieses eigenständige Rechtsgebiet, welches ausschließlich den Ungehorsam im Hinblick staatliche Regelungen betrifft ist zu unterscheiden von derjenigen, die individuelle Rechtsinteressen beeinträchtigen. Die Einebnung der Deliktsunterschiede wurde begleitet von einer unerwünschten Zunahme des strafrechtlicher Regelungsbereiche.

1949 wurde dann erstmals bei wirtschaftlichen Delikten ein Gesetz eingeführt, dem das Konzept der Ordnungswidrigkeiten zugrunde lag. Delikte, die als ethisch neutral gesehen wurden, erfuhren keine Gefängnisstrafe und wurden nur durch Geldbußen sanktioniert.

Wegen der fehlenden Schmähung des Betroffenen stand auch der Gewaltenteilungsgrundsatz der Gewährung von Bußgeldkompetenz an die Behörde nicht im Wege; gleichzeitig wurde eine Rechtsweg eröffnet. Das neue Konzept erschien bald als praktische Lösung für das Massenphänomen der Verwaltungsdelikte auch in anderen als Bereichen.

2.2) Inhalt und Abgrenzung

Das Wesen der Ordnungswidrigkeiten ist umstritten[542]. In der Literatur werden unterschiedliche Antworten auf die Frage gegeben, ob eine Ordnungswidrigkeit gegenüber einer Straftat ein aliud ist oder ob sie sich von dieser nur quantitativ unterscheidet[543].

Maßgeblich dürfte heute die Unterscheidung nach der Art der Rechtsverletzung sein. Früher wurde zunächst die wesensmäßige Verschiedenheit beider Materien angenommen[544]. Ursprünglich ging man davon aus, daß Ordnungswidrigkeiten als bloßen Ungehorsam, gleichsam einer Lässigkeit gegenüber der Behörde, zu werten seien. Heute hat sich eine klarere Trennung durchgesetzt[545], die sich nicht auf Fälle bloßen Ungehorsams gegen staatliche Verwaltungstätigkeit beschränken.

Darauf hinzuweisen ist auch, das in Grenzbereichen eine Unterscheidung der Rechtsverletzungen innerhalb des Kriminalunrechts und des Ordnungsunrechts ihrer materia-

---

541 zum komplementären Einsatz von Strafgesetzen und Polizeigesetzen im 17. und 18. Jahrhundert: vgl. Weigend, Vol. I, S. 96

542 Vgl. dazu Göhler, OwiG, Vor § 1 RdNr. 2-5; zu den vernunftrechtlichen Gründen der Unterscheidung: Lüderssen, Grenzen des Legalitätsprinzips, S. 214

543 Ferner zu unterscheiden ist der reine Verstoß gegen verwaltungsrechtliche Vorschriften i.S. eines Verwaltungsungehorsams.

544 Schmidt JZ 51, 101

545 Das erste umfassende Ordnungswidrigkeitengesetz stammt vom 25.03.1952 (BGBl. I 177). Heute maßgeblich ist das Gesetz vom 24.05.1968, ergänzt und neuformuliert durch die Fassung vom 19.02.1987 (BGBl. I 602)

len Bedeutung nach nicht unter qualitativen, sondern nach quantitativen Merkmalen erfolgt[546], wie etwa Göhler[547] darlegt.

Wirtschaftsbußtaten unterscheiden sich von kriminellem Unrecht in diesem Bereich oft nur durch den nicht zu erbringenden Nachweis des Vorsatzes. Gerade bei Bußgeldtaten in Zusammenhang mit erwerbswirtschaftlichen Tätigkeiten gibt es Verhaltensweisen, die eng verwandt sind mit Straftaten. Auch die Verstöße gegen lebensmittelrechtliche Vorschriften sind bei nachweislichem Vorsatz als Straftaten ausgestaltet, während bei Fahrlässigkeit nur eine Ahndung als Ordnungswidrigkeit erfolgen wird. Die unterschiedliche Qualität des mentalen Elements bewirkt quasi eine Wandlung in Straftaten[548].

Nimmt man eine Unterscheidung nach der Art der angedrohten Rechtsfolge vor[549], so läßt sich eher sagen, daß die Rechtsfolge der Ordnungswidrigkeiten, die Geldbuße, gegenüber der Geldstrafe ein aliud ist. Kennzeichnend als Sanktion ist somit die Geldbuße, die nicht mit einer Geld- oder Freiheitsstrafe gleichgesetzt werden darf, weil es sich ansonsten um eine Straftat handelt. Sinn und Zielrichtung der beiden Sanktionen sind unterschiedlicher Natur und lassen sich keinesfalls in einem Stufenverhältnis sehen. Es geht vielmehr um ein sozialethisches Unwerturteil. Praktisch allerdings hat die Geldstrafe dieselbe Wirkung wie die Geldbuße, nämlich für den Betroffenen einen Verlust an finanziellen Mitteln.

Folgerichtig ist die Abgrenzung des Ordnungswidrigkeitenrechts vom Strafrecht nach einer gemischt qualitativ-quantitativen Betrachtungsweise, bei der im Grenzbereich eine Verbindlichkeit der Entscheidung des Gesetzgebers besteht, solange nicht der Kernbereich des Strafrechts, der "sich anhand der grundgesetzlichen Wertordnung mit hinreichender Bestimmtheit ermitteln läßt"[550], erreicht ist.

Inhaltlich stellt das Ordnungswidrigkeitenrecht maßgeblich auf ein vorwerfbares Handeln ab. Ein solches ist regelmäßig, allerdings nicht stets gegeben, wenn der Täter vorsätzlich oder fahrlässig gehandelt und dadurch den Tatbestand einer Ordnungswidrigkeitennorm verwirklicht hat. Der Begriff „vorwerfbares" Handeln soll sachlich den Inhalt haben wie das aus dem Strafrecht geläufige schuldhafte Handeln. Das OWiG vermeidet bewußt den Begriff der Schuld, weil mit ihm „das Element sozialethischer Mißbilligung verbunden werden kann, das in dem Vorwurf eines bloßen Ordnungsverstoßes nicht enthalten ist"[551]. Der Kern vorwerfbaren Handelns liegt darin, daß der Täter rechtswidrig gehandelt hat, obwohl er nach den Umständen des Falles fähig und imstande gewesen wäre, sich rechtmäßig zu verhalten.

Der Anwendungsbereich des Ordnungswidrigkeitenrechts entspricht dem Aktivitätsgebiet der Verwaltung, so daß es praktisch zu einer All-Anwendung kommen kann im Straßenverkehr, bei Verstöße gegen die öffentliche Sicherheit und Ordnung, in Landes-

546 Ausführlich Karlsruher Kommentar zum Gesetz über Ordnungswidrigkeiten (KKOWi)-Bohnert Einl. S. 50 ff.; Göhler, OwiG, Vor § 1 RdNr. 5 mit weiteren Nachweisen.

547 aaO: Er sieht es daher dem Gesetzgeber nicht als verwehrt an, das Strafrecht nach Strafwürdigkeits- und Strafbedürfniskriterien auf einen Kernbereich beschränkt wird. Zuwiderhandlungen, die nach der Typik des Verstoßes in aller Regel nicht den hohen Grad des ethischen Unwertgehalts einer kriminellen Straftat aufweisen und daher nach allgemeiner gesellschaftlicher Auffassung nicht das Unwerturteil verdienen, das der Strafe anhaftet, bedürfen einer anderen Behandlung als Straftaten.

548 Brenner, Ordnungswidrigkeitenrecht, S. 1

549 Vgl. dazu Göhler, OwiG, Vor § 1 RdNr. 5

550 BVerfG E 27, 18, 29

551 Begründungsentwurf OWiG S. 46 rechte Spalte

gesetzen und kommunalen Regelungswerken auf, im Wirtschafts- und Umweltrechts. Wegen der Veränderung in den letzten vier Jahrzehnten ist keine trennscharfen Ansätze mehr. So gibt es Ordnungswidrigkeiten, die dem Schutz individueller Rechtsinteressen dienen[552] und es gibt Delikte im Strafrecht, die die Schaffung eines Risikos für nicht-individuelle Interessen zum Gegenstand haben[553]. Auch ein Anknüpfen an die moralische Neutralität kann kaum mehr aufrechterhalten werden, denn in diesem Falle wäre die Autorität des Staates zu Verhängung einer Ordnungswidrigkeit nicht gegeben[554]. Maßgeblich ist allein die gesetzgeberische Determination.

Zusammengefaßt können deutsche Ordnungswidrigkeiten charakterisiert werden als Delikte von geringere Schwere, die mit einer Geldbuße bestraft werden und die eingepaßt sind in ein spezielles Verfahren.

III) Verteidigungseinreden und Verbotsirrtum (*mistake of law*)

Im englischen Strafrecht hat der Verbotsirrtum keine Anerkennung als Verteidigungseinrede (*defence*) gefunden.[555] Es gilt vielmehr das Prinzip, daß die Unkenntnis des Gesetzes keinen *defence* bei einem Delikt bilden kann („ignorantia juris non excusat"). Diese fundamentale Regel ist im englischen Strafrecht so anerkannt, daß sie keine ausdrückliche Erwähnung im Gesetz mehr erfährt. Somit spielt auch die Frage der Vermeidbarkeit als Teil eines materiellen Ausschlußgrundes keine Rolle[556].

1) Abgrenzung von Tatbestands- und Verbotsirrtum im englischen Strafrecht

Der Abgrenzung der Definitionen von Tatbestands- und Verbotsirrtum kommt deshalb eine weichenstellende Bedeutung zu. Der Irrtum über ein Merkmal des actus reus, der Tatirrtum (*error of fact*), führt zum Ausschluß der mens rea im engen, traditionellen Sinne[557]. Eine gesetzliche Regelung zum Tatbestandsirrtum besteht nicht, ist aber in der Praxis und auch in der Literatur anerkannt. Bei einem Tatbestandsirrtum ist der Täter auch straflos, wenn der Irrtum auf Fahrlässigkeit beruht. Anders ist dies hingegen, wenn zur Begehung Fahrlässigkeit ausreicht.

2) Abgrenzung zwischen außerstrafrechtlichem und strafrechtlichem Rechtsirrtum im englischen Strafrecht

Problematisch ist die Behandlung normativer Tatbestandsmerkmale. Es besteht keine ausdrückliche Unterscheidung der Strafrechtsdogmatik für diejenigen Merkmale des ac-

---

552 Etwa § 117 OWiG mit Schutzgegenstand der Gesundheit eines anderen gegenüber Ruhestörung

553 Etwa § 264 StGB durch die Schaffung des Risikos der unberechtigten staatlichen Förderung oder § 326 StGB durch die ungesetzliche Ablagerung potentiell gefährlichen Abfalls.

554 Vgl. Jescheck, Strafrecht, S. 52, 4. Aufl.: Menschliches Verhalten kann nur in dem Umfang verboten werden, wie es ungerechtfertigte Schäden oder Gefahren für andere Interessen schafft, was letztlich Folge der Garantie der allgemeinen Handlungsfreiheit ist.

555 Schon Tidow, Schuldbegriff, S. 55 sieht im englischen Strafrecht den Grundsatz, daß eine Kenntnis des Gesetzes nicht erforderlich ist.

556 Vgl. etwa Smith/Hogan, Criminal Law, S. 80 f., insb. S. 83

557 Dazu Smith/Hogan, Criminal Law, S.86 ff.

tus reus, die beim Täter rechtliche Wertungen voraussetzen. Die Unterscheidung zwischen Tatbestandsirrtum und Verbotsirrtum richtet sich im englischen Strafrecht danach, ob sich der Irrtum des Täters auf zivilrechtliche oder strafrechtliche Rechtsverhältnisse bezieht. Letzterer läßt die mens rea im Gegensatz zu ersterem unberührt. Diese prinzipielle Unterscheidung zwischen strafrechtlichem und außerstrafrechtlichem Rechtsirrtum zeigt somit, daß ersterer auf die mens rea und auf die strafrechtliche Verantwortlichkeit keine Auswirkungen hat. In diesem Zusammenhang wurde von der Rechtsprechung auch die kritisierte[558] Regel aufgestellt, daß gewöhnliche Worte in einem Gesetz keine Rechtsfrage darstellen[559].

Dies führt zu erheblichen Abgrenzungsschwierigkeiten, so daß eine exakte Einordnung häufig nur anhand des genauen Wortlauts der einschlägigen Norm möglich ist[560]. Das dies für den juristischen Laien eine ungleich höhere Hürde ist, ist ersichtlich. Der Anwendungsraum für den Tatbestandsirrtum und seine verantwortungsentfallende Wirkung wird dadurch eingeschränkt zugunsten des Verbotsirrtums, bei welchem die Frage nach der Vermeidbarkeit des Irrtums keine Rolle spielt. Der Rechtsirrtum hat keine entschuldigende Wirkung, denn die Tat soll trotz fehlendem Unrechtsbewußtsein einen moralischen Tadel verdienen[561].

Es macht für die Strafbarkeit auch keinen Unterschied, ob der Täter zuvor einen kompetenten Rechtsrat erhalten hat, demzufolge sein Verhalten rechtstreu sei[562]. Die Unbeachtlichkeit ergibt sich, weil der Täter trotz der nicht vorhandenen Unrechtskenntnis mit der erforderlichen mens rea gehandelt hat. Für die Strafbarkeit als solcher ist die Gesetzesunkenntnis somit irrelevant.

Wie bereits dargelegt, setzen die Rechtsprechung und die herrschende Meinung mens rea mit *intention* bzw. *recklessness* gleich. Das Erfordernis eines Unrechtsbewußtsein ist hingegen kein Merkmal dieser Verschuldensformen. Weil dann aber der actus reus mit mens rea verwirklicht wurde, bildet auch eine Konstellation, die dem unvermeidbaren Verbotsirrtum entspricht, keinen *defence*. Damit ist ein Verantwortungsausschluß im Sinne eine Verneinung von mens rea nicht gegeben und es liegt nahe, die Annahme eines Schuldausschlusses zu verneinen. Ein Verbotsirrtum, der nach anderem Rechtsverständnis unvermeidbar wäre, führt hier also nicht automatisch zu einer Straflosigkeit nach materiellem Recht.

Die Konstellation des unvermeidbaren Verbotsirrtums erfährt erst auf der Ebene der Strafzumessung Berücksichtigung[563]. Allgemeiner gesagt wird der unverschuldete Rechtsirrtum zum fakultativen Strafmilderungsgrund in der Strafzumessung, so daß

---

558 Zur Kritik etwa Smith/Hogan, Criminal Law, S. 84

559 Brutus v. Cozens (1972) 2 All.ER 1297 (Entscheidung des *House of Lords*)

560 Vgl. Beispiel bei Watzek, Rechtfertigung- und Entschuldigungsgründe, S. 278

561 Die Schwere des Irrtums soll daher rühren , daß sich das Moralische für den rechtschaffenen Menschen von selbst verstehe, so Williams, Criminal Law, S. 288

562 So bei unrichtiger Behördenauskunft die Entscheidung in Surrey Council v. Battersby (1965) 1 All.E.R. 173, 278

563 Vgl. zur Strafzumessung auch 13. Abschnitt C IV

dem Verbotsirrtum zwar kein entschuldigende Wirkung zukommt, er aber auf Strafzumessungsebene strafmildernd zugunsten des Angeklagten wirkt[564].

Auch die Literatur will die generelle Regel nicht immer angewendet wissen. Wegen des unterschiedlichen Charakters von Normen des Kernstrafrechts und solchen des Nebenstrafrechts, bei denen es sich um moralisch neutrale Verbote handelt, soll auch diesem Aspekt Rechnung getragen werden. Glanville Williams[565] will für den Fall des Rechtsirrtums über Strafvorschriften mit bloßem Ordnungsgehalt nur eine nominale Bestrafung sehen, die diesem Bereich moralisch neutraler Verbrechen eher entspreche[566].

In einigen Entscheidungen durch die Gerichte wurde sogar ein *absolute discharge* verhängt[567]. Dieser setzt zwar einen Schuldspruch voraus, außerhalb des jeweiligen Strafverfahrens soll er aber von Gesetzes wegen keine nachteiligen Wirkungen entfalten[568]. Die Voraussetzungen der Gerichte, um einen *absolute discharge* als geeignete Rechtsfolge anzunehmen, folgen nur sehr eingeschränkt allgemeingültigen Regel[569]. Wegen des weiten richterlichen Ermessens auf Strafzumessungsebene lassen sich für den Außenstehenden keine Richtlinien festlegen, die genauer bestimmen, wann ein Verbotsirrtum als Strafmilderungsgrund in Betracht kommt. Als wesentliche Tatsache kann in diesem Zusammenhang etwa das Verlassen auf einen kompetenten Rechtsrat heranzuziehen sein, wobei es sich hier wiederum unterschiedlich auswirken kann, ob die hinweisende und die verfolgende Behörde unterschiedlicher Art sind. Gestützt wurden solche Entscheidungen auf zwei Umstände, nämlich daß kein Anlaß besteht, an der Richtigkeit der behördlichen Auskunft zu zweifeln sowie in charakterlicher Hinsicht auf die Gewähr für die Einwandlosigkeit des Täters.

Sieht man deshalb aus einer Konstellation, die eigentlich eine *defence* bilden müßte, einen Strafzumessungsfaktor gemacht, so ist die Verschiebung von einer Behandlung als *defence* auf die Strafzumessungsebene von der Konsequenz gezeichnet, daß die Regelungsdichte im Hinblick auf die einzelnen Voraussetzungen im Vergleich zu einer Behandlung als *defence* abnimmt.

---

564 Vgl. Smith / Hogan, Criminal Law, S. 83

565 In seinem Buch Criminal Law, 2. Aufl. 1961, S. 288 f.

566 „Anything more than a nominal punishment would be out of place."

567 Zu übersetzen als „völlige Aufhebung": etwa in Surrey Counter Council v. Battersby (1965) 1 All. E.R. 273

568 s. 13 Powers of Criminal Courts Act 1973 (Anhang 1 zum Criminal Justice Act 1991)

569 Eine Besonderheit im Vergleich zu anderen üblichen strafrechtlichen Sanktionen besteht darin, daß er außerhalb des jeweiligen Strafverfahrens nicht als strafrechtliche Sanktion oder Verurteilung gesehen werden darf. Der Täter kann sich unmittelbar nach Ausspruch im öffentlichen Leben als nicht vorbestraft bezeichnen. Deutlich wird dieser Charakter auch daraus, daß während einer schon bestehenden Bewährungszeit die Verhängung eines *absolute discharge* nicht zum Widerruf der Bewährung führen darf. Die andere Folgen dieser Maßnahme sind in s. 13 geregelt. Es zählt nicht als Verurteilung für irgendeinen Zweck außer im Verfahren, in welchem der *discharge* angeordnet wurde.

3) Unvermeidbarer Verbotsirrtum in Deutschland

3.1) Existenz des Verbotsirrtums

In Deutschland ist es heute feststehende Meinung, daß der Verbotsirrtum, gleichgültig, ob vermeidbar oder nicht, den Vorsatz nicht berührt[570]. Allerdings ist die darausfolgende Einordnung als Schuldausschließungs- und Schuldmilderungsgrund nicht selbstverständlich, sondern vielmehr das Ergebnis einer langjähriger Entwicklung[571]. Ebenso hat sich durchgesetzt, daß der Verbotsirrtum dann entschuldigende Wirkung haben muß, wenn er unvermeidbar und deshalb nicht vorwerfbar ist. Dies basiert auf der Überlegung, daß ohne eine Möglichkeit zur Kenntnisnahme der Norm keine normative Ansprechbarkeit[572] des Täters besteht. Vielmehr liegt dann ein Handeln ohne Schuld vor.

Die Schuldtheorie sieht das Bewußtsein der Rechtswidrigkeit nicht als Vorsatzvoraussetzung. Dieses sei auch nicht notwendig für die volle Schuld, da es ansonsten zu einer Privilegierung der Fälle absoluter Gleichgültigkeit kommen könnte, die aufgrund des fehlenden Bewußtseins der Rechtswidrigkeit nicht zu belangen wären. Regelmäßig ist der, der bewußt gegen das Recht verstößt, mit höherer Schuld beladen als der, der sich unbewußt eine Gesetzesübertretung zu Schulden kommen läßt. Die Schuldtheorie könnte dem durch eine Strafmilderung Rechnung tragen.

Roxin[573] weist hingegen daraufhin, daß nicht im Ungehorsam der Strafgrund der vorsätzlichen Tat liegt, sondern in der Mißachtung der Belange anderer oder der Allgemeinheit durch den Täter. Maßgeblich sei, daß der Täter wie bei dem Tatbestandsirrtum oder Erlaubnistatbestandsirrtum, nach Maßstäben handelt, die unter objektiven Gesichtspunkten mit denen des Rechts übereinstimmen (Vorsatzausschluß/allenfalls Fahrlässigkeit) oder ob Verhaltensorientierung an Maßstäben erfolgt, die von denen des Rechts abweichen. Letzteres sei die Gestaltung des Verbotsirrtums. Der Einzelfall ergebe dann, ob volle oder gemilderte Schuld oder gar keine strafrechtliche Verantwortung vorliegen soll. Der Standpunkt der Schuldtheorie macht das Bewußtsein der Rechtswidrigkeit zur Schulddifferenz von Vorsatz und Fahrlässigkeit. Das Bewußtsein der Sozialschädlichkeit ergibt sich nicht immer nur aus der Kenntnis der Tatumstände. Das gilt insbesondere für das Nebenstrafrecht mit seinen vielen Strafbestimmungen, was die Überzeugungskraft der Schuldtheorie schmälert.

3.2) Gegenstand des Unrechtsbewußtseins

„Bewußtsein der Rechtswidrigkeit bedeutet: Der Täter weiß, daß das, was er tut, rechtlich nicht erlaubt, sondern verboten ist“[574]. Hier wird eine Gesamtbewertung der Tat als

---

570 Roxin, AT 3. Aufl., § 21 I RdNr. 4; ausführliche Abgrenzung von Tatsachen- und Rechtsirrtum, vor allem im problematischen Verweisungsbereich, bei Tiedemann, Stand Irrtumslehre, S. 95 ff.

571 Vgl. zur Entwicklung Roxin, AT, § 21 I RdNr. 5

572 So h.A. von Roxin u.a., vgl. 10. Abschnitt II 3.5; zur geschichtlichen Entwicklung insbesondere Krümpelmann, Landesberichte, S. 57 f.

573 aaO, § 21 I RdNr. 9

574 BGH St 2, 196

Unrecht, d.h. als Verstoß gegen die materielle Werteordnung des Rechts, vorgenommen. Die h.M. verlangt allerdings kein Bewußtsein und keine Kenntnis der Strafbarkeit eines Verhaltens. Dieser Wille des Gesetzgebers ist wegen des Wortlauts ersichtlich. Meist ist dieses Bewußtsein auch nicht erforderlich, weil es vom Unrechtsbewußtsein miterfaßt ist. Die gängige Formulierung, daß Unkenntnis nicht vor Strafe schützt, ist so zu verstehen, daß das Nichtwissen um die Existenz einer entsprechenden Strafnorm nicht vor Strafe schützt. Die Prägung des Begriffs des Unrechtsbewußtseins erfolgt gleichermaßen aus dem Erfordernis einer bloßen gesamtrechtlichen Bewertung und dem Verzicht auf eine konkrete strafrechtliche Beurteilung der Tat. Eine juristisch präzise Einordnung der einzelnen Elemente des Verbrechens wird nicht verlangt. Es bedarf vielmehr einer Kenntnis der konstitutiven tatsächlichen Elemente des Unrechts, also einer pauschalen Erfassung, sowie einer Vorstellung im Sinne einer Parallelwertung in der Laiensphäre, daß sein Verhalten nach der Rechtsordnung insgesamt zu verurteilen ist.

Das bloßes Bewußtsein der Sozialschädlichkeit oder Sittenwidrigkeit des eigenen Verhaltens genügt nicht, da nicht alle wertwidrigen Verhaltensweisen verboten sind. Ein ungeschmälerter Schuldvorwurf sollte in der Regel nur dort erhoben werden, wo der Täter rechtliche Verbote/Gebote bewußt mißachtet hat. Das Bewußtsein der Sozialschädlichkeit kann aber Indiz für eine Vermeidbarkeit der Tat haben. Dies gilt anerkanntermaßen auch für Gewissenstäter, so daß eine Berücksichtigung der besonderen Umstände allenfalls Auswirkungen bei der Strafzumessung finden kann.

3.3) Vermeidbarkeit des Verbotsirrtums

§ 17 S. 1 StGB folgt unmittelbar aus dem Schuldprinzip und führt zum Ausschluß der Schuld bei einem unvermeidbaren Verbotsirrtum. Bei der fehlenden Möglichkeit zur Erlangung der Kenntnis des Unrechts ist eine Erreichbarkeit des Normbefehls nicht zu gewährleisten. Man kann auch sagen, daß der Täter in der konkreten Situation „normativ nicht ansprechbar" ist[575]. Die Schuld des Täters ist nach h. A. nur zu bejahen, wenn das Handeln trotz normativer Ansprechbarkeit stattfindet. Die Schuld beim Verbotsirrtum besteht allein in der Möglichkeit, Kenntnis des Unrechts zu erlangen. Eine davon unabhängige Verletzung der Pflicht zur Gewissensanspannung oder Erkundigung ist nicht maßgeblich. Es wird daher als Trugschluß gesehen, schon bei der Verletzung dieser besonderen Pflicht die Vermeidbarkeit zu bejahen.

Auch beim Handeln ohne jegliche Erkundigung, aber im Glauben der Rechtmäßigkeit wäre der Verbotsirrtum unvermeidbar, wenn auch die Erkundigung nichts anderes ergeben hätte und etwa die Rechtsprechung sich erst hernach ändert. Im klassischen Beispiel der Einholung einer Auskunft macht nicht die Unterlassung der Einholung einer Auskunft den Irrtum vermeidbar, sondern das Ergebnis einer solchen potentiellen Rechtsauskunft. Eine Pflicht zum Erwerb von Rechtskenntnissen wäre ein Anlehnen an objektive Maßstäbe. Die Verständniskonzeption geht hingegen von einer Bestimmung nach individuellen Fähigkeiten aus. Ausschlaggebend ist somit, was der im konkreten Fall Angeklagte einer speziellen (Berufs-) Gruppe hätte erkennen können.

---

575 Diese Formulierung legt eine Verständnis von der Schuld als normativer Ansprechbarkeit zugrunde, vgl. Roxin aaO.

Auch wenn keine übertriebenen Anforderungen an den Inhalt der Vermeidbarkeit zu stellen sind, sind Freisprüche wegen eines unvermeidbaren Verbotsirrtums in der Praxis eine seltene Ausnahme[576]. Ein Verbotsirrtum ist im Rechtssinne unvermeidbar, wenn der Täter für die Annahme der Erlaubtheit seines Tuns verständige Gründe hatte. Begründet werden kann dies damit, daß sich im Irrtum eine Einstellung zum Recht offenbart, die keiner Sanktion bedarf.

Die Rechtsprechung bestimmt das Maß der für die Verbotskenntnis aufzuwendenden Anstrengung „nach den Umständen des Falls und nach dem Lebens- und Berufskreis des Einzelnen“[577]. Als Mittel zur Erlangung der Unrechtskenntnis hat der BGH ursprünglich eine ständige Gewissensanspannung gefordert[578]. Doch dieser Begriff ist wegen des Inhalts des Gewissens eher unzutreffend, während man es deutlicher ausdrücken kann, wenn man auf Nachdenken oder Erkundigen abstellt. Hinzuweisen ist noch auf ein Spannungsfeld einfachgesetzlicher Normen. Denn es erfolgt auch eine Bezugnahme des § 20 StGB auf fehlende Unrechtseinsicht zur Tatzeit. Dies verdeutlicht die enge Verstrickung von § 17 StGB und § 20 StGB als konkretisierende Merkmale des Schuldgrundsatzes. Während § 17 StGB die intellektuellen Voraussetzungen würdigt, ist bei § 20 StGB der Einfluß biologischer und psychologischer Faktoren zu berücksichtigen[579]. Dieses Zusammenspiel im deutschen Recht gilt es für den Vergleich in Erinnerung zu behalten.

IV) Strafbarkeit juristischer Personen

Die Strafbarkeit juristischer Personen erfährt im englischen Strafrecht eine Behandlung, die schon auf den ersten Blick von der deutschen abweicht. Dies kann auch Ausprägung eines anderen Schuldverständnisses sein, dessen Anknüpfungspunkte in einem anderen Verständnis von Schuld und der Fähigkeit, schuldhaftes Handeln zu begehen, wurzelt. Da dem Komplex der Strafbarkeit einer juristischen Person eine separate Untersuchung im Rahmen dieser Arbeit zukommt, wird dies an dieser Stelle vorerst nicht weiter vertieft[580].

Es soll in diesem Zusammenhang allerdings herausgestellt werden, daß das Problem der Strafbarkeit juristischer Personenverbände letztlich als ein Problem der Frage einzuordnen ist, wer überhaupt Schuld als Grundlage einer Strafbarkeit auf sich laden kann.

---

576 Rudolphi, Das virtuelle Unrechtsbewußtsein als Strafbarkeitsvoraussetzung im Widerstreit zwischen Schuld und Prävention, in: Bönner/de Boor (Hrsg.), Unrechtsbewußtsein, 1982, 1; speziell zu den Problemen bei „Durch die Ausländereigenschaft bedingte Verbotsirrtümer und die Perspektiven europäischer Rechtsvereinheitlichung“ Laubenthal/Baier, GA 2000, S. 206 ff.

577 So BGHSt 2, 201; 20, 20

578 Unvermeidbarkeit des Verbotsirrtums dann, wenn der Täter „trotz der ihm ... zuzumutenden Anspannung des Gewissens die Einsicht in das Unrechtmäßige seines Tuns nicht zu gewinnen vermochte“, vgl. BGHSt 2, 201.

579 Siehe dazu 10. Abschnitt II 2.4

580 Siehe dazu später 13. Abschnitt B I

Die Darstellung der ausgewählten Beispiele hat gezeigt, daß eine Behandlung von Aspekten, die von der Sichtweise des deutschen Rechts her als mit der Schuld verbunden gesehen werden, Aufschluß über das Strafrechtverständnis einer Rechtsordnung geben kann. Anhand der Beispiele sollten exemplarisch Vorgehensweisen des englischen Strafrechts aufgezeigt werden, die in der Behandlung selbst, aber auch später in einem Vergleich mit Vorgehensweisen in der anderen Rechtsordnung einen Schluß darüber zulassen, ob und wie es im Gesamtverständnis zu einer Befassung kommt. Eine weitergehende Auswertung soll daher an anderer Stelle erfolgen[581].

B. Sanktionen gegen juristische Personen und Personenvereinigungen

I) Arten der Verantwortlichkeit

Die Rechtssysteme der Staaten des anglo-amerikanischen[582]Rechts- und Sprachkreises sehen eine echte strafrechtliche Haftung von Unternehmen vor[583]. Für England als Teil des Vereinigten Königreichs gilt es dies nun von der Konstruktion her genau zu betrachten.

1) Geschichtliche Entwicklung und unterschiedliche Ansätze

Aus dem bisher gesagten[584] ergibt sich, daß grundsätzlich nur derjenige schuldig gesprochen werden kann, dessen innere Einstellung auch schuldhaft ist, was sich auch aus dem Prinzip der individuellen Autonomie *(principle of individual autonomy*) ergibt, wonach jemand nur für seine eigenen freiwilligen Handlungen und Unterlassungen herangezogen werden kann. Macht man sich diese generelle Grundvoraussetzung klar, so scheint die strafrechtliche Verantwortlichkeit einer juristischen Person ausgeschlossen. Denn auch die historische Entwicklung des Strafrechts war geprägt vom Ausdruck des individuellen Menschen als Inhaber von Rechten und Pflichten, und vom Mittelalter bis zur Mitte des 19. Jahrhunderts fielen juristische Personen nicht unter das Strafrecht[585].

In der tatsächlichen Handhabung der englischen Strafrechtspflege wurde die Idee von der ethisch begründeten Schuldstrafe jedoch vielmehr von eher praktischen Erwägungen zur öffentlichen Sicherheit, Ordnung und Wohlfahrt überlagert[586]. Und so ist es kein Zufall, daß im 19. Jahrhundert mit der fortschreitenden Industrialisierung aus pragmatischen Erwägungen heraus, nämlich um eine effektive Abschreckung zur Verhinderung eines erdrückenden Machtgebrauchs zur Gewinnerzielung zu schaffen, erste Entscheidungen zur strafrechtlichen Verantwortlichkeit juristischer Personen ergin-

---

581 Unter 14. Abschnitt A

582 Vgl. zu den z.T. noch ausgeprägteren Strukturen der Ahndung der Verbandskriminalität das Recht der USA: im Überblick etwa Schünemann, Unternehmenskriminalität, S. 191; Eidam, Straftäter Unternehmen, S. 34 ff.

583 Noch nicht von der Notwendigkeit überzeugt waren früher die führenden akademischen Strafrechtler Smith/Hogan, Criminal Law, 7. Aufl. 1992.

584 Vgl. Darstellung zuvor aaO

585 Ashworth, Principles, S. 111; für die *company*: Willms, Company , S. 25

586 Eidam, Straftäter Unternehmen, S. 30

gen[587]. Da man sich mit der Annahme einer Handlung durch ein Unternehmen noch schwer tat, wurde die Verantwortlichkeit zunächst beim Bruch einer gesetzlich auferlegten Pflicht statuiert, um dann schrittweise die Auferlegung einer Verantwortlichkeit grundsätzlich für alle Fälle gelten zu lassen, in denen auch natürliche Personen gleichermaßen für die Handlungen ihrer Angestellten verantwortlich sein würden[588]. Anderes galt noch für Delikte gegen die Person; so wurde 1927 eine Anklage wegen *manslaughter* vorrangiger mit dem Hinweis abgelehnt, daß ein Unternehmen sich nicht eines Delikts gegen die Person schuldig machen kann als wegen eines Einwandes gegen *manslaughter* im besonderen[589].

Die Verantwortlichkeit bei Pflichtverletzungen, zu der es gesetzlich statuierter Pflichten bedurfte, sowie die *vicarious*-Verantwortlichkeit von Angestellten hatten und haben jedoch gemeinsam, daß sie bei Delikten mit einem eindeutigen mens rea-Erfordernis nicht möglich waren. Diese Ansätze bedurften Alternativen, wie sie sich auch später, ab 1994 mit der alter ego/identification-Doktrin, entwickeln sollten.

In der Entwicklung hin zu einer Strafbarkeit von Unternehmen (*corporate* bzw. *enterprise liability*) spielen in den gerichtlichen Entscheidungen die bereits dargestellten[590] Institute der *strict liability*[591] und der *vicarious liability*[592], die zu einer Vereinfachung der Strafverfolgung natürlicher Personen führten, eine erhebliche Rolle[593]. Darin spiegelt sich zudem der Versuch wieder, eine Unternehmensverantwortlichkeit in die existierenden Strukturen einzupassen, also Verbände in das für Einzelpersonen konstruierte Regelungswerk einzubeziehen, anstatt ein völlig neues System zu schaffen, was in jüngerer Vergangenheit verstärkt angedacht wird[594]. In der Gerichtspraxis äußerte sich dies darin, daß entgegen der strafprozessualen Regel, wonach der Angeklagte persönlich erscheinen muß und eine *appearance by attorney* (etwa: Vertretung durch den Anwalt) verboten war, nun von Gesetzes[595] wegen ein Unternehmen durch einen Vertreter vor Gericht erscheinen und plädieren kann.

Dadurch, daß sich eine Strafbarkeit entsprechend den Grundsätzen der *strict liability* unter bestimmten Voraussetzungen verschuldensunabhängig, also ohne den Nachweis einer der mens rea-Formen, ergeben kann, erfolgt eine Ausnahme vom Erfordernis der schuldhaften inneren Einstellung, was die Annahme einer Unternehmensstrafbarkeit erleichtert.

---

587 Betroffen von zwei wegweisenden Entscheidungen war die damals neue aufkommende Technik der Eisenbahn: Birmingham and Gloucester Railway Co. (1842) 3 QB 223 und Great North of England Railway Co. (1846) 9 QB 315.

588 Dies waren vor 1944 die einzigen Formen der Verantwortlichkeit. Vgl auch ICR Haulage Ltd. (1944) KB 551.

589 Cory Bros Ltd. (1927) 1 KB 810

590 Vgl. Darstellung 10. Abschnitt II 4; vgl. dazu auch Smith/Hogan, Criminal Law, S. 183 ff. sowie Ashworth, Principles, S. 111 ff.; grundlegend zu seiner Zeit auch Willms, Company, S. 39 ff.; 42 ff.

591 Strafbarkeit ohne „Verschulden“

592 Stellvertretenden strafrechtlichen Verantwortlichkeit der Geschäftsherren für das rechtswidrige Verhalten ihrer Gehilfen im Rahmen der Dienstausübung.

593 Ashworth, Principles, S. 111 nennt als direkt auf spezielle Unternehmenstätigkeiten gerichtete Maßnahmen *des Gesetzgebers* etwa den Financial Services Act 1986 oder den Companies Act 1985-89.

594 Zu den Vorschlägen der Law Commission zur Schaffung neuer Tatbestände 13. Abschnitt B III

595 Criminal Justice Act 1925 in s. 33

Denn eine Strafbarkeit juristischer Personen ist bei verschuldensunabhängigen Delikten schon anzunehmen, wenn ein einfacher Angestellter eine strafbare Handlung begeht. Eine Unternehmensstrafbarkeit ergibt sich bei der Zuwiderhandlung eines untergeordneten Mitarbeiters bei bestimmten, wenigen *common law*-Delikten wie Umweltrechtsverstößen (*public nuisance*) und gewissen *statute offences* [596].
Kennzeichnend ist das dahinterstehende Delegationsprinzip, demzufolge die Weiterübertragung der Verantwortlichkeit des Eigentümers auf einen Dritten die Gerichte zu einer stellvertretenden Heranziehung ermächtigt, um einer Verschiebung der Verantwortlichkeit und fehlender effektiver Kontrolle zu begegnen. Dieser auch auf natürliche Personen anwendbare Grundsatz kann zur Verantwortlichkeit juristischer Personen führen[597]. Dabei handelt es sich wie auch bei einer stellvertretenden Verantwortlichkeit für die Interpretation gewisser Schlüsselwörter in gewissen Gesetzen[598] um eine Ausnahme, denn die Doktrine einer stellvertretenden Verantwortlichkeit (*vicarious liability*) aus dem eher zivilrechtlichen Recht der unerlaubten Handlung (*law of tort*) findet im Strafrecht anerkanntermaßen[599] keine Anwendung.

Als eine dritte, direkte Form der Belangung einer juristischen Person ist der folgende, schon erwähnte Ansatz des Identifikationsmodells zu verstehen. Bei den mens rea-Delikten ergibt sich eine Haftung von Unternehmen nach der sog. Identifikationstheorie *(doctrine of identification and corporate representation)*, auch *alter-ego-doctrine*[600] genannt, wenn eine Person, die als Kopf und Hirn (*directing mind and will of the company*) eines Unternehmens gesehen werden kann, eine Verwirklichung von actus reus und mens rea bewirkt hat. Dieser Personenkreis umfaßt die sog. „*brains*", das sind die Direktoren und verantwortlichen Organe etwa einer Gesellschaft, also die leitenden Unternehmensorgane. Es handelt sich allerdings nicht um eine Stellvertreterhaftung wie etwa die zuvor beschriebene *vicariuos liability*. In Bezug auf die von actus reus und mens rea verlangten objektiven und subjektiven Merkmale wie auch die psychische Fähigkeiten einer Leitungsperson gelten diese als eigenes verantwortliches Fehlverhalten des Unternehmens[601]. Damit hat sich die Idee vom separaten rechtlichen Wesen jenseits ihrer Aktionäre, Geschäftsführer et c. durchgesetzt [602].

---

596 Etwa der ungenehmigte Verkauf von Alkoholika nach dem Liquor Licensing Act 1872; vgl. auch Willms, Company, S. 31 ff.

597 Ashworth, Principles, S. 113

598 Schlüsselwörter der genannten Art sind etwa „sell", „use", „possess" unter Bezugnahme auf gewisse Umstände. Ashworth aaO verweist auf auf den Fall Coppen v. Moore (1898) 2 QB 306, wo ein Geschäftsinhaber trotz seiner Abwesenheit für einen Verstoß gegen Verkaufsbestimmungen bestraft wurde, obwohl sein Angestellter unter Mißachtung der vorgegebenen Anweisungen das Geschäft vorgenommen hatte. Im Rechtssinne war er aber als Verkäufer zu betrachten.

599 Ashworth, Principles, S. 113; Smith/Hogan, Criminal Law, S. 183 sehen aber auch in den Ausnahmen eine Ignorierung der ultra-vires-Theorie, welche auch bei einem einer *corporation* unterstellten Willen nur den Willen zu einer normalen Tätigkeit unterstellt, den zu einer Straftat aber als über die Grenzen des zurechenbaren Willens hinaus betrachtet. Näher dazu Willms, Company, S. 26

600 Ashworth, Principles, S. 81 ff.; Card, Cross & Jones, Criminal Law, S. 576 ff.; vgl. dazu auch Heine, Strafrechtliche Verantwortlichkeit, S. 217 Fn. 14;

601 Heine, aaO, S.217

602 Deutlich für Inhalt und Vorgehenweise ist aus jüngerer Zeit auch die Besprechung der Entscheidung des Divisional Court in Shanks and McEwan v. Environment Agency in JCL 1998, S. 304 f., bei der es

Kurz gesagt werden die Handlungen eines eingegrenzten Personenkreises, die die Aktivitäten kontrollieren und lenken, nicht als Handlungen von Angestellten, sondern als ureigene Handlungen der juristischen Person verstanden.

2) Leitentscheidung

Maßgebliche Entscheidung für die Anerkennung der Identifikationstheorie, die auch als „*heads and minds*"-Doktrin bezeichnet wird[603], ist die Entscheidung des *House of Lords* im Tesco Supermarkets Ltd. v. Natrass[604].

Dabei ging es um fehlerhafte Warenauszeichnungen durch eine Verkäuferin, die einen Verstoß gegen s. 11 (2) des Trade Description Act 1968 darstellten, aber ohne das Wissen des angeklagten Geschäftsführers geschahen[605]. Von der Norm vorgesehen war eine Strafbarkeit juristischer Personen, wenn die vorgeworfene Handlung im Einverständnis mit einem Direktor, Geschäftsführer, Gesellschaftssekretär oder einem vergleichbaren Organ der juristischen Person begangen worden war[606]. Da das Gesetz eine Verteidigungseinrede vorsah, wenn eine andere Person als der jeweils Angeklagte gehandelt haben sollte[607], war für eine Verurteilung erforderlich, daß hier der Geschäftsführer mit der juristischen Person identifizierbar war.

---

um die unerlaubte wissentliche Ablagerung von Abfällen auf einem Grundstück nach s. 33 Environment Protection Act 1990. Eine Verantwortlichkeit ergab sich dabei sowohl nach der vicarious liability als auch nach „mind & will" der Identifikationstheorie. Bei letzterem Ansatz der Verbindlichkeit muß dann geklärt und nachgewiesen werden,

1) ob ein Gesetzesverstoß vorliegt
2) daß ein Mitglied der Gesellschaft, das Teil von „mind & will" ist,
   a) von der Tatsache der Ablagerung wußte
   b) wußte, daß diese einen Bruch des Genehmigungserfordernisses darstellte
3) daß die handelnde Person Teil des „mind & will" war und
4) ob die Gesellschaft diese Ablagerung wissentlich unter Hinnahme des Bruchs der Bedingung gemacht hat.

Der Nachweis des notwendigen Wissens bei den maßgeblichen Leuten steht damit im Vordergrund.

603 Eidam, Straftäter Unternehmen, S. 31 Fn. 123

604 (1972) AC 153, 171

605 Ausführlich auf Deutsch zu dem zugrundeliegenden Sachverhalt und der Begründung des Urteils Eidam, Straftäter Unternehmer, S. 32 f.

606 s. 20 (1) Trade Description Act 1968: „Where an offence under this Act which has be committed by a body corporate ist proved to have been committed with the consent or connivance of ... any director, manager, secretary or other similiar officer of the body corporate ... he as well as the body corporate shall be guilty of the offence..."

607 s. 24 (1) Trade Description Act 1968 : „ ... shall be a defence for the person charged to prove (a) that the commission of the offence was due... to the act or default of another person...and (b) that he took all reasonable precautions and exercised all due diligence to avoid the commission of such an offence by himself or any person under his control."

Das *House of Lords* nahm in seinem Urteil eine Differenzierung vor, die auf eine Verkörperung der Gesellschaft abstellte, welche allenfalls durch eine Übertragung von Leitungsfunktionen durch den Vorstand auf den Betreffenden zu erzielen sei[608].

Dem angeklagten Geschäftsführer[609] wurde mangels einer Funktionsübertragung von der Qualität, wie das Gericht sie forderte, eine solche Leitungsstellung im Unternehmen nicht zugebilligt, womit ihm eine Berufung auf die Verteidigungseinrede möglich war. Zu deuten ist eine solche Beschränkung der Unternehmenshaftung auf ein deliktisches Verhalten der leitenden Unternehmensorgane als Verhinderung einer übermäßigen Ausdehnung der Strafbarkeit[610]. Die Rechtsprechung ist in den folgenden Jahre allerdings vom Erfordernis der Angehörigkeit zum *senior management* abgerückt, um den Besonderheiten des Delikts nach der gesetzlichen Beschreibung mehr Bedeutung zukommen zu lassen[611]. Als maßgebliches Unterscheidungskriterium kam die Frage nach dem Schuldnachweis bzw. *strict liability* hinzu, um bei letzterer die Anforderungen an den Rang der Person weniger hoch anzusetzen[612]. Eine Haftung des Unternehmens für das nachlässige Verhalten jedes Angestellten wurde auch in diesen Fällen abgelehnt. *Strict liability* oder der Nachweis von Schuld entscheiden letztlich über die Verantwortlichkeit des Unternehmens hinaus auch für die Handlung anderer.

Da das Unternehmen gerade Personen diesen Ranges in ihre Funktionen beruft, soll es in erster Linie verantwortlich sein für deren Handeln, daß als sein eigenes zu werten ist bzw. zumindest parallel mit diesem Personal.

Aus den Ausführungen des Gerichts wurde zugleich deutlich, daß neben der strafrechtlichen Verantwortung juristischer Personen, welche sich ergibt, wenn die mit ihr identifizierbaren Personen der „*brain area*" gesetzeswidrig handeln, auch noch die Möglichkeit einer stellvertretenden Verantwortlichkeit des Unternehmens für andere Mitarbeiter besteht und vom Gericht auch anerkannt wird, wie es seitdem in vielen Entscheidungen

---

608 Lord Reid äußerte sich wie folgt : „Eine natürliche Person hat einen Intellekt...., und sie hat Hände, um ihre Entschlüsse auszuführen. Eine juristische Person hat nichts davon: sie muß durch natürliche Personen handeln... Dann spricht oder handelt die natürliche Person nicht für die Gesellschaft. Sie handelt als Gesellschaft, und ihr Intellekt ... ist der Intellekt der Gesellschaft. Es kann dann keine Rede von einer stellvertretenden Verantwortlichkeit der Gesellschaft sein. Die betreffende Person handelt nicht als Angestellter, Repräsentant oder Bevollmächtigter, sie ist eine Verkörperung der Gesellschaft..., sie hört und spricht durch die Person der Gesellschaft, und ihre geistige Einstellung ist diejenige der Gesellschaft. Wenn es eine schuldhafte geistige Einstellung ist, dann ist diese Schuld die Schuld der Gesellschaft. Es muß eine Rechtsfrage sein, ob die Person, die bestimmte Dinge tut, als die Gesellschaft betrachtet wird oder nur als Angestellter oder Vertreter der Gesellschaft. Im letzteren Fall kann die Verantwortlichkeit der Gesellschaft nur eine stellvertretende sein...Ein Vorstand kann einen Teil seiner Leitungsfunktionen übertragen und dadurch den Bevollmächtigten im Rahmen des übertragenen Wirkungskreises zur Verkörperung der Gesellschaft machen. Hier hat der Vorstand jedoch nie einen Teil seiner Funktionen übertragen."

609 Es handelte sich nur um den Marktleiter einer Filiale einer großen Supermarktkette.

610 Kritisch dazu Ashworth, Principles, S. 114, wohl als zu eng empfindet, weil es neben des Nachweises für die einflußreiche Stellung auch noch des Schuldelements bedarf.

611 Vgl. R.v. British Steel plc (1995) 1 WLR 1356 sowie die Entscheidungsanalyse in JCL 1996, 64 ff.

612 Science Museum (1993) 1 WLR 1171 ; R. v. Associated Octel Limited (1995) ICR 281

geschehen ist, was bei Beweisproblemen nicht unwichtig sein kann[613]. Die Entstehung dieser *vicarious liability* im Strafrecht wurde ermöglicht durch die Übernahme der im zivilrechtlichen Schadensersatzrecht geltenden „*respondent superior rule*", nach der der Arbeitgeber für die vom Arbeitnehmer und der Auftraggeber für die vom Beauftragten in Ausführung der übertragenen Verpflichtungen begangenen schädigenden Handlung haftet[614]. Eine Einschränkung der Zurechnung in Bezug auf ein Unternehmen ergibt sich daraus, daß für die Taten untergeordneter Mitarbeiter nur insoweit eingestanden werden muß, wie auch eine natürliche Person für die Straftaten einer anderen einzustehen hat.

Deutlich wird bei dieser stellvertretenden Verantwortlichkeit, daß die juristische Person als Täter den objektiven Tatbestand nicht in eigener Person verwirklichen muß, sondern daß unter dem Gesichtspunkt der Aufsichtspflichtverletzung vielmehr der actus reus eines beliebigen Beschäftigten zugerechnet wird, wenn dieser schuldhaft gehandelt hat[615], es sei denn, das Gesetz sieht *strict liability* vor und es kann auf das Verschuldenserfordernis verzichtet werden. Prozessual muß sich der Nachweis von mens rea auf den leitenden Angestellten beziehen, was auch für die Verteidigungseinreden gilt[616]. Eine Anhäufung (*aggregation*) von Verhalten oder Wissen im Sinne einer Schuldkonstituierung wird als künstlicher Weg der mens rea-Bildung überwiegend abgelehnt[617]. Dem Unternehmen steht allerdings ein Entlastungsbeweis zu, der bei Nachweis hinreichender Aufsicht und Kontrolle als erbracht gilt.

Weiterhin ist zu beachten, daß eine Verurteilung des rechtswidrig handelnden Mitarbeiters durch die Bestrafung der juristischen Person nicht ausgeschlossen wird. Eine Strafverfolgung des Direktors, Geschäftsführers oder jedes anderen Organs der „*brain area*" findet statt, wenn eine Tat mit dessen Zustimmung begangen wurde[618], was teilweise in Einzelgesetzen ausdrücklich festgelegt ist[619]. Eine Einschränkung der Strafbarkeit von Unternehmen ergibt sich daraus, daß die strafrechtliche Verantwortung des Unternehmens grundsätzlich auf solche Delikte beschränkt ist, die mit Geldstrafe geahndet werden können[620]. Außerdem ergibt sich aus der Natur der Sache, daß solche Straftaten nicht erfaßt sind, die ihrem Wesen nach nicht von Körperschaften begangen werden können[621], etwa Meineid (*perjury*) oder Bigamie (*bigamy*). Der Wortlaut einer Norm, der als Täter *eine* Person verlangt, stellt hingegen kein Problem mehr dar. Der Interpre-

---

613 Vgl. etwa die Probleme des Nachweises der Funktion als *managing director* in JCL 96, 39 ff.

614 Ackermann, aaO, S. 84

615 So auch Heine, Strafrechtliche Verantwortlichkeit, S.228, 389

616 Smith/Hogan, Criminal Law, S. 185

617 Smith/Hogan, Criminal Law, S. 189; House of Lords in Armstrong v. Strain (1952) 1 All.E.R. 139; Divisional Court in H.M. Coroner for East Kent, ex p Spooner (1989) 88 CrAppR 10; a.A. Wells, Corporations and Criminal Resposibility, S.110-113; 132 f., die eine Unternehmensschuld aus Wissen und Einstellung aller Angestellter als Ganzes herleiten will oder auf die Unternehmenspolitik generell abstellen möchte, vom Divisional Court aber ausdrücklich verworfen wurde.

618 Eidam, Straftäter Unternehmen, S. 33

619 So etwa in s. 14 des Deer Act 1991 sowie in s. 195 des Broadcasting Act 1990; vgl. zu diesen gesetzlichen Bestimmungen auch Huber, LB 89/92, S. 664 f.

620 Schünemann, Unternehmenskriminalität, S. 194 ; Willms, Company, S. 30 ff., 42 ff.

621 Willms, Company, S. 69 ff

tation Act von 1889 nennt auch Personen, ob *corporate* oder *unincorporate*, so daß sich eine Deliktsanwendbarkeit grundsätzlich ergibt.

II) Sanktionsmöglichkeiten in Deutschland

1) Strafrecht

„Das geltende deutsche Recht kennt keine Strafbarkeit von juristischen Personen und Personenvereinigungen." Mit dieser Aussage von Roxin[622] läßt sich gleichermaßen kurz wie zutreffend die gegenwärtige Regelung[623] im deutschen Strafrecht beschreiben, die keine Kriminalstrafe gegen juristische Personen vorsieht. Die Darstellung der Frage der Unternehmensstrafbarkeit erfolgt in der Literatur im Zusammenhang mit der Problematik des strafrechtlichen Handlungsbegriffs[624]. Juristische Personen und Personenvereinigungen sind nur durch ihre Organe, die mit Wirkung für sie handeln, handlungsfähig, weil ihnen selbst die psychisch-geistige Substanz fehlt, so daß sie nicht selbst bestraft werden können. Akte juristischer Personen können keine Persönlichkeitsäußerungen sein und stellen keine Handlung im Sinne des personalen Handlungsbegriffs dar.

Die in der Strafe liegende sozialethische Mißbilligung läuft auch ins Leere, weil ein Schuldvorwurf nur gegenüber verantwortlichen Einzelpersonen erhoben werden kann, nicht gegen unbeteiligte Mitglieder oder eine Vermögensmasse. Eine Unvereinbarkeit der Strafbarkeit von Personenverbänden wird in der theoretischen Struktur des deutschen Strafrechts, vor allem dem Handlungs- und Schuldbegriff, gesehen[625].

2) Ordnungswidrigkeitenrecht

Seit längerem anerkannt im deutschen Recht ist hingegen die sog. Ordnungsstrafe gegen Verbände[626]. Besondere praktische Bedeutung kommt der Möglichkeit zu, gegen einen Verband nach § 30 OWiG eine Geldbuße zu verhängen, wenn ein gewisser Personenkreis innerhalb des Verbandes eine Straftat oder Ordnungswidrigkeit begangen hat, durch welche die Pflichten des Verbandes verletzt worden sind oder der Verband bereichert worden ist oder bereichert werden sollte[627]. Besonders deutliches Beispiel ist die Verletzung der Aufsichtspflicht nach § 130 OWiG als Grundlage der Verbandsgeldbuße[628]. Dabei gilt es besonders hervorzuheben, daß eine Verbandsgeldbuße auch

---

622 Jescheck, Strafrecht, § 23 VII 1

623 Umfassend zur geschichtlichen Entwicklung der straf- und ordnungswidrigkeitenrechtlichen Verantwortlichkeit juristischer Personen Göhler, Landesberichte, S. 100 ff.

624 Jescheck aaO, Roxin, AT,§ 8 III RdNr. 58-62

625 Jescheck aaO

626 Zur eigenen Bußgeldgewalt der Europäischen Gemeinschaft vgl. 3. Abschnitt.

627 Ausführlich Többens, NStZ 1999, S. 1, 5; Roxin, AT, § 8 III RdNr. 59 bezeichnet dies als Nebenfolge

628 Dazu ebenfalls Többens, aaO, 3; BGH NStZ 1986, 79; BGH NStZ 94, 346 ff., welches klarstellt, daß die
Verhängung einer Geldbuße gegen eine juristische Person oder Personenvereinigung gem. § 30 OWiG nicht davon abhängt, daß festgestellt wird, welcher von mehreren in Frage kommenden Verantwortli-

zulässig ist, wenn wegen der Tat ein Straf- oder Bußgeldverfahren gegen das verantwortliche Organ nicht eingeleitet wurde, eingestellt oder wenn von Strafe abgesehen wurde. Ein solches selbständiges Bußgeldverfahren gegen die juristische Person unterliegt allerdings der Einschränkung des § 30 IV OWiG, wenn das Delikt der vertretenden natürlichen Person aus rechtlichen Gründen nicht verfolgt werden kann.

Geleitet wird diese Vorgehensweise vom Zweck der Geldbuße, durch eine den Verband selbst treffende Sanktion, Straftaten und Ordnungswidrigkeiten der Organe, welche „im Interesse“ des Verbandes begangen wurden, wirksam entgegenzutreten und die dem Verband zugeflossenen Gewinne abzuschöpfen. Über § 9 OWiG sollen zudem Ahndungslücken durch das Prinzip der Zurechnung vom Normadressaten hin zum Vertreter, dem Zurechnungsadressaten vermieden werden, denn dadurch wird eine erweiterte Anwendungsmöglichkeit für Tatbestände erreicht, bei denen der Kreis möglicher Täter durch personenbezogene Merkmale eingeengt ist.

3) Das Handeln für einen anderen (Organ- und Vertreterhaftung)

§ 14 StGB verhindert eine Umgehung von Strafbarkeitsvoraussetzungen, indem er die Bedingungen regelt, unter denen einem Täter die persönlichen Merkmale eines anderen zugerechnet werden. Dabei wird unterschieden zwischen dem Vertreter und dem Beauftragten.

In Absatz I erfolgt eine Ausdehnung der Anwendbarkeit sämtlicher Strafbestimmungen, nach denen besondere persönliche Merkmale die Strafbarkeit begründen, auf vertretungsberechtigte Organe einer juristischen Person, Mitglieder eines solchen Organs, vertretungsberechtigte Gesellschafter einer Personenhandelsgesellschaft sowie auf weitere gesetzliche Vertreter, wenn die Vertreter in dieser Eigenschaft handeln und die besonderen persönlichen Merkmale zwar nicht bei ihnen, aber bei dem Vertretenen vorliegen. Dies bezieht sich allerdings nicht auf höchstpersönliche Merkmale, die gerade nicht dem Vertreter zur Last gelegt werden sollen, wenn sie nicht bei ihm vorliegen. § 14 II StGB dehnt die strafrechtlichen Tatbestände in gleicher Weise auf Beauftragte in Betrieben, Unternehmen und öffentliche Verwaltungen, die in einer Form an der Leitung beteiligt sind oder dienstliche Pflichten, die den Leiter betreffen, in eigener Verantwortung zu erfüllen haben, aus. Hintergrund ist die Delegation der Erfüllung strafrechtlich sanktionierter Pflichten in der modernen arbeitsteiligen Wirtschaft und Verwaltung. Nach § 14 III StGB genügen auch faktische Vertretungs- und Auftragsverhältnisse.

Neben der Strafbarkeit des Vertreters bleibt die strafrechtliche oder ordnungswidrigkeitenrechtliche (§ 130 OWiG) Verantwortlichkeit des Vertretenen, des Betriebsinhabers oder des Leiters der Verwaltungsstelle bestehen[629]. Dies erlangt Bedeutung, wenn der Vertretene es unterlassen hat, gegen eine Pflichtverletzung des Vertreters oder Beauf-

---

chen die Aufsichtspflicht nicht erfüllt hat. Notwendig ist allein die Feststellung, daß ein i.S. von § 30 OWiG Verantwortlicher die Zuwiderhandlung vorwerfbar begangen hat.

629 LK-Roxin § 14 RdNr. 43 m.w.N.

tragten einzuschreiten, die er kannte oder kennen mußte, da er Garant für die ordnungsgemäße Erledigung ist.

Die genannten Regelungen machen deutlich, daß das StGB bisher einen Ansatz wählt, bei der die natürliche Person im Mittelpunkt steht. Die Berücksichtigung eines dahinterstehenden Unternehmens erfolgt über die Rechtsfiktion der Ausdehnung der Anwendbarkeit persönlicher Merkmale. Dem Unternehmen als juristische Person kommt auch bei der Organ- und Vertreterhaftung keine eigenständige strafrechtliche Bewertung zu. Anknüpfungspunkt für das Ordnungswidrigkeitenrecht als Strafrecht i.w.S. können Pflichtverletzungen Einzelner im Unternehmen sein, die zu einer Unternehmensgeldbuße führen, denen aber die Qualität eines strafrechtlichen Vorwurfs fehlt.

III) Weitere Entwicklungsansätze

An sich ausgeschlossen war eine Bestrafung des Unternehmens in England, wenn es um eine Straftat ging, die die Anwendung körperlicher Gewalt voraussetzt, etwa Körperverletzungsdelikte oder Totschlag[630]. Eine Änderung der Haltung der Rechtsprechung war jedoch infolge des Zeebrügge-Verfahrens zu verzeichnen[631]. Der Anklage wegen fahrlässiger Tötung (*corporate involuntary manslaughter*)[632] folgte zwar ein Freispruch[633] für alle Angeklagten, doch kann allein die Aufnahme des Prozeßes als Wandel der Rechtsprechung verstanden werden, die Möglichkeit einer Strafbarkeit von Unternehmen auch bei Anwendung körperlicher Gewalt grundsätzlich anzuerkennen[634].

---

630 So Eidam, aaO, S. 34 unter Hinweis auf ders., Rechtsschutzversicherung RdNr. 1.1.52

631 Beim Unglück der britischen Kanalfähre „Herold of Free Enterprise" am 6.März 1987, bei dem 193 Menschen vor Zeebrügge ertranken, waren die Bugklappen der Fähre vor dem Auslaufen nicht ordnungsgemäß geschlossen worden. Im Jahr 1990 kam es zur Anklage der Reederei wegen fahrlässiger Tötung (*corporate involuntary manslaughter*). Vgl. auch Wells, ZStW 95, 676 ff.

632 Vorherige Fälle wie R. v. H. M. Coroner for East Kent, ex p. Spooner and Others (1989) 88 Cr.App.R. 10 hatten trotz Unterschieden tendenziell schon eine ähnliche Sicht, auch wenn in dieser Entscheidung ein Delikt des *corporate manslaughter* noch abgelehnt wurde; Strafverfolgungen von Minenbesitzer fanden in den 20er und 30er Jahren statt; 1965 stand ein Unternehmen vor Gericht und dieses nahm ohne rechtliche Stellungnahme die Möglichkeit eines Verfahrens an, welches dann aber aus Beweisgründen scheiterte (R. v. Northern Strip Mining Construction Co. Ltd, Glamorgan Assizes, February 1965 (*unreported*))

633 Wobei das Verfahren an fehlender Offensichtlichkeit des Risikoeintritts wegen mangelhafter Kommunikationsstrukturen, nicht an fehlender Strafbarkeit eines Unternehmens für eine nichtvorsätzliche Tötung scheiterte, vgl. Wells Crim.L.R 1996, 545, 551; a.A. insofern McColgan Crim.L.R. 1994, 547, 547, der den Hauptgrund des Scheiterns im englischen Ansatz der Verbandsstrafbarkeit sah.

634 So etwa Schmidt-Salzer, ES Produkthaftung, S. 122 ff.; die Ablehnung einer Unternehmensverantwortlich- keit bei Gewaltdelikten wurzelt noch in *books of authority* aus der Zeit von Coke (1601), wo *manslaughter* als „the killing of a human being by a human being gesehen" wurde. Zu den Nachweisen vgl. Smith/Hogan, Criminal Law, S. 188 Fn. 8, die früher der Notwendigkeit einer Unternehmensstrafbarkeit generell kritisch gegenüberstanden.

Der Bewußtseinswandel wurde durch dieses Verfahren eingeleitet. Nicht nur in der Literatur wurde über die Notwendigkeit und Ausgestaltung eines solchen Tatbestandes nachgedacht sowie über grundsätzliche Fragen der Strafbarkeit von Unternehmen[635].

Auch die *Law Commission*, die bei ihrer Arbeit den gegenwärtigen Rechtszustand sichtet, aber auch Änderungsvorschläge in ihre Konzeptionen aufnimmt, hat sich ausführlich der Thematik angenommen[636]. Auch wenn es noch nicht um geltendes Recht geht, soll den Vorschlägen weitergehende Aufmerksamkeit gewidmet werden, weil in einem dynamischen Prozeß der Rechtsentwicklung der Schritt hin zu einer Strafbarkeit von Unternehmen für Körperverletzungs- und Tötungsdelikte aus praxisnahen Gründen durchaus rasch vollzogen werden kann und die Vorschläge von Teilen der Literatur als wertvoll und innovativ begrüßt worden sind[637]. Aus den in einigen Verfahren sichtbar gewordenen Schwächen heraus sah die Kommission Gründe für die Neuschaffung eines Tatbestandes, weil mit den bisherigen Erklärungsmodellen eine sachgerechte Handhabung der Unternehmensstrafbarkeit nicht zu erreichen war[638].

Dabei soll die Schaffung eines neuen Tatbestandes den besonderen Charakteristika von Unternehmen Rechnung tragen. Denn auch die Identifikationstheorie als Teil der späteren Entwicklung wies Schwächen auf. So ist nur ein eingeschränkter Personenkreis zurechenbar. Ferner besteht die Gefahr, daß durch selbständige Strukturen innerhalb der Firma die Haftung umgangen werden kann. Als besonders unbefriedigend wird empfunden, daß es wegen der Beschränkung der Zurechenbarkeit auf gewisse Personen nach dieser Theorie nicht zu einer sauberen Wiedergabe der moralischen Verantwortlichkeit kommt, wenn die Ausführung durch einfache Arbeitnehmer erfolgte und die Prioritäten in hierarchischen Unternehmen von oben gesetzt werden, leitende Angestellte aber nicht faßbar sind, weil Organisationsdefizite deren Wissen verhindern[639].

---

635 Die Diskussion um die rechtlichen Grundlagen einer strafrechtlichen Verantwortlichkeit von Unternehmen währt bereits länger und konzentrierte sich nach deren allgemeiner Anerkennung auf die Frage nach dem vom Anwendungsbereich erfaßten Delikten. Ausführlich setzt sich Celia Wells, Corporations and Criminal Responsibility (Oxford 1993), mit Aspekten und Problemen auseinander, die durch die Verhängung strafrechtlicher Verantwortlichkeit über Unternehmen entsteht, ebenso in Crim.L.R 1993, 551 ff.
Das Buch hat zahlreiche weitere Beiträge evoziert: Gobert Crim.L.R. 1994, 722 ff., der die Schaffung neuer Deliktstatbestände für Unternehmen wegen bisheriger fehlender Praxisbewährung unterstützt; Sullivan OJLS 1995, 281 ff., der sich mit den einzelnen Thesen von Wells auseinandersetzt; ders., CLJ 96, 515 ff. mit ausführlicher Betrachtung der verschiedenen Verantwortlichkeitsansätze.

636 Law Commission, Legislating the Criminal Code: Involuntary Manslaughter, LawCom No. 237

637 Näher zu den Vorschlägen der Law Commission auch McColgan, Crim.L.R 1994, 547 ff.; ferner Stallworthy JCL 1997, 324 ff., der trotz Kritik bei Einzelheiten die grundlegende Neuordnung der Tötungsdelikte sowie die Reform der Grundlage der strafrechtlichen Unternehmensverantwortlichkeit begrüßt; Wells Crim.L.R 1996, 545 ff. hingegen sieht in dem Entwurf allenfalls einen Denkanstoß in die richtige Richtung, der -unter Hinweis auf den australischen Entwurf- aber nicht frei von Schwächen sei und in einigen Bereichen weiter durchdacht werden müsse, auch um Haftungslücken zu überwinden.

638 Das Identifikationsmodell würde wegen der personellen Begrenzung eine inakzeptable Beschränkung der Anwendungsbreite von Unternehmensverantwortlichkeit bei ungewollten Tötungsdelikten mit sich bringen, während die Einführung weiterreichender Prinzipien wie *vicarious liability* oder des Anhäufungsgedankens (*aggregation*) nur für einen Tatbestand abgelehnt wird.

639 Ausführlich zu Kritik auch Field/Jörg, Crim.L.R 1991, 156, 158

Neben der Frage nach der Kausalität des Verhaltens des Angeklagten für den Tod des Opfers war zu klären, wie bei der im selben Bericht vorgeschlagenen Neufassung der *killing by gross negligence* das Risiko des Todes oder einer schweren Verletzung für eine vernünftige Person in ihrer Position bei gleichzeitiger Fähigkeit zur Wahrnehmung des Risikos ersichtlich sein soll und ob dann das Verhalten weit unterhalb dessen gefallen sein muß, was vernünftigerweise von ihr in diesen Umständen erwartet werden kann[640].

Die Kommission äußert sich in der Begründung zudem mit dem Vorschlag einer gleichzeitigen Verantwortlichkeit der Firma und des Einzelnen, falls derjenige zu ermitteln ist, dem ein konkretes Fehlverhalten zur Last gelegt werden kann.

Die von Teilen der Literatur[641] geforderte *fault aggregation*, bei der eine mens rea des Unternehmens durch eine Ansammlung einzelner mentaler Elemente der Mitarbeiter gebildet wird, wird von der *Law Commission* abgelehnt. Die Befürworter betonen hingegen, daß eine Verurteilung wegen Nachlässigkeit bei möglichst vielen Mitarbeitern ansetzen muß, so daß erst die Anhäufung des schuldhaften Versagens (*culpable failure*) Einzelner zur Verantwortlichkeit des Unternehmens führen kann, weil das Unternehmen sonst nicht *culpable* ist.

Maßgeblich bei diesem Neuansatz ist, daß an die Art des Verhaltens angeknüpft werden soll, nicht an den Personenstatus des Handelnden. Die fehlende Schaffung von geeigneten Sicherheitsmaßnahmen wird als eigenes Versagen des Arbeitgebers gesehen, nicht als Zurechnung des Verhaltens des Arbeitnehmers[642].

Da es um die eigentlich problematischen Fälle geht, wo ein einzelner Verantwortlicher nicht vorhanden oder identifizierbar ist, kommt dem Management-Versagen als Kernstück des Vorschlags die Rolle der zentrale Neuerung zu[643].

Die Empfehlung der *Law Commission* lautet deshalb, neben der Aufgabe von *unlawful act manslaughter* und der Schaffung der neuen Tatbestände *reckless killing* und *killing by gross carelessness,* einen besonderen Tatbestand des *corporate killing* zu schaffen, der in Anlehnung an den neugestalteten *killing by gross carelessness* ausgestaltet sein soll. Ein todesverursachendes Verhalten, das weit hinter das zurückfällt, was vernünftigerweise erwartet werden kann, bei dem hingegen ungleich dem Individualdelikt nicht das Erfordernis, daß das Risiko offensichtlich war oder der Angeklagte fähig war, daß Risiko wahrzunehmen, verlangt werden sollte. Gleichzeitig soll wegen der Zwecke die-

---

640 aaO, Part VIII para. 8.2:
For the offence of killing by gross negligence, it must be proved
(1) that the defendant`s conduct caused the death,
(2) that the risk of death or serious injury would have been obvious to a reasonable person in her position, and that she was capable of appreciating that risk, and
(3) that her conduct fell far below what could reasonably be expected of her in the circumstances.

641 Etwa Field/Jörg Crim.L.R 1991, 156 ff

642 Vgl. aaO, para. 8.9

643 Inwieweit eine Orientierung am niederländischen Recht erfolgte, das bereits seit Mitte der 80er Jahre des 20. Jahrhunderts ein kollektives Management-Versagen zur Grundlage der strafrechtlichen Verantwortlichkeit machte, bleibt offen .

ses Delikts der Tod des Opfers als durch das Verhalten des Unternehmens als verursacht angesehen werden, wenn er durch ein Versagen hervorgerufen wurde, und zwar in der Weise, in welcher die Unternehmensaktivität gemanagt oder organisiert werden, um die Gesundheit und Sicherheit der Angestellten oder der von den Aktivitäten berührten Personen zu sichern[644].

Insgesamt läßt sich die Entwicklungsrichtung der *Law Commission* dahingehend charakterisieren, daß die individualistischen Kriterien einer stärkeren Betonung der kollektiven Unternehmensverantwortlichkeit gewichen sind, um kollektive Prozeße besser zu erfassen.

Gleichzeitig gilt es herauszustreichen, daß juristische Personen der Verfolgung nach allen drei Delikten ausgesetzt sein sollen, denn für *reckless killing* und *killing by gross negligence* bleibt es bei einer Strafbarkeit nach der traditionellen Identifikationstheorie.

Ob der allgemeinen rechtlichen Gleichbehandlung von natürlichen und juristischen Personen, wie zum Teil beklagt[645], eine unterschiedliche Verfolgungspraxis zugunsten letzterer gegenübersteht, kann hier nicht vertieft werden.

In der Rechtsentwicklung ist zu beachten, daß sich eine Tendenz zur Restriktion der Sanktionsmöglichkeiten immer mal wieder andeutet. Dies wurde gelegentlich auch in den früheren Reformvorschlägen der *Law Commission* deutlich[646]. Eine vollständige Abschaffung ist in England hingegen nicht geplant, weshalb die Aussage, daß die direkte Bestrafung von Verbänden zum unerschütterten Kernbestand des angloamerikanischen Strafrechts zählt[647], nach wie vor keinen Widerspruch zu erfahren braucht.

Die unmittelbare strafrechtliche Haftung der Verbände ist im gegenwärtigen englischen Recht somit weder ein dogmatisches noch ein rechtspolitisches Problem. Sie soll den Erwägungen gerecht werden, daß sich ein Unternehmen nicht auf einzelne Personen re-

---

644 aaO, S. 128 Corporate manslaughter
We recommend
(1) that there should be a special offence of corporate killing, broadly corresponding to the individual offence of killing by gross carelessness;
(2) that the corporate offence should be committed only where the defendant`s conduct in causing the death falls far below what could reasonably be expected;
(3) that the corporate offence should not require that the risk be obvious, or that the defendant be capable of appreciating the risk; and
(4) that, for the purposes of the corporate offence, a death should be regarded as having been caused by the conduct of a corporation`s activities are managed or organised, to ensure the health and safety of persons employed in or affected by those activities.

645 Ashworth, Principles, S.112/113 begründet dies mit den substantiellen Unterschieden auch der begangenen Deliktstypen.

646 Etwa der Bericht der *LawCom* No. 44 von 1972, welcher derzeit nicht mehr im Internet eingestellt ist.

647 So die Einschätzung von Schünemann, Unternehmenskriminalität, S. 196; kritisch zu der Notwendigkeit hingegen Smith/Hogan, Criminal Law, S. 190

duzieren läßt, sondern eigene Ziele et c. verfolgt, so daß dessen Kapazität die Grundlage der Verantwortlichkeit darstellen soll.

IV) Deutsche Reformvorschläge

Eine strafrechtliche Zurechnung korporativen Verhaltens in Deutschland ist dagegen auch nach Ansicht von Kritikern nicht ausgeschlossen, wenn auf einfachgesetzlicher Ebene „andere Regeln und Kategorien" eingeführt werden. Gedanken zu diesem Themenbereich aus einfachrechtlicher Sicht, die zum Teil weit auseinanderliegen, wurden bereits zahlreich angestellt[648], sollen angesichts der maßgeblichen verfassungsrechtlichen Sichtweise hier nur stichwortartige Darstellung erfahren.

Die Vorschläge reichen von einem Maßregelmodell als zweiter Spur[649], einer stärkeren Betonung der Geldbuße als wirtschaftsaufsichtsrechtlichem Sanktionsinstrument[650] über eine direkte Bestrafung von Verbänden[651] durch Gleichbehandlung mit realen Personen[652] mittels eines schlichten Zurechnungsmodells oder eines Schuldanalogiemodells[653], daß auf ein eigenes Organisationsverschulden des Verbandes abstellt oder eigener korporativer Zurechnungsregeln[654] bis hin zu einer separaten Spur[655] des Verbandsstrafrechts einer selbständigen Dogmatik.

Auch die Frage der Notwendigkeit des Schrittes zur Strafbarkeit juristischer Personen soll nicht im Vordergrund stehen. Ob es kriminalpolitisch sinnvoll ist, den Verbänden mit ihrem juristisch selbständigen Vermögen die Gewinne wieder abzunehmen, die ihnen durch Straftaten ihrer Organe zugeflossen sein können oder ob dies auch auf andere Art und Weise als durch Strafe erreicht werden kann, läßt Raum für unterschiedliche Überlegungen[656]. Der Wandel hin zum modernen Wirtschaftsleben hat die Rolle und die Strukturen moderner Wirtschaftsunternehmen nachhaltig verändert[657]. Internationa-

---

648 So etwa bei Volk, JZ 1993, 429, 435 sowie bei Hirsch, Personenverbände S. 23 ff.; Strathenwert, R-Schmitt -Festschrift S. 297 ff.; Otto, Strafbarkeit von Unternehmen, S. 22; eine Darstellung mit der Zusammenfassung der wesentlichen Meinungen findet sich bei Roxin, AT, § 8 III RdNr. 60 ff.

649 LK-Schünemann § 14 RdNr. 78, ders. 1994, 285 ff.; Stratenwerth, Rudolf-Schmitt-Festschrift 1992, 295

650 Otto, Unternehmen, 1993

651 Schroth, Unternehmen, 1993

652 Hirsch, Personenverbände; ders. ZStW 107 (1995), 285 ff.

653 Tiedemann, NJW 1988, 1169; ders. ZStW 1998, 497 ff. (Generalbericht)

654 Volk, JZ 1992, 429

655 Heine, Verantwortlichkeit, S. 271 ff.

656 Zum umfangreichen Schrifttum siehe u.a. Fußnoten unter 16. Abschnitt C II

657 Die strafrechtliche Praxis liefert auch in Deutschland immer wieder Fälle, die den Sinn der gegenwärtigen Handhabung fraglich erscheinen lassen. Bei den Großbanken etwa haben die Prozesse um sog. Steuerflucht, über die auch die Tagespresse u.a. im Jahre 1999 und 2004 berichtete, genau jene Strukturen deutlich gemacht, die es fraglich erscheinen lassen, ob nur ein einzelner Bankangestellter, der die Sache bearbeitet hat, belangt werden soll, wenn er bei einer Beihilfe zur Steuerhinterziehung auf ein internes Verschleierungssystem zurückgreifen kann, welches zur Firmenpolitik gehört.
Auch die strafrechtliche Belangung führender Mitarbeiter, wie sie teilweise gefordert wird, führt bei einem individuellen Ansatz eher zu einer Opferauswahl nach dem Leitgesichtspunkt, wer für das Unternehmen am ehesten zu verschmerzen ist, sich strafrechtlich opfert und sich den damit verbundenen An-

lisierung und Globalisierung sind ebenfalls Faktoren, die die wachsende Eigenständigkeit von Unternehmen unterstreichen, weil sie weder Staatsgrenzen noch die Grenze von Rechtsräumen beachten[658].

Unlängst warnte erst Kempf[659] vor der Einführung einer eigenständigen Strafbarkeit von Unternehmen. Er sieht elementare strafrechtliche Prinzipien, die dieses zugleich begrenzen sollen, aufgegeben, wenn nicht mehr Schuld und Strafbarkeit einzelner Personen zugerechnet und nachgewiesen werden müßten. Einer fortschreitenden Ausweitung des Strafrechts ins Wirtschaftsleben hält er die durch Gesetzgeber und Rechtsprechung geschaffenen, bereits bestehenden Wege zur Belangung von Unternehmen entgegen. Neben den Verbandsgeldbußen des Ordnungswidrigkeitenrechts ist dies auch der erweiterte Verfall oder die Zahlung von Geldstrafen und Verteidigerkosten ihrer Manager durch Unternehmen. Die bereits bestehenden Möglichkeiten[660] ermöglichen den Entzug der finanziellen Mittel, der ein Unternehmen zerstören kann, wie etwa die exorbitant hohen Bußgelder des deutschen und europäischen Wettbewerbsrechts. Als Anregung zur strafrechtlichen Belangung weist er auf die vom BGH bei den Mauerschützenfällen präzisierten Anforderungen der mittelbaren Täterschaft hin, die auch Probleme der Verantwortlichkeit beim Betrieb wirtschaftlicher Unternehmen lösen.

C) Rechtfertigungs- und Entschuldigungsgründe innerhalb der Verteidigungseinreden

I) Allgemeines

Im Bereich der *defences* hat sich in den letzten zwanzig Jahren eine tiefgreifende Entwicklungsänderung vollzogen. Einer der Kernpunkte der Diskussion war die Frage, ob ein vollendeter oder versuchter Mord[661], der in einem Nötigungsnotstand begangen wurde (*duress by threats*), also Fälle, in denen der Täter unter dem Eindruck einer Drohung hinsichtlich seines Lebens oder seiner körperlichen Unversehrtheit durch einen Hintermann handelt, zum Vorliegen einer Verteidigungseinrede führt. Sowohl das *Hou-*

---

sehensverlust einem „goldenen Handschlag" gleich versilbern läßt. Die Verbandsgeldbuße des Ordnungswidrigkeitenrecht ist damit oft die adäquateste Reaktion. vgl. F.A.Z. vom 09. Juli 2003, Nr. 156, S. 17. Diese aktuelleren Fälle seien exemplarisch genannt, um die nicht zu leugnende Problematik auch nach deutschem Verständnis sichtbar zu machen.

658 Ob die Behandlung multinationaler Konzerne eine Berücksichtigung durch das Strafrecht erfordert oder gar eine Qualifizierung als Völkerrechtsubjekt ist eine andere Frage, wurzelt aber auch in dem scheinbaren Bedürfnis für einen anderen Umgang mit diesen Unternehmen.

659 F.A.Z. vom 09. Juli 2003, Nr. 156, S. 17

660 So auch Göhler, Landesberichte, S. 104/105, der den Zweck einer Sanktion auch mit Hilfe der Geldbuße erreicht sieht.

661 Grundlage ist trotz Wandlungen der einzelnen Begriffsmerkmale die klassiche Definition von Coke: „Murder is when a man of sound memory, and of the age of discretion, unlawfully killeth within any county of the realm any reasonable creature in rerum natura under the king`s peace, with malice aforethought, either expressed by the party or implied by law...", vgl. Smith/Hogan, Criminal Law, S. 337 ff.; somit erfaßt *murder* auch Fälle, die nach deutschem Verständnis Fälle des Totschlags sein können.

se of Lords und als auch das *Privy Council* haben sich mit dieser Fragestellung auseinandergesetzt[662].

Der Gang der höchstrichterlichen Rechtsprechung ist nicht von einer einheitlichen Linie gekennzeichnet, sondern wählte unterschiedliche Anknüpfungspunkte. In der Entscheidung Lynch entschied das *House of Lords*, daß sich der Teilnehmer an einem Mord auf das Vorliegen eines Falles von Nötigungsnotstand berufen kann, wenn er sich unter dem unmittelbaren Eindruck einer Drohung gegen sein Leben oder seine körperliche Unversehrtheit entschließt, an einem Mord mitzuwirken. Hierbei wurde allerdings die Behandlung eines Haupttäters bewußt offengelassen[663].

Diesbezüglich äußerte sich der *Privy Council* in der Entscheidung Abbott 1976[664] und stellte deutlich heraus, daß der Nötigungsnotstand, der sonst als *complete defence* die Strafbarkeit sämtlicher Tatbeteiligter vollständig ausschließt, für den Haupttäter nicht anwendbar sein soll. Eine solche unterschiedliche Behandlung von Haupttäter und Teilnehmer stieß jedoch schnell unter dem Hinweis auf eine willkürliche Praxis auf Ablehnung[665]. Das *House of Lords* mußte sich entscheiden, entweder auch dem Haupttäter eine Berufung auf den Nötigungsnotstand zu gewähren oder die Anwendbarkeit des Nötigungsnotstand sämtlichen Beteiligten an einem Mord zu verwehren. Das *House of Lords* wählte den strengeren Ansatz und billigte dem Nötigungsnotstand bei Mord nicht einmal strafmildernde Wirkung zu. Eine Handhabung wie bei der Reduzierung der Strafbarkeit von Mord zu *manslaughter* entsprechend einer Anwendung der Regelung zum provozierten Totschlag wurde vom Gericht für den Nötigungsnotstand explizit ausgeschlossen[666].

Da das Strafmaß für Mord im Gegensatz zu anderen Delikten zwingend festgelegt ist und zu einer Verurteilung mit lebenslanger Freiheitsstrafe führt, erhält auch derjenige eine Bestrafung, der einzig und allein unter dem Eindruck einer Drohung auf sein Leben oder seine körperliche Unversehrtheit Handlungen vorgenommen hat.

Interessant ist in diesem Zusammenhang, daß das *House of Lords*, um diese Entscheidung ergehen lassen zu können, ausdrücklich von der eigenen früheren Rechtsprechung in Lynch abweichen mußte. Wegen der grundsätzlichen Bindung des obersten Gerichts an seine eigenen Entscheidungen wurde die Anwendung des *Practice Statement* notwendig, daß dem Gericht seit 1966 die Möglichkeit einräumt, im Einzelfall die Bindungswirkung seiner eigenen, früheren Entscheidungen aufzuheben. Wegen des bisher

---

662 House of Lords in D.P.P. v. Lynch (1975) A.C. 653; Privy Council in R. v. Abbott (1977) A.C. 755; House of Lords in R. v. Howe (1987) A.C. 417; als Fall hinsichtlich versuchter Tötung das *House of Lords* in R. v. Gotts (1992) 1 All.E.R. 832

663 Vgl. D.P.P. (1975) A.C. 653, 685

664 (1976) 3 W.L.R 462

665 So in der Rechtsprechung in R. v. Graham (1982) 1 All.E.R.801, 804; in der Literatur etwa bei Smith/Hogan, Criminal Law, S. 235.

666 R. v. Howe (1987) A.C. 417, 435, 445, 456; zu Figur der *provocation* vgl. Smith/Hogan, Criminal Law, S. 361 f.; Eine Anwendung von *duress* scheidet somit bei *murder, attempted murder* und einigen Formen des Landesverrats (*treason*) aus.

nur sehr zurückhaltenden Gebrauchs vom *Practice Statement* wird die in verschiedener Hinsicht bestehende Bedeutsamkeit der Entscheidung unterstrichen[667].

Auch eine andere Entwicklung auf dem Gebiet des Notstandsrechts verdient verstärkt Beachtung. Als völlig neue Form des Notstandes wurde in der Entscheidung Willer 1986[668] eine eigenständige Verteidigungseinrede entworfen: der *duress of circumstances*. Dem englischen Strafrecht sind nach neuerer Sicht drei verschiedene Notstandseinreden bekannt, welche alle eine Regelung durch das *common law* erfahren: Nötigungsnotstand (*duress by threats*), rechtfertigender Notstand (*necessity*) und der am ehesten als mit „Notstand durch Umstände" zu übersetzende *duress of circumstances*.

II) Darstellung der einzelnen Notstandsarten

Die Darstellung des Anwendungsbereichs und der Abgrenzung der genannten Figuren des Notstandsrechts gestaltet sich schwierig. Zum einem besteht hinsichtlich der genannten drei Figuren keine einheitliche Terminologie in Rechtsprechung und Literatur[669]. Zum anderen handelt es sich um einen Bereich, der wie schon erwähnt, innerhalb der Rechtsprechung in den letzten Jahren einen erheblichen Wandel erfahren hat, und der an und für sich nur durch die Kenntnisnahme und differenzierte Analyse der entsprechenden Entscheidungen nachvollzogen werden kann. Von der Untersuchungsrichtung dieser Arbeit her interessiert vor allem, ob die genannten Figuren möglicherweise jene Lebenssituationen abdecken, die im deutschen Recht durch die Regelungen des rechtfertigenden und entschuldigenden Notstandes betroffen werden. Insofern soll die Aufmerksamkeit weniger auf die Abgrenzung der Figuren als solcher gerichtet werden, sondern darauf zu ermitteln, welche Ereignisse nicht mehr von einer der drei Figuren abgedeckt werden und eine anderweitige Lösung erfahren, welche vor dem Hintergrund des Aufdeckens anderer Lösungsansätze und ihrer Übertragung in eine andere Rechtsordnung von Bedeutung sein können.

Die Darstellung beschränkt sich hinsichtlich des Anwendungsbereichs und der Abgrenzung daher auf das zum Verständnis notwendige ohne den Anspruch zu erheben, die Entwicklung in allen Facetten nachzeichnen zu wollen. Terminologisch orientiert sie sich an der in der Literatur vorgenommenen Einteilung von *necessity* und *duress of circumstances*, wobei letztere wegen der sachlichen Verschiedenheit als verschiedene Verteidigungseinreden gesehen werden[670]. Im folgenden soll deshalb kurz ein Überblick über die unterschiedlichen Inhalte erfolgen.

---

667 Zum Practice Statement 7. Abschnitt II; diese Entschätzung teilt Bailey/Gunn, English Legal System, S. 393 ff.

668 (1983) 83 Cr.App.R. 225

669 Während in der Rechtsprechung eine Bezeichnung des jüngst von ihr entwickelten *duress of circumstances* teilweise als Form von *necessity* erfolgt, ist inhaltlich dessen Anlehnung an die Voraussetzungen des duress of threats nicht zu übersehen; in R. v. Rodger and Rose (1998) 1 Cr.App.R. 143 wurde unlängst diese Sichtweise bestätigt; vgl. Smith/Hogan, Criminal Law, S. 245; für Reed JCL 1997, 209, 221 ist *duress of circumstances* identisch mit *necessity*

670 Smith/Hogan, Criminal Law, S. 246 unterscheiden nach der Richtung, aus der sich das Übel ankündigt; weiterhin Clarkson/Keating, Criminal Law, S. 274, 347

1) *duress by threats* (Nötigungsnotstand)

Eine Berufung des Täters auf diese Verteidigungseinrede setzt voraus, daß er durch einen Hintermann zur Begehung der Straftat genötigt wurde. Das *common law* verlangt diesbezüglich, daß der Hintermann gegenüber der genötigte Person eine Drohung mit dem Tode oder einer ernsthaften Körperverletzung (*serious bodily harm*) vornimmt. Als ausreichend angesehen wird auch die Bedrohung einer dritten Person, ohne daß es zwischen dem Täter und dem bedrohten Dritten einer persönlichen Beziehung bedarf.

Die Bedrohung anderer Rechtsgüter der genötigten Person wie etwa des Eigentums kann hingegen selbst dann nicht genügen, wenn eine Güterabwägung eindeutig zugunsten der genötigten Person ausfallen würde[671]. Kennzeichnend für die Figur des Nötigungsnotstandes ist auch, daß der Täter infolge der Nötigung die Straftat gleichsam im Auftrag des Hintermannes[672] zur Ausführung bringt.

2) *necessity* (rechtfertigender Notstand)

Necessity, der als Form des rechtfertigenden Notstandes zu verstehen ist, wird von der Rechtsprechung nur in wenigen, eng begrenzten Sachverhaltskonstellationen anerkannt, die sich einer Verallgemeinerung gleichwohl entzieht[673]. Unausgesprochen wird darin eine Straflosigkeit ermöglicht, wenn der Täter zur Rettung eines höherwertigen Rechtsgutes gehandelt hat[674].

In Unterscheidung zu *duress by threats* ist bei *necessity* hervorzuheben, daß die Gefahr für das bedrohte Rechtsgut nicht durch eine andere Person, sondern durch Umstände gebildet wird, wie sie sämtliche Gefahrenquellen, etwa Naturkatastrophen oder Unfälle, darstellen können. Bei dieser Form des Notstandes *duress* wurde in Entscheidungen[675] auch ein Überwiegen des bedrohten Rechtsgutes gegenüber dem verletzten verlangt, welches angesichts der Rechtsgüter Leben und körperliche Unversehrtheit hohe Anforderung an das verletzte Rechtsgut stellt, was bei *necessity* hingegen nicht zugrunde liegt.

---

671 So Watzek, Rechtfertigungs- und Entschuldigungsgründe, S. 135 Fn. 176 unter Hinweis auf D.P.P. v. Lynch (1975) A.C. 653 , 686 f.; vgl. weitere Nachweis aaO; zum Problem der *proportionality* auch R.v. Abdul -Hussain Crim.L.R 1999, 570, wo das Gericht zum wiederholten Male eine gesetzliche Regelung der *necessity* anmahnt. Anders hingegen bei der Notwehr, vgl. Kerll, Notwehrrecht, S. 24 ff.

672 Eine Bestrafung des Hintermannes kann dann als mittelbarer Täter erfolgen, denn auch im englischen Strafrecht findet die mittelbare Täterschaft als *doctrine of innocent agency* Anwendung , vgl. die ausführlichen Ausführungen bei Allridge, The Doctrine of Innocent Agency, Criminal Law Forum 1990, S. 45 ff.

673 So die Einschätzung von Watzek, aaO; gestützt wird dies durch die bisherige fehlende Anerkennung eines allgemeinen *defence necessity* unter Hinweis auf die außergewöhnlichen Fallumstände; hinsichtlich einer ausführlichen rechtshistorischen Zusammenfasung über die Entwicklung von *necessity* wird verwiesen auf Williams, (1953) 6 Current Legal Problems, S. 216-223

674 Nicht so eindeutig liegt der Fall bei der Wegschließung geistig Kranker, JCL 1998, 566 f.

675 Maßgeblich R.v. Howe (1987) A. C. 417

3) *duress of circumstances* (Notstand durch Umstände)

Wegen des marginalen Anwendungsbereichs der *necessity* ist die Bestrebung der Rechtsprechung verständlich, einen weiteren Ansatzpunkt für eine Notstandseinrede zu finden[676]. Die Orientierung an den Merkmalen des *duress of threats* hat zur Folge, daß auch bei dieser Konstellation eine Gefahr für das Leben oder die körperliche Unversehrtheit des Täters oder einer dritten Person bestehen muß. Betrachtet man die Sachverhalte der von der Rechtsprechung behandelten Fälle[677], dann bleibt festzuhalten, daß die Gefahr in allen bisher behandelten Fällen zwar ebenfalls von einer anderen Person ausging.

Im Gegensatz zum *duress of threats* ist der Täter jedoch nicht als ein vom „Hintermann" gewolltes Werkzeug zur Tatbegehung zu sehen. Hinsichtlich dieses „Hintermannes" ist vielmehr von einem Urheber zu sprechen, der nicht im strengen Sinne des technischen Begriffs zu verstehen ist. Die Begehung der Straftat findet beim *duress of circumstances* während des Versuchs des Täters statt, sich der Bedrohung durch den Hintermann als Urheber zu entziehen, um nicht Schaden zu leiden. Deutlich wird diese Konstellation etwa im Fall Conway[678], in dem der Täter sich auf der Flucht vor dem Urheber befindet und dabei eine Überschreitung der im Straßenverkehr zulässige Höchstgeschwindigkeit vornimmt.

Die Unterscheidung der Notstandsformen *duress by threats* und *duress of circumstances* war Inhalt der Entscheidung Cole[679].

Wie bereits erwähnt, soll hier keine weitergehende Vertiefung stattfinden[680].

Deutlich wird hier, daß die Rechtsprechung ersteren nur annimmt, wenn die beauftragte Tat näher bezeichnet wird und letztere als eine spontane Reaktion in zeitlicher Nähe[681] der Bedrohung stattfindet . Eine Güter- und Interessenabwägung, die etwa bei rechtfertigenden Notstand im deutschen Strafrecht eine Rolle spielt, wird zwar in der Literatur erörtert, ist aber im englischen *common law* nicht anerkannt[682].

---

676 Weshalb *duress of circumstances* von der Rechtsprechung als Teil eines breiteren *defence* von *necessity* gesehen wird, vgl. auch JCL 1998, 247 f.

677 Zu nennen sind die Entscheidungen R. v. Willer (1986) 83 Cr.App.R. 225; R. v. Conway (1988) 3 All.E.R. 1025; R. v. Martin (1989) Crim.L.R. 284; R. v. Pommell (1996) 60 JCL 173 sowie D.P.P v. Bell (1992) Crim.L.R. 176

678 R. v. Conway (1988) 3 All E.R. 1025

679 R.v. Cole (1994) Crim.L.R.

680 Vgl. die ausführliche Fallanalyse bei Watzek, Rechtfertigungs- und Entschuldigungsgründe, S. 137

681 Unlängst zur Abgrenzung von *imminence* or *immediacy* (sprachlich beide mit Unmittelbarkeit zu übersetzen, erstere freilich als weniger nahestehend) R. v. Abdul-Hussain, Aboud, Hasan, Naji, Muhssin, Hoshan Crim.L.R 1999, 570 f.

682 Smith/Hogan, Criminal Law, S. 208 äußern: „No such principle exists or is likely to be developed by English Courts"; dazu auch Cohen, The Development of the Modern Doctrine of Necessity: A Comparative Critique, S. 976 ff. in: Eser/Fletcher, Rechtfertigung und Entschuldigung; deutlich auch in DPP v. Bristow (1997) 161 JP 35, wo auch eine kurze Trunkenheitsfahrt zur Rettung der Tochter nicht gegen die Risiken abgewogen wird; bei Trunkenheitsfahrten geht die englische Rechtsprechung allerdings im

Dem entschuldigenden Notstand § 35 StGB des deutschen Strafrechts liegt hingegen von der systematischen Stellung und dem teleologischen Gehalt eine Konzeption als Schuldausschließungsgrund zugrunde. Zur Exkulpation setzt die Vorschrift voraus, daß die vorrangige Frage nach der Rechtfertigung des Täterverhaltens ausdrücklich verneint wurde und somit das Vorgehen des Täters getadelt und für sozialschädlich erklärt wurde[683]. Eine Rettung vor schwerer Leibesgefahr durch die Tötung eines Unbeteiligten als stärkstes Beispiel soll nach den Maßstäben der Rechtsordnung nicht zulässig sein. Die Straffreistellung beruht nicht auf fehlender Mißbilligung der Tat durch die Rechtsordnung, sondern das Verhalten wird trotz gesetzlicher Mißbilligung nicht als strafbedürftig gesehen.

Die ratio ist allerdings eher umstritten, denn während manche an eine Reduzierung der Fähigkeit des normgemäßen Verhaltens anknüpfen, geht die herrschende Ansicht von einer doppelten Schuldminderung aus. Diese liegt begründet im seelischen Druck und in der Bewahrung eines anderen Rechtsguts trotz Zerstörung eines selbigen, wobei eine geringfügige Lebensgefahr zur Erfüllung der Voraussetzungen des § 35 StGB ausreicht. § 35 StGB will den Täter einer Diskriminierung durch ein strafrechtliches Schuldurteil entziehen. Praktisch stehen die vom Menschen ausgehende Gefahren im Mittelpunkt, so daß auch die durch eine Morddrohung erzwungene Tötung eines Dritten erfaßt wird[684].

Dies ist auch Folge der Entwicklung des normativen Schuldbegriffs in den ersten Dekaden des 20. Jahrhunderts. In der als bahnbrechend bezeichneten Arbeit von Frank im Jahre 1907 „Über den Aufbau des Schuldbegriffs" wurde die erste maßgebliche Grundlage für ein neues Schuldverständnis gelegt. Impulsgebend war dabei der allmählich Anerkennung findende entschuldigende Notstand, welcher im Rahmen des bisherigen Schuldbegriffs nicht erklärbar gewesen war. Der Schuld muß mehr eingeräumt sein als die bloße Summe von Vorsatz und Fahrlässigkeit. Die Zurechnungsfähigkeit als solche kann nicht, wie bis dahin geschehen, als Schuldvoraussetzung gesehen werden, sondern ist selbst ein Teil der Schuld.

4) Bewertungsmaßstab bei *duress*

Zusammenfassend für die beiden Formen von *duress* des englischen Rechts kann man sagen, daß der Täter einer gegenwärtigen Bedrohung seines Lebens oder seiner körperlichen Integrität ausgesetzt sein muß, ohne daß diese Bedrohung zwingend die alleinige Ursache der Handlung der Täters zu sein braucht[685]. Weiteres gemeinsames Erfordernis muß sein, daß es dem Täter unzumutbar war, der Drohung standzuhalten. Die Zumutbarkeitsprüfung der Rechtsprechung läßt sich anhand eines als gemischt objektiv-

---

Zweifel immer gegen den Fahrer vor, so daß auch eine Abwägung eine Verurteilung nicht zwingend verhindert hätte, JCL 1997, 249, 251

683 Tröndle/Fischer, StGB, § 35 RdNr. 9; Roxin, AT, § 22 RdNr. 1

684 RGSt 64, 30

685 Näher zu den objektiven Kriterien wie Art und Weise des Vorgehens, Minimalhöhe des drohenden Schadens, des Glaubens an die Gefahr und deren Eintritt und zum Verbot der Bestrafung aus moralischer Intuition bei Smith Crim.L.R 1989, 622, 625

subjektiven zu charakterisierenden Prüfungsmaßstabes, des *reasonable man test*, ermitteln.

Auf diesen soll an dieser Stelle noch etwas näher eingegangen werden, denn wie bereits an anderer Stelle deutlich wurde[686], ist der Widerstreit von subjektiver und objektiver Blickrichtung grundlegend im englischen Strafrecht und es kann bei einem solchen Maßstab durchaus eine weitergehende Problemlösung berücksichtigt sein.

Die Frage, die innerhalb der Zumutbarkeitsprüfung bei *duress* gestellt wird, geht dahin, ob auch ein objektiver Dritter mit eine durchschnittlichen Charakterstärke (*reasonable firmness*) in der Situation des Täters der Drohung nachgegeben hätte[687]. Eine subjektive Stoßrichtung wird dieser Prüfung dadurch gegeben, daß der objektive Dritte, der mit der Bezeichnung *reasonable man*[688] verbunden wird, gewisse persönlichen Eigenschaften wie etwa Alter oder Geschlecht des Täters bekommt.

Die Zuständigkeit für diese Zumutbarkeitsprüfung fällt im prozessualen Ablauf in den Bereich der Geschworenen. Inhaltlich versucht die Prüfung eine Einordnung vorzunehmen, der entsprechend dem Täter die Tat nur dann nicht vorgeworfen werden kann, wenn auch ein objektiver Dritter mit durchschnittlicher Charakterstärke in der Situation des Täters sich nicht in der Lage befunden hätte, ein rechtskonformes Verhalten auszuüben.

Sämtliche Charaktereigenschaften des Täters, welchen in einem Zusammenhang mit dessen persönlichen Widerstandsvermögen stehen, sollen deshalb bei der Zumutbarkeitsprüfung keine Berücksichtigung finden[689]. Eine in besonderem Maße formbare Persönlichkeit, welche der Drohung des Hintermannes nicht standhalten konnte, bleibt im Rahmen der Zumutbarkeitsprüfung außer Betracht[690]. Raum für die Berücksichti-

686 Siehe den Inhalt der mens rea-Formen unter 10. Abschnitt II 3

687 R. v. Graham (1982) 1 All E.R. 801, 806, als Prüfungsmaßstab bestätigt durch das *House of Lords* in Howe (1987) A.C. 417, 426 und 459

688 Jescheck, Entwurf, S. 71 ff. spricht in diesem Zusammenhang vom *ordinary citizen*, stellt aber ebenfalls heraus, daß es nicht auf die spezifisch persönlichen Eigenschaften der genötigten Person ankommt; kritisch zum Maßstab der Rechtsprechung und mit eigenen Erneuerungsvorschlägen Smith, Crim.L.R 1989, S. 622, 625

689 In R. v. Bowen (1996) 4 All.E.R. 837 ging es um die Frage, ob auch ein niedriger IQ als Charakteristikum des Angeklagten gelten kann und damit die objektive Komponente des Tests schwächt, was vom Gericht abgelehnt wurde. Als Faktoren, die ein Widerstehen des ausgeübten Drucks beeinflußen, sind relevant: Alter (wegen der Schwäche der Jugend), Geschlecht (etwa Schwangerschaft und Furcht um das ungeborene Kind), ernsthafte körperliche Beeinträchtigungen (weil sie den Selbstschutz beeinträchtigen) oder erkannte Geisteskrankheiten bzw. psychische Schwächen. Ohne Berücksichtigung sollen bleiben: *pliancy*, Schüchternheit, Verletzlichkeit sowie selbstherbeigeführter Mißbrauch diverser Substanzen. Dabei wurde ein eindeutig anderer Ansatz als beim objektiven Test des *partial defence provocation* betont, JCL 1997, 178 f.; vgl. auch Clarkson/Keating, Criminal Law, S. 325 m.w.N.
Kritisch unter Ablehnung der Entscheidung Bowen zur bisherigen Behandlung erkannter Geisteskrankheiten und für eine Parallelität mit *provocation* zur Stärkung der Konsistenz des Rechts und Verobjektivierung des Tests Buchanan/Virgo, Crim.L.R 1999, 517 ff.

690 Extreme subjektive Empfindungen wie eine Traumatisierung bei Bedrohung als persönliche Reaktion sollen nicht dazugehören, vgl. Besprechung von DPP v. Enston, JCL 1997, 35 ff.

gung persönlicher Schwächen und außergewöhnlicher Konstitutionen bleibt an dieser Stelle somit nicht.

Im Persönlichen wurzelnde Umstände dieser Art gewinnen allerdings außerhalb der Verteidigungseinrede wieder an Bedeutung, nämlich auf der Strafzumessungsebene können, etwa bei der Festlegung des *tariff*[691]. Ausnahmen, wo die krankhafte Veränderung der Persönlichkeit dennoch eine Einbeziehung in den *reasonable man test* erfahren hat, lassen sich nur vor dem Hintergrund der besonderen Tatumstände des Sachverhalts verstehen und sind auch als eindeutige Abweichungen vom Grundsatz zu behandeln[692].

Versperrt bleibt die Berufung auf die Verteidigungseinrede, wenn der Täter der Drohung des Hintermannes auf andere Weise entgehen konnte oder wenn er einer kriminellen Vereinigung beigetreten ist, wissend, daß deren Mitglieder bei der Begehung ihrer Straftaten Gewalt anwenden und ihm bei einen Ausstieg aus diesem Kreis wohl auch eine gewaltsame Deliktsbegehung zwangsweise aufgebürdet werden würde[693].

Kritiker werfen der Rechtsprechung vor, bisher keinen klaren Maßstab für die Beurteilung geliefert zu haben, was sich schon darin äußert, daß die Voraussetzungen sich dann zeigen, wenn sie erkennbar sind, sich aber einer analytischen Beschreibung entziehen[694]. Die Notwendigkeit der Berücksichtigung der Umstände des Einzelfalls führen letztlich dazu, daß generell nicht ein Katalog von Einzelvorgaben maßgeblich ist, sondern eine Lösung nach dem Gerechtigkeitsgefühl erfolgt, welcher in der Regel diesen Vorgaben entsprechen soll.

5) Rechtsprechungsanalyse zur Anwendbarkeit von *duress* bei Mord

Watzek setzt sich ausführlich mit der maßgeblichen Entscheidung Howe auseinander, welche zu der Anwendbarkeit von *duress* bei Mord Stellung bezieht[695]. In der englischen Literatur war seit Alters her bereits durch die Meinungen der Rechtsgelehrten Ha-

---

691 Vgl. R. v. Horne (1994) Crim.L.R. 586 mit Urteilsanmerkung J. C. Smith; dazu auch Smith Crim.L.R 1989, 622, 627

692 R. v. Emery (1993) 14 Cr.App.R. (S.) 394; vgl. zu den Besonderheiten ausführlich Watzek, aaO, S. 140 ff.

693 Deutlich in R. v. Sharp (1987) 3 W.L.R. 1 mit Besprechung in CLJ 1987, S. 379 ff.

694 Smith Crim.L.R 1989, 622, 624 bemängelt die unglückliche Mischung zweier Ebenen, die besonders bei Einfügen des Elements der Proportionalität deutlich wird, Entscheidung Martin (1989) 1 All.E.R. 652; kritisch zum Maßstab reasonable man insgesamt auch Pechstaedt, Stalking, S. 107:„... Die Vorstellung des „vernünftigen Menschen" (reasonable man-heute: vernünftige Person) ist eine alte des englischen Rechts, freilich ist es beinahe unmöglich, mit einiger Sicherheit vorherzusagen, was in einer beliebigen konkreten Situation genau als <vernünftig> angesehen wird. Was als <vernünftig > angesehen wird, kann sich von Ort zu Ort und Person zu Person unterscheiden. Immer hängt es vom Ort, der Zeit, der Situation und den Menschen ab.", so sein Kommentar zu s. 1 (2) Protection from Harassment Act 1997, nach Lawson-Cruttenden, Tim/Addison, Neil, Blackstone's Guide to the PfhA, London 1997, S. 16

695 R. v. Howe Crim.L.R. 1987, 450 oder (1987) 2 W.L.R. 568; vgl. zum Sachverhalt und den der Entscheidung vorausgegangenen Präzedenzfällen Watzek, Rechtfertigungs- und Entschuldigungsgründe, S. 144 ff.

le und Blackstone eine Anwendbarkeit von *duress* bei Mord verneint worden[696]. Dies begegnet in jüngerer Vergangenheit Kritik vor allem wegen der mit dem aufzulegenden Maßstab verbundenen, scheinbar viel zu hohen Ansprüche an den Normalbürger[697].

Die Anwendung von *duress* als Strafausschließungsgrund hat bei sämtlichen anderen Delikten Anerkennung gefunden. Das *House of Lords* kommt zu einer Straffreiheit des Täters bei Durchgreifen der *duress* vorliegen, obwohl der Täter den actus reus eines Deliktes mit der erforderlichen mens rea verwirklicht hat. Damit wird ausdrücklich eine andere Sichtweise eingenommen als vom *Court of Appeal*, der die mens rea wegen der Drohung ausschloß, weil der Täter nicht mehr in der Lage gewesen sei, eine strafrechtlich relevante Absicht zu bilden[698]. In der Begründung der Vereinbarkeit von mens rea mit *duress* sieht das *House of Lords* den Täter trotz der Bedrohung seines Lebens noch imstande, eine eigene bewußte Entscheidung treffen zu können, welche als Grundlage einer strafrechtlichen Zurechnung gesehen werden könne. Die Verwirklichung der Tat durch den zur Begehung einer Straftat genötigten Täter stellt nach Ansicht des Gerichts zwar vorsätzliches Unrecht dar, aber die Verantwortlichkeit des Täters ist aus Gründen der Notstandslage als deutlich herabgesetzt zu sehen.

Eine solche Konstruktion führt nach der Einschätzung von Watzek zu einer Einordnung von *duress* als Entschuldigungsgrund, wogegen dies in der englischen Strafrechtsliteratur bisher offengelassen wurde[699].

Watzek führt die Verneinung der Anwendbarkeit auf die fehlende Trennung von Rechtfertigungs- und Entschuldigungserwägungen bei *duress* zurück. Die fehlende Differenzierung von Rechtfertigungs- und Entschuldigungserwägungen durch die Einführung einer Güterabwägung zur Rettung eines höherwertigen Rechtsguts führt seiner Ansicht nach gleichsam zu einem Wirrwarr, was eine eindeutige Einstufung nicht mehr möglich macht. Es käme vielmehr zu einer Vermengung von Kriterien innerhalb eines Prüfungsmaßstabs, die eigentlich unterschiedlichen Ebenen zugeordnet werden müßten[700].

Das Erfordernis einer Güterabwägung zur Rettung eines überwiegenden Rechtsgutes führt damit zu einer Verneinung der Anwendbarkeit von *duress* bei Mord, denn die Tötung eines unbeteiligten Dritten kann auch nicht durch den Umstand aufgewogen werden, daß der Täter zur Rettung des eigenen Lebens gehandelt hat. Diese Sichtweise des Gerichts setzt sich auch nicht weiter mit der psychischen Ausnahmesituation des Täters auseinander, der im Angesicht der Bedrohung seines Lebens gehandelt hat, was sich mit der ganzheitlichen Betrachtungsweise bei der Entscheidungsfindung erklären läßt.

---

696 Fehlende Anwendbarkeit gilt auch für versuchten Mord, so Huber, LB 1989/92, S. 695

697 Vgl. zu den Erwägungen für und wider die Anwendbarkeit Kewley, JCL 1993, 298 ff. mit dem Wunsch nach einem notwendigen und dringenden Eingreifen des Gesetzgebers; ebenso Reed, JCL 1997, 209, 217 f. und 223 f.

698 R. v. Bourne (1952) 36 Cr.App.R. 125, 129

699 Deutlich wird dies etwa bei Clarkson/Keating, Criminal Law, S. 263

700 Ausführlich zu seiner Ansicht Watzek, Rechtfertigungs- und Entschuldigungsgründe, S. 148 f.

Das *House of Lords* war sich durchaus der Tatsache bewußt, daß es bei einer generellen Verneinung von *duress* bei Mord im Ergebnis zu ungewollten Härten kommen kann. Diese ergibt sich daraus, daß der Täter sich wahlweise entweder töten lassen kann oder sich einer Bestrafung wegen der Ausführung der abgenötigten Tat stellen muß.

Dies führt zu dem Schluß, daß von ihm angesichts der Bedrohung seines Lebens ein geradezu heroisches Verhalten abverlangt wird, um einer Verurteilung wegen Mordes zu entgehen. Die Vermeidung einer Strafbarkeit wegen Mordes läßt sich nur erreichen, wenn der Täter seine eigene Tötung hinnimmt.

Folgt man dem Verständnis des Gerichts, so ergibt sich in einer Konstellation wie der beurteilten eine abstrakt-generelle Verhaltensnorm, deren Formulierung letztendlich darauf hinausläuft, daß der Einzelne nicht töten darf, auch wenn der Hintermann durch eine rechtwidrige Bedrohung von dessen Leben ihn zu einer Tötung nötigen will.

Dabei wird dieses Ergebnis auf den Irrtum des *House of Lords* in Howe zurückgeführt[701], welches glaubte, mit einem Freispruch des Täters bei Durchgreifen von *duress* sei notwendigerweise eine Billigung der Tat verbunden. Dies basiert auf einer fehlenden Unterscheidung zwischen Verhaltens- und Sanktionsnormen, den Ebenen der abstrakt-generellen Verhaltenssteuerung in Richtung auf den einzelnen, im Gegensatz zu an den Rechtsanwender gerichteten Normen über den Inhalt einer Sanktionierung[702].

Der Schluß, daß die Verletzung der Verhaltensnorm bereits nicht hingenommen werden darf, könnte ein erneuter Beleg für das andere Verständnis von Schuld und Vorwerfbarkeit, daß an anderer Stelle vertieft werden soll[703]. Unter dem hier in Rede stehenden Aspekt, der Lösung materiellrechtlicher Aspekte als Verteidigungseinreden oder außerhalb von diesen, soll diesen Erwägungen hier nicht weiter nachgegangen werden.

6) Korrektur von Härtefällen

Aufgrund des bisher gesagten ergibt sich, daß es angesichts dieser als streng zu beurteilenden Sichtweise zu Härtefällen kommen kann, welche den Einzelnen in einer Form belasten, die mit dem Rechtsgefühl nicht vereinbar sind. Das *House of Lords*, das mit seiner Rechtsprechung zu diesem Zustand beigetragen hat, räumt in Einzelfällen sogar selbst ein, daß die Verneinung von *duress* bei Mord für den Täter eine außergewöhnliche Härte bedeuten kann, der wegen der obligatorischen lebenslangen Freiheitsstrafe bei Mord auch auf Strafzumessungsebene nicht begegnet werden kann. Ob dies nur in Einzelfällen so ist oder ob nicht die ganze Handhabung in dieser Form Bedenken begegnen muß, erscheint fraglich.

Zur Lösung solcher Härtefälle setzt das *House of Lords* sein Vertrauen in Mechanismen, die entweder bereits im Vorfeld einer Hauptverhandlung einsetzen oder die eine

701 Watzek, aaO, S. 149
702 Näher dazu Watzek, aaO, S. 151
703 Vgl. 14. Abschnitt A II

Verurteilung zu einer lebenslangen Freiheitsstrafe nachträglich einer Korrektur zuführen können[704].

6.1) Im Vorfeld einer Hauptverhandlung

Grundlegend ist hier das Opportunitätsprinzip, das in Fällen wie den beschriebenen der Strafverfolgungsbehörde die Möglichkeit zugesteht, auf eine Strafverfolgung zu verzichten[705].

Zu bedenken ist, daß im Falle einer fehlenden Einstellung des Verfahrens ein später darüber urteilendes Gericht als Folge der Bindungswirkung der höchstrichterlichen Entscheidung in Howe auch in außergewöhnlichen Härtefällen den Täter wegen Mordes zu einer lebenslangen Freiheitsstrafe zu verurteilen hat.

6.2) Vorzeitige Haftentlassung

Auch ein solcher Verlauf ändert die Einstellung des *House of Lords* hinsichtlich der Anwendung von *duress* bei Mord nicht. Die Problematik sei zu vernachlässigen, weil nach Ansicht des *House of Lords* im englischen Recht durch die Existenz eines flexiblen und ausdifferenzierten Verfahrens zur vorzeitigen Entlassung aus dem Strafvollzug bei lebenslanger Freiheitsstrafe ein weiterer Weg offensteht, um auch nachträglich ungewollte Härten, die bei einer solchen Rechtslage auftreten können, gleichermaßen zu korrigieren[706].

Bei dieser Argumentationsweise liegt es nahe, das Verfahren zur vorzeitigen Haftentlassung aus dem Strafvollzug bei lebenslanger Freiheitsstrafe im englischen Recht näher zu betrachten und sich die Frage zu stellen, ob dieses Verfahren die Eignung besitzt, die fehlende Anwendbarkeit von *duress* bei Mord zu substituieren.

6.2.1) Der Ablauf des Verfahrens zur bedingten vorzeitigen Haftentlassung aus dem Strafvollzug bei lebenslanger Freiheitsstrafe

Besonderheiten der Verfahrens können sich ergeben, je nach dem ob die Verhängung der lebenslangen Freiheitsstrafe durch das Gericht obligatorisch war, wie dies etwa bei Mord der Fall ist, oder wenn das Gericht die lebenslange Freiheitsstrafe aus einem nach unten offenen Strafrahmen ausgewählt hat[707].

---

704 Kritisch aus Gründen der Beweisführung Reed, JCL 1997, 209, 213; näher zur Kritik 13. Abschnitt C II 6.2.2.

705 So ausdrücklich Lord Griffiths in der Entscheidung Howe (1987) A.C. 417, 445.

706 Vgl. Entscheidung Howe, aaO, S. 433; ausführlich zu den Vor- und Nachteilen von Entschuldigungsgründen in der Strafvollstreckung: Wasik, Crim.L.R. 1983, 450

707 Vgl. zur Strafzumessung 13. Abschnitt C IV; ausführliche Würdigung der Unterschiede im Verfahrensgang und Ergebnis zwischen *discretionary* und *mandatory life sentence* bei Lord Windlesham Crim.L.R 1993, 644 ff.

Da die Problematik der vorzeitigen Haftentlassung hier im Zusammenhang mit der Thematik der Anwendbarkeit von *duress* bei Mord aufgetreten ist, wo die lebenslange Freiheitsstrafe obligatorisch ist, gilt die Aufmerksamkeit hier dem erstgenannten Verfahren, während weitere Aspekte aufgrund der thematischen Nähe eher die Strafzumessung berühren[708].

Für den Instanzrichter (*trial judge*) besteht nach jeder Verurteilung zu einer lebenslangen Freiheitsstrafe die Verpflichtung, eine Unterrichtung des Innenministeriums über die Verurteilung vorzunehmen.
Dabei gibt der Instanzrichter auch eine Empfehlung ab, welche Länge die zu vollstreckende Freiheitsstrafe haben sollte, um den Strafzwecken der Vergeltung und Abschreckung[709] genüge zu tun. Diese Zeitspanne, als *tariff* bezeichnet, wird als Empfehlung über den Präsidenten des *Court of Appeal* (*Criminal Division*) und der *Queen's Bench Division* des *High Court*, des *Lord Chief Justice*, versehen mit dessen eigener Stellungnahme, an das zuständige Innenministerium weitergegeben. Die abschließende Entscheidung über den *tariff* liegt dort grundsätzlich bei einem Staatssekretär.
Die Festsetzung der Höhe des *tariff* orientiert sich zuallererst an der Schwere der Tat. Der *tariff* kann deshalb auch als eine Entsprechung der Schuld des Verurteilten gesehen werden. Eine Berücksichtigung zusätzlicher Kriterien bei der Festsetzung des *tariff* steht dem Innenministerium aber offen, so das beispielsweise auch das Vertrauen der Öffentlichkeit in die Funktionsfähigkeit der Justiz als legitimes Kriterium in die Erwägungen einfließen kann.

Dem *tariff* wird auch in der höchstrichterlichen Rechtsprechung in erster Linie ein repressiver Charakter zugeschrieben, während der Teil der Freiheitsstrafe, den der Verurteilte über den *tariff* hinaus verbüßen muß, eine andere Funktion besitzen soll. Bei diesem Teil der lebenslangen Freiheitsstrafe soll eher der präventive Charakter und damit der Schutz der Rechtsgemeinschaft vor der Gefährlichkeit des Täters überwiegen[710].

Die lebenslange Freiheitsstrafe läßt sich unterteilen in einen repressiven Teil, dem *tariff*, der den Aspekten der Vergeltung und Abschreckung Rechnung trägt, und in einen präventiven Teil, der die Öffentlichkeit vor dem Risiko der Begehung weiterer Straftat von ähnlicher Schwere bewahren soll[711].

Eine Bindung des Innenministeriums bei der Festsetzung des *tariff* an die Empfehlungen des Instanzrichters bzw. des *Lord Chief Justice* gibt es nicht, wenn der lebenslangen Freiheitsstrafe eine Verurteilung wegen Mordes zugrunde liegt. Dabei dürfte es in der praktischen Vorgehensweise so sein, daß das Innenministerium bei der Festsetzung des

---

708 vgl. 13. Abschnitt C IV

709 Vgl. dazu 8. Abschnitt II

710 Zu den Bedenken, die dadurch entstehen, daß die Beurteilung des präventiven Teils nicht durch ein Gericht erfolgt, hat sich auch der Europäische Gerichtshof für Menschenrechte geäußert; vgl. die Entscheidung des Europäischen Gerichtshofs für Menschenrechte in Thynne, Wilson and Gunnell v. The United Kingdom, (1991) 13 E.H.R.R. 666, was zur Folge hatte, daß die Umgestaltung des Verfahrens ein Entscheidungsgremium zu „einem Tribunal mit gerichtsähnlichem Charakter" bewirken sollte.

711 Die Frage nach dem dahinterstehenden Verständnis von Strafe soll hier nicht vertieft werden.

tariff den von der Empfehlung des Instanzrichters gesetzten Rahmen regelmäßig überschreitet[712].

Auch wenn die Rechte des Verurteilten für diesen ersten Abschnitt des Verfahrens zur vorzeitigen Entlassung aus dem Strafvollzug bei lebenslanger Freiheitsstrafe durch das *House of Lords*[713] eine Stärkung erfahren haben, weil das Innenministerium dem Betroffenen gegenüber nun auch verpflichtet ist, die Gründe mitzuteilen, die dazu geführt haben, daß der *tariff* höher angesetzt wurde, als in der Empfehlung des Instanzrichters/*Lord Chief Justice*, so unterliegt die ministerielle Entscheidung nur dann der richterlichen Kontrolle, wenn es ganz an der Darstellung der zur Erhöhung führenden Gründe fehlt oder wenn es sich bei der Erhöhung des *tariffs* um ein Maß handelt, daß nicht mehr als von der Verhältnismäßigkeit gedeckt erscheint. Das ministerielle Ermessen ist bezüglich der Festsetzung des *tariff* trotz dieser Einschränkung insgesamt gesehen noch beträchtlich. Der Festsetzung des *tariff* durch das Innenministerium geht keine weitere mündliche Verhandlung mehr voran. Als einzige Möglichkeit bleibt dem Verurteilten nur die durch das *House of Lords* eröffnete Möglichkeit einer schriftlichen Darlegung der Argumente zur Länge des *tariff* vor der abschließenden Festsetzung durch das Innenministerium[714]. Der vom Instanzgericht vorgeschlagene *tariff* muß zu diesem Zwecke dem Verurteilten mitgeteilt werden.

Die Festsetzung des *tariff* markiert auch den Zeitpunkt, an dem zum ersten Mal eine Prüfung der Voraussetzungen zur vorzeitigen Entlassung aus dem Strafvollzug stattfindet. Der zweite Zeitpunkt ist unterschiedlich, je nachdem, wie lange die Dauer der Freiheitsstrafe vorgesehen ist. Bis zu einer vorgesehenen Dauer von einschließlich 20 Jahren Freiheitsstrafe wird die Möglichkeit der vorzeitigen Entlassung aus dem Strafvollzug drei Jahre vor Ende dieser Zeitspanne erörtert; geht der *tariff* dagegen über 20 Jahre hinaus, liegt der Zeitpunkt der Prüfung bei 17 Jahren nach dem Beginn der Vollstreckung[715].

Maßgeblich ist bei einer vorzeitigen Entlassung aus dem Strafvollzug bei lebenslanger Freiheitsstrafe alleine eine Gefährlichkeitsprognose. Eine Ablehnung der Entlassung ist zu erwarten, wenn die Befürchtung besteht, daß von dem Gefangenen nach der Entlassung eine weitere Deliktsverübung ausgeht, welche eine Gefährdung der Rechtsgüter Leben, körperliche Unversehrtheit oder sexuelle Selbstbestimmung darstellt.

Die abschließende Entscheidung über die vorzeitige Entlassung aus dem Strafvollzug bei lebenslanger Freiheitsstrafe ist wie auch die Festsetzung des *tariff* beim Innenminis-

---

712 Watzek, aaO, S. 157 Fußnote 268 stellt unter Hinweis auf die Entscheidung Doody v. Secretary of State (1993) 3 All E.R. 92 104 heraus, daß zu Untersuchungszeiträumen Mitte der achtziger Jahre des 20. Jahrhunderts das Innenministerium in ungefähr 30-60 % der Fälle den *tariff* höher angesetzt hat, als sich dies nach der Empfehlung des Instanzrichters bzw. des Lord Chief Justice ergeben hätte.

713 In der genannten Entscheidung Doody v. Secretary of State, aaO

714 Livingstone/Owen, Prison Law, S. 284

715 Livingstone/Owen, Prison Law, S. 284; Lord Windlesham Crim.L.R 1993, 644, 645 ff. weist auf die oft erheblich faktischen Unterschiede bei der Behandlung der beiden unterschiedlich gewählten lebenslangen Freiheitsstrafen hin; in Extremfällen können Konstellationen mit Todesfolge zu Unterschieden in der Haftdauer von 50 % und mehr führen, aaO, S. 654

terium angesiedelt. Eine Prüfung findet allerdings nur statt, wenn zuvor eine Befürwortung der vorzeitigen Entlassung durch den *Parole Board*, einem Ausschuß mit eigentlich großer Unabhängigkeit, erfolgt[716].

Trotz der Abhängigkeit des weiteren Schicksals des Strafgefangenen von der Empfehlung des *Parole Board* hat dieser auch vor diesem Gremium kein Recht auf eine mündliche Verhandlung bzw. Anhörung. Es steht im Ermessen des *Parole Board*, ob auf Wunsch eines seiner Mitglieder vor Aussprechen der Empfehlung dem betroffenen Strafgefangenen noch eine Anhörung gewährt wird[717]. Denn grundsätzlich stützt das *Parole Board* seine Empfehlung auf die Prozeß- und Vollzugsakten. Mittlerweile muß das *Parole Board*, nach einem Erlaß des Innenministeriums von 1992, auch die Gründe für eine ablehnende Entscheidung bekanntgeben und die Unterlagen dem Sträfling zugänglich machen. Diese Einzelheiten bestätigen den Gesamteindruck, daß es sich bei dem Verfahren vor dem *Parole Board* um einen als bürokratisch einzustufenden Vorgang handelt.

Weiterhin ist zu beachten, daß die Empfehlungen des *Parole Board* nur dann bindend sind, wenn eine vorzeitige Entlassung abgelehnt wird. Einer positiven Empfehlung des *Parole Board* hingegen braucht sich der Innenminister, der vor einer abschließenden Entscheidung noch den Lord *Chief Justice* und den Instanzrichter konsultieren muß, nicht anzuschließen[718].

6.2.2) Kritik an der Vorgehensweise

Es gilt deshalb mit Watzek die Frage aufzuwerfen, ob es sich bei dem Verfahren zur bedingten vorzeitigen Haftentlassung aus dem Strafvollzug bei lebenslanger Freiheitsstrafe um einen genügenden Ersatz für die fehlende Anwendbarkeit von *duress* bei Mord handelt und dadurch entstehende Härten ausgeglichen werden.

Eine Zustimmung zur Argumentation des *House of Lords*, welche die Versagung der Anwendbarkeit von *duress* bei Mord in Härtefällen durch das Verfahren zur bedingten vorzeitigen Entlassung aus dem Strafvollzug auffangen will, verbietet sich aus folgenden Erwägungen heraus:

Zu kritisieren ist vor allem das bei diesem Verfahren kennzeichnende Merkmal, wonach dem Betroffenen kaum Anhörungs- oder Mitwirkungsrechte zugestanden werden[719]. Besonders gravierend ist, daß nach Abschluß der Hauptverhandlung keine mündliche

---

716 So normiert in s. 35 (2) Criminal Justice Act 1991; die personelle Zusammensetzung besteht seitdem aus einem Juristen, einem Bewährungshelfer, einem Psychiater sowie einem unabhängigen Mitglied; zum weiteren Aufbau und Verfahrensweise des Parole Board vgl. Huber, Freiheitsstrafe, S. 133 ff.; dies., LB 1986/88, S. 566; zur Darstellung des Verfahrens auch Lord Windlesham Crim.L.R 1993, 644, 645

717 Livingstone/Owen, Prison Law, S. 284

718 JCL 98, 52, 53 zur Kontrollbefugnis des Innenministers unter Bezug auf R. v. Home Secretary, ex p Stafford (1998) 2 WLR 372

719 Dies wird auch in der englischen Reformdiskussion beklagt, Lord Windlesham Crim.L.R 1993, 644, 656 unter Hinweis auf Law Lord Mustill.

Verhandlung mehr stattfindet, also weder vor der Festsetzung des *tariff* durch den Innenminister noch vor dem Ausspruch der Empfehlung durch das *Parole Board*, in der es dem Strafgefangenen offenstehen würde, auf die außergewöhnlichen Umstände hinzuweisen, unter denen er die Straftat begangen hat[720]. Hinzu kommt, daß die Entscheidung des Innenministers, die vorzeitige Entlassung aus dem Strafvollzug abzulehnen, nicht anfechtbar ist, wenn die lebenslangen Freiheitsstrafe von einer Verurteilung wegen Mordes ausging[721].

Doch auch wenn man die Schwächen des konkreten Verfahrensgangs vernachlässigt[722], lassen sich gegen die Argumentation des *House of Lords* noch weitere Einwände finden. Selbst wenn der generell nicht sichergestellt Fall eintritt und der Strafgefangene vorzeitig aus der Haft entlassen wird, so findet die Entlassung stets nur bedingt (*on licence*) statt. Das hat für den vorzeitig entlassenen Strafgefangenen die Folge, daß er für die gesamte Dauer seiner restlichen Strafzeit, bei einer lebenslangen Freiheitsstrafe sein ganzes Leben lang, unter Führungsaufsicht gestellt wird und damit Bedingungen unterstellt ist, die vom Innenminister im Zusammenspiel mit dem *Parole Board* festgesetzt werden[723]. Der Betroffene sieht sich permanent dem Risiko ausgesetzt, daß die vorzeitige Entlassung jederzeit durch den Innenminister, in der Regel auf Empfehlung des *Parole Board*, widerrufen werden kann, wenn ein Verstoß gegen die festgesetzten Auflagen festgestellt wird. Auch besteht die Gefahr, daß eine nachträgliche Entlassung wegen der fehlenden Anwendbarkeit von *duress* nicht als Recht gesehen wird, sondern als Gnade, was deren Häufigkeit verringern kann[724].

Das *House of Lords* hat nun in Howe selbst erkannt, daß die Verneinung von *duress* bei Mord zu Härtefällen führt, in denen es zu einer derartigen Minderung der Schuld des Täters kommen kann, daß die Strafverfolgungsbehörden auf eine Anklage verzichten sollten. Wird gleichwohl nicht auf eine Anklage verzichtet und kommt es in Fällen der genannten Art zu einer Verurteilung des Angeklagten, bleibt diesem auch nach einer vom *House of Lords* empfohlenen vorzeitigen Entlassung aus der Strafhaft ein Leben frei von staatlicher Kontrolle und Reglementierung verwehrt. Dieses im Verhältnis zur vollen Strafableistung geminderte Maß stellt noch immer eine einschneidende Rechts-

---

720 Zur Kritik auch in der englischen Literatur Lord Windlesham Crim.L.R 1993, 644, 647 mit Verbesserungsvorschlägen; er sieht einen Grund für das Festhalten an der bisherigen Vorgehensweise am Glauben der Behörden an ihre eigene Stärke gegenüber den Gerichten, aaO, S. 658; ebenfalls kritisch wegen der fehlenden Gerichtsähnlichkeit Huber, LB 1989/92, S. 709; zu den Gründen der Abschaffung des Parole Board in den USA: Fischer, Normierung, S. 95.

721 Die fehlende Anfechtungsmöglichkeit soll in diesen Fällen auch nicht gegen Art. 5 IV der EMRK verstoßen, vgl. die Entscheidung des Europäischen Gerichtshofs für Menschenrechte in Wyne v. The United Kingdom vom 18.07.1994. Anders soll es hingegen sein, wenn das Gericht bei der Verurteilung zu einer lebenslangen Freiheitsstrafe ein Strafzumessungsermessen hatte wie bei *manslaughter* (sog. *discretionary life sentence*); vgl. die Entscheidung des Europäischen Gerichtshofs für Menschenrechte in Thynne, Wilson and Gunnell v. The United Kingdom, Series A No. 190 oder (1991) 13 E.H.R.R. 666

722 Vgl. auch die Änderungen und Reformvorschläge im Gefolge der EGMR-Entscheidung: Lord Windlesham Crim.L.R 1993, 644, 649

723 Weiter zu den möglichen Bedingungen einer vorzeitigen Haftentlassung: Huber, Freiheitsstrafe, S. 135

724 Diese Befürchtung hegt auch Lord Windlesham Crim.L.R 1993, 644, 648

folge dar und kann auch in den vom *House of Lords* gebildeten Härtefällen wegen der nur noch verbliebenen geringen Schuld des Täters keine Rechtfertigung finden.

Ferner besteht nach der Entscheidung „Howe" die Gefahr, daß im Rahmen der Hauptverhandlung keine ausreichende Klärung mehr stattfindet, ob die Voraussetzungen für *duress* vorliegen, weil die Beantwortung dieser Frage für die Entscheidung des Gerichts keine Relevanz mehr besitzt[725]. Angesichts der fehlenden Mündlichkeit und Öffentlichkeit des Verfahrens zur vorzeitigen Haftentlassung aus dem Strafvollzug ist jedoch nur in der Hauptverhandlung eine Feststellung möglich und auch erforderlich, ob der Täter im Nötigungsnotstand gehandelt hat oder nicht. Wegen der fehlenden Entscheidungserheblichkeit dieser Tatsache dürfte es aber an sich keine Zulassung von Beweisanträgen zu diesem Beweisthema in der Hauptverhandlung mehr geben.

Dieser Aspekt ist vom *House of Lords* in der früheren Entscheidung in Lynch ausdrücklich herausgehoben worden:
„If the defence is excluded in law, much of the evidence which would prove the duress would be inadmissable at the trial, not brought out in court, and not tested in cross-examination."[726]

Dieses Problem der fehlenden geeigneten Station der Beweisführung ist nicht zu unterschätzen, denn alles, was im Prozeß nicht zur Sprache kommt, droht wegen der bereits erwähnten Schwächen des Verfahrens gänzlich unberücksichtigt zu bleiben[727]. Werden die tatsächlichen Voraussetzungen des Merkmals allerdings nicht zeitnah und von verständiger Stelle festgestellt, steigt die Wahrscheinlichkeit, daß jede spätere Berücksichtigung fehlerhaft ausgehen oder ganz ausfallen kann, womit im Einzelfall keine Gewißheit der Einbeziehung mehr besteht und damit die Rechtssicherheit leidet.

Eine Auseinandersetzung mit diesem Problemkreis fehlt in „Howe". In der Strafrechtsliteratur werden hingegen tiefgehende Bedenken vorgebracht, ob es Instanzen wie dem *Parole Board* oder dem Innenministerium wirklich gelingt, Härtefällen abzuhelfen, welche sich aus dem Gedanken der Entscheidung „Howe" ergeben können[728].

6.2.3) Exkurs: Die Parallele zwischen der Verneinung von *duress* bei Mord und *strict liability*

Der Weg des *House of Lords*, der sich dahingehend skizzieren läßt, daß *duress* als *defence* für Mord ausgeschlossen wird, bei gleichzeitig auftretenden Härtefälle aber über den Opportunitätsgrundsatz im Vorfeld von der Strafverfolgung eine Ausnahme zu

---

725 vgl. Dennis (1987) 51 J.C.L. 472

726 DPP v. Lynch (1975) 1 All.E.R. 913, 930

727 So auch die Ansicht von Reed, JCL 1997, S. 209, 218

728 Vgl. zur Kritik Clarkson/Keating, Criminal Law, S. 337, die sich strikt gegen eine Lösung zur Erreichung von Gerechtigkeit wenden, die sich verwaltungszustehendem Ermessen bedient, sei es bei der Strafverfolgung oder der Haftverbüßung, weil dies sowohl systemschädlich sei und sich auch in anderen Bereichen nicht bewährt habe. Ferner kritisch: Ashworth, Principles, S. 224 f.; Milgate (1988) C.L.J. 61, 71 f..

machen bzw. im nachhinein durch eine vorzeitige Entlassung des Täters aus der Strafhaft vorzunehmen, kann als Tendenz gewertet werden, die im englischen Strafrecht Verbreitung gefunden hat und welche auch schon bei den *strict liability offences* deutlich geworden ist.

Auffällig ist die Gemeinsamkeit, daß maßgebliche, die strafrechtliche Verantwortlichkeit betreffende Fragen außerhalb der Hauptverhandlung entschieden werden, wodurch sie der Kontrolle der erkennenden Gerichte weitgehend entzogen werden. An die Stelle des Gerichts treten Organe, die abschließend über die strafrechtliche Verantwortlichkeit des Täters entscheiden wie etwa das *Parole Board* bzw. das Innenministerium oder die Staatsanwaltschaft. Auf diese und deren Entscheidungsfindung hat der Täter kaum eine Möglichkeit der Einflußnahme. Für die Anklagebehörde ergibt sich dies aus den Kriterien, an denen sie ihre Entscheidung orientiert und die nicht die Interessen eines Beschuldigten sichern sollen, sondern sich an Bedingungen orientieren, die das Verfahren und das Umfeld vorgeben und letztlich damit am staatlichen Strafinteresse. Bei ersterer sind es die erwähnten Schwächen und Eigenheiten des Verfahrens.

In einer zusammenfassenden Bewertung lassen sich die Ergebnisse dieses Rechtszustandes auch als Beschneidung wichtiger Verteidigungsrechte des Täters sehen. Dies gilt in gewissem Maße auch für die *strict liability offences*. Man muß sich dort vergegenwärtigen, daß bei der Mehrzahl dieser Delikte die Feststellung des bloßen Normverstoßes für die Strafbarkeit des Täters genügt, während die Frage der Vorwerfbarkeit des Normverstoßes allenfalls auf Strafzumessungsebene eine Rolle spielt. Hier hat sich bei den *regulatory agencies* als Strafverfolgungsbehörde ebenfalls die Praxis herausgebildet, in solchen Fällen auf die Erhebung einer Anklage zu verzichten, in denen dem Täter der Verstoß nicht vorgeworfen werden kann, weil er mit entsprechender Sorgfalt (*due diligence*) gehandelt hat. Das Gericht prüft in der Hauptverhandlung die Vorwerfbarkeit des Normverstoßes nur im Rahmen der Strafzumessung, wo es bei fehlender Vorwerfbarkeit allenfalls durch Verhängung eines *absolute discharge* den besonderen Umständen Rechnung tragen kann.

Festzustellen ist somit, daß die Entscheidung der *regulatory agency* bezüglich der Erfordernisses der Bestrafung, also eines Aspekts, wie sie die Vorwerfbarkeit des Normverstoßes verlangt, von ausschlaggebender Bedeutung, weil diese Entscheidung das Ergebnis leitet, ob der Täter strafrechtlichen Sanktionen unterworfen wird oder nicht, die dann vom Gericht ausgesprochen werden. Es läßt sich sagen, daß auch hier ein für die strafrechtliche Verantwortlichkeit des Täters maßgeblicher Entscheidungsprozeß außerhalb der Hauptverhandlung abläuft.

Deshalb ist es vergleichbar mit der Entscheidung der Staatsanwaltschaft, bei einer vorsätzlichen Tötung im Nötigungsnotstand auf eine Anklage zu verzichten oder die Entscheidung des Innenministeriums, bei einer Verurteilung zu einer lebenslangen Freiheitsstrafe den Strafgefangenen vorzeitig aus dem Strafvollzug zu entlassen, weil dieser im Nötigungsnotstand gehandelt hat, denn auch dies sind Entscheidungen, die außerhalb der Hauptverhandlung gefällt wurden und kaum beeinflußbar für den Betroffenen sind[729].

III) Rücktritt vom Versuch

Eine Konstellation, wie sie als Rücktritt von der Begehung einer Straftat verstanden werden kann, ist im englischen Strafrecht, nicht als strafbefreiend anerkannt. Der Rücktritt vom Versuch (*defence of withdrawal*) hat keine strafbefreiende Wirkung. Zunächst sollen die Voraussetzungen des Versuchs betrachtet werden, um dann den Begründungsansatz für diese Entscheidung des englischen Strafrechts zu ergründen.

1) Die Versuchsstrafbarkeit im englischen Recht

Für den Versuch sind zwei Aspekte charakteristisch: Der Täter muß zunächst die Absicht haben, eine bestimmte Straftat zu verwirklichen (*intent to commit an offence*), s. 1 (1) Criminal Attempts Act 1981.

Ferner verlangt diese Vorschrift, daß der Täter eine Handlung vornimmt, die nicht lediglich vorbereitenden Charakter hat (*an act which is more than merely preparatory*). Die erste Voraussetzung ist daher als mens rea des Versuchs, die zweite als actus reus zu bewerten. Eine Abgrenzung zwischen Vorbereitungs- und Versuchshandlung bereitet Schwierigkeiten. Nach der Abgrenzungsformel der h.M. muß der Täter beim Versuch mit der Verwirklichung der Straftat begonnen haben (*whether the defendant has embarked on the crime proper*). Nicht erforderlich ist hingegen, daß bereits ein Merkmal des actus reus verwirklicht oder mit der Begehung der tatbestandsmäßigen Handlung begonnen wurde[730].

2) Fehlende Anerkennung des Rücktritts vom Versuch als *defence*

Ist die Grenze der Vorbereitung zum Versuch einmal überschritten worden, so kann keine Strafbefreiung mehr erfolgen, selbst wenn der Täter die weitere Ausführung der Tat freiwillig aufgibt (*voluntary abandonment of attempt*). Wegen der fehlender Anerkennung des Rücktritts findet auch keine Unterscheidung zwischen dem unbeendeten (*incomplete*) und beendeten (*complete attempt*) Versuch statt.

---

729 Watzek, aaO, S. 172, äußert sich auch noch zur Parallelität der Entscheidung von Howe und von Dudley and Stephens. Er sieht auch nach einer Auseinandersetzung mit der fehlenden Unterscheidung zwischen Rechtfertigung und Entschuldigung in Dudley and Stephens keine spätere Korrektur in Howe. Seiner Ansicht nach wird deutlich, daß die fehlende Ausdifferenzierung von *necessity* in rechtfertigenden und entschuldigenden Notstand ein entscheidendes Manko darstellt. Denn eine Befugnis zu handeln besteht immer nur dann, wenn der Täter gerechtfertigt ist.
Bleibt dem Täter lediglich die Berufung auf einen Entschuldigungsgrund, so verzichtet die Rechtsordnung zwar auf einen Schuldvorwurf; eine Handlungsbefugnis ist damit aber nicht verbunden. Selbst wenn man die Täter in Dudley and Stephens als entschuldigt angesehen hätte, so hätte ihnen keine Befugnis zur Tötung unbeteiligter Dritter zugestanden.

730 Ausführlich zu den verschiedenen Abgrenzungsversuchen: Clarkson/Keating, Criminal Law, S. 462 ff.; in deutscher Sprache, mittlerweile aber nur noch von rechtshistorischer Bedeutung: Baltes, Strafbarkeit des Versuchs im englischen Recht, 1953.

Die fehlende Anerkennung des Rücktritts beruht darauf, daß der Täter bei Überschreiten des Versuchsstadiums mit der erforderlichen mens rea gehandelt hat und diese durch den Rücktritt nicht wieder negiert werden kann[731]. Versuche der Literatur, dem Rücktritt als *defence* Geltung zu verschaffen, haben zunächst am Merkmal der mens rea angesetzt[732].

Gegen die Anerkennung des Rücktritts als *defence* wurde hingegen vorgebracht, daß es ausreichend sei, den Rücktritt als Strafmilderungsgrund auf Strafzumessungsebene zugunsten des Angeklagten zu berücksichtigen. Die mögliche Strafmilderung sei Anreiz genug, daß ursprüngliche Vorhaben aufzugeben und vom Versuch zurückzutreten[733]. Auch die *Law Commission* sprach sich gegen die Anerkennung als *defence* und für die Beibehaltung des Rücktritts als Strafmilderungsgrund aus[734].

In der Rechtsprechung gibt es kaum Entscheidungen, die bestätigen, daß die Anerkennung des Rücktritts als Strafzumessungsgrund ausreichend ist, obwohl dies in der Literatur fast unbestritten ist[735]. In der Praxis scheint der Rücktritt vom Versuch auch auf dem vorgeschlagenen Lösungsweg der Strafzumessungsebene keine nennenswerte Rolle zu spielen. Dies mag daran liegen, daß das Opportunitätsprinzip bereits bei der Anklageerhebung im Vorfeld der Hauptverhandlung die Strafverfolgungsbehörde in diesen Fällen von einem gerichtlichen Vorgehen absehen läßt, um eine Verurteilung des Täters zu vermeiden.

Zusammenfassend läßt sich sagen, daß aus strukturanalytischer Sicht der Rücktritt aus ähnlichen Gründen abgelehnt wird wie etwa ein Verbotsirrtum oder das Handeln auf Befehl[736]. Der Rücktritt läßt das Vorliegen von mens rea unberührt und ihm wird deshalb keine strafbefreiende Wirkung beigemessen. Als Korrektiv bei diesem als zu rigide betrachtetem materiellen Recht ist auch hier die Strafzumessung vorgesehen, um den fehlende Rücktritt vom Versuch als Strafaufhebungsgrund als zu starke Belastung für den Reuigen im Ergebnis doch noch zu privilegieren. Diese Problemlösung durch Berücksichtigung solcher Umstände verschafft informell privilegierende Wirkung auf Strafzumessungsebene[737].

Festzuhalten bleibt auch, daß es keine Verteidigungseinrede zur Erfassung dieser Konstellation gibt und die damit verbundenen festen Regelungen wie Beweislast etc. keine Anwendung finden. Naheliegend als Lösung ist auch ein Vorgehen der Strafverfolgungsbehörden in Anlehnung an das Opportunitätsprinzip, weil kaum Fälle der genann-

---

731 Zum Deliktsaufbau im englischen Strafrecht: 12. Abschnitt I

732 Williams, General Part, S. 620 unterstellt bei einem freiwilligen Rücktritt vom Versuch, daß der Täter von vornherein nicht endgültig zur Begehung der Tat entschlossen gewesen ist, will so die mens rea verneinen, nicht mehrheitsfähige Ansicht.

733 Vgl. dazu Wasik (1980) Crim.L.R. 785, 792

734 Vgl. Law Com. No. 102, para 2. 132 f.

735 Einzig hier zu nennende: Gortat and Pirog (1973) Crim.L.R. 648

736 Wobei auf letzteres hier nicht weiter eingegangen werden soll.

737 Vgl. 13. Abschnit C 4.2

ten Art gerichtskundig sind und die gewählte Lösung über die Strafzumessung bestätigen können.

3) Rücktritt vom Versuch im deutschen Recht

Auch diese Konzeption kann ein Aspekt des Ausschlusses von Verantwortlichkeit sein. Der Rücktritt vom Versuch ist im StGB einfachgesetzlich normiert und wird überwiegend als persönlicher Strafaufhebungsgrund eingeordnet, der die bereits begründete Strafbarkeit rückwirkend wieder entfallen läßt.

Zur inhaltlichen Ausgestaltung sollen hier nur äußerst kurze Ausführungen erfolgen. Maßgeblicher Gesichtspunkt für die Betrachtung ist vielmehr der systematische Standort, denn dieser gibt Aufschluß über das Verständnis dieser Rechtsfigur und unter Umständen auch über weitergehende Aspekte des Systems wie die Schuldvorstellung der Rechtsordnung, auf die das Augenmerk dieser Untersuchung gerichtet ist.

Die Strafbarkeit des Versuchs ist in Deutschland anerkannt, die Begründungen waren im Laufe der Entwicklung vielgesichtig und stellten auf unterschiedliche Aspekte ab[738]. Inhaltlich ist der Zeitpunkt der Rücktrittshandlung sowie die Autonomie der Entscheidung maßgeblich[739]. Neben den inhaltlichen Voraussetzungen und ihrer Bedeutung als Ausdruck der persönlichen Verantwortlichkeit spielt die ratio der Strafbefreiung eine relevante Rolle, welche ihrerseits je nach Ansicht den systematischen Standort im Verbrechensaufbau beeinflußt.

Roxin[740] etwa sieht den Grund für diese Rechtsfigur darin, daß der Versuch zwar zur schuldhaften Tat führt, bei einer freiwilliger Rückkehr in die Legalität aber kein Resozialisierungsbedürfnis mehr bestehe. Die Bestrafung sei weder aus spezial- noch aus generalpräventiven Gründen unerläßlich.

Sieht man im Versuch ein Verschulden, welches durch die Verdienstlichkeit seines Rücktritts getilgt wird, so stellt sich der Rücktritt als Schuldtilgungsgrund dar[741]. Legt man hingegen eine Beseitigung der Strafwürdigkeit zugrunde, so kommt man zu einer Klassifizierung als Schuldausschließungsgrund[742], wie beim soeben geschilderten § 35 StGB. Neben einigen einzelnen Stimmen, die äußerst unterschiedliche Ansätze verfolgen[743]-erwähnenswert sind hier besonders die Stimmen, die aus strafzweckfunktionaler

---

738 Vgl. zur geschichtlichen Entwicklung Bloy, Bedeutung, S. 147 ff.; zu den Theorien S. 154 ff.; statt vieler auch Jescheck, Strafrecht, § 51 I

739 aaO, § 51 II

740 Insgesamt zur Diskussion der sonstigen Strafbarkeitsvoraussetzungen: Roxin, aaO, § 23.

741 Zusammenfassend dazu die neuste Darstellung der Ansicht bei Streng ZStW 101 (1989), 273, 322 ff.

742 Vgl. Haft JA 79, 312; Bloy, Bedeutung, S. 166, 170; früher auch Roxin, Heinitz-FS, S.273, der jetzt aber eher zur herrschenden Auffassung tendiert.

743 Vgl. zu diesen Stimmen unter besonderen Hinweis auf die Strafzwecktheorie und die Schulderfüllungstheorie die Hinweise bei Schönke/Schröder/Eser, § 24 RdNr. 2-4; Tröndle/Fischer, StGB, § 24 RdNr. 3; ausführliche theoretische Abhandlung als Analyse der systematischen Stellung bei Bloy, Bedeutung, S. 212 ff.

Sicht den Rücktritt als Rechtsfolgeregel begreifen[744]- wird meist das konkrete Strafbedürfnis gegenüber dem Zurücktretenden unter Verbindung mehrerer Gedanken verneint, was zur Annahme eines Strafaufhebungsgrundes führt. Trotz dogmatisch unterschiedlicher Begründungen[745] wird der freiwillige Rücktritt vom Versuch von der herrschenden Meinung als persönlicher Strafaufhebungsgrund gesehen, weil die zum Rücktritt führenden Umstände erst nach Begehung der Straftat eintreten und die bereits begründete Strafbarkeit rückwirkend wieder beseitigen[746].

Bei Vorliegen der einfachgesetzlichen sowie durch die Rechtsprechung ausgeformten Voraussetzungen, die sich in letzter Zeit zunehmend am Gesichtspunkt des Opferschutzes orientieren, führt die Konzeption des persönlichen Strafaufhebungsgrundes letztlich dazu, daß die angefallene Strafe bei unterschiedlich charakterisierender Herleitung entfällt. Der Täter geht im Ergebnis straffrei aus. Der komplizierten und uneinheitlichen gesetzlichen Regelung entspricht die Opferschutzperspektive, die die ganz unterschiedlichen Fallgruppen des Versuchs jeweils unter dem Blickwinkel des Rechtsgutschutzes betrachtet, am ehesten, obwohl eine widerspruchsfreie Theorie des Rücktritts bislang nicht vorliegt[747].

D. Anmerkungen zur Strafzumessung

Einige Figuren, auch der bisher dargestellten, erfahren eine Behandlung in der Strafzumessung.

I. Beispiele

1) Berücksichtigung der Arten von mens rea

Wie bereits angeklungen, wird die Beurteilung einer Straftat in England von der unterschiedlichen mentalen Einstellung des Täters beeinflußt. Die Festsetzungen des gesetzlichen Höchstrahmens einer Strafe nimmt der Gesetzgeber vor, doch in der konkreten Strafzumessung besteht die Möglichkeit, mentale Aspekte zu berücksichtigen. Die Begründung dafür lieferte das *Criminal Law Revision Committee*, in dem es einen definitiven moralischen und psychologischen Unterschied heraushebt, den das Strafrecht berücksichtigen soll. Die höhere moralische Verdorbenheit der Täters und die Sozialgefährlichkeit verlangen nach dessen Ansicht eine höhere Bestrafung, weil ein solcher Täter deutlicher als andere seine eigenen Interessen über die der Gesellschaft stellt. Die unterschiedlichen Theorien wählen verschiedene Begründungen hierfür, die auch hinsicht-

---

744 So Burckhardt, Rücktritt , S. 116 ff., vgl. Maurach Gössel II S. 88; Bottke, aaO, S. 603 ff. deutet dies als „strafzumessungsnahen Verantwortungsausschluß"

745 Die vertretenen Auffassungen reichen von der weiten, am Gesetzeswortlaut orientierten Auffassung über Einordnungsversuche auf der Ebene der Schuld, überstrafrechtliche Interessenabwägung als kennzeichnendes Merkmal, mangelnde Strafwürdigkeit des Verhaltens als gemeinsame Grundlage, aber auch zum Begriff der Strafaufhebungsgründe ablehnenden Stellungnahmen, vgl. Bloy, Bedeutung, S. 216

746 Für die Rechtsprechung: BGH St 7, 299; in der Literatur: Wessels/Beulke, AT, § 12 I 2; Jescheck S. 494, Lackner § 24 RdNr. 1; jetzt auch Roxin, aaO, § 23 RdNr. 17; Tröndle/Fischer, § 24 RdNr. 2 m.w.N.; Sch/Schröder/Eser, § 24 RdNr. 4, 5 m.w. Nachweisen; dort auch Angaben zu denjenigen, die für eine Einbeziehung als negativen Merkmal beim Versuchstatbestand plädieren.

747 So die Einschätzung von Tröndle/Fischer, aaO

lich der einzelnen Formen der mens rea variieren können[748]. Besonders bei *negligence* wird der geringere Grad von *fault* betont, und ohne dies näher zu erläutern, von einem fehlenden Risikobewußtsein auf eine geringere Verdorbenheit geschlossen, die sich in einer geringeren Bestrafung niederschlagen soll.

Dies läßt sich in der allgemeinen Regel zusammenfassen, daß der Richter bei Würdigung der geistigen Einstellung des Täters alle vorliegenden Hinweise berücksichtigen sollen, auch das Vorhandensein oder Fehlen vernünftiger Gründe, die gegebene Geisteshaltung einzuordnen[749].

2) Versuchsstrafbarkeit

Als Vorschrift mit allgemeinem Anwendungsbereich legt s. 18 (2) Powers of Criminal Courts Act 1973 fest, daß der Versuch nicht stärker bestraft werden soll als das vollendete Delikt. Während die *Law Commission* empfiehlt, bei einem Versuch dieselbe Strafhöhe wie beim vollendeten Delikt zu wählen[750], geht die gegenwärtige gerichtliche Praxis dahin, daß trotz Kritik aus den eigenen Reihen eine Milderung der Strafe vorgenommen wird. So zeigen Untersuchungen, daß bei einem *attempt* (Versuch) häufiger Nicht-Gefängnisstrafen verhängt werden[751]. Unter Berücksichtigung eines utilitaristischen Begründungsansatz äußert Bentham, daß bei einer Gleichbehandlung von versuchtem und vollendetem Delikt der Anreiz zu einer Unterbrechung entfiele[752]. Einem solchen Argument wird entgegengehalten, daß dies nur für den seltenen Fall des ruhig überlegenden Kriminellen gilt, dessen anfängliche Fehler unentdeckt bleiben. Cross/Ashworth[753] schränken dies weiter dahingehend ein, daß es beispielsweise nur für denjenigen gelten kann, der auf sein Opfer schoß, es aber nicht traf, aber auch keinen erneuten Versuch mehr unternommen hat. Dagegen halten sie Benthams Begründung für unanwendbar in Fällen, in denen der Täter vor dem zweiten Schuß ergriffen worden ist. Es wird deutlich, daß sich Fortgang und Umstände des Versuchs unmittelbar bei der Strafzumessung auswirken sollen. Auch vor dem Hintergrund des Vergeltungsgedankens wird eine unterschiedliche Behandlung von Versuch und vollendeter Tat gefordert, weil die Notwendigkeit der Bestrafung in einem angemessenen Verhältnis zur Verderbtheit (*wickedness*) des Täters stehen soll. Die bessere Behandlung soll von dem Gesichtspunkt geleitet werden, daß es niemals zu spät ist, um die Tat zu unterbrechen, weil es nach dieser Ansicht eines gewissen Mutes bedarf, was aber immer honorierungswürdiger ist als mit der Tat fortzufahren. An dieser Stelle beschäftigt sich die Literatur auch mit den Fragen der vorzeitigen Entdeckung der Tat, mit einer Änderung der Willensrichtung des Opfers oder auch mit einer außergewöhnlichen Rettung. Zudem erfahren

---

748 Vgl. dazu ausführlicher Cross/Ashworth, Sentencing System, S. 146 ff.

749 „...shall have regard to all the evidence including, where appropriate, the presence or absence of reasonable grounds for having that state of mind"; diese Formulierung findet sich als Zusammenfassung des gegenwärtigen Rechtsdenkens in s. 14 von Law Com. No. 177, Criminal Law, A Criminal Code for England and Wales, Volume 1, 2.HMSO 1989

750 Law Commission, No. 102, Attempt and Impossibility in relation to Attempt, Conspiracy and Incitement, 2.107-2.110

751 Vgl. zu *non-custodial sentencing* Ashworth, Sentencing, 2. Aufl. S. 251 ff.

752 In seinem Werk Theory of Legislation, S. 427

753 aaO

schwierige Grenzfälle im Bereich zwischen Versuch und Vollendung eine Betrachtung. Während Kritiker einer geringeren Versuchsstrafbarkeit darin eine Erniedrigung der Schwelle zum Versuch sehen, ist aus Sicht der Fairness-Theorie eine Milderung vorzuziehen, weil Täter, die Abstand von der Tat nehmen, doch noch dem Recht gehorchten und damit gezeigt haben, daß sich Verbrechen nicht auszahlen.

Den verschiedenen Begründungsansätzen ist gemeinsam, daß sie danach unterscheiden, warum ein Versuch fehlging, weil sie darin den maßgeblichen Grund für eine Milderung der Strafe im Rahmen der Strafzumessung sehen. Bei einem freiwilligen Einstellen der Tat soll der Täter eine geringere Bestrafung erfahren, weil er weniger verdorben (*wicked*) ist und auch geringerer Abschreckung für die Zukunft bedarf, da er sein Verhalten bereits selbst korrigiert hat. Scheitert die Ausführung hingegen an seiner Inkompetenz, einer von vornherein unmöglichen Methode oder dem Eingreifen Dritter, dann kann ihm eine geringere Strafe gebühren, die aber zu dem erstgenannten Bereich zu variieren ist, um die Unterschiede in der sozialen Gefahr widerzuspiegeln.

Wenn ein Täter alles zur Realisierung der Tat[754] getan hat und der Versuch trotzdem scheitert, ist zwar im Gegensatz zum vollendeten Delikt der Schaden nicht eingetreten, im Hinblick auf die Verdorbenheit und die soziale Gefahr bestehen allerdings keine Unterschiede. Die Behandlung eines solchen erfolglosen Versuchstäters der letztgenannten Kategorie wird bei der Strafzumessung je nach Gewichtung der Kriterien deutlichen Einfluß auf die Strafhöhe und damit auf eine eventuelle Gleichbehandlung zum erfolgreichen Verbrecher haben.

Die fehlende Bestrafung bei Versuchshandlungen, die ein nicht weit fortgeschrittenes Stadium erreicht haben, ergibt sich wegen der damit verbundenen Beweisschwierigkeiten meist auch aus Gründen der Zweckdienlichkeit. Die Beeinflussung einer materiellen Entscheidung bezüglich einer Strafbarkeit durch prozessuale Aspekte wie Fragen des Beweisrechts ist erneut, wie auch bei dem Grundgedanken der *strict liability*-Delikte, hervorzuheben und kennzeichnet das Verständnis der Zweckdienlichkeit.

Auch bei den Delikten der Verbrechensverabredung (*conspiracy*) spielen wegen des Charakters als *inchoate offences* ähnliche Gesichtspunkte eine Rolle. Hier ist ebenfalls den Gründen, auf denen das Scheitern basiert, Aufmerksamkeit zu widmen, denn sie können Anhaltspunkte über die Verdorbenheit (*wickedness*) liefern. Auch wenn vereinzelt sogar eine höhere Gewichtung im Vergleich zum Versuch[755] oder dem vollendeten Delikt angenommen wird, verbietet s. 3 Criminal Law Act jetzt eine höhere Strafe als bei einem vollendeten Delikt, wobei allerdings die gleich hohe Bestrafung des Versuchs und des vollendeten Delikts möglich bleibt. Dies wird zum Beispiel als notwendig erachtet, wenn eine Serientatbegehung verabredet oder der Charakter des Delikts verändert wird, etwa durch eine Beteiligung einer Vielzahl von Tätern. Beim Mitwirken mehrerer liegt nach dem englischen Strafrechtsverständnis grundsätzliche eine höhere Sozialschädlichkeit vor und der erschwerende Faktor der Gruppe verlangt nach einer höheren Strafe bei geplanten Gruppendelikten.

---

754 Zugrundegelegt wird dabei die Beurteilung des Standes des Handlungsgeschehens nach der subjektiven Einstellung des Täters.

755 Im *common law* etwa dazu die Entscheidung in Verrier v. D.P.P. (1967) 2 A.C. 195

3) Voraussehbarkeit des Schadens

In der Literatur werden weiterhin Fälle problematisiert, in denen die tatsächlichen Schäden über das hinausgehen, was der Täter sich vorgestellt hat. Das Verhältnis zwischen der Höhe des Schadens und der Höhe der Strafe kann in Fällen, in denen der Schaden gering ist, zu einer niedrigen Strafe führen. Bleibt ein Schaden hinter dem vom Täter erwarteten Umfang zurück, so kann wegen eines geringeren Genugtuungsbedürfnisses eine niedrigere Strafe ergehen. Geht nun ein angerichteter Schaden über den beabsichtigten Umfang hinaus, so liegt der Schluß nahe, wegen des höheren Genugtuungsbedürfnisses auch die Strafzumessung danach auszurichten. Die Rechtsprechung war damit vor allem in Fällen befaßt, in denen eine Körperverletzung unvorhergesehen und unbeabsichtigt zum Tod des Opfers führte und die Verurteilung auf das gewollte Handeln und nicht auf den Erfolg Bezug nahm. Die Strafe sollte dabei darauf basieren, was vom mentalen Element des Täters gedeckt war und nicht auf dem, was wirklich herauskam. Für die Zuordnung des Tatbestandes zu einem Delikt sollte dies nicht berücksichtigt werden. Diese Folgen sollen bei der Strafzumessung gleichwohl wieder Beachtung finden, um dort durchaus eine Erhöhung der Strafe bewirken zu können. Die Strafzumessung ist in solchen Fällen auch der Ort, um Besonderheiten zu berücksichtigen, die schon die Festlegung des einzelnen Tatbestandes beeinflussen können.

4) Trunkenheit (*intoxication*)

Auch eine Trunkenheit des Täters soll bei der Strafzumessung eine eigenständige Betrachtung erfahren. Bei der freiwilligen Trunkenheit soll im Falle eines akuten Rausches eine Behandlung nach den Regeln des Straftataufbaus erfolgen[756]. Die häufiger vorkommende Konstellation der *partial intoxication*, bei der wegen Alkoholkonsum Taten begangen werden, die nüchtern nicht getan worden wären, wird vom *Court of Appeal* nicht als Strafmilderungsgrund gesehen. In Einzelfällen, in denen die Tat dem Charakter des Täters fremd ist, soll allerdings eine Strafmilderung möglich bleiben. Eine unfreiwilligen Trunkenheit (*involuntary intoxication*) soll anerkanntermaßen stets eine Beeinflussung der Strafzumessung und damit des Strafmaßes bewirken. Der faktische Ausschluß strafrechtlicher Verantwortlichkeit, wenn man dies einmal so nennt, bei dieser Trunkenheitsform wird wie geschildert[757] durch das Instrument der Strafzumessung erreicht. Es handelt sich hierbei nicht um einen Verantwortungsausschluß im rechtstechnischen Sinne auf der Tatbestandsebene, sondern um eine fehlende Belastung durch Sanktionen im Rahmen der Rechtsfolge. Ergebnis ist die Straflosigkeit eines solchen Täters

5) Provokation (*provocation*)

Auch wenn diese Figur zuvor als Verteidigungseinrede eingeordnet wurde, so handelt es sich bei diesem *partial defence* strenggenommen um eine Frage der Strafzumessung. Denn im geläufigen Anwendungsfeld der *provocation*, den Tötungsdelikten, führt deren Anwendbarkeit zu einer Reduzierung der Strafe von *murder*, bei der eine lebenslange

---

756 Vgl. zuvor 13. Abschnitt A I 1

757 Vgl. 13. Abschnitt A I 2.2; ebenso Cross/Ashworth, Sentencing System, S.158 f.

Strafe als eine der wenigen dem Richter vorgegeben ist, zu *manslaughter*, wo, wie bei den meisten anderen Delikten, nur eine Höchstgrenze vorgegeben ist. Der straferleichternde Aspekt wird hier ähnlich wie beim Verhältnis Fahrlässigkeit-Strafzumessung darin gesehen, daß es sich nicht um eine geplante Tat handelt, sondern der Täter hier die Kontrolle über sich verlor. Dies zeugt von einer geringeren Verderbtheit (*wickedness*), so daß die Besonderheiten der Situation beim Strafmaß berücksichtigt werden sollen.

6) *absolute discharge*

Nach dem bisher gesagten ergibt sich, daß die englische Rechtsprechung auf einen *absolute discharge* immer dann zurückgreift, wenn eine Lösung allein über das materielle Recht zu einer außergewöhnlicher Härte für den Täter als zu Bestrafenden führen würde. Die Verhängung einer sich im üblichen Rahmen für Delikte dieser Art haltenden Geld- und Freiheitsstrafe wäre unangemessen, so daß die Rechtsprechung dem entgegensteuert.

Dies geschah, wie dargestellt, in Fällen eines unvermeidbaren Verbotsirrtums, bei fehlender Anerkennung von *necessity* als allgemeinem *defence* und einem daraus resultierenden untragbaren Ergebnis, ebenso bei *strict liability offences*, die zwar von der Konstruktion her grundsätzlich auf mens rea- Nachweis verzichten, eine Berücksichtigung der subjektiven Seite beim Strafmaß dennoch vornehmen. Dem *absolute discharge* kommt in Fällen der letzten Art die Rolle als Korrektiv zu, wenn der Täter mit der entsprechenden Sorgfalt (*due diligence*) gehandelt hat. Es läßt sich letztlich von einem Korrektiv für Defizite im materiellen Recht sprechen, zu dem die maßgeblichen Aspekte an sich zählen würden.

Bei einer Bewertung dieser Verfahrensweise liegt die Einschätzung nahe, daß es sich um ein Sinnbild des im englischen Strafrecht dominierenden Pragmatismus handelt. Die Verurteilung eines Täters, der aus Gründen des materiellen Strafrechts über keine Verteidigungseinreden (*defences*) verfügt, welche die Straflosigkeit bewirken würde, bei dem vom Rechtsgefühl her aber ein Strafausspruch als unangemessen empfunden würde, wird durch die Ausgestaltung der Rechtsfolge so modifiziert, daß sich beim Täter letztlich keine faktische Belastung ergibt und die über den konkreten Fall hinaus Wirkung zeigen kann. Damit äußert sich dieses vom Rechtsempfinden vorgegebene Gefühl, wenn es sich noch nicht an früherer Stelle im Verfahren Geltung verschaffen konnte, spätestens bei der Frage der konkreten Straffindung.

II) Allgemeine Gemeinsamkeiten und Besonderheiten

Die Strafzumessung ist in beiden Rechtsordnungen weit gefaßt und wissenschaftlich kaum durchdrungen, weil es sich um eine Praktikerdomäne handelt. In England wird deutlich, daß auch die Lösung von Problemen, die materiell-rechtlicher Art sind, im Rahmen der Strafzumessung vorgenommen werden, weil sie dogmatisch wegen des Fehlens eines Systemdenkens nicht zuordenbar sind. Erkennbar ist die stärkere Betonung der Zweckdienlichkeit der Strafe. Von den Umständen her entschuldbares Verhalten, daß trotzdem angeklagt wurde, soll mit dem Ausspruch eines *absolute discharge* straflos gehalten werden, so z.B. bei Versagen eines speziellen Rechtfertigungsgrundes. Diese Quasi-Korrektur des Prozeßrechts durch die Strafzumessung erfolgt bei den gewissen Konstellationen. Der Ausspruch eines *absolute discharge* ist auch als Korrektur für *strict liability*-Delikte, die trotz Sorgfaltswahrung angeklagt wurden, gedacht. Zudem wird das Fehlen von Verjährungsregeln bzw. deren Ausdifferenzierung, sei es in materiell-rechtlicher Gestalt oder als Verfahrensregeln verstanden, über die Strafzumessung ausgeglichen. Der Ausspruch eines *absolute discharge* wird auch bei Begehung eines Verkehrsdelikts durch einen Ambulanzfahrer als Ausgleich für mangelhaft ausdifferenzierte Verteidigungseinreden verwendet.

In einer Kategorisierung wird dem englischen Richter ein weites Ermessen bei der Strafzumessung eingeräumt[758]. Dies kann Auswirkung des *judge made law* sein, daß an die Stelle des beschränkten Rahmens vollziehender schöpferischer Auslegung durch den kontinentalen Richter tritt und durch die gesetzesgleiche Wirkung richterlicher Entscheidungen, der Präjudizien, und der weiten Befugnis zur Ausdeutung von Gesetzesvorschriften gekennzeichnet ist. Dabei kann die Auslegung einer Vorschrift gelegentlich so weit führen, daß sie im Widerspruch zu dem vom Gesetzgeber verfolgten Ziel steht[759]. Die geringere Neigung englischer Gerichte zur Strafänderung aus der *comity* (Höflichkeit unter Richtern) heraus und wegen der restriktiven Fassung der Entscheidungen steht im Widerspruch zu Rechtsordnungen, deren Gesetzgeber dem Richter einen mäßig weiten Ermessensspielraum zubilligen, und diesbezüglich toleranter sind[760]. Das englische Rechtsbewusstsein ist zudem auf das engste mit der Person der Richters[761] verknüpft, während das kontinentale Rechtsbewußtsein auf der Tradition des Gesetzes beruht[762].

Ob der Richter nach letzterem Verständnis eher ausführendes Organ ist, während der englische Richter Delegierter der Souveränität ist, ist offen[763]. Die Strafzumessung kann nicht allein durch die Mittel des Gesetzgebers gemeistert werden. Maßgeblichen Stellenwert kommt unabhängig von der Rechtsordnungen der Richterpersönlichkeit und deren Geisteshaltung zu, was in England verstärkt der Fall ist. Auch Strafzumessungsregeln können persönliche Werte weder schaffen noch ersetzen. Zudem muß die Straf-

758 Schmidt, aaO, spricht von einem sehr weiten Ermessensspielraum, der durch den Verzicht auf allgemeine Strafzumessungsregeln entsteht und nach seiner Ansicht durch die Mittel eines reichhaltigen Strafensystems begründet ist.

759 Für das US-amerikanische Recht als Teil des anglo-amerikanischen Rechtskreises weist Fischer dies unter Hinweis auf das fehlende Analogieverbot nach, Normierung, S. 82 ff., insb. S. 88.

760 So allgemein schon Schmidt, Strafzumessung, S. 163. So werden grundsätzlich bei Rechtsordnungen mit engerem Ermessensspielraum für gewöhnlich ziemlich umfangreiche Berufungs- und Revisionsmöglichkeiten in Strafzumessungsangelegenheiten eingeräumt. In Deutschland wird dies durch die einsetzende Entwicklung zur Überprüfung der Begründung der Strafzumessung in der Revision deutlich. Es handelt sich also um systemimmanente Zusammenhänge, die in Bezug zueinander stehen. Die grundsätzliche Möglichkeit zur Nachprüfung des Strafmaßes sowie die Pflicht des Richters zur Darlegung der Motive seiner Entscheidung sind von beträchtlichem Wert.

761 Ausführlich zu den Unterschieden zwischen deutschem und englischem Strafrichter unlängst Schulte-Nover, Strafrichter in Deutschland und England, 2002. Kühne, Strafprozeßrecht,§ 3 RdNr. 48 weist etwa auf die Machtfülle des englischen Berufsrichters auch im Umgang mit Rechtsanwälten hin, die sich jedoch aus der Autorität und Kompetenz des Hintergrundes von 20/30 Jahren Berufspraxis als Rechtsanwalt ergeben.

762 Diese Einschätzung teilt Schmidt, Strafzumessung, S. 70

763 So aber Schmidt, aaO, der zudem in der ungleich höheren Kriminalberichterstattung zu seiner Zeit einen Grund für die Uniformität des Strafmaßes in England sah.

basis mehr als ein verschwommener Begriff sein und muß neben einer Aufzählung auch eine Gewichtung der Strafänderungsgründe anbieten.

Aufgrund der bisherigen Darstellung dieser Problemlösungen liegt es eigentlich nahe, auch den Rechtsbereich der Strafzumessung zu beleuchten. Zwar handelt es sich bei der Strafzumessung nicht um eine Rechtsfigur im eigentlichen materiell-rechtlichen Sinne. Sie verdient in diesem Zusammenhang allerdings Erwähnung, weil sie, wie gesehen, Ansatzpunkt zur Lösung eben solcher Aspekte sein kann. Allerdings war diese methodisch weder als Funktionalitätsfrage aufgeworfen noch ist sie strukturell in der Art abschließend darstellbar, daß sie vorliegend als Vergleichsgegenstand taugt[764]. Bereits jetzt ersichtlich ist der informelle Ansatz, der einem Vorgehen mittels der Strafzumessung innewohnt. Darüber hinaus entzieht sich diese als praktische Verfahrensweise einer umfassenden dogmatischen Beurteilung. Hinzu kommt, daß allein deren umfassende verfassungsrechtliche Würdigung als Auffanginstrumentarium an sich materieller Regelungen den Umfang einer eigenständigen akademischen Arbeit erreichen würde.

---

764 Vgl. 8. Abschnitt II zur Weite der Strafzumessung nach englischem Recht.

4. Teil: Die Unterschiede zum deutschen Recht

Im folgenden soll nun der Vergleich des englischen mit dem deutschen Recht stattfinden, um die Unterschiede und Übereinstimmungen in den Ergebnissen und im rechtstechnischen Lösungsweg herauszuarbeiten.

Besondere Bedeutung kommt einem geeigneten Vergleichsmaßstab zu, welcher auch außerhalb der Figuren liegende Aspekte berücksichtigen muß, um zu einer zutreffenden Gesamteinordnung zu gelangen. Dabei gilt es auch, die besondere Relevanz des Prozeßrechts für das materielle Recht zu beachten. Wie nach den einleitenden Kapitel deutlich geworden ist, sind gerade im anglo-amerikanischen Rechtskreis prozessuale Lösungen stets auch im Zusammenhang mit materiellen Problemen zu sehen, weil die strikte Trennung dieser Kategorien zu Eigenart des deutschen Rechtssystems bzw. kontinentaleuropäischen Rechtskreises gehört.

14. Abschnitt: Querschnitt Aufbau der Straftat

A. Schuldverständnis

I) Vergleich actus reus mit dem objektiven Tatbestand

Unter Zugrundelegung der bisherigen Ausführungen zum actus reus und dem objektiven Tatbestand des deutschen Strafrechts lassen sich Gemeinsamkeiten und Abweichungen feststellen. Beide erfassen die außenweltsbezogenen Aspekte, also die Merkmale der äußeren Welt wie etwa den Handlungserfolg, Tatmittel oder Umstände des Geschehens. Im Gegensatz zum deutschen objektiven Tatbestand sind beim actus reus aber auch Merkmale erfaßt, auf die sich der Vorsatz nicht zu erstrecken braucht[765]. Zahl und Stellenwert dieser Merkmale variieren und können im Extremfall einiger *strict liability*-Delikte dazu führen, daß keines der maßgeblichen Kriterien eines Vorsatzbezuges bedarf.

Abweichend von dem deutschen rein objektiven Merkmalskanon ist die fehlende Einwilligung des Opfers als subjektive Komponente in England dem an sich eher objektiven actus reus zugeordnet. Zu erklären ist dies damit, daß im englischen Strafrecht im Gegensatz zum deutschen keine Unterscheidung zwischen dem tatbestandsausschließenden Einverständnis und der rechtfertigenden Einwilligung erfolgt. Erstere bewirkt auch im deutschen Recht ein Entfallen der Strafbarkeit auf der Ebene des objektiven Tatbestandes bei Delikten wie Diebstahl § 242 StGB oder Hausfriedensbruch § 123 StGB. Die Wirksamkeit einer Einwilligung ist im deutschen Recht hingegen eine Frage der Rechtswidrigkeit. Nach h.M. im englischen Strafrecht hat eine wirksame Einwilligung stets den Ausschluß des actus reus zur Folge[766]; ein Charakter als Verteidigungseinrede wird abgelehnt.

---

[765] Watzek, Rechtfertigung und Entschuldigung, S. 39 oben; zur Ausnahme der objektiven Bedingungen der Strafbarkeit vgl. 14. Abschnitt A I

[766] Watzek, aaO, S. 39 Fußnote 11

Auch das englische Strafrecht unterscheidet zwischen *result crimes* und *conduct crimes*, aber der Streit um die Abgrenzung zwischen Erfolgsdelikt und Tätigkeitsdelikt[767] läßt sich darauf nicht übertragen. Unter Zugrundelegung des bisher gesagten führt ein Vergleich des actus reus mit dem objektiven Tatbestand des deutschen Strafrechts dazu, daß beide trotz geringer Unterschiede eine einander entsprechende Funktion übernehmen.

II) Vergleich mens rea mit den Elementen von Vorsatz und Schuld

Bei einem Vergleich der mens rea mit Aspekten des deutschen Rechts stellt sich zunächst die Frage, welche Entsprechung im deutschen Straftataufbau diejenigen Gesichtspunkte haben, die in England unter diesem Begriff behandelt werden und welche teilweise bereits in der Darstellung zugeordnet wurden. Beherzigt man eine der Grundweisheiten der Rechtsvergleichung, so kann man es nicht allein bei der Einordnung der subjektiven Tatbestand bewenden lassen. Aspekte, die in einer Rechtsordnung an einer bestimmten Stelle berücksichtigt werden, können in einer anderen Rechtsordnung durchaus an verschiedenen Stellen relevant sein. Ausgehend von der Funktionalitätsfrage ist zunächst zu klären, ob und wie sich das englische Strafrecht am Gedanken der Schuldfeststellung orientiert und in welcher Gestalt die Anknüpfungspunkte für die gedankliche Konstruktion erscheinen.

Nimmt man sich Lehrbücher der gegenwärtig führenden englischen Strafrechtler zur Hand[768], so fällt auf, daß die unter dem Begriff der mens rea behandelten tatsächlichen Lebenssachverhalte fast ausschließlich Probleme sind, die im deutschen Strafrecht im Rahmen der Vorsatzproblematik diskutiert werden[769]. So wird etwa das in der englischen Literatur diskutierte Problem *transferred malice* im deutschen Strafrecht beim Vorsatz erörtert. Hält man sich die elementaren Bestandteile der mens rea noch mal vor Augen, so stellt sich zumindest angesichts der in diesem Zusammenhänge verwendeten älteren Begriffe der *fault, blameworthiness* und *guilty mind* schon formal die Frage, ob mens rea auch Elemente enthält, die der Schuld im deutschen Recht entsprechen. Mit der Beantwortung der Frage, ob die mens rea ein Werturteil enthält und welchen Charakters dieses ist, wird ein zentrales Problemfeld aufgegriffen.

Daß es an einer genauen Beschreibung des Schuldbegriffs bzw. der Schuldmerkmale mangelt und der Boden des klassischen englischen Strafrechts an dieser Stelle am unsichersten ist und am wenigsten auf Gesetzesrecht zurückgegriffen werden kann, drängt sich dem ausländischen Betrachter geradezu auf[770]. Daran können auch die Beteuerungen englischer Strafrechtler nichts ändern, beim ihrem Strafrecht handele es sich um ein „Schuldstrafrecht“[771].

---

[767] Watzek, aaO, S. 39
[768] Darstellung unter 10. Abschnitt II 3
[769] Etwa bei Wessels/Beulke, AT, § 7 II, III
[770] So auch Jescheck, Entwurf, S. 57
[771] Vgl. etwa Virgo (1993) Crim.L.R. 415, 415 : „Fundamental principles of English criminal law demand that, if a defendant is to be convicted of an offence, then he must be culpable for the harm caused.“

Da sich der englische Straftataufbau, wie gezeigt, bei den positiven Elementen auf actus reus und mens rea beschränkt und den Verteidigungseinreden nur eine die Strafbarkeit verneinende Rolle zukommt, kann wegen des objektiven, grundsätzlich an äußeren Tatsachen orientierten actus reus die Schuld nur im Rahmen der mens rea eine Rolle spielen.

Es soll deshalb folgende Vorgehensweise gewählt werden:
Zunächst wird eine Konkretisierung des Untersuchungsgegenstandes vorgenommen. Dabei soll unter Lösung vom deutschen Schuldverständnis der Versuch einer abstrakten Festlegung des Charakters der Schuld vorgenommen werden (1). Danach soll geprüft werden, ob in der englischen Literatur und Rechtsprechung eine wie auch immer gearteten Schuld in der mens rea verankert wird, also ob nach englischem Verständnis das Schuldprinzip für die Strafbarkeit maßgeblich ist (2). Ergibt sich nach diesem Punkt, daß keine explizite Nennung oder Beschäftigung mit einer Trägerfunktion stattfindet, also etwa einem Inhalt des Vorwurfs, sind Überlegungen anzustellen, ob nicht grundlegende Eigenarten wie etwa das englische Rechtsdenken zu einer Lösung des Problems fruchtbar gemacht werden können (Exkurs). Unter Einbeziehung des sich anschließend eventuell einstellenden Erkenntnisgewinns kann sich eine Antwort auf die Frage möglicherweise aus dem Inhalt der einzelnen Formen der mens rea ergeben (3). Entscheidend sind somit Einbruchstellen im Recht, die vom Gedanken einer Vorwerfbarkeit ausgehen. Mit der Frage, welchen Charakter diese Einbruchstellen haben sollen, wird darauf eingegangen werden, ob ein Schuldvorwurf erhoben wird und welchen Inhalt er hat (4). Wenn im positiven Falle ein Inhalt, der dann erfaßt wird, vorliegt, soll der Inhalt des Schuldvorwurfs mit den deutschen Vorstellungen verglichen werden als weiterer Aspekt des Vergleichsteils (5). Die Betrachtung der Auswirkungen von in diesem Rahmen nicht berücksichtigten Aspekten, etwa innerhalb der Verteidigungseinreden oder auf die Strafzumessung, muß sich dann konsequenterweise anschließen (6).

1) Abstrakte Festlegung

Die abstrakte Festlegung des Charakters der Schuld soll skizzieren, auf welche Gesichtspunkte die mens rea hin untersucht werden muß. Dabei ist zu fragen, was die Schuld berücksichtigen und was sie bewirken soll, also welche Merkmale kennzeichnend sind bzw. ihren Niederschlag als Ausdruck dieses Schuldverständnisses finden. Hierbei soll ein Rückgriff auf das deutsche Recht verständniserleichternd aus der deutschrechtlichen Perspektive vorgenommen werden.

Auch wenn es angesichts der Masse der Publikationen, die es allein im deutschen Recht zu Fragen der Schuld gibt, ein wahnwitziges Unterfangen erscheint, die Schuld quasi kurz gefaßt vorweg in einem abstrakten Rahmen einzuordnen, so soll gerade auf die wegen der zahlreichen Veröffentlichungen erreichte Komplexität verzichtet werden, die sich oft auch mit Folgeerscheinung oder aus einem anderen Blickwinkel mit der Materie befassen.

Bemüht man sich unter Vernachlässigung konträrer Positionen im einzelnen um eine zusammenfassende Charakterisierung, so kann die Bedeutung des Schuldprinzips lauten, daß eine kriminelle Strafe nur auf die Feststellung erfolgt, wenn dem Täter seine Tat persönlich zum Vorwurf gemacht werden kann[772].

Die Charakterisierung des Inhalts des Schuldvorwurfs anhand der gemeinsamen Positionen bzw. Gemeinsamkeiten der Ansichten im deutschen Recht ergibt kurz gesagt, daß die verschiedenen Meinungen eint, daß sie den normativen Schuldbegriff zugrundelegen und damit die Vorwerfbarkeit darin sehen, daß dem Täter vorgeworfen wird, daß er ein verbotenes Verhalten eingeschlagen hat. Umstritten ist hingegen, wann der Vorwurf zu erheben ist, d.h. wofür sich der Täter zu verantworten hat.

Unabhängig von den konkreten Auffassungen im deutschen Recht kann die Schuld beschrieben werden als psychische Verbindung von Täter und Tat, die über reines Bewußtsein der Handlungsvornahme hinausgeht und ein (Wert-)Urteil der Rechtsordnung bzw. der Rechtsgemeinschaft beinhaltet. Allerdings ist zu bedenken, daß nach einer Ansicht im deutschen Recht erst nach einem erfahrungswissenschaftlichen Beweis ein Urteil gefällt werden soll, womit eine Kategorisierung als reines Werturteil nicht für alle Meinungen zutreffend wäre.

2) Explizite Nennung

Eine Beachtung relevanter Merkmale der Schuld könnte von Rechtsprechung und Literatur ausdrücklich unter dem Prüfungspunkt der mens rea vorgenommen werden.

2.1) Rechtsprechung

Die Rechtsprechung mit ihrem pragmatischen Ansatz und ihren oft auf weitergehenden dogmatischen Lösungen verzichtenden Stil äußert sich nicht in abstrakter Form zur Rolle der Schuld innerhalb der mens rea. Im Mittelpunkt ihrer Beschäftigung stehen in diesem Zusammenhang die unterschiedlichen Formen der mens rea, ihr Inhalt, ihre Reichweite und ihre Abgrenzung untereinander.

Das Bekenntnis zu dem, was bei einer Übersetzung als Schuldprinzip bezeichnet wird, ist als „*normal requirement of the criminal law*" so anerkannt, daß die *Law Commission* dies schon recht früh als gesicherten Stand des englischen Strafrechts herausstellte und den Ausnahmecharakter der Delikte der *strict liability* betonte[773].

Die Darstellung[774] hat gezeigt, daß im Zusammenhang mit der mens rea eine Vielzahl von Begriffen eine Rolle spielen, deren wörtliche Übersetzung ins Deutsche eine Entsprechung der Schuld nahelegen.

Bezeichnend für die Schwierigkeit der Inhaltsbestimmung ist die Aussage von Griew[775]: „Das englische Strafrecht hat besondere Probleme mit dem Verschuldensele-

---

772 Eine solche Zusammenfassung für richtig hält auch Jescheck, AT, S. 18.
773 The Law Commission, (1970), Published Working Paper No. 31, S. 4
774 Vgl. zuvor 10. Abschnitt II
775 Griew ZStW 100 (1988), S. 931, 938

ment im Strafrecht ... Nach Jahrhunderten kontinuierlicher Rechtsentwicklung wissen wir mehr oder weniger genau, in welche Worte die Definitionen unserer Tatbestände zu kleiden sind, aber wir sind uns immer noch nicht einig darin, was diese Worte bedeuten."

Auffallend ist die unterschiedliche Terminologie, mit der die Zurechnungskategorie mens rea in den Äußerungen der Judikatur versehen wird, so daß können rein sprachliche Merkmale allenfalls Indizwirkung haben können.

Zu den maßgeblichen Fehlerquellen der Rechtsvergleichung zählt die undifferenzierte Übersetzung von Rechtsbegriffen nach Merkmal der allgemeinsprachlichen Übersetzungsregeln, ohne dem spezifisch rechtlichen Inhalt ausreichend Rechnung zu tragen.

2.2) Englische Literatur

In der Darstellung des Schrifttums findet sich keine separate Aufzählung von besonderen schuldbezogenen Prüfungspunkten zu finden. Die Ausführungen beziehen sich neben der inhaltlichen Darstellung der einzelnen Kategorien der mens rea[776] meist auf Fragen des Verhältnisses der Zurechnungskategorien zueinander, wozu auch der Irrtum über Tatsachen zählt[777]. Darstellungsbreite und Behandlungsaspekte sind unterschiedlicher Art.

Ashworth etwa spricht in seinem Lehrbuch[778] von der Vielzahl der *fault terms*; bei deren Aufzählung orientiert er sich an den verschiedenen Formen der mens rea. Eine darüber hinausgehende Beschreibung einer erkennbar von der Bewußtseinsebene zu unterscheidenden Zurechnungskategorie ist nicht ersichtlich. Vielmehr werden Probleme der mens rea-Formen bei besonderen Delikten, das Verhältnis dieser zu Verhalten und Ergebnis, unvorhergesehenen Handlungsabweichungen, Objektsirrtum und dem Fehlgehen auf ein anderes Objekt behandelt. Wesentliche Abweichungen vom Kausalverlauf, der Irrtum über das Objekt sowie das Fehlschlagen hinsichtlich eines anderen als des anvisierten Objekts sind im deutschen Strafrecht typische Probleme des Vorsatzes und werden auch dort behandelt[779]. Eine explizite Nennung von besonderen schuldbezogenen Prüfungspunkten erfolgt bei Ashworth nicht. Der von ihm verwendete Begriff *fault* muß daher als deckungsgleich mit den verschiedenen Formen der mens rea erscheinen.

Auch das führende Lehrbuch von Smith/Hogan beschäftigt sich in erster Linie mit den Formen der mens rea und Aspekten wie *specific intent* sowie jenen Zurechnungsproblemen, die im Verhältnis von actus reus und mens rea zueinander anzusiedeln sind[780]. Beachtung sollte allerdings die Tatsache finden, daß die Unkenntnis des Gesetzes keinen *defence* bildet. Die Behandlung des Aspekts der fehlenden Normkenntnis ist in

---

776 Begriffsdefinitionen, Unterscheidung basic mens rea-*specific intent*

777 Koinzidenz der Zurechnungskategorien; Unkenntnis von Rechts- oder Tatsachenfragen; Nachweisproblematik

778 Ashworth, Principles, S. 194 ff.

779 Vgl. statt vieler Tröndle/Fischer, StGB, § 16 RdNr. 6 ff.

780 Smith/Hogan, Criminal Law, S. 56 ff.

Deutschland eine der Problematiken, die im Rahmen der Schuld und Verantwortlichkeit behandelt werden[781]. Bei Smith/Hogan erfolgt sie im Zusammenhang mit der mens rea. Da der fehlenden Kenntnis von Verbotsnormen in Zeiten zunehmender gesetzlicher Strafbarkeitsbegründungen, vor allem auch im sog. Nebenstrafrecht, steigende Bedeutung zukommt und das Verständnis einer Zurechnungskategorie wie der Schuld exemplifizieren kann, soll dieser Aspekt später noch einer eingehenden Betrachtung unterzogen werden[782]. Unter dem hier zu behandelnden Gesichtspunkt bleibt festzuhalten, daß auch Smith/Hogan keine zusätzlichen Kriterien liefern, die einer Prüfung der Schuld nahekommen oder Anhaltspunkte diesbezüglich liefern.

Auch Williams[783] stellt die Formen der mens rea wie *intention* und *recklessness* dar. Seine in einem imaginär geführten Zwiegespräch aufgeworfene Frage, ob der mens rea zugleich die Bedeutung von *wickedness* (Verderbtheit) oder *moral guilt* (moralischer Schuld) zukommt, fällt ablehnend aus. Mens rea wird von ihm als bequeme Abkürzung für die mentalen Bestandteile (*mental elements*), die rechtlich für das Verbrechen erforderlich sind, gesehen. Einer unmoralischen Handlungsweise bedarf es nach seiner Ansicht nicht. Die Begehung eines Verbrechens soll unabhängig von ehrenwerten Motiven oder religiösem Glauben sein. Auch für Williams ist die Frage der Unkenntnis oder des Mißverstehens einer Norm ein Aspekt, der im Zusammenhang mit mens rea zu beantworten ist.
Williams macht vor allem auch deutlich, daß es keine Begriffsschärfe hinsichtlich der einzelnen Kategorien der mens rea gibt. Die ursprünglich einfache Konstruktion hat seiner Ansicht nach durch die Rechtsprechung eine Konfusion erlitten, welche er in dem Bedürfnis der Gerichte zur Erweiterung der Strafbarkeit aus sozialen oder moralischen Gründen sieht. Das Verfahren der Bedeutungserweiterung der mens rea-Begriffe ist dabei die einfachste Vorgehensweise. Zweifel an dem genauen rechtlichen Bedeutungsgehalt bleiben somit nach seiner Ansicht zurück. Geradezu beklagenswert sei die Tatsache, daß nach einer mehr als tausendjährigen ununterbrochenen Rechtsentwicklung dem englischen Recht immer noch klare und folgerichtige Definitionen von Worten fehlten, die die grundlegende Konzeption der mens rea ausdrücken[784].

Die von ihm vorgetragene Klassifizierung der von ihm so bezeichneten *legal fault* in mentale Bestandteile (*awareness*, mens rea als *mental elements*) und in *negligence* orientiert sich an der bereits bekannten weiteren Einteilung in *intention* und *recklessness*. Williams macht aber deutlich, daß es sich bei letzterer zwar um eine Form der *legal fault* handelt, nicht notwendigerweise aber um ein mentales Element. Die technisch zu verstehende Bedeutung der *fault* als Terminus für mens rea und *negligence* in der von Williams vorgenommenen Unterteilung unterstreicht er und sieht eine Schuld in diesem Sinne auch dann, wenn das Recht *laudably* oder entschuldbar gebrochen wurde[785]. Eine eigene Zurechnungskategorie ist auch bei ihm nicht zu finden, trotzdem er Verantwort-

---

781 Roxin, AT, S. 791 ff.
782 Vgl. 13. Abschnitt A III
783 Williams, Textbook, S. 70 ff.
784 Williams, Textbook, S. 73; wie schon Griew ZStW 100, aaO
785 Williams, Textbook, S. 73 Fußnote 11

lichkeit mit *guilt and innocence* bezeichnet[786]. Dies wird auch daraus deutlich, daß er bei *strict liability*-Delikten keine *legal fault* verlangt, was eher für das Verständnis der mens rea als bloßes Bewußtseinselement spricht. Auch die Formulierung, daß ein Irrtum über das Opfer, also ein Tatbestandsirrtum, durch die Verneinung der mens rea wichtig für *guilt* ist, zeigt das tendenziell deckungsgleiche Verständnis von mens rea-Formen und *guilt*. Für eine Differenzierung sprechen hingegen die unterschiedlichen Bezeichnungen von *fault* und *guilty*.

Lacey/Wells/Meure[787] machen mit ihrer Kritik an der fehlenden Unterscheidung zwischen Rechtfertigung und Entschuldigung auf die schon erwähnte Schwäche des englischen Rechts aufmerksam, welches die Straflosigkeit bestimmten Verhaltens trotz Vorliegens von actus reus und mens rea nicht erklären kann. Denn bei einigen Verteidigungseinreden wird die Fähigkeit zur Bildung von mens rea berührt, wie etwa bei *insanity, intoxication* und *mistake*, während bei anderen wie *duress* nur eine Interpretation als *superimposed* (überlagert) bleibt. Die Wirkung der Verteidigungseinrede, etwa von *duress*, hängt auch von der Weite der Definition wie *intent* ab.

-Wird der Angeklagte von einem Dritten unter Todesdrohungen zu einem Tötungsdelikt am Opfer gezwungen und setzt man *intent* mit der Bezweckung (*purpose*) gleich, dann kann man ggf. ein mentales Element der Eigenrettung vor dem der Tötung sehen.-

Bei geringerer Anforderung an *intent*, etwa *encompassing necessary and envisaged means to intent ends*, (gleich einem notwendigen Zwischenschritt) führt dies nicht zu der Folgerung, daß der Angeklagte die Tötung nicht wollte, sondern zum Wollen des Todes des Opfers als notwendiges Mittel zur Rettung des eigenen Lebens. Bei letzterer Betrachtungsweise muß *duress* als darüber hinaus hinzuzufügender (*superadded*) Entschuldigungsgrund wirken und nicht als Veränderung der mens rea; auch aus dieser Aussage ergibt sich ein Anhaltspunkt für das Verständnis der Schuld. Da sich *duress* auf etwas bezieht, was außerhalb der mens rea steht und zu einem Ausschluß der Verantwortlichkeit führen kann, müßte es sich dabei in konsequenter Fortführung des bisherigen Gedankens um eine eigenständige Zurechnungskategorie handeln, die unabhängig von mens rea auch bei deren Vorliegen zu einem Haftungsausschluß führen kann[788].

A.T.H. Smith spricht ebenfalls von einem enthaltenem *fault element*, daß sich von der geistigen Haltung des Übeltäters ableiten läßt und als mens rea bezeichnet wird. Bei der Einteilung in die schon erwähnten Formen weist er ebenso darauf hin, daß der *negligence* wegen des fehlenden *state of mind* ein Ausnahmecharakter zukommt. Diese traditionellen Beschreibung der mens rea bezieht sich auf kognitive Elemente; Fragen der Auswahl (*questions of choice*) von Handlungsmöglichkeiten und der Willensausübung (*exercise of will*) sind ausdrücklich nicht enthalten[789]. Smith widmet sich jedoch an späterer Stelle tiefergehend der mens rea und schreibt ihr drei Zwecke zu. Zunächst ließe

[786] Williams, Textbook, S. 75
[787] Reconstructing, S. 38 ff.
[788] Dieser Aspekt wird erst unter 13. Abschnitt C I eine genauere Betrachtung erfahren.
[789] A.T.H. Smith, Reshaping , S. 96

sie sich ohne Bedeutungswechsel als mentaler Bestandteil (*mental element*) bezeichnen. Darüber hinaus meint mens rea nach seiner Ansicht einen Katalog von mehr oder weniger vorwerfbaren (*blameworthy*) mentalen Zuständen von *intention, recklessness* und *negligence,* die der Gesetzgeber bei der Definierung der Verbrechen auswählen und nach den Erfordernissen ausgestalten kann. Noch eine Funktion wird nach seiner Ansicht hingegen ausgeübt durch das Fungieren als Ideal, zu welchem sich das rechtliche System herausbilden soll.
Vertreter einer modernen Ansicht befürworten die Auferlegung einer Verantwortlichkeit auf der Basis einer subjektiv ausgerichteten Schuld (*fault*) und kritisieren die Abweichung von diesem Ideal bei den Delikten der *strict liability* und der *constructive liability.* Diese Sichtweise von strafrechtlicher Verantwortlichkeit geht somit von einer Schuld (*fault*) als ihrer Basis aus.
Smith beklagt in diesem Zusammenhang aber, daß bei einer Bezugnahme der traditionellen mens rea auf das *fault element*, dieses Prinzip und ein rein technischer Gebrauch zusammengefaßt werden. Dies bewirkt seiner Ansicht nach ein Zusammenfallen beider Funktionen, weil die traditionelle mens rea sich nur auf die Wahrnehmung von Umständen und die Erzielung bestimmter Ergebnisse bezieht. Eine Schuld (*fault*) ergebe sich nicht notwendigerweise, wenn eine Person etwas vorhersieht oder beabsichtigt; die Absicht könne unter einer Vielzahl von entschuldigenden Umständen geformt worden sein wie *provocation, duress* oder *necessity.* Als Ausdruck eines *fault principle* ist die traditionelle mens rea nicht mehr als eine Daumenregel. Smith zieht daraus den Schluß, ein über die Beschreibung hinausgehendes umfassendes *fault principle* zu suchen, innerhalb dessen die existierenden Entschuldigungsgründe eingeordnet werden können.

Dieses gleichsam bedeutendere Prinzip hat Hart, auf den Smith dann verweist, wie folgt ausgedrückt: „Solange ein Mensch nicht die Fähigkeit und die gerechte Möglichkeit oder Chance hat, sein Verhalten dem Gesetz anzupassen, sollen dessen Strafen nicht auf ihn angewendet werden.“[790] Hart sieht diese Aussage nicht nur als Begrenzung (rationale) für die meisten durch das Gesetz bereits zugelassenen Entschuldigungsgründe, sondern gewährt ihr möglicherweise auch die Rolle eines kritischen Prinzips, mehr vom Recht zu verlangen, als es bereits bisher einräumt.

Smith zieht letztlich den Schluß, daß ein Ansatz strafrechtlicher Verantwortlichkeit, der die traditionelle mens rea als notwendiges Schulderfordernis behandelt, in zweierlei Hinsicht lückenhaft sei. Seiner Ansicht nach wird das Phänomen der *strict liability* übersehen und es wird keine Rücksicht genommen auf einige effiziente Entschuldigungsgründe, welche die Elemente des Bewußtseins oder der Kenntnis nicht verneinen. In der Zulassung von *duress* als ein Entschuldigungsgrund bringt das Gesetz zum Ausdruck, daß die Möglichkeit des Angeklagten zu wählen, nicht das falsche zu tun, nicht eine wirklich gerechte war.

Smith gewinnt somit wie Lacey/Wells/Meure aus der fehlenden Unterscheidung von Rechtfertigungs- und Entschuldigungsgründen Anhaltspunkte für eine weitergehende Bedeutung der mens rea über die bloßen Bewußtseinseinsformen hinaus. Unter Bezugnahme auf einen weiteren Autor lassen sich bei ihm sogar inhaltliche Vorgaben bezüg-

---

[790] Hart, Punishment, S. 181 äußert sich im englischen Original wie folgt: „ unless a man has the capacity and a fair chance to adjust his behaviour to the law its penalties ought not to be applied to him.“

lich des *fault element* finden. Deutlich wird aber auch die schon an anderer Stelle angeklungene generelle Kritik der Literatur an der hergebrachten Bestimmung der Strafbarkeit, die eben Fragen offen läßt und sich einer systematisch orientierten Erklärung entzieht.

2.3) Deutsche Literatur

Auch deutsche Juristen haben sich mit der abstrakten Festlegung des Schuldcharakters der mens rea beschäftigt. Vogel[791] räumt in einer Zusammenfassung der Gemeinsamkeiten der beiden westeuropäischen Straftatsysteme von England und Frankreich dem aus Tatvorsatz oder Tatfahrlässigkeit bestehenden subjektiven Element auch die Rolle eines Trägers des Schuldvorwurfs ein. Zu dessen genauen Inhalt lassen sich bei ihm keine weitergehenden Ausführungen finden. Der Hinweis auf die herrschende Meinung bringt keine neuen inhaltlichen Punkte, da es sich bei diesem ja um Wissen bzw. Wissen-Können der als mentaler Bestandteil zu bezeichnenden mens rea-Formen handelt. Die alte Auffassung, die mit mens rea einen Geisteszustand meint, der moralische Vorwerfbarkeit oder Schuld begründet, mag zwar näher am Wortsinn liegen. Deren inhaltliche Konstruktion wird aber nicht deutlich; zudem ist diese Ansicht bereits zeitlich überholt.

Watzek stellt heraus, daß mens rea keinesfalls mit dem Schuldbegriff des deutschen Rechts gleichzusetzen sei[792]. Worauf er dies zurückführt, wird aber nicht ausdrücklich genannt, so daß sich sein Eindruck auch eher auf das Empfinden des deutschen Betrachters in einer Gesamtschau zurückführen läßt.

Jescheck greift bei seiner Auseinandersetzung mit den Besonderheiten des englischen Strafrechts auf die Entwürfe der *Law Commission* zurück. Besonders der Entwurf eines Strafgesetzbuches[793] durch dieses Gremium findet seine Beachtung[794].

Da sich die Erstellung des Berichts vom Charakter mehr als eine Zusammenstellung und Ordnung des Status quo verstehen läßt den als neue Kreation, spiegelt die Behandlung einer Materie durch die *Law Commission* das Verständnis des englischen Strafrechts wider.

Dieser Entwurf der *Law Commission*, dem eine gewisse Indizwirkung zukommt, enthält einen ausformulierten, als Allgemeinen Teil zu bezeichnenden Abschnitt, in dem die Voraussetzungen der Schuld (*fault*) und der Verteidigungseinreden (*defences)* der drei Entschuldigungsgründe des Irrtums über rechtfertigende und entschuldigende Umstände, des Nötigungsnotstandes (*duress*) und des allgemeinen Notstandes (*necessity*) Darstellung finden. Auch im Falle der Kodifikation des englischen Rechts bleibt aller Voraussicht nach ein bereits bestehender inhaltlicher Abstand aufrechterhalten, was eine Beschäftigung mit diesem Bericht rechtfertigt.

---

[791] GA 1998, S. 127, 146 f.

[792] Watzek, Rechtfertigung und Entschuldigung, S. 38

[793] The Law Commission (LawCom. No. 177) Criminal Law. A Criminal Code for England and Wales, Volume 1, 2.HMSO 1989

[794] Jescheck, Entwurf, S. 56 ff.; dort auch näher zu Gründung und Arbeit der *Law Commission* S. 56

Im Entwurf wird der Begriff der *fault* anstelle der mens rea benutzt und bezeichnet den Gesamtkomplex der Strafbarkeit, die, so Jescheck, im deutschen Strafrecht zur Schuld gehören würden. Der Begriff der *fault* wird durch drei Elemente charakterisiert:

-geistigen Beschaffenheit, mit der eine Person handelt (*state of mind with which a person acts*),
- der Nichterfüllung von Anforderungen, die an das Verhalten einer Person gestellt werden (*failure to comply with a standard of conduct*) sowie
- einen Komplex, der aus geistiger Beschaffenheit und Nichterfüllung von Anforderungen zusammengesetzt ist (*consisting partly of such a state of mind and partly of such a failure).*

Der Entwurf setzt dann eine Gleichsetzung diese Kategorien mit den einzelnen Schuldgraden gleich, die sich an den bereits bekannten Begriffen der Formen der mens rea oder ähnlichen Begriffen orientieren. Unterhalb der leichtesten Schuldform soll dann der Bereich der *strict liability* angesiedelt sein. Durch die Klarheit des Entwurfes sieht sich Jescheck darin bestätigt, daß sich die Zusammensetzung des Entwurfsschuldbegriffs anhand des deutschen StGB und des deutschen Strafrechtsdenkens erschließen läßt. Die Parallelen zu Vorsatzformen in Deutschland, die sich aus der Begrifflichkeit ergeben können, erlauben ein Inbeziehungsetzen der entsprechenden Begriffe jedoch auch nach seiner Ansicht erst nach einer inhaltlichen Analyse[795].

Diese Ansicht stützt die hier gewählte Vorgehensweise, weil sie aus dem deutschem Verständnis heraus erkennt, daß auch ohne eine weitergehende Ausführung im englischen Recht der erfaßte Bereich mehr erfaßt als nur Vorsatzfragen. Eine solche Analyse ist deshalb unvermeidbar und es gilt sie vorzunehmen.

3) Heranziehung des Inhalts der verschiedenen Formen der mens rea

Da es an der expliziten Nennung von weitergehenden (Wert-) Urteilen bei vielen Autoren und der Rechtsprechung fehlt, stellt sich die Frage, ob Inhalt und Umfang der einzelnen Kategorien der mens rea einen Maßstab aufstellen, der über die bloße Bezugnahme Täter-Tat hinausgeht.

Ruft man sich die betroffenen Definitionen in Erinnerung, so zeigt sich, daß das Handeln und Bewußtsein bei den verschiedenen Kategorien sich an unterschiedlichen Ausgangspunkten orientieren.

3.1) *intention*

Intention stellt alleine auf ein voluntatives Element ab. Es ist deshalb per definitionem kein Einfallstor für ein Werturteil ersichtlich. Die Vorhersehbarkeit, der teilweise durch einen objektiven Maßstab, nämlich die Sichtweise von Dritten, in die Betrachtungsweise einführen könnte, ist wegen ihres Wesens als Beweisregel nicht ausschlaggebend.

---

[795] Jescheck, aaO, S. 61

Trotz der Unterschiede im Einzelfall entspricht *intention* in Deutschland dem direkten Vorsatz, also der Absicht.

3.2) Cunningham-*recklessness*

Vom Inhalt her setzt die Cunningham-*recklessness* das Bewußtsein des Täters über das Risiko der Handlungsweise voraus. Dabei ist das kognitive Element maßgeblich. Der Ansatzpunkt des kognitiven Elements ist die Vorhersehbarkeit für den Täter. Diese subjektive Position, also die tatsächliche Kenntnis des Täters, ist keinem Werturteil offen, denn entweder hatte der Täter das Bewußtsein für die Risikoverwirklichung und hat gehandelt und damit diese Form der mens rea besessen, oder er hatte kein Risikobewußtsein, womit zumindest die Cunningham-*recklessness* entfällt. Diese Charakterisierung würde im deutschen Recht im subjektiven Tatbestand Berücksichtigung finden. Auch wenn in Deutschland bei Fahrlässigkeitsdelikten keine Prüfung des subjektiven Tatbestandes stattfindet, würden im deutschen Recht sowohl dolus eventualis als auch die bewußte Fahrlässigkeit von dieser Figur erfaßt, bei denen ebenfalls das kognitive Merkmal dominiert.

3.3) Caldwell-*recklessness*

Bei der *Caldwell-recklessness* bedarf es neben der Risikoverwirklichung auch der Einschätzung, ob ein offensichtliches und schwerwiegendes Risiko geschaffen wurde. Dabei ist der Maßstab des *reasonable man* zugrunde zu legen. Mit diese Formulierung eröffnet sich im englischen Recht traditionsgemäß ein Beurteilungsspielraum für die Jury oder den Richter. Kernfrage ist, ob der normale Durchschnittsmensch das Risiko so gesehen hätte. Die Festlegung dessen, was ein normaler Durchschnittsmensch als Risiko gesehen hätte, läßt Raum für ein Werturteil, welches sich an den Gegebenheiten des Einzelfalls orientiert. Denn die Festlegung dessen, was als risikobegründend hätte gesehen werden müssen, läßt sich nicht empirisch vornehmen, sondern legt Erfahrungswerte zugrunde oder, falls diese wegen der Einmaligkeit der Fallkonstellation nicht vorliegen, eine Einschätzung der Risikoverwirklichung unter Zugrundelegung derjenigen Tatsachen, die zu erkennen waren. Nicht das Bewußtsein des Täters für die Rechtsgutsgefährdung, sondern das des Durchschnittsbetrachters ist somit entscheidend.

Diese objektive Definition der *recklessness*, an sich einer bewußten Fahrlässigkeit, in den maßgeblichen Entscheidungen von 1981[796] nimmt allerdings, wie dargestellt, keine einheitliche Entwicklung.

Da für die Rechtsprechung die *Caldwell-recklessness* dadurch gekennzeichnet ist, daß der Täter in Unkenntnis des Risikos handelt, ist das fehlende Wissen der Möglichkeit einer Schaffung und Verwirklichung einer gefahrbegründenden Situation das tatsächlich wesentliche Element. Eine solche geistige Haltung, die durch das fehlendes Bewußtsein für das Risiko gekennzeichnet ist, ist im deutschen Strafrecht in der unbewußten Fahrlässigkeit zu sehen. Trotz dieser Parallele der gedanklichen Ausgangssituation

---

[796] R. v. Caldwell (1981) 1 All.E.R. 961; R. v. Lawrence (1981) 1 All. E.R. 974

kann keine Gleichsetzung erfolgen, wenn der Maßstab, der zur Erkenntnis des Risikos angelegt wird, ein anderer ist[797]. Im deutschen Recht genügt zur Begründung der unbewußten Fahrlässigkeit jede Sorgfaltswidrigkeit, die zur Risikoschaffung beiträgt und die der Täter hätte erkennen müssen[798].

Anders hingegen das englische Recht, das im Einzelfall zu einer strengeren Haftung als bei der unbewußten Fahrlässigkeit in Deutschland führen kann, denn das Risiko muß nicht für den Täter, sondern für einen objektiven vernünftigen Dritten (*reasonable man*) offensichtlich gewesen sein.

Die unbewußte Fahrlässigkeit als Form der subjektiven Verantwortlichkeit kann im anglo-amerikanischen Strafrecht aber auch einen an das Element des Anders-Handeln-Könnens anknüpfenden Gedanke enthalten. Die geistige Haltung hinsichtlich eines Tatbestandsmerkmals ist per definitionem erfüllt, „*when he should be aware of a substantial and unjustifiable risk*" [799] und wenn darüber hinaus sein Verhalten sich darstellt als „*a gross deviation from the standard of care that a reasonable person would observe in the actor's situation*". Aus den Worten „*should be aware*" läßt sich bei der unbewußten Fahrlässigkeit ein Vorwurf entnehmen, nämlich ein Hinweis auf die Möglichkeit eines anderen Handelns. Der Täter hat nämlich die möglichen Folgen seines Verhaltens nicht bedacht, obwohl er sie hätte bedenken sollen/können, so daß er in erheblichem Maße der Sorgfalt nicht gerecht geworden ist, obwohl eine *reasonable person* in der gleichen Ausgangslage dies beobachtet hätte.

Fehlt es dem Täter an den intellektuellen oder geistigen Voraussetzungen zu erkennen, daß die Handlungsweise ein für jeden objektiven Dritten offensichtliches Risiko beinhaltet, so führen diese Gründe, die in seiner Person liegen, nicht zu einem Entfallen der Verantwortlichkeit durch unvollständige oder fehlende mens rea. Es erfolgt vielmehr, wie in anderen Bereichen auch, eine Berücksichtigung auf Strafzumessungsebene, welche denjenigen Aspekten Rechnung tragen kann, die den Täter vom Maßstab des objektiven Dritten abweichen lassen.

Ein der subjektiven Voraussehbarkeit vergleichbares Korrektiv, wie es im deutschen Straftataufbau als Begrenzung auf Schuldebene besteht, ist auf der Seite der materiellen Strafbarkeitsbestimmung des englischen Rechts somit nicht bekannt.

3.4) Merkmal des *unjustified risk*

Bei diesen beiden von der Rechtsprechung geschaffenen Formen der *recklessness* findet sich auch das Kriterium des *unjustified risk* (nicht gerechtfertigtes Risiko). Dabei handelt es sich an sich um ein Merkmal auf der subjektive Seite, daß eher objektiven Charakter hat, letztlich aber ein Ansatzpunkt für eine Güterabwägung vom Zweck des Verhaltens und Risiko desselben ist, denn öffentliches Interesse und Individualbelangen

---

797 Huber, LB 82/84, S. 858 spricht deshalb etwa von *recklessness* in Zusammenhang mit den zuvor genannten Entscheidungen von bewußter Fahrlässigkeit
798 Tröndle/Fischer, StGB, § 15 RdNr. 14, 16-18
799 Vgl. die Ausführungen unter 10. Abschnitt II 3

stehen sich gegenüber. Gleichsam vorweg wird die Einflußnahme von Erwägungen eröffnet, die eher objektiver Natur sind. Auch bei diesem Maßstab stellt sich die Frage, ob der Angeklagte das Risiko vorausgesehen haben muß oder ob es ausreichend ist, daß ein *reasonable and prudent man* dies vorhergesehen hätte. Wegen mentaler Defizite kann der Einzelne unfähig sein, daß vorherzusehen, was ein vernünftiger Mensch vorhersehen würde, was jedoch durch diesen Maßstab unberücksichtigt bleibt. Eine solche Güterabwägung ist damit ein Werturteil. Dies liegt schon zu Beginn der Definition vor und geht den beiden differenzierten Formen der *recklessness* gleichsam voraus.

3.5) *negligence*

Negligence als Form der mens rea ist mit anderen Worten gesagt als ernsthaftes Zurückbleiben vom vernünftigen Vorsichts- oder Verhaltensstandard zu übersetzen. Die Festlegung des Inhalts dieser Standards orientiert sich auch an der Reflexion des Risikos sowie dessen Verneinung oder adäquater Rechtfertigung. Da die Verantwortlichkeit eines Täters zu bejahen ist, wenn er unvernünftiger Weise vergaß, ein Risiko zu bedenken, dieses aber offensichtlich war, wird über den Begriff der *negligence* erneut die Möglichkeit eines Werturteils geschaffen. Dieser *reasonable standard of care* öffnet also ebenfalls Raum für die Einflußnahme eines Werturteils. Eine in Deutschland auf der Schuldebene stattfindende vergleichbare Prüfung, ob der Täter nach seinen persönlichen Fähigkeiten in der maßgeblichen Situation überhaupt dazu fähig war, die obliegende Sorgfaltspflicht zu erkennen und zu erfüllen, findet auch bei dieser Form nicht statt.

3.6) *strict liability*-Delikte

Die *strict liability*-Delikte lassen angesichts der Tatsache, daß sie keine mens rea bezüglich aller Merkmale des actus reus oder gar keine mens rea verlangen, keinen Raum für Werturteile, die über die bisher geschilderten Formen hinausgehen. Wie bereits gesagt, ist bei der Verfolgungspraxis eine Berücksichtigung der Erkennbarkeit des Schadenseintritts üblich[800]. War das Risiko des Schadenseintritts auch für einen sorgfältig agierenden Täter nicht ersichtlich, soll eine Einstellung des Verfahrens stattfinden. Mittelbar gewinnt auch hier die Beurteilung des Täterverhaltens eine Rolle, die sich an einem aus einem Werturteil ergebenden Maßstab orientiert. Da sich dieser Maßstab an Sorgfaltspflichten ausrichtet, stellt sich auch hier zwangsläufig die Frage, ob Besonderheiten in der Persönlichkeit des Täters, die ihm ein Einhalten der Standards nicht ermöglichten, auf die Einstellung des Verfahrens auswirken.

3.7) Zusammenfassung und Bewertung

Die Bestimmung des Maßstabs des *reasonable man* füllt in den genannten Bereichen das Werturteil aus. Dies führt auch in der englischen Literatur zu einem Streit um die Einordnung persönlicher Merkmale, die sich an subjektiven und objektiven Kriterien orientiert. Diese Einschätzung macht zudem deutlich, daß neben der eigentlichen Geis-

---

[800] 10. Abschnitt II 4.3

teshaltung des Täters noch andere Faktoren in die Einordnung mit einfließen. Insbesondere die Ausrichtung an objektiven Faktoren kann zum Einfallstor für eben jene Beurteilung der Rechtsgemeinschaft werden, wenn die Rechtsbegriffe, die den Maßstab beschreiben, Bezug nehmen auf ein Anders-Handeln-Können des Täters oder dessen Einhalten von Verhaltensstandards im Vergleich zu anderen Bürgern. Der Begriff des *reasonable man* wird an den unterschiedlichen Stellen seiner Verwendung zum Zentralbegriff bei der Beurteilung des Verhaltens und ist im Rahmen der mens rea-Formen das Einfallstor für Beurteilungen der Rechtsgemeinschaft. Daß dabei, wie erwähnt, in der Praxis die Jury-Mitglieder dazu neigen werden, ihren eigenen Erfahrungskatalog an die Stelle eben jenes *reasonable man* zu setzen, verdeutlicht, daß eine allgemeingültige Festlegung gar nicht möglich und möglicherweise auch gar nicht gewollt ist.

4) Weitere Betrachtungen

Wendet man die im Rahmen des 8. Abschnitts „III. Englisches Rechtsdenken" allgemein festgestellten Erwägungen auf den vorliegenden Untersuchungsgegenstand der mens rea unter Berücksichtigung des bisher gesagten an, so gewinnen angesichts der bereits betrachteten einzelnen Entscheidungen in diesem Bereich einige Aspekte besondere Bedeutung und erklären, warum eine systematische Suche nach gewissen Gesichtspunkten, die die Schuld kennzeichnen, nicht zielführend erscheint.

Der *common sense* als gemeinsame Grundüberzeugung läßt es zu, daß eine Verankerung von Wertungsgesichtspunkten nicht ausdrücklich erfolgen muß. Die Gewißheit, daß bestimmte wertende Aspekte ohnehin bis spätestens zur Urteilsfindung berücksichtigt werden müssen, macht einen generellen Prüfungspunkt überflüssig. Da ohnehin keine systematische Strafrechtsstruktur existiert, in die hinein die Prüfungsaspekte angepaßt sein müßten, gibt es keine genaue Vorgabe für die prüfungstechnische Berücksichtigung von Punkten, die der Schuld entsprechen. Ein Ausdruck des *common sense* als gemeinsame Grundüberzeugung ist im Maßstab des *reasonable man* zu sehen. Diese fiktive Figur zur Beurteilung der Perspektive des Täters verkörpert genau jene Grundüberzeugung, die der normale Mensch von intellektuellem Durchschnitt und landläufigem Erfahrungsschatz hat bzw. haben sollte. Im Strafprozeß ist jener Maßstab in der Jury als Laiengremium institutionalisiert. Gerade weil aus dieser Normalmenschen-Sicht heraus eine Beurteilung erfolgen soll, kann man den Schluß ziehen, daß juristisch-dogmatische Erwägungen, aber auch wissenschaftlich-psychologische Untersuchungen, ungern genutzt werden, weil das Empfinden vorherrscht, demzufolge es solcher akademischer Maßstäbe nicht bedarf, um vom Normalstandpunkt mit Lebenserfahrung heraus ein Tatsachenfrage zu bewerten. Die Linie der Rechtsprechung zur mens rea, die sich über eine eher subjektive Ausgangsposition über den einschneidenden Wandel der Caldwell-Rechtsprechung zu einer objektive Linie hin bewegt hat, welche ihrerseits in den letzten Jahren wieder eingeschränkt wurde (wenn man die verlaufene Entwicklung einmal verkürzt so darstellt), ist letztlich von der Frage geprägt, ob und inwieweit diese vernünftige Durchschnittsperson auch individuelle Merkmale aufweisen darf und sogar spezifische Schwächen Berücksichtigung finden können.

Der richtige Ausgleich zwischen *common sense* und außerhalb davon liegenden Punkten bei der Frage nach individuellen Schwächen prägt inhaltlich auch der Rolle die Schuld im deutschen Recht. Besonders deutlich wird dies bei den der *recklessness* nahe stehenden Fahrlässigkeitsdelikten des deutschen Rechts, die, in ihrem vom Vorsatzdelikt abweichenden Aufbau, zunächst zwar die Frage einer objektiven Pflichtverletzung und deren objektiver Vorhersehbarkeit aufwerfen, bei der separat zu prüfenden Schuld die subjektive Vorhersehbarkeit in den Mittelpunkt rücken und individuelle Defizite berücksichtigen.

Die Maßgeblichkeit der Wertgesichtpunkte hat ebenfalls Einfluß auf die Funktion der mens rea. Verbunden mit dem erwähnt einzelfallbetonenden Charakter des *common law* wird stärker als im deutschen Recht der zugrundeliegende Sachverhalt gewürdigt. Um dann dem Wertgesichtspunkt ausreichend Rechnung zu tragen, muß eine Entscheidung ergehen, die die Gesamtumstände des Falles umfassend berücksichtigt. Eben diese Wertgesichtspunkte beeinflussen die mens rea über die mentalen Elemente hinaus. Neben dem, was die Beziehung des Täters zur Tat bildet und in Deutschland dem Vorsatz entspricht, erweist sich die mens rea als Einfallstor für Erwägungen, die als topoi in die Problembefassung leiten. Dabei kommt dem Aufeinandertreffen des subjektiven und des objektiven Prinzips im Rahmen der Erörterungen der mens rea Bedeutung zu. Denn die in der Literatur heftig ausgetragene Diskussion über die Vorzüge des einen oder anderen Prinzips und auch die in der Rechtsprechung aufgegriffen Wandlung, vor allem bei der *recklessness*, sind nichts anderes als das Ringen um die geeigneten Maßstäbe der Beurteilung des Verhaltens des Täters. Je objektiver der Maßstab, desto eher besteht die Gefahr, daß individuelle Aspekte in einer generalisierenden Sichtweise untergehen und es zu Lasten des Einzelnen zu Verurteilungen kommt. Umgekehrt ist bei der stärkeren Betonung von subjektiven Aspekten eine größere Berücksichtigung der Anlage des Einzelnen möglich. Die damit verbundene Aufwertung der Fähigkeiten des Einzelnen, sein Verhalten zu überblicken, selbst auszurichten und die Entscheidung für eine Vorgehensweise zu treffen, läßt sich mit anderen Worten auch als Wahlmöglichkeit für ein Andershandeln sehen, zu dem der Einzelne in der Lage gewesen sein muß.
Dieser topoi, der auch im *principle of individual autonomy* seinen Ausdruck findet, nimmt unter dem Aspekt der Wertungsgesichtspunkte genau jenen Blick ein, den das deutsche Strafrecht bei der Schuld vornimmt, nämlich ob der Täter von seinen persönlichen Ausgangskapazitäten her anders hätte handeln können.

Die der Topik immanente Berücksichtigung der Intuition tut ein übriges, um der mens rea eine Funktion zuzuweisen, deren Erfassung von deutschem Rechtsverständnis her, mit einem konkreten, systemrelevanten Prüfungsfeld, schwierig ist und dieser Eindruck wird von schwammigen Begriffen mit geringer Trennschärfe untermauert. Denn die Berücksichtigung von Intuition kann am besten dort erfolgen, wo nicht feste Begriffsmerkmale erfüllt werden müssen. Beim actus reus etwa, der durch *statutes* oder die Entwicklung des *common law* mehr oder weniger feste Definitionen der Tatbestandmerkmale erfahren hat, ist dies ersichtlich schwieriger als bei der stets im Wandel befindlich mens rea.

Dies scheint aber auch fast zwingend. Denn wie oben geschildert[801], geht das klassische englische Strafrecht beim Straftataufbau davon aus, das bei Vorliegen von actus reus und mens rea ein Delikt verwirklicht ist, auch wenn es Konstellationen gibt, wo eine Straflosigkeit eintritt, wenn der *defence* mens rea nicht aufhebt[802]. Die Funktion der mens rea ist auch geprägt von Aspekten, die an einer späteren Stelle im Aufbau, also in den *defences*, die sich je nach dem auch aus definierten Einzelmerkmalen zusammensetzen, nicht mehr Berücksichtigung finden können. Wegen dieser festgelegten Ebenen des actus reus und der Verteidigungseinreden kann mens rea auch vom Straftataufbau her eine Korrektivfunktion ausüben.

Anhand der zuletzt genannten Erwägungen wird deutlich, daß der mens rea eine ähnliche Funktion wie der Schuld zugeordnet werden kann. Deutlich ist allerdings auch geworden, daß dies nicht im Rahmen einer systematischen Einordnung erfolgt und festen Voraussetzungen unterliegt, sondern, nach deutschem Rechtsverständnis, „irgendwie" in der mens rea eine Berücksichtigung erfolgt. Der Leser englischer Urteile und der Werke der Literatur kann sich genau des Eindrucks nicht erwehren, daß das englische Recht der mens rea eine Funktion zugedacht hat, die sich vom Umfang her nicht expressis verbis beschreiben läßt, aber über die nur beschreibenden mentalen Elemente wie *intent* oder *recklessness* hinausgehen muß. Anders läßt sich die umfangreiche Beschäftigung der Literatur in den letzten Jahrzehnten und auch die stete Entwicklung der Rechtsprechung nicht erklären.
Daß dabei dem konkreten Delikt, auf das die mens rea bezogen ist, prägende Bedeutung zukommt, ist vor dem Hintergrund der stärkeren Berücksichtigung des einzelnen Sachverhalts bei einer topischer Betrachtung nur naheliegend. Nachvollziehbar ist auch, daß die zu berücksichtigenden Aspekte von Tat und Täter bei Mord einen anderen Umfang erreichen als bei einfacheren Gesetzesverstößen, was sich angesichts der Schwere des Delikts und der Komplexität der Erwägungen ergibt.

Im Ergebnis können die bei verschiedenen mens rea-Formen festgestellten Wertungsmaßstäbe, die je nach Präferierung der objektiven oder subjektiven Sicht zuneigen, damit der Funktion der Schuld zugeordnet werden. Gestützt wird dies auch durch die Betrachtung der Auseinandersetzung der englischen Literatur als solcher.

5) Ausgangspunkt der Maßstabsbestimmung

Die Konfrontation von subjektiver und objektiver Sichtweise steht oftmals im Vordergrund des englischen Rechtsdenkens. Durch die Kombination von Elementen beider Natur ist eine unterschiedliche Maßstabsgestaltung zur Beurteilung des Handelns des Einzelnen möglich. Die Rechtsprechung hat sich in vielen Einzelentscheidungen mit der Bestimmung eines Maßstabes befaßt. Die dabei vorgenommenen Erwägungen orientierten sich im wesentlichen an den Kriterien subjektiv und objektiv. Die Entwicklung der Rechtsprechung bei *recklessness* macht deutlich, daß die ursprünglich subjektive Sichtweise einer objektiveren Beurteilung gewichen ist, auch wenn sich in weiteren Entscheidungen einzelfallorientiert eine Betonung subjektiver Aspekte finden läßt.

---

801 12. Abschnitt

802 Ebd.

Auch die Literatur führt die Diskussion über den Inhalt der einzelnen mens rea-Formen vor dem Hintergrund dieser beiden Prinzipien[803]. Die leidenschaftliche Vertretung des eigenen Standpunkts[804] ist dabei geprägt von dem Ringen um einen allgemeingültigen Maßstab zur Beurteilung des Handelns des Einzelnen. Letztlich geht es in dem Streit um die Berücksichtigung der persönlichen Verhältnisse bei der Bestimmung der Strafbarkeit. Diese persönlichen Verhältnisse sind auch als Aspekt der Schuld maßgeblich, weil Schuld Ausdruck persönlichen Handelns sein muß.

Dabei ist deutlich geworden, daß es nicht nur um Aspekte geht, wie sie im deutschen Strafrecht ihm Rahmen des Vorsatzes behandelt werden, sondern auch eine Kategorie beinhalten, die das Verhalten des Täters einer Beurteilung durch weitere Kriterien unterwirft. Mit der Frage, wem das Risiko eines Handelns ersichtlich sein muß, dem Täter als konkreter Person oder einem vernünftigen Dritten (*reasonable man*), verbindet sich das Ringen um den Maßstab, den man an den Handelnden anlegen muß. Der vernünftige Dritten wird als Grundlage eines Vergleichs mit einer fiktiven Figur gewählt um damit zu klären, ob der Täter mit seinem Verhalten hinter den Anforderungen, die an ihn zu stellen sind, zurückbleibt oder nicht. Diese Frage hat mit dem mentalen Element des Wissens und Wollens der Tatbestandsverwirklichung nichts zu tun. Sie geht vielmehr von einer Wertung aus, die es vorzunehmen gilt, um dem Täter die Tat auch anlasten zu können. Die Wertungsaspekte fließen letztlich über die Bestimmung des Maßstabes der mens rea-Formen ein.

Bei diesem Streit geht es um die Frage, ob der Täter hätte anders handeln können, gemessen an einer fiktiven Figur (obj.) oder an der Persönlichkeit des Täters selbst (subj.). Diese Frage nach der Wahl der Handlungsmöglichkeiten (*choice*) ist im deutschen Recht der wesentliche Inhalt des Prüfungspunktes der Schuld.
Das Aufzeigen von Varianten des Anders-Handeln-Könnens unter Heranziehung eines Maßstabes, der sich an einer fiktiven Figur orientiert, welche den strafrechtlich-gesellschaftliche Optimalmensch beinhalten soll, ist genau jene Bestimmung des Bestehens einer Verantwortlichkeit, die sich im deutschen Strafrecht unter dem Aspekt der Schuld stellt; ein Ausschluß der Verantwortlichkeit erfolgt bei einer Person, die es am Normalstandard mangeln läßt. Diese Fragestellung beherrschte auch einzelne Entscheidungen in der englischen Rechtsprechung.

---

[803] So löste Anthony Duff mit seiner Veröffentlichung *Intention, Agency and Criminal liability* -Oxford 1990-
eine große Diskussion in den rechtstheoretischen Zeitschriften aus. Norrie setzte sich in OJLS 1992, S. 45 ff. unter dem Titel *Subjectivism, Objectivism and the Limits of Criminal recklessness* mit Duff eigenem Ansatz einer subjektiven Verantwortlichkeit auseinander. Die seit der Caldwell-Entscheidung eher objektiv orientierte Rechtsprechung wird dabei ebenso berücksichtigt wie der subjektive Ansatz und denkbare Vermengungen zur Begründung einer Verantwortlichkeit. Die als vorzugswürdig gesehene Kombinationen objektiver und subjektiver Elemente zeigt aber angesichts einer fehlenden, logisch überzeugenden Trennung Schwächen. Mit Duffs Ansatz setzen sich auch auseinander Jung/Gardner OJLS 1991, 559 ff. und Laing, OJLS 1994, 57 ff..

[804] So ist der Aufsatz von Wells: Swatting the Subjectivist Bug, Crim.L.R 1982, S. 209 ff. etwa mit „Das Totschlagen des subjektivistischen Ungeziefers" zu übersetzen !

Weil es für den Umgang mit Personen, die mentale Defizite haben, keinen eigenen Prüfungspunkt gibt, wird die vom Wertungsgefühl vorgegebene unterschiedliche Behandlung mit anderen Instituten erzielt.

Neben den mens rea-Formen als Station der Berücksichtigung ist auch das Opportunitätsprinzip zu nennen, daß für gewisse Fälle ausdrücklich eine Einstellung des Verfahrens nahe legt sowie die Strafzumessung. Dazu gleich unter (8).

In einer zusammenfassenden Beurteilung läßt sich sagen, daß die mens rea-Formen Aspekte berücksichtigen, die in Deutschland in der Schuld eine tragende Rolle spielen. Darüber hinaus ergibt sich bereits an dieser Stelle, daß der mens rea auch ein Vorsatzelement als mentale Seite der Straftat zukommt. Die Funktion der mens rea eröffnet über die genannten einzelnen Arten eine Möglichkeit der Berücksichtigung zahlreicher Erwägungen, die dem Täter das Begehen der Tat anlasten. Die mens rea kann daher als Schuld bezeichnet werden, wie dies, wenngleich oft unkritisch, bereits geschehen ist.

Der Umfang der Berücksichtigung, der etwa durch den *reasonable man* vorgegeben wird, ist noch genauer zu bestimmen, will man klären, ob auch eine vollständige inhaltliche Deckungsgleichheit besteht.

6) Inhalt des Werturteils

Nachdem die Frage einer funktionellen Gleichwertigkeit von mens rea und Schuld aus dem Verständnis des Gesagten heraus bejaht worden ist, soll ein Blick auf den konkreten Inhalt geworfen werden, den das Werturteil bei den mens rea-Formen hat. Leitend ist dabei die Frage, ob letztendlich Maßstäbe der mens rea-Formen auch all jene Konstellationen abdecken, die in Deutschland im Rahmen der Schuld berücksichtigt werden.

Vor dem Hintergrund der noch vorzunehmenden Beurteilung an der Verfassung stellt sich nicht nur die Frage nach der Existenz eines solchen Rechtsinstituts, sondern auch nach dessen Inhalt, das den Anforderungen, wie sie die Verfassungsrechtsprechung für das GG festgestellt hat, erfüllt.

Legt man die Rechtsprechung des *House of Lords* zugrunde, so zeigt sich, daß es in einzelnen Fällen durch die starke Objektivierung zu Ergebnissen kommt, in denen individuelle Schwächen und intellektuelle Defizite des Einzelnen nicht berücksichtigt werden. Wie die Darstellung der einzelnen Entscheidungen zur *recklessness* gezeigt hat, können auch schwere mentale Defizite eine Strafbarkeit nicht verhindern. Auch ein so gravierender Umstand wie Schizophrenie bleibt unberücksichtigt. Konstellationen, die ein Andershandeln gar nicht zuließen, werden trotzdem noch von der mens rea erfaßt, so daß auch eine fehlende subjektive, persönliche Voraussehbarkeit die Bejahung von mens rea nicht verhindert.

Gestützt wird dieser Befund auch durch eine Betrachtung gleichsam in die andere Richtung. Die gesamte Auseinandersetzung der teilweise widersprüchlichen Rechtsprechung zur *intention* mit dem Merkmal *foresight of consequences* und *probability* zeigt, wie schwer sich die Rechtsprechung mit einer genauen Festlegung auch in anderen Bereichen außerhalb der *recklessness* tut. Die Vermengung von subjektiv und objektiv als einer der ständig wiederkehrenden Konflikte des englischen Strafrechts wird auch hier ersichtlich.

Durch das Merkmal „Vorhersehbarkeit der Konsequenzen“ kann quasi die Sichtweise unbeteiligter Dritter eingeführt werden. Dies ist beim direkten Vorsatz dann problematisch, wenn der Täter mehr Wissen hat als es ein objektiver Maßstab nahe legen würde. Die Nichtberücksichtigung persönlicher Merkmale kann je nach Konstellation auch zum Vorteil des Täters gereichen. Da hier eine Korrektur im Gegensatz zum umgekehrten Fall nicht möglich ist, kommt es zu einer Strafbarkeitslücke, die der persönlichen Verantwortlichkeit nicht gerecht wird. Eine Verobjektivierung des Maßstabs kann bei dieser anderen mens rea-Form nicht zu strengeren Ergebnissen führen.

Im Umkehrschluß ergibt sich aber, daß das englische Strafrecht im Rahmen der mens rea die Folgen eines objektivierten Maßstabs hinnimmt, um sie von Fall zu Fall anderweitig zu beheben, also für Konstellationen eines Zurückbleibens des Täters hinter dem Maßstab. Deutlich wird damit, daß das englische Strafrecht dem Fehlen der intellektuellen oder geistigen Voraussetzungen als Inhalt der Formen der mens rea keine Bedeutung beimißt. Es fehlt daher an der subjektiv persönlichen Komponente, wobei auch schwere Defizite keine Änderung hinsichtlich der Festlegung der Strafbarkeit bewirken können. Die Reichweite des Inhalts des englischen Schuldverständnisses ist um diese fundamentale Komponente gegenüber dem deutschen Recht geringer.

Da die Reichweite des Vorwurfs nach englischem Recht durch die Nichtberücksichtigung individueller Schwächen weniger weit geht als diejenige in Deutschland, stellt sich die Frage, ob diese nicht berücksichtigten Aspekte eventuell außerhalb der mens rea Beachtung finden oder ob eine Station zur Berücksichtigung konkreter subjektiver Faktoren gänzlich fehlt.

7) Auswirkung nicht berücksichtigter Aspekte auf die Lösung des Konflikts außerhalb der mens rea

Unter Zugrundelegung des geäußerten Verständnisses können Aspekte, die nicht in der mens rea berücksichtigt wurden, nach begonnenem Prozeß erst wieder bei der Strafzumessung Gewicht gewinnen, wenn es nicht im Rahmen der an sich feststehenden *defences* geschehen ist.

7.1) Korrektivfunktion der richterlichen Strafzumessung

Wegen der strafprozessualen Funktionszuweisung ist eine solche Vorgehensweise auch konsequent, denn nach der Beurteilung der Tatsachen durch die *jury* geht das weitere gerichtliche Geschehen an den Richter über. Diesem kommt nach der bis zu diesem Verfahrensstadium eher moderierenden Tätigkeit nun die neben der Feststellung der Strafbarkeit zweite wichtig Komponente zu, die Strafzumessung. Als Jurist kann der Richter nun Aspekten Aufmerksamkeit schenken, denen die Laien wegen der erwähnt praktischen, vom *common sense* geprägten Sichtweise oder aber auch aus anderen

Gründen keine Aufmerksamkeit schenken wollten oder konnten. Was die Jury also innerhalb der mens rea an Überlegungen nicht anstellte, kann dann gleichsam in einem Korrektiv bei der Strafzumessung einfließen.

Diese Erklärung ergibt sich aus dem Ablauf des Strafprozeßes und weist dem Richter als beteiligtem Juristen eine Rolle zu, bei welcher er Schwächen des „Systems" beseitigen muß. Die genannten individuellen Aspekte, die bei einer objektiven Sichtweise gleichsam „unter den Tisch fallen", können nur noch von ihm Würdigung erfahren. Dafür spricht auch, daß es die Aufgabe des Richters ist, die Verteidigung, in Abwesenheit der Jury[805], auf das Vorliegen von *insanity*, als stärkste subjektive Schwäche, hinzuweisen und es der Angeklagte und sein Verteidiger in der Hand haben, sich darauf berufen zu wollen.

Dem Richter steht eine Berücksichtigung bisher unberücksichtigter Aspekte allgemein zu. Er trifft sie etwa auch bei *(involuntary) intoxication*. Dies ist zwar ein *defence*, der aber einen Zusammenhang zum Aspekt des Anders-Handeln-Könnens aufweist, weshalb er auch im späteren noch Gegenstand der Verdeutlichung sein soll. Wenn dem Täter vor Begehung einer Tat Alkohol ohne sein Wissen beigebracht wurde, wird vertreten, dies bei der Strafzumessung zu würdigen, etwa durch *absolute discharge* als größte Form der Milderung[806].

Die Rolle der Strafzumessung als Korrektivfunktion klang bereits mehrfach an. Anders als bei der in dieser Arbeit auch separat vorgenommenen Würdigung der Strafzumessung muß man sich zudem fragen, ob diese Korrekturfunktion in die Strafzumessung fallen darf. Fraglich ist, ob Aspekte, die in Deutschland Teil der materiellen Schuld sind, eine inhaltliche Lösung auch außerhalb des Schuldbegriffs erfahren dürfen oder ob dies zum Unterlaufen der begrenzenden Richtung des Schuldgrundsatzes oder zu einem rechtsstaatlich nicht hinnehmbaren Verlust an Sicherheit und Klarheit führt.

Es könnte sein, daß eine vollständige Erfassung der Schuld erfolgen muß, wenn es auch inhaltlich zwingend dazugehört. Als zwingend erkannte Teile der materiellen Schuld dürfen dann nicht auch bei anderen Instituten Berücksichtigung finden; anders, wenn eine inhaltliche Einhaltung der materiellen Schuld unabhängig vom Standort der Berücksichtigung des Verfahrensablaufs ausreicht. Dies soll u.a. im verfassungsrechtlichen Teil Betrachtung erfahren.

---

805 Die Jury entscheidet dann aber über das Vorliegen von deren Voraussetzungen, Watzek, aaO, S. 248; nach s. 1 Criminal Procedure (Insanity and Unfitness to Plead) Act 1991 darf das special verdict „not guilty by reason of insanity" jedoch nur ausgesprochen werden, wenn die Schuldfähigkeit des Angeklagten von mindestens zwei medizinischen Sachverständigen begutachten worden ist.

806 13. Abschnitt A I

7.2) Opportunitätsprinzip

Möglich ist auch, daß es gar nicht erst zum Prozeß kommt und den maßgeblichen Aspekten bereits bei der Anklageerhebung durch die Staatsanwaltschaft der ihnen gebührende Stellenwert eingeräumt wird.

7.2.1) Persönliche Schwächen

Gegen eine Strafverfolgung spricht der *Code for Prosecution*, wenn der Angeklagte fortgeschrittenen Alters ist oder zum Zeitpunkt der Tat unter einer bedeutsamen mentalen oder physischen Krankheit litt[807]. Dabei soll es nicht von Bedeutung sein, ob die mentale oder psychische Beeinflussung so stark ist, daß sie medizinisch nachgewiesen werden kann.
Diese Faktoren für die Einstellung des Verfahrens setzen auch bei einer Schwäche an, wie sie die Darstellung und Analyse der mens rea bisher ergeben hat. Die starke Objektivierung der mens rea führt dazu, daß persönliche Schwächen und das Zurückbleiben Einzelner hinter dem Durchschnittsmenschen *(reasonable man)* innerhalb dieses Rahmens immer weniger berücksichtigt werden. Gleichzeitig herrscht die vom Rechtsempfinden geprägte Forderung nach einer Straflosigkeit solcher Personen vor, die nicht in gleicher Weise für ihre Verfehlungen belangt werden sollen wie eben jener strafrechtliche Durchschnittsmensch. Dann gewinnt das Opportunitätsprinzip, hier neben der Strafzumessung, Bedeutung.

Erkennt nämlich die Staatsanwaltschaft, daß es sich um einen solchen Fall handelt und kann sie aufgrund der Handhabung der Rechtsprechung davon ausgehen, daß es wegen des Maßstabs zu einer Verurteilung kommen wird, so daß allenfalls erst wieder bei der Strafzumessung Raum für die Berücksichtigung der abweichenden Voraussetzungen bleibt, so kann sie aufgrund des *Code for Prosecution* das Verfahren einstellen, um den in dieser Weise Betroffenen zu verschonen.
Damit kommt es letztlich zu einer Berücksichtigung der persönlichen Schwächen, wie sie in Deutschland im Rahmen der Schuld und der dortigen Maßstäbe geschehen würde. Denn die sog. subjektive Fahrlässigkeit, die den Maßstab der individuellen Fähigkeit und Kenntnisse des Täters anlegt, bewirkt bei einem Zurückbleiben des Täters hinter diesen Anforderungen ein Entfallen der Schuld. Handelt eine geistig zurückgebliebene Person und erkennt aus Mangel an intellektuellen Fähigkeiten nicht die Konsequenzen, auch wenn diese dem Normalbürger einleuchten würde, so ergibt sich in Deutschland eine Straflosigkeit bereits aus der Systematik durch das Entfallen der Schuld. In England bleiben hingegen wegen des objektiven Maßstabs des *reasonable man* nur die gezeigten Stationen außerhalb der mens rea zur Berücksichtigung.

Im Ergebnis geht ein unterdurchschnittlich intelligenter Täter in beiden Rechtsordnungen straffrei aus, in England allerdings nur vollständig sanktionslos, sofern im Rahmen

[807] Wie in 8. Abschnitt I 3 erwähnt, gibt die vom Innenministerium herausgegebene Richtlinien (*Home Office Guidelines*) Anhaltspunkte für einen Ausgleich zwischen einem wünschenswerten Schutz des beeinträchtigten Angeklagten und der Aufrechterhaltung der Ordnung durch ein ordnungsgemäßes Strafverfahren.

des Opportunitätsprinzips von einer Strafverfolgung abgesehen wird, denn eine Lösung in der Strafzumessung begegnet den noch auszuführenden Bedenken.
Erkennende Instanz ist dabei nicht das Gericht bei der Ermittlung der Strafbarkeit, sondern die Staatsanwaltschaft als Teil der Exekutive im Vorfeld des Strafverfahrens. Auch dies liegt in der Konsequenz der strafprozessualen Funktionszuweisung.

7.2.2) Weitere Einstellungsgründe

Die Einstellung des Verfahrens von *strict liability*-Delikten, bei Sorgfaltswahrung sowie bei *murder*, wenn Voraussetzung von *necessity* vorlagen, die bei diesem Delikt aber keine Anwendung findet, wird ebenfalls auf das Opportunitätsprinzip gestützt.
Gegen eine Strafverfolgung spricht auch die Tatsache, daß das Gericht im Falle der Verurteilung wahrscheinlich eine sehr kleine oder nur nominelle Strafe verhängen würde[808].

Dieser Faktor ist Anknüpfungspunkt für die Berücksichtigung von Strafzumessungsaspekten, die in der mens rea keine Lösung finden konnten. Der *absolute discharge*, der wegen seinen Besonderheiten das beste Beispiel für eine nur nominelle Strafe bildet, unterliegt gewissen weit gefaßten Voraussetzungen. Sieht die Staatsanwaltschaft diese als gegeben an und muß deshalb annehmen, daß das Gericht eben diese Sanktion aussprechen würde, kann sie gleichsam als Abkürzung des Geschehensablaufes das Verfahren von sich aus einstellen. Die Fällen, in denen der *absolute discharge* bisher als Lösung scheinbar materiell-rechtlicher Probleme angeführt wurde, sind wegen dieser „Vorwirkungen“ auf die Verfahrenseinstellung auch von der Staatsanwaltschaft die weit gefaßten Voraussetzungen zu beachten und ermöglichen bei ihrer Bejahung eine Verfahrenseinstellung. Eine solche Wechselwirkung von Strafverfolgung und Strafzumessung spiegelt den engen Zusammenhang wieder, den beide Stationen funktionell einnehmen. Wegen der Rollenverteilung von Richter und Jury ist in der Hauptverhandlung selbst bei der Ermittlung der Strafbarkeit kein Platz für eben jene Aspekte.

Was die Anklagebehörde zur Verhandlung zugelassen wurde und dem Verfahren unterliegt, kann vom Richter erst wieder in der Strafzumessung relativiert werden, wenn es von der Natur der Sache her zu komplex ist, um der Jury zugemutet zu werden.

7.2.3 Weitere Anmerkungen

Erkennbar ist somit weiter, daß die verfahrensbeendenden Einstellungsnormen gleichsam aufgewertet werden und als strafprozessuale Fortsetzung letztlich der Strafzwecke erscheinen. Die Wechselwirkung zwischen Strafzwecken und Verfahrenseinstellung wird besonders deutlich bei einem weiten Opportunitätsverständnis, da sich die Verfahrenslegitimation aus den Strafzwecken ergibt.

Mildere Reaktionsformen müssen in der Lage sein, auf das vom Täter begangene Unrecht angemessen zu reagieren und den durch die Tat geschaffenen Konflikt zu beseiti-

---

[808] vgl. 8. Abschnitt I 3

gen. Eine dem entsprechende Gewährleistung liegt nur vor, wenn die alternative Reaktionsform in Einklang mit den vom Staat verfolgten Zielsetzungen steht, was gleichbedeutend ist mit den Strafzwecken, denn alles andere würde einen Verlust der Legitimation bewirken. Fischer[809] zieht daraus gar den Schluß, daß Formen der Strafmodifikation oder des Strafverzichts eine eigenständige und von den anerkannten Strafzwecken losgelöste Zielsetzung nicht haben dürften, weil sich dann ihr Ausspruch auf dem Boden des Rechtsstaatsprinzips überhaupt nicht rechtfertigen lassen[810]. Daraus ergebe sich, daß auch ein Strafverzicht oder eine Strafmilderung mit den Strafzwecken grundsätzlich in Einklang stehen muß. Wie angemerkt, soll jedoch auf die Strafzwecke insgesamt nicht weiter eingegangen werden.

Treten andere gewichtige Gründe für einen Strafverzicht oder eine Strafmilderung neben die eigentlichen Strafzwecke, wie etwa die Erhaltung bzw. Optimierung der Effektivität der Strafrechtspflege, können diese allerdings die mit den Strafzwecktheorien verfolgten Ziele im Einzelfall zurücktreten lassen. Deutlich wird bereits hier das filigrane Wechselspiel von Strafzwecken, verfahrenseinstellenden Normen und der Strafzumessung, welches nicht abschließend dargestellt werden kann. Dieses steht in vielfachen Beziehungen zueinander und ist in jeder Rechtsordnung aufeinander abgestimmt ist.

Eine Beschreibung der Wesenszüge des englischen Strafrechts, wie sie etwa Grünhut[811] vornimmt, deckt sich vorliegend mit den Einzelergebnissen bei zahlreichen Einzelinstituten. Als grundlegender Gedanke ist dabei zu erkennen, daß unbillige Ergebnisse des materiellen Strafrechts durch das Strafprozeß-/Strafvollzugsrecht gelöst werden.

Insofern ist oft nur der Weg, der materiellen Gerechtigkeit Geltung zu verschaffen, ein anderer. Die unterschiedliche Art und Weise erklärt sich dann aufgrund der Systemunterschiede. So ist etwa die Frage der Erforderlichkeit der Strafbarkeit juristischer Personen bei funktionalem oder zweckrationalem System eher zu bejahen als bei einem an anderen Werten orientiertem System. Abweichungen können sich wegen der Unterschiede der Vorstellungen etwa bei den Garantien der Rechtsbestimmtheit in Deutschland und England ergeben[812].

Das sich aus einer anderen Entwicklung ergebende andere Verständnis verhindert letztlich die unreflektierte Übernahme einzelner Vorgehensweisen, die erst im Gesamtzusammenhang ihre eigentliche Bedeutung gewinnen.

---

809 aaO, S. 67 f.; die widerstreitenden Interessen will er im Wege einer „praktischen Konkordanz“ zu einem Ausgleich führen lassen.

810 Für das deutsche Recht werde dies auch durch die Merkmale der „geringen Schuld“, der „Schwere der Schuld“ oder des „öffentlichen Interesses an der Strafverfolgung“ in den §§ 153, 153 a StPO deutlich, weil diese letztlich general- und spezialpräventive Strafzwecke zumindest mit ansprechen würde.

811 Bereits 1959 in: Das englische Strafrecht, S. 139 ff..

812 Vgl. dazu auch 13. Abschnitt B sowie 17.Abschnitt A und B

III) Unverschuldete Trunkenheit

Das heimliche Verabreichen von Drogen oder Alkohol durch einen Dritten (*involuntary intoxication*) in Fällen, bei denen die Trunkenheit ausnahmsweise nicht so schwerwiegend ist, daß sie die Bildung eines mentalen Elements verhindert, führt im englischen Recht je nach Schweregrade der Trunkenheit grundsätzlich dazu, daß diesem Zustand keine Relevanz bei einer Negierung strafrechtlicher Verantwortlichkeit zukommt und es bei einer Strafbarkeit bleibt.

Zwar sieht die Literatur als Steuerungsvermögen die Fähigkeit zur Einschätzung von richtig und falsch oder die Situation, wenn wegen der Trunkenheit der Impuls, auf den der Täter reagierte, unwiderstehlich war. In gerichtlichen Entscheidungen des *Court of Appeal* wurde als Steuerungsvermögen die Fähigkeit angesehen, der Erkenntnis des Begehens einer Unrechtshandlung auch zu folgen und diese ggf. zu unterlassen.

Bei der Fallgestaltung des heimlichem Beibringen des den Defektzustand auslösenden Mittels ist ein Vorhalten von diesem Gericht aber abgelehnt worden, womit dieses Vorhalten quasi einem Schuldvorwurf gleichkommt, denn es wird berücksichtigt, daß der Täter an seinem Verhalten nichts hätte ändern können oder er keine Wahlmöglichkeit hinsichtlich seiner Handlungen hatte, denn auf die Aufnahme des Alkohols hatte er mangels Kenntnis keinen Einfluß.

Entscheidend als neuer Gesichtspunkt ist damit, daß eine vorsätzliche Handlung des Täters für die Annahme von mens rea nicht für ausreichend erachtet wird. Vielmehr soll dafür noch um eine Komponente ergänzt werden, die als eine Vorwerfbarkeit des strafrechtlich relevanten Verhaltens gesehen werden kann. Beim Täter lag hier wegen des heimlich verabreichten Medikaments strenggenommen ein Fehlen des Steuerungsvermögens vor, weil er in Kenntnis des Normverstoßes seinen Neigungen nachging, was durch den von ihm unwissentlich herbeigeführten Alkohol bewirkt wurde.

Vom *Court of Appeal* wurde wie bei einer Vorwerfbarkeit der Tat berücksichtigt, daß der Täter seinen Rauschzustand nicht hätte verhindern können und er aus Wertungsgesichtspunkten nicht strafrechtlich für die Einnahme eines Stoffes belangt werden sollte. Letzterer muß als Wegbereiter für sein späteres Verhalten gesehen werden, ohne den dieses wegen der bestehend bleibenden Selbstbeherrschung nicht stattgefunden hätte.

Die Rechtsprechung des *House of Lords*, die wegen der dargestellten Bindungswirkung Vorrang genießt, ist dem nicht gefolgt. Dies zeigt, daß eine solche Sichtweise der mens rea in der gerichtlichen Praxis bisher nicht durchgedrungen ist. Die traditionelle Sicht der mens rea läßt keinen Raum zur Berücksichtigung einer solchen Fallgestaltung.

Da Steuerungsunvermögen (*irresistible impulse*) nicht als Verteidigungseinrede anerkannt ist und folglich auch keinen *defence* bilden kann, wenn eine äußere Ursache dies bewirkt hat, ist in England nicht die Fähigkeit, einen Willen zu bilden maßgeblich, sondern vielmehr ob tatsächlich ein Wille gebildet wurde. Dies kann im Extremfall sogar dazu führen, daß der Täter freigesprochen wird, wenn er aus einem trunkenheitsbedingten Fehler keine mens rea gebildet hat, auch wenn die generelle Fähigkeit zur Bildung von mens rea gar nicht beeinträchtigt worden ist. Andererseits bleibt für atypische Fallgestaltungen nur eine Berücksichtigung auf der Strafzumessungsebene.

Steht hingegen nach der deutschen Schuldfähigkeitsprüfung fest, daß der Täter „unfähig ist, das Unrecht der Tat einzusehen oder nach dieser Einsicht zu handeln", dann greift ein Entschuldigungsgrund ein.
In einer Fallgestaltung wie der vom *Court of Appeal* und dem *House of Lords* entschiedenen wäre der Täter nach deutschem Recht straffrei ausgegangen, denn er hatte weder eine Berauschung zum Zwecke der vorsätzlichen oder fahrlässigen Begehung der rechtswidrigen Tat begangen noch hat er sich vorsätzlich oder fahrlässig in einen Rauschzustand versetzt, in dem er ein solche Tat begangen hat, ohne dafür bestraft zu werden. Zwar kommt es auch in Deutschland nicht auf die allgemeine Fähigkeit an, einen Willen zu bilden, wenn der Täter die Einsicht im konkrete Falle hatte. Diese Konstellation wäre nach englischem Recht straflos, wenn er tatsächlich keinen gebildete hätte. Wenn aber die Möglichkeit bestand, daß die Rechtsnorm im Motivationsprozeß des Täters wirksam wird, dann ist nach deutschem Verständnis keine Schuldunfähigkeit gegeben. Ob dann der Wille zur Begehung der Tat wirklich gebildet wurde, ist nicht mehr maßgeblich.

Trotz der dargestellten Ansätze in Literatur und in manchen Entscheidungen, die dem Steuerungsvermögen eine umfassende Betrachtung widmen, ist auf dem Boden des traditonellen englischen mens rea-Verständnisses kein Raum für die Berücksichtigung äußerer Einflüße auf das Steuerungsvermögen, wenn diese unverschuldet sind, da nur deren Vorliegen, nicht deren Zustandekommen maßgeblich ist. Die einzelfallbezogene topische Betrachtung legt eine solche Berücksichtigung zwar nahe. Um den mens rea-Begriff nicht zu überdehnen, wird aber allenfalls erneut der Strafzumessung zum Prüfungsort.

Nach deutschem Verständnis ist es auch nicht möglich, einen Täter über § 323 a StGB zu belangen, wenn diesen keine Fahrlässigkeitsschuld bezüglich der Verursachung des Rausches trifft. Die Auffangfunktion des Rauschtatbestandes soll von ihrem Schutzzweck her den Schutz der Allgemeinheit vor den von Berauschten erfahrungsgemäß ausgehenden Gefahren bewirken. Durch diesen Erfahrungswert werden absolut untypische Konstellationen nicht abgedeckt, da diese auch vom Gedanken der Eigenverantwortlichkeit nicht mehr erfaßt werden.

Ergebnis

Dieser Unterschied bestätigt das bereits zuvor gesagt, daß die mens rea im Einzelfall eine schuldadäquate, den Kategorien von Vorwerfbarkeit und Anders-Handeln-Können zuzuordnende Rolle einnehmen kann. Aus Sicht der herrschenden Rechtsprechung in England tut sie dies nicht durchweg, womit für atypische, vom Rechtsempfinden geleitete Sonderfälle nur noch die Strafzumessung als Korrektiv zur Einbeziehung bleibt.

Die Problematik an sich wird erkannt und im Rahmen der Gesamtrechtsordnung einer Lösung zugeführt, wenn auch teilweise durch einen anderen Lösungsansatz außerhalb der traditionellen mens rea

IV) Haftung bei fehlendem Verschulden

Die Parallelen in der Entwicklungsgeschichte und der Ausgestaltung von *strict liability*-Delikten und dem Ordnungswidrigkeitenrecht sind recht weitreichend. Beide haben sich aus dem Vorgehen der Verwaltungsbehörden entwickelt, beziehen sich auf Bereiche außerhalb des Kernstrafrechts und sollen Nachweisprobleme insbesondere auf subjektiver Seite beheben. Kennzeichnende Sanktion ist die Geldbuße, während der Zweck in der Durchsetzung der Ordnung zur Aufrechterhaltung des Gemeinwesens besteht.

Vor allem unter dem hier zu betrachtenden Aspekt des Schuldverständnisses ist folgendes festzustellenden: Zwar kennt das englische Rechtsordnung keine formale Unterscheidung zwischen dem Strafrecht und dem Ordnungswidrigkeitenrecht. Die Rechtsprechung billigt jedoch Delikten wie den *regulatory offences* den Charakter als *strict liability*-Delikt nur zu, wenn es sich um *quasi crimes* mit fehlendem sozialethischen Vorwurf handelt, mithin nicht um echte Verbrechen.

Dieser Gedanke ist auch bei den Ordnungswidrigkeiten als Zuwiderhandlungen tragend, weil diese nach der Typik des Verstoßes in aller Regel nicht den hohen Grad des ethischen Unwertgehalts einer kriminellen Straftat aufweisen und daher nach allgemeiner gesellschaftlicher Auffassung nicht das Unwerturteil verdienen, das der Straftat anhaftet. Diese Sicht als „moralische Farblosigkeit“, die den Deliktskatalog prägt, wird in England geteilt.

Die Ausgestaltung von Wirtschaftsbußtaten zu Ordnungswidrigkeiten, ohne diese zu kriminellem Unrecht zu machen, geschieht oft nur wegen des nicht zu erbringenden Nachweises des Vorsatzes, so daß der Unterschied Vorsatz/Fahrlässigkeit für die Kategorisierung Straftat/Ordnungswidrigkeitenrecht maßgeblich ist und die Wandlung zur Straftat bewirkt. Diese Beweisproblematik prägt auch die utilitaristische Begründungsführung im englischen Recht.

Unterschiedlich sind hingegen die Anforderungen an die persönliche Sorgfalt. Während in England von der Literatur bemängelt wird, daß es zu einer Verurteilung auch bei einer zur Vermeidung des Normverstoßes größtmöglichen Sorgfalt kommt, die allenfalls durch die Verfolgungspraxis der Anklagebehörde verhindert werden kann, stellt das deutsche Ordnungswidrigkeitenrecht maßgeblich auf ein vorwerfbares Handeln ab.

Ein solches ist regelmäßig, allerdings nicht stets gegeben, wenn der Täter vorsätzlich oder fahrlässig gehandelt und dadurch den Tatbestand einer Ordnungswidrigkeitennorm verwirklicht hat. Der Begriff „vorwerfbar“ soll sachlich den Inhalt haben wie das aus dem Strafrecht geläufige „schuldhaft“, wobei dieser Begriff vermieden wird, weil hiermit „das Element sozialethischer Mißbilligung verbunden werden kann, das in dem Vorwurf eines bloßen Ordnungsverstoßes nicht enthalten ist“. Wie beschrieben, liegt der Kern vorwerfbaren Handelns darin, daß der Täter rechtswidrig gehandelt hat, obwohl er nach den Umständen des Falles fähig und imstande gewesen wäre, sich rechtmäßig zu verhalten, womit zumindest immer Fahrlässigkeit vorliegen muß, es sei denn, der Erfolg wäre auch bei rechtmäßigem Alternativverhalten eingetreten.

Diese zentrale Anforderung besteht bei den *strict liability*-Delikten von Rechts wegen nicht. Die Praxis räumt Sorgfaltspflichtverstößen allenfalls bei der Anklageerhebung Bedeutung ein, denn wer zur Vermeidung des Verstoßes die größtmögliche Sorgfalt aufgewendet hat, dem bleibt ein Verfahren erspart. Unterbleibt eine Berücksichtigung an dieser Stelle des Verfahrensablaufs, kommt nach einer Verurteilung nur die Strafzumessungsebene als Regulativ in Betracht. Die Frage der Einhaltung von Sorgfaltspflichten als Aspekt des materiellen Rechts nimmt damit für die praktische Behandlung von *strict liability* eine maßgebliche Rolle ein. Da es sich um eine Frage handelt, die im Strafrecht in Deutschland in der Schuld, im Ordnungswidrigkeitenrecht unter der Kategorie der Vorwerfbarkeit behandelt wird, spielt dies auch in England auf dem Weg zur Findung einer Strafe eine Rolle. Die Abschwächung der Strafverfolgung durch diese Berücksichtigung gewichtet sogar bei einer Deliktsgruppe, bei der mens rea keine Rolle spielt, Aspekte, die in Deutschland der Schuld entsprechen, ohne daß diese etwa bei den Deliktsmerkmalen konkret auftauchen.

Sowohl die Existenz als auch die Behandlung der *strict liability*-Delikte offenbaren Gedankengänge zu typischen Fragen des deutschen Schuldverständnisses. Das Element der sozialethischen Mißbilligung als Kennzeichen des Schuldvorwurfs wird den *strict liability*-Delikten im Gegensatz zu Kernstraftaten nicht zugeschrieben. Zudem gewinnen Fragen der persönlichen Fähigkeit im prozessualen Ablauf Bedeutung.

V) Verbotsirrtum

Während im deutschen Strafrecht der Verbotsirrtum eine gesetzliche Regelung erfahren hat, ist im englischen Recht die fehlende Kenntnis der Verbotsnorm für die Bestimmung der Strafbarkeit nicht maßgeblich. Das englische Strafrecht kennt somit den Verbotsirrtum als Regelung zur Bestimmung der materiellen Strafbarkeit nicht. Geht man in Deutschland von der h. A. aus, daß ohne eine Möglichkeit zur Kenntnisnahme der Norm keine normative Ansprechbarkeit[813] des Täters besteht, so versteht man die Ausgestaltung dieses Einzelproblems, daß das Schuldverständnis verdeutlicht. Nach einem solchen Verständnis liegt vielmehr ein Handeln ohne Schuld vor. Die andere Handhabung in England ist als Indiz dafür zu werten, daß es vom Gesamten her eine andere Schuldvorstellung gibt, die die Vorwerfbarkeit anders versteht. Das Argument der Objektivität der Rechtsordnung wird in England zum Anlaß genommen, den unvermeidbaren Verbotsirrtum ganz abzulehnen[814]. Die Tatbestandsbezogenheit des Unrechtsbewußtseins als tatbestandsspezifisches Unrecht gilt es im deutschen Recht hervorzuheben, denn in England ist das Verständnis lange Zeit ein anderes gewesen, weil es keines Bewußtseins für die Verwirklichung eines bestimmten Tatbestandes bedurfte[815].

[813] So h.A. von Roxin u.a.
[814] Vgl. Darstellung unter 13. Abschnitt A III unter Hinweis auf Smith/Hogan, Criminal law, S. 83 f.
[815] Vgl. Tidow, aaO, S. 34, wo dies aber eher Ausdruck des alten Verständnisses von *guilty mind* war.

Verdeutlichen kann das unterschiedliche Verständnis auch das klassischen Beispiel der Einholung einer Auskunft. Hier macht in Deutschland nicht die Unterlassung der Einholung einer Auskunft den Irrtum vermeidbar, sondern das Ergebnis einer potentiellen Rechtsauskunft. Ein Pflicht zum Erwerb von Rechtskenntnissen hingegen wäre ein Anlehnen an objektive Maßstäbe. Die Konzeption des Verständnisses geht aber von einer Bestimmung nach individuellen Fähigkeiten aus. Ausschlaggebend ist, was der im konkreten Fall Angeklagte einer speziellen Berufsgruppe hätte erkennen können. Diese deutsche Konzeption des § 17 StGB macht einen der Hauptunterschiede deutlich.

Der Vergleich der Regelungen ist auch geeignet, an einem Einzelproblem kenntlich zu machen, wozu dieser Aspekt bemüht wurde, nämlich das es einen Unterschied gibt, was die Konzeption der Schuld angeht. Während das deutsche Recht dem einzelnen auch bei einem Verbotsirrtum eine wesentliche Rolle einräumt, um in einem Vergleich mit dem Zustand vorzunehmen, den der Einzelne haben könnte, geht das englische Strafrecht von einer stärker objektiven Position aus, die die Belange der Rechtsordnung in den Mittelpunkt rückt und weniger die Bedürfnisse des Einzelnen.

Unzutreffend ist jedoch zu behaupten, daß englische Recht würde den Aspekten, die zu einem solchen Irrtum führen, keine Bedeutung beimessen. Wie bei anderen Problemkonstellationen auch, ist Station der Berücksichtigung der relevanten Aspekte die Strafzumessung. Der weite Rahmen, der dort bei der Findung des konkreten Strafmaßes zur Verfügung steht, soll auch Fallgestaltungen wie die vorherige Erkundigung bei einem Amt berücksichtigen. Wie stark letztlich die Gegebenheiten des konkreten Falles das Strafmaß beeinflußen, ist damit erneut dem Richter überlassen. Unzweifelhaft hingegen ist, daß diese Erwägungen im Gegensatz zu Deutschland keine Rolle bei der Bestimmung der materiellen Strafbarkeit spielen. Auch diese Konstellation zeigt, daß in Fällen, in denen vom Rechtsempfinden her ein anderes Ergebnis gewollt ist, das englische Recht mangels einer Verortung der Problemberücksichtigung im Straftataufbau die Lösung der Strafzumessung einräumt. Da eine systematische Berücksichtigung im Rahmen der mens rea nicht vorgesehen ist, gleichzeitig der Einzelfall aber ein Abweichen von der generellen Strafbarkeit erfordert, besteht nachweislich Problembewußtsein. Dadurch zeigt das englische Recht erneut, daß die Frage der normativen Ansprechbarkeit des Täters zum Tatzeitpunkt eine Rolle spielen kann, ohne diesem Punkt fest im Straftataufbau zu verankern.

Die Frage der Ansprechbarkeit des Handelnden durch die Rechtsnorm wie auch in Fällen der unverschuldeten Trunkenheit wird vom Maßstab her restriktiver gehandhabt. Da im Straftataufbau eine Abmilderung auch über die mens rea nicht vorgesehen und hier auch nicht gewollt ist, um dem Einzelnen nicht eine Dispositionsmöglichkeit über die Norm einzuräumen, stellt die Strafzumessung als richterliche Aufgabe wiederum die abschließende Möglichkeit einer Korrektur dar.

Aus der historischen Betrachtung heraus ist zu sehen, daß auch in Deutschland erst die Änderung des Verständnisses und Erklärung des entschuldigenden Notstandes zur gesetzlichen Änderung der Vermeidbarkeit im Schuldbereich führte. In England zeichnet sich eine ähnliche Entwicklung durch ein neues Verständnis des Straftataufbaus ab, ist aber noch nicht anerkannt. Dies verdeutlicht erneut den engen Zusammenhang zwischen den vorliegend behandelten Fragestellungen[816].

B. Strafbarkeit juristischer Personen

I) Strafrecht

Eine Strafbarkeit juristischer Personen, etwa Unternehmen, besteht in Deutschland nach dem Strafrecht i.e.S. nicht. Die gesetzlichen Regelungen in §§ 11,14 StGB lassen keine Bestrafung eines Unternehmens zu, sondern wählen das Individuum als Anknüpfungspunkt für eine Bestrafung von Handlungen, die im Interesse der juristischen Person geschahen und zur Verwirklichung eines Straftatbestandes führten.

Die Darstellung der Diskussion der Strafbarkeit von juristischen Personen und Personenvereinigungen erfolgt im deutschen Recht unter dem strafrechtlichen Handlungsbegriff und wird als Problem der Handlungsfähigkeit gesehen. Aber auch die Schuldproblematik, die in diesem Zusammenhang aufgeworfen wird, bleibt in der einfachrechtlichen Diskussion des Strafrechts nicht unbeachtet. Auch die Belangung nach deutschem Ordnungswidrigkeitenrecht entspricht nicht der Strafbarkeit des englischen Rechts, da es sich bei den Regelungen um Zurechnungsnormen handelt, die nur wegen des besonderen Wesens des OWiG ausnahmsweise zur Anwendung gelangen und im Gegenschluß weitergehende Regelungen im Strafrecht i.e.S. gerade ausschließen sollen.

Die Diskussion in Deutschland stellt hinsichtlich der zu verwirklichenden Delikte eher auf die Vermögensdelikte ab. Dabei steht etwa die Gewinnabnahme der durch die Delikte erlangten finanziellen Vorteile etc. im Vordergrund. Bisher finden sich keine Aussagen zu Tötungsdelikten oder Delikten gegen die körperliche Unversehrtheit. Anders und in einem gewissen Sinne weiter ist damit die Diskussion in England über *manslaughter* (Totschlag) durch juristische Personen. Eine andere Behandlung der Unternehmen wird in England als pragmatischer gesehen als im deutschen Recht. Deren Strafbarkeit ist häufiger vorhanden, weil es als zweckmäßig und wirkungsvoller gesehen wird. England und die USA als maßgebliche Teile der anglo-amerikanischer Rechtsraum sind auch unter anderen ausländischen Rechtsordnungen[817] hervortretend, weil es sich bei ihren Regelungen um eine echte Verbandsstrafe handelt.

II) Ordnungswidrigkeitenrecht

Auch unter Berücksichtigung der Ordnungswidrigkeitenrechts läßt sich eine Verbandsstrafe im deutschen Recht nicht bejahen. Kritik geübt wird in Deutschland auch am selbständigen Bußgeldverfahren. Die Geldbuße gegen den Verband als selbständige Sanktion unter Zurechnung eines Delikts und Unterstellung eines „Organisationsverschuldens“ wird kritisiert, weil sie ebensowenig berechtigt sei wie eine Strafe. Denn auch die Geldbuße setzt eine persönliche Schuld voraus und bringt ein Unwerturteil

[816] Zur Analyse der Notstandsregelungen sogleich 14. Abschnitt C I

[817] Vgl. zu zahlreichen anderen Rechtsordnungen die Hinweise von Jescheck, Strafrecht, § 23, Fußnote 42

zum Ausdruck. Fraglich ist aber, ob die andere Konzeption und Struktur des Ordnungswidrigkeitenrecht dies rechtfertigen[818]. Es gibt Stimmen, die die Geldbuße allein gegenüber natürlichen Personen für vertretbar halten. Ein Anhängen an die Individualstrafe oder ein Aussprechen stellvertretend für sie bringt diesen Konstellationen den Vorwurf des Etikettenschwindels ein.

Als Argument wird zudem angeführt, daß eine hinreichende Abschreckungskraft als generalpräventiver Aspekt ohnehin eher mit wirksamen Freiheitsstrafen erreicht werden könne, um die Verbandskriminalität auf gerechte Weise zu bekämpfen. Sonst werde die Begehung der Straftat nur als „Geschäft" gesehen, bei dem Vorteil, Risiko der Entdeckung und Höhe der potentiellen Sanktion ausschlaggebend sind. Eine Freiheitsstrafe verlange hingegen den Zugriff auf eine natürliche Person. Deutlich machen soll dies auch das Problem der Strafzumessung, denn die Festlegung von Kriterien zur Festsetzung der Geldbuße gegen den Verband der Höhe nach seien schwierig.

Als Fazit läßt sich festhalten, daß besondere Bedenken gegen die selbständig festgesetzte Geldbuße gegen den Verband nach § 30 IV OWiG sowie im Falle ihres Vorliegens die Kumulation von Verbandsanktion und individueller Bestrafung des Organs bestehen, wenn dieses an dem Verband finanziell beteiligt ist.

III) Begründung der unterschiedlichen Behandlung

Die Diskussion der Verbandstrafbarkeit der Literatur wird auch in England rein von Zweckmäßigkeitserwägungen geleitet. Es geht als einer der typischen Gedanken englischen Strafrechts immer auch darum, wie man etwa Nachweisprobleme am besten vermeidet. Dahinter steckt auch die Bestrebung, Einzelne und Unternehmen belangen zu können, egal wie die Nachweislage aussieht. Die Erwägungen zur *culpability*, um diesen Begriff einmal für das Schuldverständnis heranzuziehen, finden zwar statt, aber der Gedankengang besteht immer darin, eine Verantwortlichkeit zu konstruieren, die neben den einzelnen Personen die Unternehmen betrifft. Eine Begrenzung nur auf natürliche Personen wird abgelehnt. Die Identifikations-Doktrin ging früh darüber hinweg; sie soll nun auch bei Körperverletzungsdelikten einschlägig sein.

So zeigt exemplarisch der Aufsatz von Field/Jörg[819] die pragmatische Denkweise. Dort wird zwar die Frage der Schuld des Unternehmens aufgeworfen, letztlich aber aus der Verantwortlichkeit von Einzelpersonen gewonnen. Zugrunde liegt ein Zweckdenken, denn das Unternehmen soll selbst und für das Handeln aller belangt werden, weshalb nur eine konstruierte Schuld in Betracht kommen kann. Die Frage nach der Schuld steht in den dortigen Betrachtungen auch nicht im Vordergrund. Unter Hinweis auf das Mittelalter, wo sich das Rechtsdenken an der sozialen Rolle orientierte und erst später das Konzept für Menschen vorbehalten wurde, wird die Notwendigkeit einer Bestrafung auch als Grund für ihre Möglichkeit angeführt[820].

---

[818] So Jescheck, Strafrecht, § 23 VII 3 in Fußnote 45 m.w.N.; Roxin, AT, § 8 III RdNr. 59
[819] Field/Jörg, Corporate liability and manslaughter, Criminal Law Review (Crim.L.R.) 1991, 156 ff.
[820] aaO, S.160

Damit herrscht der Tenor vor, daß es eine Strafbarkeit von Unternehmen auch bei Gewaltdelikten geben muß, weil moderne Verhältnisse es erfordern. Die Konzeption der Verantwortlichkeit muß dann so geschaffen und darf nicht als Hindernis begriffen werden.

Es wird auch darauf abgestellt, daß sich ein Unternehmen nicht auf einzelne Personen reduzieren läßt, wie es der deutsche Ansatz tut, sondern eigene Ziele etc. verfolgt, weshalb auch dessen Kapazität als Grundlage der Verantwortlichkeit dienen soll. Beschränkungen auf Menschen würden meist nur stattfinden, weil der menschliche Verstand als so wichtig gesehen wird, daß moralische Verantwortlichkeit nur bei Menschen zu finden sei. Der bereits erwähnte Bezug im Mittelalter auf die soziale Rolle des Handelnden geht dabei in eine Zeit zurück, in der ein auf den einzelnen Menschen bezogener, individualistischer Ansatz noch nicht bekannt war. Die erst später vollzogene Beschränkung der Verantwortlichkeit nur auf Menschen unter Betrachtung der Wesenszüge zur Annahme eines Menschen wird als eine zweckorientierte Selbstbeschränkung verstanden und so läßt sich die diskutierte Übertragung auf Unternehmen gleichfalls als Ausdruck einer zweckorientierten Sicht verstehen.

Auch aus den Reformvorschlägen der *Law Commission* wird deutlich, daß es zu einer Verlagerung kommen soll, die auch ein Management-Versagen mit Todesfolgen erfassen soll. Eine Abkoppelung der Strafbarkeit von der einzelnen natürlichen Person mache eine Verantwortlichkeit einer Einzelperson und deren Verurteilung entbehrlich, weil es damit zu einer originären strafrechtlichen Haftung einer juristischen Person komme.

Ein solches Verständnis zeigt sich auch bei anderen Autoren[821]. Die eigentliche Konzeption der Strafbarkeit mit ihrem Zuschnitt auf natürliche Personen wird erweiternd gesehen, weil auch diese nicht allein stehen, sondern in einen sozialen und kulturellen Kontext eingegliedert sind. Deshalb sollen auch Unternehmen normativ betrachten werden. Sind Veränderungen notwendig, soll dies nicht durch eine statische Konzeption verhindert werden.

Bei der Entwicklung der Strafbarkeit juristischer Personen wird nach dieser Ansicht[822] allerdings auch eine andere Schwäche des englischen Rechts relevant, die in dieser Arbeit ebenfalls Aufmerksamkeit erregte. Die Gerichte waren nämlich nicht besonders sorgsam mit der Unterscheidung von mens rea und *strict liability*-Delikten und mens rea wurde nicht als problematisch angesehen, solange das Delikt nicht zu den *real crimes* gehörte.

Auch der Entwurf der *LawCom* bezüglich Unternehmensstrafbarkeit bei nicht vorsätzlicher Tötung hält nicht an der objektiven Form der Verantwortlichkeit fest, weil diese kritisiert wird[823]. Dies zeigt ebenfalls eine nun schon länger aufkommende Gesamttendenz, die *Caldwell*-Folgen zu korrigieren. Wichtig ist dort die Neuerung, daß die Schuld des Unternehmens auf dem basiert, daß dem Unternehmen als signifikantes Risiko hätte

[821] Wells, Crim.L.R 1993, S. 551, 552 ff.
[822] aaO, S. 558
[823] McColgan Crim.L.R 1994, 547 ff.

bewußt sein müssen: daß ihr Verhalten zu Tod oder schwerer Verletzung führen müssen, und ob das Verhalten des Unternehmens ernsthaft hinter das zurückfiel, was vernünftigerweise im Umgang mit dem Problem verlangt werden kann. Die Betrachtung der Entscheidungsstrukturen ist maßgeblich, denn es muß eine Entscheidung der Firma bezüglich des Verhaltens geben, die das Risiko trägt, weshalb eine Identifizierung des Entscheidungsmechanismus notwendig ist.

Bei den Vorschlägen der *LawCom* soll das erste konzipierte Tötungsdelikt auch *manslaughter* abdecken, bei welchem der Angeklagte subjektiv *reckless* war, das zweite verhängt Verantwortlichkeit von *manslaughter* bei *inadvertent risk-taking* (unbewußter Risikoaufnahme).

Gobert[824] setzt sich in seinem Artikel auch mit einer direkten Unternehmensbestrafung auseinander, ohne auf den Schaden abzustellen. Dabei sind die *regulatory*-Delikte der Anknüpfungspunkt. Diese sehen als *strict liability*-Delikte meist keine mens rea vor. Da die Tatbestandserfüllung reicht, kann diese anders formuliert werden als Versagen des Erreichens eines gewissen Standards. Wegen des wirtschaftlichen Hintergrundes sind sie nicht ideales Instrument. Allein schon die *regulatory agencies* haben wenig Geld und können größere Verstöße kaum verfolgen. Es gibt somit zwei Kernschwächen: das Strafrecht ist mehr als Verhalten denn als Ergebnis formuliert und wird von den *regulatory bodies* durchgesetzt.

So wurden Untersuchungen auch bei Todesfällen nicht von der Polizei durchgeführt, sondern von der *Health and Safety Executive HSE* (Behörde für Gesundheits- und Sicherheit). Die Verantwortlichkeit tritt dann nur für Verletzungen des *Health and Safety at Work Act* 1974 ein und nicht für *manslaughter*. Trotz des Todes von Menschen wurde nur wegen eines Pflichtverstoßes gegen ein Sicherheitsgesetz ermittelt, was deutlich zeigt, daß *regulatory offences* trotz ähnlicher Ausgestaltung einen anderen Stellenwert haben. Wegen fehlender effektiver Sanktionen wird auch die Effektivität von *regulatory offences* untergraben.

Als bisheriges Manko wird auch gesehen, daß konventionelle Delikte nicht in Bezug auf Unternehmen entworfen wurden und deshalb in der Erfassung von *corporate fault* versagen. Es besteht daher die Gefahr, daß ohne mens rea-Konzept Unternehmen, die größtmögliche Vorkehrungen getroffen haben, um den Schaden zu verhindern, gleichwohl verurteilt werden. Dies ist allerdings nach Ansicht des Autors Gobert nicht so, da mens rea ist nur eine Weg, aber nicht der einzige sei, um zum Punkt der *blameworthiness* zu kommen. So hält er etwa statt des mens rea-Nachweises einen Nachweis von *due diligence* in Fällen dieser Art für ausreichend.

Aus diesen Aussagen läßt sich schließen, daß an einigen Punkten die Frage der Unternehmensverantwortlichkeit eine des politischen Willens ist und es somit zu einer verständlichen gesetzgeberische Ambivalenz kommt. Gobert etwa stellt nur pragmatische Gesichtspunkte in den Vordergrund, um einen gerechten Ansatz zu wählen, wie etwa die Förderung des Wohlstands durch Unternehmen nicht zu gefährden.

[824] Crim.L.R 1994, 722, 724

Auch andere Autoren wie Sullivan[825] sprechen sich für die eigene Schuld des Unternehmens unabhängig von Einzelpersonen aus. Es wird deutlich, daß die Schuldfähigkeit und der Anknüpfungspunkt für mentale Elemente zueinander in Beziehung stehen.

Dabei weist er darauf hin, daß Wells unbefriedigender Weise jeden metaphysischen Aspekt umgeht und eine Behandlung der Unternehmen will, als ob sie die Fähigkeit haben, *culpability* zu tragen, um daran freier kriminelle Sanktionen festmachen. Sullivan stellt auf organisationsbedingte Komplexität ab. Es reicht nach seiner Ansicht nicht, nur zu sagen, *culpability* liege irgendwo, aber nicht zu sagen, wo genau. In den Gedanken zur eigenständigen Unternehmensschuld, die er sich macht[826], kann sich eine komplexe Organisation separat neben dem Einzelnen entwickeln. Diese Schuld kann sich auch an der Auswahl der Handlungsmöglichkeiten und dem höheren Standard sowie der Macht der Einzelnen über die Mitarbeiter orientieren, wie sie sich bei einer Organisationsstruktur als Produkt menschlicher Entscheidungen ergibt.

Brauchbar ist es auch, sich das Ziel der Bestrafung von Unternehmen klar zu machen[827]. Die Abschreckung bei Unternehmen ist nicht ergiebig. Beim Abstellen auf das Denken leitender Angestellter als Gedankengang des Unternehmens ergibt sich ein Problem, wenn die reale Schuld in eine rein rechtliche bzw. fiktive Person gesetzt wird. Eine korporative Schuld kann dabei, so Kritiker, niemals eine reale Schuld (*guilt*) sein. Eine gewollte restriktive Handhabung der eigentlichen Unternehmensstrafbarkeit wird durch *strict liability* und *vicarious liability* umgangen. Ein neuerer Ansatz will eher einen restriktiven Effekt haben und die Identifikations-Doktrin bei Delikten mit *mental state* als Voraussetzung von *guilt* sehen[828].

Die unklare Grenzziehung Schuld-*strict liability* sowie die fehlende Trennung Straf- vom Ordnungswidrigkeitenrecht kann daher den auf eine dogmatisch saubere Lösung drängenden Betrachter nicht zufriedenstellen.

Ergebnis

In Deutschland gibt es keine strafrechtliche Verantwortlichkeit juristischer Personen als solcher. In England ist diese für eine Vielzahl von Delikten anerkannt und praktiziert und wird für Tötungs- und Körperverletzungsdelikte nicht nur vehement mit unterschiedlichen Begründungen diskutiert, sondern auch von offizieller Seite befürwortet.

---

825 Sullivan, OJLS 1995, 281 ff.

826 aaO, S. 284

827 Sullivan CLJ 1996, 515 ff.

828 Stallworthy JCL 1997, 324 ff., 336

C. Rechtfertigungs- und Entschuldigungsgründe

I) Notstandsregelungen

1) Vergleichbarkeit mit § 35 StGB

Geht man vom Inhalt der beschriebenen Notstandsformen aus[829], so kann man sagen, daß die Regelungen des Nötigungsnotstandes (*duress by threats*) und des allgemeinen entschuldigenden Notstandes (*duress of circumstances*) im deutschen Strafrecht in § 35 I StGB vereinigt zu sehen sind und in Deutschland als Entschuldigungsgründe gewertet würden. Eine § 35 StGB als solchem entsprechende Regelung fehlt in England hingegen. In Deutschland ist es vom Wortlaut des Gesetzes her zu einer Zusammenfassung sämtlicher Gefahrenquellen in einer Vorschrift gekommen, praktisch aber stehen die vom Menschen ausgehende Gefahren im Mittelpunkt, so daß auch die durch eine Morddrohung erzwungene Tötung eines Dritten erfaßt wird. § 35 StGB will den Täter einer Diskriminierung durch ein strafrechtliches Schuldurteil entziehen[830]. Die Norm soll zudem einen inhaltlichen Vorwurf ersparen. Genau diese Erwägungen spielen wegen der eingeschränkten bzw. fehlenden Anwendbarkeit von *necessity* und *duress* als Verteidigungseinreden in England, allerdings bei Mord, keine Rolle.

Zu einer Lösung der Problematik äußert sich Roxin dahingehend: „Ein Verstoß gegen das Schuldprinzip würde nur bei einer gegen § 211 verstoßenden Notstandstat vorliegen, weil der absolute Strafrahmen keine Berücksichtigung der gemilderten Schuld erlaubt."[831]. Daß ein Notstandstäter den Tatbestand des § 211 StGB erfüllt, wird freilich nur sehr selten vorkommen; wenn es einmal geschieht, wird unter Anwendung der Grundsätze von BGHSt 30, 105 eine außergesetzliche Strafmilderung vorzunehmen sein[832]. „Die fakultative Strafmilderung, die in den sonstigen Fällen der Zumutbarkeit gewährt wird, ist über die Fälle des § 35 I 2 StGB hinaus auf solche Konstellation des § 35 I 1 StGB auszudehnen, bei denen die Zumutbarkeit eine Rolle spielt"[833]. Wer also nur deswegen nicht straffrei wird, weil ihm die Anwendung eines milderen Mittels zuzumuten war, kann in analoger Anwendung des § 35 I 2 StGB eine mildere Strafe bekommen.

Ein solche, von Roxin kritisierte Vorgehensweise wurde jedoch in England gewählt, weil der absolute Strafrahmen erst über die Haftentlassung gemildert wird. In der deutschen Strafrechtsdogmatik sieht die h.M. im Nötigungsnotstand nur einen Unterfall von § 35 StGB[834]. Die englische Rechtslage ist strenger, weil sie nur Lebens- und Leibesgefahr als entschuldigende Nötigungssituation gelten läßt, während der § 35 StGB auch die Freiheit einbezieht. Sie ist zudem strenger, weil beim unmittelbar handelnden

---

829 13. Abschnitt C II

830 Der Ansicht von Roxin folgend.

831 aaO RdNr. 56, 57

832 Roxin aaO RdNr. 56, 57; BGHSt 30, 105 ff. sieht auch bei vermeintlicher Verhängung einer unverhältnismäßigen lebenslangen Freiheitsstrafe eine Anwendung des Strafrahmens des § 49 I Nr. 1 StGB vor.

833 Schönke/ Schröder/Lenckner, § 35, RdNr. 13 a

834 Strittig, vgl. die h.M. bei Lenckner in : S/S, § 34 RdNr. 41 b

Haupttäter Mord und versuchter Mord aus der entschuldigenden Wirkung des Nötigungsnotstandes ausgeschlossen sind.

In der Fallkonstellation, daß der Hintermann den Täter zu einer Tötung nötigt, ist im deutschen Strafrecht der Täter angesichts der gegenwärtigen Gefahr für sein Leben allerdings nach § 35 StGB entschuldigt, wenn er einer Drohung des Hintermannes nachgibt und die abgenötigte Tat begeht. Die Entscheidungsnorm des deutschen Strafrechts lautet somit, daß, wenn der Täter angesichts einer Bedrohung des Rechtsgutes Leben bei seiner Person im Auftrag des Hintermannes eine vorsätzliche Tötung begeht, ihm eine Entschuldigung zur Verfügung steht. Das Strafrecht sieht für diese Konstellation keine Erhebung eines Schuldvorwurfs vor. Das Entfallen des Schuldvorwurfs im deutschen Strafrecht wird darin gesehen, daß der Verstoß gegen die Verhaltensnorm für den Täter die einzige Möglichkeit darstellt, sein Leben zu retten. Die Schuld ist wie bei § 17 StGB so zu verstehen, daß in einem weiteren Sinne des Wortes die gesamte strafrechtliche Verantwortlichkeit gemeint ist[835]. Zudem ist die Norm des § 35 StGB Ausdruck der positiv-rechtlichen Entscheidung des deutschen Gesetzgebers für die Differenzierungstheorie, wonach eben Notstandsfälle nicht einheitlich als Rechtfertigungsgründe angesehen werden.

In wie weit die Schaffung einer solchen Möglichkeit in Anbetracht des Grundrechts auf Leben nach Art. 2 II 1 GG zwingend ist, weil der Staat vom Einzelnen nicht verlangen kann, sich töten zu lassen, wird im verfassungsrechtlichen Teil Reflexion erfahren. Deutlich geworden ist, daß erst der Zusammenhang mit dem Verfassungsrecht ergibt, wie die Strafrechtsordnung die Frage beantwortet, warum für sie die Konstellation des § 35 StGB den Schuldvorwurf entfallen läßt.

Es ist zu beachten, daß in der deutschen Strafrechtsdogmatik § 35 StGB kein Schuldausschließungsgrund, sondern nur eine Entschuldigungsgrund ist. Ein Ausschluß der Schuld des Täters erfolgt nicht von vornherein, sondern in der Kumulation zweier Schuldminderungsgründe, der geringeren Unrechtsqualität auf der einen Seite und der besonderen seelischen Zwangslage des Täters auf der anderen Seite.

Watzek[836] mutmaßt, daß wegen des Grundrechts auf Leben der Verzicht auf den Schuldvorwurf für das deutsche Strafrecht zwingend sein dürfte, wenn die Verletzung der Verhaltensnorm „Du darfst nicht töten“ für den Täter die einzige Möglichkeit darstellt, sein Leben zu retten. Dieser Mutmaßung soll, wie erwähnt unter 17. Abschnitt C III, weiter nachgegangen werden.

Necessity ist nur im weiteren Sinne eine § 34 StGB vergleichbare rechtfertigende Notstandseinrede, denn eine solche, bei welcher dem Täter zur Rettung eines höherwertigen Rechtsgutes die Verletzung eines geringer wertigen gestattet wäre, ist dem *common law* nicht bekannt. Allerdings haben die Gerichte in Einzelfällen, wenn auch eher unausgesprochen, eine Rechtsgutverletzung als gerechtfertigt angesehen, wenn der Täter zur Rettung eines höherwertigen Rechtsgutes gehandelt hat. Von diesem Aspekt aus ist die Grundlage für ein vergleichbares Vorgehen gegeben.

---

[835] So zumindest der von Roxin verfolgte Ansatz.
[836] aaO, S.152

Die historische Entwicklung der *necessity* in England ist geprägt durch deren grundsätzliche Ablehnung, die in ungünstig gewählten Fallkonstellationen früherer Tage wurzelt. Die des entschuldigenden Notstands in Deutschland hat hingegen vor allem nach der NS-Zeit einen Schub erhalten.

2) Güterabwägung

Auffallend ist, daß eine Güterabwägung als Wertungsvorgang beispielsweise auch dem rechtfertigenden Notstand zugrunde liegt, der in Deutschland einen Rechtfertigungsgrund darstellt, während dies in England somit schon bei der mens rea, also im Tatbestand, Berücksichtigung findet und zwar bei der Frage des *unjustified risk*. Es läßt sich daher die Aussage treffen, daß die fehlende Anerkennung des rechtfertigendem Notstand im englischen Strafrecht teilweise über das Merkmal der Rechtfertigung des Risikos bei *recklessness* kompensiert wird.

Eine geänderte Denkrichtung kann sich aber nach dem Empfehlungsvorschlag der *Law Commission* für eine Kodifizierung des Allgemeinen Teils ergeben. Dabei soll im Rahmen einer Zumutbarkeitsprüfung bei *duress* nicht mehr der *reasonable man* als Maßstab herangezogen werden, sondern maßgeblich soll die Persönlichkeit des Täters sein. Die Frage muß dann lauten, ob von diesem konkreten Täter erwartet werden durfte, daß er der Drohung des Hintermannes widerstehen werde[837]. Über eine solche Zumutbarkeitsprüfung gewinnt letztlich eine Güterabwägung Raum, denn bei einem Überwiegen des eigenen Lebens ist ein anderes Verhalten nicht mehr zumutbar.

3) Voraussetzungen und Konsequenzen

Die Differenzierung rechtfertigender/entschuldigender Notstand setzt einen dreigegliederten Deliktsaufbau voraus. Nur wenn nicht pauschal zwischen Tatbestand und Verteidigungseinreden unterschieden wird, kommt der Berücksichtigung der Verantwortlichkeitsaspekte auf verschiedenen Ebenen unterschiedliche Wirkung zu und spiegelt auch die vom Strafrecht gebildete unterschiedliche Akzeptanz der Verhaltensweise wider. Eine differenzierte materiell-rechtliche Lösung ist nur in Deutschland möglich. Anders muß es dagegen in England gehandhabt werden, wo mangels Differenzierung keine bzw. nur eine eingeschränkte Anwendbarkeit für diese Erwägungen besteht.

Gerade bei der Notstandsproblematik von *duress by threats* und *duress by circumstances* läßt sich eine Lösung auch ohne diese Ausdifferenzierung über die mittlerweile erkannten Korrekturmechanismen erreichen, die sich, gleichsam einer Staffelung, bei der Anklageerhebung des Opportunitätsprinzips, bei der strafrechtlichen Beurteilung der Strafzumessung und bei der real zu verbüßenden Freiheitsstrafe des Strafvollzugs durch vorzeitige Haftentlassung bedienen. Die Lösung über das Opportunitätsprinzip und eine Berücksichtigung der Faktoren des entschuldigenden Notstands hinsichtlich Mord bei der vorzeitigen Haftentlassung, also der Strafvollstreckung, sind bei der Rechtfertigungsproblematik, wie dargestellt, besonders in den Blickpunkt der Betrachtung zu rücken. Auch bei *necessity* erfolgt mit der Regelung über den Ausspruch eines *absolute discharge* eine Lösung nicht im Tatbestand, sondern im Rahmen der Strafzumessung.

---

837 Law Commission No. 218, clause 25 (2)

Die Letztentscheidung über die tatsächliche Haftdauer durch das Befinden über die vorzeitige Entlassung liegt beim Innenministerium bzw. Parole Board[838]. Als Nachteil ist ersichtlich, daß im konkreten Verfahren kein Recht auf Anhörung bei vorzeitiger Haftentlassung stattfindet, obwohl es eventuell zur Verhängung der lebenslangen Freiheitsstrafe nur gekommen ist aufgrund einer fehlender Notstandsregel.

4) Weitere Aspekte

Nach der herrschenden Auffassung greifen die meisten Rechtfertigungs- und Entschuldigungsgründe erst ein, wenn der Täter den actus reus einer Straftat mit der notwendigen mens rea erfüllt hat. Dies ist insofern eine Parallele zu Deutschland, wo Rechtfertigungs- und Entschuldigungsgründe erst an Bedeutung gewinnen, wenn die Tatbestandsmäßigkeit des Verhaltens nachgewiesen ist. Allerdings hängt das Eingreifen von Entschuldigungsgründen noch von der weiteren Voraussetzung der Qualifizierung des Verhaltens als rechtswidrig ab[839].

Ein Irrtum über das Vorliegen der Voraussetzungen eines „Rechtfertigungsgrundes" setzt im *common law* bei den verschiedenen in Betracht kommenden Rechtsfiguren einen vernünftigen Grund für den Irrtum (*reasonable ground for that belief*). Diese Regelung des *common law* ist verglichen mit dem deutschen Recht strenger, weil sie auch einen „unvernünftigen" Grund berücksichtigt. Dabei sollte allerdings nicht übersehen werden, daß ein Irrtum über einen Rechtfertigungsgrund dann im Falle seiner Normierung zu einer Strafbarkeit aus dem entsprechenden Fahrlässigkeitstatbestand führen kann[840].

Auch § 35 StGB beruht in Deutschland auf dem Gedanken der Normzugänglichkeit. Diese wird angesichts der Zwangssituation, in der sich der Täter befindet, abgelehnt, so daß vor dem Hintergrund eines fehlenden primären Willens zum Verstoß gegen die Rechtsordnung eine fehlende Strafbedürftigkeit angenommen werden kann. Maßgeblich ist dieser Aspekt der Normzugänglichkeit, der in England scheinbar keine Rolle spielt, denn schon bei den mens rea-Formen war deutlich geworden, daß angesichts der einsetzenden objektiven Sichtweise die fehlende Normzugänglichkeit des geistig Zurückgebliebenen, Dummen oder Betrunkenen bei fehlender Steuerungsfähigkeit die Beurteilung als strafbar nicht hindern soll.

Bei § 35 StGB wird auf die Erhebung des Schuldvorwurfs beim Nötigungsnotstand verzichtet. Genau diese Vorwurfskonzeption kennt das englische Recht, wie deutlich geworden, nicht, weshalb es bei einem im Nötigungsnotstand begangenen Mord gar keine ausdrücklich Regelung vorsieht.

Es zeigt sich wird, daß wegen des topischen Ansatzes „alles irgendwie" zusammenhängt und sich aufeinander auswirkt: das Verständnis für Normzugänglichkeit, die feh-

---

[838] Vgl. dazu auch Huber, JZ 1977, S. 16 ff. mit weiteren Hinweisen und den Problemen, die dieses Verfahren aufwirft.

[839] Vgl. in diesem Zusammenhang auch den Vergleich von Notwehr und Putativnotwehr im englischen und deutschen Recht bei Kerll, Notwehrrecht, S. 123 ff.

[840] So zumindest die rechtsfolgenverweisende Theorie.

lende Unterscheidung Rechtfertigungs- und Entschuldigungsgründe sowie die mangelnde Existenz von *duress* bei Mord mit Lösung in der Strafvollstreckung.

Die Frage, ob verfassungsrechtliche Garantien für das Strafrecht auch eine solche organisatorische Vorgehensweise decken, liegt dann nahe, denn die Anwendung des Art. 103 II GG soll etwa nicht gelten für Strafaussetzung bei lebenslanger Freiheitsstrafe[841].

Ferner muß man sich klar machen, daß letztlich mens rea-*strict liability*-Unternehmensstrafbarkeit-Verbotsirrtum und Notstandsregeln einen Komplex bilden. Das nach deutschem Verständnis als Unsauberkeit empfundene Vorgehen ist der Grund, in dem letztlich alle Probleme wurzeln und das als Ursache der fehlenden Trennschärfe zu sehen ist.

Letztendlich zeigt sich, daß es ein pragmatische Denken ist, welches teilweise vorherrscht, wenn die Rechtspolitik wegen der Schwäche der *regulatory*-Delikte eine Unternehmensstrafbarkeit verlangt. Dadurch wird im Endeffekt auch eine abschließende Funktion der mens rea hinterfragt. Ein Sicherstellen der inhaltlichen Ausgestaltung aller maßgeblichen Gesichtspunkte ist auch über *defences* möglich. Ein solcher Vorschlag in der Reformdiskussion des Straftataufbaus zeigt, daß dies denkbar ist und auch schon jetzt in anderem Zusammenhang angewendet wird (*intoxication*). Dieses flexible Verständnis in einem zentralen Bereich soll deutlich machen, daß der Anspruch des englischen Strafrechts, ein Schuldstrafrecht zu sein, durchaus berechtigt ist, aber die Behandlung eben nicht als Gegenstand eines zentralen Instituts erfolgt, sondern eine eher vom Rechtsempfinden geleitet Lösung an anderer Stelle erfährt. Gerade wegen des geschilderten problemorientierten topischen Ansatzes ist eine Verlagerung der Problemlösung in einen anderen Bereich naheliegend. Weil keine Einordnung in ein Gesamtsystem stattfindet, ist die Möglichkeit zur flexible Problemlösung höher. Das vom Rechtsempfinden vorgegebene Ergebnis kann auch an einen anderen Standort Berücksichtigung erhalten, ohne daß es vom Endergebnis her eine Änderung bewirkt.

Die Offenheit des topischen Ansatzes für die Problemverlagerung bzw. um ein Problem dort zu behandeln, wo es am günstigsten und zweckmäßigsten erscheint, zieht sich wie ein roter Faden durch die behandelten Aspekte und durch das englische Strafrecht.

II) Rücktritt vom Versuch

Die Konstellation eines Rücktritts vom Versuch wird in Deutschland von der herrschenden Auffassung als Strafaufhebungsgrund gesehen. Die Voraussetzungen sind im StGB in den Normen der § 24,31 StGB geregelt.

Auch wenn bei der Prüfung der Strafbarkeit zunächst die Schuld des Täters bejaht wird, ergeht nach der Feststellung eines solchen Strafaufhebungsgrundes ein Urteil, daß den Angeklagten nicht belastet. Ein Schuldspruch findet statt.

In England ist eine Lösung des Problems, daß ein Täter sich von einer von im begonnenen Tat geistig distanziert und auch körperliche Anstrengungen der Deliktsunterbin-

---

[841] Vgl. BVerfG E 86, 288, 311 a.A. abweichende Meinung BVerfGE 86, 340, 342

dung auf sich nimmt, nicht durch Berücksichtigung im materiellen Recht vorgesehen. Eine entsprechende gesetzliche Regelung im *statute law* gibt es nicht. Aber auch aus dem *common law* rührt keine Regel her, die bereits auf die Strafbarkeit Einfluß hat. Auch ein Stellenwert als Verteidigungseinrede ist nicht vorgesehen.

Die Erwägungen, die in Deutschland von der Rechtsprechung und der Literatur beim Rücktritt vom Versuch angestellt werden, finden aber auch in England Beachtung. Die Überlegungen zu Rücktrittszeitpunkt, -beweggrund oder -handlung werden aber erst bei der Strafzumessung vorgenommen. Die Problempunkte sind dieselben, die auch den deutschen Strafrechtler beschäftigen. Deutlich ist, daß diese Aspekte nicht wie in Deutschland gesetzlich verankert sind, um dann von der Rechtsprechung eine weitere Ausgestaltung zu erhalten, sondern daß sie als bloße Überlegungen das richterliche Ermessen leiten können.

Maßgebliche Station von in Deutschland gesetzlich geregelten materiellen Aspekten ist in England erneut die Strafzumessungsebene. Auch wenn bei beiden Vorgehensweisen der Täter im Ergebnis keine Bestrafung erfährt, also straflos bleibt, ist die Station im Verfahrens- bzw. Prüfungsablauf, an der die besonderen Umstände berücksichtigt werden, nicht unerheblich. Denn während eine gesetzlich normierte Regelung, die zudem von Amts wegen zu beachten ist, weil die Staatsanwaltschaft als Strafverfolgungsbehörde neben belastenden auch entlastenden Aspekten nachgehen und diese rechtlich würdigen muß, welche im Vortrag dem Gericht auch ersichtlich werden kann, trägt im englischen Strafprozeß die Verteidigung die alleinige Last, die Aspekte vor Gericht aufzugreifen und auch zu beweisen. Erst dann kann eine Strafmilderung/ Strafnachlaß bewirkt werden.

Doch nicht nur dieser prozessuale Nachteil beim Vorbringen fällt auf. Materiellrechtlich ist es vor allem der Unterschied der Regelungsdichte, der zur Benachteiligung werden kann. Denn während in Deutschland der Rücktritt vom Versuch trotz des Charakters als Strafaufhebungsgrund eine gesetzliche Regelung innerhalb der Rechtsinstitute, die den Allgemeinen Teil begründen, gefunden hat, sind in England diese Erwägungen alleine vom Richter bei der Strafzumessung einzubringen, ohne daß eine gesetzliche Bestimmung dies näher konkretisiert. Da die Erwägungen allein in das anerkanntermaßen weite richterliche Ermessen bei der Urteilsfindung fallen, ist ihre tatsächliche Einflußnahme nicht sichergestellt. Dabei gilt es sich zu vergegenwärtigen, daß der Unterschied zwischen materiell-rechtlicher Regelung mit genauen Voraussetzungen und einer als prozessual zu bezeichnenden Lösung ohne genaue Angaben in richterlichem Ermessen abnehmende Rechtssicherheit für den Angeklagten bedeutet.

Ergebnis

Während die Voraussetzungen des Rücktritts zum Versuch in Deutschland einfachgesetzlich geregelt sind und bei ihrem Vorliegen eine Strafaufhebung bewirken können, sind im englischen Recht Aspekte diesbezüglich allenfalls bei der Strafzumessung zu berücksichtigen und unterliegen keiner Normierung.

15. Abschnitt: Zusammenfassung der Vergleichsergebnisse

- Die mens rea im englischen Strafrecht unterscheidet sich von der Schuld des deutschen Strafrechts. Sie erfaßt, ungeachtet der einzelnen Meinungen, nicht alle Konstellationen, die die Schuld abdeckt. Dieses andere Schuldverständnis äußert sich auch darin, daß Aspekte, die in Deutschland konstituierend für die Schuld sind, in England eine andere Behandlung erfahren. Der Maßstab des *reasonable man* führt durch die fehlende Berücksichtigung individueller Schwächen dazu, der Strafzumessung und dem Opportunitätsprinzip Korrektivfunktion einzuräumen. Bei der mens rea ist auch eine Vorwerfbarkeit der Tat von der Konstruktion her nicht maßgeblich. Aspekte der Wahlmöglichkeit und der Normzugänglichkeit können aber an anderer Stelle Bedeutung erlangen. Auffallend ist vor allem, daß die tatsächlichen Charakteristika des Einzelnen keine Würdigung erfahren. Die Objektivierung des Maßstabs ohne gleichzeitig bereits im Rahmen der mens rea die Möglichkeit zur Berücksichtigung persönlicher Schwächen zu schaffen, unterscheidet die mens rea am deutlichsten von der Schuld des deutschen Rechts. Deutlich gemacht wurde dies auch anhand der Behandlung des unverschuldete Rauschzustandes, der das unterschiedliche Steuerungsvermögen zeigt, denn bei Vorliegen von mens rea ist eine Tat strafbar, welche je nach Sichtweise dann allenfalls eine Lösung zugunsten des Täters in der Strafzumessung erfährt.

- Deutlich wurde der Unterschied auch durch die Darstellung von Fällen, in denen ein fehlendes Verschulden bei *strict-liability*-Delikten über das Opportunitätsprinzip gelöst wird.

- Die Berücksichtigung der Konstellation des in Deutschland gesetzlich geregelten unvermeidbaren Verbotsirrtum erfolgt in England über die Strafzumessung.

- Während das deutsche Strafrecht i.e.S. eine Strafbarkeit juristischer Personen nicht kennt, sind in England Geldstrafen für gewisse Delikte gegen juristische Personen möglich.

- Die fehlende Anwendbarkeit von *duress* bei *murder* soll in England über das Opportunitätsprinzip und über ein Verfahren in der Strafvollstreckung berücksichtigt werden.

- Die Erwägungen zum Rücktritt vom Versuch stellen sich im englischen Strafrecht ebenfalls als Frage der Strafzumessung dar. Diese ist somit Station für die Berücksichtigung von Aspekten, die mangels eines systematischen Rechtsverständnisses bis zu dieser Stelle im Verfahrensablauf nicht gewürdigt worden sind.

- Zusammenfassend läßt sich sagen, daß wegen des teilweise wenig materiell ausdifferenzierten Verbrechensaufbaus bestimmte Problemkonstellationen nicht im materiellen Recht gelöst werden, sondern über Korrekturmechanismen, wie dem Opportunitätsprinzip bei Anklageerhebung, der Strafzumessung sowie dem Strafvollzug.

Im folgenden sollen nun einige Gedanken, die sich aus den bisherigen Überlegungen ergeben haben, einer Beurteilung anhand der deutschen Verfassung erfahren, um festzustellen, ob und welche in Deutschland praktizierten Vorgehensweisen als verfassungsrechtlich verankert angesehen werden können. Leitgedanke ist grundsätzlich, wie flexibel das deutsche Strafrechtssystem von Verfassungs wegen sein kann.

- Zu beurteilende Punkte sind eine andere Schuldauffassung, die dem Aspekt einer Vorwerfbarkeit nicht aus sich allein heraus Rechnung trägt und einen subjektiven Maßstab etwa bei der Fahrlässigkeit vermissen läßt. In den Rahmen der Schuldproblematik treten auch die Lösung eines unvermeidbaren Verbotsirrtums auf Strafzumessungsebene sowie die Notwendigkeit einfachgesetzlicher Regelungen zum Notstand aus dem Schuldprinzip hervor.

- Außerdem stellt sich die Frage, ob die Aufgabe der Trennung von Straf- und Ordnungswidrigkeitenrecht von Verfassungs wegen möglich wäre.

- Die verfassungsrechtliche Beurteilung der Frage, ob die Einführung einer strafrechtliche Verantwortlichkeit juristischer Personen überhaupt möglich ist, gilt es vorzunehmen.

- Die Abschaffung gewisser Verteidigungseinreden, die in das Leben Dritter eingreifen können und die Berücksichtigung von eigentlich materiellen Aspekten durch Stellen der Exekutive im Rahmen der Strafvollstreckung weisen auf einen weiteren Untersuchungsgegenstand hin, weil etwa Grundrechte als verfassungsrechtliche Normen verletzt werden können.

- Auch deren Lösung auf Strafzumessungsebene wie beim Rücktritt vom Versuch verdient Beachtung. Für die Strafzumessung als Auffanginstrumentarium zur Berücksichtigung von Aspekten, die auch im materiellen Recht eine Regelung erfahren könnten, sollen nur ansatzweise einige verfassungsrechtliche Vorgaben dieser Praktikerdomäne erwähnt werden.

- Weiterhin Bedeutung gewinnt eine stärkere Gewichtung prozeßrechtlicher Grundsätze durch eine eindeutige Änderung hin zum Opportunitätsprinzip als maßgeblicher verfahrensrechtlicher Maxime. Somit stellt sich auch die Frage nach den verfassungsrechtlichen Anforderungen an eine verfahrensrechtliche Lösung.

16. Abschnitt: Anknüpfung der verfassungsrechtlichen Beurteilung

I) Ausgangspunkt

Zwangsläufig stellt sich mit einer Zusammenfassung der Vergleichsergebnisse die Frage nach Annäherungsmöglichkeiten im Sinne einer Rechtsvereinheitlichung/-angleichung[842]. Wie der eingangs erwähnte EUV vorsieht[843], soll auch der Bereich des bisher eher nachrangig behandelten Strafrechts nicht länger unberücksichtigt bleiben und im Rahmen der dritten Säule (PJZ) eine Behandlung erfahren.

Wie erwähnt, wird dabei ein Abgehen der deutschen Position hin zur Handhabung im englischen Rechtssystem die maßgebliche gedankliche Aufmerksamkeit gewidmet werden. Vereinfacht gesagt muß man sich fragen: Wenn die Rechtsanwendung in Deutschland Ansätze oder Strukturen der englischen Vorgehensweise übernimmt, ist diese partielle Änderung bestimmter Bereiche mit der deutschen Verfassung, dem Grundgesetz, und dessen Auswirkungen auf das System vereinbar?

Man könnte natürlich auch die umgekehrte Frage der Anpassungsfähigkeit des englischen Rechts an das deutsche stellen. Dies ist jedoch eine Perspektive, die kompetenter aus englischer Sicht abzuhandeln wäre und daher hier keine weitere Betrachtung findet.

Dies macht auch vor dem Hintergrund Sinn, daß die Entscheidung zur Ergreifung von Maßnahmen zur Herbeiführung der Rechtsharmonisierung politisch gewollten und geprägten Entscheidungen entspringt und sich von daher eher am scheinbar Wünschenswertem orientiert, das rechtlich machbare aber dabei der Gefahr anheim fällt, allenfalls nachrangige Beachtung zu finden.

Eine rechtspolitische Einschätzung, welche im Zeichen einer übernationalen Rechtsangleichung steht, ist schließlich erst dann möglich, wenn vorab geklärt ist, welche Bereiche überhaupt einer Veränderung hin zu einer solchen zugänglich sind. Fixpunkte im Strafrechtssystem, die wegen einer verfassungsrechtlich zwingenden Vorgabe jeder Veränderung oder der Veränderung in eine Richtung entzogen sind, stellen dann die rechtlichen Grenzen dar, die auch im Rahmen der Zweckmäßigkeitserwägungen akzeptiert werden müssen.

Die Zweckmäßigkeit einer Vereinheitlichung ist gerade im europäischen Rahmen nicht nur von rechtlichen Aspekten, sondern auch von politischen Wünschen begleitet. Auf das Anstellen weitergehender Zweckmäßigkeitserwägungen soll in dieser Arbeit verzichtet werden.

Im Mittelpunkt der folgenden Ausführungen steht deshalb die Frage nach der rechtlich zulässigen Möglichkeit. Daß dafür auch deren Erforderlichkeit zur Verbesserung der

[842] Vgl. zur Begriffsbestimmung und -verständnis bereits oben 1. Abschnitt Fußnote 9
[843] Vgl. 4. Abschnitt

Zusammenarbeit nach dem Sinn und Zweck dieses Vertrages maßgeblich ist, Art. 31 c 2. HS EUV/Amsterdam, ist dem Vertrag zwar zu entnehmen. Bei der Einschätzung dieser Erforderlichkeit handelt es sich indes um eine solche Zweckmäßigkeitserwägung. Es bleibt der Hinweis, daß je nach staatlichem Rechtssystem und persönlichem Standpunkt diese Einschätzung bezüglich des „Ob", aber auch der Reichweite variiert[844].

II) Prüfungsaspekte

Herauszustellen sind somit die Fragen, ob
- eine andere Schuldauffassung, bei der die Vorwerfbarkeit anders konzipiert ist, sowie damit verbunden eine Aufgabe der Trennung von Straf- und Ordnungswidrigkeitenrecht sowie eine Strafbarkeit juristischer Personen

- die Abschaffung gewisser Verteidigungseinreden und deren Lösung auf Strafzumessungsebene bzw. in der Strafvollstreckung

- eine stärkere Gewichtung prozeßrechtlicher Grundsätze, etwa eine eindeutige Änderung hin zum Opportunitätsprinzip, sowie der Strafzumessung

von Verfassungs wegen her Einwendungen begegnen.

17. Abschnitt: Vereinbarkeit von Änderungen des deutschen Rechts mit höherrangigem Recht

Eine Abweichung der bisher angewendeten Regeln unter Annäherung an das englische Recht muß dann, wenn sie nach dem bisher gesagten als Akt der deutschen Gesetzgebung ergeht, auch dem verfassungsrechtlichen Rahmen genügen, der unter Umständen ganz andere Anforderungen stellt, als die englischen Verfassung deren Strafrecht prägt. Deshalb sollen nach einer kurzen, informatorischen Darstellung der englischen Vorgaben (A), die der Verdeutlichung der Unterschiede dienen kann, die deutschen verfassungsrechtlichen Vorgaben näher gebracht werden, die in diesem Zusammenhang eine Rolle spielen (B). Einleitend soll dem Verhältnis nachgegangen werden, welches das Verfassungsrecht zum Strafrechtssystem hat und was es vorgibt. Beachtung erfährt deshalb die umstrittene Frage, inwieweit insbesondere der Allgemeine Teil verfassungsrechtlichen Vorgaben, hier zuallererst Art.103 II GG als Garantiefunktion des Strafrechts, genüge tun muß (B I).

Nach diesen allgemeinen Anforderungen sollen dann den Änderungsmöglichkeiten entgegenstehende konkrete verfassungsrechtliche Vorgaben Aufmerksamkeit erfahren. Maßgeblich sind die wechselseitigen nationalen Grenzen für die Rechtsangleichung und die Frage, welche Grenzen bei den erwähnten strafrechtlichen Bereichen aufgrund ihrer Rechtsnatur zu beachten sind, was teilweise die Darstellung fundamentaler Prinzipien erfordert bzw. eine Zusammenfassung der verfassungsrechtlichen Basis. Die verfassungsrechtliche Schuldauffassung wird daher auf ihre Unterscheidung hin zum straf-

---

[844] Vgl. den Streitstand, der teilweise auch von „Glaubensbekenntnissen" geprägt ist, bei Sieber, JZ 1997, 369 ff.

rechtlichen Schuldprinzip untersucht (I). Zudem soll der verfassungsrechtlichen Verankerung einfachgesetzlicher Vorschriften sowie einer von Verfassungs wegen vorgegebenen Trennung in Strafrecht und Ordnungswidrigkeitenrecht nachgegangen werden. Bei der Strafbarkeit von juristischen Personen soll allein auf die verfassungsrechtliche Möglichkeit eingegangen werden (II). Anschließend soll unter (III) die Frage aufgeworfen werden, ob eine Abschaffung von einfachgesetzlichen Regelungen im Sinne von Verteidigungseinreden und eine Verlagerung von deren Lösung in die Strafzumessung oder Strafvollstreckung verfassungsrechtlichen Bedenken begegnet.

Zudem kann es fraglich sein, ob eine stärkere Akzentuierung des Prozeßrechts von Verfassungs wegen ein Ausgleich für zu weit gefaßte Tatbestände bzw. Figuren des AT sein kann, so daß die Verankerung des Legalitätsprinzips und die weitreichenden Berührungspunkte einer Änderung hin zum Opportunitätsprinzip hinterfragt werden (IV). Wegen des engen Zusammenhangs mit den hier zu erörternden Problemstellungen wird auch auf die sog. Cannabis-Entscheidung des BVerfG eingegangen sowie auf die verfassungsrechtlichen Vorgaben der Strafzumessung. Schlußteil sollen die Konsequenzen genannt werden und ein Ausblick erfolgen (18. Abschnitt).

A. Höherrangige Vorgaben in England

Die Sichtweise des einfachen Rechts mit Blick auf höherrangige Vorgaben scheint auf den ersten Blick auch in England vertraut[845]. Das englische Recht geht aber vom Prinzip der Gleichrangigkeit des gesetzten Rechts aus

-was eine unmittelbare Folge der Souveränität des Parlaments ist, das nach dem Grundsatz „lex posterior derogat priori" verfährt, also kein früheres höherrangiges Recht zuläßt.

Somit haben auch Normen mit verfassungsrechtlichem Charakter den Rang einfacher Gesetze[846]. An dieser Stelle sollen überblicksartig die entsprechenden Vorgaben in England für das englische Strafrecht angesprochen werden.

I) Grundlegende Prinzipien

Als grundlegende Prinzipien zu nennen sind das *principle of legality* und *rule of law* sowie das Prinzip der *sovereignity of Parliament*, dem Institut der parlamentarischen Souveränität[847]. Maßgebliche Prinzipien im Strafrecht sind auch das Gesetzlichkeitsprinzip (*principle of legality*)[848], das „Schuldprinzip" (*principle of culpability*), das

---

[845] Vgl. LC No. 149 Part I S. 5

[846] So Schroth ZStW 1988, S. 470, 473

[847] D.h. der Exekutive steht damit kein originäres Gesetzgebungsrecht zu, da alle Rechtssetzungsakte auf das Parlament zurückführbar sein müssen, vgl. Moll, Blankettstrafgesetzgebung, S. 248 ff.; zur Bedeutung dieses Prinzips für das Verhältnis von Fallrecht zum Gesetzesrecht: Reinhardt, Konsistente Jurisdiktion, S. 239 ff.

[848] Welches im *statute law* als Element der *rule of law* allgemein anerkannt ist, vgl. Moll, Blankettstrafgesetzgebung, S. 248; vgl. zu den Grundmaximen der Verfassungsordnung Loewenstein, Staatsrecht Großbritannien, Bd. I S. 61 ff.

Schadensprinzip (*principle of harm*) so wie auch ein Verhältnismäßigkeitsprinzip (*principle of proportionality*).

Im Gegensatz zu den USA, die eine starke verfassungsrechtliche Überformung erfahren haben, fehlt es in England an einer solchen Überlagerung, weil ein den Gesetzgeber justiziabel bindendes Verfassungsrecht nicht existiert[849]. In England gibt es weder eine geschriebene Verfassung noch ein Gericht, daß am Maßstab des Verfassungsrechts einfache Gesetze oder andere Rechtsakte messen würde. Dem Strafrecht Schranken setzende Aspekte lassen sich somit zwar aus den strafrechtlichen Prinzipien gewinnen, eine der deutschen Rechtslage vergleichende Orientierung am Verfassungsrecht findet aber nicht statt. Eine Ausrichtung des Strafrechts an übergeordneten Prinzipien ist demnach dem englischen Strafrecht nicht fremd; diese lassen sich jedoch nicht unmittelbar aus der Verfassung herleiten.

Auch die Ähnlichkeit der Bezeichnung der genannten Prinzipien mit solchen des deutschen Rechts kann nicht darüber hinwegtäuschen, daß sie einen anderen Inhalt haben und deshalb auch eine andere Strafrechtsgestaltung zulassen können. Ebenfalls zu beachten ist, daß die (ungeschriebene) Verfassung in England eben eine ganz andere Ausstrahlungswirkung auf das einfache Recht besitzt und somit die aus dem deutschen Recht vertraute Fragestellung nach dem prägenden Charakter verfassungsrechtlicher Normen gar nicht denselben Stellenwert haben kann wie dies aus dem deutschen Recht vertraut ist.

Die unterschiedliche Reichweite zentraler Rechtsprinzipien kann unterschiedliche Auswirkungen haben. Als denkbarer Ausgleich für ein fehlendes Analogieverbot im angloamerikanischen Rechtskreis auf der Tatbestandsseite ist eine striktere Vorgaben- und Gewichtungsregelung auf der Rechtsfolgenseite zu deuten, wie die Normierung der Strafzwecke etwa bei den *US-Sentencing guidelines* nahelegt.

Es ergeben sich daher Unterschiede der Vorstellungen etwa bei den Garantien der Rechtsbestimmtheit in Deutschland und England. Auch das Bestehen eines verfassungsrechtlichen Grundsatzes der Gewaltenteilung kann nicht darüber hinwegtäuschen, daß eine andere Vorstellungen von Gewaltenteilung in anglo-amerikanischen Ländern herrscht. Dies beruht zum einen auch daran, daß kodifiziertes Recht auf dem ausgebauten Richterrecht beruht und weiterhin, weil Richter als parlamentsfreundlich gesehen wurden[850]. Ferner ergibt sich in England der Gedanke, daß ein kohärentes System englischen Rechts sich aus der uneingeschränkten Autorität des Königs ableitet, weshalb die

---

[849] Vgl. etwa Vogel GA 1998, S. 127, 138 f.; grundlegend in deutscher Sprache zu den rechtlichen Grundlagen der Verfassungsordnung schon Loewenstein, Staatsrecht Großbritannien Bd. I, S. 43 ff.; ders., Staatsrecht Großbritannien Bd. II, S. 1 ff. zur Stellung der Gerichtsbarkeit im Verfassungsaufbau sowie zu den historischen Entwicklung derselben vor dem sich wandelnden verfassungsrechtlichen Hintergrund; aktueller aus der englischen Literatur: Barendt, Is there a United Kingdom Constitution ? in: OJLS 1997, S. 137 ff.
[850] So die Erklärung von Lundmark, JuS 2000, 546 ff..

lange zentralstaatliche Geschichte den Hintergrund für ein anderes Gewaltenverständnis liefert[851].

Daß es überholte, widersprüchliche und unpopuläre Gesetze gibt, kann verstärkt wohl nur bei einer durch historische Großereignisse unbeeinträchtigten Rechtsentwicklung auftreten[852]. Dies erklärt zudem den rechtspolitischen Charakter, der vielen Entscheidungen zukommt.

II) Unterscheidung

Exemplarisch für das abweichende Verständnis von scheinbar ähnlich klingenden Prinzipien ist etwa die Begründung der Ausnahme von *vicarious/strict liability* zum Grundsatz des Erfordernis des *fault principle*. Diese verstoßen nicht gegen die Vorstellungen des *rule of law*, weil dessen inhaltlicher Standard noch eingehalten wird. Zur Begründung wird darauf hingewiesen, daß die gesetzlichen Vorgaben eine gerechte Warnung bezüglich der einzuhaltenden Standards darstellen. Mit anderen Worten, weil der Arbeitgeber weiß, daß er im Falle einer Delegation von Tätigkeiten auf Arbeitnehmer für dessen Verstöße stellvertretend einsteht, liegt kein Verstoß gegen das Prinzip der individuellen Autonomie vor. Es handelt sich nur scheinbar nicht um eigene freiwillige Entscheidung, wenn man zunächst nur auf die Handlung des Angestellten abstellt. So gesehen ist gleichsam die Delegation eine schuldhafte Handlung[853].

Auch die Strafbarkeit einer juristischen Person wird unter Hinweis auf grundlegende Prinzipien des Strafrechts gerechtfertigt. Da der Verband den Einzelnen auswählt und in seine Position bringt und dieser für das jeweilige Unternehmen handelt, soll es richtig sein, daß der Verband die vorrangige Verantwortlichkeit trägt oder zumindest eine konkurrierende mit seinen leitenden Angestellten[854]. Dies stellt nach englischem Verständnis auch keine Vernachlässigung des Gesetzlichkeitsprinzips (*rule of legality*) und der *rule of law* dar, weil Unternehmen (*companies*) von Individualpersonen geführt werden und diese eine faire Warnung bezüglich ihrer Pflichten brauchen.

Ausgehend von der grundlegenden Fragestellung, deren vereinfachte Fassung dahingeht, wie beweglich das deutsche Rechtssystem für Änderungen des einfachen Strafrechts ist und welche Grenzen durch das Verfassungsrecht vorgegeben sind, ist eine tiefergehende Beschäftigung mit dem Verhältnis des englischen einfachen Rechts zu deren Verfassung in diesem Zusammenhang nicht weiter gewinnbringend.

Maßgeblich für die Beurteilung von Änderungen im deutschen Strafrecht ist alleine das deutsche Rechtssystem. Das Bestehen gleichlautender oder ähnlich lautender übergeordneter Prinzipien im englischen Recht hat deshalb auf die Beurteilung nach deutschen Recht keinen Einfluß und dient nur der Verdeutlichung von Unterschieden.

---

[851] So ist der Leitgedanke der amerikanischen Vorstellung von Gewaltenteilung, daß alle drei Staatsgewalten an jedem Akt der Eingriffsverwaltung beteiligt werden müssen, wenn sich eine Person wehrt.
[852] Wilcox, Decision, Appendix A, S. 123
[853] Vgl. Ashworth, Criminal Law, S. 114
[854] Vgl. Ashworth, Criminal Law, S. 115

B. Verfassungsrechtliche Vorgaben in Deutschland

Der Einfluß des Verfassungsrechts auf das einfache Recht ist in der Bundesrepublik Deutschland seit der Geltung des GG unbestritten und spiegelt sich in zahlreichen verfassungsgerichtlichen Entscheidungen zu den unterschiedlichsten Themenbereichen wider. Neben der Auslegung und Anwendung einfachen Rechts wird schon die Geltungskraft einfachgesetzlicher Normen am GG gemessen. Bei einer Änderung des geltenden Strafrechts oder einer Schaffung neuen Rechts kommt deshalb dem Verfassungsrecht eine maßgeblich, letztendlich begrenzende Rolle zu, die im folgenden betrachtet werden soll.

Nach einem Blick auf die allgemeinen verfassungsrechtlichen Vorgaben mit Blickrichtung auf die Berücksichtigung von Grenzen soll danach anhand der bisher gefundenen Vergleichsergebnisse für diese sich konkret abzeichnenden Änderungsmöglichkeiten eine spezifische Beurteilung nach Verfassungsrecht vorgenommen werden, die sich wegen der Verschiebungen innerhalb des Strafrechts im weiteren Sinne auch außerhalb der zuvor dargestellten verfassungsrechtlichen Vorgaben für den Allgemeinen Teil befinden können (II C).

I) Garantiefunktion des Art. 103 II GG

Zuerst stellt sich die Frage, ob Art. 103 II GG als Garantiefunktion des Strafrechts überhaupt Anwendung findet, wenn es um die Beurteilung von Aspekten des Allgemeinen Teils geht. Zunächst soll deshalb dem verfassungsrechtlichen Hintergrund nachgegangen werden, vor dem diese Norm zu sehen ist (1) und der auch bei weiteren Prüfungspunkten relevant ist[855]. Nach einer Betrachtung der maßgeblichen beinhalteten Grundsätze (2) stellt sich danach die Frage der Anwendbarkeit auf den Allgemeinen Teil (3) sowie der Verfassung als solcher zum Allgemeinen Teil (4).

1) Verfassungsrechtlicher Hintergrund

Aus Art. 20 III GG wird gemeinhin das Rechtstaatsprinzip hergeleitet, welches als zentraler und staatstragender Grundsatz seinerseits der Herleitung elementarer Leitlinien staatlichen Handelns dient, etwa dem öffentlich-rechtlichen Gesetzesvorbehalt. Diesem zufolge bedürfen staatliche Eingriffe in die Rechtssphäre grundsätzlich einer Legitimation in Gestalt eines formellen Gesetzes. Die Kriminalstrafe stellt als staatliche Reaktion auf begangenes Unrecht die einschneidendste Form des Eingriffs in die Rechte des Einzelnen durch den Staat dar[856]. Infolgedessen muß auch das Strafrecht als vom Staat dominiertes Rechtsgebiet strikt dem öffentlich- rechtlichen Gesetzesvorbehalt genügen.

Die Ausgestaltung des aus Art. 20 III GG abgeleiteten Gesetzesvorbehalts erfährt allerdings eine Verschärfung und Konkretisierung[857] durch die strafrechtliche Fundamental-

---

[855] Siehe ab 17. Abschnitt IV 3 zu prozessualen Einstellungsnormen

[856] Krey spricht in seinen Werken diesbzüglich auch von ultima ratio im System rechtlicher Sozialkontrolle.

[857] Vgl. BVerfG 92, 1, 12

norm des Art.103 II GG, der erklärt, daß „eine Tat nur bestraft werden kann, wenn ihre Strafbarkeit gesetzlich bestimmt war, bevor die Tat begangen wurde“[858].

Die verfassungsdogmatische Ableitung dieser Gesetzesvorbehalte beruht unter anderem auf dem Gewaltenteilungsgrundsatz. Da nur das Parlament ein unmittelbar demokratisch legitimiertes Staatsorgan bildet, kann nur diesem die Gesetzgebung zustehen. Der Justiz als dritter Gewalt soll nur die Normanwendung und gegebenenfalls die Normkonkretisierung zukommen, während eine rechtsfortbildende Tätigkeit des (Straf-) Richters nur in den engen Grenzen des Art.103 II GG zulässig ist[859]. Die Existenz dieses Grundsatzes darf jedoch nicht dahingehend mißverstanden werden, daß der Rechtsprechung eine rein unschöpferische Tätigkeit zugestanden wird. Das geltende Strafrecht ist wie das Recht an sich ein Produkt arbeitsteiligen Zusammenwirkens von Gesetzgebung und Rechtsprechung bei der Normbildung[860]. Dabei muß man sich nur vergegenwärtigen, daß vom Grundsatz her alle Tatbestandsmerkmale normativer Art sind, was bedeutet, daß sie einer inhaltlichen Ausfüllung durch ein Werturteil des Gerichts bedürfen.

Dieses Werturteil kann durch die Entwicklung in der Realität einem Wandel unterworfen sein, was auch der Bezug auf außerrechtliche Aspekte wie Ehre, Gewaltverständnis u.ä. verdeutlicht. Somit ist auch dem Strafrecht der Charakter eines vom Richterrecht geprägten Gesetzesrechts eigen, bei dem eine Dominanz des Richterrechts gegeben scheint[861].

Dieser Vorgehensweise sind jedoch Grenzen gesetzt. Nach ganz herrschender Ansicht[862] zu Art.103 II GG bildet der mögliche Wortsinn der Norm die Grenze zwischen der richterlichen Rechtsfortbildung im Rahmen zulässiger Auslegungsarten (Rechtsfortbildung secundum legem) und der Rechtsfortbildung praeter oder contra legem.

2) Maßgebliche Grundsätze

Art.103 II GG ist wegen seines Gebots des „nullum crimen, nulla poena sine lege“ die Fundamentalnorm für die Rechtsgewinnung im Strafrecht.
Daraus werden nach einhelliger Ansicht vier Grundsätze als Schranken entnommen[863].

Zum einen soll der Ausschluß von Gewohnheitsrecht (*lex scripta)* die Schaffung von Gewohnheitsrecht verbieten[864]. Das Verbot strafbegründenden bzw. strafschärfenden Gewohnheitsrechts wird für den Besonderen Teil des StGB fast einhellig, für den All-

---

[858] Die fundamentale Bedeutung dieser Verfassungsnorm spiegelt sich auch darin wieder, daß dieser Grundsatz gleichlautend in § 1 StGB formuliert ist.

[859] Ausführlich dazu unten 17. Abschnitt B I sowie 17. Abschnitt C IV 3

[860] Krey, Studien zum Gesetzesvorbehalt, S. 80 ff., 101-107; 246

[861] Krey, ZStW Bd. 101 (1989) 838, 839 verweist etwa auf die Judikatur zum Vorsatz, der Fahrlässigkeit, den unechten Unterlassungsdelikten, Täterschaft und Teilnahme hinsichtlich des allgemeinen Teils; auf Delikte wie Nötigung, Körperverletzung, Diebstahl sowie Betrug hinsichtlich des besonderen Teils.

[862] Etwa Krey, Studien, S.45 m.w.N.

[863] Zu den verschiedenen Begründungsansätzen: 17.Abschnitt C IV 3.4.2

[864] zu dessen Definition: BGH St 11, 241, 245 ff; Bydlinski, Juristische Methodenlehre, S. 215

gemeinen Teil ganz überwiegend akzeptiert[865], wobei nach herrschender Ansicht jedoch die gewohnheitsrechtliche Verfestigung bestimmter Auslegungsergebnisse nicht erfaßt ist[866]. Eindeutig dem Wortlaut des Art. 103 II GG zu entnehmen ist das Verbot strafbegründender und -schärfender rückwirkender Strafgesetze, welches in seiner Existenz als Rückwirkungsverbot (*lex praevia*) heute allgemein anerkannt [867] wird[868].

Von maßgeblicher Bedeutung für die Rechtsanwendung bzw. -fortbildung im Strafrecht ist das Analogieverbot (*lex stricta*). Die exakte Reichweite dieses Verbotes ist nicht nur im Strafrecht unklar und streitig[869].

Die herrschende Meinung[870] geht dabei davon aus, daß die Rechtsanwendung zum Nachteil des Angeklagten durch den möglichen Wortsinn der Strafrechtsnorm begrenzt ist. Dieser mögliche Wortsinn der Norm ist daher Auslegungsschranke und folglich auch Abgrenzungskriterium zwischen zulässiger Rechtsfindung secundum legem und verbotener rechtschöpferischer Analogie, der Rechtsfindung praeter legem. Aufgrund des Vertrauensschutz des Bürgers soll jeder bereits auf der Grundlage des Wortlauts der Strafgesetze, was wegen der erlaubten Gesetzesauslegung vielmehr der Wortsinn ist, erkennen können soll, welches Verhalten mit Strafe bedroht ist bzw. bei welchem Verhalten das Risiko einer Strafbarkeit nicht auszuschließen ist[871]. Der mögliche Wortsinn bildet dabei nur die äußere Grenze, der sich der Normanwender gegenüber sieht, denn bereits die anerkannten Auslegungskriterien[872] verhindern eine Entscheidung nach freiem Belieben und beziehen die gesetzgeberische Wertentscheidung ein. Als legitim wird hingegen erachtet, wenn die Gerichte eine vom Gesetzgeber als generalklauselartiges Blankett ausgestaltete, weiterverweisende Norm ausfüllen und eine Präzisierung bewirken, solange ihr möglicher Wortsinn nicht überschritten wird.

Wegen der schon erwähnten einschneidenden Wirkung strafgesetzlicher Normen in das Leben des Bürgers ist deren Anwendung das Bestimmtheitsgebot (lex certa) von ganz besonderer Bedeutung. Zwischen Rechtsprechung und Literatur besteht Übereinstimmung, daß Art. 103 II GG ein Verbot allzu unbestimmter Strafen enthält[873]. Aufgrund der späteren Relevanz dieses Grundsatzes soll hier zwischen zwei Problembereichen unterschieden werden: der Bestimmtheit der Norm als solcher (2.1) und der Bestimmtheit ihrer Auslegung (2.2).

---

[865] Vgl. dazu Krey, Keine Strafe ohne Gesetz, RdNr. 107 m.w.N

[866] Vgl. Krey aaO; trotz der sich aus dem *common law* ergebenden relevanten Frage von Allgemeinem Teil und Gewohnheitsrecht soll auf eine weitergehende Beschäftigung in diesem Zusammenhang verzichtet werden.

[867] Vgl. Krey aaO

[868] Vgl. zur echten/unechten Rückwirkung im öffentlichen Recht etwa BVerfG E 25, 142, 154 f.; 58, 81, 121 f.; 59, 1, 28

[869] Zum Streitstand etwa Bydlinski, Juristische Methodenlehre, S. 369 ff.

[870] Vgl. aus der Vielzahl der Rechtsprechungsentscheidungen des BVerfG nur E 47, 109, 121, 124; 71, 108, 114 f.; Krey, Studien, S. 26 ff.; Bydlinski, aaO, S.467 f.; Eser in Schönke/Schröder, § 1 RdNr. 28 ff.

[871] Eingehend dazu auch BVerfG E 47, 109, 120; 78, 374, 382; 92, 1, 12

[872] Kurz wiedergegeben als grammatische, historische, systematische und teleologische Auslegung.

[873] Statt vieler nur: BVerfG E 25, 269, 285; Krey, Keine Strafe ohne Gesetz, RdNr. 119, 120

2.1) Bestimmtheit der Normsetzung

Es entspricht ständiger Rechtsprechung des BVerfG und ist nahezu einhellig anerkannt, daß sich das strafrechtliche Bestimmtheitsgebot nicht nur auf die gesetzlich normierte Tatbestandsseite bezieht, sondern auch die Rechtsfolge, also die Strafdrohung, erfaßt[874]. Unklar und streitig hingegen ist, welche Bedeutung das Bestimmtheitsgebot für die Rechtsfolgenentscheidung im Einzelnen hat. Die Probleme resultieren daraus, daß die vom Gesetzgeber geschaffenen Normen aus der Natur der Sache heraus abstrakt-generell gefaßt sein müssen, um eine vorher nicht absehbare Vielzahl von Lebenssachverhalten und Normadressaten erfassen zu können. Die Legislative benutzt bei der Normsetzung häufig normative, unbestimmte Begriffe, um „der Vielgestaltigkeit des Lebens Rechnung zu tragen", was allerdings in erhöhtem Maße der Deutung durch den Richter bedarf[875]. Aus Art. 103 II GG läßt sich deshalb nicht das Gebot entnehmen, daß eine Strafrechtsnorm schon ihrem Wortlaut nach so bestimmt sein muß, daß sich jede weitere Auslegung erübrigt. Vielmehr muß sich für den Bürger die staatliche Reaktion auf die Beeinträchtigung der von der Norm geschützten Werte und den Verstoß gegen das Verbot bestimmter Verhaltensweisen unter Zuhilfenahme der üblichen Auslegungsmethoden und einer gefestigten Rechtsprechung ergeben können[876]. Teile der Literatur messen die Rechtsprechung an ihren eigenen Aussage und sehen die Einhaltung des Prinzips nicht immer gewährleistet[877]. Vorgeworfen wird auch eine Flucht des Gesetzesgebers in -unbestimmte- Generalklauseln, ungeachtet des Verfassungsranges des strafrechtlichen Bestimmtheitsgebotes. Beklagt wird zudem, daß vor allem das BVerfG[878] in einigen Entscheidungen der Frage, ob die Gesetzesfassung hinreichend bestimmt sei, weniger Aufmerksamkeit widmet als vielmehr dem Aspekt, ob der insoweit fragwürdige Tatbestand „*durch die Rechtsprechung*" hinreichend präzisiert worden sei[879].

2.2) Bestimmtheit der Gesetzesauslegung

Das strafrechtliche Bestimmtheitsgebot erstreckt sich auch auf die Normanwendung. Gibt es mehrere Alternativen für die erforderliche Auslegung einer Strafrechtsnorm, bei denen eine bestimmt ist, die andere hingegen jene Vagheit besitzt, die eine Vorhersehbarkeit des strafwürdigen Verhaltens nicht mehr mit hinreichender Sicherheit gewährleistet, so kommt zwar kein Verstoß des Gesetzes selbst gegen das Bestimmtheitsgebot in Betracht, aber einer der vagen Auslegungsmöglichkeit. Über den Wortlaut des Art. 103 II GG unterliegt damit die Rechtsprechung auch bei einer zu unbestimmten, entgrenzenden richterlichen Auslegung der drohenden Verfassungswidrigkeit[880].

---

[874] BVerfG aaO

[875] BVerfG E 47, 109, 120 f.; 87, 209, 224; 92, 1, 12

[876] Für die Verfassungsrechtsprechung: BVerfG E 45, 363, 371 f; für die Fachgerichtsbarkeit:BGH St 28, 312, 313

[877] Kritisch etwa Krey, Keine Strafe ohne Gesetz, RdNr. 119 f.

[878] Unter Bezugnahme auf dessen Entscheidungen E 26, 41, 43; 45, 363, 371 f.; 48, 48, 56

[879] Dazu näher unter 17. Abschnitt B I 2.2

[880] Sitzblockadenbeschluß zum sog. vergeistigten Gewaltbegriff: BVerfGE 92, 1 ff.; Roxin, der diese Überprüfungserweiterung durchaus begrüßt, sieht die Entscheidung in ihrem Stellenwert dennoch vor dem besonderen Hintergrund des Nötigungsparagraphen beschränkt.

Auch wenn der BGH der genannten herrschenden These von der Bestimmtheit der Normanwendung zustimmt, so hat das Gericht noch keinen Verstoß einer tatrichterlichen Auslegung von Strafgesetzen gegen das Bestimmtheitsgebot festgestellt. Kritisiert wird diese Ansicht des BGH insbesondere bezüglich der Rechtsfolgenseite, denn eine faktische Umgehung des Bestimmtheitserfordernisses von Strafgesetzen kann darin gesehen werden, daß eine gesetzliche Strafandrohung, deren Formulierung „von der geringsten Vermögensstrafe bis zur lebenslangen Freiheitsstrafe" reicht, eine Bewertung als hinreichend bestimmt erfährt[881].

3) Geltungsbereich der Grundsätze des Art. 103 II GG

Art. 103 II GG, der als Ausprägung des Rechtsstaatsprinzips gilt[882], erfaßt sämtliche materiell-rechtlichen Voraussetzungen der Strafbarkeit und die Strafandrohung (inklusive aller strafrechtlichen Sanktionen und Nebenstrafen/-folgen z.B. auch die Strafaussetzungen zur Bewährung) erfaßt[883]. Die Norm soll hingegen nicht gelten für Strafaussetzung bei lebenslanger Freiheitsstrafe[884] oder Strafen im uneigentlichen Sinne[885]. Die Anforderungen der Grundsätze richten sich an die Rechtquellen sowie deren Inhalt und die Funktionen ergänzen einander, wobei ein Gesetzesvorbehalt nicht ausdrücklich ausgesprochen, sondern vorausgesetzt ist. Es soll objektiv sichergestellt werden, daß nur der Gesetzgeber über die Strafbarkeit und auch die Strafe als solche entscheidet. „Bestrafung" bezieht sich daher im Zusammenhang des Art. 103 II GG auf jede staatliche Maßnahme, die „eine mißbilligende hoheitliche Reaktion auf ein schuldhaftes Verhalten" enthält[886]. Art. 103 II GG gilt deshalb sowohl für Kriminal- wie auch Ordnungsstrafen, für letztere u.a. deshalb, weil Ordnungswidrigkeiten erst nach Inkrafttreten des GG formell aus dem Strafrecht ausgegliedert worden sind.

Die uneingeschränkte Anwendung auf den Allgemeinen Teil des Strafrechts ist nicht unumstritten. Je nach Einzelgarantie finden sich unterschiedliche Meinungen, weshalb eine tiefergehende Auseinandersetzung erst im folgenden bei der konkreten Problemstellung erfolgen soll, weil die Problematik über die Anwendung mitentscheidet[887].

Die Anwendung des Art. 103 II GG auf das formelle Strafrecht, also das Strafverfahrensrecht, ist hingegen von der besonderen Funktion des Verfahrensrechts geprägt. Auch diese erfährt nachfolgend noch eine gesteigerte Betrachtung.

---

881 BGH St 13, 190, 191

882 Zu den verschiedenen Begründungssträngen unten 17. Abschnitt C IV 3.4.2

883 V. Münch-Kunig, GG, Art. 103 RdNr.17

884 Vgl.BVerfG E 86, 288, 311 a.A. BVerfGE abweichende Meinung 86, 340, 342; Schmidt-Aßmann in: Maunz-Dürig S. 97

885 V. Münch-Kunig, GG, Art. 103 RdNr. 17 zeigt, was dem nicht unterfällt, nämlich vom Charakter her ganz andere belastende Maßnahmen wie §§ 61 ff. StGB, Beugestrafe, Schmerzensgeld trotz der Genugtuungsfunktion sowie ein Parteienverbot

886 BVerfGE 26, 186, 203; 42, 261, 262

887 Dazu unten 17. Abschnitt C IV 3.4.2

4) Verhältnis der Verfassung zum Allgemeinen Teil

Auch wenn die Inhalte der Grundsätze des Art. 103 II GG weitgehend durch die Rechtsprechung des BVerfG geklärt und anerkannt sind, so gibt es trotz allem kaum Einfluß der Verfassungsrechtsprechung als solcher auf die Gestaltung des Allgemeinen Teils[888]. Art. 103 II GG wird allenfalls bezüglich der Anwendung bei Rechtfertigungs- und Entschuldigungsgründen diskutiert. Weit verbreitet war lange die Ansicht, daß die Garantie des Art. 103 II GG, des einzige materiell-rechtlichen Justizgrundrechts, nicht für den Allgemeinen Teil gelten solle[889].

Es ist zwar umstritten, welche Strafbarkeitsvoraussetzungen genau von Art. 103 II GG erfaßt werden. Da aber Rechtswidrigkeits- und Schuldebene die Strafbarkeit ausschließende und damit den Täter begünstigende Institute sind, brauchen diese nicht vom nullum-crimen-Satz erfaßt zu werden. Deren Stützung kann auch auf Gewohnheitsrecht erfolgen[890]. Die Gegner einer umfassenden Anwendung von Art. 103 II GG führen ins Felde, daß es sich um ein Schutzprinzip zugunsten des Täters handele. Es könne deshalb grundsätzlich nur Anwendung finden, wenn seine Mißachtung zu einer Schlechterstellung des Täters führen würde[891].

Ob dabei auf der Rechtswidrigkeits- und Schuldebene die h.M. eine die Problematik verkürzende Betrachtungsweise[892] vornimmt, ist unklar, weist aber auf Probleme hin[893]. Dementsprechend wird die Anwendung des nullum crimen-Grundsatzes auf weitere Merkmale des Straftatsystems nur von einer Mindermeinung vertreten[894]. Diskutiert wird die Anwendbarkeit des Art. 103 II GG bezüglich der Rechtfertigungsgründe[895],

---

888 Tiedemann, Verfassungsrecht, S. 36

889 Insb. mit Blick auf das Analogie- und Gewohnheitsrechtsverbot vertreten: Maurach/Zipf, AT, § 8 RdNr. 41; Wessels/Beulke, AT, § 2 II; Hardwig, ZStW 78, S. 1, 8 ff. unter Verweis auf das RG sowie Jagusch, Leipziger Kommentar 1957 und Maurach in der Vorauflage von 1958

890 Überwiegende Meinung; vgl. zu den Rechtfertigungsgründen Krey, Studien, S. 234 f.; Jescheck AT, der die Anwendbarkeit von Art.103 II GG auf die Notwehr mit dem Hinweis ablehnt, daß § 32 StGB nicht die Voraussetzungen, sondern die Grenzen der Strafbarkeit festlege.

891 Schönke-Schröder-Eser, StGB, § 1 RdNr. 9

892 Vgl. die Nachweise bei Marxen, Die sozialethischen Grenzen der Notwehr, S. 27, Fußnote 27

893 So Krahl, Rechtsprechung, S. 60 ff.

894 Marxen, aaO, S. 27; Kratzsch GA 1971, S. 68; Jakobs, AT, S. 55; vgl. zu weiteren Nachweisen Krahl, Rechtsprechung, S. 59 Fußnote 151

895 Marxen, aaO, S. 26 ff.; Kratzsch GA 1971, S. 70 ff.; Erb ZStW 1996, S. 266 ff.

Interessant ist in diesem Zusammenhang, daß im deutschen Recht im Rahmen dieses Anknüpfungspunkts ähnliche Probleme diskutiert werden wie im englischen Recht. Die Bejahung der grundsätzlichen Anwendung von Gewohnheitsrecht führt nicht dazu, daß sich Probleme wie die sozialethische Einschränkung des Notwehrrechts nicht stellen, sondern die Diskussion erfolgt ganz im Sinne topischen Denkens ohne systematischen Bezug gleichsam aus dem Spannungsfeld heraus. Die Anerkennung von Rechtfertigungsgründen aus Gewohnheitsrecht kann nachteilige Reflexe auf den Schutzumfang anderer Rechtsgüter und Interessen hervorrufen.

Eine größere Bedeutung besteht im Anwendungsbereich des § 34 StGB, weil dieser bei seinem Vorliegen das Notwehrrecht des Betroffenen ausschließt, was die Rechtssicherheit beeinträchtigt. Die Entwicklung vollzieht sich meist im Wege der richterlichen Rechtsfortbildung. Zudem ergeben sich zusätzliche

der objektiven Strafbarkeitsbedingung[896], dem Strafantragserfordernis und den Strafmilderungsgründen[897]. Die Ausdehnung des nullum-crimen-Grundsatzes auf die Rechtswidrigkeits- und Schuldebene wird unter Hinweis auf gewisse Probleme als naheliegend gesehen. Ungeachtet der stark am Einzelfall orientierten Diskussion wird deutlich, daß die Anwendung und ihr Umfang äußerst strittig sind und eine Geltung des Art. 103 II GG auch in unterschiedlichen Bereichen, je nach dem welche Garantie betroffen ist, nicht schon von vornherein unzulässig und ausgeschlossen ist.

Auch auf der Tatbestandsebene ist umstritten, wie weit der Grundsatz reicht, etwa wie weit die Geltung des Bestimmtheitsgebotes für im AT des StGB geregelte sachlichrechtliche Voraussetzungen anzunehmen ist. Eine Mindermeinung in der Literatur geht davon aus, daß lediglich Tatbestände des BT erfaßt sind und der AT nicht unter den Schutzbereich fällt[898]. Eine mittlerweile überwiegende Meinung in der Literatur befürwortet eine Anwendung des Art. 103 II GG auch auf den AT des StGB, ohne jedoch hinsichtlich der Begründung einen einheitlichen Standpunkt zu verfolgen[899]. Bedeutung kann dies vor allem für die Versuchsstrafbarkeit, unechte Unterlassungsdelikte, die Teilnahmelehre sowie Vorsatz- und Fahrlässigkeitsbegriff als zentrale Bereiche haben.

Ansonsten konstatiert aber etwa Tiedemann[900] eine generelle enge Verbindung von Strafrecht und Verfassungsrecht, die sich auch darin zeigt, daß das GG in der Kriminalpolitik gilt, also dem strafrechtlichen Sanktionenwesen und den Grundbedingungen des Strafrechts, wie Tatbestandsbindung und Schuldprinzip, aber auch den Strafzwecken als „Richtlinien und Impulse“.

Diese Vorgaben wirken sich aber eher abstrakt als Rahmen aus, denn die Dogmatik des Allgemeinen Teils bleibt im übrigen weitestgehend autonom.

Was die geltende Rechtslage angeht, hat die Strafrechtswissenschaft die verfassungsrechtlichen Impulse, wie sie sich aus der Rspr. des BVerfG ergeben, vor allem im Bereich des Tatbestands und der Schuldlehre, nach vertretener Auffassung noch keineswegs umfassend verarbeitet[901].

Diese Einschätzung bestätigt zugleich die in dieser Arbeit gewählte Ausgangsposition. Die weitgehend autonome Stellung der Strafrechtswissenschaft erhält quasi nur Rahmenvorgaben, deren Ausgestaltung im einzelnen durch das einfache Recht, dessen Prinzipien und die damit befaßte Literatur erfolgen. Eine Änderung der einfachgesetzlichen Regelungen mag zwar mit Blick auf bisherige Denk- und Regelungsweisen inhaltlich

---

Probleme durch die Einheit der Rechtsordnung, weil Zivil- und Verwaltungsgerichte für Erlaubnissätze aus ihren Rechtsbereichen nicht an den nullum crimen-Satz gebunden sind.

896 Schönke-Schröder-Eser, § 1 RdNr. 29; Jescheck, Strafrecht, § 15

897 Vgl. zu letzteren beiden die Nachweise bei Krahl, Rechtsprechung, S. 59 Fußnoten 154 und 155

898 LK-Tröndle, § 1 RdNr. 38; Maurach, AT, S. 111

899 Jescheck, AT, S. 107; Kratsch GA 1971, 67 ff.; vgl. die umfangreichen Nachweise bei Krahl, Rechtsprechung, S. 63 Fußnote 168

900 Tiedemann, Verfassungsrecht, S. 36 ff.

901 Tiedemann, aaO

ungewohnt sein, maßgeblich vor dem Hintergrund einer Rechtsvereinheitlichung können aber nur verbindliche rechtliche Regelungen, also die Vorgaben der Verfassung sein. Die Bewertung von Veränderungsmöglichkeiten vor dem Hintergrund der Verfassung kann als einziger Maßstab zwingend zu berücksichtigende Aspekte zur Einbeziehung bringen.

Auch wenn die Auseinandersetzung in der Literatur über die Reichweite des Art. 103 II GG in weiten Teilen mit der begrenzenden Wirkung des Analogieverbotes geführt wird, sind die oft ähnlichen Aspekte bei der Auseinandersetzung mit dem Bestimmtheitsgebot ebenfalls von Bedeutung[902].

Nach Roxins[903] Ansicht ist die Einschätzung zutreffend, daß der Gesetzgeber weite Bereiche der allgemeinen Strafrechtslehren offen gelassen hat. Die erfolgte Überantwortung an die Rechtsprechung habe ihre Gründe teils in den Schwierigkeiten, die sich einer Kodifikation solcher Materien vielfach entgegenstellen, teils aus dem Bestreben heraus, die wissenschaftliche Entwicklung nicht durch die Festschreibung eines später überholten Kenntnisstandes zu blockieren.

II) Weitere verfassungsrechtliche Vorgaben

Die Beurteilung strafrechtlicher Aspekte ist nicht nur auf den Maßstab des Art. 103 II GG beschränkt, sondern muß je nach dem auch an anderen verfassungsrechtlichen Vorgaben gemessen werden. Die Ausstrahlungswirkung von Grundrechten oder aus der Verfassung herleitbaren Prinzipien kann in vielen Bereichen Bedeutung gewinnen und auch die Ausgestaltung von Rechtsinstituten des strafrechtlichen Allgemeinen Teils beeinflussen.

C. Den Änderungsmöglichkeiten entgegenstehende konkrete verfassungsrechtliche Vorgaben

I) Schuldauffassung

1) Existenz und Inhalt des verfassungsrechtlichen Schuldprinzips

Die Notwendigkeit des Vorliegens von Schuld als Voraussetzung des Einsatzes von Strafe zum Rechtsgüterschutz findet Ausdruck in dem Grundsatz „nulla poena sine culpa“. Dieser Kerngedanke strafrechtlicher Regeln ist unbestritten; andererseits gibt es für diese Grundsatz keine explizite Verankerung im Strafgesetzbuch und auch nicht in der Verfassung. Der Gesetzgeber erkennt das Schuldprinzip an, denn ein legislativer Akt des Strafgesetzgebers, der erkennbar und gewollt auf die Schuld als Zurechnungsvoraussetzung verzichtet und damit den Bereich des Schuldstrafrechts verläßt, ist, soweit erkennbar, bisher nicht vorgenommen worden[904]. Seine zu unterstellende Illegitimität dürfte dies vermieden haben.

---

[902] Vgl. Roxin, AT,§ 5 RdNr. 46 ff., der bei der Auseinandersetzung mit dem Bestimmtheitssatz auf seine Ausführungen beim Analogieverbot verweist

[903] AT, § 5 RdNr. 46

[904] Stächelin, Strafgesetzgebung, S. 242 ff

Gilt es dies nachzuweisen, sind die Instrumente zur Absicherung des Schuldprinzips maßgeblich. Hervorzuheben ist seine zweifache Bedeutung, nämlich für die Legitimität der Schaffung strafbewehrter Verhaltensnormen zum einen und auch für die Schuld als Zurechnungsfrage auf der anderen Seite. Letzterer Aspekt ist dem Allgemeinen Teil zuzuordnen und deshalb wegen der Untersuchungsrichtung hier von besonderem Interesse.

1.1) Absicherung des Schuldprinzips

Der jeweilige Begründungszusammenhang, aus dem das Schuldprinzip hergeleitet wird, hat für dessen Absicherung Bedeutung und für den Strafgesetzgeber potentiell begrenzende Wirkung.

1.2) Schuldprinzip als ethisches Minimum

Das Schuldurteil kann als stellvertretendes Gewissensurteil verstanden werden. Damit stellt es eine Erklärung über die „bewußte und gewollte Entscheidung zum Unrecht, das heißt zur Verletzung oder Gefährdung eines Rechtsgutes“[905] dar. Die Gewissensentscheidung ist nur als ethisches Minimum zu verstehen. Als stellvertretende Entscheidung kann sie nur die sittlichen Grundnormen der Gesellschaft umfassen. Dem Schuldgrundsatz kommt eine eminent kriminalpolitische Bedeutung zu, weil ein solches Verständnis als Beschränkung auf das eindeutig Kriminelle zu verstehen ist. Die damit bezogene Position ist gegen die reine Zweckstrafe gerichtet und legt damit fest, daß Unverfügbares der politischen Willkür entzogen wird[906]. Dabei wird klargestellt, daß die Ableitung des Schuldgrundsatzes eine relationenontologische ist[907].

Bei der Begründung des Schuldprinzips als ethischen Minimum handelt es sich um einen Versuch, die Reichweite des Strafrechts über solche, von den verfassungsrechtlichen Vorgaben unabhängigen Erklärungen festzulegen. Die wegen des Verfassungsmaßstabes relevante verfassungsrechtliche Herleitung ist für das hier gewollte Ziel, der Prüfung der Vorgaben der Verfassung an das materielle Recht, aber allein ausschlaggebend.

Die umstrittene Vorgehensweise, etwa die Kriterien der Strafwürdigkeit über die Bezugsebene der Schuld zu bestimmen, wird hier nicht vertieft[908].

1.3) Begründung des BVerfG

Aufgrund der fehlenden ausdrücklichen Festlegung des Schuldgrundsatzes in der Verfassung war es die Aufgabe der Verfassungsrechtsprechung, dessen Existenz und Quali-

---

[905] Kaufmann Jura 1986, S. 225, 232

[906] Kaufmann, aaO, S. 225 unter Hinweis auf die jüngere deutsche Geschichte, als konkrete Reaktion auf die nationalsozialistischen Mißbräuche

[907] Kaufmann, aaO, S. 225

[908] Ausführlich zur Ablehnung der Festlegung der Reichweite des Strafrechts über von der Verfassung unabhängige Begründungen Stächelin, Gesetzgebung, Teil 1 1 1 b) gg) und c) bb) (1)

tät zu bestimmen, so daß der Rechtsprechung auch in der Darstellung eine besondere Rolle zukommt. Das Bundesverfassungsgericht hat dem Grundsatz, daß nur der Bürger mit Strafe zu belegen sei, der sich schuldhaft verhalte, Verfassungsrang eingeräumt[909]. Der in der Strafe liegende Vorwurf setzt hiernach „Vorwerfbarkeit, also strafrechtliche Schuld" voraus[910]. Im Gegensatz zu dieser eindeutigen Anerkennung steht die die Herleitung und Begründung dieses Grundsatzes, die innerhalb der Rechtsprechung des Gerichts unterschiedlich ist[911].

Als generelle Begründungslinie wird der Schuldgrundsatz aus dem Rechtsstaatsprinzip in Verbindung mit den Art. 2 I und 1 I GG hergeleite[912]. Anders als bei rein präventiven

---

909 BVerfG E 20, 323 ff., im Leitsatz (Lesering-Entscheidung)

910 BVerfG E 20, 323, 331 (Lesering-Entscheidung): „Dem Grundsatz, daß jede Strafe -nicht nur die Strafe für kriminelles Unrecht, sondern auch die strafähnliche Sanktion für sonstiges Unrecht- Schuld voraussetze, kommt verfassungsrechtlicher Rang zu. Er ist im Rechtsstaatsprinzip begründet. Das Rechtsstaatsprinzip ist eines der elementaren Prinzipien der Grundgesetzes. Zur Rechtsstaatlichkeit gehört nicht nur die Rechtssicherheit, sondern auch die materielle Gerechtigkeit. Die Idee der Gerechtigkeit fordert, daß Tatbestand und Rechtsfolge in einem sachgerechten Verhältnis zueinander stehen. Die Strafe, auch die Ordnungsstrafe, ist im Gegensatz zur reinen Präventionsmaßnahme dadurch gekennzeichnet, daß sie -wenn nicht ausschließlich, so doch auch- auf Repression und Vergeltung für ein rechtlich verbotenes Verhalten abzielt. Mit der Strafe, auch mit der Ordnungsstrafe, wird dem Täter ein Rechtsverstoß vorgehalten und zum Vorwurf gemacht. Ein solcher strafrechtlicher Vorwurf aber setzt Vorwerfbarkeit, also strafrechtliche Schuld voraus. Andernfalls wäre die Strafe eine mit dem Rechtsstaatsprinzip unvereinbare Vergeltung für einen Vorgang, den der Betroffene nicht zu verantworten hat. Die strafrechtliche oder strafrechtsähnliche Ahndung einer Tat ohne Schuld des Täters ist demnach rechtsstaatswidrig und verletzt den Betroffenen in seinen Grundrechten aus Art.2 I GG."

911 Lagodny, Schranken, S. 386 ff., insb. die Auflistung der verschiedenen Begründungsschwerpunkte in Fn 99 auf S. 387 zeigt dies: für das Rechtsstaatsprinzip und Art. 2 I, Art. 1 I GG nennt er die Entscheidungen BVerfG E 45, 187, 259 (dazu sogleich); 54, 100, 108; 84, 82, 87 (dazu sogleich). Für ausschließlich auf Art. 1 I GG wird BVerfG E 57, 250, 275 und BVerfGE 90,145, 173 genannt (dazu ausführlich 17. Abschnitt C II), ausschließlich das Rechtsstaatsprinzip BVerfG E 41, 121, 125 und für Kombinationen aus Art. 1 I GG, Art. 2 I GG BVerfG E (25, 269, 285 (dazu sogleich), aus Art. 1 I GG und Rechtsstaatsprinzip BVerfG E 50, 125, 133 sowie aus Art. 2 I GG und Rechtsstaatsprinzip BVerfG E 20, 323, 331 (dazu sogleich).

912 BVerfG E 9, 167, 169 (Wirtschaftsstrafgesetz): „(...) selbstverständlich, daß Bestrafung Schuld voraussetzt und daß dem Täter Tat und Schuld nachgewiesen werden müssen, wird allgemein angenommen, daß nicht jede Form einer Schuldvermutung rechtsstaatlichen Grundsätzen widerstreitet. (...) Allerdings würde der formale Gesichtpunkt, daß die Ordnungswidrigkeit nicht kriminelles Delikt, das Bußgeldverfahren kein Strafverfahren ist, nicht ausreichen, um eine Abweichung von dem Grundsatz der Unzulässigkeit von Schuldvermutungen zu rechtfertigen. Im Bußgeldverfahren gelten der Natur der Sache nach manche Grundsätze des Strafrechts und des Strafverfahrensrechts sinngemäß, setzt ebenfalls für Ahndung voraus, daß Täter schuldhaft und i.d.R. vorsätzlich gehandelt hat. (...) reine Ordnungswidrigkeit, das bedeutet, daß der Schuldvorwurf hier die Sphäre des Ethischen nicht erreicht. Dem Täter wird -der Idee nach- nicht Auflehnung gegen die staatliche Rechtsordnung in einem grundsätzlichen, mit fehlerhafter Persönlichkeitshaltung zusammenhängenden Sinne zur Last gelegt; demgemäß fehlt der Geldbuße der Ernst des staatlichen Strafens. Es liegt ein bloßer Ungehorsam gegen „technisches", zeit- und verhältnisbedingtes Ordnungsrecht der staatlichen Verwaltung vor, auf den diese mit einer scharfen Pflichtenmahnung (...) antwortet. Ist aber der Bereich der sittlichen Persönlichkeit des Menschen überhaupt nicht berührt, so scheidet ein Verstoß dieser gesetzlichen Regelung gegen die Menschenwürde aus."; 45, 187, 259 f. (lebenslange Freiheitsstrafe); 57, 250, 275 (Zeuge vom Hörensagen); 84, 82, 87 (Ordnungsgeld gemäß § 890 I ZPO): „(...) strafrechtliche oder strafähnliche Ahndung einer Tat ohne

Maßnahmen beinhaltet nach Ansicht des Gerichts die Strafe eine repressive Sanktion auf ein rechtlich verbotenes Verhalten[913].

Die Menschenwürde enthalte aber die geistig-sittliche Freiheit des Einzelnen[914] und in Verbindung mit Art. 2 I GG dessen personelle Eigenverantwortlichkeit[915], die der Gesetzgeber wegen des Rechtsstaatsprinzips zu achten habe[916]. Eine Unvereinbarkeit mit dem Rechtsstaatsprinzip bestünde bei einer strafrechtlichen Reaktion, die nur auf einem rechtswidrigen, sozialethisch bedeutsamen Fehlverhalten basieren kann, wenn sie auf die individuelle Vorwerfbarkeit verzichten würde[917].

Schuld des Täters rechtsstaatswidrig und verletzt den Betroffenen in seinem Grundrecht aus Art.2 I GG.(...). Der aus dem Rechtsstaatsprinzip folgende Schuldgrundsatz ist nicht dadurch verletzt, daß die (...)".; 86, 288, 313 (Schuldschwereklausel bei § 57 a I 1 Nr.2 StGB) und 90, 145, 185 (Cannabis)

913 BVerfG E 20, 323, 331 (Lesering - Entscheidung)

914 BVerfG E 57, 250, 275 (Zeugen vom Hörensagen): „(...) Aufgabe des Strafprozeßes (...) ergibt sich ferner, daß dem Strafprozeß von Verfassungs wegen die Aufgabe gestellt ist, das aus der Würde des Menschen als eigenverantwortlich handelnder Person abgeleitete Prinzip, daß keine Strafe ohne Schuld verhängt werden darf, zu sichern und entsprechende verfahrensrechtliche Vorkehrungen bereit zu stellen. Als zentrales Anliegen des Strafprozeßes erweist sich daher die Ermittlung des wahren Sachverhalts, ohne den das materielle Schuldprinzip nicht verwirklicht werden kann."

915 BVerfG E 25, 269, 285 (Verjährungsberechnungsgesetz): „Art. 103 II GG geht von dem rechtsstaatlichen Grundsatz aus, daß keine Strafe ohne Schuld verwirkt wird. Dieser Grundsatz wurzelt in der von dem Grundgesetz vorausgesetzten und in Art.1 I und Art.2 I GG verfassungskräftig geschützten Würde und der Eigenverantwortlichkeit des Menschen, die von dem Gesetzgeber auch bei der Ausgestaltung des Strafrechts zu achten und zu respektieren sind. Das strafrechtliche Delikt ist schuldhafte Verletzung eines für alle gewährleisteten Rechtsgutes. Gemessen an der Idee der Gerechtigkeit müssen Tatbestand und Rechtsfolge sachgerecht aufeinander abgestimmt sein. Beide sind wechselseitig aufeinander bezogen. Einerseits richtet sich die Strafhöhe nach dem normativ festgelegten Wert des verletzten Rechtsguts und der Schuld des Täters. Andererseits läßt sich das Gewicht einer Straftat, der ihr in der verbindlichen Wertung des Gesetzgebers beigemessen Unwertgehalt, in aller Regel erst aus der Höhe der angedrohten Strafe entnehmen. Insofern ist auch die Strafandrohung für die Charakterisierung, Bewertung und Auslegung des Straftatbestandes von entscheidender Bedeutung. Von daher wird unmittelbar einsichtig, daß Art. 103 II GG sich sowohl auf den Unrechtstatbestand wie auf die Höhe der Strafandrohung bezieht.(...). Jede Strafnorm enthält ein mit staatlicher Autorität versehenes, sozial-ethisches Unwerturteil über die von ihr pönalisierte Handlungsweise. Der konkrete Inhalt dieses Unwerturteils ergibt sich aus Straftatbestand und Strafandrohung."

916 BVerfG E 20, 323, 331 (Lesering-Entscheidung); 45, 187, 259 (lebenslange Freiheitsstrafe): „Nach dem Schuldgrundsatz, der aus Art. 1 I und Art. 2 I GG (Würde und Eigenverantwortlichkeit des Menschen sowie aus dem Rechtsstaatsprinzip folgt, müssen Tatbestand und Rechtsfolge, gemessen an der Idee der Gerechtigkeit, sachgerecht aufeinander abgestimmt sein. Die angedrohte Strafe hat daher in einem gerechten Verhältnis zur Schwere der Tat und zum Maß der Schuld des Täters zu stehen; die verhängte Strafe darf die Schuld des Täters nicht übersteigen. Wo die Tat verschiedene Grade des Verschuldens und der Schwere aufweisen kann, muß dem Richter grundsätzlich die Möglichkeit gelassen werden, die Strafe anzupassen. Ein gegen das verfassungsrechtliche Prinzip der Verhältnismäßigkeit verstoßendes Strafgesetz könnte nicht Bestandteil der verfassungsmäßigen Ordnung sein."

917 BVerfG E 6, 389, 439 (Strafbarkeit männlicher Homosexualität): „(....) sie darf nach Art und Maß der unter Strafe gestellten Handlung nicht schlechthin unangemessen oder gar grausam sein (BVerfG E 1, 332, 348). (...) Dieser Strafrahmen ist so weit, daß er den Richter nicht zur Verhängung übermäßig hoher unangemessener Strafen zwingt, sondern ihm die Möglichkeit bietet, bei der Strafzumessung im Einzelfall eine angemessene Strafe auszusprechen. Damit genügt dieser Strafrahmen rechtsstaatlichen Grundsätzen."

Aus Herleitung und Begründung ergibt sich in zweifacher Hinsicht eine Bedeutung: Zum einen ist der Schuldgrundsatz aus Sicht des BVerfG vom Verhältnismäßigkeitsprinzip erfaßt, speziell vom Übermaßverbot[918]. Daraus ergibt sich in einem zweiten Schritt, daß „die angedrohte Strafe in einem gerechten Verhältnis zur Schwere der Tat und zum Maß der Schuld des Täters" stehen muß[919]. Dies sei aus dem Grundsatz materieller Gerechtigkeit zu folgern, der im Rechtsstaatsprinzip verankert sei[920]. Der Tatschuld kommt damit nicht nur die Bedeutung als conditio sine qua non für Strafe zu, sondern, im weitesten Sinne, auch eine Rolle als relationelle Meßlatte für strafbewehrte Verhaltensnormen.

20, 323, 331 (Lesering - Entscheidung):

[918] BVerfG E 45, 187, 260 (lebenslange Freiheitsstrafe); 73, 206, 253 (Nötigung I): „Das Gebot schuldangemessenen Strafens hat das BVerfG schon in früheren Entscheidungen als verfassungsrechtliche Pflicht der staatlichen Organe herausgearbeitet. Danach folgt aus den allgemeinen Prinzipien des Grundgesetzes, daß die angedrohte Sanktion im gerechten Verhältnis zur Schwere der Tat und zum Verschulden des Täters stehen muß (BVerfG E 6, 389, 439). Insoweit deckt sich der Schuldgrundsatz in seinen die Strafe begrenzenden Auswirkungen mit dem Übermaßverbot. Demgemäß hat das BVerfG wiederholt geprüft, ob und unter welchen Voraussetzungen eine Strafandrohung mit diesem Verbot vereinbar ist oder ob sie gegen das verfassungsrechtliche Gebot sinn - und maßvollen Strafens verstößt. (BVerfG E 45,187, 253 ff; 64, 261, 270). Zur Vermeidung unverhältnismäßiger Sanktionen wird es in der Regel genügen, daß der Gesetzgeber dem Richter die Verhängung schuldangemessener Strafen innerhalb eines entsprechenden Strafrahmens bei der Strafzumessung ermöglicht. Davon kann namentlich dort ausgegangen werden, wo der Deliktstatbestand präzise unzweifelhaft strafwürdiges Unrecht umschreibt und die Strafe nur noch vom Maß der individuellen Schuld im Einzelfall abhängt. Die Möglichkeit zur Verhängung milderer Strafen würde aber dann nicht ohne weiteres genügen, wenn die weite Fassung eines Straftatbestandes zur Folge hätte, daß auch solche Verhaltensweisen pönalisiert würden, für welche die angedrohte Sanktion nach Art und Maß unverhältnismäßig wäre.(...) Hat aber der Gesetzgeber im Gefolge verfassungsrechtlicher Ge-und Verbote ein Korrektiv zur Begrenzung der Strafbarkeit eingeführt, dann darf der an Gesetz und Recht gebundene Richter diese Regelung nicht unterlaufen."; 86, 288, 313 (Schuldschwereklausel bei § 57 a I S. 1 Nr. 2 StGB): „(...) in jedem Einzelfall auf ein ganz unterschiedliches Schuldmaß gegründet sein kann. Der Gesetzgeber nimmt damit in § 57 a I 1 Nr.2 StGB das Prinzip der Schuldangemessenheit der Strafe über seine Geltung für die Zumessung der Strafe hinaus auch für die Aussetzung des Strafrests bei lebenslanger Freiheitsstrafe zur Grundlage (vgl. BVerfG E 64, 261, 271). Dieser Grundsatz der Schuldangemessenheit des Strafens hat seinerseits Verfassungsrang. Er folgt aus Art.1 I und 2 I GG (Würde und Eigenverantwortlichkeit des Menschen) sowie aus dem Rechtsstaatsprinzip (BVerfG E 45, 187, 259; 50, 205, 214;80, 244, 255). Aus ihm ergibt sich, daß Tatbestand und Rechtsfolge sachgerecht aufeinander abgestimmt sein müssen. Die Strafe muß im gerechten Verhältnis zur Schwere der Tat und zum Verschulden des Täters stehen. Insoweit deckt sich der Schuldgrundsatz in seinen die Strafe begrenzenden Auswirkungen mit dem Übermaßverbot.§ 46 I S. 1 StGB ist Ausdruck dieses Prinzips. § 46 II StGB legt auch die Gesichtspunkte fest, die der Richter bei der Strafzumessung insbesondere in den Blick zu nehmen hat, um die Schuld eines Täters zu bewerten, der sich in einer bestimmten Situation über strafrechtliche Ge- oder Verbote hinweggesetzt hat.(...) Prozeßgrundrecht (...) Dieser rechtsstaatliche Auftrag bezieht sich nicht nur auf die Aufklärung des äußeren Tatgeschehens, sondern erfaßt wegen des Schuldprinzips alle Merkmale, die für die Beurteilung der strafrechtlichen Schuld und für die Strafzumessung von Bedeutung sind." und 90, 145, 185 (Cannabis); zustimmend auch Lagodny, Schranken, S. 384 ff.

[919] BVerfGE 45, 187, 260 (lebenslange Freiheitsstrafe); 90, 145, 185 (Cannabis)

[920] BVerfG E 7, 89, 92 (hamburgische Hundesteuer); 20, 323, 331 (Lesering- Entscheidung)

1.4) Schuldprinzip als ungeschriebenes Justizgrundrecht

Neben der verfassungsrechtlichen Absicherung des Schuldgrundsatzes wird in der Literatur teilweise auch ein spezielles Justizgrundrecht gefordert, welches unter Hinweis auf das Bestimmtheitsgebot und dessen vorhandene Sicherungsprinzipien auch eine Einbeziehung der Unschuldsvermutung[921] bewirken könnte[922]. Dabei wird die These zugrundegelegt, daß das Schuldprinzip in der Sache ebenso als eine zu einer selbständigen Regel geronnenen Prinzipienrelation zu verstehen sei wie das Bestimmtheitsgebot[923].

Zur Begründung wird primär auf das allgemeine Persönlichkeitsrecht und die verfassungsrechtliche Setzung der Existenz der Willensfreiheit abgestellt. Daraus wird geschlossen, daß zumindest das schlicht formelle Schuldprinzip, im Sinne eines vorausgesetzten „Anders-Handeln-Können", bereits als Ergebnis von verfassungsrechtlichen Prinzipienrelationen feststehe. Es sei damit einer Positivierung des Inhalts offen, daß ein staatlicher Vorwurf gegenüber dem Einzelnen ohne Schuld nicht in Frage kommt[924].

Die so getroffene Feststellung, daß der formelle Schuldgrundsatz positivierbar ist, bringt jedoch inhaltlich nichts Neues, zumal wenn man einräumt, daß dieser im allgemeinen Persönlichkeitsrecht des Grundgesetzes, welches sich aus Art. 2 I und 1 I GG ergibt[925], ohnehin bereits festgelegt ist. Allenfalls die argumentative Erleichterung, daß dieses geschriebene Justizgrundrecht „schlicht anwendbar" sei, läßt sich als Vorzug sehen, ist aber kein bedeutsamer inhaltlicher Vorteil.

1.5) Schuld als Frage des Allgemeinen Teils

Die Vorgabe an den Strafgesetzgeber durch das Schuldprinzip wirkt sich in erster Linie auf den Allgemeinen Teil des Strafrechts aus. Eine fehlende Berücksichtigung der Fähigkeit des Anders-Handeln-Könnens oder die Ignoranz der Möglichkeit, daß es Situationen gibt, die diese Fähigkeit konkret behindern oder sogar blockieren, stellt eine Widerspruch zum formellen Schuldprinzip dar. Schon gedanklich lassen sich nur jene Aspekten ändern, die nicht dem verfassungsrechtlich verankerten Bereich des Schuldprinzips angehören. Diesen gilt es zunächst zu klären.

Der sich ferner stellenden Frage, ob auch einfachgesetzliche Regelungen, die dem Schuldprinzip zuzuordnen sind, wie etwa §§ 17, 35 StGB, eine verfassungsrechtliche Verankerung erfahren haben, die ihre einfachgesetzliche Normierung erforderlich macht, soll unter 17. Abschnitt C I 4 nachgegangen werden.

---

921 Auch bei dieser mangelt es an einer ausdrücklichen Erwähnung im Grundgesetz; anders hingegen die EMRK in Art. 6 II (dazu insgesamt 5. Abschnitt III) oder aber auch Landesverfassungen wie die Verfassung von Hessen in Art. 20 II.

922 So Stächelin, Strafgesetzgebung, S. 244 f. unter Hinweis auf Lagodny, Schranken, S. 397 ff.

923 Lagodny, Schranken, S. 401 ff.; zur Begrifflichkeit näher bei Alexy, Grundrechte, S. 71 ff., der in seinen grundrechtstheoretischen Ansätzen Regeln als generell abwägungsfest sieht, Prinzipien hingegen Optimierungsgeboten unterfallen und sich mit jeweils anderen Prinzipien messen lassen müssen.

924 Dazu vor allem Lagodny, Schranken, S. 400 ff., insb. S. 406

925 Vgl. dazu 17. Abschnitt C II

2) Feststellung des verfassungsrechtlich garantierten Kernbestandes

Angesichts der unterschiedlichen Begründungsansätze kann die Festlegung der inhaltlichen Reichweite der Schuld variieren. Wegen des verbindlichen Charakters soll die Rechtsprechung der BVerfG hier maßgeblich sein.

Art.1 i.V.m. Art. 2 I GG und das Rechtsstaatprinzip gebieten, daß „die verhängte Strafe die Schuld des Täters nicht übersteigen darf, sondern in einem gerechten Verhältnis zur Schwere der Tat und zum Maß der Schuld des Täters stehen muß"[926]. Eine angedrohte Strafe darf nach „Art und Maß der unter Strafe gestellten Handlung nicht schlechthin unangemessen oder gar grausam, unmenschlich oder erniedrigend sein"[927].

Auch wenn die Begründungen des BVerfG für die Herleitung des Schuldprinzips unterschiedlicher Art sind[928], so lassen die Entscheidungen bezüglich der inhaltlichen Anforderungen ausdrücklich keine weitergehenden Details erkennen. Ein genauerer Inhalt des Schuldprinzips kann sich allenfalls aus dem Inhalt der Begründungsansätze ergeben. Da es sich dabei allerdings wieder um Rechtsprinzipien oder Grundrechte handelt, sind deren Vorgaben aber ebenfalls so weit gefaßt, daß eine ins konkrete gehende Ausdifferenzierung, wie sie die strafrechtlichen Begründungsansätze einnehmen, sich nicht herleiten läßt[929].

Als Kernbestand zu wertende und so zu charakterisierende Erfordernisse lassen sich bei teilweise auf die Idee der Gerechtigkeit abstellenden Formulierungen nicht zweifelsfrei entnehmen. Vielmehr zeigt diese Bezugsgröße die Einzelfallbezogenheit, die jede Entscheidung aufweist. Das BVerfG fordert somit wegen des Verfassungsrangs ein Schuldprinzip, läßt aber in konkreten Vorgaben offen, wann dieser gewahrt ist und entscheidet nach Maßgabe des Einzelfalls.

3) Unterscheidung zum Inhalt des strafrechtlichen Schuldprinzips

3.1) Schuldauffassungen im einfachen Strafrecht

Nach der Betrachtung der verfassungsrechtlichen Vorgaben des Schuldprinzips soll an dieser Stelle noch einmal kurz erinnert werden an den Inhalt des Schuldprinzips im einfachen Strafrecht, wie sie in der fachgerichtlichen Rechtsprechung und der Literatur des Strafrechtswissenschaft gesehen wird. Die Darstellung unter 14. Abschnitt II 2 hat gezeigt, daß sich verschiedene Grundkonzeptionen gegenüberstehen.

---

926 BVerfG E 50, 5, 12

927 BVerfG E 50, 125, 133; vgl. dazu auch v. Münch, GG-Kommentar, Art. 1 RdNr.32 unter „Strafe"

928 17. Abschnitt C II mit den entsprechenden Nachweisen

929 Ob die unterschiedlichen Begründungsansätze auf die unterschiedlichen Befassungsrichtungen der Entscheidungen des BVerfG aufgrund der einfachgesetzlich angewendeten Rechtsmaterien beruhen, soll hier nicht weiter nachgegangen werden.

Eine Einteilung in den traditionellen, sozialen und funktionalen Schuldbegriff[930] zeigt bereits die übergreifenden Orientierungspunkte, welche die vielfach ausdifferenzierten Einzelansichten heranziehen. Diesen ersteren beiden Begriffen ist gemeinsam, daß sie beim Täter ansetzen und dessen Verhalten an einem Maßstab beurteilen, der sich aus dem Umfeld und dem Zusammenhang von Täter und Gesellschaft ergibt; die traditionelle Sichtweise durch das klassische ethische Unwerturteil, der soziale Schuldbegriff durch sein Abstellen auf das Versagen in der sozialen Rolle. Der funktionale Schuldbegriff unterscheidet sich von diesen durch seine zweckfunktionale Sicht.

3.2) Unterscheidung

3.2.1) Verhältnis der Ebenen zueinander

Die inhaltliche Ausgestaltung der Schuld durch das einfachgesetzliche Strafrecht wird nicht nur vom verfassungsrechtlichen Schuldprinzip her zu verlangen sein, sondern auch das Gesetzlichkeitsprinzip erfordert eine klare theoretische Erfassung und eindeutige Regelung des gesamten Schuldkomplexes[931]. Doch wie erwähnt, stellen die verfassungsrechtlichen Vorgaben nur Rahmenvorgaben dar, innerhalb derer sich die Regelungsansätze bewegen sollen bzw. müssen. Dabei können am einfachen Recht orientierte Ansätze bei einer zu geringen Beachtung dieser Leitlinien ihre verfassungsrechtliche Zulässigkeit in Frage stellen. So soll etwa ein streng funktionaler Schuldbegriff als Zuschreibung nach generalpräventiven Bedürfnissen teilweise vertretener Auffassung zufolge gegen die Menschenwürde Art. 1 GG verstoßen[932].

Es gilt nunmehr festzustellen, ob Unterschied im Verhältnis zu den verfassungsrechtlichen Anforderungen auszumachen sind. Dabei ist zu bedenken, daß maßgeblich nur der schon erwähnte Kern der verfassungsrechtlichen Vorgaben etwa mit Art. 1 i.V.m. Art. 2 I GG als Anknüpfungspunkt sein kann. Wie geschildert, gebieten Art. 1 i.V.m. Art. 2 I GG und das Rechtsstaatprinzip, daß „die verhängte Strafe die Schuld des Täters nicht übersteigen darf, sondern in einem gerechten Verhältnis zur Schwere der Tat und zum Maß der Schuld des Täters stehen muß“[933]. Eine angedrohte Strafe darf nach „Art und Maß der unter Strafe gestellten Handlung nicht schlechthin unangemessen oder gar grausam, unmenschlich oder erniedrigend sein“[934].

Eine andere Auffassung von Schuld, die den Aspekt der Vorwerfbarkeit vernachlässigt bzw. ganz darauf verzichtet und sich mit der subjektiven Seite begnügt, somit auf das Erfordernis der Vorwerfbarkeit der Tat verzichtet, soll demgegenüber verfassungswidrig sein. Nach Ansicht des BVerfG[935] läßt sich aus der Verpflichtung zur Achtung der Menschenwürde nach Art. 1 I GG sowie aus dem Rechtsstaatsprinzip der Grundsatz ableiten, daß der Täter nicht zum bloßen Objekt der Verbrechensbekämpfung herabgestuft

---

[930] Wie Frister, Vereinbarkeit, sie vornimmt
[931] Jescheck, Entwurf, S. 58
[932] Roxin, AT, 2. Auflage, S. 713
[933] BVerfG E 50, 5, 12
[934] BVerfG E 50, 125, 133; vgl. dazu auch v. Münch, GG-Kommentar, Art. 1 RdNr.32 unter „Strafe“
[935] Vgl. BVerfGE 20, 323, 331

werden darf. Im deutschen Recht entfällt auch die strafrechtliche Ahndung einer Tat, wenn der Täter für diese nicht im Sinne eines Schuldvorwurfs verantwortlich gemacht werden kann[936].

Da es in der Rechtsprechung des BVerfG unterschiedliche Begründungsansätze gibt und diese vom hiesigen Dafürhalten keine detaillierten Anforderungen erkennen lassen, vielmehr nach Sinn und Zweck eine allgemeine Richtung vorgeben, die es einzelfallbezogen auszufüllen gilt, läßt sich ein Abgleichen gleichsam der Konturen nicht vornehmen.

Daß ein solcher Abgleich nicht ergiebig ist, ergibt sich auch aus anderen Gründen. Unter Berücksichtigung der Entwicklungsgeschichte stellt sich die verfassungsrechtliche Absicherung des Schuldprinzips als Übernahme eines zunächst einfachrechtlichen Rechtsgrundsatzes ins Verfassungsrecht dar[937]. Da im Verfassungsrecht zwangsläufige eine größere Abstraktheit herrscht und die nähere Ausgestaltung dem einfachen Recht vorbehalten bleiben soll, ist ein Vergleich der Begriffe beider Bereiche nicht gewinnbringend. Unter Hinweis auf die fehlende Notwendigkeit eines positiven empirischen Nachweis der Willensfreiheit kann man ebenfalls eine Trennung zwischen dem Schuldprinzip im Sinne eines die Menschenwürde konkretisierenden grundrechtlichen Prinzips und eines strafrechtlichen Schuldbegriffs verneinen; sieht man beide als normative Setzungen, kommt es auf empirische Aspekte nicht mehr an[938].

Die einfachgesetzlichen Ausführungen zeigen die Komplexität in der Rechtswirklichkeit beider Rechtsordnungen, ohne daß sich dies auch in der deutschen Verfassung niederschlägt. Mangels adäquater Vergleichsgrundlage sind die Begriffe der beiden Rechtsgebiete nicht in weitergehendem Sinne zueinander in Bezug zu bringen.

3.2.2) Ausgleichende Gesichtspunkte

Angesichts der Untersuchungsergebnisse ist zu hinterfragen, ob die Zielrichtung dessen, was das strafrechtliche Schuldprinzip erreichen will und garantieren soll, auch in anderer rechtstechnischer Form sichergestellt werden kann, etwa bei der Strafzumessung oder ob solche Verlagerungen praktische Zweifel und damit verfassungsrechtliche Bedenken hervorrufen.

Wegen der verfassungsrechtlichen Rahmenvorgaben ist der Straftataufbau des einfachen Rechts nicht zwingend. Der verfassungsrechtliche Schuldgrundsatz ist ergebnisorientiert, so daß diesen die Berücksichtigung einzelner Punkte an einer konkreten Stelle nicht zu entnehmen ist. In Widerspruch dazu gelangt man erst, wenn im Ergebnis eine Verurteilung als strafrechtliches Unwerturteil erfolgt, dieses dann faktisch durch die

---

936 Vgl. Watzek, Rechtfertigung und Entschuldigung, S. 272; von strafrechtlicher Seite auch Roxin, AT, S. 719 ff. berücksichtigen

937 So Lagodny, Schranken, S. 376 unter Hinweis auf Frister, Schuldprinzip, S. 38, der dies allerdings nicht in dieser Deutlichkeit sagt.

938 Lagodny, Schranken, S. 389

Strafzumessung oder in der Strafvollstreckung abgemildert werden soll, ohne die Strafbarkeit entfallen zu lassen.

Geht man der Frage nach, ob die englische Konzeption bei einer Anwendung im deutschen Recht einen Verstoß darstellen würde, so heißt dies, zu prüfen, ob auch ein Korrekturvorgehen genügt, um die materiellen Anforderungen, die das Schuldprinzip aufstellt, zu erfüllen. Der Ausgleich einer Verurteilung durch die faktische Abfederung ihrer Sanktion kann zwar im Ergebnis einer materiellen Straflosigkeit gleichen, doch die Abwehr- und Schutzrichtung des Schuldgrundsatzes wird dadurch unterlaufen. Die zusammenfassende Berücksichtigung aller Aspekte, die Ausfluß der geistig-sittlichen Entfaltung des Einzelnen sind und die personelle Eigenverantwortlichkeit wiederspiegeln, gelingt nur, wenn sie abschließend stattfindet. Werden in bestimmten Konstellationen gewisse Punkte separat herangezogen oder Maßstäbe verwendet, die Berücksichtigungslücken lassen, welche auf anderem Wege geschlossen werden, so wird die abschließende Abwehr- und Schutzrichtung unterlaufen.

Der hohe Stellenwert des Schuldgrundsatzes rechtfertigt sich auch in der Verhältnismäßigkeit der Tat zur Schuld. Wenn diese nicht mehr gewahrt ist, weil vom Rechtsempfinden eine Sanktionslosigkeit erfolgen soll, eine solche sich aber materiell-rechtlich nicht konstruieren läßt, erfolgt eine Feststellung der Strafbarkeit. Werden dann aber deren nachteilige faktische Wirkungen beseitigt, so wird die Korrelation Tat-Schuld durchbrochen, wenn ein Schuldausspruch ohne Strafausspruch ergeht, weil dieser vollumfänglich jedoch gar nicht das Unrecht der Tat wiedergibt.

Da das „offene Menschenbild des GG“ jeden Menschen erfaßt, ohne Rücksicht auf die Interessenfähigkeit, Leistung etc. und das BVerfG keine Schutzverringerung durch individuelle Einschränkungen, Leistungen und Besonderheiten sieht, müssen sich diese Koordinaten im Ergebnis einer strafrechtlichen Verurteilung in relevanter und adäquater Weise wieder finden. Die objektiv-rechtliche Dimension der Menschenwürde bewirkt eine Tatbestandsbestimmung aus dem Grundrecht, weshalb die Inanspruchnahme des Grundrechts keiner ausdrücklichen Geltendmachung bedarf. Eine solche weite Tatbestandsbestimmung, so das BVerfG, ist offen und inhaltsarm und erlaubt insb. beim Leben eine extensive Deutung. Die bloße biologische Existenz muß dann ausreichen; eine „Bewußtseinsdifferenz ist keine Statusdifferenz“ und diese grundsätzliche Maßstabsfunktion des Verfassungsrechts gilt es ebenfalls für das einfache Recht zu berücksichtigen.

Auch wenn die Verfassung nicht für jedes Detail fruchtbar zu machen ist, muß sich die Grundaussage in der einfachgesetzlichen Ausgestaltung niederschlagen, ohne daß letztere in einer Weise zwingend vorgeschrieben ist. Lösungen nach englischen Muster, wie sie die Darstellung ergeben hat, werden diesen Anforderungen durch das Anknüpfen an den *reasonable man* in einigen Fällen nicht gerecht. Auch die Verurteilung einer Konstellation der schuldlos herbeigeführten Trunkenheit, welche bei Vorliegen der mens rea zu einer Strafbarkeit führt und von der Literatur allenfalls bei der Strafzumessung berücksichtigt wird, widerspricht deutschem Schuldempfinden. Läßt man das gefundene Ergebnis ausreichen, so ist eine solche Auftrennung der Berücksichtigung verwandter

Aspekte in der einfachgesetzlichen Systematik verfahrensrechtlich zwar möglich. Die verfassungsrechtlichen Bedenken rühren hingegen daher, daß bei einem strengeren Maßstab eine Beurteilung als strafbar stattfindet, der nur faktisch abgemildert wird, rechtlich aber ein Unwerturteil beinhaltet, daß dem sich hinter dem Schuldgrundsatz stehenden Menschenbild nicht gerecht wird.

Die Berührungspunkte anderer verfassungsrechtlicher Aspekte wie des im allgemeinen Persönlichkeitsrechts wurzelnden Ehr- und Achtungsanspruchs durch eine Einstellung oder eine Absehen von Strafe werden unter 17. Abschnitt C III 5 näher behandelt.

4) Verfassungsrechtliche Verankerung einfachgesetzlicher Vorschriften

Neben dem Schuldprinzip als solchem können auch andere Regelungen Ausdruck des Verständnisses des Schuldprinzips sein. Wenn ihre Regelungsmaterie einen Bereich erfaßt, der auch den verfassungsrechtlichen Kernvorgaben unterfällt, stellt sich die Frage auch nach ihrem verfassungsrechtlich garantierten Bestand. Denkbar ist zudem, daß ihre Notwendigkeit ohne eine einfachgesetzliche Regelung genüge getan wird oder aber, daß sie eben nicht einem Kernbereich unterliegen und folglich keiner näheren Ausgestaltung bedürfen.

4.1) Verbotsirrtum

So kommt als Alternativgedanken ein Verzicht auf die Straffreistellung zugunsten einer bloßen Strafzumessungslösung bei einem vermeidbarem Verbotsirrtum in Betracht. Das BVerfG sieht dies als verfassungsgemäß an. Es begründet dies über Art. 3 I GG, denn dieser lasse Gestaltungsspielraum des Gesetzgebers bezüglich der Entscheidung zu, welcher strafrechtsdogmatischen Lösung gefolgt wird[939], womit die eine oder die andere Lösung der Ausgestaltung denkbar ist. Allerdings verstößt eine Bestrafung des in einem vermeidbaren Verbotsirrtums handelnden Täter nicht gegen das Schuldprinzip, wenn er weniger streng bestraft werden könnte als der Vorsatztäter. Daraus folgt, daß das BVerfG den Schuldgrundsatz eigentlich nur als Verbot der Gleichbehandlung atypischer Fälle einsetzt. Eine Erörterung der Frage, ob sich Abwägungsgrenzen jenseits dieser Gleichheitserwägungen ergeben können, wird nicht vorgenommen. Dies legt nahe, daß der Schuldgrundsatz diesbezüglich nicht ergiebig ist. Ob eine Straffreistellung beim unvermeidbarem Verbotsirrtum verfassungsrechtlich zwingend ist, wurde vom BVerfG nicht entschieden[940]. Eine Stellungnahme diesbezüglich erfolgt hingegen vom obersten Fachgericht, dem BGH in Strafsachen, der diese Frage bejaht hat[941].

Deutlich machen muß man sich auch, daß nicht jeder Verbotsirrtum den Vorwurf der Schuld ausschließt. Mängel im Wissen sind bis zu einem gewissen Grade behebbar. Der Mensch ist, weil er auf freie sittliche Selbstbestimmung angelegt ist, jederzeit in die verantwortliche Entscheidung gerufen, sich als Teilhaber der Rechtsgemeinschaft rechtmä-

---

[939] Vgl. BVerfGE 41, 121, 124 f.

[940] Anders hingegen bei einigen ausländischen Verfassungsgerichtshöfen, etwa in Italien, vgl. dazu Lagodny, Grundrechte, S. 379 Fn 63 m.w.N..

[941] BGHSt 2, 194, 201 ff.

ßig zu verhalten und das Unrecht zu vermeiden. Dieser Pflicht genügt er nicht, wenn er lediglich das nicht tut, was ihm als Unrecht klar vor Augen steht. Vielmehr hat er bei allem, was er zu tun im Begriff steht, sich bewußt zu machen, ob es mit den Sätzen des rechtlichen Sollens in Einklang steht. Zweifel hat er durch Nachdenken oder Erkundigen zu beseitigen. Hierzu bedarf es der Anspannung des Gewissens; ihr Maß richtet sich nach den Umständen des Falles und nach dem Berufskreis des Einzelnen[942]. Wenn er trotz der ihm danach zuzumutenden Anspannungen des Gewissens die Einsicht in das Unrechtmäßige seines Tuns nicht zu gewinnen vermochte, war der Irrtum unüberwindlich, die Tat für ihn nicht vermeidbar. In diesem Falle kann ein Schuldvorwurf gegen ihn nicht erhoben werden. Wenn hingegen bei gehöriger Anspannung des Gewissens der Täter das Unrechtmäßige seines Tuns hätte erkennen können, schließt der Verbotsirrtum die Schuld nicht aus. Je nach dem Maß, in dem es der Täter an der gehörigen Gewissensanspannung hat fehlen lassen, wird der Schuldvorwurf aber gemindert[943].

Eine solche Begründung hat zwar einerseits nichts mit einer grundrechtlichen Verhältnismäßigkeitsprüfung zu tun, enthält aber andererseits eine Je-Desto-Argumentationsstruktur, welche nach Aussage von Lagodny[944] typisch ist für Entscheidungen auf der Ebene der Verhältnismäßigkeit im engeren Sinne.

Der BGH sah die Frage des unvermeidbaren Verbotsirrtums somit nicht als eine solche, die mit ja oder nein hinsichtlich der Geeignetheit oder Erforderlichkeit beantwortet werden kann. Im Ergebnis wird man dazu kommen, dem BGH in der genannten Sichtweise der verfassungsrechtlichen Notwendigkeit zu folgen. Auch wird erst das Maß an Klarheit und Rechtsverbindlichkeit, das eine ausdrückliche gesetzliche Regelung mit sich bringt, den zentralen Gedanken des Schuldgrundsatzes in genügender Weise gerecht.

4.2) Entschuldigender Notstand

Lagodny[945] sieht die Schuldunfähigkeit als Beispiel der Kardinalregel des formellen Schuldprinzips, das ebenso wie auch der Verbotsirrtum verdeutlicht, daß die Ausgestaltung der Vorwurfsermächtigung nur über Abwägungsgrenzen aus der Verhältnismäßigkeit im engeren Sinne eingeschränkt werden kann, wenn man vom Zweck der negativen Generalprävention ausgeht.

Lagodny bezieht sich auf Bernsmanns „rechtsgutspezifische Notstandstheorie“[946]. Bisher wurde die Regelung des § 35 StGB meist strafrechtsintern unter der Kategorie Schuld erklärt. Bei Anlegen eines strafrechtsexternen grundrechtlichen Maßstabes erfolgt deren Auflösung in Fragen der Verhältnismäßigkeit i.e.S.. Bernsmann[947] sieht Fragen zu § 35 StGB als durch ein von einem strafrechtsextern angelegten staats- und

[942] Diese Erwägungen decken sich mit denen der Strafrechtsliteratur.
[943] BGHSt 2, 194, 201 ff.; vgl. Lagodny, Schranken, S. 379; Roxin kritisiert den Inhalt dieser Formel, vgl. oben 10. Abschnitt II 2.4 sowie 3.5
[944] aaO, S. 380
[945] aaO, S. 381
[946] ebd.
[947] Entschuldigung, S. 287, insb. S. 299 f.

grundrechtlichen Modell erklärbar. Seiner Ansicht nach bedarf es bei einer solchen Erklärung dann keines Rückgriffs auf die strafrechtsinterne Kategorie der Schuld.

Offen bleiben kann, ob der Notstand nach § 35 StGB beim „Rücktransfer" in strafrechtliche Kategorien in eine von der Schuld gesonderten Kategorie des Straftatbegriffs zugeschlagen werden und als „Strafausschließungsgrund" behandelt werden muß.

Diese Erklärungsansätze gehen allerdings weniger vom Schuldprinzip aus, sondern vom Verhältnismäßigkeitsgrundsatz. Betont man, wie später noch darzulegen[948], die Verwurzelung dieses Grundsatzes in der Menschenwürde, können diese Ansätze nicht weiterführen. Bedenkt man die zum Verhältnis der Ebenen zueinander gemachten Ausführungen, lassen sich wegen der erwähnten Wechselwirkung aus dem verfassungsrechtlichen Schuldgrundsatz keine Anhaltspunkte für die Verankerung einer materiell-rechtlichen Regelung zum Notstand erkennen[949].

Ergebnis

Das Schuldprinzip ist in der Verfassung verankert. Die inhaltlichen Vorgaben des BVerfG lassen einen weiten Rahmen, den das einfachrechtliche Verständnis ausfüllen kann. Wegen der Wechselwirkung zwischen dem strafrechtlichen und dem verfassungsrechtlichen Schuldbegriff sind Details der Ausformung sowie einzelne Fallkonstellationen nicht direkt an der Verfassung meßbar. Verfassungswidrig sind Gestaltungen, bei denen der Einzelne, etwa aus Gründen der Strafzwecke wie der negativen Generalprävention, zum Objekt staatlichen Strafens wird oder der Aspekt des Anders-Handeln-Könnens nicht in dem ausreichenden Maße berücksichtigt wird, wie es die Wahrung des materiellen Schuldgrundsatzes erfordert. Fallgestaltungen des englischen Rechts, die insbesondere bei einem intellektuellen Zurückbleiben hinter der gedachten Figur des *reasonable man*, die Individualität des Anders-Handeln-Könnens nicht ausreichend berücksichtigen, widersprechen dem deutschen Schuldverständnis.

Das Maß an Klarheit und Rechtsverbindlichkeit, welches eine ausdrückliche gesetzliche Regelung mit sich bringt, verlangt eine Normierung mit dem Inhalt des § 17 StGB und wird nur dann dem zentralen Gedanken des Schuldgrundsatzes in genügender Weise gerecht. Wegen der erwähnten Wechselwirkung zwischen strafrechtlichem und verfassungsrechtlichem Schuldgrundsatz sind keine zwingenden Anhaltspunkte für die Verankerung einer materiell-rechtlichen Regelung zum Notstand aus diesem Grundsatz heraus zu erkennen.

Bei einer Bewertung des Vergleichsergebnisses vor dem Verfassungsmaßstab läßt sich als Gesamtergebnis bezüglich der Schuld festhalten, daß ein andersgeartetes Schuldverständnis, wie es im Vergleich nachgewiesen wurde, nur in besonderen Konstellationen zu einem Verstoß gegen verfassungsrechtliche Vorgaben führt.

---

[948] 17. Abschnitt C II 4

[949] Ob diese Verankerung anderen verfassungsrechtlichen Normen entnommen werden kann, wird unter 17. Abschnitt C III erörtert.

5) Trennung von Straf- und Ordnungswidrigkeitenrecht

Auch die Unterteilung des Strafrechts im weiteren Sinne bringt die Frage mit sich, ob dieser Rechtszustand von Verfassungs wegen unabdingbar ist oder ob er nur eine mögliche Form der Ausgestaltung des Sanktionenrechts darstellt, also die Abschaffung des Ordnungswidrigkeitenrechts möglich ist.

5.1) Darstellung der verfassungsrechtlichen Lage

Das geltende Strafrecht im weiteren Sinne kennt zwei allgemeine Arten eines staatlichen Vorwurfs: den des Kriminalstrafrechts und den des Ordnungswidrigkeitenrechts. Dies läßt sich mit einfachen Worten als Vorwurf in die Formulierungen fassen, sozialethisch verwerflich oder aber schlicht „falsch" bzw. vorschriftswidrig gehandelt zu haben. Die Abschichtung kann sich dabei als die Konsequenz des Verhältnismäßigkeitsprinzips darstellen, mit der eine übermäßige Bestrafung verhindert werden soll oder als weiterer verfassungsrechtliche Aspekte für eine Trennung bzw. Abstufung aus der Art des Vorwurfs.

5.1.1) Problem der Trennung des Straf- und Ordnungswidrigkeitenrechts

Die Frage nach den inhaltlichen Unterschieden hat schon bei der Darstellung der Lage im einfachen Recht eine erste Berücksichtigung gefunden[950]. Diese einfachgesetzliche Entscheidung des Gesetzgebers etwa für ein Täterschaftsbild[951] entspringt dessen Gestaltungsspielraum, dessen Grenzen vorliegend von Interesse sind.

Für die Literatur stellt Lagodny Untersuchungen an, inwieweit die materiellen Grundrechte für die Entscheidung zwischen diesen beiden Sanktionsordnungen Vorgaben enthalten[952].

Das BVerfG billigt dem Gesetzgeber einen sehr weitreichenden Gestaltungsspielraum und eine Kompetenz zur Einteilung des Strafrechts in unterschiedliche Kategorien zu. Ein Teil der gegenwärtigen strafrechtlichen Lehre versucht hingegen, dem Gesetzgeber über einen positiven Rechtsgutsbegriff Schranken zuzuweisen, während andere über das materielle Schuldprinzip argumentieren. Neben diesen drei Ansätzen, die vor dem Hintergrund der Suche nach Abwägungsgrenzen zu analysieren sind, ist entscheidend, unter welchen Voraussetzungen noch ein Eingriff in den sozialen Ehr- und Achtungsanspruch sowie, bei Entscheidungen für das Kriminalstrafrecht, in das allgemeine Freiheitsrecht (Art. 2 II S. 2 GG) legitimiert werden kann.

---

[950] 13. Abschnitt A II 2

[951] Im Ordnungswidrigkeitenrecht gilt ohne Abschichtung des Beteiligungsbeitrags die Einheitstäterschaft.

[952] aaO, S. 416 ff.. Allgemein zur Abgrenzung von Kriminalstraf- und Ordnungswidrigkeitenrecht vgl. die Darstellung bei KK-OWiG-Bohnert, Einleitung, RdNr. 50 ff..

Tiedemann[953] unterstellt, daß in dem Fall, in dem eine einzelne Strafbewehrung nicht grundrechtswidrig ist, allein die Ausdehnung der staatlichen Strafgewalt insgesamt nicht mehr problematisch werden kann. „Diese Ausdehnung wird durch das Mittel des individuellen Grundrechtsschutzes nicht erfaßt. Die Verfassungsrechtsprechung besitzt `die Waffe der Ungültigkeitserklärung nur gegenüber einzelnen Normen, nicht aber gegenüber einem solchen geschichtlichen Häufungsproblem`". Die Kritik an der genannten Entscheidung muß sich nach dieser Ansicht[954] also „auf kriminalpolitische Reformwünsche" beschränken[955].

5.1.2) Grenzen des Strafgesetzgebers nach der Rechtsprechung des BVerfG

Das BVerfG geht davon aus, daß sich der Gesetzgeber zwischen beiden Sanktionsordnungen entscheiden müsse. „Im Verhältnis von Kriminalrecht zum Ordnungswidrigkeitenrecht ist eine Konkurrenz zwischen Geldstrafe und Geldbuße nicht möglich, da eine Handlung nur entweder eine Straftat oder eine Ordnungswidrigkeit sein kann"[956]. Früher noch vorhandene „Mischtatbestände" mit einer echten Wahlfreiheit des Richters zwischen kriminalstrafrechtlicher und ordnungswidrigkeitenrechtlicher Sanktionierung eines bestimmten Verhaltens seien jedenfalls heute unzulässig[957]. Eine Verschiebung des Entscheidungsproblems auf den Strafrichter sei nicht mehr möglich.

Zum Wesen der Unterschiede zwischen dem Ordnungswidrigkeitenrecht und dem Kriminalstrafrecht hat sich das Gericht ebenfalls schon deutlich geäußert:

„ (...) reine Ordnungswidrigkeit, das bedeutet, daß der Schuldvorwurf hier die Sphäre des Ethischen nicht erreicht. Dem Täter wird, der Idee nach, nicht Auflehnung gegen die staatliche Rechtsordnung in einem grundsätzlichen, mit fehlerhafter Persönlichkeitshaltung zusammenhängenden Sinne zur Last gelegt; dem gemäß fehlt der Geldbuße der Ernst des staatlichen Strafens. Es liegt ein bloßer Ungehorsam gegen „technisches", zeit- und verhältnisbedingtes Ordnungsrecht der staatlichen Verwaltung vor, auf den diese mit einer scharfen Pflichtenmahnung (...) antwortet."[958]

Betrachtet man die Rechtsprechung des BVerfG, so ergibt sich die Einschätzung einer Linie, die dem Gesetzgeber recht große Gestaltungskompetenz einräumt. Eine inhaltliche Zusammenfassung der Rechtsprechung hat unlängst durch das BVerfG[959] selbst stattgefunden. Die Abgrenzung von Kriminal- und Ordnungswidrigkeitenrecht erfolgt nach Ansicht des Gerichts nicht anhand eines „engen Verhältnismäßigkeitsgrundsatzes". Vielmehr ist es in ständiger Rechtsprechung davon ausgegangen, „daß es einen

---

[953] Tiedemann, Tatbestandsfunktion, S. 150 ff.
[954] Tiedemann, aaO, S. 169
[955] Zum Streit um ein liberales Strafrecht und ein sog. Interventionsrechts vgl. Hassemer, ZRP 1992, 378, 383.
[956] BVerfGE 27, 180, 186 (Ärztliche Ehrengerichtsbarkeit), um abzugrenzen gegenüber dem Nebeneinander von Kriminalstrafe und Disziplinarsanktion.
[957] Vgl. dazu Tiedemann, Tatbestandsfunktionen, S. 225 ff., 228 ff.
[958] BVerfGE 9, 167, 171
[959] BVerfGE 89, 182 ff.

Grenzbereich zwischen kriminellen Unrecht und Ordnungsunrecht gebe, daß in diesem Bereich zwischen den genannten Erscheinungsformen des Unrechts nur graduelle Unterschied bestünden und daß es dem gemäß Sache des Gesetzgebers sei, hier die genaue Grenzlinie zu ziehen, gegebenenfalls unter Berücksichtigung der jeweiligen historischen Situation, im einzelnen festzulegen". Ob der Gesetzgeber die zweckmäßigste, vernünftigste oder gerechteste Lösung gefunden habe, könne das BVerfG nicht überprüfen. Es habe lediglich darüber zu wachen, daß die Entscheidung des Gesetzgebers im Einklang mit der verfassungsrechtlichen Wertordnung stehe und auch den ungeschriebenen Verfassungsgrundsätzen und Grundentscheidungen des Grundgesetzes entspreche. Die Prüfung, ob eine strafrechtliche Bewehrung verfassungsgemäß sei, hat sich nach dieser Rechtsprechung nicht an einem engen Verhältnismäßigkeitsgrundsatz auszurichten; vielmehr ist dem Gesetzgeber insoweit ein nicht unerheblicher Spielraum eigenverantwortlicher Bewertung einzuräumen[960]. Die grundlegende Entscheidung erging zur Strafgewalt der Finanzämter, welche abgelehnt wurde. Danach soll es zwei Stufen von Unrechtstatbeständen geben; zum einen den „Kernbereich des Strafrechts", zu dem „alle bedeutsamen Unrechtstatbestände"[961] zählen. Weiterhin einen Randbereich, in dem der Gesetzgeber eine grundsätzlich Wahlfreiheit zwischen beiden Sanktionsordnungen hat und der die „minder gewichtigen strafrechtlichen Unrechtstatbestände"[962] erfaßt. Der Gesetzgeber kann laut Gericht „in einer rechtspolitisch anderen Wertung des Unrechtsgehalts" diese ersetzen durch die „Qualifizierung einer Verhaltensweise als bloße Ordnungswidrigkeit, die durch Buße geahndet wird"[963]. Das Gericht deutet auch an, ohne daß es expressis verbis gesagt wird, daß es einen dritten Bereich geben soll, nämlich einen solchen, bei dem keine Befugnis zur Aufstufung besteht, weil der Unrechtsgehalt so gering ist, daß er keinesfalls als Kriminalunrecht eingestuft werden dürfte.

5.1.3) Kernbereich der bedeutsamen Unrechtstatbestände

Die Kompetenz des Gesetzgebers ist erstmals näher umschrieben worden in der Entscheidung zum Einführungsgesetz des OWiG 1968[964]. Auch in der Literatur wird geäußert, daß sich das, was zu dem Kernbereich gehört, anhand der grundgesetzlichen Wertordnung mit hinreichender Bestimmtheit ermitteln läßt[965]. Gewisse, minder gewichtige, überkommene strafrechtliche Tatbestände fallen aus diesem Kernbereich heraus. Schwierigkeiten bereitet die exakte Grenzlinie zwischen dem Kernbereich des Strafrechts und dem Bereich der bloßen Ordnungswidrigkeiten zu ziehen, „zumal in diesem Grenzbereich die in der Rechtsgemeinschaft herrschenden Anschauungen über die Be-

---

[960] BVerfGE 80, 182, 185 f. m.w.N.;vgl. auch bestätigend die Cannabis-Entscheidung des BVerfG, E 90, 145, 173, zur Frage, ob von Verfassungs wegen bereits materiellrechtlich eine Abschichtung von Ordnungswidrigkeiten für Erwerb und Besitz von geringen Mengen BtM geboten ist, was zugunsten einer -vom Gericht für gleichwertig angesehenen- strafzumessungsrechtlichen oder prozessualen Lösung in den Hintergrund gestellt wurde, aaO, S.188 ff.; zum Urteil, seiner Aussage und deren Bewertung auch unten 17. Abschnitt C IV 2.3.1

[961] BVerfGE 22, 49, 81; 23, 113, 126 (Bauen ohne Baugenehmigung)

[962] BVerfGE 23, 113, 126

[963] BVerfGE 23, 113, 126; 22, 49, 81

[964] BVerfGE 27, 8, 29 f.

[965] So Tiedemann, Verfassungsrecht, S. 54

wertung des Unrechtsgehalts einzelner Verhaltensweisen in besonderem Maße dem Wechsel unterworfen sind."[966]

Das BVerfG zieht zur Abgrenzung zwischen Kriminalstrafe und Ordnungswidrigkeit nur den Art. 3 I GG in der Form des Willkürverbotes als Prüfungsmaßstab heran und lehnt eine an einem „engen Verhältnismäßigkeitsgrundsatz"[967] ausdrücklich ab. Auffallend ist allerdings, daß das Gericht den kriminalstrafrechtlichen Kernbereich bei seiner Rechtsprechung zum Schwangerschaftsabbruch, bei dem es nicht um die Alternative des Ordnungswidrigkeitenrechts, sondern um eine Straffreistellung ging, konkretisierend über das „Untermaßverbot" vorgenommen hat[968].

Grundrechtsdogmatisch ist die Herausarbeitung von Kriterien für die Verhaltensvorschriften, welche auf jeden Fall mit Kriminalstrafe sanktioniert werden sollen, aus der Schutzfunktion der Opfergrundrechte heraus erfolgt und damit im Gegensatz zum Prüfungsmaßstab Art. 3 I GG aus den Freiheitsgrundrechte in ihrer objektiv-rechtlichen Funktion. Diese unterschiedlichen Herleitungen sind an sich widersprüchlich[969]. Schutzfunktionelle Grenzen ergeben sich aus dem Untermaßverbot, während das Übermaßverbot, wenn man es einmal gleichsetzt mit dem Verhältnismäßigkeitsprinzip, gerade in einem „engen Sinne" nicht erheblich sein soll. Als abwehrrechtlicher Ersatz ist vom Gericht nur eine Kontrolle anhand Art. 3 I GG vorgesehen.

Deutlich wird somit, daß die eingangs aufgeworfene Frage nach der argumentativen Grundlage der Abschichtung anhand der verfassungsrechtlichen Rechtsprechung je nach Näherungsrichtung und zu behandelndem Problem eine andere ist. Zu erkennen ist auch, daß Unterschiede von Strafrecht und Ordnungswidrigkeitenrecht nicht in einem abstrakt zu bestimmenden Charakter zu finden sind, sondern sich die gesetzgeberischen Erwägungen auch an anderen Kriterien orientieren.

5.1.4) Mittelbereich mit grundsätzlicher Wahlfreiheit

Jenseits des Kernbereichs hat der Gesetzgeber nach der ständigen Rechtsprechung des BVerfG weitgehende Gestaltungskompetenz bezüglich der Frage, was er mit Kriminalstrafrecht und was er mit Geldbuße sanktioniert. Eine Androhung von Kriminalstrafen wird als Akt der gesetzgeberischen Wahl gesehen[970]. Auch die Entkriminalisierung eines Teilrechtsgebiet hindert den Gesetzgeber nicht, gewisse Verstöße wegen ihres Unrechtsgehalts weiterhin mit Kriminalstrafe zu bedrohen[971]. Das Gericht betont die Kompetenz des Gesetzgebers, zum Kriminalstrafrecht greifen zu können, wenn er ein

[966] BVerfGE 27,18, 29 f.
[967] BVerfGE 80, 182, 185 f.
[968] BVerfGE 88, 203, 254 ff.
[969] Lagodny, Grundrechte, S. 420 bezeichnet sie als „Asymmetrie der Begründung"
[970] BVerfGE 13, 367, 372 f.
[971] Zur Entkriminalisierung des Straßenverkehrsrechts vgl. BVerfGE 51, 60, 75 f.; BVerfGE 22, 125, 133

Rechtsgut erkennt, „welches des strafrechtlichen Schutzes bedürftig sei“[972]. Ein denkbares Kriterium für die Wahl des Gesetzgebers kann die erhöhte Rechtsgutgefahr sein.

Auch bei Delikten, die dem klassischen Kernstrafrecht zuzuordnen sind wie Diebstahl § 242 StGB oder Nötigung § 240 StGB, ist eine Abstufung zu Ordnungswidrigkeit nicht von vornherein ausgeschlossen[973]. Vom Gericht wird dabei ein „nicht unerheblicher Spielraum“ „eigenverantwortlicher Bewertung“ des Gesetzgebers anerkannt[974].

Daraus läßt sich der Schluß ziehen, daß das Gericht nicht von einer qualitativen Unterscheidung zugrundeliegender Verhaltensvorschrift ausgeht. Ein Umschlagen von Quantität in Qualität ist nur schwerlich anzunehmen. Die Wahlfreiheit bezieht sich letztlich auch darauf, ob eine unterschiedliche Sanktionsandrohung im Wiederholungsfall stattfindet.

5.1.5) Dem Ordnungswidrigkeitenrecht vorbehaltener Minimalunrechtsbereich

In verschiedenen Rechtsbereichen wurde vom BVerfG ein solcher Minimalunrechtsbereich angedeutet, so z.B. bei geringfügigen Verletzungen von verwaltungsrechtlichen Auflagen. Bewertet man diese Rechtslage, wie etwa Lagodny, ergeben sich Schlußfolgerungen der folgenden Art: Soweit das Gericht nur auf das Willkürverbot des Art. 3 I GG abstellt, zeigt es die Begrenzungen der Kompetenz des Gesetzgebers nur unbedeutend auf, insbesondere für den Mittelbereich einstufungsbedürftiger Delikte. So wird auch in der Strafrechtswissenschaft bereits lange und erfolglos um entscheidende Kriterien für diesen Bereich gerungen. Lagodny kritisiert daher, daß die Entscheidung des Gesetzgebers nicht nur am Maßstab des Art. 3 I GG gemessen werden könne. Immerhin wird das Untermaßverbot als schutzfunktionelle Abwägungsgrenze zur näheren Bestimmung des dem Kriminalstrafrecht vorbehaltenen Bereichs herangezogen, womit dieses als Kompetenzbegrenzung des Gesetzgebers zu würdigen ist. Die Problemfälle befinden sich vor allem auf der mittleren und unteren Stufe.

Auffallend ist, daß das BVerfG in der Frage der Entscheidungsfreiheit des Gesetzgebers nahezu ohne Rekurs auf das materielle Schuldprinzip entscheidet, welches in der strafrechtlichen Diskussion eine bedeutende Rolle spielt. Ebenso erfolgt wird nicht auf den geläufig genutzten Grundsatz schuldangemessenen Strafens zurückgegriffen. Ein marginaler Bezug zum materiellen Schuldprinzip ergibt sich allenfalls daraus, daß das BVerfG den Grundsatz aufstellt, daß „Tatbestand und Rechtsfolge sinnvoll aufeinander abgestimmt“ sein müssen. Dies wird aus dem dann im materiellen Sinne zu verstehenden Schuldprinzip abgeleitet, wobei letzterer vom Gericht als „Teilausprägung des Verhältnismäßigkeitsprinzips“ gesehen wird.

---

[972] BVerfG NStZ 1985, 173 bezüglich des Verbrauchervertrauens; das Kriterium der Beeinträchtigung des Rechtsgüterschutzes, dem zu folge bei weniger gewichtigen Unrechtstatbeständen jenseits des Kernbereichs, ein bewußter Verzicht auf das Reaktionsmittel „Strafe“ erfolgt, teilte zuvor auch schon Göhler, Landesberichte, S. 102

[973] Vgl. die Entscheidungen des BVerfG in E 50, 205, 213 und E 73, 206, 248

[974] BVerfGE 80, 182, 185 f.

Daraus folgt letztlich, daß nach der Rechtsprechung des BVerfG das formelle Schuldprinzip (im Sinne eines Anders-Handeln-Könnens) verfassungsrechtlich voll abgesichert ist, während dies für ein materielles Schuldprinzip nur rudimentär gilt.

Die Begründungen des Gerichts über Art. 3 I GG gehen vom Ansatz her den gleichen Weg wie bei der Problematik, den Strafrahmen bei Kriminalstraftaten verfassungsrechtlich zu überprüfen. Das BVerfG hält die Strafrahmenfestlegung für nur für sehr begrenzt nachprüfbar, weil sie auf einem „nur in Grenzen rational begründbaren Akt gesetzgeberischer Wertung" beruhen würden. Einen Verstoßes gegen den Schuldgrundsatz und das Übermaßverbot bejaht das BVerfG nur dann, wenn die gesetzliche Regelung, gemessen an der Idee der Gerechtigkeit, zu „schlechthin untragbaren Ergebnissen führt"[975].

Verfolgt man diesen Gedanken weiter[976]und überträgt ihn auf die Aufstufung einer Ordnungswidrigkeit zur einer Straftat, die ein nur begrenzt „rationaler begründbarer Akt" ist, so ergäbe eine Bewertung, daß dies dem übergreifenden Anspruch des Verhältnismäßigkeitsprinzips nicht gerecht würde.
Einer Vertiefung der vorzunehmenden Trennlinienbestimmung bedarf es hier nicht. Für die hier maßgebliche Fragestellung ist deutlich geworden, daß es ungeachtet der Kriterien für die Trennlinienziehung der Notwendigkeit einer Trennung in Straf- und Ordnungswidrigkeitenrecht bedarf und keine Gleichbehandlung aller Regelverstöße erfolgen kann. Die Trennung selbst ist verfassungsrechtlich nicht umstritten, wobei diese in Deutschland nicht aus dem Schuldgrundsatz heraus erfolgt, sondern sich je nach Fallgestaltung unterschiedlicher Ansatzkriterien bedient.

5.2) Bewertung des Vergleichsergebnisses vor dem Verfassungsmaßstab

Bewertet man das Ergebnis des Vergleichs vor dem Verfassungsmaßstab, so wird deutlich, daß eine formale Trennung erforderlich ist. Auch wenn inhaltlich eine unterschiedliche Berücksichtigung eines Vorwurfs stattfindet, ist die Etikettierung wegen der unterschiedliche Relevanz wichtig, weil die Eingriffsstärke in die grundrechtliche Position und die Schwere der Handlung durch das Trennsystem letztlich formalisiert werden. Hier wird deutlich, daß die Gesetzgebung in England wegen des Fehlens einer geschriebenen Verfassung weniger Bindungen unterliegt, so daß die dort gewählte rein technische Trennung für die praktische Handhabung ausreicht. Eine Abschaffung der Unterteilung durch ein einheitliches Sanktionenrecht, wie es auch in Deutschland schon gefordert wurde, ist wegen der fehlenden Möglichkeit zur Differenzierung abzulehnen. Auf die eingangs in den Mittelpunkt gerückte Frage, ob ein anderes Verständnis von Schuld eine Trennung zwingend erfordert, ist anhand der verfassungsgerichtlichen Rechtsprechung deutlich geworden, daß dies nicht primär aus dem Schuldgrundsatz erfolgt. Das verfassungsrechtliches Gebot der Verhältnismäßigkeit erzwingt ebenfalls keine Trennung nach dem Unrechtscharakter der Handlung und verhindert eine generelle erweiterte Strafbarkeit nicht allgemein. Maßgeblich ist in diesem Zusammenhang nach der hier eingenommenen Sicht vielmehr Art. 3 I GG.

---

[975] Dazu zusammenfassend: BVerfGE 50, 125, 133 f., 140 m.w.N.
[976] Wie es etwa Lagodny tut, aaO, S. 424

II) Strafbarkeit von juristischen Personen

Wie der Vergleich gezeigt hat, besteht zwischen der Möglichkeit der Strafbarkeit einer juristischen Person im englischen Strafrecht und im deutschen Strafrecht im engeren Sinne ein deutlicher Unterschied, denn in Deutschland ist eine solche Strafbarkeit bisher nicht bekannt. Die Bestrafung einer juristischen Person ist als Rechtsproblem schon Gegenstand zahlreicher Überlegungen gewesen[977]. Die Erörterung einer solchen Strafbarkeit stand zumeist im Zusammenhang mit der Einbettung in die strafrechtliche Systematik und auch der rechtspolitischen Erforderlichkeit. Diese umfangreichen Aspekte sollen hier weitgehend keine Darstellung finden. Maßgeblich ist für die folgenden Bearbeitung vielmehr die Frage, ob sich eine Strafbarkeit juristischer Personen, insbesondere wirtschaftlicher Unternehmen, aus Gründen verbietet, die ihren Ursprung in der Verfassung haben oder ob aus verfassungsrechtlicher Sicht der Einführung einer solchen Strafbarkeit nichts entgegensteht. Im folgenden stehen einige grundrechtliche Aspekte gestreift werden, wobei sich schnell zeigt, daß insbesondere der wesensmäßigen Besonderheit der juristischen Personen bei der Suche nach einer Antwort Bedeutung zukommt (17. Abschnitt C II 4.2).

1. Art. 14 GG

Das Recht am eingerichteten und ausgeübten Gewerbebetrieb (ReaG), welches Eigentumsrecht i.S.d. Art. 14 GG ist[978979], liefert in diesem Zusammenhang keine zusätzlichen Argumente. Eine Parallele zur steuerlichen Belastung weisen Geldbuße und Geldstrafe durch den Entzug von finanziellen Mitteln auf. Letztlich dürfte der gleiche Gedanke wie bei den konfiskatorischen Steuern greifen. Nur bei einer erdrosselnder Wirkung ist deren Unzulässigkeit anerkannt. Überträgt man diese Wertung, ergibt sich aus Art. 14 GG nur eine Begrenzung des Strafmaßes, der Höhe der Geldstrafe nach, nicht aber die Unzulässigkeit per se für juristische Personen.

2. Art. 103 III GG ne bis in idem (Doppelbestrafung des Einzeltäters)

Der Einzeltäter unterliegt in den Fällen, in denen der als Organ handelnde Individualtäter ebenfalls abgeurteilt wird, nach Ansicht einiger Stimmen[980] einer Doppelbestrafung. Er werde entgegen dem in Art. 103 III GG niedergelegten Grundsatz „ne bis in idem" belangt, weil er sowohl durch die gegen ihn selbst verhängte Strafe als auch anteilig durch die gegen den Verband ausgesprochene Sanktion betroffen sei.

---

[977] Vgl. Nachweise unter 13. Abschnitte B IV; umfassende Auseinandersetzung mit zahlreichen Nachweisen auch bei Eidam, aaO, S. 91 ff

[978] BVerfG E 1, 277, wobei das Bundesverfassungsgericht in seiner weiteren Rechtsprechung offenläßt, ob das Recht am eingerichteten und ausgeübten Gewerbebetrieb tatsächlich dem Schutzbereich des Art. 14 GG unterfällt; deutlicher diese Frage bejahend hingegen der Bundesgerichtshof, BGH NJW 1963, 484

[979] Vom Schutzbereich erfaßt sind auch Ausstrahlungen, Geschäftsverbindungen und Faktoren, die für den Wert des Betriebes erheblich sind. Vgl. BGHZ 45, 154; 48, 66; weitergehend zum ReaG: Badura, Der Eigentumsschutz des eag, AöR 98 (1973), S. 153

[980] Vgl. Pohl-Sichtermann, Geldbuße, S. 9; Hirsch, Straffähigkeit, S. 20 f.

Dem ist entgegenzuhalten, daß der Strafrichter ohne Zweifel aufgrund derselben Tat zwei verschiedenen Personen Sanktionen aufzuerlegen kann. Genau um diese Konstellation handelt es sich bei der Verbandssanktion, denn Individualtäter und Verband sind rechtlich betrachtet zwei verschiedene Personen, die eine als natürliche Person, der Verband als juristische Person. Das Wesen der Korporation zeichnet sich dadurch aus, daß sie nicht eine bloße Addition von Einzelpersonen ist, sondern ein von diesen sich abhebendes Gebilde. Sie wird auch als eine von den Mitgliedern abstrahierte Überpersönlichkeit bezeichnet[981]. Ein Unternehmen ist daher ein von der Summe seiner Mitglieder abzugrenzendes eigenständig verantwortliches Strafrechtssubjekt[982][983]. Weitere Aspekte sind, daß das Zusammentreffen eines allgemeinen Nachteils mit der durch eigenes schuldhaftes Handeln verdienten persönlichen Bestrafung keineswegs ein Verstoß gegen das Verbot der Doppelbestrafung ist[984], sondern die Kehrseite der Vorteile, die der Betroffene aus der juristischen Aufspaltung seines Vermögens zieht, wird in einem solchen Fall konkretisiert[985]. Der verfassungsrechtlich geschützte Grundsatz „ne bis in idem" steht der Strafbarkeit juristischer Personen nicht entgegen.

3. Art. 103 II GG nulla poena sine culpa (Mitbestrafung unschuldiger Unternehmensmitglieder)

Auch eine Verstoß gegen diesen Grundsatz läßt sich nicht konstatieren, da keine Mitbestrafung unschuldiger Mitglieder, sondern allenfalls ein Mitbetroffensein durch die wirtschaftlichen Folgen der Verbandsstrafe entsteht. Diese Nebenwirkung wird von den Befürwortern der Verbandssanktion unter Hinweis darauf gerechtfertigt, daß auch die Individualstrafe nicht nur isoliert den Bestraften trifft[986].

Die mittelbare Betroffenheit verstößt nicht gegen den Grundsatz „nulla poena sine lege" , da es sich um eine Realisierung der für die Mitglieder bestehenden, allgemeinen mit der Mitgliedschaft verbundenen Betriebsgefahr durch die wirtschaftliche Betroffenheit handelt. Neben den Vorteilen, die das Mitglied aus der Tätigkeit des Verbandes haben kann, besteht auch die Möglichkeit von Nachteilen, deren Inkaufnahme als Folge der wirtschaftlichen Tätigkeit gesehen werden muß, weshalb keine Überzeugungskraft der diesbezüglich geäußerten Einwände besteht[987].

---

[981] Vgl. Hirsch, Straffähigkeit, S. 15; Pohl-Sichtermann, aaO, S. 9-11; Rotberg, Strafe, S. 203

[982] Schroth, Unternehmen, S. 207; so auch Heinitz, Strafrechtsreform, S. 67, NStZ-RR 1996, S. 6

[983] Eidam, Straftäter, S. 126 setzt sich unter Hinweis auf Hirsch, Straffähigkeit, S. 20 f. ausführlich damit ausenander. Er sieht erst einen allmählichen Durchbruch dieses Gedankens. Die verfassungsrechtlichen Bedenken gegen eine Strafbarkeit juristischer Personen beruhen seiner Ansicht nach letztlich auf einer mangelnden Unterscheidung von Individualpersonen und Verband.

[984] Rotberg, Strafe, S. 206

[985] Pohl-Sichtermann, Geldbuße, S. 56

[986] Pohl-Sichtermann, Geldbuße, S.9-11; Schroth, Strafbarkeit, S. 207

[987] So auch Eidam, aaO, S.126

4. Schuldgrundsatz des GG (Art. 1 I GG i.V.m. Art. 2 I GG)

Unabhängig von der möglichen Mehrfachbelastung von Grundrechtsträgern muß bereits die Frage, ob überhaupt die verfassungsrechtlichen Voraussetzungen vorliegen, um Strafe zu erhalten, Kern der Betrachtung sein.

Nachdem auf den zum Inhalt des verfassungsrechtlichen Schuldprinzips bereits eingegangen wurde[988], muß man dessen inhaltliche Anforderungen nun spezifisch hinsichtlich ihrer Übertragbarkeit auf juristische Personen überprüfen. Der Erhebung eines kriminalstrafrechtlichen Vorwurfs gegenüber einer juristischen Person muß eine zentrale Rolle in dieser Diskussion zukommen.

4.1) Vorwurf gegen eine juristische Person als Besonderheit des OWiG

Als problematische Besonderheit fällt die Ermächtigung zum Vorwurf gegenüber einer juristischen Person bzw. Personenvereinigung nach § 30 OWiG auf, wobei diese Möglichkeit de lege ferenda zunehmend auch in Deutschland für das Strafrecht gefordert wird[989]. Ein solches Vorgehen hätte eine rechtssubjektsbezogene Erweiterung der Strafbarkeit zur Folge.

Dieser Vorwurf ruft Problematiken des formellen Schuldprinzips sowie der Legitimationsfähigkeit eines isoliert gegen juristische Personen gerichteten Vorwurfs hervor. Letztlich ist die Vermeidung eines mittelbaren Individualvorwurfs unerläßlich. Unabhängig davon, welche Qualität man dem Vorwurf beimißt[990] und wie man ihn verankert[991], ist der Ansicht von Lagodny[992] zu folgen und es muß eine Form des Vorwurfs gegen die juristische Person gefunden werden, die einen mittelbaren persönlichen Vorwurf vermeidet[993]. Eine Anwendung des Schuldgrundsatzes über den Begründungsweg der mittelbaren Betroffenheit von natürlichen Personen ist somit ausgeschlossen, da es bereits an einem mittelbaren Individualvorwurf fehlt.

Davon ausgehend, daß die Möglichkeit eines separaten Vorwurfs besteht, kann es für die Verurteilung einer juristischen Person nicht auf den den Individualpersonen zustehenden Schuldgrundsatz ankommen. Die Beantwortung der Frage kann sich nur mit Blick auf den Vorwurf an eine juristische Person alleine ergeben.

4.2) Legitimation für einen kriminalstrafrechtlichen Vorwurf

Wie bereits erwähnt[994], wird im Ordnungswidrigkeitenrecht ein ordnungsrechtlicher Vorwurf erhoben. Die Legitimation für einen kriminalstrafrechtlichen Vorwurf unter-

---

[988] 17. Abschnitt C I

[989] Vgl. zum Entwurf des Corpus Juris 5. Abschnitt I 2; ferner dort die umfangreichen Literaturangaben, insb. Fußnote 98

[990] Vgl. Tiedemann NJW 1988, 1169, 1172 f.

[991] Ausführlich dazu sogleich unter 17. Abschnitt C II 4.2.2

[992] Schranken, S. 412 ff. , dessen detaillierten Ausführungen hier gefolgt wird.

[993] vgl. dazu Lagodny, Schranken, S. 414 Fn 264 unter Hinweis auf Otto, Strafbarkeit von Unternehmen und Verbänden, S. 15 ff., 23 ff.

[994] 13. Abschnitt A II 2

scheidet sich von einem ordnungsrechtlichen Vorwurf, bei dem einige Besonderheiten gelten. Keine Besonderheiten allerdings kann es für die Schuldfähigkeit und den Vorwurfausschluß bei einem unvermeidbaren Verbotsirrtum geben, denn selbst wenn man in der Erhebung des ordnungsrechtlichen Vorwurfs einen weniger starken Eingriff in den sozialen Ehr- und Achtungsanspruch[995] des Einzelnen sieht, stellen diese kein grundrechtliches Prinzip dar, das einfach vernachlässigt oder übergangen werden könnte[996]. Bei der Berücksichtigung kann man entweder davon ausgehen, daß es sich um einen qualitativ anderen oder jedenfalls quantitativ abschichtbaren Vorwurf handelt, dessen Besetzung weniger starke ethische Einflüsse aufweist. Damit läßt sich die Aussage treffen, daß der ordnungsrechtliche Vorwurf nicht so stark wiegt wie der kriminalstrafrechtliche. Allerdings ist in der Ausgestaltung des Ordnungswidrigkeitrecht unverkennbar, daß sich der Gesetzgeber des OWiG in erster Linie an den kriminalstrafrechtlichen Voraussetzungen orientiert hat.

Auffällige Modifizierung in diesem Zusammenhang dürfte sein, daß diejenigen Fälle, die im Strafrecht nur durch entschuldigenden Notstand erfaßt werden, nach überwiegender Auffassung insgesamt schon durch den rechtfertigenden Notstand nach § 16 OWiG einbezogen sind[997].

4.2.1) Kein Eingriff in das allgemeine Persönlichkeitsrecht (Art. 19 III GG)

Ein isolierter Vorwurf gegenüber der juristischen Person könnte in das allgemeine Persönlichkeitsrecht eingreifen, wenn dieses Grundrecht „seinem Wesen nach" (Art.19 III GG) nicht nur ausschließlich natürlichen Personen zusteht. Diese Wesensmäßigkeit ist insgesamt umstritten[998] und bedarf sogleich einer genaueren Betrachtung, für das allgemeine Persönlichkeitsrecht wird man diese vorerst verneinen. Auch im Falle der Bejahung hinsichtlich des Persönlichkeitsrechts kommt die Menschenwürde in ihrer Funktion als Verstärkung des Abwägungsschutzes dann nicht zur Anwendung, wenn diese auf juristische Personen keine Anwendung findet. Ausführungen zum formellen Schuldprinzip als Abwägungsgrenze sind im Gefolge dessen folglich ebenfalls dann nicht einschlägig.

Eine Tangierung anderer Spezialgrundrechte wie Art. 14 I GG oder Art.12 I GG durch den Vorwurf an die juristische Person ist nicht ausgeschlossen, was in der bisherigen Darstellung schon berücksichtigt wurde, aber auch bei diesen greift nicht der spezielle Abwägungsschutz aus der Menschenwürde, weil es nicht auf die personale Eigenverantwortlichkeit ankommt. Im Ergebnis gibt es weniger Abwägungsgrenzen aus der Menschenwürde, was bei Lagodny nicht vertieft wird. Er sieht den isolierten Vorwurf gegenüber der juristischen Person als verfassungsrechtlich grundsätzlich legitimierbar.

---

[995] Vgl. dazu 17. Abschnitt III 5.1

[996] Lagodny, Grundrechte, S. 412 sieht es für weitere Fragen beim Ordnungswidrigkeitenrecht für notwendig, sich mit Aspekten der eigenständigen Festlegung von Abwägungsgrenzen zu befassen.

[997] Vgl. Göhler, OWiG, § 16 RdNr 16 m.w.N.

[998] Vgl. Jarras/Pieroth, GG, Art. 2 RdNr. 31 m.w.N., verneinend etwa: BK-Zippelius Art. 1 RdNr. 51; Stern, Staatsrecht III/1, § 71 IV 6 S. 1126; vgl. allerdings S. 1128: str. für den Schutz solcher Inhalte, die nicht wesenhaft mit natürlicher Person verbunden sind, wie z.B. Name, Reputation, Bindungssphäre

Lagodny[999] beschreibt die Möglichkeit der Ableitung einer „Abwägungsgrenzregel" des Verfassungsgeber aus dem allgemeinen Persönlichkeitsrecht. Er formuliert dies als ungeschriebenes Justizgrundrecht wie folgt: „Kein staatlicher Vorwurf gegenüber dem einzelnen ohne Schuld (Anders-Handeln-Können)" und kommt zu dem Schluß, daß das formelle Schuldprinzip als eine ganz besondere „Ausprägung des Verhältnismäßigkeitsgrundsatzes" zu sehen ist.

Hier ist nun wichtig, ob das Schuldprinzip wirklich Ausprägung des Verhältnismäßigkeitsgrundsatzes ist und auch bei juristischen Personen angewendet oder ob nur an den Menschen als Leitbild angeknüpft werden kann. Folgt man letzterer Ansicht unter Hinweis auf die Auseinandersetzung mit der Literatur, deren Gedanken teilweise in die richtige Richtung, ohne stets Art. 19 III GG ausdrücklich zu nennen, ist das Verhältnismäßigkeitprinzip argumentativ nicht maßgeblich.

4.2.2) Strafrechtlich orientierte Überlegungen

Das Schuldprinzip ist jedoch nur an natürlichen Personen, dem Menschen als Leitbild, anzulegen.

Stützen läßt sich dies mit weiteren Überlegungen[1000] aus der Literatur. Otto hält eine Schuldzurechnung bei juristischen Personen für problematischer als die Handlungszurechnung[1001]. Nach dem BVerfG können Handlungen juristischer Personen unproblematisch zugerechnet werden[1002] Wird eine juristische Person für schuldhaftes Handeln im strafrechtlichen Sinne in Anspruch genommen, so kann nach Ansicht des Gerichts nur die Schuld der für sie verantwortlich handelnden Personen maßgebend sein[1003]. Wenn die Schuld als höchstpersönlicher Sachverhalt aufgefaßt wird, entsteht schon im einfachen Recht ein erhebliches Zurechnungsproblem. Deutlich wird dies an dem Beispiel der Mittäterschaft, wo die Schuld der jeweils anderen Mittäter nicht zugerechnet werden kann. Auch ist es schwierig, aus der Schuld einzelner Organe eine Schuld der juristischen Person zu begründen. Das herkömmliche Verständnis von Schuld[1004], geht daher von der Höchstpersönlichkeit der Schuld aus.

Otto moniert, daß dieses Verständnis der Schuld teilweise überlagert werde durch die fälschliche Gleichsetzung der Schuld mit Vorwerfbarkeit[1005]. Schuld besteht nach seiner Auffassung keineswegs darin, daß man dem Schuldigen einen Vorwurf machen könne; dann bestünde Schuld in der Tat nur in den Köpfen der anderen, sondern gerade umgekehrt, sei jemandem ein Vorwurf zu machen, weil er schuldig an einem Unrecht im Da-

---

999 aaO, S. 412 ff.

1000 Vgl. zum Diskussionsstand auch 17. Abschnitt C I

1001 Otto, Unternehmen und Verbänden, S. 15 ff.

1002 BVerfGE 20, 323, 335 f.

1003 BVerfGE, aaO, 336

1004 Von dem der BGH in St. 2, 194, 200 ausgeht und an das das BVerfG in E 22, 49, 80 und E 27, 18, 33 anknüpft.

1005 Eine solche nimmt nicht nur der BGH in St. 2, 194, 200 vor, sondern auch die Literatur: Dreher/Tröndle, StGB, 46. Aufl. 1993, Vor § 13 RdNr. 28; Lackner, StGB, Vor § 13 RdNr. 23

sein eines anderen sei[1006]. Dieser Vorwurf werde erhoben, weil der Täter sich rechtswidrig verhalten hat, obwohl er unter den konkreten Umständen fähig war, sich durch die Rechtsnormen zu rechtmäßigem Verhalten bestimmen zu lassen. Der BGH drückt es folgendermaßen aus: Der Mißbrauch der Freiheit legitimiert mit der staatlichen Strafe ein Übel gegenüber dem Täter, mit dem „ein ehrenrühriges, autoratives Unwerturteil über eine Verhaltensweise des Täters, der Vorwurf einer Auflehnung gegen die Rechtsordnung und die Feststellung der Berechtigung dieses Vorwurfs verbunden sind."[1007]

Der Vorwurf beruht also auf dem sozialethischen Versagen, sich rechtstreu zu verhalten. Er setzt nach Ansicht von Otto logisch die Möglichkeit zu individuellem Andershandeln voraus, was eine empirische Fähigkeit sei, die der juristischen Person nicht zu eigen ist. Otto sieht Probleme aus dem GG die Legitimation eines bestimmten Weltbildes zu entnehmen, aber die Legitimation der Anerkennung der persönlichen Freiheit ist in einer freiheitlich verfaßten Rechtsordnung, die auf die Achtung der menschlichen Würde gegründet ist, gegeben.

Die Anerkennung menschlicher Würde beruht auf dem Verständnis der Person, als ein Wesen, das seiner Anlage nach von sich selbst weiß, rational dem eigenen Willen gemäß Kausalverläufe determinieren und mit anderen Gemeinschaft haben zu können[1008]. Otto spricht der juristischen Person derartige Fähigkeiten ab, weshalb ein persönlicher Vorwurf nur gegen natürliche Personen erhoben werden könne.

Die Beurteilung ist abhängig von dem eingenommenen strafrechtlichen Standpunkt. Dies gilt beim bisher zugrundegelegten normativen Schuldbegriff, aber auch beim gestalteten und inhaltlich veränderten sozialen Schuldbegriff. Dieser will den Schuldvorwurf von einem individuellen sittlichen Vorwurf befreien und ersetzt ihn durch einen sozialen Vorwurf. Tadel stellt sich dann als „ein sozialer Tadel wegen des Zurückbleibens hinter Verhaltensanforderungen, die der freiheitlich verfaßte und daher menschliche Freiheit anerkennende Staat an seine Bürger mit normaler Motivierbarkeit durch soziale Normen als Grundbedingung friedlichen Zusammenlebens stellen muß" dar[1009]. Hiernach ist zu fragen, ob „ein anderer an Stelle des Täters unter Anspannung der Willenskraft, die dem Täter möglicherweise gefehlt hat, die rechtswidrige Tat unter den konkreten Umständen hätte vermeiden können"[1010].

Beide Begriffe unterscheiden sich somit im Vorwurf, was jedoch für eine rechtliche Betrachtung irrelevant ist. Denn beide Schuldbegriffe beruhen auf der logischen Prämisse der Entscheidungsfreiheit der Person hinsichtlich der Anforderungen im sozialen Bereich. Die grundsätzliche Befähigung zum Andershandeln ist der Bezugsgegenstand der Normen von Sozialethik oder nur soziale Normen. Die Schuld ist keine erwiesene höchstpersönliche Entscheidung, sondern setzen diese gleichwohl voraus. Dies verstellt

[1006] So Otto in seinem Lehrbuch Grundkurs Strafrecht, AT § 12 IV m.N.
[1007] BVerfGE 27, 18, 33
[1008] So die Ansicht von Otto, aaO, S. 17, die er auch in seinem Lehrbuch AT § 1 II 6 vertritt.
[1009] Lackner, StGB, Vor § 13 RdNr. 23
[1010] Jescheck, LK, Vor § 13 RdNr. 67 m.w.N.

allerdings den Weg zur Zurechnung der Schuld, da der persönliche Vorwurf an die natürliche Person gebunden ist.

Eine andere Beurteilung erfolgt, wenn die Schuld allein als das Sosein des Zurückbleibens hinter bestimmten Anforderungen gegründet wird, weil dies ein Verzicht ist, die Freiheitsfrage überhaupt zu stellen. Dieser Schuldbegriff ist frei von einem sozialethischen Vorwurf, weil er nur noch das Zurückbleiben des Täters hinter den Leistungen eines Durchschnittsmenschen feststellt. Eine Kritik an diesem Schuldbegriff erfolgt von Schünemann[1011], weil eine rein rechtliche Kategorie der Schuld zu einem Zirkelschluß führe.

So faßt Schroth[1012] beispielsweise die Verhaltensweisen in einem Unternehmen als Unternehmensschuld zusammen, was sich aber als Zirkelschluß darstellt. Der Schuldvorwurf würde zusammengefaßte Verhaltensweisen der Mitglieder und Organe treffen. Folgerichtig kommt man deshalb zur Ansicht von Unternehmen als schuldfähig. Die Legitimation von Schuld soll allein in der gesetzgeberischen Zuschreibung von Schuld begründet sein. Diese ist jedoch Folge, nicht Grundlage die Schuldfähigkeit.

Otto setzt auf die Fortentwicklung des Begriffs, wenn er Schuld nicht als Voraussetzung irgendeines Vorwurfs einordnet, sondern funktional unter Strafzweckaspekten.

Jakobs[1013] bemißt die Schuldfähigkeit von Unternehmen allein nach dem Erfordernis der Prävention. Er stellt keinen Bezug mehr zum Täter her, sondern bemißt Eignung und Erforderlichkeit der Sanktion nach präventiven Gesichtspunkten. Der Schuldgedanke hat bei einer solchen Sicht seine eigenständige Bedeutung verloren, denn diese liegt gerade darin, durch die Achtung der Person des Täters der Generalprävention Grenzen zu setzen. Die bloße Zuschreibung von Schuld „nach dem Maß des Präventionsinteresses begründet nicht mehr die Zulässigkeit einer zweckmäßigen Bestrafung, sondern die Zweckmäßigkeit der Bestrafung begründet die Schuld“[1014]. Das Schuldprinzip ist demnach auf ein Prinzip zweckmäßiger Strafe reduziert worden, so daß es auch auf juristische Personen angewendet werden kann. Zwischen der Schuld natürlicher und juristischer Personen besteht nach oben gesagtem kein Unterschied mehr.

Diese pragmatischen Sichtweise sieht bei der Verbandsstrafe die Notwendigkeit einer Bestrafung auch als den Grund für ihre Möglichkeit an. Eine solche Berücksichtigung von Zweckmäßigkeitserwägungen, wie sie in Deutschland abweichende Meinungen vornehmen, und die in England prägend ist, zeigt, daß dem Strafrechtssystem gleichsam vorausliegende Aspekte diese so prägen, daß eine einzelne Änderung des Systems einen Bruch des Gesamtbildes bewirken kann.

Vom deutschen Strafzweckverständnis her ist ein solcher, vermeintlich neutraler Satz wie von Frister nicht aufrechtzuerhalten. Zweck des Schuldprinzips ist es gerade, ein

---

1011 Unternehmenskriminalität, aaO

1012 Unternehmen als Normadressaten und Sanktionsobjekte, 1993, S. 198 ff.

1013 Strafrecht AT 2. Aufl. 1991, 17/18 ff.

1014 Frister, Schuldprinzip, S. 17

reines Zweckdenken bei der Bestrafung zu verhindern und diesem Schranken zu setzen. Ein reines Zweckmäßigkeitsdenken, welches etwa einer Verwurzelung des Schuldgrundsatzes im Verhältnismäßigkeitsgrundsatz zugrunde liegt, ist einem an materiellen Rechtspositionen orientierten Rechtdenken fremd. Eine Begründung, die nur über die Kategorien von sinnvoll und zweckmäßig geht, reicht diesbezüglich nicht aus.

Wird in der rechtspolitischen Diskussion unter Hinweis auf die Schwierigkeiten eines Schuldnachweises bei einem konkreten Verantwortlichen in Taten als Wirtschafts- und Umweltdelikten gefordert, daß deutsche Strafrecht müsse sich unter Hinweis auf die langjährige Anerkennung der strafrechtlichen Verantwortung von juristischen Personen sowohl auf den anglo-amerikanischen Rechtskreis wie auch anderen europäischen Staaten sowie der Tendenz des europäischen Gemeinschaftsrechts zur Anerkennung einer „*corporate criminal liability*“ solchen Entwicklungen und Veränderungen endlich stellen[1015], liegt genau ein solches Zweckmäßigkeitsdenken zugrunde. Die vorgebrachten Argumente, die sich auf die Kompatibilität der eigenen Rechtsordnung mit dem internationalen und europäischen Standard beziehen, die rein strafrechtlich-dogmatischen Argumente der als angeblich bezeichneten Schuldunfähigkeit juristischer Personen als Rückzug auf eine Verweigerungsposition verstehen und die alleinige Verantwortlichkeit natürlicher Personen nicht genügen lassen wollen, blenden die Ebene der Strafzwecke wie auch des Verfassungsrechts komplett aus[1016]. Daß vermeintlich eine Strafbarkeit einer natürlichen Person nicht genügt und deshalb die Schaffung einer strafrechtlichen Verantwortlichkeit juristischer Personen erforderlich ist, gehen die Problemkonstellation ergebnisorientiert an und wenden damit genau jenes Zweckmäßigkeitsdenken an, welches der Schuldgrundsatz beschränken soll. Dies ergibt sich auch aus dem Sinn und Zweck des justizförmigen Strafverfahrens, welches sich als ein persönliches Zur-Verantwortung-Ziehen für begangenes Unrecht darstellt und schon als solches einer Funktionalisierung für die Zwecke etwa der „inneren Sicherheit“ entzogen ist[1017].

Mit der vom BVerfG geforderten Schuld als Voraussetzung der Strafe hat die dargestellte Auffassung der Schuld jedoch nichts mehr gemein. Dies verdeutlicht aber nicht nur die unterschiedliche Vorstellung des strafrechtlichen vom verfassungsrechtlichen Schuldbegriff. Im Gegenteil hebt diese Einebnung den vom BVerfG herausgestellten Gegensatz zwischen Strafe und Prävention auf, welchen das Gericht als konstitutiv für die Strafe voraussetzt. „Die Strafe, auch die bloße Ordnungsstrafe, ist im Gegensatz zur reinen Präventivmaßnahme dadurch gekennzeichnet, daß sie, wenn nicht ausschließlich, so doch auch, auf Repression und Vergeltung für ein rechtliches verbotenes Verhalten abzielt. Mit der Strafe, auch mit der Ordnungsstrafe, wird dem Täter ein Rechtsverstoß vorgehalten und zum Vorwurf gemacht. Ein solcher strafrechtlicher Vorwurf aber setzt Vorwerfbarkeit, also strafrechtliche Schuld voraus“[1018].

[1015] Prof. Dr. Rupert Scholz, seinerzeit Vorsitzender des Rechtsausschusses im Deutschen Bundestag, F.A.Z. vom 11.11.2000, Nr. 263, S. 23
[1016] Scholz, aaO
[1017] Vgl. Götz, Innere Sichheheit, S. 1011
[1018] BVerfG E 20, 323, 331

Der Grundsatz, daß Strafe Schuld in diesem Sinne voraussetzt, wurzelt gemäß BVerfG „in der vom GG vorausgesetzten und in Art. 1 I GG und Art. 2 I GG verfassungskräftig geschützten Würde und Eigenverantwortlichkeit des Menschen, die vom Gesetzgeber auch bei der Ausgestaltung des Strafrecht zu achten und zu respektieren sind“[1019]. Mit diesem Schuldprinzip ist aber ein Verbandsstrafrecht nicht zu vereinbaren.

Nach der Ansicht Ottos schließt der Schuldbegriff des BVerfG auch Ordnungswidrigkeiten wegen Verbandsverschulden oder Zurechnung als Organordnungswidrigkeiten aus, wenn die Ordnungswidrigkeiten dem Strafrecht i.w.S. zugerechnet werden, weil sich Kriminalunrecht und Ordnungsunrecht ihrer materiellen Bedeutung nach nicht nach qualitativen, sondern nach quantitativen Merkmalen unterscheiden[1020]. Otto begegnet deshalb einer Geldbuße nach § 30 OWiG mit schwersten Bedenken. Auch die Geldbuße setze nämlich persönliche Schuld voraus und bringe ein Unwerturteil zum Ausdruck bringt, zumindest dann, wenn nicht bloßes Verwaltungsunrecht erfaßt sei. Letztlich ist nach Otto auch eine Geldbuße nur gegen natürliche Personen vertretbar. Dies gelte um so mehr, als auch die Bestimmung der Höhe problematisch sei. Der Verzicht auf eine sittlich-ethische Mißbilligung oder einen sozialethischen Vorwurf sei nicht geeignet, die Schuldbeziehung zu lösen. Diese Kritik verstärkt m.A. jene an einer echten Strafbarkeit, denn die Einwände gegen diese schwächere Stufe gelten erst recht für die darüber. Otto etwa tritt für ein eigenes Sanktionsrecht für Unternehmen ein, daß sich am EG- Kartellrecht orientiert solle. Ottos vom Streit im einfachen Recht geprägten Argumente zeigen, daß die Ausfüllung des strafrechtlichen Schuldbegriffs unterschiedlich sein kann.

Deutlich wird, daß die verfassungsgerichtlichen Vorgaben nur sehr punktuell sind. Die im einfachen Recht zahlreichen Argumente erreichen erst dann verfassungsrechtliche Relevanz, wenn sie die Schuld als Fundament der Strafbarkeit einschränken oder ersetzen. Ein Schuldverständnis, das ausschließlich der Generalprävention Rechnung trägt oder sich nur als Ausprägung des Verhältnismäßigkeitsgrundsatzes versteht, ist auch unter Hinweis auf die Argumentation des BVerfG abzulehnen.

Die Auseinandersetzung Ottos bestätigt das, was sich bereits angedeutet hat. Wegen der weiten, eher punktuellen Vorgaben muß der Großteil der Diskussion auf der Ebene der Strafrechtsdogmatik ablaufen. Das Ergebnis der einfachgesetzlichen Überlegungen stützt den Eindruck, daß die Vorstellung des individuellen Strafrechts vom bewußt allein entscheidenden Täter mit der Unternehmensstrafbarkeit nicht in Einklang zu bringen ist. Übernimmt man die Aspekte, welche die Freiverantwortlichkeit der zu treffenden Entscheidung untermauern, ergeben sich erheblichen Einwände gegen eine Strafbarkeit juristischer Personen.

Die strafrechtsdogmatischen Erwägungen sind notwendig, um überhaupt einen verfassungsrechtlichen Anknüpfungspunkt für die Beurteilung zu haben, weil sonst der Versuch eines abstrakten Vergleiches zum Scheitern verurteilt ist. Diese Anknüpfungs-

[1019] BVerfG E 25, 269, 285

[1020] H.M. vgl. BVerfG E 51, 60, 74; Göhler, OwiG, 9. Aufl. 1990, Vor § 1 RdNr. 5; Jescheck AT § 7 V 3 b

punkte sind unter Berücksichtigung des bereits dargestellten noch mal klar zu machen[1021].

Dieser Begründungsansatz bezieht sich nicht inhaltlich auf weitere Vorschriften des Grundgesetzes, trägt jedoch unter Heranziehung des einfachgesetzlichen Strafrechts dem Gedanken einer wesensmäßigen Anwendbarkeit Rechnung.

Da sich somit ergibt, daß einer wesensmäßigen Anwendung des Schuldgrundsatzes Relevanz zukommt, ist Art. 19 III GG zu würdigen, um bei einer Auseinandersetzung mit diesem weitere Begründungspunkte für und gegen eine Bestrafung zu gewinnen.

4.2.3) Verfassungsrechtliche Überlegungen zum Wesensvorbehalt des Art. 19 III GG

Daß bei den Überlegungen zur Strafbarkeit juristischer Personen das Menschenbild des Grundgesetzes zu beachten ist, ergibt sich nicht nur nach den Hinweisen von Otto[1022], sondern bereits aus der Natur der Sache. Die konkrete Berechtigung einer juristischen Person für ein einzelnes Grundrecht kann nur verstanden werden, wenn die Aspekte der abstrakten Grundrechtsfähigkeit vorausgesetzt werden können, aus denen sich auch Argumente im Einzelfall gewinnen lassen können.

4.2.3.1) Abgrenzung des Substrats- vom Eignergedanken

Der Aufbau des Grundrechteils des GG zeigt, daß der Mensch als natürliche Person Anknüpfungspunkt dieser Verfassungsregelungen sein soll. Der inländischen juristischen Person wird mit der Einschränkung des Wesensvorbehalts eine Berufung auf die Freiheits- und Gleichheitsrechte in Art. 19 III GG, und damit in abschließender Stellung dieses Verfassungsabschnitts, gleichwohl eröffnet, womit den Grundrechten eine zusätzliche Dimension zugewiesen wird, die über die originären Träger hinausgeht.

Eine solche Regelung stellt verfassungsgeschichtlich ein Novum dar, denn das Grundgesetz kehrt sich ab von der Verfassungstradition eines engen Dualismus von Individuum und Staatsgewalt, die keinen Raum mehr läßt für Dritte. Noch in der Weimarer Reichsverfassung, die zwar einzelne Rechtsgarantien für Verbände enthielt, allerdings nur innerhalb spezieller, abgegrenzter Verfassungssektoren wie dem Staatskirchenrecht, war nach der herrschenden Lehre die juristische Person von diesen Rechten ausgeschlossen[1023].

Die Bonner Verfassungsgeber haben sich davon bewußt abgewandt und ausdrücklich die juristische Person unter bestimmten Voraussetzungen für prinzipiell grundrechtsfähig erklärt. Leitend war der Gedanke, daß auf vielen Feldern der gesellschaftlichen Realität die Grundrechtsausübung darauf angewiesen ist, daß bestimmte organisatorische

---

[1021] Vgl. Abschnitte 10 und 13

[1022] Zuvor unter 17. Abschnit C II 4.2.2

[1023] Vgl. die Nachweise zur Entwicklung der Grundrechtsberechtigung juristischer Personen bei Stern, Staatsrecht III/1, S. 1089 ff.

Voraussetzungen erfüllt sind. Die Organisation einer juristischen Person kann als Medium der Grundrechtsverwirklichung gesehen werden[1024]. Das Grundgesetz billigt ihr auch die Fähigkeit zu, selbst Träger von Grundrechten zu sein und nicht bloß Treuhänderin von Mitgliedsrechten, auf die es je nach Konstruktion auch gar nicht ankommt.[1025] Über die Funktion als bloßes Grundrechtsinstrument erhält sie einen relativen Eigenwert, ohne deshalb den Dienst aufzukündigen, den sie den grundrechtsfähigen natürlichen Personen schuldet und um derentwillen sie geschaffen ist. In ihrer Grundrechtsfähigkeit ist die juristische Person der natürlichen von Verfassungs wegen gleichgestellt, womit ihr die verfassungsrechtliche Natur als solcher zukommt. Der Charakter als Subjekt der Grundrechte zeigt sich darin, daß sie eine selbständige, impermeable Einheit ist, die grundrechtlich unabhängig ist von den ihrerseits grundrechtsfähigen natürlichen Personen, die hinter ihr stehen können und sie tragen und leiten, also von ihren Mitgliedern, Gesellschaftern, Organwaltern o.ä..

Teilt man dieses Verständnis und sieht man in der Zubilligung der Eigenschaft als Grundrechtssubjekt die entscheidende Neuerung des Bonner Grundgesetzes, so verfügt die juristische Person über die Grundrechte nicht als Treuhänderin ihres personalen Substrats, sondern als Eignerin. Ein juristischer „Durchgriff" auf ihr personales Substrat kommt zur Klärung, ob einer Organisation Grundrechte hat und in welchem Umfang, dann nicht in Betracht[1026]. Dies liegt in der Konsequenz des Trennungsprinzips, denn die juristische Person ist rechtlich zu trennen von den Menschen, aus denen sie sich zusammensetzt und die für sie handeln.

Der Grundsatz, das der gleiche Schutz der Grundrechte wie für natürliche Person gewährt wird, ist bei der juristischen Person eingeschränkt durch den Vorbehalt, daß diese „ihrem Wesen nach" anwendbar sind. Unter dieser Maßgabe freilich besteht eine Teilhabe an den Abwehrrechten und den Schutzpflichten und es werden status negativus wie status positivus eröffnet.

Verfahrensrechtliche Konsequenz ist die grundrechtliche Aktivlegitimation, wobei insbesondere das eigene Rechtsschutzinteresse eben nicht identisch ist mit dem der Individuen, die ihr personales Substrat bilden.

Der Wesensvorbehalt ist Ausdruck des Verständnisses, daß ein Primat der Grundrechtszuständigkeit bei den natürlichen Personen liegt, was keiner ausdrücklichen Feststellung bedarf, denn der Grundrechtszuschnitt ist in Ausrichtung auf die vorgegebene Idee der Menschenrechte auf die Selbstbehauptung gegenüber dem Staat und auf die freie Entfaltung der Persönlichkeit erfolgt[1027]. Die Grundrechte, „um des Menschen willen" da[1028], finden ihren Grundlage in der Menschenwürde, an der die juristische Person aber

---

[1024] Isensee, Anwendung, S. 564 a.A. Rüfner, Grundrechträger, C I RdNr.32, der gegenüber dem Einzelnen keine zusätzliche Möglichkeit einer Gewährung sieht, seine Grundrechte von einem Kollektiv durchsetzen zu lassen.

[1025] Rüfner, Grundrechtsträger, C I RdNr. 31

[1026] Rüfner, aaO, C I RdNr.31 m.w.N.; vgl. die kontroverse Diskussion zur Zulässigkeit des Durchgriffs bei Isensee, Anwendung, S. 565 Fußnote 5

[1027] Isensee, aaO, S. 566

[1028] Ständige Rechtsprechung des BVerfG; vgl. nur BVerfGE 21, 362, 369; 50, 290, 353; 61, 82, 110

keinen Anteil hat. Nicht zu verwechseln mit dem Durchgriffsgedanken ist die abgeleitetet Grundrechtsfähigkeit der juristischen Person, die im Gegensatz zur natürlichen Person als geborenen menschlich-rechtlichen Grundrechtsträger „nur" kraft positiven Verfassungsrechts gekorener Grundrechtsträger ist.
Daraus läßt sich schon an dieser Stelle schließen, daß die ratio der Grundrechtsberechtigung eine andere ist, wenn die grundrechtliche Freiheit ursprünglich und als Selbstzweck vorhanden oder wenn sie Derivat und Mittel der Grundrechtsausübung anderer ist. Eine inhaltliche Übereinstimmung kann durch die Unterschiede der ratio legis aber nicht beseitigt werden. Die Grundrechtsgeltung ist vielmehr wegen der rechtsethischen Substanz der juristischen Person mehr als nur eine rechtstechnische Konstruktion. Ohne eine Medium personaler Grundrechtsausübung zu sein, daß eine Steigerung der Effizienz bewirken kann, wären die Grundrechte der einzelnen natürlichen Person ergänzungsbedürftig. Das BVerfG drückt dies darin aus, daß nur wenn „...die Bildung und Betätigung einer juristischen Person Ausdruck der freien Entfaltung der privaten, natürlichen Personen sind, wenn insbesondere der Durchblick auf die hinter den juristischen Personen stehenden Menschen es als sinnvoll und erforderlich erscheinen läßt, ist es gerechtfertigt, juristische Personen als Grundrechtsinhaber zu sehen und sie kraft dessen auch in den Schutzbereich bestimmter materieller Grundrechte einzubeziehen"[1029].

Mit Isensee[1030] ist hier davon auszugehen, daß das Wort „Durchblick" einen anderen Sinn aufzeigen soll als der bereits abgelehnte Begriff „Durchgriff", denn ein operativer Durchgriff, mit dem die juristische Person als Rechtskonstrukt beiseite geschoben würde, soll im Rahmen des Art. 19 III GG ja gerade nicht erfolgen[1031]. Vielmehr ergibt sich ein Verständnis als teleologischer Durchblick durch die rechtliche Form auf das personale Substrat bei der Prüfung, ob eine juristische Person überhaupt grundrechtsfähig ist und welche Grundrechte ihrem Wesen nach auf sie anwendbar sind, sei es durch Modifikationen. Bei Feststehen der Anwendbarkeit gilt dann das Trennungsprinzip, womit die juristische Person als solche grundrechtlichen Schutz beansprucht.
Da sich die Grundrechte auf den wirklichen Menschen richten, sind auch die juristischen Personen unter dem Gesichtspunkt der Verkörperung von Lebensrealität zu sehen. Die Wirklichkeit wie auch das Recht unterhalb des Verfassungsniveaus bilden die außergrundrechtlichen Faktoren, die über den normativen Filter des Wesensvorbehalts grundrechtlich relevant werden. Der „Durchblick" gilt diesen realen und rechtlichen Voraussetzungen.

Isensee begründet die Grundrechtsfähigkeit der juristischen Personen mit dem Bildnis eines zweiten Walls der Grundrechte gegenüber der Staatsgewalt. Die Freiheit der gesellschaftlichen Kräfte verlange auch einen Schutz durch die Grundrechte gleichsam einem Bauprinzip der Gesellschaft, um als zweite Ebene mit eigenem grundrechtlichem Schutz zu Begünstigungszwecken den Bezug des subjektiven Rechts zur objektiven Institutsgarantie zu durchbrechen und solle eine grundrechtliche Durchdringung der Gesellschaft mit zu bewirken.

[1029] E 61, 82, 101

[1030] aaO, S. 566

[1031] Auch wenn das BVerfG den Begriff des „Durchgriffs" auf die hinter der juristischen Person stehenden Menschen schon benutzt hat; vgl. E 21, 362, 368 f.; 68, 193, 206; 75, 192, 196

Diese grundsätzliche Frage nach der Anwendbarkeit von Grundrechten auf juristische Personen geht zwangsläufig einher mit der Bestimmung des Wesensvorbehalts. Hilfreich dabei ist eine kurze Bestimmung der Gemeinsamkeiten und Unterschiede von natürlichen und juristischen Personen aus grundrechtlicher Sicht. Eine vergleichbare Interessen- und Gefährdungslage für die juristische Person als organisierte Entscheidungs- und Wirkungseinheit hat eigene Belange, die mit dem Gemeinwohl kollidieren können[1032]. Der Schutz vor Übergriffen verlangt die wesensmäßige Anwendung von Abwehrrechten wie auch Schutzpflichten.

Diesen Gemeinsamkeiten stehen die Wesensunterschiede gegenüber. Die juristische Person ist zwar nicht ausschließlich, aber wesentlich fundiert in Bestand und Funktion durch Vorgaben des Rechts. Anders als der Mensch ist sie nicht Selbstzweck, sondern als Werkzeug des Menschen zu verstehen und Mittel zum Zweck, um Kräfte der Individuen zusammenzufassen und rational einzusetzen, Effizienz zu steigern oder die Erreichung eines Zieles überhaupt erst zu ermöglichen und kollektive Macht aufzubauen, welche die Summe der individuellen Einflußmöglichkeiten übertrifft[1033]. Dabei kommt der juristischen Person eine zeitliche Kontinuität zu, die in einer gewissen Weise zur „Unsterblichkeit" führen kann, weil weder Anfang noch Ende natürliche Vorgänge, sondern Rechtsakte sind und die juristische Person, etwa durch den Austausch von Organwaltern, in der Wechselbeziehung von realen Lebensvorgängen und rechtlicher Form der Zuständigkeiten und der Zurechung gleichwohl einer Aktualisierung unterliegt.

Im Gegensatz zum Menschen als zweckfreies Wesen, daß sich seine Ziele selber steckt, sind die der juristischen Person vorgegeben durch Organisationstypus und Zweckbindung etwa der Satzung, so daß den juristischen Personen keine weiteren Tätigkeitsbereiche eröffnet sind als die Gesetze vorsehen.[1034] Eine Zweckänderung ist zwar möglich, aber begrenzt durch die Fülle der gesellschaftlichen Möglichkeiten, die sie unmöglich alle wahrnehmen kann. Anders als Staat und natürliche Person besteht eben keine Allzuständigkeit oder Selbstbestimmung über die Ziele und Wirkungskreise, weil die juristische Person durch den Zweck, um dessentwillen sie geschaffen worden ist, determiniert ist und deshalb immer nur eine partielle Entfaltung für die Menschen in ihnen ermöglichen, ohne das die Menschen in ihnen „aufgehen" können, was auch als indirekte Vorkehrung zur Sicherung der Individualfreiheiten zu werten ist[1035].

Diese strukturelle Zweckbegrenztheit wird durch die Grundrechtsfähigkeit auch nicht angetastet, da diese an der bereits konstituierten und in ihren Aufgaben definierten juristischen Person anknüpft, womit aus den Grundrechten keine Erweiterung des satzungsmäßigen Wirkungskreises erfolgen kann. Die Lehren des einfachen Rechts lassen

---

[1032] Mit den unterschiedlichen Ansätzen zur Begründug der Gleichartigkeit des rechtlichen Anknüpfungspunktes setzt sich Isensee, aaO, S. 569 f. auseinander.

[1033] So die Charakterisierung bei Isensee, aaO, S. 571

[1034] Rüfner, Grundrechtsträger, C I RdNr.34

[1035] Vgl. Rittner, Juristische Person, S. 227

sich nicht auf jedoch nicht auf die Grundrechte übertragen[1036]. Da es eines Vertrauensschutzes zugunsten des Staates nicht bedarf, kann, unter Anlehnung an die entsprechenden Gedanken des im angelsächsischen Rechtskreises wurzelnden ultra-vires-Prinzips, die juristische Person nur nach Maßgabe ihrer internen Handlungsbefugnisse nach außen grundrechtlichen Schutz genießen. Eine Berufung auf Grundrechte außerhalb ihres Wirkungskreises ist nicht möglich[1037]. Ohne die privatautonome Kompetenzbasis kann auch das Auffanggrundrecht aus Art.2 I GG nicht eingreifen, denn die Entfaltung der Persönlichkeit, soweit sie sich auf die Menschenwürde gründet, bleibt ihnen unzugänglich.

Mit Isensee[1038] zeigt sich soweit die Anwendbarkeit der Grundrechte auf juristische Personen unter einem dreifachen Vorbehalt, nämlich dem generellen Vorbehalt hinsichtlich der Wesensangemessenheit, dem gattungsmäßigen Vorbehalt ihrem jeweiligen Typus entsprechend sowie dem individuellen Vorbehalt, daß sie sich in den satzungsmäßigen Wirkungskreis fügen.

Wie bereits erwähnt, fehlt der juristischen Person das natürliche Ich, die eigene Psyche, sie bezieht ihre Identitätsfähigkeit aus dem künstlichen, mit den Mitteln des Rechts hergestellten forum internum. Die Willensbildung erfolgt im Zusammenwirken natürlicher Personen im Rahmen der rechtlichen Organisation und ihres rechtlich geordneten Verfahrens, womit erst die Verfassung von Organisation und Verfahren die Entscheidungsfähigkeit im Innern und die Handlungsfähigkeit nach außen gewährleisten. Was sich beim Menschen als Einheit von Physis und Psyche von selbst ergibt, muß hier durch rechtliche Konstruktionen substituiert werden. Das Innenleben ist weniger als psychischer, sondern vielmehr als sozialer Prozeß zu werten. Die Willensbekundungen von Mitgliedern und Organwaltern bilden den eigenen Willen der juristischen Person und damit deren Identität, was einen Schutz der inneren Willensbildung gegen Fremdeinblick und Fremdeinfluß und ihre Fähigkeit, nach außen geschlossen zu handeln, erfordert[1039].

Diese grundsätzliche Konzeption ist auch zu prüfen, wenn ein aus Grundrechten hergeleitetes Prinzip wie der Schuldgrundsatz Anwendung finden soll.

4.2.3.2) Gleichheitssatz

Nicht nur der Wesensvorbehalt selbst, sondern auch aus dem Gleichheitssatz, der nach allgemeiner Rechtsmeinung seinem Wesen nach auf die juristische Person anwendbar

---

[1036] Im Gegensatz zu der im angelsächsischen Rechtskreis herrschenden ultra-vires-Doktrin, nach der sowohl Rechtsfähigkeit als auch Handlungsfähigkeit eines Verbandes durch den Organisationszweck begrenzt werden (vgl. 13. Abschnitt B), geht die in Deutschland dominierende Lehre davon aus, daß die Schranken des internen Dürfens nicht auch für das externe Können gelten, was aus der Verläßlichkeit des Rechtsverkehrs begründet wird. Eine Übertragung auf die Grundrechte darf aber nicht erfolgen.

[1037] Von Mutius, BK, Art. 19 III Rn. 44

[1038] aaO, S. 573

[1039] Ausführlich dazu Isensee, aaO, S. 573

ist[1040], lassen sich Aspekte für die Anwendbarkeit einzelner Grundrechte auf juristische Personen finden. Denn auch bei den Autoren des GG herrschte Einigkeit, daß wegen der substantiellen Verschiedenheit trotz der gleichen rechtlichen Eigenschaft als Grundrechtsubjekte nur eine „entsprechende" Anwendung erfolgen soll, die vom jeweiligen Lebenssachverhalt abhängt[1041]. Die unterschiedlichen Fallgestaltungen machen deutlich, daß eine Vielzahl gleichheits- wie differenzierungsstiftender Verfassungselemente zu unterschiedlichen Zuordnungen der juristischen Person führen kann.

Eine schematische Gleichbehandlung mit der natürlichen Person kann nicht gefordert werden, weil die grundrechtliche Gleichheit vom Anknüpfungspunkt der jeweils in Frage stehenden Rechtsfolge abhängt. Bei einem gesetzgeberischen Entschluß zur Gleichstellung muß auch das Gebot der konsequenter Ausgestaltung als Ausdruck des Trennungsprinzips befolgt werden, weil der Gesetzgeber nicht willkürlich zwischen der formalen Anknüpfung an die Rechtsform und materieller Wertung, zwischen Trennungsprinzip und Durchgriff wechseln darf[1042]. Dies gilt dann auch für die Rechtsfolge, es sei denn, daß sich sachgerechte Gründe für eine Abweichung aus der Eigenart der juristischen Person ergeben. Auch eine schematische Gleichstellung von verschiedenen juristischen Personen ist ausgeschlossen, denn dem Gesetzgeber ist es nicht verwehrt, Unterscheidungen nach dem Zweck der Organisation zu treffen und an die verschiedene Formtypik der juristischen Person unterschiedliche, dem Typus gemäße Rechtsfolgen zu knüpfen. Der gesetzgeberische Spielraum, zwischen den Organisationen sachgerecht zu differenzieren, wird allenfalls durch die rechtsstaatliche Selbstbindung und der grundrechtlichen Verpflichtung in der Konsequenz eingeschränkt.

Davon zu unterscheiden ist die Gleichheit in den Freiheitsrechten. Wegen des Durchblicksgedankens kann man die Grundrechte in ihrem Umfang oder ihrer Geltungsintensität nach ihrer „Personennähe" abstufen. Ein vollständig gegensätzlicher Ansatz wäre hingegen die Dosierung nach öffentlichen Interessen, nach der Funktion der juristischen Person im Gemeinwesen und nach ihrer sozialen Mächtigkeit.

Weitere spezifische Probleme bei der Transposition der Grundrechte auf juristische Personen stellen sich wegen der Anwendungsbegrenzung auf inländische juristische Personen sowie durch die Frage, ob und wie die Verfassung die einfachgesetzlichen Voraussetzungen gewährleistet und letztlich die Frage nach einem eigenständigen verfassungsrechtlichen Begriff der juristische Person[1043], aber auch der unterschiedlichen Bemessung der Grundrechte.

Wie besonders der Durchblicksgedanke und die Schaffung einer Basis der überindividuellen Funktion als zweiter Ebene zeigen, steht die Zielrichtung der Eröffnung der Anwendbarkeit der Grundrechte auf juristische Personen im Zeichen der zusätzlichen Begünstigung für die natürlichen Personen. Denn auch wenn dem Durchgriffsgedanken

[1040] Vgl. die Nachweise u.a.zur Rechtsprechung des BVerfG bei Isensee, aaO, S. 573 Fußnote 37
[1041] So BVerfGE 25, 269, 292; speziell zu Art. 19 III GG: BVerfGE 35, 348, 360
[1042] Trotz abschwächenden Entscheidungen danach bleibt als Grundsatzentscheidung BVerfGE 13, 331, 338 ff.
[1043] Dazu ausführlich Isensee, aaO, S. 578 ff.

eine Absage erteilt wurde und das Trennungsprinzip maßgeblich ist, war Ausgangspunkt für die wesensmäßige Anwendbarkeit der teleologische Durchblick.
Die Anwendung des Schuldgrundsatzes auf die juristische Person und dadurch bedingt die Möglichkeit der Verhängung einer echten kriminalstrafrechtlichen Sanktion durch ein adäquates Mittel würde für die juristische Person eine zusätzliche bzw. eigenständige Belastung bedeuten.

Sinn und Zweck des Durchblicksgedankens und der zweiten Ebene mit eigenständigem, über den Institutscharakter hinausgehenden Schutzraum werden in ihr Gegenteil verkehrt, weil nicht mehr Offenheit für die Gesellschaft erreicht würde, sondern eine zusätzliche, erweiterte Betätigungsplattform auch der Grundrechte natürlicher Personen stark beschnitten und im Extremfall ganz unterbunden werden könnte. Die größere Zugriffsmöglichkeit durch eine staatliche Sanktion ist vor diesem Hintergrund nicht mit dem Gedanken des teleologischen Durchblicks und damit des dem Trennungsprinzip zugrundeliegenden separaten grundrechtlichen Schutzes zu vereinbaren.

Etwas anderes ergibt sich auch nicht aus dem Gleichheitssatz. Diese Sichtweise drückt, daß „entsprechende Anwendung" auch einschränkend wirken kann.

Zu einem anderen Ergebnis werden freilich diejenigen Vertreter kommen, die den Schuldgrundsatz entgegen der hier getroffenen Entscheidung aus dem Verhältnismäßigkeitsgrundsatz entwickeln. Dessen Geltung im Rechtsstaat kann zu einer Strafbarkeit von Unternehmen führen, weil der Begründungsunterschied, wie er sich aus einer Verankerung des Schuldgrundsatzes in der Menschenwürde ergibt, entfällt und sich eine Differenzierung nur noch über die Unterscheidung zwischen natürlicher und juristischer Person ergibt. Bei einem Verständnis als Abwägungsregel bleibt auch breiterer Raum für die Einbeziehung von Zweckmäßigkeitserwägungen, welche die Befürworter einer solchen Strafbarkeit stets anführen.

Allerdings gehen bei Zugrundelegen des Substratgedankens die Erwägungen in eine andere Richtung. Sieht man den Grundrechtsschutz der juristischen Person primär in der Abwehr eines Durchgriffs auf dahinterstehende natürliche Personen und damit in deren Grundrechtsberechtigung, dann muß auch ein strafrechtliches Vorgehen gegen eine juristische Person am Schuldgrundsatz als Ausfluß des Art. 1 I GG gemessen werden, um das Schutzniveau für die natürliche Person nicht mittelbar abzusenken. Die Bestrafung natürlicher und juristischer Personen muß den gleichen Maßstäben folgen.

Anders ist dies wiederum zu beurteilen, wenn das Schuldprinzip aus dem Verhältnismäßigkeitsgrundsatz hergeleitet wird. Wegen der Doppelbelastung des Einzelnen wird diese Faktoren bei der Abwägung mit einzubeziehen sein, so daß wegen des Entzugs der Privilegierung, die der Schuldgrundsatz mit sich bringen kann, dessen Anwendung auf juristische Personen zu unterbleiben hätte.

4.2.3.3) Konkrete Anwendungsmöglichkeit

Ob und welche Grundrechte auf juristische Personen anwendbar sind, läßt sich nur zum kleineren Teil generell aus dem Wesen des jeweiligen Grundrechts beantworten. Nicht anwendbar sind alle Vorschriften, die eindeutig und ausschließlich auf die menschliche

Person abstellen wie Art. 1 I [1044]. Eine partielle Trägerschaft ist je nach gesetzlicher Ausgestaltung und in unterschiedlichem Umfang anwendbar. Letztlich ist entscheidend, ob die grundrechtlichen Fundamente des Schuldgrundsatzes ihrem Wesen nach auf die jeweilige juristische Person anwendbar sind. Zwar handelt es sich bei Unternehmen um juristische Personen des Privatrechts, die etwa als Personal- oder Kapitalgesellschaft geführt werden. Doch jenseits des zuvor genannten dreifachen Vorbehalts ist die Rechtsform als solche nicht maßgeblich[1045].

Deutlich geworden ist nach den umfangreichen Darstellungen, daß der Schuldgrundsatz, wie ihn die verfassungsrechtliche Rechtsprechung zeichnet, in der Menschenwürde des Art. 1 I GG i.V.m. Art. 2 I GG verankert wird. Fraglich ist, ob eine Anwendung auf das Unternehmen überhaupt in Betracht kommen kann. Leitbild des GG ist der eigenständige, selbstverantwortliche Bürger, der sein Geschick selbst in die Hand nimmt. Er hat als vernunftgeleitetes Wesen nach einer Reflektion die Handlungsmöglichkeiten gesehen und durch eine an Werten orientierten Entscheidung sich für eine entschieden. Der eigenverantwortliche Einzelne, der sich bei seinen Entscheidungen und Vorgehensweisen an den Maßgaben der Allgemeinheit orientiert, ist damit die Leitvorstellung. Bei einer wesensmäßigen Anwendung von Grundrechten, wie Art. 19 III GG sie vorsieht, ist eine Orientierung an deren Inhalt unerläßlich um zu bestimmen, ob eine wesensmäßige Anwendung auf eine juristische Person, also auch das Unternehmen, überhaupt in Betracht kommt. Auch das von der Verfassungsrechtsprechung gewonnene Schuldprinzip aus Art. 1 I GG i.V.m. Art. 2 I GG muß sich nach Sinn und Zweck des Art. 19 III GG hieran messen lassen.

Geht man unter Anlehnung an die englischen Vorstellungen (oder auch § 130 OWiG) von einem Management-Versagen aus, so sollen neben den Einzelpersonen bestehende abstrakte Entscheidungsbahnen, nämlich die Management- und Organisationsstrukturen des Unternehmens selbst, der Anknüpfungspunkt einer Strafbarkeit sein.

Die Entscheidung oder auch die fehlende Entscheidung werden einer fiktiven Struktur zugerechnet, die, neben den handelnden und leitenden Individualpersonen, das Unternehmen darstellt. Diese Fiktion einer Institution, der Handlungsmöglichkeiten unterstellt werden, diese miteinander in Beziehung setzt und dann eine Auswahlentscheidung trifft, die sich an ethischen Vorgaben, vor allem aber an rechtlich zwingenden Aspekten orientiert, unterscheidet sich von der des Menschen als natürlicher Person dadurch, daß es nicht ein natürlicher Entscheidungskörper wie der menschliche Verstand ist, der bemüht werden muß, sondern die Fiktion eines rationalen Entscheidungskörpers, der sich je nach Unternehmensstruktur aus unterschiedlichen natürlichen Personen zusammensetzt, aber als danebenstehendes eigenes Entscheidungszentrum des Unternehmens zu sehen ist.

Der menschliche Verstand als intellektueller Kern des eigenverantwortlichen Bürgers ist aber gerade ein Aspekt, den das offene Menschenbild des GG vorgibt, denn die Verankerung der Grundrechte und ihre jetzige Stellung zu Beginn der Verfassung sind Teil der bürger- und verfassungsrechtlichen Entwicklungsgeschichte.

[1044] Vgl. die Darstellung bei Rüfner, Grundrechtsträger, C II RdNr. 38

[1045] Schmidt-Bleibtreu/Klein, GG, Art. 19 RdNr. 14

Im Kern geht es um den Menschen als natürliche Person, dem Freiheits- und Gleichheitsrechte zugestanden werden sollen, die ihm in der Geschichte oft vorenthalten wurden, die aber zur Führung eines eigenverantwortlichen Lebens unabdingbar sind. Die wesensmäßige Anwendung, die Art. 19 III GG vorsieht, soll dem Rechnung tragen, daß der Einzelne zur Verwirklichung seiner Interessen einen rechtlichen Zusammenschluß wählt und dieser nicht den Restriktionen unterliegt, vor denen der Einzelne gerade bewahrt werden soll.

Wie die zuvor dargestellte Genesis des Art. 19 III GG ergeben hat, ist die wesensmäßige Anwendung einzelfallbezogen und von wahrzunehmender Aufgabe und Funktion abhängig. Wie ein Überblick zeigt[1046], ist dieser auf die grundrechtliche Gefährdungslage bezogene Ansatz beim Schuldgrundsatz nicht weiterführend. Erkennbar ist die Tendenz, daß die erweiterte Grundrechtsanwendung nur auf die elementarsten Bereiche beschränkt sein soll, während sie selbst noch bei wirtschaftlichen Grundrechten wie Art. 12 GG oder Art. 2 I GG umstritten ist. Art. 12 II GG als Verbot des entwürdigenden Arbeitszwanges ist in diesem Sinne nicht auf juristische Personen anwendbar[1047]. Während das BVerfG dies beim allgemeinen Persönlichkeitsrecht offengelassen hat[1048], wird es für die Menschenwürde als solche ganz allgemein abgelehnt. Da bezüglich Art. 2 I GG Strittigkeit der Anwendbarkeit auch nur bei dem wirtschaftlichen Bereich besteht, ergibt sich bereits auf dieser Basis der verfassungsrechtlichen Rechtsprechung keine Grundlage für eine Anwendung des Schuldgrundsatzes.

Vor dem Hintergrund eines Verständnisses, nach dem eine wesensmäßige Anwendbarkeit dem Schutz des Einzelnen dienen soll, damit seine eigenverantwortliche Lebensführung, derer dieser sich rechtlicher Personen bedient, nicht auf diese Weise beschränkt werden kann, wäre eine eigenständige Strafbarkeit des Unternehmens für ihn zwar ein Schutz vor eigener Belangung. Wenn die juristische Person gleichsam wie ein Quasi-Mensch mit allen Rechten ausgestattetet sein und deren Schutz genießen soll, erscheint dieser Schutz eher möglich. Denn gerade wegen des Schutzes wäre eine zusätzliche Strafbarkeitsebene günstig, um die einzelne Person zu entlasten. Dann scheint es ungeachtet von Sinn und Zweck des Art. 19 III GG nicht sinnvoll, eine separate Bestrafung des Unternehmens zu verwehren, weil dann u.a. der Einzelne belastet wird, auch wenn es tatsächlich um ein anderes großes Ganzes geht.

Wenn aber die juristische Person nur geschützt wird, um den Menschen zu dienen und diese zu schützen, legt der Schutzgedanke eine separate Strafbarkeit nahe. Die Wesensmäßigkeit ist bei restriktivem Verständnis aber eher gering, denn dann soll eigentlich der Kreis der anwendbaren Grundrechte und Verfassungsinstitute klein gehalten werden und sich auf „technische" Aspekte des Grundrechtsschutzes beschränken. Eine aus der nach Sinn und Zweck des Grundrechtskataloges zentralen Norm hergeleiteten Bestimmung, deren Bezug zum Menschen wegen des Menschenwürdegehalts ersichtlich ist, spricht somit deutlich dagegen.

[1046] Schmidt-Bleibtreu/Klein, GG, Art. 19 RdNr. 13

[1047] Vgl. BVerfGE 22, 380, 383. Auch Zwangsarbeit Art. 12 III GG können nur natürliche Personen leisten, eine Indienststellung juristischer Personen ist unter Enteignungsgesichtspunkten zu würdigen.

[1048] BVerfG DB 1994, 1350

Teilt man die Vorstellungen vom Substrat bzw. einem Durchgriff dagegen nicht, sieht also nicht den Schutz des Einzelnen als primären Grund des Art. 19 III GG, kann eine eigenständige Strafbarkeit Bedenken nicht begegnen, wenn man den juristischen Personen eigene schützenswerte Interessen zuweist. Dann stellt sich die Frage nach der wesensmäßigen Anwendbarkeit zwar anders. Die Wesensvorstellung und Existenzberechtigung der juristischen Person ändert auch dann nichts daran, daß der Menschenwürdegehalt aus den dargestellten Erwägungen eine Anwendung unterbindet.

Die Heranziehung von Grundrechten wird durch den Aspekt einer wesensmäßigen Anwendbarkeit im Sinne des Art. 19 III GG unter Zugrundelegung der genannten Ausgangsposition bei Anknüpfung an das Menschenbild eingeschränkt. Gestützt wird dies auch durch die Tatsache, daß eine Grundrechtsfähigkeit nur inländischen juristischen Personen zugebilligt wird. Ob e contrario aus Art.19 III GG ein Ausschluß ausländischer juristischer Personen zu schließen ist, ist bis heute umstritten, wird aber weit überwiegend angenommen[1049]. Hintergrund ist die Begrenzung eines fremdrechtlichen Aktionsspielraums der nicht der vollen deutschen Kontrolle unterliegenden ausländischen juristischen Personen. Eine solche von vornherein bestehende Beschränkung der aus der Menschenwürde abgeleiteten Schuld nur auf Inländer spricht ebenfalls gegen eine Anwendung dieses Grundsatzes auf juristische Personen, da die Verwurzelung in der Menschenwürde gerade eine Jedermannrecht voraussetzt. Da es sinnvoll ist, ausländische juristische Personen anders als natürliche Personen zu behandeln und ihnen nicht alle Grundrechte zuzuerkennen, steht dieser Gedanke der Ungleichbehandlung einer Anwendung des Schuldgrundsatzes entgegen. Gerade eines der rechtspolitisch gewollten Ziele, die Belangung transnational agierender Unternehmen, steht im Widerspruch zu der verfassungsrechtlich anerkannten Grundregel der Geltung für inländische juristische Personen.

Ergebnis

Aus verfassungsrechtlichen Gründen besteht keine Möglichkeit einer echten kriminalstrafrechtlichen Verantwortlichkeit juristischer Personen, da eine wesensmäßige Anwendung des grundrechtlich fundierten Schuldgrundsatzes nicht in Betracht kommt und eine strafrechtliche Haftung ausgeschlossen ist.

III) Abschaffung gewisser Verteidigungseinreden und deren Lösung in der Strafzumessung/Strafvollstreckung

Anhand des abweichenden Verständnisses und der unterschiedlichen Reichweite der Verteidigungseinreden im englischen Recht hat sich gezeigt, daß eine Lösung von nach deutschem Empfinden materiell-rechtlich gearteten Problemkonstellationen auch an anderer Stelle im Strafrecht i.w.S. erfolgen kann.

Auch bei diesem Themenkomplex soll wieder vor allem die Frage im Vordergrund stehen, ob es aus verfassungsrechtlicher Sicht Einwendungen gibt, die einer Ausgestaltung im einfachen Recht dahingehend Grenzen setzen, den Anwendungsbereich bestehender

---

[1049] Rüfner, Grundrechtsträger, C IV RdNr. 57; Ausnahme stellen die Grundrechte mit verfahrensrechtlichem Charakter da.

Rechtfertigungs- oder Entschuldigungsgründe gleichsam zugunsten anderer Lösungsstationen „auszudünnen".

Dabei soll zunächst der Frage nachgegangen werden, ob aus grundrechtlicher Sicht, insbesondere wegen Art. 2 II GG, bestimmte Rechtfertigungs- oder Entschuldigungsgründe bestehen bleiben müssen (1). Sollte danach eine andere Vorgehensweise nicht von vornherein ausgeschlossen sein, so soll vor dem Hintergrund der Verfassung auf eine organisatorische Lösung eingegangen werden, die sich in ihrer Ausgestaltung am englischen Rechtssystem orientiert (2). Danach (3) soll die verfassungsrechtliche Bewertung des Instituts des Rücktritts vom Versuch erfolgen, welches, wie dargelegt, in England keine eigenständige Rolle spielt, sondern nach deutschem Verständnis als materieller Gesichtspunkt anderweitig berücksichtigt wird. Da selbst im Falle der rechtlichen Möglichkeit eines weitergehenden Opportunitätsgedankens[1050] gerade die Berücksichtigung dieses einzelnen Aspekts im Rahmen des Prozeßrechts verwehrt sein kann, muß geklärt werden, ob eine verfassungsrechtliche Verankerung dieses Institut nicht eine Lösung im Prozeßrecht gerade ausschließt bevor neben der Rolle der Strafzumessung (4) der grundrechtlichen Relevanz einer Verurteilung ohne Bestrafung Aufmerksamkeit gewidmet wird (5).

1) Art. 2 II GG

1.1) Inhalt des Art. 2 II GG und Schutzpflicht

Art. 2 II GG wird als Grundlage des Rechts auf Leben gesehen. Die Norm enthält eine umfassende Pflicht zum Schutz des Lebens[1051]. Dabei ist nicht allein die Ausgestaltung als Abwehrrecht gegen den Staat von Bedeutung. Die in den Grundrechten verkörperten „objektiv-rechtlichen Wertentscheidungen der Verfassung" mit Richtliniencharakter für alles staatliche Handeln[1052] begründen zugleich die verfassungsrechtliche Pflicht des Staates, die durch die Grundrechte gesicherten Schutzgüter, vor allem Leben und körperliche Unversehrtheit, welchen eben in der verfassungsrechtlichen Rangordnung überragende Bedeutung zukommt[1053], zu gewährleisten. Sie gebietet dem Staat auch, sich schützend zu verhalten und sich vor dieses Leben zu stellen sowie es insbesondere vor rechtswidrigen Eingriffen von Seiten anderer zu bewahren[1054].

[1050] dazu unter 17. Abschnitt C IV

[1051] Auf die überragende verfassungsrechtliche Fundamentalnorm des Art. 1 I GG braucht nicht eingegangen zu werden, denn diese hat in allen Bereichen menschlicher Lebensverhältnisse Bedeutung und eignet sich daher nicht, Konflikte zwischen einzelnen divergierenden Zielen, etwa Lebensschutz und Handlungsfreiheit, zu lösen. Vgl. v. Münch/Kunig, GG, 4. Aufl. 1992, Art. 1 RdNr. 36

[1052] Ständige Rechtsprechung des BVerfG, vgl. nur BVerfGE 39, 1, 41 sowie v. Münch/Kunig, GG, Vorb. Art. 1-19, RdNr. 22

[1053] Vgl. BVerfG E 3, 1, 42; 46, 10, 164; 49, 89, 141 ff.; 53, 30, 57; 77, 381, 402 f.; 88, 203, 251 ff.

[1054] Schmidt-Bleibtreu/Klein, GG, Art. 2 II RdNr. 10 ff.

Die Frage, ob es aus grundrechtlicher Sicht der Schaffung von Straftatbeständen bedarf, hat bereits zu mannigfaltigen Überlegungen geführt und ist grundsätzlich auch bejaht worden[1055].

Die Entscheidung zur Abtreibungsfrage 1975 war „ein Paukenschlag" des BVerfG, in dem vom Staat verlangt wurde, sich fördernd und schützend vor das Leben zu stellen, was vor allem heißt, es auch vor rechtswidrigen Eingriffen von Seiten anderer zu bewahren. Die Schutzverpflichtung des Staates müsse um so ernster genommen werden, je höher der Rang des in Frage stehenden Rechtsgutes innerhalb der Wertordnung des GG anzusetzen sei. Das menschliche Leben als Höchstwert verlangt eine Ausrichtung der einzelnen Bereiche der Rechtsordnung hierauf, je nach ihrer besonderen Aufgabenstellung. Damit kann eine Vorkehrung zum Schutz auch die Strafdrohung sein und ist sogar unerläßlich, wenn andere Maßnahmen nicht den tatsächlichen Schutz gewährleisten, welcher der Bedeutung des zu sichernden Rechtsgutes entspricht[1056], so daß Gericht.

Ein damit verbundener Gesichtspunkt wird angesprochen, wenn die Frage aufgeworfen wird, ob es auch der Schaffung von Rechtfertigungs- oder Entschuldigungsgründen bedarf, um die mögliche Beeinträchtigung grundrechtlich gesicherter Positionen zu gewährleisten.

Ausgehend von einer Sachverhaltskonstellation, bei welcher der Einzelne zur Vornahme einer Handlung von Dritten gezwungen wird, die den Tod einer weiteren Person bewirkt, um seine eigene Liquidierung zu verhindern, könnte es eine Beeinträchtigung des Grundrechts auf Leben und körperliche Unversehrtheit Art. 2 II GG sein, wenn ihm kein Möglichkeit geboten wird, die besondere Situation etwa bei der Schuld, sei es als Entschuldigungsgrund, sei es als Schuldausschließungsgrund, zu berücksichtigen. In letzter Konsequenz bedeutet dies für den zur Tat Genötigten, daß er sich selbst töten lassen muß, da er bei einer Ausführung des angedrohten Delikts nicht mit einer Unterstützung durch das Gesetz rechnen und er nicht straflos bleiben kann.

Die Schaffung von Rechtfertigungs- oder Entschuldigungsgründen, um die mögliche Abwehr der Beeinträchtigung grundrechtlich gesicherter Positionen zu gewährleisten, berührt den einschlägigen Schutzbereich. Dabei ist zu beachten, daß als zweite Funktion des Grundrechts auf Leben die Inpflichtnahme des Staates herausgekehrt wird, den Grundrechtsträger vor der privaten Gewalt zu schützen. Letzteres ist status positivus des Begünstigten, der objektivrechtlich ist und dem kein subjektives Recht korrespondiert.

Damit ergibt sich ein Schutz des einen Grundrechträgers über den Eingriff in die Handlungsfreiheit des Anderen. Das Recht auf Leben wird kraft der Schutzpflicht, die es aus-

---

[1055] Umfassend Isensee, Das Grundrecht auf Sicherheit, Berlin 1983, der sich zum staatstheoretischen und ideengeschichtlichen Fundament der Schutzpflichten von Hobbes über Locke, den aufgeklärten Staat und das liberale Ideal der Reduzierung der Wirksamkeit des Staates auf den Sicherheitszweck äußert.
Aber auch der Teleologie des Verfassungsstaates und der Sicherheit als staatsrechtlichem Begriff unter dem Gesichtspunkt des thematischen Verständnisses und der sachlichen und sprachlichen Abgrenzung widmet er sich.

[1056] BVerfGE 39, 1, 36-51

löst, zum Eingriffstitel gegenüber dem Verletzer und das Opfer erhält über den Staat Sicherheit zu Lasten des Täters.

Konkretisierende Entscheidungen waren die Schleyer-Entscheidung 1977[1057], welche eine grundsätzliche Freiheit der Staatsorgane bestätigte, die Mittel zum Schutz des Lebens zu wählen; der Kontaktsperre--Beschluß 1978[1058], welcher bestimmte Maßnahme zur Abwehr terroristischer Akte verfassungsrechtlich rechtfertigt; unter anderem Blickwinkel danach die Entscheidungen zur Genehmigung von Kernkraftwerken[1059] und die Fluglärm-Entscheidung[1060].

Zwar scheint es schwer verständlich, wie ein Freiheitsrecht auf staatlichen Eingriff bestehen kann, andernfalls würde aber nur unvollkommene Freiheit bestehen, so daß die Schutzaspekte in ihrer Gesamtheit das Grundrecht auf Sicherheit bilden. Die grundsätzlich bestehende Schutzpflicht besagt allerdings noch nichts über die notwendigen Voraussetzungen, um dieser Handlungspflicht nachzukommen und deren Ausgestaltung im einzelnen.

1.2) Leistungspflicht zum Tätigwerden des Staates aus Art. 2 II GG

Wie eingangs erwähnt, wird Art. 2 II GG als Grundlage des Rechts auf Leben gesehen, womit die Norm eine umfassende Pflicht zum Schutz des Lebens enthält und nicht allein für die Ausgestaltung als Abwehrrecht gegen den Staat von Bedeutung ist. Die Leistungspflicht ist Gebot an den Staat, sich schützend zu verhalten und sich vor das Leben zu stellen sowie es insbesondere vor rechtswidrigen Eingriffen von Seiten anderer zu bewahren[1061]. Bei Vorliegen von Voraussetzungen dieser Art ist somit eine positive Handlungspflicht gegeben, deren Unterlassen einem aktiven Grundrechtseingriff gleichzusetzen ist, was freilich noch nichts über die Modalitäten staatlichen Vorgehens besagt.

1.3) Umsetzung der Schutzpflicht bei gesetzgeberischem Beurteilungsspielraum

Das grundsätzliche Bestehen einer Leistungspflicht besagt noch nichts über die konkrete Ausgestaltung der Maßnahmen. Die Wahl der Mittel orientiert sich folgerichtig an der Art des Schadens. Der Staat kann seinen schutzbefohlenen Bürgern die Hinnahme von Risiken eher zumuten, wenn sich der drohende Schaden später ersetzen läßt, als wenn er irreparabel ist[1062].

Damit stellt sich die Frage nach dem Mittel des Schutzes. Die Verfassung schreibt den Staatsorganen wegen der Komplexität der Entscheidungen nicht vor, wie sie die grundrechtliche Sicherheit gewährleisten sollen, weshalb der Gesetzgeber geeignete Mittel bestimmen kann. Damit können alle Formen des staatlichen Handelns in den Dienst des

---

[1057] BVerfGE 46, 160, 164 f.
[1058] BVerfGE 49, 24, 53-69
[1059] BVerfGE 49, 89, 140-144 Kalkar-Beschluß; 53, 30, (57-61) Mühlheim-Kärlich-Beschluß
[1060] BVerfGE 56, 54, (73-80)
[1061] Schmidt-Bleibtreu/Klein, GG, Art. 2 II RdNr. 10 ff.
[1062] Isensee, Sicherheit, S. 38

Schutzes gestellt werden, auch die Strafe. Die Verfassung beläßt dem Gesetzgeber nach Ansicht der Rechtsprechung ein Ermessen und es steht in seiner politischen Verantwortung die Vorkehrungen zur Wahrung der Rechtsgüter zu treffen, wobei eine Determination allerdings durch den tatsächlichen Schutzeffekt erfolgt. Aufgrund des Ermessens des Gesetzgebers und des Ermessens der Verwaltung ist es ausgeschlossen, unmittelbar in jeder Gefahrenlage aus den grundrechtlichen Schutzpflichten den Anspruch auf eine bestimmte Schutzmaßnahme abzuleiten und einzuklagen. Es besteht kein korrespondierender Leistungsanspruch auf konkrete Schutzvorkehrungen, sondern die primäre grundrechtliche Folgerung läuft auf eine objektive Schutzpflicht hinaus[1063]. Das BVerfG billigt dem gefährdeten Grundrechtsträger auch den Anspruch auf die Schaffung von effektiven Vorkehrungen zur Erfüllung der verfassungsrechtlichen Schutzpflicht durch den Gesetzgeber zu. Diese müssen im Wandel der Verhältnisse effektiv bleiben und notfalls muß eine gefahrengerechte Nachbesserung erfolgen[1064].

Wie der Staat seiner Schutzpflicht genügt, ist damit in erster Linie vom Gesetzgeber zu entscheiden[1065]. Das Untermaßverbot läßt es nicht zu, auf den Einsatz des Strafrechts und die davon ausgehende Schutzwirkung für das menschliche Leben zu verzichten. Es fällt grundsätzlich in die Verantwortung der rechtsetzenden Organe, wie sie die ihnen aus Art. 2 II GG obliegenden Schutzpflichten erfüllen, das heißt, die Gefahrensituation zu beurteilen, welche Prioritäten sie setzen und welche von mehreren unter Umständen denkbaren Mitteln und Wege sie als geeignet und erforderlich ansehen[1066]. Über die Art und Weise, wie die aus Art. 2 II GG hergeleiteten Schutzpflicht zu erfüllen ist, haben in erster Linie die staatlichen Organe in eigener Verantwortung zu entscheiden[1067], womit ihnen auch in diesem Bereich ein Gestaltungsspielraum zukommt. Dieser ergibt sich wegen der wertenden Beurteilung komplexer Wirkungszusammenhänge und ist typischerweise dem Aufgabenbereich der demokratisch legitimierten Legislative zuzuordnen[1068]. Interessant sind in diesem Zusammenhang die Grenzen, die den Gestaltungsspielraum bestimmen und hier vor allem die Untergrenze zur Beantwortung der Frage, ob und welche Regeln der Gesetzgeber als Rechtfertigungs- und insbesondere Entschuldigungsgründe zum Schutz des Lebens normieren muß. Einen Anspruch auf ein gesetzgeberisches Handeln muß dem weiten Beurteilungsspielraum Rechnung tragen.

Unter bestimmten Voraussetzungen kann das Auswahlermessen des Gesetzgebers auf eine einzige praktisch wirksame Form des Schutzes schrumpfen und damit etwa von Verfassungs wegen geboten sein, die Strafgewalt einzusetzen, dann nämlich, wenn der effektive Schutz auf andere Weise nicht zu erreichen ist. Dies macht es fraglich, ob ein Anspruch auf die konkret bestehende Regelung des entschuldigenden Notstandes zwingend ist.

[1063] Götz, Innere Sicherheit, S. 1015

[1064] Vgl. zur Verfassungsbeschwerdefähigkeit beim säumigen Gesetzgeber BVerfGE 56, 54 (70-72) zum Fluglärm

[1065] BVerfGE 39, 1; 42, 46; 88, 203 ff.

[1066] In dieser Deutlichkeit war die Aussage allerdings bezogen auf die Sicherung des Existenzminimums.

[1067] BVerfGE 56, 54

[1068] Vgl. BVerfG E 39, 1, 44

Prüfungsrelevanter Aspekt ist letztlich, ob eine so unsichere Verfahrensweise wie in England mit den dort geschilderten Nachteilen ausreicht.

Die Festlegung einer unteren Schwelle gesetzgeberischer Schutzuntätigkeit wird auch durch die im Vordringen befindliche Lehre vom Untermaßverbot gestützt, auf welche sich das BVerfG erstmals in seinem zweiten Urteil zum § 218 StGB[1069] bezog und aus der es eine verfassungsrechtliche Kontrollbefugnis auf Einhaltung des Untermaßes zur Zielerreichung herleitete.

Wegen der Besonderheiten der Problematik der Schwangerschaftsabbruchs ist die Übertragung dieser Grundsätze auf andere Rechtsbereiche aber offen; Kritiker wollen auch die Verpflichtung des Staates zur Gewährleistung eines Mindestschutzes nicht zu einer erweiterten gerichtlichen Kontrolldichte und damit zu einer übermäßigen Einschränkung der Gestaltungsfreiheit des demokratisch legitimierten Gesetzgebers führen lassen[1070].

Deutlich bestätigt sich, daß nicht nur das Verwaltungsrecht, sondern auch das Strafrecht Mittel zur Erfüllung der Schutzpflicht ist[1071].

1.4) Argumentation

Die Notwendigkeit einer Regelung wie der des § 35 StGB unterliegt dem Beurteilungsspielraum des Staates, dem es zugewiesen ist, die Regeln zum Lebensschutz zu erlassen. Dabei gilt es, die verschiedene Aspekte zu berücksichtigen, die eine gesetzgeberische Entscheidung leiten können.

1.4.1) Einzelerwägungen

Als eine Erwägung ist zu nennen, daß die Verweisung auf das Gesetz notwendig ist, denn die grundrechtliche Schutzpflicht zeitigt keine unmittelbare Rechtswirkung zugunsten oder zulasten des Bürgers. Die Schutzpflichten bedürfen der Umsetzung durch das Gesetz, weil sie abstrakt und konkretisierungsbedürftig sind und zudem der Vorbehalt des Gesetzes eingreift. Selbst der Schutz des Lebens rechtfertigt keinen gesetzesfreien Eingriff[1072]. Dieser Aspekt bezieht sich allerdings auf die Schaffung von Straftatbeständen. Wichtig ist vor allem, ob eine Übertragung der Gedankengänge nach Sinn und Zweck auf Rechtfertigungs- und Entschuldigungsgründe möglich ist. Als allgemeine Maßgabe besteht eine dauerhafte Verantwortung des Staates für die Sicherheit der

---

[1069] BVerfG E 88, 203 ff., insb. S. 254; dort ist ausgeführt, daß es Aufgabe des Gesetzgebers sei, „Art und Umfang des Schutzes im einzelnen zu bestimmen. Die Verfassung gibt den Schutz als Ziel vor, nicht aber seine Ausgestaltung im einzelnen. Allerdings hat der Gesetzgeber das Untermaßverbot zu beachten (....); insofern unterliegt er der verfassungsrechtlichen Kontrolle. Notwendig ist ein -unter Berücksichtigung entgegenstehender Rechtsgüter- angemessener Schutz; entscheidend ist, daß er als solcher wirksam ist.(...) Soll das Untermaßverbot nicht verletzt werden, muß die Ausgestaltung des Schutzes durch die Rechtsordnung Mindestanforderungen entsprechen."

[1070] Gegen eine Übernahme dieser Grundsätze für die komplexeren und diffusen Umweltgefahren Schmidt, Umweltrecht, S. 48 m.w.N..

[1071] So auch Götz, Innere Sicherheit, S. 1015

[1072] Isensee, aaO, S. 42

Bürger. Der Staat darf Übergriffe Privater nicht anregen und fördern. Eine solche Förderung kann in dem Unterlassen vernünftiger gesetzlicher Regelungen liegen.

Weiterhin kann die Ausübung der eigenen Rechte im gleichgeordneten Zusammenleben von Grundrechtsträgern nicht unbeschränkt sein. Die Rechte anderer sind dabei grundsätzlich als allgemeine Grenze der Grundrechte zu sehen. Der private Übergriff wird nicht durch die Status-negativus-Grundrechte abgedeckt, womit niemand die grundrechtliche Freiheit hat, die Rechte anderer zu verletzen. Das GG führt die Rechte anderer nur als Schranke der allgemeinen Handlungsfreiheit auf[1073]. Dies verdeutlicht die übergreifende Grundrechtsbegrenzung als Ausdruck des Gebots des neminem laedere, die Freiheit des einen endet an der Freiheit des anderen.

Eine Ausnahme vom staatlichen Gewaltmonopol bildet die Selbsthilfe wie etwa die Notwehr und sonstigen Formen der erlaubten Selbsthilfe[1074]. Das GG legitimiert Notwehr und Nothilfe über die Grundrechte. Die selben Grundrechte, aus denen die staatlichen Schutzpflichten hervorgehen, geben dem Grundrechtsträger das Recht sich und andere zu schützen, wenn der Staat als Garant der Sicherheit ausfällt. Die menschenrechtliche Substanz ist den Staatsorganen unveräußerlich und unverletzlich vorgegeben. Die Selbsthilfe beschränkt sich auf den Rahmen des Erforderlichen. Sie läßt sich stets nur als Notbehelf rechtfertigen, als unvermeidliches Übel. Auch die legitime Privatgewalt ist nicht mehr als ein primitives Surrogat des rechtsstaatlichen Schutzes, weil der Rechtsstaat Sicherheit nicht vorenthalten darf.

Nicht überall ist die Grenze zwischen den Grundrechtsbereichen eindeutig gezogen. Evidenz zu einer solchen Grenzziehung schafft der Übergriff, der unter Einsatz oder Androhung physischer Gewalt erfolgt. Soweit die Verfassung die Freiheitssphären nicht hinreichend klar abgrenzt, fällt dem Gesetzgeber die Aufgabe zu, Grenzen zu ziehen. Dabei muß er der Bedeutung der kollidierenden Grundrechte gerecht werden und einen schonenden Ausgleich durch verallgemeinerungsfähige Regelungen erreichen[1075]. Dies kann man bezeichnen als das Wächteramt des Rechtsstaates über die allseitige Respektierung der Freiheitsgrenzen. Die eigenmächtige Rechtsdurchsetzung hat keinen Vorrang vor staatlichem Rechtsschutz und auch die Freiheitsvermutung bringt nichts für die Kollision von Grundrechten, also Freiheit gegen Freiheit, weshalb Isensee[1076] auch die Formel „in dubio pro libertate" in diesem Zusammenhang ablehnt. Die Folgewirkungen der Störungsunterbindung können Grundrechte beeinträchtigen, was erst recht für die Strafe gilt.

Diese Erwägungen zeigen, daß es eine argumentative Grundlage zur Ausfüllung des gesetzgeberischen Beurteilungsspielraums gibt. Zudem unterliegt der gesetzgeberische

---

[1073] Richtungsweisend: Karl August Bettermann, Grenzen der Grundrechte, 1976, S. 9 f.

[1074] Vgl. Friedrich-Christian Schröder, Die Notwehr als Indikator politischer Grundanschauungen in: FS für Maurach, 1972, S. 127; Gunther Arzt, Notwehr, Selbsthilfe, Bürgerwehr, in: FS für Schaffstein, 1975, S.77-88;

[1075] Zum Problem der Grundrechtskollisionen Rüfner, Grundrechtskonflikte in: Starck (Hrsg.), BVerfG und GG, S. 453-479 (Nachw.)

[1076] Sicherheit, S. 47, der von Unbrauchbarkeit bei privater Gewalt spricht

Beurteilungsspielraum auch der verfassungsgerichtlichen Rechtsprechung. Das BVerfG hat in seinen Entscheidungen stets den Beurteilungsspielraum des Gesetzgebers anerkannt und besonders herausgestrichen[1077]. Bei der Überprüfung beschränkt es sich auf die eigenen Rahmenvorgaben zu Beurteilungsspielräumen. Die Einschätzung über die Eignung einer Norm zur Problembewältigung wird dem Gesetzgeber alleine überlassen. Die Untauglichkeit eines Gesetzes kann dabei noch nicht dem Gesetzgeber angelastet werden. Nur eine absolute Untätigkeit des Gesetzgebers in einem Lebensbereich begründet einen durchsetzbaren Anspruch auf Erlaß oder Verbesserung von Schutzvorkehrungen, etwa einer Norm. Das gleiche gilt, wenn die staatliche Abwehrregelung „evident" unzureichend ist[1078], etwa bei Nachweis absoluter Ungeeignetheit, der für Änderungsvorschläge im vorhinein wegen fehlender Offensichtlichkeit sehr schwer zu führen sein dürfte.

Die Wahl einer Ausgestaltungsmöglichkeit, die mehr Nachteile mit sich bringt als eine andere, kann einer solchen Untätigkeit nicht gleichgestellt werden, denn sie muß möglich sein, um den gesetzgeberischen Spielraum zu wahren und dem Gesetzgeber allein zu überlassen, welche Kriterien letztendlich für ihn maßgeblich sind.

Eine Handlungspflicht zum Erlaß besteht somit regelmäßig nur bei bisheriger absoluter gesetzgeberischer Untätigkeit. Trotz des besonderen Stellenwerts des Schutzguts „Leben" liegen strafrechtlich keine Anhaltspunkte für einen abweichenden Maßstab vor.

1.4.2) Bewertung der Alternative

Nimmt man nun keine Regelung auf der Entschuldigungsebene an, sondern unterstellt, daß auch der deutsche Gesetzgeber eine vollstreckungsrechtliche Lösung wählt, die sich an der englischen Vorgehensweise orientiert, dann stellt sich die Frage, ob diese, auch wenn sie die genannten Schwächen aufweist, eher ein hinreichende, wenngleich mit Mängeln behaftete Regelung gesehen werden kann und der Gesetzgeber damit zumindest seiner gesetzgeberischen Handlungspflicht nachgekommen ist oder ob es sich um eine der Untätigkeit gleichzustellende evidente Ungeeignetheit handelt, die dem Gesetzgeber angelastet werden muß.

Nur im letzteren Fall ist ein Verfassungsverstoß anzunehmen, im ersteren hingegen nicht, denn der Gesetzgeber kann ein brauchbares Gesetz durchaus durch ein schlechteres ersetzen, wenn er die verfassungsrechtlichen Vorgaben als solche beachtet.

Als Handlungspflicht kommen hinsichtlich der Entschuldigungsgründe zwar die grundrechtlichen Ausstrahlungswirkungen etwa des Art. 2 II GG in Betracht. Doch wie dargelegt, legen diese nur den im Ergebnis zu wahrenden Rahmen fest, ohne die einzelne gesetzliche Vorgehensweise zu determinieren.

1077 Etwa in E 39, 1, 44; 46,160, 164; vgl. auch o. Fußnote 192

1078 BVerfG NJW 1983, 2931, 2932; 1996, 651; 1997, 2509 f.; BVerfG E 77, 170, 215; 79, 174, 202

Ergebnis

Die Notwendigkeit einer gesetzlichen Regelung zum entschuldigenden Notstand besteht. Da es mehrere denkbare Lösungsansätze gibt und wegen des Beurteilungsspielraums des Gesetzgebers qualitativ unterschiedliche Ausgestaltungsmöglichkeiten bestehen, welche einzig dem Rechtmäßigkeitserfordernis genüge tun müssen, ist eine modifizierte vollstreckungsrechtliche Lösung gerade wegen des Beurteilungsspielraums nicht zu beanstanden. Eine Normierung als Entschuldigungsgrund ist nicht zwingend, so daß ein Entfallen bei Schaffung gleichwertigen Ersatzes nicht verfassungswidrig ist.

Teilt man unter besonderer Würdigung des gesetzgeberischen Spielraums die Ansicht, daß der deutsche Gesetzgeber zur Berücksichtigung der in Frage stehenden Konstellation auch andere gesetzliche Möglichkeiten hat, solange die Minimalanforderungen gewahrt werden, dann stellt sich folgerichtig die Frage, ob ein stark an der englischen Vorgehensweise orientiertes Verfahren als solches nicht verfassungsrechtlichen Bedenken begegnet. Wenn diesen verfassungsrechtlichen Reibungspunkten nur in irgendeiner Form Beachtung geschenkt worden ist, ist der Gesetzgeber frei, seinen Gestaltungsspielraum auszufüllen, womit auch eine verfahrensmäßige Lösung in Betracht kommen kann.

2) Organisatorische Lösung

Eine Lösung der Problemkonstellation, wie sie im deutschen Recht dem entschuldigenden Notstand zugrunde liegt, erfolgt im englischen Recht je nach Fallgestaltung erst in der Strafvollstreckung im Wege einer vorzeitigen Haftentlassung. Bei der Ausgestaltung des genauen Verfahrens handelt es sich um eine organisatorische Frage, bei der auch das grundsätzliche Verhältnis von Judikative und Exekutive nicht ohne Bedeutung bleibt.

Da bei einer Übernahme des englischen Verfahrens in das deutsche Recht bzw. einer verstärkten Orientierung an diesem die konkrete Ausgestaltung leichter modifiziert werden kann, etwa durch explizite Schaffung einer mündlichen Anhörung, soll die Befassung mit den kritischen Punkten einer solchen Vorgehensweise nur jene Aspekte ausführlicher berühren, die nicht schon durch einfache organisatorische Maßnahmen beseitigt werden können, sondern von dem zugrundeliegenden Prinzip der Vorgehensweise her zu hinterfragen sind.

2.1) Verstoß gegen Art. 101 I S.2 GG Anspruch auf den gesetzlichen Richter?

Art. 101 I S. 2 GG normiert den Anspruch auf den gesetzlichen Richter. Er ist dabei ein konkreterer Inhalt der allgemein in Art. 101 GG beinhalteten rechtsstaatlichen Rechtssicherheit[1079] und des Objektivitätsgebotes[1080]. Es besteht ein enger sachlicher Zusammenhang mit Art. 19 IV GG. Die Regelungen im einzelnen unterliegen der Ausgestal-

[1079] BVerfG E 20, 336, 344
[1080] BVerfG E 82, 159/194

tung durch den Gesetzgeber[1081]. Das Verbot von Ausnahmegerichten in Absatz I Satz 1 ist wie Absatz II ein Spezialfall des Art. 101 I S. 2 GG[1082].

Die Garantie der Norm soll „der Gefahr vorbeugen, daß die Justiz durch die Manipulation der rechtsprechenden Organe sachfremden Einflüssen ausgesetzt wird“[1083]. Schutzzweck der Norm ist es, Eingriffe Unbefugter in die Rechtspflege zu verhindern und das Vertrauen der Rechtssuchenden und der Öffentlichkeit in die Unparteilichkeit und Sachlichkeit der Gerichte zu schützen. Gegenbeispiel des gewollten Zustandes ist das in Absatz I Satz 1 genannte Ausnahmegericht, welches dadurch gekennzeichnet ist, daß es zur Entscheidung einzelner konkreter oder individuell bestimmter Fälle berufen ist[1084].

Ohne eine institutionelle Garantie zu beinhalten, ist Absatz I Satz 2 ein grundrechtsgleiches Recht, enthält aber zugleich objektives Verfassungsrecht[1085]. Denn da gesetzlicher Richter nur sein kann, wer in jeder Hinsicht dem GG entspricht, werden inhaltlich die Anforderungen aus Art. 92 und 97 GG verfassungsbeschwerdefähig gemacht, womit entsprechende Verstöße Art. 101 GG berühren.

Die möglichst eindeutige Bestimmung läßt unvermeidliche Ungenauigkeiten vorheriger gesetzlicher Festlegungen zu, was angeht, soweit es wiederum Richter sind, die einen gesetzlichen Spielraum bei der Bestimmung der zuständigen Richters auszufüllen haben[1086]. Anders fällt die Beurteilung aus, wenn weiteren Organen wie etwa der Staatsanwaltschaft ein Spielraum bei der Bestimmung des zuständigen Richters (sog. bewegliche Zuständigkeit) eingeräumt wird. Neben diesem Reibungspunkt zur Legislative soll auch einer Beeinträchtigung durch die Exekutive vorgebeugt werden wie „Kabinettsjustiz“[1087] oder eine Richterbestellung „ad hoc et ad personam“[1088] verhindert werden.

Die Verlagerung der Beurteilung von Fragen, die sich auf das Tatgeschehen beziehen, von einem Gericht hin zu einer Behörde der Strafvollstreckung berührt zwar auch Aspekte der Gewaltenteilung. Für den hier in Betracht kommenden Punkt würden konkrete Geschäftsverteilungspläne, die zumindest die Funktion der Urteilenden (wegen der unter Umständen erheblicher Zeitspanne jedoch wohl kaum die Namen) erkennen lassen, eine Lösung darstellen.

Da die Norm jedoch keine institutionelle Garantie beinhaltet und auch nicht die Beurteilungskompetenz für materiell-rechtliche Fragen festlegt, sondern Vorkehrungen für den Fall stattfindender Verfahren trifft und eine Verfahrensgarantie übernimmt, ist bereits der Schutzbereich nicht eröffnet.

[1081] Jarass/Pieroth, GG, Art. 101, RdNr. 1; vgl. zu den inhaltlichen Aspekten Hill, Strafgewalt, § 156 D 1 RdNr. 50 ff.
[1082] Jarass/Pieroth, GG, Art. 101, RdNr.1; Schmidt-Bleibtreu/Klein, GG, Art. 101 RdNr. 1
[1083] BVerfG E 95, 322, 327
[1084] BVerfG E 3, 213, 223; 8, 174, 182; 10, 200, 212; 14, 56, 72
[1085] BVerfG E 40, 356, 361
[1086] Vgl. Jarass/Pieroth, GG, Art. 101, RdNr. 9
[1087] BVerfG E 4, 412, 416
[1088] BVerfG E 82, 159, 194

2.2) Verstoß gegen Art. 103 I GG Anspruch auf rechtliches Gehör?

Art. 103 I GG beinhaltet das rechtliche Gehör. Die Verfassungsnorm ist lex specialis zu Art. 19 IV GG. In jedem Verfahren vor staatlichen Gerichten findet es Anwendung und gilt für die Beteiligten. Anhörungsberechtigt sind auch diejenigen, die durch gerichtliche Entscheidung unmittelbar rechtlich betroffen sind. Wegen der Kenntnis des dem Rechtsstreit zugrundeliegenden Sach- und Streitstandes in der mündlichen Verhandlung ist Gelegenheit zur Stellungnahme und zur Darlegung des Standpunkts zu geben. Im Grundsatz gilt, daß das Beruhen einer Entscheidung durch die Beeinträchtigung wegen fehlendem rechtlichen Gehör nicht ausgeschlossen werden kann und die Anhörung des Beteiligten zu einer anderen, ihm günstigen Entscheidung geführt hätte.

Da sich die Gewährleistung auf das gerichtliche Verfahren bezieht, dort jedoch nur verfahrensrechtliche Aspekte berührt und nicht den Umfang der Beurteilungskompetenz für materiell-rechtliche Fragen vorgegeben werden, kann auch diese Verfassungsnorm nicht für eine Berücksichtigung von Tatsachenfragen in diesem Verfahrensstadium fruchtbar gemacht werden. Der Schutzbereich ist nicht eröffnet.

Auf Fragen der konkrete Ausgestaltung durch leichte Modifikationen etwa durch explizite Schaffung einer mündlichen Anhörung vor der Entscheidung der Strafvollstreckungsbehörden kommt es daher nicht mehr an. Weitere zu berücksichtigende Aspekte bilden die Rechtssicherheit bei Ermessensentscheidungen, wobei strafvollstreckungsrechtliche Entscheidungen nur bedingt den Grundsätzen zur Ermessenslehre im Verwaltungsrecht zugänglich sind sowie zudem dem Verhältnismäßigkeitsgrundsatz, wenn eine langjährige Freiheitsstrafe verbüßt wird, ohne das alle maßgeblichen Punkte definitiv berücksichtigt werden. Diese Aspekte werden wegen des spekulativen Charakters und der Nachrangigkeit bei der Beurteilung der Kernfrage nicht weiter vertieft.

Ergebnis

Die Durchführung eines behördlichen Verfahrens zur Berücksichtigung materiell-rechtlicher Aspekte in der Strafvollstreckung ist bei einer Ausgestaltung entsprechend der üblichen Rechtsgrundsätze für Verfahren dieser Art nicht verfassungswidrig.

3) Art. 3 I GG bei Fehlen von Rücktritt vom Versuch

Die einfachgesetzlichen Regelungen zum Rücktritt vom Versuch § 24 StGB sind dann einer reinen Strafzumessungslösung oder einer ungeschriebenen Lösung innerhalb prozeßrechtlicher Erwägungen nicht zugänglich, wenn aus verfassungsrechtlichen Gründen nur eine gesetzlich ausgestaltete Regelung zur Berücksichtigung dieser Gesichtspunkte in Betracht kommt.

Eine Lösung wie in England im Rahmen der Prozeßrechtsmaxime ist dann nicht möglich, wenn etwa eine verfassungsrechtliche Verankerung von konkreten einzelnen Strafrechtsinstituts existiert. Eine Gleichbehandlung von Tätern, die ein Delikt begehen und aus eigener Haltung heraus keinerlei Verhinderungsaktivitäten entfalten und solchen, die die zunächst begangenen Tat und ihre Folgen danach ungeschehen machen wollen, könnte dabei ein Verstoß gegen den Gleichbehandlungssatz des Art. 3 I GG darstellen, wenn eine unterschiedslose Behandlung beider Tätergruppen erfolgt, ohne die gesetzliche Möglichkeit zu eröffnen, diese Gesichtspunkte in festgelegter Art und Weise zur Beurteilung der Strafbarkeit heranzuziehen.

Daß Art. 3 I GG dabei Maßstab für die Ausgestaltung der einfachgesetzliche Institute sein kann, ist von der Literatur auch schon bei der Bewertung anderer Tätergruppen angenommen worden. So sieht Bottke[1089] bei der Unterscheidung des Handelns durch aktives Tun und durch Unterlassen rechtsdogmatisch den Nachweis solch täterschaftskonstitutiver Geschehensbewerkung, die neben der bloßen Geschehensbewirkung gegeben sein muß, nicht nur durch die Entsprechensklausel des § 13 StGB, sondern auch durch Art. 3 I GG und den dort verfassungsrechtlich normierten Gleichheitssatz geboten. Auch seiner Ansicht ist es verfassungsrechtlich nur legitim, eine Rechtsfolge (hier: die der täterschaftlichen Bestrafung eines geschehensbewirkenden Tatzuständigen) im Falle des Vorliegens wesentlich gleich gelagerter Sachverhalte zu verhängen.

Da sich die weitere Darstellung des Art. 3 I GG nur auf die Strafzumessung bezieht[1090], gilt es den derzeitigen verfassungsgerichtlichen Stand der Überprüfung des Gleichheitssatzes gesondert zu betrachten.

Die aus Art. 3 I GG resultierenden Anforderungen an den Differenzierungsgrund können sehr unterschiedlich ausfallen, „je nach Regelungsgegenstand und Differenzierungsmerkmalen vom bloßen Willkürverbot bis zu einer strengen Bindung an Verhältnismäßigkeitserfordernisse“[1091]. Die verfassungsrechtliche Kontrolldichte variiert entsprechend den unterschiedlichen materiellen Vorgaben und führt zu einem Kontinuum von einer sehr großzügigen Prüfung bis zu einer sehr strengen Prüfung[1092].

[1089] Gemeineuropäisches Strafrechtssystem, S. 238 f. So sind bei der genannten Auseinandersetzung seiner Ansicht nach im wesentlich gleichgelagerte täterschaftliche Tatbewirkungen nur gegeben, wenn sie sich als Tatbewerkungen darstellen. Wer anders verführe und Fällen herrschaftsloser Geschehensbewirkungen täterschaftliche Strafe zuschriebe, würde gegen das -in allen europäischen Rechtsstaaten sachlich gleichermaßen gültige- Willkürverbot verstoßen, es sei denn, das Element der faktisch - aktuellen Ausübung von Gestaltungshoheit wäre nicht täterschaftsnotwendig. Bottke begründet dies auch unter Hinweis darauf, daß in der europäischen Alltagssprache bereits vorstrafrechtlich von Täter nur dort geredet wird, wo Gestaltungshoheit ausgeübt wird, womit das Verständnis quasi vorgegeben wird.

[1090] 17. Abschnitt C III 4

[1091] BVerfGE 99, 367, 388; 89, 15, 22; 92, 365, 407; 95, 267, 316; zur Deutung als Willkürverbot Leipholz-Rinck, GG, Art. 3 RdNr. 21, 27 mit weiteren Entscheidungsnachweisen a.A. Teile des Schrifttums, die bei unterschiedlicher Intensität eine generelle Anwendung des Grundsatzes der Verhältnismäßigkeit vorschlagen.

[1092] So die Einschätzung von Jarass/Pieroth, GG, Art. 3 RdNr. 17

Die Zuordnungskriterien für die Prüfungsintensität ergeben sich aus unterschiedlichen Gesichtspunkten. Eine strengere Prüfung ist dann vorzunehmen, wenn verschiedene Personengruppen und nicht nur verschiedene Sachverhalte ungleich behandelt werden und insbesondere personengebundene Merkmale zur Differenzierung verwendet werden[1093]. Bei der alleinigen Ungleichbehandlung von Sachverhalten ist hingegen eine großzügigere Prüfung geboten, außer es werden mittelbar doch Personengruppen betroffen. Auswirkungen auf den Prüfungsmaßstab in die eine oder andere Richtung haben auch das Eingreifen in den Schutzbereich eines anderen Grundrechts, die gewährende Staatstätigkeit sowie andere Verfassungsvorschriften oder komplexe Zusammenhänge; geringster Maßstab ist das alleinige Willkürverbot[1094].

Bei einer großzügigen Prüfung findet dann wegen der weiten Gestaltungsfreiheit eine bloße Willkürprüfung statt, während bei einer strengeren Prüfung eine Verhältnismäßigkeitsprüfung stattfindet, deren Intensität von der Gewichtigkeit der Umstände abhängt. Angesichts der großzügigen Prüfung bei der Rüge der Gleichbehandlung ungleicher Sachverhalte gilt, daß Art. 3 I GG nicht schon dann verletzt ist, wenn der Gesetzgeber Differenzierungen, die er vornehmen darf, nicht vornimmt[1095]. In welcher Weise eine abweichende Regelung getroffen wird, ist regelmäßig Sache des Gesetzgebers[1096].

Da sich beim Rücktritt vom Versuch nicht auf personenbezogene Merkmale als solche bezogen wird, sondern vielmehr auf den Sachverhalt, der interne Aspekte bei Täter aber mit erfaßt, legt die Anwendung eines großzügigen Prüfungsmaßstabs nahe. Damit setzt Art. 3 I GG hier nur einen weiten Überprüfungsrahmen. Eine Berücksichtigung der Motivation des Täters, von einer Straftat auch nach Beginn von Ausführungshandlungen noch Abstand zu nehmen und dies nach einer Ausgestaltung von unterschiedlichen Voraussetzungen, die Ausdruck der kriminalpolitischen Förderungswürdigkeit eines solchen Entschlußes sein sollen, mit Straflosigkeit bzw. Befreiung von Strafe zu honorieren, läßt sich eben durch verschiedene rechtstechnische Möglichkeiten erreichen. Die einfachgesetzliche Normierung, die unter Hinweis auf die Rechtsfolge bereits die einleitenden Maßnahmen eines Strafverfahrens unterbindet, stellt dabei für das maßgebliche Ergebnis der Nichtbestrafung nur einen Weg dar. Das Ergebnis kann unter Hinweis auf die dargestellten Mechanismen des Strafprozeßrechts auch erst am Ende des Berücksichtigungsvorgangs stehen. Zwar legt der formale Charakter des allgemeinen Gleichheitssatzes es nahe, die unterschiedliche Behandlung schon durch eine einfachgesetzliche Regelung vorzunehmen, damit die Unterscheidung der beiden Gruppen von Versuchstätern und Rücktrittswilligen deutlich vorgenommen wird.

Gerade der formale Charakter aber verlangt letztlich nur ein unterschiedliches Ergebnis, daß gleichsam am Ende des Erkenntnisprozeßes zwischen diesen beiden Tätergruppen

[1093] Vgl. Merkmale und Rechtsprechungsnachweise bei Jarass/Pieroth, aaO, RdNr. 19

[1094] Detailliert aaO, RdNr. 21 ff.

[1095] BVerfGE 86, 81, 87; 90, 226, 239; E 90, 226, 239 fragt danach, ob ein vernünftiger Grund für die Gleichbehandlung fehlt bzw. ob die tatsächliche Ungleichheit so bedeutsam ist, daß ihre Nichtbeachtung gegen eine am Gerechtigkeitsdenken orientierte Betrachtungsweise verstößt, so E 52, 256, 263; 86, 81, 87

[1096] BVerfG-K, DtZ 91, 376

differenziert. Aus dem Differenzierungsgebot entnehmen zu wollen, wo im Ablauf der Straffindung dies stattfinden soll, ist wegen des weiten Rahmens, der bei Art.3 I GG von der Rechtsprechung gesehen wird, nicht möglich. Art. 3 I GG ist wegen dieses eher formalen Ansatzes nur Maßstab für die Bewertung des Ergebnisses, nicht aber determinierende Norm für das rechtstechnische Institut, mit dem dieses erzielt werden soll.

Ergebnis

Aus dem allgemeinen Gleichheitssatz des Art. 3 I GG lassen sich keine Argumente dafür finden, den Rücktritt vom Versuch einfachgesetzlich zu normieren. Solange eine Berücksichtigung der unterschiedlichen Ausgangslagen in entsprechender Form bis zur Ergebnisfindung erfolgt, ist der allgemeine Gleichheitssatz gewahrt. Eine einfachgesetzliche Normierung des Rücktritts vom Versuch ist in das Ermessen des Gesetzgebers gestellt und dabei nicht an eine Verortung auf der Tatbestandsseite geknüpft. Es fehlt damit an einem sachlichen Grund für die Ungleichbehandlung zweier unterschiedlicher Tätergruppen aus verfassungsrechtlicher Sicht, denn es besteht für den Gesetzgeber kein Zwang zur materiell-rechtlichen Differenzierung.

4) Verfassungsrechtliche Vorgaben der Strafzumessung

Es ist bereits deutlich geworden, daß auch der Strafzumessung eine eigene Rolle bei der Problemlösung zukommt. Wegen der Tatsache, daß durch Einstellungsnormen letztlich auch Strafzwecke verwirklicht werden und auf diese in Einstellungsnormen ausdrücklich Bezug genommen wird, ist deren Beachtung im vorliegenden Zusammenhang nicht entbehrlich. Ferner liefert diese konkrete Maßstäbe für den zuvor ausführlich geschilderten Schuldgrundsatzes. Die Strafzumessung beruht nicht in allen Bereichen auf klar nachvollziehbaren oder gar wissenschaftlich aufbereiteten Grundsätzen. Da dies einen nicht unerheblichen Platz für Gestaltungsmöglichkeiten offen läßt, ist es um so wichtiger, die bestehenden Grenzen zu ermitteln, innerhalb derer diese Möglichkeiten offen stehen.

Es soll zunächst die Rechtsprechung des BVerfG zur Strafzumessung betrachtet werden. Die bindenden Vorgaben für einen Rahmen stellen zum einen die Strafzwecke dar (4.1). Des weiteren sollen verfassungsrechtliche Institute wie das schuldangemessene Strafen (4.2) und der Gleichheitssatz (4.3) auf ihre Auswirkungen in der Strafzumessung hin untersucht werden, um zu klären, ob die verfassungsrechtliche Rechtsprechung Beschränkungen bei der Gestaltung der Rechtsfolge abgibt.

4.1) Strafzwecke in der verfassungsgerichtlichen Rechtsprechung

„Das BVerfG hat sich wiederholt mit Sinn und Zweck des staatlichen Strafens befaßt, ohne zu den in der Wissenschaft vertretenen Straftheorie grundsätzlich Stellung zu nehmen....Es hat als allgemeine Aufgabe des Strafrechts bezeichnet, die elementaren Werte des Gemeinschaftslebens zu schützen. Schuldausgleich, Prävention, Resozialisierung des Täters, Sühne und Vergeltung für begangenes Unrecht werden als Aspekte einer angemessenen Strafsanktion bezeichnet“[1097]. In einer anderen Entscheidung hat sich das BVerfG dahingehend geäußert, die Kriminalstrafe sei „-unbeschadet ihrer Aufgabe, abzuschrecken und zu resozialisieren- Vergeltung für begangenes Unrecht“.[1098]

Daß es sich dabei um eine Kompromißformel handelt, die jeder Lehrmeinung ein wenig Recht gibt, ist offensichtlich. Ob dabei Ratlosigkeit verdeckt werden soll[1099] oder die verfassungsgerichtliche Rechtsprechung wie bei anderen strafrechtlichen Problemen auch den Fachgerichten und der Wissenschaft keine engen Vorgaben machen will, bleibt Einschätzungssache. Da ein Fehlen gesetzlicher Vorgaben zur Kombination der Strafzwecke durch den Gesetzgeber eine „Eigenmächtigkeit“ der Gerichte bewirkt und diesen wegen des Zwangs zur Verhängung einer Strafe eine originäre Sachkompetenz zukommt, ist zu fragen, ob dies auch so gewollt ist oder sich bloß zufällig durch gesetzgeberische Enthaltsamkeit ergeben hat. Fest steht nur, daß es auch aus verfassungsgerichtlicher Sicht Strafzwecke gibt, deren Gewichtung im einzelnen den Fachgerichten überlassen wird. Daß das BVerfG zunehmend das letzte Wort auch über den Inhalt der Entscheidungen im Sinne einer untechnischen Zuständigkeitsänderung haben wird, wurde schon früh prophezeit[1100] und es bleibt abzuwarten, welche weitere Rechtsprechung zur Ausgestaltung ergeht.

4.2) Gebot des schuldangemessenen Strafens

Das BVerfG hat schon früh betont, daß eine einzelfallabhängige Strafzumessung vorzunehmen ist, um eine angemessene Strafe zu finden[1101]. Das als verfassungsrechtliche Pflicht formulierte Gebot schuldangemessenen Strafens[1102] bezieht sich abstrakt auf das Verhältnis von angedrohter Sanktion zur Tatschwere und Täterverschulden. Unter dem Sinn-Aspekt hat das Gericht der Legitimation staatlichen Strafens durch Verfolgung realistischer Strafzwecke große Bedeutung beigemessen. Der Schuldgrundsatz in seiner die Strafe begrenzenden Auswirkungen kommt damit dem Verhältnismäßigkeitsprinzip in Gestalt des Übermaßverbot nahe. Das verfassungsrechtliche Gebot sinn- und maßvollen Strafens erfordert aber zudem die Verhängung einer schuldangemessenen Strafe innerhalb der Strafzumessung, wobei Anknüpfungspunkt das Maß der individuellen Schuld im Einzelfall sein muß[1103]. Das Prinzip der Schuldangemessenheit der Strafe hat

---

[1097] BVerfG E 45,187, 253 f.

[1098] BVerfG E 39, 1, 57; zu weiteren Beispielen verfassungsgerichtlicher Auseinandersetzung vgl. Bruns, Strafzumessung, S. 8 mit Fußnote 38

[1099] So Fischer, aaO, S. 27

[1100] So 1985 schon Bruns, Strafzumessung, S. 8

[1101] BVerfG E 6, 389, 439:“(....); sie darf nach Art und Maß der unter Strafe gestellten Handlung nicht schlechthin unangemessen oder gar grausam sein (BVerfG E 1, 332,348).(...) Dieser Strafrahmen ist so weit, daß er den Richter nicht zur Verhängung übermäßig hoher unangemessener Strafen zwingt, sondern ihm die Möglichkeit bietet, bei der Strafzumessung im Einzelfall eine angemessene Strafe auszusprechen. Damit genügt dieser Strafrahmen rechtsstaatlichen Grundsätzen.“

[1102] Auch als „sinn- und maßvoll“ bezeichnet; vgl. BVerfG E 28, 386 ff., 391; E 45, 187 ff., 253; E 73, 206 ff..

[1103] BVerfGE 73, 206, 253: „Das Gebot schuldangemessenen Strafens hat das BVerfG schon in früheren Entscheidungen als verfassungsrechtliche Pflicht der staatlichen Organe herausgearbeitet. Danach folgt aus den allgemeinen Prinzipien des Grundgesetzes, daß die angedrohte Sanktion im gerechten Verhältnis

neben der Strafzumessung auch in der Strafvollstreckung Bedeutung; es wird aus Art. 1 I und 2 I GG, der Würde und Eigenverantwortlichkeit des Menschen sowie aus dem Rechtsstaatsprinzip hergeleitet und hat dem Wesen nach begrenzende Auswirkungen[1104]. Das BVerfG erkennt somit eine verfassungsrechtliche Grundlage und Wirkung des Grundsatzes der Schuldangemessenheit des Strafens an[1105].

Inwieweit der Verhältnismäßigkeitsgrundsatz auch als verfassungsrechtliches Grenzkriterium für die einzelne Strafzumessungsentscheidung nutzbar gemacht werden kann, ist wegen der herkömmlichen Dominanz des Schuldprinzips im Strafrecht noch wenig diskutiert[1106].

4.3) Art. 3 I GG

Der allgemeine Gleichheitssatz des GG kann sich bei der Strafzumessung auswirken, weil Gleiches nicht Ungleich und Ungleiches nicht Gleich behandelt werden darf.

---

zur Schwere der Tat und zum Verschulden des Täters stehen muß (BVerfG E 6, 389, 439). Insoweit deckt sich der Schuldgrundsatz in seinen die Strafe begrenzenden Auswirkungen mit dem Übermaßverbot. Demgemäß hat das BVerfG wiederholt geprüft, ob und unter welchen Voraussetzungen eine Strafandrohung mit diesem Verbot vereinbar ist oder ob sie gegen das verfassungsrechtliche Gebot sinn- und maßvollen Strafens verstößt (BVerfG E 45,187, 253 ff.; 64, 261, 270). Zur Vermeidung unverhältnismäßiger Sanktionen wird es in der Regel genügen, daß der Gesetzgeber dem Richter die Verhängung schuldangemessener Strafen innerhalb eines entsprechenden Strafrahmens bei der Strafzumessung ermöglicht. Davon kann namentlich dort ausgegangen werden, wo der Deliktstatbestand präzise unzweifelhaft strafwürdiges Unrecht umschreibt und die Strafe nur noch vom Maß der individuellen Schuld im Einzelfall abhängt. Die Möglichkeit zur Verhängung milderer Strafen würde aber dann nicht ohne weiteres genügen, wenn die weite Fassung eines Straftatbestandes zur Folge hätte, daß auch solche Verhaltensweisen pönalisiert würden, für welche die angedrohte Sanktion nach Art und Maß unverhältnismäßig wäre.(...) Hat aber der Gesetzgeber im Gefolge verfassungsrechtlicher Ge-und Verbote ein Korrektiv zur Begrenzung der Strafbarkeit eingeführt, dann darf der an Gesetz und Recht gebundene Richter diese Regelung nicht unterlaufen."

[1104] BVerfG E 86, 288, 313: „(...) in jedem Einzelfall auf ein ganz unterschiedliches Schuldmaß gegründet sein kann. Der Gesetzgeber nimmt damit in § 57 a I 1 Nr.2 StGB das Prinzip der Schuldangemessenheit der Strafe über seine Geltung für die Zumessung der Strafe hinaus auch für die Aussetzung des Strafrests bei lebenslanger Freiheitsstrafe zur Grundlage (vgl. BVerfG E 64, 261, 271).Dieser Grundatz der Schuldangemessenheit des Strafens hat seinerseits Verfassungsrang. Er folgt aus Art. 1 I und 2 I GG (Würde und Eigenverantwortlichkeit des Menschen) sowie aus dem Rechtsstaatsprinzip (BVerfG E 45, 187, 259; 50, 205, 214;80, 244, 255). Aus ihm ergibt sich, daß Tatbestand und Rechtsfolge sachgerecht aufeinander abgestimmt sein müssen. Die Strafe muß im gerechten Verhältnis zur Schwere der Tat und zum Verschulden des Täters stehen. Insoweit deckt sich der Schuldgrundsatz in seinen die Strafe begrenzenden Auswirkungen mit dem Übermaßverbot.§ 46 I S.1 StGB ist Ausdruck dieses Prinzips. § 46 II StGB legt auch die Gesichtspunkte fest, die der Richter bei der Strafzumessung insbesondere in den Blick zu nehmen hat, um die Schuld eines Täters zu bewerten, der sich in einer bestimmten Situation über strafrechtliche Ge- oder Verbote hinweggesetzt hat. (...)Prozeßgrundrecht (...) Dieser rechtsstaatliche Auftrag bezieht sich nicht nur auf die Aufklärung des äußeren Tatgeschehens, sondern erfaßt wegen der Schuldprinzips alle Merkmale, die für die Beurteilung der strafrechtlichen Schuld und für die Strafzumessung von Bedeutung sind."

[1105] BVerfG E 35, 386 ff.; 86, 288 ff.

[1106] So auch die Einschätzung von Streng, Strafrechtliche Sanktionen, S. 22

4.3.1) Rechtsprechung und Gleichheitssatz im Strafrecht

Die Bedeutsamkeit von Auswirkungen des allgemeinen Gleichheitssatzes auf die Teilrechtsordnungen ist heute unbestritten und hat dazu geführt, daß Art. 3 I GG zur am häufigsten genannten Verfassungsbestimmung, auch in der Rechtsprechung des BVerfG, geworden ist[1107].

Die Bedeutung erklärt sich über die primär abwehrrechtliche Wirkungsweise hinaus auch in der Erfassung von Begünstigungen, die nur anderen Personen gewährt werden, als gleichheitswidrige Behandlungen und Beeinträchtigungen des Gleichheitsrechts. Eine universelle Anwendbarkeit ergibt sich daraus, daß das Verfassungsgebot für jede überhaupt vom Verhalten der nach Art. 1 III GG grundrechtsgebundenen Staatsgewalt berührten Materie gilt und sogar über den umfassenden Schutz der Individualsphäre des Art. 2 I GG hinausgeht.

Dabei ist ersichtlich, daß der allgemeine Gleichheitssatz ungeachtet seines allgemeingültigen, aber weitgehend formalen Normbefehls aus seinen Anwendungsbereichen verschiedenartige Prägungen erfährt, die Teilrechtsordnungen diesem somit erst „sein Gesicht geben." Gegenüber anderen als Grundgesetzbestimmungen wirkt sich vor allem der Vorrang der Verfassung, an dem der allgemeine Gleichheitssatz als Teil des Grundgesetzes teilhat, als Kollisionsregel aus[1108], denn gleichheitswidrige Rechtsnormen sind wegen Verfassungsverstoßes grundsätzlich nichtig oder sonst unanwendbar.

Auch wenn die Auswirkungen auf die Normsetzung im einzelnen praktisch nicht greifbar sind, so ist der Einfluß auf die Normsetzung auf jeden Fall vorhanden, sei es aus vorauseilendem Gehorsam gegenüber der Gleichheitskontrolle der Gerichte[1109], sei es aus Respekt vor den Anforderungen des Gleichheitssatzes oder der gesellschaftlichen Akzeptanz einer Regelung. Für eine Rechtsvereinheitlichung, die letztlich als von außen stimulierte Normsetzung zu verstehen ist, gilt dies auch, so daß eine Berührung des grundgesetzlichen Gleichheitssatzes ebenso im Falle einfachgesetzlicher Änderungen bewirkt werden kann.

Im Bereich des Strafrechts hat Art. 3 I GG allerdings bisher keine Bedeutung als Grundlage einer allgemeinen Kontrolle der Gerichtstätigkeit auf grobe Fehlentscheidungen gewonnen. Faßt man[1110] das Strafzumessungsrecht ebenfalls darunter, so gilt, daß das Gericht schon früh selbst eine selektive Anwendung strafrechtlicher Normen den auf den Gleichheitssatz gestützten Angriffen Bestrafter prinzipiell entzogen hat. Ohne sich eindeutig festzulegen, hat das Gericht schon die Möglichkeit einer bloßen, schlichten Falschanwendung genügen lassen, um im Rahmen der Willkürkontrolle, die sich das Gericht offen hält[1111], eben diese abzulehnen[1112]. Dies gilt für allgemeine Regelungen

---

[1107] So die Einschätzung von Sachs, Teilrechtsordnungen, RdNr. 1

[1108] Stern, Staatsrecht, III/1 S. 179 f.; vgl. weitere Nachweise bei Sachs, Teilrechtsordnungen, RdNr. 4

[1109] Hier vor allem der beherrschenden Bedeutung der Verfassungsrechtsprechung, die über Art. 100 I GG eine Verwerfungsmonopol für die wichtigsten Normen hat.

[1110] Wie Sachs, aaO, RdNr. 79

[1111] Etwa BVerfGE 25, 230, 233 ff.

wie auch für besondere Tatbestände, die meist durch eine verfassungskonforme Auslegung aufrechterhalten werden können. Wegen der reinen Willkürkontrolle sind hohe argumentative Anforderungen zu erbringen, um einen Verstoß zu begründen[1113]. Der Gleichheitssatz verlangt auch nicht, daß alles Strafwürdige bestraft[1114] oder in gleicher Weise geahndet werden muß und somit eine Ahndungsgleichheit per se besteht.

Zusammenfassend läßt sich sagen, daß das BVerfG Art. 3 I GG im Strafrecht i.w.S. nur spärlich anwendet und die Anforderungen an die Bejahung eines Verstoßes sehr hoch ansetzt, weshalb sowohl Einzelfallentscheidungen wie auch gesetzliche Ausgestaltung in der Regel keinen Bedenken begegnen, solange sie nicht willkürlich ergehen.

4.3.2) Rechtswissenschaft und Gleichheitssatz im Strafrecht

In der Literatur wird geäußert, daß sich bei den strafrechtlichen Regelungen der Gleichheitssatz nur in wenigen Fällen korrigierend ausgewirkt hat und eine Zurückhaltung wie bei der Urteilskontrolle vorherrsche[1115]. Die Bedeutung des Art. 3 I GG für die Strafzumessung spielt angesichts der Vielzahl möglicher Differenzierungsaspekte nur eine marginale Rolle und erfährt in der Literatur daher auch keine nennenswerte Beachtung[1116].

Die Bedeutung des Differenzierungsgebots der Art. 3 II, III GG für die Strafzumessung erschöpft sich ebenfalls darin, daß die dort genannten Merkmale in den persönlichen Verhältnissen nicht zu einer abweichenden Strafzumessung herangezogen werden dürfen, was auch von der Rechtsprechung anerkannt ist[1117].

4.3.3) Überlegungen zum Gleichheitssatz in der Strafzumessung

Die Strafzumessung ist als die Ausfüllung eines weiten Rahmens formal zu verstehen. Die Wahrung des Gleichheitssatzes ist an das Differenzierungsgebot geknüpft. Tatsachen und Gründen für eine unterschiedlich Behandlung sind aufgrund der Vielzahl denkbarer Fallkonstellationen immer möglich. Es kann letztlich zu einer Differenzierung von Fall zu Fall kommen, um den Gleichheitssatz zu wahren und trotzdem den Besonderheiten des Falles gerecht zu werden, wobei die Strafzumessungsgründe und Strafzwecke dafür die Kriterien bieten.Ein solches, auf die Ebene des einzelnen Falles bezogene Vorgehen erinnert stark an das Vorgehen, daß dem *case law* mit der Suche mit Begriffen wie *destinction* und *on point* zugrunde liegt. Bei einem solchem Vorgehen werden allerdings nicht die abstrakten Vorgaben, also die Kriterien, die zur Straf-

---

1112 Zuletzt BVerfGE 81, 132, 137 f.

1113 Anders ist dies im Bereich des Strafrechts i.w.S. beim Strafvollzugsrecht, wo eine hohe Erfolgsquote festzustellen ist, etwa bei einer als willkürlich empfundenen Auslegung des § 42 I StVollzG.

1114 BVerfGE 50, 142, 166; vgl. auch E 71, 206, 222

1115 Sachs, aaO, RdNr. 79

1116 Vgl. Bruns, Strafzumessung, S. 199 f.; Streng, Sanktionen, S.204 ff.; Schäfer, Praxis, S.171 f., der den Ausgleich zwischen der Gleichbehandlung verschiedener Täter für die Integrationswirkung des Rechts durch gerechte Strafen und einem Verbot schematischer Strafen betont.

1117 Vgl. die Beispielsfälle bei Bruns, Strafzumessung, S. 200

zumessung dienen, an Art. 3 I GG gemessen, sondern letztlich die einzelne Gerichtsentscheidung an der anderen.

Etwas anderes ergibt sich auch nicht aus den folgenden Erwägungen:
Orientierungspunkt für Auswirkungen des Gleichheitssatzes in der Strafzumessung ist die revisionsrechtliche Überprüfung der Strafzumessung, da diese den Maßstab vorgibt, anhand dessen überhaupt noch eine Entscheidungskorrektur vorgenommen werden kann, soweit es sich um Aspekte auf Rechtsfolgenseite handelt. Auch die Revisionsgerichte können bei unterschiedlichem Strafmaß bei vermeintlich gleichen Taten nicht eingreifen, da sie gar nicht in der Lage sind, nachzuprüfen, ob die angeblich gleich gelagerten Fälle überhaupt vergleichbar sind und es einem Gericht rechtlich verwehrt ist, eine Beweiserhebung über die Fallbeurteilung und Strafbemessung vorzunehmen.

Das unbefriedigende Gefühl diesbezüglich verschwindet hingegen meist bei einer näheren Betrachtung, da dann doch oft Unterscheidungen in wesentlichen Punkten vorliegen und die unterschiedlichen Ergebnisse zudem Folgen der verfassungsrechtlichen Bestimmungen der garantierten Unabhängigkeit des Richters (Art. 97 I GG), des gesetzlichen Richters (Art. 101 I 2 GG) sowie der gesetzlich zulässigen freien richterlichen Beweiswürdigung sind[1118].

Auch bei Strafmaßdivergenzen erheblichen Ausmaßes ist eine Einzelfallkorrektur nicht möglich, da der Gleichheitssatz als formales Prinzip[1119] nichts darüber aussagt, welches Urteil wonach anzupassen ist, denn letztlich geht es nicht um eine Rechtsgleichheit der Entscheidung, sondern um die Frage der Rechtsrichtigkeit. Die Verschiedenheit der jeweiligen Tatumstände sowie der Täterpersönlichkeit müssen aus der Sache selbst zu einer angemessenen Strafe führen. Die ausnahmsweise Aufhebung von Urteilen durch den BGH, etwa bei unterschiedlichem Strafmaß von Täter und Teilnehmer[1120], rührte nicht von einer strengeren Bestrafung, da diese den Betreffenden nicht einmal beschwert, sondern es ist auch in Fällen von gleichartigem Sachverhalt und einer Abweichung in auffälligem Maße ein Begründungsmangel als Rechtsfehler angenommen worden, der nichts mit dem Gleichheitssatz zu tun hat[1121].

Diese weiten Maßstäbe einer Überprüfung von Details in der Strafzumessung stehen einer Verlagerung entgegen, so daß die Berücksichtigung tat- und täterbezogener Punkte auf Tatbestandsseite angesichts der dort bestehenden Kontrolldichte ein stärkeres Maß an Sicherheit bietet. Dies stellt einen erheblichen Vorteil dar, doch fehlt es wegen der Weite des Maßstabs an einer gerichtlichen Möglichkeit der Erzwingung.

[1118] So Bruns, Strafzumessung, S. 199

[1119] Schäfer, Praxis, S. 172: „..das Erfordernis förmlicher, äußerlicher Gleichbehandlung ..(kann).. kein zulässiger Strafzumessungsgesichtspunkt sein."

[1120] Zu den Leitsätzen der Strafzumessung bei Täterschaft und Teilnahme BGHSt 28, 318; auch bei Mitangeklagten kann das Verhältnis der Strafen die Revision nur begründen, wenn grobe Wertungsfehler vorliegen, die die Verhängung gleich hoher Strafen trotz Unterschiede nicht nachvollziehbar erscheinen lassen, vgl. BGH NStZ 1991, 581 ff.

[1121] BGH MDR 1978, 623; 1977,106 :... der Tatrichter "die Abweichung vom üblichen nicht an den Besonderheiten des Falles verständlich gemacht hat."

Art. 3 I GG gebietet deshalb nicht eine Vorgehensweise, die nur das gegenwärtige Recht und die derzeitige Handhabung realisieren kann, sondern ist offen für eine weitergehende Verlagerung von Kriterien in die Strafzumessung, wenn das Differenzierungsgebot des Art. 3 I GG gewahrt wird. Der Verlagerung entgegenstehende Argumente können aus Art. 3 I GG nicht gewonnen werden.

4.3.4) Art. 3 I GG und strafrechtliche Instrumente

Strafaufhebung, anerkannte Milderungsgründe und Absehen von Bestrafung, auch durch prozessuale Einstellungsnormen, sowie prozessuale Absprachen in der Hauptverhandlung führen alle zu dem möglichen Ergebnis, daß eine durch Art. 3 I GG gebotene Rechtsgleichheit durch ungleichmäßigen Vollzug der Strafgesetze verfehlt wird.

Orientiert an dem Regelfall der gesetzlich angeordneten Rechtsfolge handelt es sich um eine Abweichung, so daß es einer Rechtfertigung für diese Verschiedenheit bedarf, die dem allgemeinen Gleichheitssatz gerecht wird. Es liegt kein verfassungsrechtlicher Verstoß gegen Art. 3 I GG vor, wenn ein sachlicher Grund für eine unterschiedliche Behandlung vorhanden ist. Dieser könnte in der flexibleren Handhabung durch das Gericht gesehen werden. Flexibilität ist jedoch gerade im Strafrecht kein Wert an sich. Deren inhaltliche Legitimation kann sich nur aus den spezial- und generalpräventiven Zielen ergeben, die zu einer gerechten Strafe führen sollen. Diese Instrumente und ihr Einsatz dienen vor dem Hintergrund der anerkannten Strafzwecke einer Differenzierung und werden dem Normzweck gerecht. Maßgeblich bleibt angesichts des formalen Rahmens und der zurückhaltenden Kontrolle der Gerichte die Vornahme einer einzelfallbezogenen Beurteilung, ohne das eine Vorgabe des rechtstechnischen Weges daraus zu entnehmen ist.

Ergebnis

Die verstärkte Einbeziehung von Aspekten, die auch auf Tatbestandsseite beachtet werden können, in die Strafzumessung, verstößt nicht gegen das Differenzierungsgebot des Art. 3 I GG.

4.4) Schuldgrundsatz des Grundgesetzes

Wie zuvor dargelegt[1122], sind die grundlegenden Aspekte des Schuldgrundsatzes im GG angelegt und durch die verfassungsgerichtliche Rechtsprechung herausgearbeitet worden. Wie im einfachen Recht, so stellt sich auch im verfassungsrechtlichen Rahmen die Frage, ob dem Schuldprinzip neben einer konstituierenden Funktion bei der Straffindung auch eine limitierende Funktion bei der Strafzumessung zukommen kann, wie es einfachrechtlich teilweise als Strafzumessungsschuld bezeichnet wird. Zu klären ist, welche Rolle dem Verfassungsrecht aus dieser Figur heraus bei der Gestaltung und Begrenzung der Strafzumessung zukommen kann.

[1122] 17. Abschnitt C I 1.3

Die dargestellte Rechtsprechung des BVerfG[1123] weist daraufhin, daß auch aus verfassungsrechtlicher Sicht dem Schuldgrundsatz eine limitierende Wirkung zugebilligt wird. Das ein Überschreiten der schuldangemessenen Strafe, etwa um aus Abschreckungsgründen ein Exempel zu statuieren, einen Verstoß darstellt, ist anerkannt.

Zu überlegen ist vorliegend aber, ob eine geringere Strafe als die theoretisch schuldangemessene oder ein Absehen davon dagegen verstößt und ein Untermaßgedanke dem verfassungsrechtlich entgegensteht. Maßgeblich auch in der Rechtsprechung ist in den letzten Jahren zunehmend die Erforderlichkeit des Mittels geraten. Ein milderes Mittel, welches die gleiche Wirkung erwarten läßt, ist regelmäßig vorzuziehen und macht eine andere getroffene Maßnahme mit einschneidenderer Wirkung unverhältnismäßig. Bei einem Unterschreiten des am Schuldgrundsatz orientierten Strafmaßes wurden andere Gesichtspunkte wie Strafzwecke oder Verfahrenseffizienz stärker gewichtet. Bei einer Prognoseentscheidung des Gerichts, welche die Auswahl der Rechtsfolge darstellt, sind diese ein milderes Mittel und können das gleiche Ziel, den Abschluß eines rechtsstaatlichen Verfahrens und Maßnahmen mit der erhofften resozialisierenden Wirkung für den Täter, erreichen, obwohl sie das weniger einschneidere Mittel als eine Geld- oder Freiheitsstrafe darstellen. Da die Einzellfallbetrachtung maßgeblich ist, ergibt sich erst bei dieser, ob dieses Ziel durch ein milderes Mittel erreicht werden kann.

Die Ausführungen zum Schuldgrundsatz haben gezeigt, daß diese letztlich schützende Aspekte aus der Menschenwürde im Strafrecht konkretisieren. Das Nichtverhängen einer Strafe oder ein Zurückbleiben unter einem in anderen Fällen zu erwartenden Mittelwert der Strafe stellen unter diesem Gesichtspunkt keine strafrechtlichen Sanktionen dar, die den Schuldgrundsatz benötigen. Die Durchführung des Strafverfahrens bis zu einem Ende mit Sanktionsformen wie Geld- oder Freiheitsstrafe kann sich aus anderen rechtlichen Aspekten ergeben. Der Schuldgrundsatz und seine positiv limitierende Wirkung spielen dafür keine Rolle.

Der Schuldgrundsatz steht einer geringeren als der schuldangemessenen Bestrafung nicht entgegen. Verhältnismäßigkeitserwägungen sprechen vielmehr für eine Auswahl sanktionsloser Beendigungsmaßnahmen von Strafverfahren.

4.5) Verstoß gegen Art. 103 II GG?

Bei einer Vorgehensweise, bei der Aspekte, die auch eine materiell-rechtliche Regelung erfahren können, in der Strafzumessung gelöst werden, stellt sich die Frage, ob die Fundamentalgarantie des Art. 103 II GG, und hier vor allem das daraus herzuleitende Bestimmtheitsgebot, nicht einer Verlagerung der Problemlösung von einer materiell-rechtlichen Norm in die Strafzumessung entgegenstehen. Die Berücksichtigung vieler Merkmale in der Strafzumessung, die auch eine gesetzliche Regelung erfahren könnten, wirft diese Frage auf.

[1123] 17. Abschnitt C III 4.2

Da die Reichweite, die Art. 103 II GG überhaupt für Figuren des AT erreicht, von der einzelnen Problemstellung abhängt, kann sich ein Verlust an Bestimmtheit erst ergeben, wenn solche Regelungen in ihrer Berücksichtigung nicht mehr als Tatbestandsvoraussetzungen erfahren, sondern im Rahmen der Strafzumessung gewürdigt werden.

Wie die Darstellung zu Art. 103 II GG zeigt[1124], gilt das Bestimmtheitserfordernis nach Einschätzungen in der Literatur gerade auch bei den Rechtsfolgen. Das Erfordernis der Gesetzesbestimmtheit bezieht sich zunächst auf den Straftatbestand (nullum crimen sine lege). Eine Anwendung auch auf die Deliktsfolgen, etwa den Strafrahmen, ist weniger deutlich. Der Wortlaut spricht bei Art. 103 II GG wie zuvor schon bei Art. 116 WRV lediglich von der Strafbarkeit, fordert somit nicht explizit die gesetzliche Festlegung der Strafe[1125]. Aus der Entstehungsgeschichte der Vorschrift[1126] und ihrem Sinn[1127] leitet die überwiegende Meinung zutreffend ab, daß das Strafgesetz den Bürger nicht nur über das OB, sondern auch über das WIE der Strafbarkeit informieren muß. Aus dem Schutzbereich des Art. 103 II GG ausgenommen von dieser Sichtweise sind nach der überwiegenden Meinung die Maßnahmen der Besserung und Sicherung[1128]. Die Geltung auch im Bereich für Strafe und sonstige Deliktsfolgen[1129] verlangt mindestens eine Festlegung der Strafart, wobei innerhalb dieser ein grenzenloser Strafrahmen als verfassungswidrig zu sehen ist, etwa Geldstrafenandrohung in unbestimmter Höhe[1130].

Auch wenn unterschiedliche Anforderungen an Tatbestand und Rechtsfolgen anerkannt sind, so geschieht dies teilweise nur, weil das Verfassungsgebot der Bestimmtheit durch Sicherungsmechanismen des einfachen Rechts Rechnung getragen wird. Bei den Rechtsfolgen kann eine etwas größere Unbestimmtheit als bei den Strafbarkeitsvoraussetzungen nur hingenommen werden, weil das Schuldprinzip und die kodifizierten Strafzumessungsgrundsätze dem Straftäter einen gewissen Grad an ausgleichender Sicherheit geben[1131]. Es gilt darüber hinaus, sich die besondere Bedeutung des Art. 103 II GG auch für die Strafzumessungsvorschriften klarzumachen. Der Bestimmtheitsgrundsatz umfaßt neben den Voraussetzungen einer Bestrafung auch die Rechtsfolgen, die Strafe. Die Unvermeidbarkeit der Strafandrohung mit einem mehr oder weniger weit ge-

---

[1124] Vgl. dazu 17. Abschnitt B I 4

[1125] Vgl. Maunz-Dürig-Herzog, GG, Art. 103 II RdNr.107, 108

[1126] Schönke/Schröder 9. Aufl. München 1959 S. 55; Krey, Studien, S.216 ff.; Schreiber, Gesetz, S.181 ff.

[1127] Krey, Studien, S.218 äußert sich dort, daß Tatbestand und Strafe eine Einheit bilden, weil die Strafdrohung auf den Tatbestand zurückwirkt und den Unwertgehalt der Straftat angibt

[1128] Vgl. Krahl, Rechtsprechung, S. 57 Fußnote 147 m.w.N.

[1129] BVerfGE 25, 269 ff.; 45, 363; BGHSt 18, 140

[1130] Roxin, AT, § 5 RdNr. 80; dies wird deutlich am Beispiel der Totschlagsdelikte, auf das sich auch Krahl, aaO, bezieht. Dieser reicht unter Einbeziehung der unbenannten Strafmilderungs- und Strafschärfungsgründe in den § 212 II, 213 StGB von sechs Monaten bis zu lebenslanger Freiheitsstrafe.
Nach den §§ 242, 243, 40 StGB (5-360 Tagessätze, jeweils min. 1 EURO, max. 5 000 EURO) geht der abstrakte Strafrahmen beim Diebstahl von 5 EURO bis zu 10 Jahren Freiheitsstrafe, wenn man wegen der Regelbeispielstechnik des § 243 StGB eine Strafzumessungsvorschrift sieht. Das Tagessatzsystem läßt bei einer unbegrenzten Geldstrafendrohung einen Strafrahmen von 5-1.800.000 EURO zu.

[1131] So Roxin, AT, § 5 RdNr. 71 ff.

faßten Strafrahmen verlangt vom Richter eine ganz bestimmte Strafe im konkreten Fall auszumitteln, um den unterschiedlichen Unrechts- und Schuldgehalt gerecht zu werden.

Die Strafzumessung ist nach herrschender Meinung ein rechtlich gebundenes Ermessen, das teilweise von ungeschriebenen Strafzumessungsgrundsätzen abhängen soll. Diese Grundsätze sollen sich hinreichend konkret aus den Strafzwecken in ihrem Verhältnis zu den Strafzumessungstatsachen ergeben[1132]. Der Bestimmtheitsgrundsatz wird bei der Normierung der Rechtsfolge schon dann entsprochen, wenn die Strafen in den Tatbestand nur relativ bestimmt gefaßt sind. Eine völlige Freiheit des Richters bei der Strafzumessung ist ausgeschlossen. Eine Beschränkung auf einen reinen Akt der Rechtsanwendung ohne Ermessensspielräumen, wie es etwa von Krahl[1133] gefordert wird, ist ebenso umstritten wie die Frage der Unvereinbarkeit bei einer solchen Sicht der unbenannten Strafschärfungsgründe, wie etwa die Figur des besonders schweren Falles. Sehr bedenklich ist bei einer solchen Sicht auch die Regelbeispieltechnik, ebenso wenig unproblematisch die gesetzliche Regelung des Tagessatzsystems, soweit der weite Geldstrafenrahmen durch die persönlichen und wirtschaftlichen Verhältnisse eingeengt werden soll[1134].

Ungeachtet dieser Meinungsunterschiede ist unbestritten, daß die richterliche Strafzumessung mehr Spielraum ermöglicht und auch in den Kontrollmöglichkeiten geringer ist als eine Regelung auf Tatbestandsseite.

Nicht übersehen werden darf, daß die Strafbarkeitsvoraussetzungen und die Strafe eine Einheit bilden und nur die Verbindung von Rechtsvoraussetzung und Rechtsfolge das „Strafgesetz" ausmacht. Weite Strafrahmen sind oft ein Anzeichen für unbestimmte, zu weite Tatbestandsmerkmale. Die fehlende Präzisierung und Differenzierung bei den Strafbarkeitsvoraussetzungen zwingt den Rechtsanwender, diese mittels eines weiten Strafrahmens bei der Strafzumessung nachzuholen, um die Strafzumessung nicht dem freien Belieben des Richters zu überlassen, sondern das individuelle Strafmaß zur Vermeidung von Willkür auch einer Überprüfung zugänglich zu machen. In England fallen dabei die fehlenden Untergrenzen für das Strafmaß auf, die genau für diese These sprechen. Dennoch ist es nötig, Entscheidungsregeln bereit zu stellen, wie sie in der Normierung des Katalogs in § 46 II StGB vorgenommen worden ist.

Krahl[1135] verlangt, daß wegen der Revisibilität und der Vorhersehbarkeit der Strafzumessung selbstverständlich wie beim Tatbestand auch gefordert werden muß, daß dies als Prozeß der Rechtsanwendung und nicht des tatrichterlichen Ermessens begriffen wird. Seiner Ansicht nach eröffnet die herrschende Strafzumessungslehre mit dem Befürworten eines an den Strafzielen orientierten, individuellen Strafausspruchs dem Richter in weitem Maße die Möglichkeit, subjektive Wertungen einfließen zu lassen, welche

---

[1132] Vgl. Jescheck, AT, S. 699 f.; BGH JZ 197/, S. 68 f.

[1133] Krahl, Rechtsprechung, S. 63/64

[1134] Krahl, Rechtsprechung, aaO. Eine andere Ansicht zu diesen Problempunkten nimmt die herrschende Meinung ein, deren weiterer Betrachtung es von der Untersuchungsrichtung her aber nicht bedarf.

[1135] aaO, S. 65

den Freiheitsschutz in Frage stellen. Die tatsächliche und funktionale Wirkung der Rechtsvorschriften auf die Rechtsposition des Angeklagten wird durch die Strafzumessungsvorschriften erzielt, auf die ein dem Gesetzgeber an sich zustehende Sachentscheidung verlagert worden ist. Dies wird mitunter eine weit aus größere praktische Bedeutung haben als die teils ungenauen bzw. inhaltliche weit gefaßten Straftatbestände des BT oder des Nebenstrafrechts.

Die Strafzumessungsvorschriften sind um so wichtiger, je weiter der Strafrahmen gespannt ist. Krahl[1136] tritt ein Plädoyer an für eine verbindliche, nicht nur rhetorische Unterwerfung der Strafzumessungsvorschriften unter den Bestimmtheitsgrundsatz, um eine Freiheitsgarantie zu bringen. Der Gesetzgeber würde sich sonst den Bestimmtheitsanforderungen an die Strafbarkeitsvoraussetzungen dadurch endgültig entziehen, daß er durch das Aufstellen weiter Strafrahmen, unbenannter Strafmilderungsgründe und ebenfalls sog. prozessualer Lösungen sein gesetzgeberisches Entscheidungsdefizit auf die Rechtsfolgenseite verlagert.

Bereits diese gegenwärtige Kritik ist nicht von der Hand zu weisen. Eine Änderung in Richtung des englischen Vorgehens würde genau diese Effekte noch erhöhen und die Bedenken steigern, wie die Darstellung zum englischen Recht gezeigt hat.

Aus dieser Phänomenbeschreibung lassen sich nun auch Gefahrenhinweise für diese Arbeit finden. Die Rolle der Strafzumessung als Korrektiv unvollständiger, unpräziser Delikte oder einfach „irgendwie" noch zu berücksichtigender rechtlicher Aspekte, wie dies dargestellt in England eingesetzt wird, droht damit genauso einen Verlust an Bestimmtheit herbeizuführen, wie er hier schon als mögliche Erscheinung geschildert wird. Dabei kommt noch erschwerend hinzu, daß bei einem Zusammentreffen der drei Faktoren Aufstellen weiter Strafrahmen, unbenannter Strafmilderungsgründe, also weites Ermessen in der Strafzumessung, und ebenfalls sog. prozessualer Lösungen durch Einstellungsnormen der Verlust an Bestimmtheit gleichsam kumuliert und deshalb auch berücksichtigt werden muß, wenn jeder der Faktoren für sich noch nicht den Verlust in diesem Umfang bewirkt. Genau so geschieht es jedoch im englischen Recht.

Herausgekehrt wird damit, daß das Schuldprinzip und die kodifizierten Strafzumessungsgrundsätze dem Straftäter durch einen gewissen Grad an ausgleichender Sicherheit jene Bestimmtheit ermöglichen, die von Verfassungs wegen an die Rechtsfolgen zu richten ist. Diese ergänzen oder konkretisieren die Auslegungsgrundlagen wie Schutzzweck der Norm oder Wortlaut. Genau diese Sicherheit herbeiführenden Merkmale fallen in England und bei einem daran orientierten Vorgehen als Kriterien weg, weil die Strafzwecke in weitem Maße von Zweckmäßigkeitserwägungen beeinflußt werden und eine generelle begrenzende und sichernde Funktion, wie sie das Schuldprinzip in Deutschland gewährleisten kann, in England wie dargestellt in dieser Art und Weise eben nicht existiert[1137].

1136 aaO, S. 67

1137 Vgl. 14. Abschnitt A II

Die Übernahme einer „weichen“ Schuldlösung, die die Berücksichtigung von Aspekten, die sich gesetzlich verankert zur Beurteilung der Straftat heranziehen lassen, in stärkerem Maße dem Richter bei der Strafzumessung überläßt und damit einen Verlust an Regelungsgenauigkeit für die verlagerten Bereiche bewirkt, ist wegen der dadurch hervorgerufenen geringeren Bestimmtheit der Rechtsfolgen nicht mehr hinzunehmen.

Als nächster Aspekt gilt es dann zu hinterfragen, wo die höhere Bestimmtheit zu erzielen ist. Geht man von der gegenwärtigen Rechtslage aus, bei der verbindliche Strafzumessungsrichtlinien für den Strafrichter im allgemeinen Strafrecht nicht existieren, dann ist im Falle ihrer Kodifizierung materiell-rechtlichen Regelungen der Vorzug zu geben. Auch eine gesetzliche Fassung, die entsprechend den jetzigen Regelungen des StGB zum Allgemeinen Teil nicht frei von Regelungslücken ist, läßt sich einfacher nachvollziehen als das Einstellen von Aspekten in das richterliche Ermessen der Strafzumessung.

Fraglich ist aber, ob es dieses Grades an Bestimmtheit bedarf oder ob auch die geringere Bestimmtheit der Strafzumessung ausreicht. Deshalb sind auch die Strafzumessung und Art. 103 II GG in Beziehung zueinander zu setzen, denn gerade wenn dieser einer geringeren Bestimmtheit unterliegt, ist der Verlust nicht nur tatsächlicher Art, sondern auch ein Rechtsverlust. Dabei ist stets zu bedenken, daß nicht „besser“ oder „schlechter“ im Mittelpunkt stehen, sondern allein die verfassungsrechtliche Grenzen, die einem solchen Vorgehen im allgemeinen gesetzt sind. Bei der Rechtsfolgenseite ist in der Rechtsprechung des BVerfG anerkannt, daß geringere Anforderungen ausreichen. Auch wenn die unterschiedlichen Maßstäbe für Tatbestandsvoraussetzungen und Rechtsfolgenseite durchaus Kritik begegnen[1138], so ist eines der maßgeblichen Argumente nachvollziehbar, denn es ist wichtiger für einen potentiellen Täter, um das genaue Verbotensein seines Tuns zu wissen, während die Sanktion eher nach Art und relativer Höhe von Bedeutung sein kann. Eine Verschiebung von Merkmalen bringt Verringerung an Bestimmtheit, weil die diesbezüglichen Anforderungen weniger streng sind.

Als **Zwischenergebnis** läßt sich daher festhalten:
1) Aus verfassungsgerichtlicher Sicht gibt es Strafzwecke, deren Gewichtung im einzelnen aber den Fachgerichten überlassen wird, auch wenn sich das BVerfG zunehmend detaillierter mit den Inhalt der zugrundeliegenden Entscheidungen auseinandersetzt. Das BVerfG sieht, ohne es das Einzelheiten festgelegt hat, eine verfassungsrechtliche Grundlage und Wirkung des Grundsatzes der Schuldangemessenheit des Strafens.Die verstärkte Einbeziehung von Aspekten, die auch auf Tatbestandsseite beachtet werden können, in die Strafzumessung, verstößt nicht gegen das Differenzierungsgebot des Art. 3 I GG. Der Schuldgrundsatz steht einer geringeren als der schuldangemessenen Bestrafung nicht entgegen. Verhältnismäßigkeitserwägungen sprechen vielmehr für eine Auswahl sanktionsloser Beendigungsmaßnahmen von Strafverfahren, so daß die verfassungsrechtlichen Vorgaben zur Strafzumessung dem nicht entgegenstehen.

[1138] So Krahl, Rechtsprechung, S.67

2) Dem Verfassungsgebot der Bestimmtheit wird durch Sicherungsmechanismen des einfachen Rechts Rechnung getragen und das Schuldprinzip und die kodifizierten Strafzumessungsgrundsätze geben dem Straftäter einen gewissen Grad an ausgleichender Sicherheit. Gleichzeitig hingegen ist unbestreitbar, daß die richterliche Strafzumessung mehr Spielraum ermöglicht und auch in den Kontrollmöglichkeiten geringer ist als eine Regelung auf der Tatbestandsseite. Die Übernahme einer „weichen" Schuldlösung, die die Berücksichtigung von Aspekten, die sich gesetzlich verankert zur Beurteilung der Straftat heranziehen lassen, in stärkerem Maße dem Richter bei der Strafzumessung überläßt, ist somit ein Verlust an Regelungsgenauigkeit für die verlagerten Bereiche. Wegen der dadurch hervorgerufenen geringeren Bestimmtheit der Rechtsfolgen ist dies nach der hier eingenommenen Sichtweise verfassungsrechtlich nicht mehr hinzunehmen. Zwar bilden Strafbarkeitsvoraussetzungen und die Strafe eine Einheit, da nur die Verbindung von Rechtsvoraussetzung und Rechtsfolge „das Strafgesetz" ausmacht. Die fehlende Präzisierung und Differenzierung bei den Strafbarkeitsvoraussetzungen zwingt den Rechtsanwender, diese mittels eines weiten Strafrahmens bei der Strafzumessung nachzuholen, denn weite Strafrahmen sind oft ein Anzeichen für unbestimmte, zu weite Tatbestandsmerkmale.

Um die Strafzumessung nicht dem freien Belieben des Richters zu überlassen, sondern das individuelle Strafmaß zur Vermeidung von Willkür auch einer Überprüfung zugänglich zu machen, und wegen der rechtlichen und praktischen, unterschiedlichen Maßstäbe für Tatbestandsvoraussetzungen und Rechtsfolgenseite, ist eine weitest gehende Regelung auf Tatbestandsseite vorzugswürdig. Eine Verschiebung von Beurteilungsaspekten in die Strafzumessung bringt Verringerung an Bestimmtheit, weil die diesbezüglichen Anforderungen weniger streng sind. Angesichts der Weite der verfassungsgerichtlichenÜberprüfung ist nicht gesichert, daß die sich ergebende Verfassungswidrigkeit auch festgestellt wird. Dieser Bestimmtheitsverlust ist daher verfassungswidrig.

5) Grundrechtliche Relevanz bei Verurteilung ohne Bestrafung

Die Verurteilung eines Angeklagten durch einen Schuldspruch bei gleichzeitigem Absehen von einer Strafe kann gleichwohl eine Belastung sein, die grundrechtliche relevant ist, weil damit ein sozialethisches Unwerturteil verbunden ist. Im Strafprozeß ist eine Beschwer beim Angeklagten gegeben, wenn seine rechtlichen Interessen unmittelbar beeinträchtigt sind, wobei maßgeblicher Anknüpfungspunkt der Urteilsspruch ist und grundsätzlich nicht die Urteilsgründe[1139]. Eine Beschwer beim Angeklagten tritt durch jede für ihn nachteilige Entscheidung ein, was auch eine Straffreierklärung nach § 199 StGB oder dem mittlerweile gestrichenen § 233 StGB a.F. sein konnte sowie ein Absehen von Strafe nach § 60 StGB. Nicht gegeben ist dagegen die Beschwer bei einem Freispruch, da in diesem Fall im allein maßgeblichen Tenor festgestellt wurde, daß der staatliche Strafanspruch nicht besteht. Auch bei einem Freispruch wegen Schuldunfähigkeit nach § 20 StGB fehlt eine Beschwer und damit die Rechtsmittelfähigkeit, da die Aufgabe des Strafverfahrens und der Zweck des Rechtsmittels die Klärung ist, ob

[1139] BGH St 16, 374, 376

sich der Angeklagte einer Straftat schuldig gemacht hat, welche Strafe er hier wegen verwirkt hat bzw. ob der Staat gegen ihn einen Strafanspruch hat[1140].Die durch eine Verurteilung berührten grundrechtlichen Aspekte und die Legitimation zur Vornahme einer Verurteilung bedürfen der Berücksichtigung.

5.1) Sozialer Ehr- und Achtungsanspruch

In Betracht kommt der aus dem allgemeinen Persönlichkeitsrecht (APR) herrührende soziale Ehr- und Achtungsanspruch. Beide stellen Herleitungen aus den grundrechtlichen Fundamentalnormen dar. Der Begriff der Menschenwürde ist das tragende Konstitutionsprinzip im System der Grundrechte[1141]. Mit ihm verbunden ist der soziale Wert- und Achtungsanspruch, der es verbietet, den Menschen zum bloßen Objekt des Staates zu machen oder ihn einer Behandlung auszusetzen, die seine Subjektsqualität prinzipiell in Frage stellt. Der soziale Wert- und Achtungsanspruch ergibt sich somit aus dem Schutzgehalt der Menschenwürdegarantie . Selbst durch unwürdiges Verhalten kann die Menschenwürde nicht verloren gehen und sie kann keinem Menschen genommen werden. Verletzbar ist hingegen der Achtungsanspruch, der sich aus ihr ergibt.

Die Personenwürde besteht darin, daß der Mensch als geistig-sittliches Wesen darauf angelegt ist, in Freiheit und Selbstbewußtsein sich selbst zu bestimmen und in der Umwelt auszuwirken[1142]. Die Würde des Menschen ist der innere und zugleich soziale Wert- und Achtungsanspruch, der dem Menschen um seinetwillen zukommt[1143]. Um seiner Würde willen muß dem Menschen eine möglichst weitgehende Entfaltung seiner Persönlichkeit gesichert werden. Der Wert- und Achtungsanspruch wirkt über den Tod des Rechtsträgers hinaus fort[1144]. Ein Verstoß gegen diesen Anspruch scheidet aus, wenn der Bereich der sittlichen Persönlichkeit des Menschen nicht berührt ist[1145]und wenn der Mensch nicht verächtlich behandelt wird[1146].

Durch Verfassungsrechtsatz wird ein absolutes Recht auf Unterlassung jeden Eingriffs in die dem Menschen um seiner selbst willen zukommenden Würde und auf den Schutz gegen Eingriffe Dritter gewährt[1147]. Die Bestimmung verpflichtet den Staat darüber hinaus zum Schutz der Ehre seiner Bürger[1148]. Wenn der Gesetzgeber sich im grundrechtsgeschützten Raum bewegt, muß er die Bedeutung des Grundrechts in der sozialen Ordnung zum Ausgangspunkt seiner Regelung nehmen. Nicht er bestimmt frei den Inhalt des Grundrechts, sondern umgekehrt kann sich aus dem Gehalt des Grundrechts eine

[1140] BGH St aaO
[1141] BVerfGE 87, 209 ff.
[1142] BGH NJW 196, 1397 ff.
[1143] BayVerfGH 8, 57; vgl. auch 1, 32; 2, 91 und 9, 111
[1144] BVerfGE 30, 179
[1145] BVerfGE 9, 179
[1146] BVerfGE 30, 26
[1147] Schmidt-Bleibtreu/Klein, GG, Art. 1 RdNr. 1 ff.
[1148] Vgl. BVerwG NJW 1965, 1450 f.; BGH NJW 1962, 1438

inhaltliche Begrenzung seines Gesetzgebungsermessens ergeben[1149]. Darüber hinaus schützt Art. 1 I GG vor unangemessener Bestrafung[1150].

Das Absehen von Strafe als weitere Lösungsmöglichkeit, um eine ungewollte Bestrafung zu verhindern, ist wie dargestellt in Deutschland an gewisse Tatbestände oder inhaltliche Voraussetzungen geknüpft. Auch wenn einfachgesetzlich vieles unklar ist wie etwa die Abgrenzung zu §§ 153 ff. StPO, bleibt festzuhalten, daß es sich um einen isolierten Schuldspruch handelt. Dies bedeutet, daß auch ohne Strafausspruch eine sozialethische Mißbilligung ausgesprochen wird, denn wegen § 465 I 2 StPO liegt eine Verurteilung im Sinne der StPO auch beim Absehen von Strafe vor. Auch von den Strafzwecken her ist dieser Charakter gewollt, etwa bei der Spezialprävention. Dabei gilt es stets auch zu bedenken, daß schon allein die Eröffnung und Durchführung eines Ermittlungsverfahren und die daraus gerechtfertigten Zwangsmaßnahmen grundrechtsrelevante Belastungen darstellen und diese unweigerlich vorangehen müssen. Gerade die Wirkung in der Öffentlichkeit kann von dem Betroffenen gefürchtet sein. Das Instrument des Absehens von Strafe muß deshalb sparsam eingesetzt werden und bildet keinen adäquaten Ersatz zur materiellen Straflosigkeit bzw. der materiell-rechtlichen Regelungen, bei der es schlicht um Vorliegen oder Nicht-Vorliegen von Tatbestandsvoraussetzungen geht.

Der wegen des weiten richterlichen Ermessens in England gehandhabte *absolute discharge*, der ohne genaue Vorgaben bleibt, kann diesen Erfordernissen noch viel weniger gerecht werden, weil nicht die engen Voraussetzungen bei einzelnen Tatbeständen wie in Deutschland vorliegen. Da der *absolute discharge* in der Anwendung sogar weiter geht, muß die Kritik an einer ihm ähnlichen Gestaltung erst recht gelten, wenn sie schon auch dem wesentlich enger gefaßten Absehen von Strafe gilt. Eine solche Weite mit den genannten grundrechtsbelastenden Charakter ist nicht hinnehmbar, weil der grundrechtliche Berührungspunkt der soziale Ehr- und Achtungsanspruch ist, der im allgemeinen Persönlichkeitsrecht wurzelt und eine Mißbilligung nur bei einem Rechtsbruch vorsieht.

Eine Verlagerung von materiellen Aspekten in die Strafzumessung, und Absehen von Strafe wird hier mit einer Meinung als solche gesehen, führt zu einer Durchführung des Verfahrens bis zum Ende und damit verbunden eben auch zu einer Vielzahl von Maßnahmen, die grundrechtsrelevant sind. Wenn materielle Straflosigkeit bzw. ein evidenter Ausschlußgrund vorliegen, der die Staatsanwaltschaft von der Anklageerhebung abhält, so ist dies weniger grundrechtsbelastend. Einer solchen Belastung soll der Betroffene nur aussetzen werden, wenn ein wirklich strafwürdiges Verhalten vorliegt.

Im Ergebnis führt eine Ausweitung der Möglichkeiten der Verurteilung durch Schuldausspruch ohne Strafausspruch wegen der daraus resultierenden Beeinträchtigungen des sozialen Ehr- und Achtungsanspruchs zu dessen Verletzung und ist abzulehnen.

1149 BVerfGE 7, 403 f.; 7, 208 f

1150 BVerfGE 1, 348; BGH MDR 1956, 180; BGH NJW 1971, 2035; BVerfGE 86, 288 ff.

5.2) Allgemeine Handlungsfreiheit des Art. 2 I GG

Eine weitere grundrechtliche Absicherung kann sich aus der allgemeinen Handlungsfreiheit Art. 2 I GG ergeben. Diese als Auffanggrundrecht konzipierte Verfassungsnorm kann verschiedene Aspekte erfassen, die einer Verurteilung innewohnen. Die Norm schützt zum einen vor der Gefahr der sozialen Abstemplung, was auch für das Zivilrecht gilt[1151].

Ein weiterer Aspekt kann die auf einer verfassungswidrigen Norm beruhenden Verurteilung zu einer Kriminalstrafe sein, denn wegen ihrer Folgewirkung auf den Verurteilten als Person wird auch dessen Freiheit der Persönlichkeitsentfaltung verletzt[1152]. Bei der vorliegenden Problemkonstellation handelt es sich jedoch nicht um ein Problem des materiellen Straftatbestandes, sondern um das besonderes Konzept des Schuldspruchs ohne Strafe.

Auch ein gegen das verfassungsrechtliche Prinzip der Verhältnismäßigkeit verstoßendes Strafgesetz könnte nicht Bestandteil der verfassungsmäßigen Ordnung sein[1153]. Darüber hinaus ergibt sich für den Straftäter aus Art. 2 I GG i.V.m. Art. 1 GG ein Resozialisierungsinteresse, denn der verurteilte Straftäter muß die Chance erhalten, sich nach der Verbüßung seiner Strafe wieder in die Gemeinschaft einzuordnen[1154]. So geht man etwa davon aus, daß auch dem zu lebenslanger Freiheitsstrafe Verurteilten grundsätzlich eine Chance verbleiben muß, jemals wieder seine Freiheit wiedererlangen zu können und ihm folgerichtig ein Anspruch auf Resozialisierung zustehen muß[1155]. Das Verbot der Selbstbezichtigung ist ein durch Art. 2 I GG und 1 I GG gebotene Wertentscheidung zugunsten des Persönlichkeitsrechts des Beschuldigten[1156].

Dies macht insgesamt deutlich, welche umfangreichen Schlüsse sich ziehen lassen, die das einfache Recht in allen Bereichen des Strafrechts i. w. S. prägen.

Anerkannt ist auch, daß das Rechtsstaatsprinzip im Zusammenspiel mit Art. 2 I GG verlangt, daß der Einzelne vor unnötigen Eingriffen der öffentlichen Gewalt bewahrt bleibt. Dahinter steht das Verständnis, daß der Einzelne nicht einfach belangt werden kann, sondern es bedarf einer gewissen Erheblichkeitsschwelle sowie eines materiellen Grundes, um in seinen Rechtskreis einzugreifen.

In einer Konstellation, bei der bereits durch die Normierung einer sich dann materiellrechtlich ergebenden Straflosigkeit ein Eingriff vermieden werden kann, ist dies ein milderer Eingriff als wenn dasselbe Ergebnis erst durch eine prozessuale Einstellungsnorm erreicht wird oder nach Abschluß eines Strafverfahrens durch einen Schuldspruch ohne Strafausspruch. Denn während letztere beide Lösungswege grundrechtsrelevant sind, al-

1151 Schmidt-Bleibtreu/Klein, GG, Art. 2 I RdNr. 3 a
1152 BVerfG E 9, 88
1153 BVerfG E 6, 339, 439; 45, 187, 260; 50, 1, 13
1154 BVerfG E 35, 235 f.; 36, 188
1155 BVerfG E 49, 284; 45, 239
1156 BVerfG E 56, 37

lein schon durch die eingesetzte Ermittlungstätigkeit, kommt der materiellen Straflosigkeit keine negative Auswirkung auf die Grundrechte zu. Ein Weg hin zu geringerer oder gar keiner Grundrechtsrelevanz ist daher vorzugswürdig.

Auch wenn die Anforderungen an eine Gesetz, daß Bestandteil der verfassungsmäßigen Ordnung sein soll, nicht sehr hoch sind, findet ein Eingriff in die Handlungsfreiheit statt, der vor dem Hintergrund alternativer Vorgehensweisen unnötig ist. Ein solcher unnötiger Eingriff soll aber unterbleiben.

Hinzukommt, daß nach dem Schuldgrundsatz, der aus Art. 1 I GG und Art. 2 I GG wegen der Würde und Eigenverantwortlichkeit des Menschen hergeleitet wird[1157], sowie aus dem Rechtsstaatsprinzip folgt, daß Tatbestand und Rechtsfolge -gemessen an der Idee der Gerechtigkeit- sachgerecht aufeinander abgestimmt sein müssen[1158]. Hierin wird auch die verfassungsrechtliche Grundlage und Wirkung des Grundsatzes der Schuldangemessenheit des Strafens[1159] gesehen. Die angedrohte Strafe hat daher in einem gerechten Verhältnis zur Schwere der Tat und zum Maß der Schuld des Täters zu stehen.

Bleibt ein Schuldspruch ohne Strafe, wird dieses Gefüge in einer untypischen Weise verändert. Dabei entfällt die Legitimation der Strafandrohung, denn Fragen der Erheblichkeit der Schuld wirken sich auf jeden Fall auf die allgemeine Handlungsfreiheit aus. Eine solche Veränderung ist unnötig, da daß Ergebnis der Straflosigkeit auch auf anderem Wege erreicht werden kann.

Ergebnis

Weitergehende Verurteilungsmöglichkeiten, die bei Offenheit der Tatbestandsmerkmale zu einem Schuldausspruch ohne Strafausspruch führen, verstoßen gegen den sozialen Ehr- und Achtungsanspruch und die allgemeine Handlungsfreiheit.

IV) Stärkere Gewichtung prozeßrechtlicher Grundsätze

Wie ebenfalls deutlich geworden ist, können auch dem Prozeßrecht zuzuordnende Instrumente eine umfangreichere Problemabdeckung erzielen als dies in einem stärker das materielle Recht betonenden System der Fall ist. Eine stärkere Gewichtung prozeßrechtlicher Grundsätze wird dabei hier als eine solche Modifizierung des Legalitätsprinzips verstanden, welche gleichzusetzen ist mit einer Änderung hin zu einem prozeßrechtlichen Grundverständnis, einer Prozeßrechtsmaxime, welche mit dem Ausdruck Opportunitätsprinzip bezeichnet wird und die eine grundsätzlich andere Ausrichtung, eben aus diesem anderen Grundverständnis heraus, besitzt.

Im folgenden soll zunächst kurz auf die verfassungsrechtliche Verankerung des Legalitätsprinzips eingegangen werden (1) und darauf, ob diese bereits einer Einführung des

[1157] Siehe dazu 17. Abschnitt C I 1
[1158] Vgl. BVerfG E 20, 331; 25, 286; 27, 29
[1159] BVerfG E 35, 386 ff.; 86, 288 ff.

Opportunitätsprinzip entgegensteht. Anschließend (2) sollen als Darstellungsschwerpunkt die Grenzen strafverfahrensrechtlicher Einstellungsnormen, insbesondere vor dem Hintergrund des Art. 103 II GG (3), ermittelt werden.Die Frage, ob in der deutschen Strafrechtslandschaft bereits stattfindende Diskussionen genau zu den Aspekten Stellung nehmen und einen zusätzlichen Erkenntnisgewinn für die hier in Frage stehenden Gesichtspunkte bringen können, kann aus Platzgründen nicht mehr erfolgen. Eine Würdigung der Idee des „einheitlichen Systems der Strafbarkeit“ von Wolter[1160], welche materielle Gründe zum Ausschluß einer Strafbarkeit, prozessuale Aspekte und Fragen der Strafzumessung zueinander in Beziehung setzt und deren wechselseitiger Abhängigkeit nachgeht, verdient Ausführungen im Rahmen einer eigenständigen Arbeit.

1) Änderung hin zum Opportunitätsprinzip

1.1) Verfassungsrechtliche Verankerung des Legalitätsprinzips

Bei der prozeßrechtlichen Maxime des Legalitätsprinzips handelt es sich um ein das einfache Recht gestaltendes Prinzip, das der StPO zugrunde liegt, §§ 152, 163 StPO. Nachgewiesen ist, daß es von Verfassungs wegen Gründe für die Existenz dieser Maxime gibt, aufgrund derer die Abschaffung oder weitgehende Einschränkung der Anklagepflicht verfassungswidrig wäre. Maßgeblich ist auch die Enge der Verbindung von verfassungsrechtlichen Aspekten und dem strafprozessualen Legalitätsprinzip.

Das Rechtsstaatsprinzip in seinen vielfältigen Ausformungen ist letztlich der Maßstab. Einige Stimmen sehen dieses als Grundlage, das die Herrschaft des strengen Legalitätsprinzips verlange[1161]. Von anderer Seite wird geäußert, daß diesem Prinzip keine eindeutigen Aussagen über diesen Teilbereich der Strafrechtspflege zu entnehmen sind[1162], sondern allenfalls eine Tangierung verfahrensbezogener Teilaspekte des Rechtsstaatsgrundsatzes vorliegt.

Das verfassungsgeschichtlich außerprozessuale Fundament des Legalitätsprinzips, nämlich die Angst der bürgerlich-liberalen Gesellschaft vor der Willkür der vom Monarchen beherrschten Exekutive und das auf die Bestrafung jedes Schuldigen hin angelegte klassische Vergeltungsstrafrecht, haben im Laufe der Zeit immer mehr von ihrer Bedeutung eingebüßt, weshalb parallel dazu eine Einschränkung des Legalitätsprinzips immer weiter zugunsten von Opportunitätsgedanken erfolgt ist. Der Wandel läßt sich daher kurz gesagt[1163] auf den Wegfall des Monarchen, eine veränderte Gewichtung der Strafzwecke, den Wechsel hin zur Demokratie sowie einen Wandel der Exekutive stützen.

Ein Vergleich der Zeit der Entstehung des Legalitätsprinzip und der heutigen Situation zeigt die leitende Zielsetzung des materiellen Strafrechts und im Ergebnis die Aufgabe

[1160] Wolter/Freund, Straftat, Strafzumessung und Strafprozeßrecht im gesamten Strafrechtssystem; Wolter GA 1996, S. 207; ders., NStZ 1993, 1 ff.; dazu Naucke GA 1998, 263 ff.
[1161] Faller, Festgabe für Maunz , S. 69
[1162] Etwa Jung, Kronzeuge, S. 60; vgl. auch grundlegend Marquardt, Entwicklung Legalitätsprinzip, S. 5 ff.; ebenfalls Entwicklungslinien zeigt Lüderssen, Grenzen des Legalitätsprinzips, S. 221
[1163] Marquardt, Legalitätsprinzip, S. 5 ff.

des Strafprozeßes, diese durchzusetzen[1164]. Der Wandel vom Prinzip der Schuldvergeltung zum Präventionsprinzip hat sich in der Entwicklung des Legalitätsprinzip niedergeschlagen. Die politischen Wandlungen bedingten eine Abkehr vom Prinzip der Schuldvergeltung. hin zur exemplarische Auswahl nach Effektivitätskriterien[1165]. Durch den verfassungsrechtlichen Wandel ist zudem das vorhandenen Mißtrauen gegen die Staatsanwaltschaft als vom Monarchen kontrollierter Behörde die theoretische Grundlage entzogen worden, da diese mittlerweile nur die Gewalt ausüben kann, die vom Volk ausgeht und der Parlamentskontrolle unterliegt.

Das Begriffspaar von Legalitätsprinzip und Opportunitätsprinzip bestimmt die gesetzgeberische und wissenschaftliche Diskussion, was an sich einer tragfähigen Definition dieser beiden Begriffe bedarf. Marquardt[1166] stellt eine Herleitung mit allgemeinen Erwägungen über das öffentliche Recht dar, in der die Gesetzesgebundenheit über den Vorrang des Gesetzes sowie verwaltungsrechtliche Kategorien zur Begründung angeführt werden.

Der Freiheit einer Ermessensentscheidung, d.h. einer an Zweckmäßigkeitsüberlegungen orientierten Entscheidung, sind gewisse Schranken gesetzt und diese kommen nicht mehr aus dem jeweiligen Gesetz unmittelbar, sondern vielmehr aus übergeordneten generellen Prinzipien etwa des allgemeinen Verwaltungsrechts oder des Verfassungsrechts[1167]. Eine wortinhaltsmäßige Beschreibung zeigt, daß die Begriffe Legalitätsprinzip und Opportunitätsprinzip dann, je nach Begriffsverständnis, keinen direkten Gegensatz bilden und eine im Rahmen des Opportunitätsprinzip getroffene Ermessensentscheidung nicht illegal ist; dies wäre nur so bei einer Antipodenstellung der Begriffe. Ein entscheidender Differenzierungsgesichtspunkt der Begriffsdefinition ist nicht der Gegensatz von Gesetzmäßigkeit und Zweckmäßigkeit, sondern in dem Grad der Gesetzesbestimmtheit und der dadurch bedingte Gebundenheit der Verwaltung zu suchen.

Ein Verständnis dieser Begriffe wie im Verwaltungsrecht wird im Bereich des Strafverfahrens nicht geteilt. Es ist vielmehr dadurch gekennzeichnet, daß ein rationales Verhältnis zu den Begriffen fehlt.

Hintergrund ist die Glorifizierung des Legalitätsprinzip in der Vergangenheit. Herauszuheben sind Wendungen wie „grandioser Ausdruck der Gerechtigkeit“[1168], „Göttin der Gerechtigkeit“[1169], “unverbräuchliche Grundlage unseres Systems und unserer Organi-

---

1164 Peters, Strafprozeß, S.7, 11; Roxin, Strafverfahrensrecht, S. 5; Zipf, Strafprozeßrecht, S. 19

1165 Insgesamt dazu grundlegend Zipf, Strafwürdigkeit, S. 13

1166 Legalitätsprinzip, S. 8

1167 Vgl. zu den Grenzen der Ermessensentscheidung allg. nur Ossenbühl, Rechtsquellen, § 11 RdNr. 10 „Das Verwaltungsermessen“

1168 Marquardt, aaO, S. 12 unter Hinweis Karl Binding, Die Stellung der Staatsanwaltschaft des Angeklagten und des Verletzten nach den „Entwurf eines Gesetzes zur Vereinfachung der Rechtspflege“ in: Leipziger Zeitschrift 1917, Sp. 497 ff.

1169 Ebd. unter Hinweis auf Wagner, Zum Legalitätsprinzip - Eine Studie für den 45.DJT, Karlsruhe 1964, S. 149 ff.

sation der Strafverfolgung“[1170]. Dem Begriff des Legalitätsprinzip wird damit ein Stellenwert beigemessen, der zusätzliche Befrachtung des Wortsinns beinhaltet. Konsequenz daraus ist, daß dem Legalitätsprinzip nicht nur formale Eigenschaften wie die Bindung der Verwaltung an das Gesetz, sondern auch ein materieller Gehalt zugeordnet wird. Aber auch Stellungnahmen in der Literatur der letzten Jahrzehnte, die das Legalitätsprinzip ins Gerede brachten und schlagwortartig „Legalitätsprinzip in der Krise?“[1171], „Abschied vom Legalitätsprinzip“[1172], „Grabgesang für das Legalitätsprinzip“[1173] oder es wurde davon gesprochen, daß das Legalitätsprinzip „durchlöchert wie ein Schweizer Käse“ sei[1174], sind nicht gerade von nüchternem Umgang geprägt.

Das Verständnis der genannten Begriffe folgt aus Entwicklungen, welche noch vor der Einführung des RStPO liegen und ist daher politisch und irrational vorbelastet.

Der Begriff der Opportunität, im Jahr 1860 von Glaser eingeführt[1175], war von vornherein assoziiert als eine den Interessen der mit Mißtrauen beobachteten Obrigkeit dienenden Maxime. Diese negative Befrachtung, der negative Charakter war prägend und wurde auf dem 2. Juristentag 1861 als Votum zusammen gefaßt : „Legalität, nicht Opportunität“[1176].

Diese Entwicklung brachte eine Abgrenzung des Begriffspaares Legalität und Opportunität mit sich, wonach das Opportunitätsprinzip gewissermaßen rein negativen Sinn bekommt und sämtliche Ausnahmen von der unbedingten Verfolgungspflicht des Legalitätsprinzips als dem „eigentlichen Fundament“ des Opportunitätsprinzips zugeordnet werden, ohne eine inhaltliche Wertung, was unter Opportunitätsprinzip überhaupt zu verstehen ist. Das Regel-Ausnahme-Verhältnis hat die begriffliche Fassung von Legalitätsprinzip und Opportunitätsprinzip bis heute bestimmt. Die erwähnte ideologische Befrachtung des Begriffspaares ist zweckrational nicht zu rechtfertigen. Die getroffene Gegensatzbildung wurde mit der Forderung angegriffen, das Begriffspaar im Rahmen des Strafverfahrensrechts zukünftig nicht mehr zu verwenden[1177].

Eine Entideologisierung der Begriffe kann auch erreicht werden[1178], wenn die Begriffspaare Legalitätsprinzip-Opportunitätsprinzip losgelöst von den Befrachtungen verstanden werden. Die Definition kann dann in der Weise erfolgen, daß als Legalitätsprinzip die in § 152 StPO vorgesehene „Verfolgungspflicht“ im Sinne einer strikten Bindung der Staatsanwaltschaft verstanden wird als Einschreiten bei Vorliegen der tatbestandli-

---

[1170] Schultz MDR 1958, S. 18 ff.
[1171] Eckl, ZRP 1973, S. 139 ff.
[1172] Serwe, Kriminalistik 1970, S. 377 ff.
[1173] Baumann, ZRP 1972, S. 273 ff.
[1174] Baumann, aaO, S. 274
[1175] Marquardt, aaO, S. 12 unter Hinweis auf Glaser, Das Prinzip der Strafverfolgung 1860, abgedruckt in Kleine Schriften über Strafrecht und Strafprozeß, 2. Aufl. 1883
[1176] Ebd. unter Hinweis auf von Groß, Gutachten zum Antrage des Rechtsanwalts Lewald, Verhandlungen des 2. Juristentages 1861, Bd. 1 S. 129 ff.
[1177] Kohlhaas, Unzulässige Durchbrechung des Legalitätsprinzips, GA 1956, S. 241, 242
[1178] So der Vorschlag von Marquardt, Legalitätsprinzip, S. 11

chen Voraussetzungen. Das Opportunitätsprinzip hingegen ist einschlägig, wenn eine Ermessensentscheidung der Staatsanwaltschaft im Raume steht.

Die verfassungsrechtliche Verankerung des historisch gewachsenen Legalitätsprinzips ergibt sich aus verschiedenen Gesichtspunkten, welche unter den Begriffen der Voraussehbarkeit staatlicher Eingriffe, der Bestimmtheit der Strafgesetze, der Gleichheit vor dem Gesetz und der Trennung der Gewalten zusammen gefaßt werden.

Angesichts der ausführlichen und zutreffenden Darstellungen bei Weigend[1179]erfolgt wegen der Verfügbarkeit der dort angestellten Erwägungen keine eigenständige Entwicklung dieser Begriffe und nur eine rudimentäre Zusammenfassung der begrifflichen Inhalte mit Blick auf die weitere Untersuchungsrichtung.

1.1.1) Voraussehbarkeit staatlicher Eingriffe

Der Rechtsstaat muß gewährleisten, daß für den einzelnen Bürger aufgrund der geltenden Gesetze vorhersehbar ist, unter welchen Bedingungen und in welchem Umfang er hoheitlichen Eingriffen ausgesetzt ist[1180]. Die Bindung aller drei Gewalten an Gesetz und Recht gemäß Art. 20 GG führt die Staatsrechtslehre zu dieser Folgerung[1181].

Hier ergibt sich insbesondere eine Spannungsfeld widerstreitender Interessen. Die Verfassung kann nicht verlangen, daß der Staat gleich einen Automaten auf das Vorliegen einer Normverletzung stets in der gleichen Weise reagiert, um dem Gebot der Voraussehbarkeit seiner Handlungen zu genügen. Ein derartiger Schematismus stellt einen Widerspruch zum ebenfalls verfassungsrechtlich abgesicherten Prinzip der Verhältnismäßigkeit dar. Die Berücksichtigung der Schwere und Bedeutung des einzelnen Falles bei der Auswahl der Reaktion ist dadurch vorgegeben. Eine Übereinstimmung der in concreto widerstreitenden Prinzipien der Rechtssicherheit und der Verhältnismäßigkeit ist kaum herstellbar. Eine Annäherung ist dadurch gegeben, daß eine Zulassung der Ermessensentscheidung im Bereich der Anklage erfolgt, allerdings durch eine Bindung an vorgegebene Maßstäbe. Die Verwirklichung der allgemeinen Grundsätze durch solche Maßstäbe sowie Inhalt, Gegenstand und Ausmaß des Eingriffsermessens sind so bestimmt wie möglich festzulegen[1182]. Dem Bürger ist zugleich ein Mindestmaß an Prognostizierbarkeit staatlicher Entscheidungen zu verschaffen, welches vom Rechtsstaatsprinzip gefordert wird. Andererseits aber muß der Staatsanwaltschaft der Entscheidungsspielraum belassen bleiben, der in der Praxis erforderlich ist, um auch atypische Fälle gerecht und angemessen zu beurteilen. Die Voraussehbarkeit kann damit immer nur eine relative sein.

[1179] Weigend, Anklagepflicht, S. 70 ff.

[1180] BVerfG E 8, 71, 76; Maunz-Dürig-Herzog, GG, Art. 20 RdNr. 86; Maunz, Staatsrecht, 20. Aufl. 1975, S. 73 f.

[1181] Vgl. Weigend, aaO, S. 71, sieht eine solche nur wenn der Betroffenen weiß, „woran er ist".

[1182] vgl. Maunz-Dürig-Herzog, GG, 13. Lieferung (1973), Art. 20, RdNr. 91

1.1.2) Bestimmtheit der Strafgesetze

Wie eingangs schon dargelegt, ist aus Art. 103 II GG seit jeher das Erfordernis herauszulesen, daß Strafnormen Umfang und Grenzen der Strafbarkeit eindeutig und bestimmt festlegen[1183]. Es darf letztlich kein Zweifel darüber herrschen, was strafbar und was erlaubt ist. Manche Autoren wollen dies als Grundlage für Kritik am Opportunitätsprinzip nutzen. Nicht nur die Tatbestandsfassung, auch die gesamte strafrechtliche Konfliktverarbeitung soll unter dem verfassungsrechtlichen Bestimmtheitsgebot stehen[1184].

Festzuhalten ist, daß die Vorschrift allein dem Zweck dient, Bürger vor der Bestrafung aufgrund von Gesetzen zu schützen, die, sei es aus Gründen der Nachlässigkeit, sei es aus Absicht, so breit und unbestimmt gefaßt sind, daß sich aus ihnen keine klare Anweisung zu einem bestimmten Verhalten entnehmen läßt. Daher ist in besonderem Maße die Gefahr willkürlicher Anwendung bei diesen gegeben[1185].

Diese hier im Bezug auf die grundsätzliche Gegenüberstellung von Legalitätsprinzip und Opportunitätsprinzip bezogenen Erwägungen zeigen bereits die Richtung der Problembetrachtung an. Die Stellung der Fundamentalnorm Art. 103 II GG in Beziehung zu den Problemkreisen bedarf tiefergehender Betrachtung und soll dabei zur Beurteilung konkreter Normen bzw. Vorgehensweisen herangezogen werden[1186].

1.1.3) Gleichheit vor dem Gesetz

Mißt man mit Weigend[1187] das Opportunitätsprinzip an einem elastischeren Gleichheitsmaßstab, so ist die unreflektierte Gleichsetzung von Legalität und Egalität nicht aufrechtzuerhalten. Der entscheidende Gesichtspunkt ist die Notwendigkeit unbedingter Durchsetzung des staatlichen Strafanspruchs. Innerhalb der Gesamtmenge hinreichend tatverdächtiger Beschuldigter sind sachgerechte Differenzierungen denkbar, die eine unterschiedliche Behandlung durch die Strafverfolgungsorgane wenn nicht gebieten, so doch wenigstens erlauben. Unterscheidungskriterien bestehen etwa darin, das Ausmaß der objektiven Sozialschädlichkeit des Delikts, das Interesse des Geschädigten an der Strafverfolgung, die Intensität des deliktischen Willens des Täters oder das Bestehen außerstrafrechtlicher Sanktionsmöglichkeiten heranzuziehen. Der Tatverdacht als entscheidender Aussonderungsfaktor erdrückt nicht alle Differenzierungen. Unter Zugrundelegung jeder dieser Faktoren besteht die Möglichkeit einer Trennlinienziehung innerhalb der Gruppe der Tatverdächtigen. Auf der einen Seite würde das Legalitätsprinzip regieren, auf der anderen Seite das Opportunitätsprinzip vorherrschen, ohne daß man

---

[1183] vgl. Darstellung unter 17. Abschnitt B I

[1184] Insb. Jung, Kronzeuge, S. 62; vgl. auch Faller, Festgabe für Maunz, S. 69, 85, der deshalb die Fassung des § 153 d StPO („sonstige überwiegende öffentliche Interessen") als unvereinbar mit dem Bestimmtheitsgebot kritisiert.

[1185] Weigend, aaO, S. 73 ff.

[1186] Ausführlich unter 17. Abschnitt IV 3.4

[1187] aaO, S. 76

dieser Ungleichbehandlung den Vorwurf der Willkür machen könnte[1188]. Bei der Möglichkeit der Differenzierung muß Gesetzgeber allerdings um ihre Typisierung besorgt sein, um den verfassungsrechtlichen Auftrag zur tatsächlichen Gleichheit vor dem Gesetz zu erfüllen[1189].

Das Schlagwort von der Gleichheit in der Ungleichheit bedeutet noch nicht, daß die Forderung nach Festschreibung der Differenzierungskriterien verfassungsgerichtlich durchsetzbar wäre. Die Verfassungsrechtsprechung ist bei der Kontrolle der Gesetzgebung unter dem Aspekt des Gleichheitssatzes zurückhaltend[1190], was auch durch den Wandel der Prüfung hin zu einer stärkeren Beachtung des Verhältnismäßigkeitsgrundsatzes keine grundlegende Neuerung erfuhr. Ob es dabei nicht entscheidend darauf ankommt, da der Inhalt des verfassungsrechtlichen Auftrags weiter gehe als der Umfang verfassungsgerichtlicher Kontrolle[1191], muß von der hier gewählten Untersuchungsrichtung bezweifelt werden, denn der bei einem Systemwechsel eintretende Verlust an Rechtsklarheit ergibt sich eben auch aus einer fehlenden gerichtlichen Überprüfung.

Die Festlegung von Leitlinien ist für die gleichmäßige Rechtsanwendung der dezentralisierten Organisation der Anklagebehörde notwendig, weil ansonsten eine einheitliche Handhabung des Ermessens im ganzen Bundesgebiet nicht erreichbar ist oder erst durch faktische Angleichung günstigstenfalls nach einigen Jahren. Ohne diese Ermessensbindung durch den Gesetzgeber besteht keine Aussicht auf die verfassungsrechtlich gebotene gleichmäßige Ungleichbehandlung tatverdächtiger Beschuldigter nach sachlich plausiblen Unterscheidungskriterien.

Man kommt somit zu der Konsequenz[1192], daß ein Modell strukturierten Ermessens der Staatsanwaltschaft mit dem Gleichheitssatz vereinbar ist und es dem Gleichbehandlungssatz sogar näher kommt als das strikte Legalitätsprinzip mit der Tendenz zur schematischen Egalisierung.

1.1.4) Trennung der Gewalten

Der dogmatisch wesentliche Unterschied zwischen einer Verfahrenseinstellung aus Gründen der Zweckmäßigkeit und einem verurteilenden Erkenntnisakt soll nicht gering geachtet werden[1193]. Allerdings ist nicht zu übersehen, daß die tatsächlichen Gründen, die als fehlendes öffentliches Interesse zu einer Einstellung nach §§ 153, 153 a StPO

[1188] Zwei unterschiedliche Sachverhalte sind weder in jeder Beziehung gleich noch können sie in jeder Beziehung ungleich sein. Das Spannungsfeld zwischen den beiden konträren Ausprägungen verlangt eine wertende Betrachtung, an deren Ende dann die Feststellung ergehen muß, ob zwischen den verglichenen Materien die Elemente der Ähnlichkeit oder Verschwiegenheit überwiegen. Dieser Gedankengang liegt dem englischen Recht bereits als Teil des „on point"-Denkens zugrunde und ist dort auch eine Frage des materiellen Rechts sowie der Rechtsfindung. Das Opportunitätsprinzip liegt dem vom Verfahrensstadium als Vorwirkung zugrunde.

[1189] So etwa Jung, Kronzeuge, S. 61

[1190] Vgl. 17. Abschnitt C III 3.3 sowie 4.3

[1191] So Weigend, Anklagepflicht, S. 77 Fußnote 290

[1192] Dies teilt auch Weigend, aaO, S. 77

[1193] Vgl. eine Darstellung der Kritik bei Weigend, aaO, S. 78 m.w.N.

führen, meist weitgehend identisch sind mit denjenigen Gründen, die das Absehen von Strafe, die Verwarnung mit Strafvorbehalt oder auch die Strafaussetzung zur Bewährung erlauben[1194]. Hinzu kommt, daß zwischen den jeweiligen Rechtsfolgen auch viele Beschuldigte grundlegende Unterschiede kaum wahrzunehmen vermögen. Fakt ist somit, daß der nach dem Opportunitätsprinzip verfahrende Staatsanwalt Quasi-Strafzumessung betreibt. Es ergibt sich als Schluß, daß eine Forderung nach der Fixierung der von Quasi-Strafzumessungsgrundsätzen unumgänglich ist. Dies ist nur eine Einsicht hinsichtlich der Probleme bei der Übernahme richterlicher Funktionen durch die Staatsanwaltschaft. Außerdem bedarf es der Klärung in diesem Zusammenhang, ob der stillschweigend als gegeben vorausgesetzte Übergriff des Staatsanwalts auf das Ressort des Richters grundsätzlich zulässig ist oder ob insofern nicht eine mit dem in Art. 20 II 2 GG und Art. 92 GG niedergelegten Grundsatz der Trennung von Rechtsprechung und Exekutive als Gewalten des Staates unvereinbare Anmaßung fremder Befugnisse durch die Anklagebehörde stattfindet[1195].

Erfolgt eine Einschätzung der praktischen Tätigkeit des Staatsanwalts realistischerweise als vorweggenommene Strafzumessung, so kommt dem Einwand aus Art. 92 GG durchaus Bedeutung zu, weil diese Vorschrift nicht nur eine organisatorische Regelung der Gerichtsbarkeit enthält, sondern vielmehr auch eine bindende Zuweisung der materiell verstandenen Rechtsprechungsfunktion an die dritte Gewalt[1196].

Das BVerfG sieht den Grund dafür, daß das Strafrecht in seinem Kern dem Richter überlassen bleiben muß, vor allem in der Tatsache, daß die verurteilende Entscheidung einen moralisch-ethischen Schuldvorwurf, ein Unwerturteil gegenüber dem Täter enthält[1197]. Nicht die Einbuße an Vermögenswerten oder an Bewegungsfreiheit, sondern die Beeinträchtigung des sozialen Achtungsanspruchs des Täters, die so schwer wiegt, daß sie von Verfassungs wegen nur von einem unabhängigen Gericht festgestellt und ausgesprochen werden darf[1198]. Der verfassungsrechtlich verankerte staatliche Strafanspruch bedingt somit auch deshalb die Zuweisung an ein Gericht zur gerichtlichen Aburteilung. Bei einer aufgeteilten Betrachtung des moralisch-ethischen Schuldvorwurfs, der einer Zersplitterung gleichkommt, muß dann auch konsequent die Befassung aufgeteilt erfolgen. Dies widerspricht jedoch dem grundlegenden Koppelungsgedanken von Schuldart/-umfang sowie der Gerichtszuständigkeit.

Eine Begrenzung des Wirkungsbereichs der Justizgarantie des Art. 92 GG ist sachgerecht, denn eine weiter gefaßte Interpretation hätte, so macht etwa Weigend[1199] deutlich, absurde Folgerungen: ein alleiniges Abstellen auf die beeinträchtigende Auswirkung einer Maßnahme bewirkte die Konsequenz, daß jede hoheitlich gewollte Einbuße an Freiheit oder Eigentum allein durch die Gerichte angeordnet werden könnte.

1194 Schroeder, Festschrift für Peters, (1974), S. 411, 417 f.
1195 dazu unter 17. Abschnitt C IV 3
1196 Leipholz-Rinck, GG, Art. 92 Anm. 1
1197 BVerfG E 22, 49, 79 f.
1198 Vor dem Hintergrund dieses Verständnisses ergibt sich auch, daß allenfalls die Ahndung von Ordnungswidrigkeiten durch die Exekutive ohne Bedenken zulässig sein kann, vgl. BVerfG E 22, 125, 133.
1199 Anklagepflicht, S. 80

Bedenken gegen die ermessensgesteuerte Entscheidungsbefugnis des Staatsanwalts ergeben sich auch direkt aus dem Grundsatz der Gewaltentrennung. Die Erkenntnis der modernen Staatsrechtslehre entkräftet diese aber. Die Verteilung der Staatsgewalt auf verschiedene Träger dient weniger der gegenseitigen Kontrolle und Hemmung als vielmehr der sachgerechten Zuordnung von Funktion und Organ[1200].Der Staatsanwalt muß in Deutschland immerhin auch die Befähigung zum Richteramt besitzen und ist in seiner Amtsführung zur Objektivität verpflichtet, § 160 II StPO, womit er zur gerechten und unbeeinflußten Sachentscheidung in der Lage. Laut Weigend[1201] hat die Weisungsgebundenheit nur geringe praktische Bedeutung und ist kein überzeugendes Argument dafür, daß das Organ Staatsanwaltschaft zur selbständigen Einstellungsentscheidung funktional ungeeignet ist.

1.2) Ergebnis

Es lassen sich daher bei Zugrundelegung eines Verständnisses zwei Aussagen zur Vereinbarkeit von Opportunitätsprinzip und Grundgesetz treffen. Zum einen gibt es keine Notwendigkeit der Beibehaltung der Anklagepflicht von Verfassungs wegen[1202]. Die Grundsätze der Rechtsstaatlichkeit und der Gleichbehandlung verlangen die Aufstellung von verbindlichen, inhaltlich bestimmten und plastischen Richtlinien für die Entscheidungstätigkeit des Staatsanwalts. Zudem muß die gerichtliche Kontrolle seiner Ermessensausübung gewährleistet sein.

Weiter gibt es keine eindeutige Präferenz des GG für das Legalitätsprinzip oder Opportunitätsprinzip. Unabhängig für welchen Grundsatz sich der Gesetzgeber entscheidet, müssen dem Staatsanwalt genauere Maßstäbe für seine Tätigkeit als unbestimmte Generalklauseln wie die vom öffentlichen Interesse gemacht werden.

Der am Verfassungsrecht orientierte Ansatz dieser Arbeit legt eine am einfachen Recht orientierte Bearbeitung nur begrenzt nahe. Wegen des aus dem Vergleichsergebnis gewonnenen Prüfungsaspekts, über eine flexible Handhabung des Prozeßrechts auch Aspekte zu berücksichtigen, deren Berücksichtigung durch das materielle Recht zum Zeitpunkt der Verfahrensstandes noch nicht stattgefunden hat, war der Ausgangspunkt. Hinter den Leitbegriffen des Legalitätsprinzips und des Opportunitätsprinzips stehen Prozeßrechtsmaximen, die im einfachen Recht in verschiedenen Länder unterschiedliche Regelungen gefunden haben. So können auch Rechtsordnungen, die vom Grundsätzlichen her von derselben Maxime geleitet werden, im einzelnen eine unterschiedliche Handhabung desselben Sachverhalts beinhalten.

Auch der Unterschied zwischen den Leitbegriffen mag nach einer Ausgestaltung durch das einfache Recht nicht mehr die Trennschärfe haben, wie es das Begriffspaar glauben machen will. Der Einfluß von an der Opportunität orientierten Normen hat auch in der deutschen Strafprozeßordnung in den letzten Jahrzehnten an Bedeutung gewonnen. Die

[1200] Hesse, Grundzüge des Verfassungsrechts, 1975, S. 196-199
[1201] aaO, S. 81
[1202] Im Ergebnis stimmen dem zu Jung, Kronzeuge (1974) S. 62 f.; Jahrreiß, Festschrift für Lange (1976) S. 765, 776; Naucke, Gutachten, Verhandlungen des 51. DJT, Bd. I (1976) S. D 34

Einführung der §§ 153 a ff. StPO -deren Gesamtrichtung eindeutig darin besteht, die Einstellung des staatsanwaltlichen Verfahrens an legitimen Zweckmäßigkeitserwägungen auszurichten- war dabei der bedeutendste Schritt hin zu einer Neuausrichtung der Grundregeln. Ohne den Grundcharakter per se in Frage zu stellen, soll mit der Einführung an sich grundsatzfremder Normen veränderten Gesichtspunkten Rechnung getragen werden. Die sog. reine Lehre wird deshalb im System ohnehin nicht mehr praktiziert, denn nicht nur über diese Normen, auch über Vorschriften wie § 154 StPO[1203] oder Regelungen zum Täter-Opfer-Ausgleich wird der Gedanke der Zweckmäßigkeit des Verfahrens stärker in den Mittelpunkt der Überlegungen gerückt.

Daß auch eine Opportunitätsprinzip nicht einen rechtsfreien Raum bringt, in dem Willkürentscheidungen über das Stattfinden eines Verfahrens befinden, ist sowohl aus den Ausführungen zum englischen Recht deutlich geworden als auch aus den verfassungsrechtlichen Determinanten zum Opportunitätsprinzip in Deutschland. Nennt man dies eine Durchbrechung des Legalitätsprinzip, so wird deutlich, daß es ohnehin nicht mehr um eine Maxime in Reinkultur geht, sondern um die grundsätzliche Ausrichtung, die grundsätzliche Zielrichtung der Systemleitlinie. Daß ein Opportunitätsprinzip mit detaillierten Einzelvorschriften und genauen Vorgaben und ein Legalitätsprinzip mit vielen, weitreichenden Einstellungsvorschriften und Ausnahmeregelungen in der praktischen Anwendung zur selben Verfahrensdurchführung führen können, ist ein Schluß, der nahe liegt. Die Benennung hat in einem so gelagerten Falle nur geringfügige Bedeutung. Die Berücksichtigung von Aspekten, die im materiellen Bereich wurzeln, im Rahmen dieser Regelungen ist auch eine Frage, die sich nach der Zweckmäßigkeit von deren Behandlung im gesamten Strafrecht/Strafprozeßrecht richtet. Ihre rechtliche Zulässigkeit sagt noch nichts über die verfahrensmäßige Effizienz und die Optimierung aus Sicht des Angeklagten.

Verdeutlicht man sich diese Begriffsrelativität vor dem Hintergrund des zu den Anforderungen der Verfassung gesagten, dann erscheint eine Wechsel der Gesamtrichtung von eher nominellem Charakter und ist kein solcher Einschnitt, wie ihn eine Betrachtung der sich gegenüberstehenden großen Maximen glauben machen kann. Da auf der Ebene der großen Maximen eine Verwirklichung der „reinen Lehre" kaum möglich ist und die Unterschiede zwischen beiden, ergänzt um Elemente der jeweils anderen Richtung, geringer sind als zu erwarten war, muß die Betrachtung einen konkreteren Ansatzpunkt wählen, um die Frage nach der zulässigen Weite von Opportunitätsgedanken zu beantworten[1204].

Im folgenden soll deshalb das Verhältnis von strafprozessualen Einstellungsnormen und dem strafrechtlichen Bestimmtheitsgebot vor dem Hintergrund betrachtet werden, daß diese zu Korrekturen materiell-rechtlicher Ergebnisse dienen können.

[1203] Vgl. zum dortigen Opportunitätsdenken umfassend Pott, Außerkraftsetzung der Legalität, S. 34 ff., S. 126 ff.

[1204] Zutreffend daher die Aussage von Schroeder, wonach der Gegensatz weniger zwischen Legalitätsprinzip und Opportunitätsprinzip liegt, sondern zwischen Bestimmtheit und Unbestimmtheit. Vgl. Nachweis bei Kühne, Strafprozeßrecht, § 18 Fußnote 12

In der Darstellung bedeutet dies, daß die deutschen strafprozessualen Regeln nur in der Gestalt interessieren, wie sie mit der englischen Vorgehensweise vergleichbar sind. Insbesondere die Verhängung von Auflagen und Weisungen durch die Staatsanwaltschaft in § 153 a StPO wirft zahlreiche Probleme auf, denen hier aus dem eben genannten Gründen nicht nachgegangen werden soll.

2) Grenzen strafverfahrensrechtlicher Einstellungsnormen

Nach den bisheriger Ausführungen, die einen grundsätzlichen Wechsel vom Legalitätsprinzip zum Opportunitätsprinzip und dessen verfassungsrechtlicher Verankerung nachgegangen sind, stellt sich nunmehr konkret die Frage, ob auch bei einer Beibehaltung des Legalitätsprinzip mit Normen, die stärker dem Opportunitätsgedanken Rechnung tragen, grundrechtliche Garantien eine strafprozessuale Lösung beeinflussen, ohne daß dies in eine Systemänderung eingebettet ist. Insofern ist die Frage, ob die §§ 153 ff. StPO, wenn sie Regelungen materiell-rechtlicher Art enthalten, der Bestimmtheitsgarantie unterliegen und in welchem Umfang, von Bedeutung und soll unter dem Gesichtspunkt des Anwendungsbereichs von Art. 103 II GG behandelt werden, denn eine inhaltliche Erweiterung der materiell-rechtlichen Aspekte von Einstellungsnormen ist vor diesem Hintergrund zu beurteilen.

Dabei stellt es keinen Widerspruch dar, sich erst auf der Ebene des Verfassungsrechts mit diesen einfachgesetzlichen Regelungen auseinander zu setzen, da diese erst in diesem Zusammenhang Bedeutung gewinnen. Eine Darstellung im Landesbericht war entbehrlich, da die Einstellungsnormen selbst wegen der Untersuchungsrichtung zunächst keine Gegenstand waren und im Gegensatz zu den Strafzumessungsvorschriften bisher keinen eigenen Exkurs rechtfertigten und auch erst zu diesem späteren Zeitpunkt sinnvoll dargestellt werden können.

2.1) Verfahrensrechtliche Regelungen

Das im deutschen Strafprozeßrecht vorherrschende Legalitätsprinzip, §§ 152 II, 160 StPO, das zur Anklageerhebung verpflichtet, wenn die Ermittlungen einen hinreichenden Tatverdacht ergeben, wird durch einige Normen durchbrochen, die dem Opportunitätsdenken verfahrensrechtlich Rechnung tragen. Die Vorschriften der §§ 153 ff. StPO sehen eine Beendigung des Ermittlungsverfahrens durch Einstellung des Ermittlungsverfahrens oder nach Klageerhebung durch Einstellung des Gerichtsverfahrens vor[1205].

Neben den bereits näher geschilderten und bekannten Normen des § 153 StPO (Einstellung wegen Geringfügigkeit), § 153 a StPO (Einstellung nach Erfüllung von Auflagen), § 153 b StPO (Einstellung bei Absehen von Strafe) ziehen die § 153 c StPO (Nichtverfolgung von Auslandstaten), § 153 d (Nichtverfolgung von politischen Straftaten) und § 153 e StPO (Tätige Reue bei Staatsschutzdelikten) verschiedene außen-, staats- und

[1205] Zur Möglichkeit von Absprachen in diesem Bereich: Bömeke, Rechtsfolgen, S. 18 f.

kriminalpolitische Aspekte zur Einstellung des Verfahrens heran. Spezialgesetzliche Einstellungsnormen aus dem BtMG sowie JGG bleiben vorerst außer Betracht[1206].

2.2) Unterscheidung

Verdeutlicht man sich die Unterschiede zwischen den maßgeblichen Normen § 153 StPO und § 153 a StPO, so ergibt sich, daß § 153 StPO eine hypothetische Schuldbeurteilung vornimmt und das öffentliche Interesse verneint, während § 153 a StPO eine Feststellung der bis zu mittelschweren Schuld verlangt und von einem gegebenen öffentlichen Interesse an der Strafverfolgung ausgeht, dem durch Auflagen genüge getan werden kann. Unterschiede im Zustimmungserfordernis und im Strafklageverbrauch ergeben sich aus der Verhängung der Sanktion. Daß beide Vorschriften dem Antragsteller als möglichem Verletzten kein Zustimmungserfordernis einräumen und die Entscheidung der Staatsanwaltschaft, nach pflichtgemäßen Ermessen eine Anklage abzulehnen und das Verfahren einzustellen, nicht mit dem Klageerzwingungsverfahren des § 172 StPO anfechtbar ist, soll nicht unerwähnt bleiben.

2.3) Kritik

Die von der Praxis vorgenommene Ausdehnung des Anwendungsbereichs der Vorschrift ist später vom Gesetzgeber übernommen worden und erfaßt nun auch die mittlere Kriminalität. Der Norm begegnet insgesamt unter verschiedenen Aspekten Kritik[1207], weshalb teilweise wegen der Besonderheiten dieser Verfahrensart auch die Herauslösung aus diesem prozeßrechtlichen Zusammenhang gefordert wird, weil mit dem Kriterium durch das RPflEntlG der Schwere der Schuld die normative Bindung zu § 153 StPO aufgelöst worden sei[1208]. Die Systematik dieser Normen liegt auch anderen Einstellungsermächtigungen wie solchen im BtMG zugrunde. Inhaltlich ergeben sich diesbezüglich bis auf wenige Punkte keine nennenswerten Unterschiede[1209]. Kritikpunkte sollen daher an einer bekannten Entscheidung des BVerfG zum BtMG beispielhaft dargestellt werden.

2.3.1) Cannabis-Entscheidung des BVerfG

1994 hat das BVerfG mit einer Aufsehen erregenden Entscheidung im sog. Cannabis-Beschluß[1210] zur Ermöglichung der Straflosigkeit beim Besitz geringer Mengen von Betäubungsmitteln (BtM) Stellung genommen. Die dabei angestellten Erwägungen orientierten sich an den unterschiedlichen Kategorien von materiellem und prozessualem Recht und stellen daher eine zu beachtende Größe bei der Erörterung der hier betroffe-

---

[1206] Zu den besonderen verfassungsrechtlichen Aspekten der Diversion vgl. Walter, ZStW 1983, S. 32, 49 ff.

[1207] Etwa Walter, ZStW 1983, S. 32, 56; vgl. auch 17. Abschnitt C IV 2.3.2

[1208] Vgl. zu den Nachweisen Kleinknecht/Meyer-Goßner, StPO, § 153 a RdNr. 1a

[1209] Vgl. sogleich 17. Abschnitt C IV 2.4

[1210] BVerfG 90,145 ff.; vgl. zu den betäubungsmittelrechtlichen Grundaussagen des Beschlusses, seinen Auswirkungen auf die fachgerichtliche Rechtsprechung bezüglich des Begriffs der „nicht geringen Mengen" und der Reaktion der Literatur darauf: Haberl, Umgang, S. 117 ff.

nen Themenkreise dar. Insbesondere die rechtspolitischen Aussagen dieser Entscheidung sind bei einer möglichen Angleichung maßgeblich.

Diese Entscheidung setzt sich mit der nachträglichen Begrenzung von zu weit gefaßten Tatbeständen durch Mittel des Prozeßrechts auseinander. Nach Ansicht des Gerichts soll auch im deutschen Strafrecht eine nachträgliche Begrenzung zu weit gefaßter materieller Tatbestände durch Mittel des Prozeßrechts möglich sein. Diese Möglichkeit soll im Rahmen verschiedener Lösungsmöglichkeiten gleichgeordnet sein mit anderen Vorgehensweisen.

Das Gericht hatte die Frage zu beurteilen, ob die Strafvorschriften des Betäubungsmittelgesetzes mit dem Übermaßverbot zu vereinbaren sind, wenn eine Verhaltensweise mit Strafe bedroht ist, welche ausschließlich den gelegentlichen Eigenverbrauch geringer Mengen von Cannabis-Produkten vorbereitet, der ersichtlich nicht mit einer Fremdgefährdung verbunden ist. Das Gericht sah es als sachgerecht an, wenn der Gesetzgeber der Strafverfolgungsbehörden die Möglichkeit erhält, den Einzelfall zu berücksichtigen. Dabei stehen der Behörde die Möglichkeiten eines Absehens von Strafverfolgung nach den §§ 153 ff. StPO bzw. § 31 BtMG und dem Gericht ein Absehen von Strafe nach § 29 V BtMG[1211] bei geringem individuellen Unrecht und Schuldgehalt der Tat offen.

Der Anwendungsbereich des § 29 V BtMG überschneidet sich in der Hauptverhandlung mit dem des § 153 II StPO, im Ermittlungsverfahren gilt im Hinblick auf § 153 b StPO dasselbe für § 153 I StPO. Mit der Einführung des § 31 a BtMG hat der Gesetzgeber anerkannt, daß auch bei Drogenstraftaten das öffentliche Interesse an der Strafverfolgung fehlen kann[1212]. § 29 V BtMG ist anders als §§ 153, 153 a StPO, 31 a BtMG eine Strafzumessungsregel, eine Vorschrift des materiellen Rechts, und es steht im Ermessen des Gerichts, ob von Strafe abgesehen wird[1213].

Die Ausführungen des Verfassungsgerichts geschahen im Rahmen der Prüfung des verfassungsrechtlichen Übermaßverbotes. Nach dem BVerfG ist es unter generalpräventiven Gesichtspunkten gerechtfertigt, auch unerlaubten Erwerb und Besitz von Cannabisprodukten zum Eigenverbrauch als strafwürdiges und strafbedürftiges Unrecht mit einer Kriminalstrafe zu bedrohen[1214].

[1211] Zu bedenken ist, daß bei Vorliegen der Voraussetzungen des § 29 V BtMG die Staatsanwaltschaft im Ermittlungsverfahren mit Zustimmung des für die Hauptverhandlung zuständigen Gerichts von der Erhebung der öffentlichen Klage absehen kann, § 153 b II StPO. Rechtskraftwirkung ist mit dieser Entscheidung nicht verbunden; die Rücknahme dieser Entscheidung kann auch nach Zustimmung des Gerichts durch die Staatsanwaltschaft erfolgen. Eine der Bestandskraft von Entscheidungen gleichende Rechtssicherheit ist nicht gegeben. Nach bereits erhobener Klage kann das Gericht bis zum Beginn der Hauptverhandlung mit Zustimmung der Staatsanwaltschaft und des Angeschuldigten das Verfahren einstellen, § 153 b II StPO, wobei dies nach Beginn der Hauptverhandlung nicht mehr möglich ist. Die Entscheidung hat beschränkte Rechtskraftwirkung. In der Hauptverhandlung sieht das Gericht durch Urteil nach dem Schuldspruch von der Strafe ab (§ 260 IV S. 3 StPO).

[1212] vgl. zur Abgrenzung der Regeln nach BtMG-StPO: Weber, BtMG, § 29 RdNr. 1018

[1213] Weber, BtMG, § 29 RdNr. 1022

[1214] BVerfGE 90, 145, 187

Beim Erwerb und Besitz geringer Mengen von Cannabisprodukten durch Kleinkonsumenten ist nach Sichtweise des Gerichts die Gefahr der Weitergabe von Drogen an Dritte nicht sehr erheblich, womit das Maß der von der einzelnen Tat ausgehenden Rechtsgütergefährdung und der individuellen Schuld als gering anzusehen ist. Die generelle Bestrafung von Kleinkonsumenten sei daher wegen des verbundenen Eingriffs in die Freiheitsrechte der Betroffenen eine übermäßige und folglich verfassungswidrige Sanktion. Auf Tatbestandsebene erfassen die § 29 I S. 1 Nr. 1 und § 29 I S. 1 Nr. 3 BtMG aber auch den Erwerb und Besitz geringer Mengen von Cannabisprodukten durch Kleinkonsumenten. Damit wären die betreffenden Vorschriften wegen Verstoßes gegen das Übermaßverbot eigentlich verfassungswidrig. Nach Ansicht des Gerichts hat der Gesetzgeber jedoch sichergestellt, daß Erwerb und Besitz geringer Mengen von Cannabisprodukten zum gelegentlichen Eigenkonsum von einer Bestrafung ausgenommen werden können.

Das BVerfG billigte dem Gesetzgeber zwei rechtstechnische Wege zu, den Anforderungen an das Übermaßverbot zu entsprechen und eine Verfassungswidrigkeit zu vermeiden, nämlich zum einen den materiell-rechtlichen und zum anderen den prozessualen Lösungsweg. Die materiell-rechtliche Lösung sieht die Schaffung von Privilegierungstatbestände durch den Gesetzgeber vor, welche dem Maß der Rechtsgütergefährdung und der als gering anzusehenden individuellen Schuld Rechnung tragen. In Betracht kommen etwa Einschränkungen des Anwendungsbereichs der allgemeinen Strafvorschriften oder spezielle Sanktionen für Fälle der Bagatellkriminalität mit eigenständiger Rechtsfolge.

Im vorliegenden Fall hatte sich der Gesetzgebers auch nach Ansicht des BVerfG für den prozessualen Lösungsweg entschieden. Auszugehen ist von der Tatsache, daß es der Staatsanwaltschaft gestattet ist, nach § 31 a BtMG von der Verfolgung der Straftat abzusehen, wenn der Täter die Betäubungsmittel nur zum Eigenverbrauch, also in geringer Menge, erwirbt oder besitzt. Eine als geringe anzusehende Schuld des Täters und das Fehlen eines öffentlichen Interesses an der Strafverfolgung sind weitere Voraussetzungen dieser Norm. Nach der in dieser Entscheidung geäußerten Ansicht des BVerfG sollen beim Erwerb bzw. Besitz geringer Mengen von Cannabisprodukten zum gelegentlichen Eigenverbrauch diese Voraussetzungen stets vorliegen. Die Staatsanwaltschaften sind infolgedessen in allen einschlägigen Fällen gehalten, von der Strafverfolgung abzusehen[1215], um über einen prozessualen Lösungsweg den Anforderungen des Übermaßverbots zu entsprechen.

Da im Ergebnis eine Bestrafung der genannten Konsumentengruppe nicht erfolgen muß, nach dem Gesagten auch nicht erfolgen darf, hat das BVerfG die vom Gesetzgeber gewählte prozessuale Lösung zur Korrektur der zu weit gefaßten Tatbestände des § 29 I S. 1 Nr. 1 und § 29 I S. 1 Nr. 3 BtMG als verfassungsgemäß angesehen. Hieraus wird ersichtlich, daß auch im deutschen Strafrecht die rechtstechnische Möglichkeit und

[1215] Dies setzt allerdings eine bundeseinheitliche staatsanwaltliche Einstellungspraxis bei Gelegenheitskonsumenten von Cannabis voraus. Da eine Angleichung bisher nicht stattgefunden hat, wird diese hier auch vom BVerfG gefordert, um eine Vorgehensweise wie vom Gericht gewollt zu bewirken. Dazu BVerfG 90, 145, 190

die Vorstellung besteht, ein zu rigides materielles Recht mit prozessualen Korrekturmechanismen abgemildert werden kann.

Vor dem Hintergrund der Bedeutung des Betäubungsmittelsrechts sind die Besonderheiten dieses Bereichs zu beachten, da die damit verbundene rechtspolitische Richtungsweisung nur schwer von den abstrakten Maßgaben, die auf andere Gebiete übertragbar sind, getrennt werden können[1216].

Die Bedenken gegen die Entscheidung rühren zum einen aus Besonderheiten des Betäubungsmittelrechts her, welche nicht vertieft werden sollen[1217], zum anderen aus allgemein-rechtlichen Erwägungen und führen zu ähnlichen Einwänden[1218], wie sie bereits im englischen Recht gegen eine prozessuale Lösung anklangen.

Verdeutlichen muß man sich, daß das Gericht von unterschiedlichen Lösungswegen einer Straflosigkeit als Ergebnis ausgeht, die an unterschiedlichen Stellen ansetzen. Denn wenn die Staatsanwaltschaft keine Einstellung des Verfahrens vornimmt, soll das Gericht quasi als Notlösung selbst von Strafe absehen, um die im Ergebnis gewollte, vom BVerfG mit dem Übermaßverbot begründete Straflosigkeit zu erreichen.

Dabei ist zu beachten, daß die Lösung des Problems mit einer materiell-rechtlichen Entkriminalisierung gleichwertig sein muß. Deren Kennzeichen sind maßgeblich, wenn man die prozeßrechtliche Lösung damit vergleichen will. Wichtig ist daher, daß die Straffreiheit des Betroffenen, die sich durch die Ermächtigungen zum Absehen von Strafe oder Verfolgung ergibt, die selbe Qualität hat wie eine materiell-rechtlich erzielte Straflosigkeit.

2.3.2) Anmerkungen

Eine prozessuale Entkriminalisierung darf im Vergleich zur materiell-rechtlichen Entkriminalisierung für den Betroffenen genauso wenig mit Belastungen verbunden sein. Vor dem Hintergrund des hier gewählten verfassungsrechtlichen Bewertungsmaßstabes soll bereits der Bogen hin zu den verfassungsrechtlichen Problemen der Lösungs- bzw. Kritikpunkte gespannt und der Weg hin zur verfassungsrechtlichen Dimension gewiesen werden. Deshalb wird auf resultierende Kritik an der Cannabis-Entscheidung nachfolgend kurz eingegangen.

[1216] Vgl. auch Schmidt-Bleibtreu/Klein, GG, 9. Aufl. 1999, Art. 103 RdNr. 7 a; BVerfG NJW 1993, 1909 unter Hinweis auf BVerfGE 75, 342 f. und st. Rechtsprechung.

[1217] Vgl. etwa die Glosse von Staechelin in JA 1994, 245 ff., der sich vom Sinn des Strafrechts dessen Grenzen her den rechtlichen Strukturen des Urteils nähert, aber auch gesellschaftliche Aspekte wie den Vergleich mit Alkohol einbringt.

[1218] Die summarische Kritik im folgenden dient einleitend zur vertiefenden Problemberücksichtigung und verzichtet zunächst auf erweiterte Nachweise.

2.3.2.1) Einstellung des Verfahrens

Die Einstellung des Verfahrens, die in England der Anklagebehörde durch das Opportunitätsprinzip eröffnet ist, wird im deutschen Recht durch die §§ 153 ff. StPO eröffnet. Die Straflosigkeit muß dann für den Einzelnen durchsetzbar sein, um dessen Effizienz sicherzustellen. Die fehlenden Durchsetzbarkeit der Einstellung von Seiten des Betroffenen wirft die Frage nach der Einhaltung der Rechtsweggarantie des Art. 19 IV GG auf. Wegen der Unverbindlichkeit von Einstellungsentscheidungen und der fehlenden Rechtskraft ergibt sich in Zusammenhang mit einer Lösung über eine Verfahrenseinstellungen auch die Frage nach der Belastung mit der fortdauernden Ungewißheit, was letztendlich die Rechtssicherheit in Frage stellt. Zudem kann die Einstellung zu einer Kostenbelastung führen, die letztlich Strafcharakter hat. Da dabei Verfahrensinstrumente im Mittelpunkt der Vorgehensweise stehen, muß ferner eine einheitliche Praxis gewährleistet sein, um eine Rechtsanwendungsgleichheit sicherzustellen. In Deutschland bedeutet dies vor allem, daß es nicht zu einer unterschiedlichen Handhabung von Bundesland zu Bundesland kommen darf, die die Strafbarkeitsgrenze, welche das BVerfG vorgibt, verschiebt. Eine nur durch Richtlinien geleitete Staatsanwaltschaft, in England durch den *Code for Crown Prosecution*, begegnet wegen des föderalen Staatsaufbaus ungleich stärker Bedenken aus Gründen der Rechtsanwendungsgleichheit, was verfassungsrechtlich den allgemeinen Gleichheitssatz des Art. 3 I GG berühren kann.Fraglich ist in diesem Zusammenhang auch, ob einheitliche Verfolgungsrichtlinien für die Staatsanwaltschaften nicht die Gefahr bergen, daß die Politik in Gestalt der politischen Führung zu stark in das Justizsystem eingreift[1219]. Denn wenn ein ausgeprägtes Opportunitätsprinzip vorliegt und die Staatsanwaltschaft weitreichend darüber entscheidet, was überhaupt vor Gericht landet und dabei stark von der vorgesetzten Exekutive in deren politisch motiviertem Sinne geleitet wird, besteht die Gefahr der Schwächung der Gerichte, da diese nur noch über das zu entscheiden haben, was ihnen die, nach einem solchen Verständnis von außen durch außerrechtlichen Aspekten geleiteten, Staatsanwaltschaften vorlegen. Auch dieser Punkt, der letztlich Fragen der Gewaltenteilung anspricht, ist in Bezug auf die vom BVerfG genannte Richtlinie zur Sicherung der Einheitlichkeit der Einstellungen zu beachten.

2.3.2.2) Absehen von Strafe

Das Absehen von Strafe durch das Gericht im Falle der Nichteinstellung des Verfahrens ist unter Berücksichtigung der erwähnten Unterschiede mit einem *absolute discharge* vergleichbar. Auch eine Verfahrenseinstellung kann wie bei einem Absehen von Strafe nach geltendem deutschen Strafprozeßrecht wegen des Zurechnungsprinzips gleichwohl zu einer Kostentragungspflicht führen., Einem Angeklagten können gem. § 465 I S. 2 StPO die finanziellen Folgen seines Prozeßes auferlegt werden, ohne daß eine Strafe verhängt wird. Problematisch ist hier vor allem die durch die Kostenregelungen entstehende Belastung, die wegen des Zurechnungsprinzips für den Betroffenen gleichwohl Strafcharakter haben können. Weiterhin wird der Betroffene bei einer solchen Lösung in der Strafzumessung mit den Ermittlungsmaßnahmen belastet, die grundsrechts-

---

[1219] Unter Hinweis auf Bedenken in England: Crim.L.R 1994, 894, 902

relevant sind und die den sozialen Ehr- und Achtungsanspruch des Einzelnen berühren können[1220].

2.3.2.3) Bestimmtheitsgrundsatz

Darüber hinaus stellt sich die Frage nach dem Verhältnis von materiellem Strafrecht und Strafprozeßrecht. Die Anwendung der Garantien des Art. 103 II GG und hier vor allem des Bestimmtheitsgrundsatzes auf strafprozessuale Normen gewinnt wegen der damit verbundenen Bedeutung für das materielle Recht Relevanz. Vor einer Verschiebung von Problemlösungsansätzen innerhalb des Gesamtssystems Strafrecht stellt sich die Frage nach der Geltung von verfassungsrechtlichen Garantien, die auch bei einer Lösung außerhalb des ursprünglichen Ansatzes weiterhin Wirkung zeigen können.Es stellt sich u.a. die Frage, ob bei einer Beibehaltung des Legalitätsprinzip mit Normen, die stark dem Opportunitätsprinzip Rechnung tragen, grundrechtliche Garantien eine strafprozessuale Lösung beeinflussen. Insofern ist die Frage, ob die §§ 153 ff. StPO materiell-rechtlicher Art sind und der Bestimmtheitsgarantie unterliegen, von Bedeutung und soll noch behandelt werden.

3) Verfassungsrechtliche Grenzen

Die Verlagerung von Problemlösungen darf nicht zu Nachteilen führen, die verfassungsrechtlich nicht hinnehmbar sind. Bereits die bestehenden prozeßrechtlichen Einstellungsnormen, die dem Opportunitätsgedanken in der Strafverfolgung Rechnung tragen, begegnen unter verschiedenen Gesichtpunkten Bedenken. Wird nun im Rahmen der europäischen Rechtsangleichung diesem verfahrensrechtlichen Instrument ein noch größere Stellenwert beigemessen werden und zunehmend eine Berücksichtigung auch materiell zu bewältigender Aspekte durch die Staatsanwaltschaft erfolgen, verstärken diese zusätzlichen Weiterungen die schon bestehenden Bedenken und können zudem neue hervorrufen.

Dabei lassen sich zwei Problemfelder erkennen. Dies sind zum einen die sich aus einer Wahrnehmung und Erweiterung der Aufgaben und des organisatorischen Ablaufs der Staatsanwaltschaft ergebenden Probleme. Die Rechtsschutzmöglichkeiten gegen die Entscheidung oder Nichtentscheidung der Verfahrenseinstellung und ihr Fehlen sowie eine inhaltlich nur begrenzte Überprüfbarkeit der ausschlaggebenden Aspekte (3.1.1) sind ebenso zu beachten wie etwaige Rechtswegverstöße (3.1.2).

Zum anderen sind es die sich daraus ergebenden inhaltlichen Veränderungen der Problemlösungsansätze, insbesondere die Berührung des Bestimmtheitsgebots i.S.d. Art.103 II GG. Eine einfachgesetzlich zu bewirkende Änderung der Zuständigkeit der Staatsanwaltschaft kann wegen der dann erstarkenden Stellung der Staatsanwaltschaft zu einer Verschiebung der Wahrnehmung führen, die der verfassungsrechtlich vorgesehenen Gewaltenteilung (3.2.1) ebenso widerspricht wie etwa dem Justizgrundrecht auf den gesetzlichen Richter (3.3).

[1220] Dazu zuvor 17.Abschnitt C IV 4,5

Die geschilderten Rechtsprechung der BVerfG beinhaltet allerdings auch einen rechtspolitischen Maßstab. Die Kernaussagen des BVerfG und eine jahrzehntelang letztlich unbeanstandet gebliebene Verfahrenspraxis in Deutschland verdeutlichen, daß bloße rechtstheoretische Bedenken allein einer Angleichung letztlich nicht im Wege stehen werden. Mit Blick auf die Möglichkeit einer realen, also auch politisch umgesetzten Rechtsangleichung ist die Entwicklung einer vollständig eigenen Kritik von nachrangiger Bedeutung. Die Ausführungen orientieren sich daher an einigen Kernbereichen.

3.1) Bedenken gegen die erstarkende Zuständigkeit der Staatsanwaltschaft als Organisation

3.1.1) Rechtsschutzmöglichkeit und inhaltliche Überprüfung

Fraglich ist schon, ob nicht bereits die gegenwärtige Regelung der staatsanwaltschaftlichen (Nicht-) Einstellungsmacht als Rechtsschutzvakuum zu empfinden ist. Die immer weiterreichende Abweichung vom Legalitätsprinzip[1221] wird zur Gefahr, wenn kein durchsetzbares Recht des Beschuldigten auf gleichheitsgemäße und willkürfreie Prüfung der Einstellungsvoraussetzungen mehr gewährleistet ist. Dies würde sich letztendlich als unvereinbar mit dem verfassungsrechtlichen Rechtsschutzgebot des Art. 19 IV GG darstellen.

3.1.1.1) Durchsetzbarkeit einer Einstellungspflicht

Die Frage, ob ein Rechtsweg gegen gleichheitswidrige oder willkürliche Prüfung der Einstellungsvoraussetzungen besteht, etwa über Ausführungsbestimmungen wie §§ 23 ff. EGGVG, wird von der h.M. verneint. Die gerichtliche Überprüfung der staatsanwaltschaftlichen (Nicht-) Einstellungsentscheidung mit folgenden Erwägungen abgelehnt:

Die Staatsanwaltschaft ist Rechtspflegeorgan, weshalb Gestaltungsmaßnahmen wie Einleitung, Durchführung und Beendigung eines Ermittlungsverfahrens als Prozeßhandlungen nur mit den verfahrensmäßigen Rechtsbehelfen angreifbar sein sollen. Mithin liegt keine öffentliche Gewalt i.S.d. Art. 19 IV GG und auch keine Justizverwaltungsakte nach § 23 EGGVG vor.[1222]

Ferner wird dies gestützt unter Hinweis auf § 172 II 3 StPO, der nur dem Verletzten eine gerichtliche Überprüfung der Einstellung herbeizuführen erlaubt. Durch die Subsidiaritätsklausel des § 23 EGGVG ausgeschlossen, soll es nach Sinn und Zweck keine weitere Vorgehensweise geben[1223], denn mit § 172 II 3 StPO soll in Abwägung aller Belange eine prozessuale Anfechtungsregelung getroffen sein, die sich im Rahmen des Art. 19 IV GG halte und bei der es deshalb nach § 23 III EGGVG sein Bewenden behielte. Außerdem wird dem Angeklagten nicht die Rüge der Verletzung seiner Rechte zugebilligt, da §§ 153, 153 a StPO nicht dazu dienen sollen, den Beschuldigten vor der

---

[1221] Terbach spricht vom „aufgeweichten Legalitätsgrundsatz“, NStZ 1998, S.172, 172

[1222] OLG Karlsruhe NStZ 1982, 434, 435; OLG Hamm NStZ 1985, 472; Kleinknecht/Meyer-Goßner, StPO, § 153 RdNr. 35 und § 23 EGGVG RdNr.9, 15

[1223] Vgl. Nachweise bei Terbach NStZ 1998, S. 172, 172

Überziehung mit einem Strafverfahren zu schützen, sondern lediglich dem öffentlichen Interesse der Justizentlastung genüge tun sollen[1224].Die Ausführungen der h.M. sind nicht unumstritten, begegnen aber nur vereinzelter Kritik [1225].

Die h.M. sieht auch den Staatsanwalt in der Position, daß er eine Verfahrenseinstellung in jedem Fall verhindern können muß[1226] und der Richter eine fehlerhafte Entscheidung gerade nicht korrigieren können soll.

Unabhängig von abweichenden Überlegungen bleibt de lege lata und gestützt von der h.M. in Rechtsprechung und Literatur festzuhalten, daß es die Staatsanwaltschaft in der Hand hat, ob und wann eine Verfahrenseinstellung stattfinden soll. Macht sie von ihrem Recht zur Einstellung keinen Gebrauch, gibt es für den Beschuldigten kein gerichtliche Vorgehensweise dagegen und er muß die Durchführung des Verfahrens hinnehmen. Gelangt das Gericht dann zur Überzeugung der Strafbarkeit des Beschuldigten, kommt es zu einer Verurteilung und selbst wenn die Voraussetzungen eines Absehens von Strafe vorliegen, kommt es wegen des damit verbundenen Schuldspruch zu Belastungen[1227].

Bei den Entscheidungen nach §§ 153 ff. StPO ergibt sich das zusätzliche Problem der Überprüfung des Ermessens der Staatsanwaltschaft, weil es wie im Falle der Ortsauswahl schwierig ist, da es an einer ausgefeilten Rspr. wie im Verwaltungsrecht dazu fehlt[1228].

Werden in Anlehnung an die englischen Vorgehensweisen noch mehr Aspekte zur alleinigen Berücksichtigung der Staatsanwaltschaft unterstellt und kann das Gericht dies nur noch zur Kenntnis nehmen, ohne selbst Einfluß auf eine Änderung in dem Sinne zu haben, daß dem Täter noch ein sozialethisches Unwerturteil erspart werden kann, so werden nicht nur bestehende Rechtsschutzlücken bestätigt, daß beklagte Rechtsschutzvakuum wird vielmehr vergrößert und um eventuell maßgebliche Aspekte verschärft. Stellt man Erwägungen zur individuellen Vorwerfbarkeit der Tat stärker oder ausschließlich in die Zuständigkeit der Staatsanwaltschaft, so wird deren Einfluß auf den Gang des Verfahrens einerseits gestärkt. Bleibt dem Gericht für den Fall einer erhobenen Anklage die gleiche Prüfungskompetenz, so treten keine Änderungen am inhaltli-

---

1224 Deutlich in BGHSt 16, 225, 227 ff; auch BVerfG NJW 1979, 1591, 1592; BGH MDR 1952, 17; Kleinknecht/Meyer-Goßner, StPO, § 23 EGGVG RdNr. 9, 10; Terbach NStZ 1998, 172, 172 Fußnote 12 m.w.N.

1225 Terbach, aaO, S. 173 f. sieht gleichwohl den Rechtsweg nach § 23 EGGVG eröffnet. Der Zustimmungsverweigerung der Staatsanwaltschaft zur gerichtlichen Verfahrenseinstellung nach §§ 153 II, 153 a II StPO spricht er den Charakter der unselbständigen Maßnahme ab; es handelt sich sachlich nach seiner Ansicht um eine endgültige, letztverbindliche Entscheidung der Staatsanwaltschaft über die Nichteinstellung, die einer Anfechtung wegen Art. 19 IV GG nicht entzogen sein kann.

1226 Meist stillschweigend vorausgesetzt, etwa Kleinknecht/Meyer-Goßner § 153 RdNr. 26; KK-Schoreit § 153 RdNr. 50; deutlich aber bei LR-Hanack § 336 RdNr. 5

1227 Vgl. dazu unten 17. Abschnitt C III 5

1228 Vgl. Heghmanns StV 2000, 277, 278: Ermessensbindung und Kontrollkriterien

chen Maßstab auf, der an den Angeklagten angelegt wird. Da Gericht kann sich noch auf jeden Fall damit befassen.

Die fehlende Einstellung ist wegen des aufgezeigten Zusammenhangs problematisch, wenn materiell-rechtlich kein Freispruch ergehen kann und mit Instrumenten der Strafzumessung eine faktische Straflosigkeit erreicht wird, welche aber Nachteile hat[1229].

3.1.1.2) Bindung der Staatsanwaltschaft

Selbst im Falle einer verbindlichen Einstellungspflicht stellt sich die Frage nach der Durchsetzbarkeit, denn im Falle einer gebundenen Entscheidung fehlt ein Rechtsweg. Der Beschuldigte hat keine Handhabe auf Gleichbehandlung, da er nach den bisherigen verwaltungsrechtlichen Grundsätzen keine gerichtlichen Schritte gegen die Richtlinie ergreifen kann. Er hat weder ein Antragsrecht, das die Staatsanwaltschaft oder das Gericht zur Bescheidung verpflichtet, noch stehen ihm Rechtsmittel zur Verfügung, durch die er eine Einstellungsablehnung der Staatsanwaltschaft überprüfen lassen oder die Staatsanwaltschaft zur Einstellung verpflichten könnte.

Kritiker[1230] sehen es im Hinblick auf die strikten Einstellungsvoraussetzungen als nicht akzeptabel, die Norm aus ermittlungstechnischen oder -taktischen Gründen anzuwenden. Dasselbe würde für eine massenhafte, schematische und ohne Prüfung des Einzelfalls erfolgende Einstellungspraxis gelten, wie die Entwicklung bei § 31 a BtMG in manchen Ländern es nahe legt. Dabei würde vom Zweck des BtMG nicht nur der Hilfeaspekt vernachlässigt, sondern es werde auch der Gefahr des Ungehorsams gegenüber dem Gesetz der Weg bereitet.

Als deutlichste Konsequenz der vom BVerfG postulierte Einstellungspflicht ergibt sich damit, daß im Unterschied zu einer fehlenden Verfolgung im Falle einer materiell-rechtlichen Privilegierung zu einer nicht strafbaren Handlung hingegen bei einem prozessualen Vorgehen die Entscheidung der Staatsanwaltschaft weder überprüfbar noch gerichtlich korrigierbar ist.

Herauszustellen ist als Ergebnis einer konsequenten Anwendung der BVerfG-Entscheidung deshalb vor allem eine Verschlechterung der Rechtsstellung des Betroffenen, weil die verfassungsrechtlich angezeigte Einstellung des Verfahrens nicht mit Rechtsmitteln durchgesetzt werden kann[1231]. Die fehlende Überprüfbarkeit der verfassungsrechtlich gebotenen Einstellungspflicht wirft[1232], die Frage nach einem Verstoß gegen Art. 19 IV GG auf. Bei einer Weigerung der Staatsanwaltschaft, im Einzelfall das Verfahren einzustellen oder einer Einstellung des Verfahrens durch das Gericht nach §

[1229] vgl. auch 13. Abschnitt IV und 17. Abschnitt III 5

[1230] Weber, BtMG, § 29 RdNr. 1055 unter Hinweis auf Aulinger, Rechtswirklichkeit, S. 212, 268 f., 322 ff.

[1231] Bei Betäubungsmittelverstößen etwa nach § 31 BtMG. Vgl. dazu das abweichende Votum des Richters am BVerfG Sommer zum Beschluß BVerfG E 90, 145, 189.

[1232] In der Literatur hat dies u.a. zu einer Kritik unter der Bezeichnung „reiner Etikettenschwindel" geführt: Nelles/Velten, NStZ 1994, 368

153 b II StPO oder § 31 a BtMG[1233] zuzustimmen, kann der Betroffene gegen die Entscheidung der Staatsanwaltschaft nämlich keine Rechtsmittel ins Felde führen kann, obwohl bei einem entsprechenden Verständnis das Übermaßverbot eine Bestrafung verbietet.

Eine Weigerung ließe sich nur verhindern, wenn man rechtlich eine Verpflichtung der Staatsanwaltschaft zum Einhalten dieses im Grundsatzes der Verhältnismäßigkeit wurzelnden Vorgehens schafft. Nur die Schaffung einer solchen rechtlich verbindlichen Regelungen, etwa einer internen Anweisung vom Charakter einer Verwaltungsvorschrift, die gleichzeitig trotz der unterschiedlichen Zuständigkeiten eine einheitliche Anwendung im gesamten Bundesgebiet fände, wäre geeignet, ein solche mißliche und im Sinne der Verfassungsrechtsprechung rechtswidrige Entscheidung zu verhindern. Nur wenn dies verfahrensrechtlich sichergestellt ist und somit die einzige Verbürgung für eine verfassungskonforme Praxis besteht, kann auch die gleiche Wirkung eintreten wie bei einer materiell-rechtlichen Lösung im StGB als Bundesgesetz[1234]. Genau eine solche rechtliche Verpflichtung lehnt das BVerfG aber ab, weil es die Entscheidung an den Rechtsanwender delegieren will[1235].

Dabei ist bekannt, daß sich die Praxis in aller Regel stärker am Ergebnis, der Einstellung, orientiert als an bestimmten Rechtsvorschriften, welche zu diesem Ergebnis führen. Die einzelnen Möglichkeiten einer Ermessensanstellung bei der praktischen Hand-

---

1233 § 31 a I BtMG, der vom Zweck her auf eine Verbesserung der prozessualen Einstellungsmöglichkeiten für die Staatsanwaltschaften durch Verzicht auf die richterliche Zustimmung zielt, ist durch die Beibehaltung des § 29 V BtMG in seinem Anwendungsbereich eingeengt und gilt nur in den Fällen, in denen zusätzlich zu den Voraussetzungen des § 29 V BtMG nur eine geringe Schuld vorliegt und kein öffentliches Interesse an der Strafverfolgung besteht. Die Vorschrift verfolgt keine Erweiterung der Einstellungsmöglichkeiten, sondern lediglich eine Vereinfachung der Verfahrens, indem ein Ausschnitt aus dem bisherigen Bereich des § 29 V BtMG durch beschränkende Voraussetzungen geregelt wird (zur Entstehungsgeschichte und zum Anwendungsbereich: vgl. Weber, BtMG, § 31 a RdNr. 1 ff., 5 ff.). Bei § 31 a BtMG handelt es sich, im Gegensatz zu § 29 V BtMG, nicht um eine Strafzumessungsregel, sondern von der Rechtsnatur her um eine Vorschrift des Verfahrensrechts. Die Entscheidung der Staatsanwaltschaft ist gerichtlich nicht überprüfbar, da sie durch nicht anfechtbaren Beschluß, § 31 a II 1 BtMG, ergeht und keiner Begründung bedarf, § 34 StPO. Selbst bei Vorliegen aller Voraussetzungen steht der Staatsanwaltschaft ein Ermessen bezüglich der Einstellung zu.
Da § 31 a BtMG anders als § 153 a StPO, wo es ausreicht, daß die Schwere der Schuld der Einstellung nicht entgegensteht, die Feststellung voraussetzt, daß die Schuld des Täters als gering anzusehen ist, ist dessen Anwendungsbereich daher deutlich schmäler (Weber, BtMG, § 31 a RdNr. 21). Die unterschiedliche Gefährlichkeit der Drogen ist ein Element von Unrecht und Schuld des Verstoßes gegen das BtMG, wobei sich der Umgang mit harten Drogen bei der Strafzumessung niederschlagen muß.

1234 etwa die sichere Straflosigkeit trotz des Erwerb/Besitzes geringer Mengen Cannabis. Kritisch Nelles/Velten, NStZ 1994, 368.

1235 So die Einschätzung von Weber, aaO, RdNr. 33. Beispielhaft kann dabei wieder auf das Betäubungsmittelrecht zurückgegriffen werden. Das Verfahren des § 31 a BtMG etwa ist in der Praxis und dem Alltag von Einwände geprägt. Fehlende Therapieangebote und der tägliche Erledigungsdruck der Verfahren lassen spezialpräventive Erwägungen oft zu kurz kommen. So mag es mancher Praktiker als entlastend empfinden, wenn ihm durch eine Richtlinie des Ministers oder Senators die Verantwortung für eine nach dem Gesetz eher fragwürdige Verfahrensweise abgenommen wird.

habung werden meist nicht scharf getrennt, sondern im wesentlich als austauschbar angesehen, woraus sich Fehlbeurteilungen ergeben.

Die vom BVerfG im Cannabis-Beschluß erhobene Forderung nach einer einheitlichen Einstellungspraxis, für welche die Länder „zu sorgen" hätten, darf allerdings auch nicht dazu führen, daß dabei die Unterschiedlichkeit der Lebensverhältnisse außer Betracht bleiben, die einen Rechtsbruch je nach Ort des Geschehens in einem anderen Licht erscheinen läßt. Regionale Sanktionstraditionen sind in allen Staaten zu beobachten und sie lassen sich weithin auf solche Unterschiede zurückführen.

Eine als „Steuerung" zu bezeichnende inhaltliche Führung der Staatsanwaltschaften durch Verwaltungsvorschrift wird im allgemeinen auf §§ 145, 147 GVG gestützt. Da die sog. externen Weisungsrechte der Landesjustizverwaltungen in einer kontroversen Diskussion stehen, kann die Selbstverständlichkeit, mit der das BVerfG davon ausgeht, daß eine „Steuerung" der Strafverfolgung durch Verwaltungsvorschriften erfolgt, als Überraschung gesehen werden[1236].

Weiterhin ist zu kritisieren, daß das BVerfG keinen Anlaß gesehen hat, sich mit den Grenzen des Weisungsrechts gegenüber der Staatsanwaltschaft zu befassen. Zwar ist es eine Selbstverständlichkeit, daß sich die Richtlinien im Rahmen der Gesetze, insbesondere des § 31 a BtMG oder der §§ 153 b StPO, 29 V BtMG halten müssen. Allerdings dürfen sie in keiner Weise sonstigen justizfremden Zwecken dienen, insbesondere nicht dazu, eigene drogenpolitische Vorstellungen, die sich im Gesetzgebungsverfahren nicht durchsetzen konnten, durch Unterlaufen des BtMG zu verwirklichen.

Das BVerfG hat keine Verpflichtung zum Erlaß von Richtlinien ausgesprochen, sondern bemängelt werden lediglich die unterschiedlichen Verfahrensergebnisse aufgrund allgemeiner Weisungen, wenn diese „die Verfolgung bestimmter Verhaltensweisen nach abstrakt-generellen Merkmalen wesentlich unterschiedlich" vorschreiben und unterbinden.

Die meisten Ländern mit Ausnahme der bereits genannten haben Richtlinien für die Bearbeitung von Betäubungsmittelsachen durch die Staatsanwaltschaften erlassen und liefern damit ein wichtiges Beispiel für die Relevanz von Richtlinien bei der Strafverfolgung. Den Schwerpunkt der Richtlinien bildet die Bestimmung der geringen Menge bei Cannabis, die Frage der geringen Schuld, insbesondere bei Wiederholungstätern einschließlich Gelegenheitskonsumenten sowie die Behandlung des öffentlichen Interesses an der Strafverfolgung, etwa bei Fällen der Fremdgefährdung.

Trotz der unterschiedlichen Modelle, die sich an Ober- und Untergrenzen orientieren[1237], stellt sich eine für den Betrachter erstaunliche Gleichmäßigkeit der Strafverfolgung aufgrund dieser Richtlinien ein. Weber[1238] weist neben der Einheitlichkeit der Regelungen auch die Übereinstimmung in der praktischen Handhabung nach; bezüglich

[1236] So Weber, aaO, RdNr. 62
[1237] Vgl. dazu Weber, BtMG, § 31 a RdNr. 68 ff.
[1238] aaO, RdNr. 72 ff.

der „harten Drogen“ sieht er das Schwergewicht der Richtlinien auf der Rechtsfolgenseite bei den Vorschriften zur Ausübung des Ermessens. Allerdings kann er keine Unterschiede feststellen, die sich nicht mehr in einem Rahmen hielten, der in einem föderalen Staat anerkannt wird. Die Unterschiede der Einstellungspraxis bei den „harten Drogen“ sind hingegen deutlicher größer[1239]. Da solche Drogen nicht Gegenstand der Entscheidung des BVerfG waren, kann die Handhabung bei selbigen auch nicht auf diese Entscheidung zurückgeführt werden.

Insgesamt läßt sich allerdings zusammenfassend feststellen, daß die Länder sich zwar nicht auf einheitliche Richtlinien verständigen konnten, sich aber dennoch eine Praxis entwickelt hat, die dem Gebot der Rechtsanwendungsgleichheit im wesentlichen entspricht[1240]. Unterschiede der Behandlung von Fällen, in denen beim Täter Cannabis gefunden wurde, bestehen weniger hinsichtlich der Mengenbestimmung als vielmehr bei der Behandlung von Wiederholungstätern, wobei sich die unterschiedliche Verfahrensweise innerhalb des Beurteilungs- und Ermessensspielraums hält, den der Bundesgesetzgeber den Ländern mit den unbestimmten Rechtsbegriffen gewährt. Auch die Praxis bei „harten Drogen“ bleibt noch innerhalb des den Ländern in einem föderalen Staat zugestandenen Handlungsspielräumen[1241].

Im Ergebnis werden somit zwar die rechtstheoretischen Bedenken gegen eine solche Vorgehensweise gestützt; die praktische Anwendung kommt dem geforderten Ziel jedoch stark entgegen, so daß eine Verfassungswidrigkeit letztlich ausscheidet. Dies entspricht somit der rechtspolitischen Anforderungen des BVerfG.Die Frage nach der sich aus dem Grundsatz der Gewaltenteilung ergebenden Zuständigkeitsverteilung zur Schaffung strafrechtlicher Regelungen, die sich nicht allein an der Rechtsqualität orientiert, wird noch thematisiert[1242].

3.1.2) Art. 19 IV GG

Da jede staatliche Entscheidung auch gerichtlich überprüfbar sein muß, stellt sich bei einer umfassenderen Verfahrenseinstellung der Staatsanwaltschaft die Frage, ob die stärkere Gewichtung materieller Gesichtspunkte nicht zu einem Rückgang an Justiziabilität führen. Der der Staatsanwaltschaft zustehende Beurteilungsspielraum könnte den Umfang einer möglichen gerichtlichen Überprüfbarkeit einschränken und damit die Rechtsweggarantie des Art. 19 IV GG in Frage stellen[1243].

[1239] Während in Baden-Württemberg bei Besitz von Heroin, Kokain oder synthetischen Rauschgiften eine Einstellung nach § 31 aBtMG grundsätzlich nicht in Frage kommt, ist in Schleswig- Holstein dem gänzlich entgegengesetzt selbst bei Wiederholungstätern bis zu einer gewissen Menge eine Verfahrenseinstellung üblich. Vgl. F.A.Z. vom 18.11.1998, Nr. 268, S. 7.

[1240] So das Fazit von Weber, BtMG, § 31 a RdNr. 92

[1241] Daß bei harten Drogen in einem Land seltener oder nie, in einem anderen Land häufiger § 31 a BtMG angewendet wird, ist daher als Folge der bundesgesetzlichen Regelung, die den Ländern diesen Beurteilungs- und Ermessensspielraum läßt, zu sehen.

[1242] 17. Abschnitt C IV 3.2

[1243] Sofern dies nicht schon vorher Betrachtung erfahren hat und deshalb nur noch klarstellend zusammengefaßt wird.

Die Einstellung des Verfahrens vor Erhebung der öffentlichen Anklage oder auch noch während des bereits begonnen Verfahrens statt der Sicherstellung einer materiellen Straflosigkeit auf Tatbestandsebene kann zu einer Verschlechterung der Rechtsstellung des Betroffenen führen, weil auch die verfassungsrechtlich angezeigte Einstellung des Verfahrens, etwa nach § 31 a BtMG, nicht mit Rechtsmitteln durchgesetzt werden kann[1244]. Die Verletzung der verfassungsrechtlich gebotenen Einstellungspflicht ist in Deutschland bisher gerichtlich nicht überprüfbar[1245].

Wie die Darstellung der Kritik an der Cannabis-Entscheidung gezeigt hat[1246], können sich Bedenken ergeben hinsichtlich der prozeßrechtlichen Schwächen der Ausgestaltung einer solchen Vorgehensweise.

Eine verfahrensrechtliche Einstellungspflicht ist ein Widerspruch zur Delegation der Entscheidung auf den Rechtsanwender, wie sie die Cannabis-Entscheidung fordert. Dem Rechtsanwender, dem die Beurteilung über den Einzellfall obliegt, wird eine Berücksichtigung des Einzelfalls bei Vorliegen der Voraussetzungen einer Einstellungsrichtlinie gerade verwehrt. Eine Einheitlichkeit der Verfolgungspraxis ist auch nicht durch abstrakt-generelle Weisungen wie Richtlinien zu gewährleisten, weil ihnen die Außenwirkung und auch die Justiziabilität fehlt, was eine Abweichung ohne Willkür zulassen würde.

Die Verdichtung zu einer Einstellungspflicht etwa beim konsumorientierten Gelegenheitstäter knüpft ebenfalls an das gesetzlich nicht definierte Merkmal „gelegentlich" an. Probleme entstehen daher auch aus der fehlenden gesetzlichen Definition von zentralen Merkmalen wie dem Begriff der geringen Menge. Trotz der verstärkten Kritik, wie sie etwa nach der Einführung des § 31 a BtMG und dem hier betrachteten Cannabis-Beschluß des BVerfG laut geworden ist, blieb es bei der verhältnismäßig zurückhaltenden obergerichtlichen Rechtsprechung.

Mit Ausnahme der Länder Bremen, Mecklenburg-Vorpommern, Sachsen und Thüringen erließen die Bundesländer im Gefolge des Cannabis-Beschlußes Richtlinien, in denen, meist im Zusammenhang mit § 31 a BtMG, Schwellenwerte für die geringe Menge, die sich meist auf Cannabis bezogen, festgelegt wurden und welche sich wegen des Gleichbehandlungsgebots auch auf § 29 V BtMG auswirkten[1247]. Auch dessen Erläuterung erfolgt, etwa in Bayern, auf einem rechtstechnischen Weg durch Hinweisrundschreiben der bayerischen Generalstaatsanwälte und anderer Regeln, die keine Verbindlichkeit besitzen[1248]. Die Gerichte sind an diese Verwaltungsvorschriften nicht gebunden, wohingegen die Staatsanwaltschaft sie den Entscheidungen nach § 153 b StPO o-

---

[1244] Vgl. dazu das abweichende Votum des Richters am BVerfG Sommer zum Beschluß BVerfG E 90, 145, 189

[1245] In der Literatur hat dies u.a. zu einer Kritik unter der Bezeichnung „reiner Etikettenschwindel" geführt: Nelles/Velten, NStZ 1994, 368

[1246] 17. Abschnitt C IV 2.3.2

[1247] Weber, BtMG, § 29 RdNr. 1045; kritisch daher zu allgemeinen Einstellungskriterien wegen der Schwierigkeiten bei deren Definition und Objektivierung: Kühne, Strafprozeßrecht, 6. Aufl. RdNr. 584

[1248] Weber, BtMG, § 29 RdNr. 1062

der der Antragstellung in der Hauptverhandlung zugrundelegen muß. Der Nachteil dieser Handlungsform ist die fehlende Verbindlichkeit.

Nach einer kurzen Darstellung des Inhalts und der Gewährleistungen von Art. 19 IV GG stellt sich somit die Frage, ob eine Verletzung anzunehmen ist, wenn der Betroffene keine rechtliche Möglichkeit der Überprüfung durch ein Gericht hat und auch inhaltlich wegen des weitreichenden Beurteilungsspielraums eine Überprüfung nicht möglich ist.

3.1.2.1) Inhalt

Art. 19 IV GG stellt eine besondere Ausprägung des Rechtsstaatsprinzips dar[1249] und eröffnet jedem, dem durch die öffentliche Gewalt eine Verletzung in seinen Rechten widerfahren ist, den Rechtsweg. Der Begriff der öffentlichen Gewalt im Sinne dieser Bestimmung gehören aber nicht die Akte der Rechtsprechung, denn Art. 19 IV GG ist nur eine Schutzgewährleistung durch den Richter, nicht aber gegen den Richter, was auch bedeutet, daß kein Instanzenzug garantiert wird.

Beinhaltet ist nicht nur das formelle Recht und die theoretische Möglichkeit, die Gerichte anzurufen, sondern garantiert wird vielmehr auch die Effektivität des Rechtsschutzes; der Bürger hat einen substantiellen Anspruch auf eine wirksame gerichtliche Kontrolle[1250]. Doch auch unter diesem Gesichtspunkt ist es aus verfassungsgerichtlicher Sicht nicht geboten, die Einleitung und Führung eines staatsanwaltschaftlichen Ermittlungsverfahrens vor Abschluß der Ermittlungen gerichtlicher Kontrolle zu unterwerfen. Ein Zuwarten ist dem Beschuldigten deshalb in aller Regel bis zur Entschließung der Staatsanwaltschaft (§170 StPO) zuzumuten[1251].

3.1.2.2) Auswirkungen staatsanwaltlicher Entscheidungen

Der grundrechtliche Schutzbereich ist eröffnet, da es um Schutzgewährleistung gegenüber solchen Maßnahmen geht, die nicht Akte der Rechtsprechung sind. Da die Staatsanwaltschaft nach der hier vertretenen Sicht nicht Teil der Judikative ist, sind die von ihr durchgeführten und unterlassenen Maßnahmen dieser auch nicht zuzurechnen. Hinsichtlich der grundrechtlichen Beurteilung gilt es zwischen der positiven und der negativen Entscheidung der Anklagebehörde zur Anklageerhebung zu unterscheiden. Erstere Entscheidung führt zur Beurteilung durch das Gericht, was problematisch ist, wenn eigentlich hätte eingestellt werden sollen. Dann unterliegt ein Sachverhalt der gerichtlichen Überprüfung und das Gericht kann zwar je nach Fall von Strafe absehen, aber ein Schuldspruch mit den geschilderten Folgen eintritt. In dieser Fallkonstellation ist die Einstellung nicht durch ein Rechtsmittel erzwingbar. Dies ist bereits als Nachteil hinsichtlich der Cannabis-Entscheidung des BVerfG zu nennen.

Selbst wenn man entgegen der bisherigen Bedenken die Einstellungspflicht als solche für möglich hält, muß dann auch die Gleichwertigkeit der beiden Wege gewährleistet

[1249] BVerfGE 35, 382, 401
[1250] BVerfGE 40, 272 , 275; 49, 329, 341 als Teil der ständigen Rechtsprechung
[1251] Vgl.dazu Hill, Strafgewalt, § 156 C VII RdNr. 28 f.

sein. Verschiedene Verfahrensweisen haben eigenständige Belastungen für den Betroffenen, selbst wenn das Ergebnis einer fehlenden Bestrafung dasselbe ist. Einem Gericht bleibt zwar in solchen, also den trotz des Übermaßverbotes nicht eingestellten Fällen, noch die Möglichkeit von Strafe etwa nach § 29 V BtMG abzusehen. Allerdings ist auch dies kein adäquater Ersatz für eine Straflosigkeit des Täterverhaltens, weil im Rahmen des § 29 V BtMG ein Schuldspruch ergeht, womit diese Vorgehensweise grundrechtsrelevant sein kann. So entstehen bereits durch die Einleitung eines Ermittlungsverfahrens und strafprozessuale Maßnahmen Belastungen. Im Falle einer prozessualen Entkriminalisierung geht nämlich stets die Einleitung eines Ermittlungsverfahrens voraus, wobei nicht nur der Verdacht aktenkundig gemacht wird, sondern der Betroffene zusätzlich mit grundrechtseingreifenden Ermittlungshandlungen rechnen muß.

Ferner besteht eine Belastung durch die fortdauernde Ungewißheit. Eine Intensivierung des Mechanismus wird durch das Zusammenwirken der zu erwartenden Registrierung von Ermittlungsvorgängen und der relativen Unverbindlichkeit von Einstellungsentscheidungen, die nicht in Rechtskraft erwachsen, bewirkt. Ein so behandelter Vorgang kann zudem später immer wieder erneut herangezogen werden. Die gerichtliche Verfahrenseinstellung ist gegenüber der staatsanwaltlichen auch nicht günstiger, denn sie besitzt nur begrenzte Sperrwirkung. Bei einer materiell-rechtlichen Lösung dagegen ist die richterliche Verfahrenserledigung der Freispruch, welcher auch Rechtskraft erlangen kann und den Betroffenen vor einem Wiederaufgreifen des Vorgangs schützt.

Nicht zu Unrecht läßt sich daher der Vorwurf gegen das BVerfG erheben, es ziehe allein die Belastung mit der Strafsanktion in Betracht, wohingegen zwangsläufige Begleiterscheinungen einer strafprozessualen Entkriminalisierung in ihrer Belastung vernachlässigt würden und dies obwohl diese deutlich mehr als eine materiell-rechtliche Entkriminalisierung zu Lasten des Betroffenen gehen.

Bereits die Bezeichnung eines Verhaltens als strafbar und auch die Eröffnung eines Ermittlungsverfahrens sind grundrechtsrelevant[1252], denn der Einzelne hat keinen klagbaren Anspruch und kein Rechtsmittel dahingehend, daß die Staatsanwaltschaft bei Vorliegen der Voraussetzungen auch tatsächlich einstellt. Auch die Überprüfung, ob alle Voraussetzungen vorgelegen haben, ist Sache des Gerichts.

Dies liegt in der Konsequenz des Systems, da die Staatsanwaltschaft als Herrin des Vorverfahrens und „objektivste Behörde der Welt“ den Weg zur Verhandlung vorbereiten, nicht aber allumfassende abschließende Beurteilungen treffen soll.

Die revisionsrechtlichen Überprüfungsmaßstäbe zeigen deutlich, in wie weit vorgelagerte Entscheidungen, die zur Anklageerhebung führen sollen, gerichtlich überprüfbar sind, was sich im Zusammenspiel mit dem Rechtsmittel der Beschwerde ergibt. Angelegt ist dies auf die zentrale Rolle der Hauptverhandlung als Instrument der Wahrheitsfindung.

[1252] Minderheitsvotum zu BVerfGE 90, 145, 225 f.

Die negative Entscheidung, keine Anklage zu erheben, wird oft im Sinne des Beschuldigten liegen. Es sind aber auch Konstellationen denkbar, wo ihm an einer gerichtlichen Befassung gelegen ist, um aus Gründen des sozialen Ansehens einen gerichtlichen Freispruch zu erlangen, auch wenn die Rechtsordnung ihm keinen klagbaren Anspruch diesbezüglich einräumt. Diese Nachteile haben sich bereits bei der Schilderung der Rechtsschutzmöglichkeiten und inhaltlichen Überprüfung gezeigt[1253].

Ergebnis

Da nicht mehr jede staatliche Entscheidung bei einer umfassenderen Verfahrenseinstellung der Staatsanwaltschaft gerichtlich überprüfbar ist, führt die stärkere Gewichtung materieller Gesichtspunkte zu einem Rückgang an Justiziabilität. Der der Staatsanwaltschaft zustehende Beurteilungsspielraum schränkt den Umfang einer möglichen gerichtlichen Überprüfbarkeit und beschneidet damit die Rechtsweggarantie des Art. 19 IV GG in seiner Geltung. Eine Änderung der Aufgabenbreite der Staatsanwaltschaft in dem genannten Rahmen ist daher nach der hier eingenommenen Sichtweise aus verfassungsrechtlichen Gründen unzulässig. Das BVerfG würde dies auf Basis seiner derzeitigen Rechtsprechung jedoch nicht beanstanden.

3.1.3) Folgewirkungen

Ein Problem kann auch die Einstellung des Verfahrens sein, wenn zu viele Aspekte berücksichtigt werden. Der Täter kann aus Reha-Gründen Interesse an der Durchführung haben und einen Freispruch bevorzugen, welchen er höher schätzt als einen zurückbleibenden negativen Eindruck durch eine Verfahrenseinstellung[1254].

Dies ist für ihn auch finanziell vorteilhafter als eine Verfahrenseinstellung, bei der er einen Teil der Kosten tragen muß und im Falle der Verhängung einer Auflage sogar eine Sanktion erfährt. Daß er bisher keinen Anspruch auf Durchführung eines Strafverfahrens hat, betrifft nur die Möglichkeit des Einklagens. An der sich faktisch ergebenden Verschlechterung seiner Position sowie den Auswirkungen auf den Rechtsfrieden ändert dies nichts.

Nachteile durch die Verfahrenseinstellung ergeben sich zudem bei der Strafzumessung für eine spätere Tat. Anerkannt ist, daß strafbare, aber nicht abgeurteilte, möglicherweise gar nicht verfolgte Vortaten ebenfalls bei der Strafzumessung berücksichtigt werden, da es weniger auf die Verurteilung des Täters als vielmehr darauf ankommt, daß er eine strafbare Vortat begangen hat. Anders als bei der Vorstrafenberücksichtigung ist hier zu

---

[1253] 17. Abschnitt C IV 2 und 3.1

[1254] Kühne, Strafprozeßrecht, 6. Aufl., § 35 RdNr. 584.1 weist insbesondere für den Fall von Auflagen und Weisungen, wie sie nach gegenwärtigem deutschen Recht möglich sind, auf den informellen Sanktionscharakter mangels wirklicher Entscheidungsalternative hin. Einem Beschuldigten trotz seiner Unschuld oft nur die Wahl, sich von den Beschwernissen des Verfahrens durch Entrichtung der Auflage gleichsam freizukaufen oder aber den langen, je nach Beweislage nicht ungefährlichen Weg bis zum rechtskräftigen Urteil zu gehen.

beachten, daß die Ermittlung des Sachverhalts bei derartigen, nicht mit angeklagten Taten naturgemäß auf prozessuale Schwierigkeiten stößt, was ihre Verwertung bei Feststellung der Tatbegehung nicht hindert[1255]. Insbesondere bei amnestierten und verjährten Taten hat die Gewährung von Straffreiheit nicht die Wirkung, daß die fragliche Tat wirklich als ungeschehen gelten muß.

Bei Vorstrafen ist im Unterschied dazu hervorzuheben, daß diese eine doppelte Bedeutung haben, da sie neben der Begehung der Vortat und der gerichtlichen Feststellung des Sachverhalts auch den Umstand beachten, daß ein Angeklagter durch die frühere Verurteilung bereits gewarnt war, bevor er mit dem Gesetz in Konflikt geriet[1256]. Weiter zurückliegende Vorstrafen verlieren mit dem Zeitablauf an Einfluß und scheiden schließlich ganz aus[1257].

Wenn demnach nicht die Durchführung eines Strafverfahrens bis zur Aburteilung, sondern die Begehung einer strafbaren Vortat maßgebend für die Strafzumessung ist, so bleibt diese Tatsache auch dann relevant, wenn ein Strafverfahren eingeleitet worden ist, aber nicht zur Verurteilung geführt hat[1258]. Dies gilt neben Einstellungsurteilen gem. § 260 StPO erst recht für Einstellungsbeschlüße gemäß §§ 153 ff. StPO, die ja die Bedeutung der tatsächlich begangenen strafbaren Handlung unberührt lassen[1259]. Da die indizielle Berücksichtigung strafbarer Vor- oder Nachtaten im Gegensatz zur selbständigen Aburteilung nicht zum Strafklageverbrauch führt, können auch Nebendelikte im Sinne des § 154 StPO jedenfalls strafschärfend berücksichtigt werden. In der Praxis hat sich bei diesen daher auch durchgesetzt, daß die durch Einstellung ausgeschiedenen Straftaten nur dann strafschärfend berücksichtigt werden, wenn der Angeklagte auf diese Möglichkeit hingewiesen worden ist und die Nebendelikte gemäß der Prozeßordnung festgestellt worden sind. Wird der Täter freigesprochen, kann die nicht erwiesene Tat nicht als realer Strafzumessungsgrund herangezogen werden.

Allerdings kann die in dem mit Freispruch beendete Verfahren enthaltene Warnung des Täters als Strafzumessungsgrund herangezogen und damit auf eine andere Strafzumessungstatsache umgeschaltet werden, womit nicht die Tatsache der Unbestraftheit, sondern das bisher erfolgreich überwundene Verbrechensrisiko entscheidend ist[1260]. Die Praxis findet die Berücksichtigung nicht strafbaren, aber sittlich anstößigen Verhaltens gar nicht als rechtsdogmatisches Problem.

Herauszukehren ist deshalb, daß bei einer Verfahrenseinstellung nach §§ 153 ff. StPO[1261] durch die mögliche Berücksichtigung dieser Einstellung und einer unterstell-

---

[1255] Bruns, Strafzumessung, S. 225

[1256] Bruns, Strafzumessung, S. 223

[1257] BGH MDR 1963, 331 sowie zum gänzlichen Ausscheiden BGH St 5, 131

[1258] Bruns, Strafzumessung, S. 226

[1259] BGH 2 StR 348/55; Bruns aaO zur früheren Diskussion bei den gem. §§ 154, 154 a StPO eingestellten Nebendelikten und dem Kriterium des Vertrauensschutzes

[1260] Bruns, Strafzumessung, S. 227

[1261] Kühne Strafprozeßrecht, § 3 RdNr. 79 weist für den Fall einer Einstellung einer Buße ohne richterliche Zustimmung (§ 153 a I i.V.m. § 153 I S. 2 StPO) auch auf Probleme des Strafklageverbrauchs hin,

ten Warnfunktion je nach Sachverhalt durch den Niederschlag in der Strafzumessung mittelbar negative Auswirkungen haben können. Verstärkt werden diese Auswirkungen durch das in der Regel fehlenden subjektive Recht des Beschuldigten auf Einstellung sowie unklare Kriterien des Wiederaufgreifens durch die Staatsanwaltschaft bei einer Einstellung durch diese, welche im Gegensatz zur Einstellung durch gerichtlichen Zustimmung keine verfahrensabschließende Wirkung hat[1262]. Letztlich ist allein schon die eingesetzte Ermittlungstätigkeit, die der Einstellungsentscheidung vorangeht, grundrechtsrelevant, auch wenn der Betroffene als nicht vorbestraft gilt. Daran ändert auch die Tatsache nichts, daß entsprechend dem BVerfG[1263] die Unschuldsvermutung bestehen bleibt, wenn ein Strafverfahren gegen Geldzahlung oder andere Auflagen eingestellt wird, weil eine Entscheidung in der Sache durch unabhängige Richter gerade nicht getroffen wird[1264].

3.1.4) Praktische Handhabung

Hinsichtlich der negativen Auswirkungen staatsanwaltschaftlicher Einstellungsentscheidungen gilt es zudem neben der gesetzlichen vorgesehenen auch die praktische Handhabung zu sehen. Vielfach erfolgt eine Einstellung wegen Geringfügigkeit des begangenen Delikts neben den anderen gem. § 154 StPO statt diese nach dem eigentlich vorgesehenen § 170 II StPO vorzunehmen, um die Glaubwürdigkeit der Beschuldigungen der anderen Fälle nicht zu untergraben sowie ein Klageerzwingungsverfahren §§ 172 ff. StPO eines Verletzten zu verhindern.

Einerseits sollen erfolgte Einstellungen des Verfahrens wegen erwiesener Unschuld nach § 170 II StPO nicht zur Strafenbildung herangezogen werden, andererseits ist wegen des Hangs der Praxis zur Einstellung gemäß §§ 153, 154 StPO gegenüber § 170 II StPO zu bedenken, daß letztere im Alltag zurücktreten[1265], während sich ein Vermerk über erstere im Falle einer neuerlichen Ermittlung bei den Akten befindet. Hinzu kommt

---

wenn Entscheidungen dieser Art nicht als rechtskräftige Strafurteile gem. § Art. 54 SDÜ anerkannt werden.

[1262] vgl. Kühne, Strafprozeßrecht, 6. Aufl. § 35 RdNr. 605 ff.

[1263] MDR 91, 891 in Einklang mit Art. 6 EMRK

[1264] Die Rechtsprechung des EuGH zum Doppelstrafverbot Art. 54 SDÜ, welcher die Verfahrenseinstellung gegen Auflagen, auch ohne Mitwirkung eines Gerichts, als ausreichend für den Ausschluß einer weiteren Sanktionierung in einem Mitgliedsstaat sieht (EuGH Rs. C-187/01 und C- 385/01; in NJW 2003 1173 ff.), läßt wegen der Koppelung an die Zahlung eines Geldbetrages oder anderer Auflagen keine weitergehenden Schlüße zu. Vgl. Besprechung der wegweisenden Entscheidung durch Stein, NJW 2003, 1163 ff sowie neueste Rechtsprechungsnachweise diesbezüglich bei Stein, Europäisches ne bis in idem.

[1265] Auch Kühne, Strafprozeßrecht, 6. Aufl., RdNr. 586 warnt vor der sich ausbreitenden Praxis, ungelöste materiell-rechtliche Probleme, wie im Fall Kohl, auf Kosten des Beschuldigten statt durch § 170 II StPO mit einer Einstellung nach §§ 153 ff. StPO zu erledigen. Die Praxis nähere sich immer mehr einer Legalisierung der Verdachtstrafe an, wenn das Beweisergebnis zu dürftig zur Anklageerhebung, aber zu gewichtig zur Einstellung nach § 170 II StPO erscheint, aaO, RdNr. 590. Als weitere Problematik stellen sich auch Punkte dar, die sich aus der Praxis informeller Absprachen ergeben. Der an sich der StPO fremde Vertragsgedanke spiegelt sich in seiner Ausprägung wider, denn der Schutz von Verfahrensgarantien wird hierduch unterlaufen, worauf Kühne, aaO, zu recht hinweist.

die belastende Kostenfolge gem. § 467 IV,V StPO in Fällen der Opportunitätseinstellung, da notwendige Auslagen grds. nicht von der Staatskasse, sondern vom Beschuldigten getragen werden müssen[1266]. Wegen des Sinn und Zwecks eines Strafverfahrens als Durchsetzung des staatlichen Strafanspruchs besteht kein individueller Anspruch auf Feststellung der Unschuld. Bei einer fehlenden materiell-rechtlichen Lösung bleibt ein rechtlicher, aber auch ein sozialer Makel, da das Verfahren dann schlicht nach diesen Normen eingestellt wird, welche bei einer späteren Strafenbildung berücksichtigt werden können, während es bei einer Entscheidung nach § 170 II StPO nach der Eröffnung der Hauptverhandlung einen Freispruch geben würde[1267]. Auch wenn zur Gewährleistung der Funktionsfähigkeit der Justiz und aus Sinn und Zweck des Strafverfahrens heraus keine individueller Unschuldsfeststellungsanspruch erwächst, ist gerade das Entfallen einer solchen Feststellung für den Betroffenen und dessen Umfeld sozial relevant und mittelbar auch für die Strafzumessung bei einer späteren Tat.
Gleichzeitig ist zu sehen, daß die Staatsanwaltschaft bei Anklageerhebung, wenn keine Vorstrafen vorliegen, von einem minder schweren Fall ausgeht und einen solchen zur Anklage bringt, ohne daß sich dies am eigentlichen Tatgeschehen an sich orientiert. Erfolgt nun eine weitreichende Einstellung von Fallgruppen, die nach einer materiell-rechtlich vorgenommenen Lösung bereits zu einer Verurteilung geführt hätten, würde dies die Anklage als minder schweren Fall nicht mehr verhindern. Da somit strafbarkeitsrelevante Merkmale je nach dem Ort ihrer Berücksichtigung in ihrer Auswirkung erheblich unterschiedlich für eine spätere praktische Behandlung dastehen, ist es eben nicht unerheblich, ob eine Einstellung nach Opportunitätsnormen oder ein Freispruch ergehen.

Festzuhalten bleibt daher, daß selbst dann, wenn man dem Gericht eine Substitution der Zustimmungsverweigerung zugesteht und eine Prüfung der Entscheidung des Staatsanwaltschaft einräumt, diese sich nur auf eine Überprüfung von Rechtsfehlern beschränken soll. Daß Gericht trifft damit letztlich keine eigene Entscheidung mehr, sondern überprüft nur noch jene der Staatsanwaltschaft. Eine solche Vorgehensweise bedeutet, die originäre Beurteilung einer materiell-rechtlichen Frage dem Gericht zu entziehen und mit der Beurteilung der Rechtsfehlerhaftigkeit auf eine Rahmenkontrolle zu begrenzen. Je mehr materiell-rechtliche Aspekte somit zur Beurteilung der StA stehen, desto weniger bleibt dem Gericht zur Eigenentscheidung, d.h. selbst bei einem entgegen der h.M. eingeräumten Rechtsweg, der eine Verletzung des Art. 19 IV GG verhindern könnte, kommt es zu einem Verlust an Erkenntniskompetenz des Gerichts.

[1266] Kühne, aaO, RdNr. 587 lehnt die geänderte Rechtsprechung des BVerfG, welches zunächst keine Kostenlast ohne prozeßordnungsgemäße Schuldfeststellung zuließ, nunmehr aber eine Verweigerung der Auslagenerstattung durch feinsinnige Begriffsunterscheidung vornimmt, zu Recht unter Hinweis auf den Vermögensnachteil ab.

[1267] Das Vorhalten von Akten oder die Speicherung von persönlichen Daten trotz Einstellung nach § 170 II StPO unter dem Gesichtspunkt des nicht unerheblichen Restverdachts, wie es gar als offizielle Tendenz erkennbar ist, ist mit Kühne, Strafprozeßrecht, § 35 RdNr. 580 entgegenzutreten, denn ein nicht hinreichender Tatverdacht kann keine Gewißheit späteren kriminellen Verhaltens begründen und darf keine weiteren Verdächtigungen nähren.

Ob dies in jedem Fall auch inhaltlich geschehen kann, hängt vom einzelnen Institut ab. Ob dabei letztlich der Aspekt der Gewaltenteilung berührt ist und wegen der Beurteilung beim Staatsanwalt auch das Recht auf den gesetzlichen Richter, soll später noch erörtert werden.

Ergebnis

Wegen der bereits nach geltendem Recht bestehenden Lücken der Überprüfung von Einstellungsentscheidungen sowie der rechtlichen und praktischen Auswirkungen einer Verfahrenseinstellung bestehen bereits nach derzeitiger Rechtslage Bedenken gegen eine Änderung in der genannten Weise. Im Fall einer Verschiebung der Erkenntniszuständigkeit in der skizzierten Art und Weise würden sich die Nachteile für einen Betroffenen vergrößern.

Als ein möglicher Ausgleich für die Verschiebung von Erkenntniskompetenz zwischen den Institutionen läßt sich im Gegenzug nur eine veränderte gerichtliche Kontrolldichte vorstellen. So ist etwa bei strafprozessualen Zwangsmaßnahmen ein der Staatsanwaltschaft zugestandenes Ermessen, etwa beim der Änderung der Rechtsprechung zur Überprüfung der Gefahr im Verzug bei Hausdurchsuchungen, durch eine uneingeschränkte gerichtliche Kontrolle ersetzt worden. Ein solcher Ausgleich für Kompetenzverlagerung an die Staatsanwaltschaft hinsichtlich materieller Aspekte ist ungleich schwerer, denn gerade bei einer fehlenden Verurteilung und einer nicht vorhandenen Beschwer ist eine Befassung des Gerichts gar nicht mehr möglich. Für den Fall einer positiven Entscheidung erfolgt hingegen eine doppelte Betrachtung desselben Aspekts durch zwei unterschiedliche Institutionen.

3.2) Bedenken staatsrechtlicher Art

Die Lösung materiell-rechtlicher Probleme durch strafprozessuale Einstellungsnormen, über die die Staatsanwaltschaft befindet, kann darüber hinaus neben den Nachteilen für den einzelnen Betroffenen auch durch eine Verschiebung der Aufgabenwahrnehmung innerhalb der Organe der Strafrechtspflege deren Funktionswahrnehmung beeinflussen und damit die grundgesetzlich vorgesehene Funktionsträgerschaft der Aufgabenbereiche.

Bereits die bisher in Deutschland erfolgte Erweiterung der staatsanwaltschaftlichen Einstellungsbefugnis wird als ausgeprägte Machtkonzentration bei der Staatsanwaltschaft verstanden[1268]. Bestehenden Bedenken können auch hier durch eine stärkere Wahrnehmung oder andersartige Ausübung verstärkt werden und neue Bedenken können hinzukommen.

[1268] Terbach NStZ 1998, S. 172 ff. nennt die Erweiterung der Einstellungsmöglichkeit ohne gerichtliche Zustimmung sowie die Notwendigkeit der staatsanwaltschaftlichen Zustimmung bei der gerichtlichen Verfahrenseinstellung nach Anklageerhebung (§§ 153 II 1, 153 a II 1 StPO); kritisch Dencker StV 1994, 503 ff.

Die §§ 153,153 a StPO haben in der strafrechtlichen Literatur eine starke Würdigung erhalten, in Bezug auf § 153 a StPO ist dabei vor allem die für die Staatsanwaltschaft bestehende Möglichkeit der Verhängung von Auflagen und Weisungen im Zentrum der Auseinandersetzung gestanden. Wegen des Bezugspunkts auf das englische Recht soll, wie erwähnt, eine solche Besonderheit des deutschen Rechts aber keine weitere Betrachtung erfahren[1269]. Kernpunkt der Untersuchung kann nur die Aufgabenwahrnehmung durch das Gericht bei der Beurteilung von Strafbarkeitsaspekten sein sowie die Berücksichtigung für die (Nicht-)Verfahrenseinstellung[1270].

Mit den Fragen der verfassungsrechtlichen Problematik hat sich auch Kausch[1271] eingehend beschäftigt. Da sich dort eine sehr ausführliche kritische Darlegung der sich ergebenden Implikationen findet, die den Aufwand einer weiteren, grundlegenden Untersuchung als nicht gerechtfertigt erscheinen läßt, soll an dieser Stelle zwar nicht auf eine überblickende Darstellung der Problematiken verzichtet werden. Aufbauend auf den dortigen Ausführungen sollen jedoch im folgenden von den dort gefundenen Ergebnissen her ergänzende Überlegungen angefügt werden.

3.2.1) Gewaltenteilung

Die Staatsanwaltschaft ist wegen des Legalitätsprinzips § 152 II StPO in Deutschland gehalten, bei Vorliegen einer hinreichenden Tatverdachts § 170 I StPO Anklage beim zuständigen Strafgericht zu erheben. Dieser gesetzlich vorgesehene Mechanismus ist die Konsequenz des staatlichen Anklagemonopols. Die Erhebung der öffentlichen Anklage ist wegen des Akkusationsprinzips wiederum zwingend notwendig, damit sich ein Gericht mit dem Sachverhalt auseinandersetzen kann.

Eine Erhebung der öffentlichen Anklage scheidet grundsätzlich nur dann aus, wenn aus Sicht der Staatsanwaltschaft ein solcher Verdacht nicht belegt werden kann und davon auszugehen ist, daß das Gericht die Hauptverhandlung nicht eröffnet wird. Dieses in Deutschland bestehende Vorgehen wird dann verändert, wenn der Staatsanwaltschaft verstärkt Zweckmäßigkeitsgesichtspunkte überantwortet werden, die darauf abzielen, eine Letztentscheidung über die Strafbarkeit schon durch die Anklagebehörde zu erzielen und nicht mehr durch das Gericht. Da dies dann regelmäßig dazu führt, daß die Staatsanwaltschaft über die Strafbarkeit befindet und das Gericht nur noch jene Fälle zur Vorlage erhält, die nach Ansicht der Staatsanwaltschaft einer Hauptverhandlung bedürfen, werden Bereiche der Klein- und der mittleren Kriminalität faktisch dem Gericht entzogen. Die Rolle der Staatsanwaltschaft als Anklagebehörde, die durch gesetzliche Regelungen rechtlich nur begrenzte Möglichkeiten hat, über den Gang des Verfahrens zu befinden, wird je nach Gestaltung der Einstellungsnorm erheblich erweitert. Je mehr Spielraum diese Regelungen lassen, desto weniger ist für den Betroffenen auch erkennbar, ob er tatsächlich noch einen Richter zu Gesicht bekommt.

[1269] vgl. etwa zur hier nicht vertieften Problematik der verfahrensabschließenden Auflagenverhängung insb. mit Blick auf das Gewaltenteilungsprinzip: Kühne, Strafprozeßrecht, 6.Auflage, RdNr. 589.2

[1270] vertieft zu den Problemen des § 153 a StPO: Kausch, Der Staatsanwalt-Ein Richter vor dem Richter ?

[1271] Der Staatsanwalt-Ein Richter vor dem Richter?

Diese Verlagerung materiell-rechtlicher Gesichtspunkte berührt die Rollenverteilung von Staatsanwaltschaft und Strafrichter. Es stellt sich die Frage, ob eine Verschiebung der Aufgaben zwischen diesen beiden Rechtspflegeorganen mit der verfassungsrechtlich zugeordneten Aufgabenwahrnehmung vereinbar ist[1272]. Dieser Aspekt ließe sich unter dem Begriff der „Gewaltenteilung" problematisieren, auch wenn sich der Begriff recht vielgestaltig darstellt. Im Mittelpunkt des Interesses steht wegen der Komplexität und der Abstraktheit jedoch die Frage nach einer verfassungsrechtlichen Festlegung der Aufgaben der Protagonisten im Strafverfahren.

Im folgenden soll deshalb eine Beschreibung der Funktionszuteilung erfolgen, wie sie das Grundgesetz vorsieht und soweit sie für das Verständnis notwendig ist (3.2.1.1). Dann muß man sich fragen, ob eine Verschiebung der Aufgabenwahrnehmung die Funktionsordnung berührt und ob dies verfassungsrechtlich maßgeblich ist (3.2.1.2).

3.2.1.1) Abstrakte Funktionszuteilung

Die Frage der Möglichkeit und des Umfangs der Verlagerung spielt nur dann eine Rolle, wenn die Staatsanwaltschaft und das Strafgericht unterschiedlichen Gewalten angehören. Die Einordnung kann sich dabei an unterschiedlichen Kriterien orientieren, weshalb auch unterschiedliche Meinungen vertreten werden.

Es gibt Ansichten, die sehen die Staatsanwaltschaft als Organ der Judikative[1273]. Eine andere Ansicht streicht die Stellung der Staatsanwaltschaft als Teil der Exekutive heraus[1274]. Den Mischcharakter betonen Stimmen, die auf die Stellung der Staatsanwaltschaft als Institution zwischen Judikative und Exekutive hinweisen als „Vermengung" der Gewalten, die die Staatsanwaltschaft als funktional allen Gewalten zugehörige Insti-

---

1272 Auch Kühne, Strafprozeßrecht, § 3 RdNr. 52 weist auf die Berücksichtigung der unterschiedlichen verfassungsrechtlichen Einbettung der Akteure neben den strafverfahrensrechtlichen Tätigkeiten und Befugnissen hin.

1273 Vgl. die umfassende Darstellung der Ansichten bei Koller, Staatsanwaltschaft, S. 35 ff.; die Begründungen allerdings weichen erheblich voneinander ab. So wird der Staatsanwalt als Richter im Sinne des Art. 92 GG oder als besonderes Organ der Rechtsprechung im Sinne des Art. 20 II 2 GG gesehen bzw. die Tätigkeit der Staatsanwaltschaft als „Rechtsprechung" im Sinne des Art. 20 II 2 GG oder Ausübung „rechtsprechender Gewalt" im Sinne von Art. 92 GG. Andere ordnen sie als der Judikative organisatorisch zugeordnete Institution ein, betonen der Charakter als „Organ der Rechtspflege" oder stellen die Aufgabenteilung zwischen Staatsanwaltschaft und Gericht als Gewaltenteilung heraus. Die Vertreter dieser Auffassungen nehmen durch Zurechnung der Staatsanwaltschaft zur Judikative in Anspruch, dies diene der Rechtsstaatlichkeit ganz besonders. Koller weist darauf hin, daß die Einbeziehung der Staatsanwaltschaft zum Gericht möglicherweise sogar kontraproduktiv ist, denn das Bild der einheitlichen Strafjustiz ist nicht zwingend von der Verfassung vorgegeben und die rechtliche und faktische Weisungsabhängigkeit kann mittelbar auch zu einer Abhängigkeit der Strafrichter von der Exekutive führen. Außerdem ist die Zuordnung zur vollziehenden Gewalt nicht degradierend, weil in der Ordnung des GG alle Teile des Staatsgewalt den gleichen Rang haben.

1274 Vgl. Nachweise bei Koller, aaO, S. 85 ff.; die Begründung erfolgt auch hier unterschiedlich. Die schlichte Verneinung der Richtereigenschaft findet dabei ebenso statt wie ein Abstellen auf die Weisungsgebundenheit. Die Initiativentscheidung wird als typisch vollziehende Tätigkeit gesehen oder der Staatsanwalt als Repräsentant der parlamentarisch verantwortlichen Exekutive.

tution oder das Verhältnis von Staatsanwaltschaft und Gericht als eine Art prozessualer Gewaltenteilung sehen[1275].

Koller[1276] weist durch eine Analyse der Gewaltenteilung des Grundgesetzes nach, daß die beiden grundlegenden Ansichten zu stark am einfachen Recht orientiert sind[1277] und die verfassungsrechtliche Begründung schuldig bleiben. Der Idealfall ist daher der, in dem sich das System der Machtausübung des staatlichen Makrokosmos im Mikrokosmos des Strafverfahrens widerspiegelt. Er beschäftigt sich deshalb mit der Gewaltenteilung des GG und geht dann zur Gewaltenteilung im Strafverfahren über[1278].

Insgesamt gesehen führt Koller[1279] den Nachweis, daß die Meinungen, die zur Einordnung der Staatsanwaltschaft geäußert werden, die verfassungsrechtlichen Gründen nur anführen, ohne sie zu belegen[1280]. Er weist dann nach, daß die Gewalten nicht i.S. eines vorgelagerten Verständnisses zu bestimmen sind, sondern daß die Funktionenordnung des GG in der Verfassung angelegt ist und durch die weiteren Verfassungsnormen ausgestaltet wird[1281]. Dabei kommt der Exekutive ein individuelles Initiativrecht zu, weshalb die Staatsanwaltschaft letztlich nur Teil der Exekutive sein kann[1282].

Die Argumentation von Koller überzeugt deshalb, weil seine Kritikpunkte einschlägig und seine Ergebnisse nachvollziehbar begründet sind. Das bestehende einfache Recht gestaltet nur jene Vorgaben aus, die das Verfassungsrecht gibt. Richtig ist es auch, dabei auf das Verständnis des Grundgesetzes selbst zurückzugreifen und nicht direkt auf verfassungsgeschichtliche Entwicklungen, die allenfalls zum Verständnis, nicht aber zur Beurteilung unmittelbar, herangezogen werden können. Gleichzeitig kann nur aus der einfachgesetzlichen Beschreibung der Aufgaben auch ein Rückschluß auf die zugedachte Rolle gezogen werden. Die Abgrenzung der Gewalten nach den Kategorien abstrakt-generelle Vorgabe, Umsetzung durch Initiativentscheidung sowie Kontrollinstanz enthält klare Maßgaben, die sich auf unterschiedliche Konstellationen anwenden lassen.

Geht man mit dieser Position davon aus, daß die Funktionsordnung sich so verhält wie geschildert, so stellt sich die Frage, ob eine Änderung in dem Rahmen, um den es geht, die Funktionsordnung beeinträchtigt, also ob eine Verschiebung der Aufgabenwahrnehmung verfassungsrechtlich maßgeblich ist.

1275 Vgl. zu den Nachweisen Koller, aaO, S. 116 ff.; eine Ansicht sieht aufgrund der Mittlerfunktion Art. 92 GG als verfassungswidrig an. Die Figur des verfassungswidrigen Verfassungsgesetzes ist anerkannt und die Verfassungswidrigkeit würde sich aus Widerspruch des Art. 92 GG zu dem höherwertigen Verfassungsprinzip der rechtsstaatlichen Gewaltenteilung ergeben.

1276 Staatsanwaltschaft,

1277 Koller, aaO, S. 84; 115

1278 S. 143-S.306

1279 aaO

1280 aaO, S. 84 f.

1281 aaO, S. 115 f.

1282 aaO, S. 310: „....korrespondiert dem ein Initiativverbot für die Judikative, welches ihre Kompetenz zu der der Exekutive abgrenzt. Ferner beziehen sich Entscheidungen der Rechtsprechung immer nur auf den Einzelfall, was die Grenze zur Tätigkeit der Legislative markiert. Die Dritte Gewalt hat also den von anderer Seite an sie herangetragenen Einzelfall zu entscheiden."

3.2.1.2) Konkrete Aufgabenwahrnehmung

Mangels struktureller Vorgaben zur Ausübung der staatlichen Strafgewalt müssen diese abstrakten Erwägungen zur Gewaltenteilung in das Strafverfahren übertragen werden, um die sich aus den Funktionsträgern zugeordneten Aufgabenbereiche ergebenden Konsequenzen auch im Strafverfahren einordnen zu können. Hinsichtlich deren ausführlicher Darstellung wird auf Kausch[1283] sowie die Rechtsprechung der BVerfG [1284]verwiesen.

Da die abstrakt-generelle Entscheidung über die Strafbarkeit in die Kompetenz der Legislative fält, soll die Befassung mit dem Einzelfall von Judikative und Exekutive vorgenommen werden. Während allerdings für die Judikative ein Initiativverbot gilt, ist der Exekutive oder den in ihre Organisationsstrukturen eingebundenen Amtswalter die Initiativentscheidung vorbehalten.

Bezogen auf die Rechtsprechung besteht eine gewisse funktionale Äquivalente in der Kompetenzverteilung Staatsanwaltschaft-Richter: das Initiativrecht des Staatsanwalts ohne Sanktionskompetenz versus die richterliche Passivität stellen eine Art Gewaltenteilung innerhalb der Justiz dar, wobei eine Kontrolle durch Rechtsmittelzüge und ein eingeschränkter Entscheidungsumfang für die keiner Kontrolle mehr unterliegende letzte Instanz erfolgen. Element der Machthemmung sind auch die Einbindungen richterlichen Handelns in die strengen Vorgaben des Verfahrensrechts mit vielfältigen Garantien und Absicherungen über Mitwirkungsrechte, die Kontrollrechte enthalten; informell kommen zudem die verschiedenen Formen der Öffentlichkeit dazu. Diese inneren Strukturmerkmale sprechen gegen einen Mißbrauch. Es gibt kein organisatorisch geschlossenes Machtzentrum wie bei der Exekutive. Die Einwirkungsmöglichkeiten durch Bindung an das Recht sind gegeben wegen „der Teilhabe an der Autorität des Rechts" und bei der Lösung erfolgt ein Verlust oder eine Einschränkung.

Entsprechende Kontrollmechanismen innerhalb der staatsanwaltschaftlichen Entscheidungsstrukturen fehlen. Weder das Ergebnis eines (nachvollziehbaren) Verfahrens noch Öffentlichkeitskontrolle liegen für den Fall der staatsanwaltlichen Verfahrenseinstellung vor. Die justizinterne Gewaltenteilung ist durch die Zusammenfassung von Initiativrecht und Sanktionskompetenz aufgehoben[1285].

Überträgt man die abstrakte Gewaltenteilung weiter auf das Strafverfahren, so ergibt sich für die Einordnung der Rolle des Staatsanwaltschaft, daß diese der Exekutive und deren Aufgabenfeld zugeordnet werden muß. Die Abgrenzung der Gewalten nach den Kategorien abstrakt-generelle Vorgabe, Umsetzung durch Initiativentscheidung sowie Kontrollinstanz macht deutlich, daß nur ein exekutivisches Verständnis dem Wesen der Staatsanwaltschaft gerecht wird, da die anderen Rollen durch den parlamentarischen

---

[1283] So Kausch, aaO, S. 179 ff., insb. S. 181

[1284] St. Rspr. BVerfGE 3, 225, 247; 9, 268, 279; 22; 106, 111, Herzog in Maunz/Dürig, GG, Art. 20 RdNr.78

[1285] aaO, S.181

Gesetzgeber als Erlaßinstanz des abstrakt-generellen Normbefehls sowie das Strafgericht als von außen befaßte Kontrollinstanz bereits besetzt sind.

Aus dieser Einordnung in die Exekutive folgt zugleich, daß die einfachgesetzlichen Zuweisungen der Tätigkeit der Staatsanwaltschaft eben jenen Zusammenhang wahren müssen und damit auch den Grundgedanken der Initiativentscheidung als maßgeblichen Aspekt.

Das für die Staatsanwaltschaft geltende Legalitätsprinzip des § 152 II StPO sowie die Leitung der Ermittlungstätigkeit durch die Staatsanwaltschaft ergeben sich daraus ebenso wie die Initiativkompetenz zur Erhebung der öffentlichen Anklage bei hinreichendem Tatverdacht § 170 I StPO oder die Entscheidung zur Einstellung nach § 170 II StPO. Hieran wird der Initiativcharakter besonders deutlich, denn auch die Entscheidung, ein Strafverfahren einzustellen, ist eine negative Initiativentscheidung. Die Initiativentscheidung erfaßt dabei sowohl das eigene Tätigwerden (§§ 152 II, 160 StPO), diejenige über das Gericht erster Instanz (§§ 151,152 I, 170 StPO) sowie die Rechtsmittelbefugnis (§ 296 StPO).

Damit liegt das wesentliche Gewicht der Entscheidung der Staatsanwaltschaft in der gesetzlich begrenzten Macht, die Zugangsschwelle zur richterlichen Entscheidung festzusetzen, weil erst durch diese Entscheidung die Strafnorm eine Chance zur tatsächlichen Durchsetzung im Falle ihrer Mißachtung erhält. Auch wenn die Befugnis zur Initiativentscheidung das entscheidende Kriterium der Staatsanwaltschaft ist und bei Zugrundelegung der herausgearbeiteten Position die Zugehörigkeit zur Exekutive begründet, bedeutet dies zwar nicht, daß ausschließlich Initiativentscheidungen das Tätigkeitsfeld der Staatsanwaltschaft bestimmen. Diese sind maßgeblich für die Einordnung der Staatsanwaltschaft in die Exekutive. Herauszustellen ist vielmehr, daß selbst wenn der Gesetzgeber der Staatsanwaltschaft noch so viele Aufgaben zuweist, die als richterähnlich qualifiziert werden können, dies an der Stellung der Staatsanwaltschaft in der vollziehenden Gewalt nichts ändern kann. Das Treffen von Initiativentscheidungen und die Zugehörigkeit zur Struktur der Exekutive sind nicht unvereinbar. Die Frage, ob ein wegen seiner Haupttätigkeit von Verfassungs wegen in die durch Weisungsgebundenheit gekennzeichnete Struktur der Exekutive einzubindendes Organ überhaupt mit solch richterähnlichen Aufgaben betraut werden darf, wirft Koller zwar auf, beantwortet sie aber nicht, weil sie für seinen Untersuchungsgegenstand auch nicht maßgeblich ist[1286].

Festzuhalten bleibt damit, daß Fragen, die über die Initiativentscheidung hinausgehen, nicht dem Gedanken der Initiative als Ausdruck des Funktionenverständnisses zuordnen lassen. Damit ist allerdings noch nicht gesagt, daß eine anderweitige Aufgabenzuweisung ausgeschlossen ist.

Maßgeblich bei dieser Sicht bleibt, daß sich die Umschreibung der Aufgaben aus der Stellung als Exekutive ergeben. Die konkreten Aufgaben müssen sich dieser zuordnen lassen. Auch bei einer Sichtweise wie der geschilderten stellt sich die Frage nach einer

[1286] Dazu Koller, aaO, S. 316

Durchbrechung der Funktionsträgerschaft durch die Wahrnehmung von Aufgaben, die nicht typisch sind für diese Gewalt. Dabei ist evident, daß eine Wesensveränderung die Durchbrechung auf jeden Fall ausschließt.

Negative Initiativentscheidungen sind nach einer wie dargelegt verstandenen Funktionsordnung erfaßt, denn die bewußte Entscheidung der Staatsanwaltschaft als Exekutive, nicht anzuklagen, gehört zur Ausprägung des Initiativrechts. Werden nun materiellrechtlich zu verstehende Kriterien herangezogen, um jene Initiationsschwelle festzulegen, bei deren Überschreiten die Staatsanwaltschaft ihrer Anklagefunktion nachkommen muß, so handelt es sich letztlich nur um eine Eingrenzung des sich originär ergebenden Zuständigkeitsfeldes.

Die unterschiedliche Blickrichtung der Initiativentscheidung verdeutlich auch den Charakter der herangezogenen Kriterien. Während eine Einstellung des Verfahrens und die fehlende Anklageerhebung dem Einzelnen keine Strafe i.e.S. auferlegen[1287], gibt eine sich aufgrund der Kriterien ergebende positive Initiativentscheidung den Weg frei für eine richterliche Beurteilung der Strafbarkeit. Die Staatsanwaltschaft entscheidet damit aber nicht selbst über diese, sondern eröffnet nur den gerichtlichen Rahmen für eine Strafbarkeitsbeurteilung. Kennzeichnend für den Problemkreis sind nun aber die Fälle, bei denen die Beurteilung der Strafbarkeit eben antezipiert schon von der Staatsanwaltschaft vorgenommen werden. Wenn Aspekte der Schuld wie die Berücksichtigung gewisser Sorgfaltspflichten oder mentaler Schwächen durch diese erfolgen, dann stellen sie gerade bei der negativen Initiativentscheidung aber die erste und einzige Station ihrer Beurteilung dar. Die abschließende Beurteilung, ob strafbarkeitsbegründende Merkmale vorliegen, sollte aber grundsätzlich bei den Gerichten liegen.

Bei einer bloß auf Funktion und nicht auf materielle Begriffe abstellenden Einordnung ergibt sich dann auch, daß Normen wie §§ 153 c III und 153 d II StPO, die die Rücknahme der Klage und die Einstellung des Verfahrens aus Gründen der staats- und außenpolitischen Opportunität erfassen, mit der Funktionenordnung des GG vereinbar sind, weil sie den Staatsanwalt/Generalbundesanwalt in der Eigenschaft als Exekutivbehörde und Vertreter des öffentlichen Interesses an der gerechten Ahndung von Straftaten zu einer negativen Initiativentscheidung ermächtigen. Daraus würde folgen, daß der sachliche Grund der negativen Initiativentscheidung, also der Einstellung, für das Verständnis der Einordnung der Gewalten nicht maßgeblich ist. Denn bei einem so verstandenen Begriff ist nur entscheidend, daß die Judikative einen Einzelfall entscheidet, den sie wegen des Initiativverbotes nicht von sich aus an sich gezogen hat.

Da die Umsetzung der abstrakt-generellen Anordnung der Exekutive aufgegeben ist, wäre die Initiativentscheidung im Einzelfall bei funktionsbetonter Sichtweise auch das einzige Kriterium für eine Zuordnung der Exekutive. Geht man nun von diesem abstrakten Punkt aus, stellt sich die Frage, ob es dennoch eine Festlegung der Kriterien geben kann, welche die Staatsanwaltschaft für ihre Initiativentscheidung heranzieht. Be-

---

1287 Zum zwielichtigen Charakter einer Verfahrenseinstellung für den Betroffenen nach außen: 17.Abschnitt C III 5

trachtet man die auf das Strafverfahren übertragenen Verhältnisse, so ist der primären Entscheidung eigen, daß sie die vom Straftatbestand abstrakt-generell angeordnete Rechtsfolge im konkreten Fall auf die Wirklichkeit umsetzen. Dies wird als Anstoß für die Ausübung staatlicher Strafgewalt gesehen und bildet die maßgebliche Initiativentscheidung. Die Anordnung der Rechtsfolge ist mittels des Tatbestandes mithin abstrakt-generell vorzunehmen. Sind nun nicht alle Merkmale, die die Rechtsfolge bewirken, im Tatbestand abstrakt-generell geregelt, sondern werden erst konkret bei der Bewertung des Einzelfalles ergänzt, so stimmt die pauschal angesetzt Unterteilung abstrakt-generell, welche die Legislative kennzeichnet, gegenüber Einzelfallbezogenheit der beiden anderen Gewalten, nicht mehr.

Wenn die Exekutive die Strafbarkeit erst im konkreten Fall festlegt, weil sie durch interne Richtlinien derartig weite Beurteilungsrahmen wie ein Gesetzgeber erhält, dann wird gegen das Grundverständnis der Gewalten verstoßen. Ergänzt werden die Überlegungen noch dadurch, daß die alleinige Beurteilung materieller Kriterien durch die Staatsanwaltschaft eben nicht zu einer Initiative führen, sondern zu einer Letztentscheidung. Das Initiativrecht bewirkt bei einem Verständnis wie dem dargelegten, daß auch eine Initiativpflicht besteht in der Gestalt, daß positiv oder negativ über eine Einstellung der Staatsanwaltschaft entschieden wird, nicht aber, das sich diese Frage gar nicht erst stellt, weil ein Letztentscheidungsrecht besteht.

Es gilt hier daher, eine gedankliche Trennung zwischen positiver und negativer Entscheidung vorzunehmen. Während die positive Entscheidung in ihrer Konsequenz den Weg für eine Befassung ebnet, ist bei einer negativen Entscheidung eine weitere Befassung von Gerichten nicht mehr vorgesehen. Wie nicht nur die bei den Rechtsschutzlücken aufgeführten Nachteile zeigen[1288], findet dann ohne die Möglichkeit einer Kontrollinstanz eine Letztbeurteilung statt, obwohl von der Funktionenordnung her nur eine Initiativentscheidung gewollt ist. Daß diese sich dann verstärkt auf inhaltliche Aspekte stützen, die an sich der Kontrolle unterliegen sollen und nicht der absoluten Beurteilung der vorgelagerten Initiativinstanz, zeigt das Problem auf, daß bei einer Verlagerung von Aspekten des Tatbestands in die Prozeßrechtsmaxime und die Anklageerhebung entsteht.Über diese Erwägungen hinaus spielen damit die materiellen Kriterien letztlich eine Rolle, wenn sie nämlich die Funktionenordnung umgehen. Stellt man auf die inhaltlichen Regelungen englischer Richtlinie, deren abstrahierte Fallgruppen bzw. deren praktische Handhabung ab, so werden Aspekte des Alters, der physischen, vor allem aber auch mentaler Krankheiten, ohne die Maßgeblichkeit medizinischer Nachweise, durch die Staatsanwaltschaft beurteilt. Ebenso werden Fälle zu starker Objektivierung beim Fahrlässigkeitsmaßstab sowie die Sorgfaltswahrung bei *strict liability*-Delikten oder die ungeschriebene Anwendung der *necessity*-Voraussetzungen bei *murder* durch die Staatsanwaltschaft berücksichtigt und führen zur Verfahrenseinstellung, ohne das ein Gericht noch damit befaßt wird, denn die vorgesehene Beschwerdemöglichkeit gegen eine solche Entscheidung wird von den dadurch Betroffenen nicht wahrgenommen werden, da das Ergebnis in ihrem Sinne ausfällt. Es ist damit herauszuheben, daß über die Initiativentscheidung hinaus Aspekte, die die Schuldfrage sowie insgesamt die Rea-

[1288] 17. Abschnitt C IV 3.1; 3.2

lisierung des staatlichen Strafanspruchs berühren, allein von der Staatsanwaltschaft berücksichtigt werden, ohne daß diese im Einzelfall noch zu Gericht gelangen.

Man muß sich deutlich machen, daß ein gradueller Unterschied vorliegt, ob über einen hinreichend Tatverdächtigen wie in Deutschland entschieden wird oder ob eventuell eine eigene Letztenscheidung der Staatsanwaltschaft getroffen wird. Ein wichtiges Beispiel dafür ist, daß in Deutschland bei Trunkenheit und fehlender Schuld dann eine Verurteilung nach § 323 a StGB möglich ist und damit auch bei diesen Fällen eine gerichtliche Beachtung erfolgt. Anders ist dies hingegen in England, wo dann Konstellationen einer richterlichen Beurteilung gänzlich entzogen sein können.

Aus weiteren Überlegungen wie der Gewähr sachgerechter Aufgabenbewältigung lassen sich ebenfalls Argumente zur Beantwortung der Fragestellung gewinnen. Nach einer sich durchsetzenden Auffassung dient die Gewaltenteilung auch der Gewähr für eine sachgerechte Wahrnehmung der Staatsfunktion und beinhaltet das Verbot, einem Staatsorgan Funktionen zuzuweisen, die es seiner Struktur nach nicht angemessen wahrnehmen kann[1289]. Geht man der Eignung zur rechtserzeugenden Funktion nach, kann dies die Rechtsprechung nicht so wie ein parlamentarisches Gesetzgebungsverfahren.

Der Einzelfall ist maßgeblich für das Gericht, denn weitergehende erforderliche Erkenntnismittel fehlen. Die Einzelfallbezogenheit, die begrenzte Generalisierbarkeit, der Umfang rechtsstaatlicher Kontinuität, Stabilität und Rationalität sowie die legitime Arbeitsteilung von Gesetzgebung und Rechtsprechung bei Ausfüllung unbestimmter Normen führen daher zu einer Rechtserzeugung nur für eine geringere Allgemeinheit[1290].

Das Fehlen eines vergleichbaren Verfahrens oder einzelner maßgeblicher Elemente ebenso wie fehlende Stellung des entsprechenden Entscheidungsorgans schließt Eignung der Staatsanwaltschaft auf dieser Ebene aus.

Ergebnis

Wegen der zuvor dargestellten Konsequenzen wird das Verhältnis der Gewalten zueinander vor dem Hintergrund der Besonderheiten des Strafverfahrens verschoben. Eine Änderung im dargestellten Rahmen beeinträchtigt die Funktionsordnung; die Verschiebung der Aufgabenwahrnehmung in der skizzierten Form ist daher verfassungsrechtlich maßgeblich. Es ist deshalb vom deutschen Verständnis herauszustellen, daß die abschließende Beurteilung von Fragen der Schuld als Aufgabe der Staatsanwaltschaft nicht zufallen kann, weil es ihre Kompetenz und ihre Einbindung in die Exekutive übersteigt und den Gerichten als Kontrollinstanz des Einzelfalles vorbehalten bleiben muß. Zulässig ist vor dem Hintergrund des Gewaltenverständnisses nur eine Verschiebung von Aspekten, die als organisatorische Fragen gleichsam hin- und her verlagert werden können und das maßgebliche Kriterium der Initiativentscheidung nicht berühren. Beim

---

1289 Vgl. aaO, S. 181

1290 aaO, S. 182, der darauf hinweist, daß das Wesen des Zustandekommens der gerichtlichen Entscheidung Parallelen zum Gesetzgebungsverfahren aufweist.

Befinden über die Zulässigkeit einer inhaltlichen Änderung ist daher als maßgeblicher kritischer Punkt herauszukehren, daß die Staatsanwaltschaft über die materiellrechtliche Strafbarkeit allein befindet und zwar im Falle der Einstellung sogar alleinverantwortlich.

Bei einem solchen Gewaltenverständnis ist eine Verlagerung einzelner materieller Gesichtspunkte aus den genannten Gründen nicht möglich. Die nach deutschem Verständnis sehr weitgehenden inhaltlichen Punkte der englischen Richtlinien sind für eine Übertragung in das deutsche Recht nicht geeignet. Wegen Verstoßes gegen das Gewaltenteilungsprinzip sind so geartete Einstellungsnormen nach der hier eingenommenen Sichtweise verfassungswidrig. Wie deutlich geworden ist, nimmt das BVerfG eine abweichende Ansicht ein. Auch im Falle etwa einer entsprechenden Verfassungsbeschwerde bliebe diese ohne Erfolg, so dass die dargestellten Aspekte rechtspolitisch angleichenden Maßnahmen nicht entgegenstehen würden.

3.3) Verstoß gegen Art. 101 I S.2 GG Anspruch auf den gesetzlichen Richter

Zum Inhalt und der Bedeutung dieser grundgesetzlichen Norm kann vollumfänglich auf die bereits zuvor bei der organisatorischen Lösung durch Strafvollstreckung bei Notstand verwiesen werden[1291]. Wie geschildert, soll die Garantie „der Gefahr vorbeugen, daß die Justiz durch die Manipulation der rechtsprechenden Organe sachfremden Einflüssen ausgesetzt wird“[1292]. Schutzzweck der Norm ist es, Eingriffe Unbefugter in die Rechtspflege zu verhindern und das Vertrauen der Rechtssuchenden und der Öffentlichkeit in die Unparteilichkeit und Sachlichkeit der Gerichte zu schützen. Gegenbeispiel des gewollten Zustandes ist das in Absatz I Satz 1 genannte Ausnahmegericht, daß dadurch gekennzeichnet ist, daß es zur Entscheidung einzelner konkreter oder individuell bestimmter Fälle berufen ist[1293].

Die sich aus dieser Norm ergebende möglichst eindeutige Bestimmung läßt aber unvermeidliche Ungenauigkeiten vorheriger gesetzlicher Festlegungen zu, was zulässig ist, soweit es wiederum Richter sind, die einen gesetzlichen Spielraum bei der Bestimmung der zuständigen Richters auszufüllen haben[1294]. Anders fällt die Beurteilung aber aus, soweit anderen Organen wie etwa der Staatsanwaltschaft ein Spielraum bei der Bestimmung des zuständigen Richters (sog. bewegliche Zuständigkeit) eingeräumt wird. Neben diesem Reibungspunkt zur Legislativen soll auch einer Beeinträchtigung durch die Exekutive vorgebeugt werden.

Auch wenn der verfassungsgeschichtliche Hintergrund in der unerwünschten Einflußnahme der Exekutive liegt, so ist fraglich, ob eine Ausgestaltung des staatsanwaltlichen Tätigkeits- und Beurteilungsfeldes durch Richtlinien inhaltlich vergleichbar denen in England und der damit verbundenen Stärkung des Opportunitätsprinzips auch gegen das grundrechtsgleiche Recht des gesetzlichen Richters verstoßen würde. Denn Sinn

---

[1291] 17. Abschnitt C III 2.1
[1292] BVerfG E 95, 322, 327
[1293] BVerfG E 3, 213, 223; 8, 174, 182; 10, 200, 212;14, 56, 72
[1294] Vgl. Jarass/Pieroth, Art. 101, RdNr. 9

und Zweck der Norm umfassen nach der Darstellung vor allem die Gewährleistung eines bestimmten Richters im Falle eines Gerichtsverfahrens. Durch die Vorherbestimmung des Richters soll vor allem die Einflußnahme auf ein konkretes Verfahren verhindert werden, in dem man durch eine kurzfristige Umbesetzung die Lage zuungunsten des Angeklagten wegen der Person des Richters bewußt ändert.

Dabei geht es um das Verfahren als solches, denn der Schutzzweck der Norm ist es, Eingriffe Unbefugter in die Rechtspflege zu verhindern und das Vertrauen der Rechtssuchenden und der Öffentlichkeit in die Unparteilichkeit und Sachlichkeit der Gerichte zu schützen. Über den inhaltlichen Rahmen, über den ein Richter zu urteilen hat, besagt dies nichts. Unparteilichkeit und Sachlichkeit geben keine Rückschlüsse auf die materielle Bandbreite dessen, was der Richter in einem Verfahren befugt ist zu beurteilen.

Allerdings könnte sich aus der Gesamtschau der Aspekte der Norm auch etwas anderes ergeben. So kann es möglich sein, daß durch das Verbot von Ausnahmegerichten, also solchen, die zur Entscheidung einzelner konkreter oder individuell bestimmter Fälle berufen sind, dem Gedanken der Gewaltenteilung Rechnung getragen wird. Ausgehend von dem bereits dargestellten Funktionsverständnis und weil S. 1 ein Spezialfall von Absatz 1 S. 2 ist, könnte es nahe liegen, die hinter der Einordnung als Funktionsverständnis liegenden Aspekte heranzuziehen und doch eine Sicherung auch von Aufgabenbereichen zu sehen. Denn wenn ein Gericht selbst oder auf Wunsch von außen gegen das Initiativverbot verstößt, dann liegt bei einem aufgabenbezogenen Funktionsverständnis ein Verstoß gegen die Gewaltenteilung vor.

Die Behandlung des Einzelfalls fällt zwar dem Gericht zu, aber sie darf nicht dadurch beeinflußt werden, daß die Legislative durch die Einrichtung von Sondergerichten das erreicht, was ihr durch das Verbot der Einzelfallgesetzgebung verwehrt ist, nämlich den Einzelfall zu regeln und nicht abstrakt-generell zu entscheiden. Deutlich wird das bei der Formulierung "ad hoc et ad personam", denn die Schaffung eines Gerichts dieser Art ließe durch seine personelle Besetzung eben das abstrakt-generelle Gesetz in besondere Anwendung fallen, womit es dann letztlich den konkreten Charakter bekommen würde, der vermieden werden soll.

Gegen ein solches Verständnis spricht hingegen, daß es sich nicht um eine institutionelle Garantie handelt[1295]. Denn die Bezugnahme auf die Unabhängigkeit des Richters macht die Anforderungen aus Art. 92 und 97 GG verfassungsbeschwerdefähig und erst entsprechende Verstöße sind zugleich solche gegen Art. 101 GG. Diesem soll somit keine eigene konstituierende Bedeutung für die Justiz zukommen. Vielmehr soll im Bereich der Rechtsprechung ein Mindestmaß an Rechtsstaatlichkeit garantiert werden, um wie erwähnt das Vertrauen in die Unparteilichkeit und Sachlichkeit des Gerichts zu verstärken und Manipulationen auszuschalten. Diese Aspekte beziehen sich somit schon von Sinn und Zweck her auf den Verfahrensablauf und nicht auf den inhaltlichen Umfang der Rechtsprechung. Was als originäre Aufgabe bei den Gerichten bleiben soll,

---

[1295] So die h. A. vgl. Jarass/Pieroth, Art. 101, RdNr. 1 a.A. Kunig, MüK 1

muß sich nach diesem Verständnis aus anderen Verfassungsnormen oder aus dahinterliegenden Verfassungsprinzipien entnehmen lassen, nicht aber aus Art. 101 I S.2 GG.

Eine bloße inhaltliche Änderung der Aufgaben von Staatsanwaltschaft und Gericht, aber auch wenn sie ureigene Aufgaben der Rechtsprechung entzieht und eine Exekutivbehörde zuweist, ist damit kein Verstoß gegen Art. 101 I S. 2 GG.

Ergebnis

Eine inhaltliche Änderung der Aufgaben der Staatsanwaltschaft durch stärkere Berücksichtigung materieller Aspekte und abschließende, nicht rechtsmittelfähige Einstellungsentscheidungen stellt keinen Verstoß gegen Art. 101 I S. 2 GG dar.

3.4) Das Bestimmtheitsgebot des Art. 103 II GG

Die inhaltliche Ausgestaltung von Einstellungsnormen durch verstärkte Berücksichtigung von materiell-rechtlichen Aspekten ist auch im Verhältnis zur strafrechtlichen Fundamentalnorm zu sehen.

3.4.1) Anwendung des Bestimmtheitsgebots (Art. 103 II GG) auf das Strafverfahrensrecht

3.4.1.1) Entstehung eines Berührungspunktes

Bei einer erweiterten Wahrnehmung der Staatsanwaltschaft droht inhaltlich ein Verlust der Bestimmtheit, wenn Regelungen, die als gesetzliche Normen materiell-rechtlich ausgestaltet werden können, nur noch intern bei der Staatsanwaltschaft eine Rolle für oder gegen die Anklageerhebung spielen; es besteht die Gefahr des Verlusts an materiell-rechtlicher Bestimmtheit.

Fraglich ist, ob der Bestimmtheitsgrundsatz auch für die Verlagerung von AT-Aspekte gilt, denn auf diesen ist, wie dargelegt[1296], seine Anwendung beschränkt, weshalb dies einer Übertragung in den Aufgabenbereich und die interne Ergebnisfindung bei der Staatsanwaltschaft nicht entgegenstehen muß. Wegen der Besonderheiten des Schuldprinzip et c. und deren eigenständigen verfassungsrechtlichen Anknüpfungspunkten geht es aber um mehr. Die Berücksichtigung von Aspekten, die der Schuld zuzurechnen sind, wie sie sich am Ende des Vergleichsteils gezeigt haben, durch die Staatsanwaltschaft wie in England kann in Deutschland zum Zirkelschluß führen, denn das Erfordernis der geringen Schuld ist hier gerade Einstellungskriterium. Es wird deshalb zum Zirkelschluß, weil die Feststellungen zur Schuld bei der Staatsanwaltschaft stattfinden, diese aber zur Einstellung bei geringer Schuld ermächtigt ist. Sie würde damit letztendlich selber festlegen, wann sie einstellen will durch Verneinung der Schuld. Auch wenn sich bisher die Orientierung zur Ausfüllung des Begriffs an den in § 46 II StGB normierten Strafzwecken orientiert, ist die inhaltliche Nähe und die Verschwommenheit,

---

[1296] Vgl. 17. Abschnitt B I 3

die eine Trennschärfe in diesem Bereich verhindert, nicht geeignet, die Entscheidung über einen so maßgeblichen Aspekt nur von internen Vorschriften abhängig zu machen. Auch hier sind insbesondere die Konsequenzen einer ablehnenden Entscheidung zu bedenken, die je nach Fall zur Beschäftigung durch das Gericht führen, sowie die fehlende Einklagbarkeit einer Bejahung der geringen Schuld.

Die Verschiebung von materiell-rechtlichen Merkmalen in die Einstellungsvorschrift führt zudem zur Gefahr der Rechtsunsicherheit, der Willkürentscheidung und zur Befugniskonkurrenz. Wenn die Vorschrift schon bei ihrer bisherigen Anwendung so in der Kritik steht, wie sie dies tut, dann erst recht bei einer noch stärkeren Einbeziehung bei gleichzeitiger Verlagerung noch wichtiger Elemente wie der Schuld.

Nach dieser Orientierung der Problembeschreibung, warum es überhaupt aus diesen Sichtweisen zu einer Berührung des Art. 103 II GG kommt, gilt es nun, den darin vorgegebenen Maßstab auch inhaltlich anzulegen.

Die allgemeine Frage der Anwendung des Bestimmtheitsgrundsatzes auf prozessuale Normen soll hier nicht weiter interessieren. Ausgehend von der hier maßgeblichen Frage ist alleine wichtig, ob die eine Opportunität gewährenden Vorschriften der §§ 153 ff. StPO aus den vorgenannten Gründen dem Bestimmtheitsgebot unterliegen. Die Einordnung der Einstellungsnormen in die Strafprozeßordnung als Teil des Verfahrensrechts soll mit Blick auf die Anwendung der Prinzipien des Art. 103 II GG nicht weiter gewürdigt werden[1297].

Die vertretene Differenzierung nach den nachteiligen Sanktionen, die den Anwendungsbereich des Maßstabs von Art. 103 II GG eröffnen, findet Zustimmung. Eine an materiellen Kriterien orientierte Betrachtung ergibt, daß solche, in verfahrensrechtliche Gewande zu Belastungen führende Regelungen eine Frage der Strafe und nicht der Verfolgbarkeit sind. Damit sind diese auch nach der Unterteilung der h.M. vom Maßstab der Fundamentalnorm erfaßt. Dann müßten sich die Einstellungsnormen von Charakter und Ausgestaltung als nachteilige Sanktion im Sinne einer Belastung darstellen.

3.4.1.2) Einstellungsnormen als Belastung ?

Vor dem Hintergrund des bisher gesagten ist somit nicht auf eine grobe Kategorisierung abzustellen, sondern auf die jeweils einzelne Regelung selbst und ihre Wirkung. Auch hier verdeutlicht ein Rückgriff auf die Cannabis-Entscheidung die Gesamtkonsequenzen dieses Vorgehens. Der in dieser Entscheidung dargestellte prozessualen Lösung könnte der Grundsatz „nulla poena sine culpa“, des Prinzips der Gesetzlichkeit der Strafe aus Art. 103 II GG, entgegenstehen. Problematisch erscheint insbesondere das Bestimmtheitsgebot.

[1297] Ausführlich zur Anwendung des Bestimmtheitsgrundsatzes auf das Verfahrensrecht vgl. Maier, Garantiefunktion, S. 1 ff., 19, 32, 37,100 ff. sowie S. 123 zur methodischen Realisierbarkeit der Anwendung des Gesetzlichkeitsprinzips im Strafverfahrensrecht; ferner Jakobs, AT, 4. Abschnitt RdNr. 57; zum Ausdruck des Bestimmtheitserfordernisses als „rechtsstaatlichen Prinzips der Rechtssicherheit“: BVerfGE 4, 352 ff. (357); E 11, 234 ff. (237).

Das BVerfG sieht dieses Gebot grundsätzlich gewahrt, wenn die Grenzen der Strafbarkeit in materiellem, die Bedingungen der Verfolgbarkeit in formellem Recht, beide aber im Gesetz geregelt sind. Keine Änderung soll sich daraus ergeben, daß die Rechtsanwendung im Einzelfall den Strafverfolgungsorganen obliege; die inhaltliche Bestimmtheit sei ausreichend, denn ob ein Verhalten der Strafbarkeit unterliege, könne dem Gesetz hinreichend deutlich entnommen werden, ebenso, welche Strafe dem Einzelnen drohe[1298]. Das Gericht geht davon aus, daß Normen des formellen Strafrechts zwar dem Gebot der Gesetzlichkeit unterliegen, nicht aber dem der Bestimmtheit und in umgekehrter Weise die materiellen Normen zwar dem Bestimmtheitsgebot unterliegen, die Regelung ihrer Geltung jedoch der Praxis überlassen bleiben darf. Die gelegentlich vertretene Ansicht, der Bestimmtheitsgrundsatz gelte nur für das materielle Strafrecht, nicht aber für das Strafverfahrensrecht[1299], läßt sich damit nicht begründen.

Selbst wenn man die Richtigkeit dieser Annahme unterstellt, kann es für eine Einordnung der Norm als materiell oder formell nicht darauf ankommen, in welches Gesetz sie eingefügt wird, sondern der sachliche Regelungsgehalt muß maßgebend sein, welcher sich erst nach einer genauen Betrachtung ergeben kann[1300].

Besteht die Funktion gewisser Normen wie §§ 153, 153 b StPO, § 31 a BtMG darin, eine in verfassungswidriger Weise zu weit geratene Strafvorschrift auf ihren materiell legitimen Geltungsbereich zurückzuschneiden, dann wären sie auch als materiellrechtliche Vorschriften aufzufassen und dann könnten dem Anwendungsbereich des Art. 103 II GG schon deshalb nicht entzogen werden, nur weil sie in einem Gesetz stehen, das sich von der Bezeichnung her als Verfahrensregelungssammlung darstellt. Die genannten Normen müssen dann bestimmt i.S.d. Art. 103 II GG formuliert sein. Ist dies gegenwärtig nicht der Fall, etwa durch zu weitgehende inhaltliche Regelungen außerhalb des Gesetzes, wären sie damit verfassungswidrig[1301].

Das Verhältnis von Art. 103 II GG zu den Verfahrenseinstellungsnormen und der Art ihrer Ausgestaltung rückt damit in einen zentralen Punkt der Betrachtung ein[1302].

Fraglich ist nun, wie eine Einstellungsnorm einzuordnen ist, bei der es in Anlehnung an das englische Recht um eine geht, die verstärkt materielle Kriterien heranzieht und eine „bloße" Einstellung des Verfahrens bewirkt[1303]. Es stellt sich damit ausgehend von der

---

1298 BVerfG NJW 1994, 1583

1299 Vgl. die Entscheidung BVerfGE 25, 269, 289, wo das BVerfG Art. 103 II GG eine Geltung nur für die Bedingungen der Strafbarkeit einräumt, nicht für die Verfolgbarkeit; diese Argumentation übernimmt für §§ 153 ff. StPO Weigend, Anklagepflicht, S. 73 f.

1300 Dazu mehr unten 17. Abschnitt C IV 3.4.1

1301 Abgestellt wird dabei natürlich auf die deutschen Richtlinien in der damals maßgeblichen Fassung.

1302 17. Abschnitt C IV 3

1303 Der Verfasser ist sich darüber im klaren, daß es verschiedene Ausgestaltungsmöglichkeiten gibt. Je nach dem, welche man konkret zugrunde legt, können sich noch weitergehende Problemen ergeben wie die Verknüpfung mit Auflagen und Weisungen bei § 153 a StPO. Zugrunde gelegt werden deshalb Institute bzw. deren Ausformung, die die charakteristischen Merkmale beinhalten, welche im deutschen Recht diesen ihr Gepräge geben, vor allem, wenn diese in einer Gestalt schon in der Strafrechtsordnung präsent sind.

Position der Kritiker der h.A. die Frage, ob es sich dabei um einen Eingriff in Freiheit und Eigentum handelt oder sonst eine Belastung, denn nur so kann auch Art. 103 II GG für die Einstellungsnorm relevant sein.

Gegenwärtig ist bei einer konkreten Ausgestaltung nach § 153 a StPO wegen der Auflage die Belastung für den Einzelnen vorhanden. Die Einstellung kann damit bisher in Deutschland den Betroffenen nicht so stellen wie es die materielle Straflosigkeit tun würde. Es gilt aber nur den Charakter der Einstellung des Verfahrens zu beurteilen, nicht auch Auflage, Weisung et c., weil diese ein Charakteristikum der deutschen Sonderregelung des § 153 a StPO sind und insgesamt viele Sonderprobleme aufwerfen.

Die Einstellung des Verfahrens als solche stellt keinen Eingriff in Freiheit und Eigentum dar, denn der Beschuldigte wird gerade nicht weiter belangt. Sie wird auch nicht ins Bundeszentralregister eingetragen und hat damit zunächst keine nachweisliche Wirkung nach der Einstellung, da auch die Unschuldsvermutung unberührt bleibt.

Der belastende Charakter der Einstellung kann sich daraus ergeben, daß sie in einen größeren Rahmen gesehen wird. Eine Einstellung der Verfahrens hindert die Staatsanwaltschaft nicht, zu einem späteren Zeitpunkt, etwa bei einer neuen Tatsachen- oder Beweislage, das Verfahren wieder zu eröffnen und dann erst gegen den Beschuldigten vorzugehen. Die Einstellungsentscheidung erwächst nicht in Rechtskraft. Sie selbst belastet zwar nicht, ist aber Teil einer möglichen späteren Belastung. Verstärkt wird dieser Eindruck durch die Tatsache, daß auch die Umstände solcher Taten prozessual verwertbar sind, die gem. §§ 153, 153 a StPO eingestellt wurden und damit trotzdem noch die Strafzumessung berühren[1304].

Dies regt zu Überlegungen an, ob sich in diesem Zusammenhang eine Benachteiligung ergibt, wenn Verfahren leichter eingestellt werden. Denn durch die fehlende gerichtliche Klärung der Sachverhalts mangels Hauptverhandlung kommen die Gesichtspunkte ungeprüft durch ein Gericht, nämlich nur aufgrund der Einstellungsentscheidung des Staatsanwaltschaft, zur Berücksichtigung. Das könnte ein Hinweis darauf sein, daß ein materieller Freispruch insofern günstiger ist als eine bloße Verfahrenseinstellung, weil dieser zum einen in Rechtskraft erwachsen kann und wegen des Grundsatzes „ne bis in idem" eine erneute Anklage vermieden wird, wenn nicht gerade eine gänzliche Änderung des Sachverhalts das Zum-Zuge-kommen dieses Grundsatzes verhindert.

Zum anderen handelt es sich bei einem Freispruch auf keinen Fall um eine belastende Maßnahme, so daß im Gegenschluß eine Maßnahme, die eben nicht jene positiven Merkmale des Freispruchs in sich vereint, einen belastenden Charakter hat. Da auch in der juristischen Literatur die prozessuale Einstellung als Handeln in einem Graubereich gesehen wird, ist es auch nach dem Empfinden des Betroffenen eine unbefriedigende Lösung, unter Hinweis auf eine vermutete geringe Schuld eine Einstellungsmitteilung zu erhalten, wenn er sich, in der Realität oder nach seinem Verständnis, nichts hat zu

---

[1304] Gillmeister, NStZ 2000, 344, 347; vgl. die ausführliche Darstellung der Nachteile: 17. Abschnitt C IV 3.1.3

schulden kommen lassen. Nur ein materiell-rechtlich fundierter oder ein beweisorientierter Freispruch können ihm als saubere, weil eindeutige Lösung erscheinen.

Unzweifelhaft um eine belastende Maßnahme handelt es sich bei einer Einstellung des Verfahrens nach § 153 a StPO. Die damit verbundenen Auflagen und Weisungen haben ungeachtet der Diskussion um ihre rechtliche Einordnung belastenden Charakter, weil sie je nach dem entweder Freiheit (durch Ableistung sozialer Tätigkeiten) oder Eigentum (durch Zahlung einer Geldsumme) berühren. Wegen dieser Besonderheit wurde bereits darauf hingewiesen, daß im Mittelpunkt der Betrachtungen nur die „schlichte" Einstellung des Verfahrens stehen kann.

Da die Einstellung des Verfahrens nicht selbst, sondern erst mittelbar durch eine erneute Einleitung des Verfahrens oder bei einer späteren Verurteilung im Rahmen der Strafzumessung relevant wird, ist ein Eingriff in Freiheit und Eigentum ohne diese weiteren Zwischenschritte aber eigentlich nicht denkbar.

Legt man also diesen Ansatz zugrunde und stellt[1305] auf dieses Kriterium für die Anwendung des Art. 103 II GG auf strafprozessuale Regelungen ab, käme angesichts der fehlenden direkten Belastung nicht der spezifisch strafrechtliche Gesetzesvorbehalt zum Tragen, sondern der allgemeine öffentlich-rechtliche Gesetzesvorbehalt, weil es sich um eine neutrale Maßnahme innerhalb der StPO handeln würde.

Allerdings ist zu bemerken, daß die von Maier vorgenommene Blickrichtung verstärkt das Rückwirkungsverbot im Auge hat. Außerdem wirft er die Frage nach der Unterteilung in formelles und materielles Recht zwar auf, weist auf die unterschiedlichen Ansichten zu einer Neuordnung hin, legt sich selbst aber nicht eindeutig fest, wie er die Systematisierung vornehmen würde. Aussagekräftig scheint diesbezüglich nur der Hinweis, daß seiner Ansicht nach formelles Recht nur Regeln über die Form des Verfahrens enthalten und vom Wesen her nur zufällig, nicht aber notwendigerweise Einfluß auf den Umfang des Eintritts der Strafe haben[1306].

Richtiger ist es deshalb, nicht die allgemeinen Erwägungen zu übernehmen, wie sie im Hinblick auf Verfahrensrecht und materielles Rechts angestellt werden, sondern bei einer Regelung der Einstellungsnorm auf jene Aspekte abzustellen, die materiellrechtlicher Natur sind und deshalb eine Anwendung der materiell-rechtlichen Garantie des Art. 103 II GG und damit u.U. auch des Bestimmtheitsgrundsatzes rechtfertigen können. Dies folgt auch im Blick auf die Bearbeitungsrichtung, denn entscheidend ist die Anwendbarkeit auf diejenigen Normen, die potentiell vom materiellen Recht in das Strafverfahrensrecht und damit die StPO verschoben werden, weshalb man besser auf inhaltliche Aspekte abstellt, die die Norm prägen. Wenn materielle und formelle Aspekte wie bei Einstellungsnormen zusammentreffen, muß der Maßstab, der für andere materiell-rechtliche Normen gilt, dann auch auf diese angewendet werden.

[1305] Mit Maier aaO

[1306] Maier, Garantiefunktion, S. 36

Eine Anwendungsdiskussion, die rein an formalen Aspekten festmacht, ist deshalb fehl am Platz, weil nach Sinn und Zweck des Art. 103 II GG beurteilt werden muß, denn sonst könnte die Garantie der Norm einfach durch die Einstellung in ein Gesetz des Prozeßrechts die Geltungskraft unterlaufen. Die Prüfung der ausgestalteten Einstellungsnorm an diesem Maßstab ist daher entscheidend.

Auffällig ist auch, daß bei der Diskussion des Art. 103 II GG immer nur der jeweils maßgebliche Satz und das konkrete Problem im Mittelpunkt stehen, eine systematische Beschreibung des Geltungsumfangs jedoch nicht stattfindet. Damit ist in der wissenschaftlichen Auseinandersetzung auch zugelassen, daß bei sich neu stellenden Problemen eine gänzlich neue Sichtweise eingenommen werden kann, die nur vor dem Hintergrund von Sinn und Zweck Begrenzungen erfährt.

3.4.2) Sinn und Zweck des Art. 103 II GG anhand der verschiedenen Begründungsansätze

Eine Lösung aus Sinn und Zweck des Art. 103 II GG heraus verlangt eine Beurteilung derjenigen Aspekte der Einstellungsnorm, die materiell-rechtlicher Art sind, unter Zugrundelegung der verschiedenen Begründungsansätze der strafrechtlichen Fundamentalnorm. Dazu sollen zunächst einmal die unterschiedlichen Begründungsansätze dargestellt werden, bevor anschließend die konkreten Einstellungskriterien, die in Anlehnung an das englische Recht übernommen werden, auf ihre Vereinbarkeit mit diesen überprüft werden sollen.

Das Gesetzlichkeitsprinzip ist heute[1307] international als fundamentaler Grundsatz des Rechtsstaates fast überall in Geltung[1308]. Es handelt sich um vier verschiedene, wenngleich miteinander zusammenhängende Begründungsansätze, die sich in eine staatsrechtliche und eine strafrechtliche Rechtfertigung gliedern lassen, wobei sich beide in zwei verschiedene Legitimationskomponenten aufspalten lassen[1309].

Die heute noch lebenskräftige staatstheoretische und strafrechtliche Wurzeln des Gesetzlichkeitsprinzip finden sich größtenteils im Denken der Aufklärungszeit. Krey[1310] nennt als basierende Gesichtspunkte u.a. auch Demokratieprinzip, Gewaltenteilung, Schutz des Bürgers vor strafrechtlicher Willkür, die aber je nach Einzelprinzip unterschiedlich stark ausgeprägt sein können.

[1307] Ausführlich zur Entwicklungsgeschichte des strafrechtlichen Gesetzesvorbehalts bis zum GG: Krey, Keine Strafe ohne Gesetz, Berlin 1983, der den Satz nullum crimen, nulla poena sine lege von der Aufklärung bis zum GG durchgeht; zur Geschichte und internationalen Entwicklung des Gesetzlichkeitsprinzips seit der CCC und der Würdigung der verfassungsrechtlichen Vorläufers des Art. 116 WRV auch Roxin, AT,§ 5 RdNr. 12 ff.; ebenso Maier, Garantiefunktion, S. 2-5

[1308] Roxin, aaO, Fußnote 17 verweist auf Jescheck, Miyazaw-FS, 199, 363 ff.; besondere Regeln gelten aber neben dem dänischen StGB von 1966 mit einer strafbegründenden Analogie in beschränktem Umfang auch im englischen Recht, soweit es auf Präjudizien beruht.

[1309] So Roxin, AT, § 5 RdNr. 18

[1310] Keine Strafe, RdNr. 122

Besondere Aufmerksamkeit gilt vorliegend dem Bestimmtheitsgrundsatz[1311].

3.4.2.1) Politischer Liberalismus und Rechtsstaatsprinzip

Zu nennen ist zunächst der politische Liberalismus, dessen zentrales Postulat die Forderung nach einer Bindung von Exekutive und Judikative an abstrakt formulierte Gesetze war. Das Bürgertum hat in Auseinandersetzung mit dem Absolutismus einen wichtigen Vorteil errungen, wenn der Herrscher und der von ihm oft abhängige Richter die Strafgewalt nicht nach freiem Ermessen und im Mißbrauchsfalle willkürlich, sondern nur nach der Maßgabe klarer gesetzlicher Festlegungen ausüben durften. Trotz veränderter staatsrechtlicher Verhältnisse gehen auch viele moderne Begründungen des Gesetzlichkeitsprinzips von diesem Gesichtspunkt aus.

Als Zweck wird dabei heute genannt: Vertrauensschutz, Voraussehbarkeit und Berechenbarkeit des Strafrechts oder die Verhinderung der emotionsgetrübter Einzelfallentscheidung[1312]. Der „Schutz der individuellen Freiheit vor richterlicher Willkür" ist als eine Aufgabe des Analogie- oder Unbestimmtheitsverbotes, deren Ausprägung in der einen Zielvorstellung besteht, daß durch die Bindung der Staatsgewalt an das abstrakte Gesetz die Freiheit des Staatsbürgers vor obrigkeitlichen Eingriffen gesichert werden soll.

Den Aspekt der Gesetzesbestimmtheit ordnet man heute vor dem Hintergrund des GG dem Rechtsstaatsprinzip zu[1313]. Die rechtsstaatliche Wurzel dient der Rechtssicherheit; sie hat nicht nur objektive Qualität des Rechts, sondern zugleich Orientierungsgewißheit für den Bürger. Rechtsprechung und h.L. folgend bezweckt das Bestimmtheitsgebot die Vorhersehbarkeit, Berechenbarkeit und Meßbarkeit der einschneidenden staatlichen Strafengewalt für den Einzelnen[1314]. Rechtsstaatliche Aufgabe muß es sein, die Voraussehbarkeit und Berechenbarkeit des Rechts für den Bürger anzusteuern, wobei es sich nicht um eine absolute, aber relative Berechenbarkeit handeln muß. Die Rechtssicherheit durch Gesetzesbestimmtheit als objektive Qualität des Rechts ist kein Selbstzweck, sondern dient dem Bürger. Sie läßt sich nicht von dem Gedanken der Berechenbarkeit des Rechts für sie trennen. Der entscheidende rechtsstaatliche Aspekt ist der des Schutzes des Einzelnen vor richterlicher Willkür. Je präziser die Strafgesetze abgefaßt sind, desto enger ist der Entscheidungsspielraum des Richters.

Dies ist auch keineswegs durch heutige rechtstheoretische Erkenntnisse überholt. Die richterliche Gesetzesauslegung ist der Natur der Sache nach grundsätzlich die rechtschöpferische Konkretisierung des gesetzlichen Regelungsrahmens und demgemäß bestimmen Gesetzgeber und Judikatur in arbeitsteiligem Zusammenwirken, was strafbar ist.

[1311] Vgl. speziell zur Entwicklungsgeschichte des Bestimmtheitsgrundsatzes Krey, Keine Strafe, RdNr. 84

[1312] Vgl. zu den Nachweisen der einzelnen Stimmen: Roxin, AT, § 5 IV Fußnoten 20-22

[1313] Krey, Keine Strafe, RdNr. 133; Maunz-Dürig, Art. 103 RdNr. 104; vgl. BVerfGE 7, 89, 92

[1314] Vgl. zu den Nachweisen Krey, Keine Strafe, RdNr. 133 Fußnote 497

Eine absolute Gesetzesbestimmtheit kann es nicht geben, es bleibt aber Verfassungsauftrag des Art. 103 II GG, als Ziel möglichst weitgehend Gesetzesbestimmtheit zu erreichen, was auch in der Konsequenz des sogleich zur erörternden Grundsatzes der Gewaltenteilung liegt.

3.4.2.2) Demokratie und Gewaltenteilung

Als weiterer Begründungsansatz wird das Prinzip der gewaltenteilenden Demokratie angeführt. Die Bestrafung als äußerst einschneidender Eingriff in die Freiheit des Staatsbürgers legt nahe, daß die Legitimation zur Bestimmung ihrer Voraussetzungen nur bei der Instanz liegen kann, die das Volk als den Träger der Staatsgewalt am unmittelbarsten repräsentiert. Damit kommt nur das Parlament als gewählter Volksvertretung in Betracht. Die Gewaltenteilung ist dann als Ausdruck des Gesetzlichkeitsprinzips zu verstehen, denn der Richter wird von der Rechtssetzungsbefugnis befreit. Dies bedeutet eine Reduzierung auf die Rechtsanwendung, während die Exekutive von der Mitwirkung bei der Bestrafung völlig ausgeschlossen und dadurch an einem Machtmißbrauch auf diesem Gebiet gehindert wird[1315]. Aus dem Demokratieprinzip heraus ergibt sich insofern ein Normierungsvorbehalt für Strafvorschriften, dem allzu unbestimmte Strafgesetze nicht gerecht würden, denn inhaltsleere Blankette wären für die Strafjustiz Anreiz zu eigener Strafgesetzgebung[1316].

Roxin äußert in seinem führenden Lehrbuch daß dem zwar staatstheoretisch wie sozialpsychologisch eine fundamentale Bedeutung zukommt [1317], aber der Gedanken nicht zu isolieren ist, sondern in Zusammenhang mit der Freiheitsverbürgung durch Gesetzesbindung gesehen werden muß. Dabei beruft er sich darauf, daß auch das von Montesquieus entwickelte Prinzip der Gewaltenteilung[1318] nur eine konstruktive Konsequenz aus dem liberalen Grundsatz der Gesetzesherrschaft ist.

Wie bereits dargelegt, kann bei einer Sichtweise der Funktionsträgerschaft der Gewaltenteilungsbegriff nicht mehr auf Montesquieu bezogen werden. Weil aber die Auseinandersetzung mit dem Gewaltenteilungsbegriff dies häufig übersieht und die Begründung nach Ansicht vieler Strafrechtler darauf beruht, soll sie hier wiedergegeben werden. Außerdem würden Demokratie und Gewaltenteilung allein zwar die drei übrigen Verbote, nicht aber das Rückwirkungsverbot tragen können, weil eine Rückwirkung weder die Gesetzesbindung des Richters noch den Vorrang der Legislative antastet. Deren Unzulässigkeit ist eher auf den ersten Punkt Rechtsstaatlichkeit zurückzuführen.

[1315] Siehe dazu auch Schünemann, nulla poena, S. 9 ff.

[1316] Vgl. zu den Problemen der Blankettgesetzgebung insbesondere im Strafrecht: Moll, Blankettstrafgesetzgebung, S. 27

[1317] Strafrecht AT, § 5 IV

[1318] Auch Roxin, aaO, § 5 IV RdNr. 21 knüpft damit an einen dem GG vorgelagerten Begriff der Gewaltenteilung an.

3.4.2.3) Generalprävention

Betrachtungen unter diesem Gesichtspunkt sind strafrechtlicher Art. Ursprünglich auf der psychologischen Zwangstheorie Feuerbachs beruhend, ist dieser zwar nicht Erfinder des Gedankens, hat aber die Formulierung "nulla poena sine lege" geschaffen. Es handelt sich damit um eine Hinzufügung einer selbständigen straftheoretischen Begründung[1319]. Demnach gelingt eine Abschreckung potentieller Delinquenten nur, wenn die Tat möglichst exakt im Gesetz festgelegt ist. Fehlt ein Gesetz oder ist dieses undeutlich, dann keine Abschreckungswirkung eintreten, weil Unklarheit über die tatsächlichen Konsequenzen bestehen. Auch wenn die Theorie heute für überholt gehalten wird ebenso wie ihre begleitende Begründung, so verkennt man, daß bei Ergänzung des Abschreckungsgedankens um den positiven Aspekt der Generalprävention, die straftheoretische Begründung des nullum crimen-Satz aktueller den je ist[1320]. Wenn nämlich die Androhung und Verhängung von Strafen wesentlich dazu dient, die Rechtstreue der Bevölkerung zu stabilisieren und in vielen Fällen normentsprechende Verhaltensdispositionen überhaupt erst aufzubauen, dann ist dies nur bei klarer gesetzlicher Fixierung des strafbaren Verhaltens möglich. Bei deren Fehlen kann das Strafrecht seine bewußtseinsbildende Wirkung, auf die es zur Beachtung seiner Vorschriften angewiesen ist, nicht erreichen, denn die generalpräventive Funktion würde durch ganz unbestimmte, fast schon nichtssagend vage Strafgesetze entwertet.

3.4.2.4) Schuldprinzip

Wenn Schuld die Voraussetzung für Strafe ist, dann kann auch Schuld nur vorliegen, wenn der Täter vor seiner Tat wußte oder wenigstens Gelegenheit hatte zu erfahren, daß sein Verhalten verboten ist. Dies setzt voraus, daß die Strafbarkeit vor der Tat gesetzlich bestimmt war[1321]. Dem wird meist von Kritiker entgegengehalten, daß sie mit der gesetzlichen Schuld nicht ganz übereinstimmen[1322]. § 17 StGB macht nämlich nur die Erkennbarkeit des Unrechts, nicht die Strafbarkeit eines Verhaltens zur Voraussetzungen der Schuld. Der nullum crimen-Satz geht, in dem er die vorherige Festlegung der Strafbarkeit anordnet, über die Erfordernisse des Schuldprinzips hinaus.

Auch wenn dies unbestreitbar ist, muß man aber auch sehen, daß die in der Norm §17 StGB für jede Bestrafung vorausgesetzte Möglichkeit, ein tatbestandsbezogenes Unrechtsbewußtsein zu erlangen, praktisch in aller Regel nur gegeben, wenn der Täter die Strafvorschrift hätte kennen können. Der Schuldgedanke gehört insofern auch zu den Grundlagen des Gesetzlichkeitsprinzips, wobei es aber unrichtig wäre, Art. 103 II GG

1319 P. J. A. v. Feuerbach, Lehrbuch des gemeinen in Deutschland geltenden peinlichen Rechts, 108 (1847), § 20; die heutige Unterscheidung von strafbarem Verhalten (crimen) und Strafe (poena) wird von Feuerbach noch beides in dem Wort „poena" zusammengefaßt.

1320 Schünemann, nulla poena, S. 11 ff.

1321 Zur Begründung aus dem Schuldprinzip vgl. die Nachweise bei Roxin, AT, § 5 IV Fußnote 29; zu den Gegenstimmen aaO Fußnote 30

1322 ebd., Fußnote 30

allein oder überwiegend als „Spezifizierung des strafrechtlichen Schuldgrundsatzes" zu betrachten[1323].

Es ist vielmehr so, daß eine Rückführung des Art. 103 II GG auf das Rechtsstaatsprinzip dieses nicht voll ergründet. Bei einer stärkeren Betonung der verfassungsrechtlichen Sichtweise der Schuld kann man die eigentliche Wertfundierung in der vom GG anerkannten und vorausgesetzten Eigenverantwortlichkeit des Menschen, Art. 1 I und 2 I GG, die auch im Recht des staatlichen Strafens anerkannt und verwirklicht werden müssen, herausstreichen. Denn wie bereits dargelegt[1324], folgt aus Art. 1 I GG, daß eine Strafe grundsätzlich nur bei einem schuldhaften Verhalten des Täters verhängt werden darf, denn Schuld ist eben der Vorwurf, daß sich der Täter wider besseres Wissen und Können gegen das Recht entschieden hat, weshalb aber der Maßstab für die Entscheidung, die den Schuldvorwurf setzt, also der gesetzliche Tatbestand, von vornherein eindeutig gesetzlich festgelegt ist, weil andernfalls der Mensch nur als Objekt des staatlichen Geschehens degradiert wird[1325].

Krey[1326] resümiert daher, daß alle vier Einzelprinzipien des Satzes auf die rechtsstaatlichen Prinzipien Rechtssicherheit, Gewaltenteilung und namentlich Schutz des Einzelnen vor staatlicher Willkür ausgerichtet sind. Darüber hinaus ist auch die demokratische Komponente relevant, weil ein grundrechtlicher Charakter des Gesetzesvorbehalts dominant ist, so daß Art. 103 II GG letztlich aus dem Schutz der Menschenwürde ableiten läßt.

Zwar kann es seiner Ansicht nach wegen des Rückwirkungsverbotes und des Analogieverbotes Strafbarkeitslücken geben, die der Gerechtigkeit widersprechen, es ist aber ein legitimes und sachgerechtes Anliegen der Prinzipien, den Bürger vor einer staatlichen Strafgewalt zu bewahren, die schrankenlos allen wirklichen oder vermeintlichen kriminalpolitischen Strafbarkeitsbedürfnissen nachgehen könnte. Es ist damit zugleich ein Ausdruck des Mißtrauens gegen einen vordergründigen, unmittelbaren Rekurs auf Gerechtigkeit.

3.4.3) Umfang der Gewährleistung und Standard der Rechtsprechung

Aufgrund der Entstehungsgeschichte des Art. 103 II GG soll Strafbarkeit mehr umfassen als bloße Strafe. Nach der ganz herrschenden Meinung sollen Deliktsfolgen mit einbezogen sein, soweit es sich um Strafen handelt.

[1323] Jakobs, Strafrecht, Abschnitt 4 RdNr.1 lehnt eine Spezifizierung des Schuldgrundsatzes unter Hinweis darauf ab, daß dies nicht erklärt, warum auch Strafbarkeit und Strafmaß erfaßt werden sollen. Auch er argumentiert, daß dies wegen der Schaffung der Vorschrift zum Verbotsirrtum heute nicht mehr nötig sei.

[1324] Dazu 17. Abschnitt C I 1

[1325] Maunz-Dürig, Art. 103 RdNr. 104

[1326] Keine Strafe, S. 137; so auch v. Münch-Kunig, GG, Art. 103 RdNr. 16, der das Willkürverbot in der Konsequenz des Art. 3 I GG sieht und das Schuldprinzip nennt, welches er, ohne sich diesbezüglich festzulegen, sowohl im Menschenwürdeschutz des Art. 1 I GG, Art. 2 I GG und auch im Rechtsstaatsprinzip verwurzelt sieht und letztlich allgemein in der Freiheitsidee.

Krey[1327] sieht dies nicht so eindeutig, er hält aber diese Deutung der Vorschrift nicht für einen klar erkennbaren Widerspruch zu einer deutlich entgegenstehenden Wertentscheidung des Gesetzgebers, womit seiner Ansicht nach der Wille der Gesetzgebers diese Einbeziehung erlaubt.

Die Unterschiede im Maßstab müssen sich auch die Unterschiede des Charakters der Teilgebiete des Strafrechts i.w.S. vergegenwärtigen. Dabei ist auch zu berücksichtigen, daß ein maximales Bestimmtheitsverlangen jede Gesetzgebungs- und Auslegungspraxis überfordert. Vielmehr muß die Praxis kritisiert werden, ohne zu desavouieren. Dabei kann aber nicht durch das ganze Strafrecht dasselbe Maß an Strenge aufgewiesen werden. Der etwa im BT erreichbare Standard der Tatbestandsbeschreibung wäre bei weiten Teilen der Rechtsfolgenbestimmung verfassungswidrig unbestimmt und ebenfalls bei den hauptsächlichen Vorschriften der Zurechnungslehre des AT[1328].
Der Verfassungsrang dieser Vorschrift bindet auch die Legislative und zwar insofern, daß Gesetze, die jener Verfassungsvorschrift widersprechen, nichtig sind. Aber nicht nur der einfachgesetzlichen Disposition sind sie entzogen. Der Kernbereich selbst ist für verfassungsändernde Gesetze unantastbar, Art. 79 III GG. Dies folgt laut Krey aus der Verwurzelung des Satzes im Demokratieprinzip, im rechtsstaatlichen Grundsatz der Gewaltenteilung und in Art. 1 I GG.

Da das GG auch eine Verfassungsbeschwerdemöglichkeit schafft, besteht ein Grundrechtscharakter des Art. 103 II GG, womit das nullum crimen-Prinzip rechtsgeschichtlich gesehen heute so stark verankert ist wie nie zuvor.

Die Diskussion um das Bestimmtheitsgebot ist meist geprägt von der Diskussion über unbestimmte Rechtsbegriffe und Generalklauseln im Tatbestand von Delikten. Schünemann[1329] spricht vom Tiefpunkt des nulla poena-Satzes, weil das Prinzip weitestgehend preisgegeben sei und die Generalklauseln im Vordringen[1330] befindlich sind. Auch Krey[1331] beklagt, daß die Rechtsprechung, insb. das BVerfG das Bestimmtheitsgebot nicht hinreichend ernst nehmen.

Das BVerfG hat sich zum Gebot der Tatbestandbestimmtheit von Strafgesetzen geäußert und diese auch für die Strafandrohung als Forderung aufgestellt[1332]. Die eingeforderte strenge Linie des BVerfG ist in vielen Entscheidungen aber nicht erkennbar. So wurde offengelassen, ob unter dem Gesichtspunkt des Bestimmtheitsgrundsatzes an die Rechtsfolgenseite von Strafgesetzen geringere Anforderungen als an die Tatbestandsseite zu stellen seien[1333]. Bisher wurde nur ein Strafgesetz wegen Mißachtung des Be-

---

1327 aaO
1328 So die Bewertung von Jakobs, Strafrecht, 4. Abschnitt RdNr. 1
1329 Keine Strafe, S.6, 8
1330 Zu den Kritikern vgl. Krey, Keine Strafe, RdNr. 118 Fußnote 399
1331 aaO, S.6, 8
1332 BVerfGE 25, 269, 285: Gebot der Gesetzesbestimmtheit gilt für Straftatbestand und ferner auch für die Strafandrohung
1333 BVerfGE 45, 363, 371

stimmtheitsgrundsatzes für verfassungswidrig erklärt[1334]. Dabei gilt als Losung, daß die Anforderungen an die Gesetzesbestimmtheit mit der Höhe der angedrohten Strafe wachsen.

Außerdem ist die Rechtsprechung des BVerfG so zu verstehen, daß nicht auf die Gesetzesfassung abgestellt wurde, sondern darauf, ob der fragwürdige Straftatbestand durch die Rechtsprechung der Fachgerichte hinreichend präzisiert worden ist[1335]. Bei der Frage des Maßes an tolerabler Unbestimmtheit wird das BVerfG dem nicht in allen Entscheidungen gerecht. Die Rechtsprechung des BVerfG begegnet deshalb zahlreicher Kritik, weil der tatsächliche Überprüfungsrahmen zu weit gesetzt sein soll. Beim Bundesgerichtshof ist dies ähnlich, denn er läßt für die Rechtsfolgenseite von Strafgesetzen jenes Bestimmtheitsprinzip praktisch leer laufen, womit auch dieses Gericht den Bestimmtheitsgrundsatz nicht hinreichend ernst nimmt[1336].

3.4.4) Argumentation

Das Schrifttum sieht eine Klärung, welche Anforderung an die Bestimmtheit anzulegen sind, weit entfernt. Auch herrscht Streit, ob die Anforderungen auf Rechtsfolgenseite weniger streng seien als für die Tatbestandsseite. Eine Differenzierung der Geltung nach dem Umfang der Strafbestimmungen wird unter Hinweis auf die Sicherung der Gewalteneilung abgelehnt[1337]. Allerdings wird auch in der Literatur teilweise eine Konkretisierung seitens der Rechtsprechung anerkannt. Nachträgliche Konturierung durch restriktive Auslegung nimmt dabei die Funktion einer Heilung ein.

Einig ist man sich angesichts des heute erreichten Standards, daß die eigentliche Gefahr für „nullum crimen" durch allzu unbestimmten Gesetzen droht. Es gibt Stimmen, welche ein Konkretisierungsgebot an die Judikatur sehen. Die Aufgabe des Richters ist es danach, unbestimmt formulierte Straftatbestände im Wege der Normkonkretisierung, also Auslegung, hinreichend zu präzisieren[1338]. Ein richtige Lösung[1339] wird nach Ansichten in der Literatur durch die Grundsätze der Auslegung im Strafrecht vorgezeichnet, denn einem klarem gesetzgeberischer Schutzzweck muß sich entnehmen lassen, was gemeint ist. Auch der Wortlaut muß einer beliebigen Interpretation noch Grenzen setzen und einen Regelungsrahmen geben, womit dann nur noch dessen konkretisierende Ausfüllung als Auslegung eines bestimmten Gesetzes gelten kann.

Die verfassungskonforme Auslegung als normerhaltendes Prinzip stützt diese These von der präzisierenden verfassungskonformen Auslegung. Doch unabhängig von der Normenkontrolle ist die richterliche Rechtsfortbildung ganz allgemein ein allgemeines Interpretationsmittel. Diese Deutung des Gebots des Art. 103 II GG als Konkretisierungsauftrag an die Rechtsprechung wird durch den Topos verfassungskonformer Aus-

---

[1334] BVerfGE 17, 306, 311, 314 f.
[1335] BVerfGE 14, 245 ff.; 26, 41 ff.
[1336] Durch die Entscheidung St 13, 190, 191 f.
[1337] Roxin, AT, § 5 VIII RdNr. 67
[1338] Vgl. zu den Nachweisen Krey, Keine Strafe, RdNr. 121 Fußnote 425
[1339] Vgl. zum Meinungsstand die Nachweise bei Roxin, AT, § 5 Rdnr. 71 ff.

legung legitimiert. Gesetzgeber und Rechtsprechung bestimmen in arbeitsteiligem Zusammenwirken, was strafbar ist. Auslegung wird dabei verstanden als Konkretisierung des gesetzlichen Regelungsrahmens. Allerdings darf diese Vorstellung nicht zu einer Verwässerung der Bindung des Gesetzgebers an den Bestimmtheitsgrundsatz führen.

Die Legislative hat hinreichend bestimmte Strafgesetze zu erlassen, die Judikative hat Strafgesetze auf ihre Vereinbarkeit mit dem Bestimmtheitserfordernis zu überprüfen und bei Annahme der Unvereinbarkeit gem. Art. 100 I GG zu verfahren. Nicht zu leugnen ist aber die Gefahr, daß beide Gewalten diese Verfassungspflichten vernachlässigen.

Die Befürchtung liegt nahe, daß ein Verlust an Bestimmtheit eintritt, je mehr inhaltliche Aspekte die Staatsanwaltschaft als Justizbehörde beurteilen kann. Hier liegt auch einer der Normzwecke des Art. 103 II GG, nämlich die staatliche Gewaltenteilung aufrechtzuerhalten. In erster Linie war dies für die Rollenverteilung zwischen Legislative und Judikative gedacht. Das Verhältnis von Gesetzgeber zum Richter soll sich nicht verschieben. Es muß aber erst recht für die Verwaltung gelten, also für die Staatsanwaltschaft als Teil der Exekutive. Denn vorliegend geht es zum einen um die Verschiebung von der Legislative zur Exekutive, weil der Staatsanwaltschaft immer mehr Aspekte zu einer abschließenden Beurteilung zufallen. Damit ist letztlich auch wieder das Verhältnis zur Rechtsprechung berührt, weil dieser originäre Beurteilungsaspekte entzogen werden.

Deutlich geworden ist auch, daß sich der Gesetzgeber den Bestimmtheitsanforderungen an die Strafbarkeitsvoraussetzungen dadurch entziehen kann, daß er durch das Aufstellen weiter Strafrahmen, unbenannter Strafmilderungs- oder Strafschärfungsgründe und sog. prozessualer Lösungen sein gesetzgeberisches Entscheidungsdefizit auf die Rechtsfolgenseite, d.h. auf den Richter verlagert[1340].

Dabei ist auch die Tatsache zu erwähnen, daß nicht nur der Einbruch des Opportunitätsprinzips in das Legalitätsprinzip die absolute materiell-rechtliche Bestimmtheit der Strafbarkeit einschränkt, sondern auch andere Einflüsse auf das materielle Strafrecht bestehen wie solche des Beweisrechts auf die Auslegung von Tatbeständen[1341]. Als Vorteil solcher Handhabungen ist die sich ergebende Flexibilisierung der Fallbehandlung zu sehen.

Flexibilität ist allerdings kein Wert an sich und wird zudem meist durch solche Handhabungen erreicht, welche nach Art. 103 II GG gerade nicht gewollt sind[1342]. Maßgeblich ist dabei die Aussage von Krey[1343], wonach der Ausschluß des Zweckmäßigkeitsdenkens gerade Sinn (und Zweck) des Art. 103 II GG ist. Die Beschränkung kriminalpolitischer Bedürfnis liegt gerade in dessen Wesen, denn dieses Bedürfnis ist das Gegenstück zum Anliegen des Art. 103 II GG. Auch die Einstellung des Verfahrens hat den Zweck

[1340] Vgl. auch Krahl, Rechtsprechung, S. 67
[1341] Vgl. Lüderssen, Grenzen, S. 222
[1342] Krahl, Rechtsprechung, S. 79 teilt diese Ansicht.
[1343] Eine Erkenntnis des Werks „Keine Strafe ohne Gesetz".

der beschleunigten Verfahrenserledigung zur Entlastung der Strafjustiz. Dieser darf aber nicht zum Selbstzweck werden und muß den begrenzenden Maßstab wie dem des möglichen mittelschweren Schuldvorwurfs gerecht werden. Flexibilität in der Bearbeitung von Fällen ist zwar ein Anliegen der Praxis, aber kein Wert an sich.

Bei einem Korrekturvorgehen, also ob letztlich das Ergebnis ausreicht oder ob eine solche Auftrennung nicht möglich ist, gilt es zu bedenken, daß wegen des strengeren Maßstabs eine Beurteilung als strafbar stattfindet. Letztlich führt selbst eine Einstellung oder ein Absehen von Strafe zu den Problemen wie bei diesen Vorgehensweisen, nämlich der Berührung des im APR wurzelnden Ehr-/Achtungsanspruches sowie eines möglichen Verlustes des Maßes an Rechtssicherheit und Bestimmtheit. Wegen der Schwäche der Rspr. von BGH und BVerfG, die den Gerichten von der Literatur einhellig vorgeworfen wird, weil ein eher geringer Maßstab an Bestimmtheit im Sinne des Art. 103 II GG vorliegt, der nur Negativdefinition vorsieht und kaum Fälle ergibt, wo Vorhaben wirklich dran scheitern, zeichnet sich letztlich ein Verlust an Rechtssicherheit ab.

Somit entscheidet nicht die Kategorisierung in formelles oder materielles Recht über die Anwendung des sich aus Art. 103 II GG ergebenden Bestimmtheitsgebots, sondern die inhaltliche Notwendigkeit der Regelung verlangt diesen Prüfungsmaßstab. Bei in die Einstellungsnorm verschobenen AT-Figuren ist dies der Fall und es ergibt sich für diese Bereiche des Strafverfahrensrechts eine Geltung des Bestimmtheitsgebots. Es gelten die dazu entwickelten Grundsätze und gewonnenen Erkenntnisse. Es gilt sich zu vergegenwärtigen, daß die genaueste Gesetzesfassung nur soviel wert ist, wie die verfahrensmäßigen Vorkehrungen zur Gewährleistung und Überprüfung einer gesetzestreuen Rechtsanwendung bestehen, weshalb eine Einbeziehung des Verfahrens in die Qualität der Bestimmtheit wichtig ist[1344]. Solange die Kriterien für die Anwendung des Ermessens nicht scharf bestimmt sind, ist die Möglichkeit nicht auszuschließen, daß bei vergleichbaren Taten zum Teil eingestellt, zum Teil weiter verfolgt wird[1345]. Eine gewisse Vagheit der Einstellungskriterien liegt jedoch in der Natur der Sache, soll doch insb. aus Gründen der Arbeitsentlastung eine Einstellungsmöglichkeit eingeräumt werden, welche eine genaue Festlegung dieser Kriterien aus Sicht der Anwender gar nicht wünschenswert macht[1346]. Das Spannungsverhältnis dieser widerstreitenden Ziele läßt sich daher auch kaum auflösen ohne eines derselbigen zum Nachteil des anderen zu bevorzugen, was in der Tat ein rechtsstaatliches Dunkelfeld bedingt und auch den Gleichbehandlungsgrundsatz von Art. 3 I GG gefährden kann[1347].

Das Hauptziel der Bestimmtheit ist die Gewährleistung von Rechtssicherheit durch Vorhersehbarkeit und Berechenbarkeit der strafenden Eingriffe des Staates. Der Inhalt ergibt sich nicht aus dem Normtext allein, sondern erst in Verbindung mit der dazuge-

---

[1344] Wichtige Erkenntnisse finden sich bei Kausch, Staatsanwalt, S. 165 ff. in seiner grundlegenden Arbeit. Dessen Positionen werden in den wesentlichen Fragen geteilt.

[1345] Kühne, Strafprozeßrecht, 6.Aufl., § 35 RdNr. 584

[1346] vgl. Kühne, aaO

[1347] so Kühne, aaO

hörigen Dogmatik, womit das genaue Gesetze nicht als hinreichende, aber als notwendige Bedingung für Rechtssicherheit gilt[1348].

Die Vorteile des gerichtlichen Verfahrens der Konkretisierung unbestimmter Strafgesetze liegen in dem Vielfachen an Sicherung vor überraschenden Entscheidungen gegenüber einer der Staatsanwaltschaft überlassenen Konkretisierungsbefugnis. Die Transparenz des gerichtlichen Verfahrens ergibt zwar ein autoratives Ergehen des Ergebnisses, aber die Vorkehrungen des Verfahrensrechts sorgen dafür, daß richterliche Überzeugungsbildung im Wege einer rationalen Diskussion mit Mitwirkungsrechten der von der Entscheidung Betroffenen stattfindet. Auf diese Weise wird für den Betroffenen und die Öffentlichkeit als Rechtsgemeinschaft Durchschaubarkeit hergestellt und die Entscheidung schließlich akzeptabel wird, weshalb ein Bezug der Institute des Verfahrensrechts hierauf besteht[1349].

Ebenen wie das Hauptverfahren Erster Instanz, die Mitwirkungsrechte der Verfahrensbeteiligten, ein natürliches Gegeneinander von Verteidiger und StA auch beim Fehlen eines kontradiktorisches Verfahren, das Urteil als Stellungnahme des Richters zwingen das Gericht wegen möglicher Rechtsmittel zur Auseinandersetzung mit allen vorgetragenen Aspekten. Auch prozeßpsychologische Aspekte erfordern eine rationale Rechtfertigung der Entscheidung, um eine Rationalität richterlicher Rechtsfindung zu bewirken.

Zudem wird durch die revisionsrechtliche Überprüfung die Einhaltung der von der Rechtswissenschaft und der höchstrichterlichen Rechtsprechung erarbeiteten juristischen Begründungsstandards gewährleistet. Neben der dogmatischer Richtigkeit ist vor allem für die Betroffenen eine überzeugende, plausible, konsensfähige Entscheidung wichtig[1350].

Ein Ergebnis ist auch weniger überraschend, wenn es seine Legitimation durch Verfahren erfährt. Herkömmlich wird unter Rechtssicherheit verstanden, daß eine Entscheidung bereits vorhersehbar sein muß, bevor überhaupt ein Verfahren eingeleitet worden ist. Eine weitere Diskussionsebene eröffnet sich durch die Überprüfung einer Entscheidung im Instanzenzug, ergänzt durch die mit der Urteilsveröffentlichung geschaffenen juristischen Fachöffentlichkeit[1351]. Daneben findet auch eine allgemeine öffentliche Diskussion statt, in die gesellschaftliche Wertvorstellungen hineingetragen, aufgegriffen und in plausibler Weise verarbeitet werden[1352].

Die Transparenz hat entscheidende Bedeutung, denn die Transparenz der Normkonkretisierung unbestimmter Strafgesetze dient als Ausgleich für das Maß an Rechtssicherheit wie bei genauen Strafgesetzen. Die Konkretisierung unbestimmter Strafgesetze ge-

[1348] Kausch, aaO, S. 167
[1349] aaO, S. 168; vgl. Kühne, aaO, RdNr. 584.1
[1350] aaO, S. 169
[1351] aaO, S. 170
[1352] aaO, S. 171

schieht nur langsam und schrittweise in einer Summe von Einzelentscheidungen durch die Verfestigung zur ständigen Rechtsprechung zu wichtigen Fallkonstellationen.

Die Transparenz des Verfahrens unter Verfolgung all dieser Schritte bietet Gewähr, daß es auch nicht zu völlig überraschenden Entscheidungen kommt. Das Abweichen verlangt vom Richter auch bei fehlender Präjudizienbindung erhöhten Begründungsaufwand. Die Konkretisierung erfolgt damit im Lichte der Öffentlichkeit und zur Publizität des Gesetzes muß die Publizität des Auslegungsprozeßes hinzukommen. Als Einwand gilt freilich, daß das Idealbild des Rechtsprechungsvorgangs und der Diskussionen, keine Entsprechung in der Rechtswirklichkeit findet.

Auch die begrenzte Rechtssicherheit des gerichtlichen Verfahrens entspricht in jedem Fall weitaus mehr den Anforderungen des Bestimmtheitsgebots als eine hinter verschlossenen Türen ergehende Entscheidung der Staatsanwaltschaft. Das Entscheidungsbild der StA ist an keinerlei vergleichbare verfahrensmäßige Vorkehrungen gebunden.

Es gibt keine Öffentlichkeit und kaum verfahrensrechtlich abgesicherte Beteiligungsrechte des Betroffenen, was ein Nachteil staatsanwaltlicher Entscheidungen ist. Zudem besteht keine Pflicht zur schriftlichen Begründung und keine Veröffentlichung und statt einer institutionalisierter Diskussion erfolgen Weisungen der vorgesetzten Behörde. Mangels eines solchen Verfahren bestehen keinerlei Einflußmöglichkeit für die Rechtswissenschaft oder kritische Öffentlichkeit.

Die staatsanwaltliche Entscheidung ist nur Teil des Gerichtsverfahrens, was deren Teilnahme an dessen Garantien bewirkt. Sie soll im übrigen nur der Vorbereitung der gerichtlichen Entscheidung dienen. Ein Mangel besteht erst dann, wenn die Entscheidungen der StA aus diesem Zusammenhang herausgenommen und verselbständigt werden durch das Anvertrauen weitgehender Befugnisse[1353].

Die Gewährleistung gleichmäßiger Rechtsanwendung ist auch ein Aspekt der Rechtssicherheit. Die liberal-rechtsstaatlichen Vorstellungen durch die Allgemeinheit des Gesetzes und strikte richterliche Gesetzesbindung sind so am besten gesichert. Die Vorlagepflichten des Gerichtsverfahrens als Folge der Lockerung der Gesetzesbindung hat eine erhöhte Bedeutung. Die Gerichtsverfassung ist dabei Konsequenz aus dem Zustand des materiellen Rechts, die zu weit geratenen Entscheidungsmöglichkeiten aus dem materiellen Recht zu korrigieren. Der Zusammenhang des materiellen Rechts mit Vorlagepflichten bewirkt ein beträchtliches Maß an gleichmäßiger Rechtsanwendung durch das gerichtliche Verfahren[1354].

Es fehlen vergleichbare Vorkehrungen für die staatsanwaltschaftlichen Entscheidungen. Zwar sind unterschiedliche Instrumente zur Steuerung denkbar, aber die Möglichkeit der staatsanwaltschaftlichen Verpflichtung durch Richtlinien auf einheitliche Norman-

[1353] Vgl. dazu insgesamt aaO, S. 172
[1354] aaO, S. 174

wendung ist wegen der unterschiedliche Ebenen der staatsanwaltschaftlichen Hierarchie (Hausverfügungen des Leiters, Richtlinie, Runderlaß der GenStA oder der Landesjustizverwaltungen) ein Nachteil, weil die entsprechende Ebene nicht feststeht. Es fehlt an einer Einigung über Ländergrenzen hinweg bei rechtspolitisch kontroversen Fragen. Zudem bestehen Bedenken gegen die Qualität einer Rechtsvereinheitlichung, wenn die Richtlinien der Exekutive an die Stelle der höchstrichterlichen Rechtsprechung treten[1355].

Ein Schutz vor Willkür- und Opportunitätsentscheidungen entsteht durch eine gleichmäßige Rechtsanwendung, denn eine sachgerechte Entscheidung ist bereits bei gleichmäßiger Rechtsanwendung als Ergebnis strikter Gesetzesbindung gegeben. Die dem allgemeinen Gesetze innewohnende Vernunft ist auf die Entscheidung des Einzelfalls zu übertragen. Eine Garantie für die Vernünftigkeit im Entstehen sind neben den Garantien für objektives gerichtliches Verfahren der Tatsachenfeststellung auch die Absicherung durch die Gesetzesbindung.

Wegen der heutigen Unvollendetheit von Gesetzen erfolgt eine Fortsetzung der Diskussion in der Rechtsanwendung, bei der die Vernunft des Gesetzes im jedem Einzelfall neu zu erfinden ist. Für das Strafrecht ist nur das gerichtliche Verfahren in der Lage, wegen der Umstände zu einer sachgerechten, nicht willkürlichen Entscheidungen zu führen. Strukturmerkmale der Transparenz können Objektivität im Entscheidungsbereich nicht gewährleisten, aber die grundlegenden Voraussetzungen schaffen, denn die Vorkehrungen für die Rationalität der Diskussion sind zugleich auch solche für die Rationalität der Entscheidung [1356].

Neben dem Grundsatz „in dubio pro reo“ sind als Besonderheiten herauszustreichen eine verschärfte Beweisführungspflicht, der Unmittelbarkeitsgrundsatz, die Festlegung durch den Begründungszwang, was als Entscheidungsgrundlage herangezogen werden darf sowie die Erschwerung informeller Einflußnahmen. Die Unmittelbarkeit der Beweisaufnahme verhindert eine bloße richterliche Zustimmung ohne Verfahrensbeteiligung wie bei zuvor vom Staatsanwalt getroffene Entscheidung[1357].

Die richterliche Unabhängigkeit bewirkt, daß nur aus dem Recht abgeleitete Gesichtspunkte und nicht administrative Zweckmäßigkeits- und Effektivitätserwägungen die Gesetzesauslegung steuern und ist zudem gekennzeichnet durch die Passivität, das fehlende Initiativrecht und die Möglichkeit der Befangenheitsablehnung.

Bei größerem Entscheidungsspielraum sind durch die Stellung des Richters und des Verfahrensgangs eine beträchtliche Anzahl von Sicherungen für eine rechtstreue Entscheidung gegeben. Die Entscheidungsstrukturen der StA sind hingegen nicht dazu angelegt, Diskussionen für ein Weiterdenken unbestimmter Normen abzugeben und haben keinerlei verfahrensrechtliche Vorgaben über den Weg der Entscheidungsfindung.

[1355] aaO, S. 175
[1356] aaO, S. 176
[1357] aaO, S. 177

Bei Entscheidungen etwa nach § 153 a StPO fallen Initiativrecht und Entscheidungsbefugnis zusammen. Es fehlt an den Rechtsmittelzüge vergleichbare Kontrollmöglichkeit, es gibt keine Öffentlichkeitskontrolle und die Unbedenklichkeit gegen die Staatsanwaltschaft besteht nur solange, als diese lediglich innerhalb eines gerichtlichen Verfahrens als Verfahrensbeteiligter tätig wird, insb. wegen der Weisungsgebundenheit statt richterlicher Unabhängigkeit[1358].

Es besteht ein enger Zusammenhang der behandelten Ziele des Bestimmtheitsgebots, der oft nur eine Aspektverschiebung bedeutet. Eine besondere Akzentuierung und Hervorhebung dieses Aspekts erfährt auch der Schutz der Freiheit des Bürgers durch Begrenzung staatlicher Zugriffsmöglichkeiten in Gestalt des „fragmentarischen Charakters des Strafrechts". Die strafrechtliche Variante der Gesetzlichkeitsprinzips ist in Art. 103 II GG als „Magna Charta der einschneidendsten Zugriffsmöglichkeiten" normiert, wobei dies von der Auslegung durch die Gerichte abhängt. Die Art und Weise der Auslegung läßt sich weder institutionell noch durch Verfahrensregeln absichern, außer durch umstrittene Normierung von Auslegungsregeln[1359].

Ein Rechtsprechungsverfahren ist der staatsanwaltschaftlichen Normkonkretisierung auch deshalb vorzuziehen, weil die Öffentlichkeit des gerichtlichen Verfahrens wenigstens die Chance bietet, daß Stimmen, die auf eine restriktive Auslegung drängen, zu Gehör kommen können. Nebenbei bemerkt, zeigt sich auch, daß bereits lange in der deutschen Strafrechtswissenschaft geführte Streits und Diskussionen im Zuge der europäischen Rechtsangleichung wieder Relevanz gewinnen. Ein Beispiel sind eben die Einstellungsnormen §§ 153, 153 a StPO, die in Theorie und Praxis bereits jetzt zahlreichen Kritikern begegnen[1360].

Dabei läßt sich nach dem gesagten ein grundsätzlicher Zielkonflikt zwischen informeller Erledigung und rechtsstaatlichen Garantien und Sicherungen feststellen[1361], und schon die gegen die Ausgangsnorm § 153 StPO bestehen zahlreiche Einwände unterschiedlicher Art und fundamentaler Natur[1362].

Eine bereits in der Theorie zweifelhafte Lösung wird durch die Abläufe in der Praxis weiter in Frage gestellt. In Wirtschaftsstrafsachen ist es nicht selten kaum möglich festzustellen, ob eine zulässige und deshalb wirtschaftlich gebotene Geschäftstätigkeit oder aber ein strafbares Verhalten vorliegt. Wegen des unverhältnismäßig großen Ermittlungs- und Verteidigungsaufwands wird der im Wirtschaftsstrafrecht tätige Rechtsanwalt regelmäßig eine Empfehlung in Kenntnis des Zwecks der beschleunigten Verfahrenseinstellung hinsichtlich einer schnellen Verfahrenseinstellung gegen Geldzahlung

---

[1358] aaO, S. 178

[1359] aaO, S. 178

[1360] DER SPIEGEL vom 18.08.03: „Aktien- gegen Strafrecht" S. 54, 55:
„§ 153 a StPO a heißt die Zauberformel, ein Paragraf, den Kritiker als Ablaßhandel bezeichnen. Auf diese Weise kann sich ein Angeschuldigter nicht nur die öffentliche Hauptverhandlung ersparen, er gilt auch als nicht vorbestraft."

[1361] So Walter, ZStW 1983, S. 32, 50

[1362] Vgl. Walter, ZStW 1983, S. 32, 54

abgeben. Diese soll eine langwierige Auseinandersetzung für den Mandanten mit einem öffentlichen Strafprozeß sowie den damit verbundenen psychischen, zeitlichen und finanzielle Belastungen ersparen, insb. wegen der unabhängig vom Prozeßausgang sich einstellenden öffentlichen Anprangerung mit der für das Ansehen der betroffenen Manager und auch des Firmen- bzw. Börsenwertes des Unternehmens verheerenden Wirkung[1363]. Dies spielt aktuell bei Wirtschaftstraftaten eine Rolle und auch in Prozessen etwa um Spendengelder nach dem PartG im Fall Kohl. So wurde etwa die Wirkung der Auflage durch Zahlung von 300 000 DM, nicht nur vom politischen Gegner instrumentalisiert, von einer breiten der Öffentlichkeit als Freikaufen von strafrechtlicher Verantwortlichkeit empfunden[1364]. Was bleibt, ist der im Anschluß an dieses Verfahren geäußerte, einer Volksweisheit entsprechende Tenor, daß man die Kleinen fange, die Großen aber laufen lasse. Ein ähnliches Urteil der Öffentlichkeit droht auch in Fällen hochkarätiger Wirtschaftskriminalität. Untreue aus Tatbeständen des Parteiengesetzes oder aktienrechtlich heikle Abläufe, die auch für die StA nur schwer zu durchschauen sind, drohen immer häufiger aus Kapazitätsgründen oder Erkenntnisproblematiken eingestellt zu werden, grade bei einem in den letzten Jahrzehnten immer ausufernderen Untreuetatbestand.

Diese zerstörerische Wirkung auf den Rechtsfrieden ist nicht zu unterschätzen und steht wiederum mit den generalpräventiven Aspekten der Strafzwecke in Beziehung. Die Linie Strafmaß-Strafzwecke-Einstellung kommt beim Einstellungsbeschluß im Fall Kohl deutlich heraus und zeigt, wie verknüpft diese scheinbar unterschiedlichen Materien auch in Deutschland sind.

Die gegenwärtige Entwicklung im Strafprozeß zeigt darüber hinaus zwei scheinbar gegenläufig erscheinende Tendenzen bezüglich Beschleunigung, Vereinfachung und Straffung des Verfahrens. Seit gut 20 Jahren besteht ein Zug zu immer stärkerer Konzentration von Macht bei den inquisitorischen Instanzen des Strafprozeßes wie der Staatsanwaltschaft im Ermittlungsverfahren und dem Gericht im Hauptverfahren. Gleichzeitig werden, zum Teil durch faktische Entwicklungen in der Praxis, wie dem als gesetzeswidrig umstrittenen *deal*, aber auch durch Gesetzesänderungen wie Einführung und Erweiterung des § 153 a StPO, Ausdehnung des Strafbefehlverfahrens, Änderung des Beweisrechts wie § 251 StPO immer mehr Elemente eines Parteiprozesses eingeführt[1365]. Dem soll hier nicht weiter nachgegangen werden.

Rein tatsächlich ist allerdings anzumerken, daß die Praxis der §§ 153 ff. StPO in Deutschland zwar teilweise rechtspolitisch äußerst umstritten ist, seit Jahren aber grundsätzlich anstandslos praktiziert wird. Die dargelegten verfassungsrechtlichen Beanstandungen werden als solche nicht zu einer verfassungsgerichtlichen Monierung führen, was insbesondere durch den weiten Prüfungsmaßstab herrührt. Da die praktische Hand-

---

[1363] Vgl. zur Beratungspraxis, die durch das EuGH-Urteil vom 11. 02. 2003 (C-187/01;C-385/01) in Zusammenhang mit dem Doppelbestrafungsverbot bestärkt wurde den Artikel von Hugger in F.A.Z vom 13. 08. 2003, Nr. 186, S. 17

[1364] Die F.A.Z. vom 03. März 2003, Nr. 53, S. 5 nahm dies gar zum Anlaß, auf einer ganzen Seite umfangreiche Auszüge des Einstellungsbeschlusses des LG Bonn abzudrucken.

[1365] So das Fazit von Dencker StV 1994, S. 503 ff.

habung in Deutschland teilweise noch weiter geraten kann als die englische Vorgehensweise, ist diese somit nicht per se abzulehnen, sondern wird in der Beurteilung des Einzelfalls auch von konkreten Umsetzungen sowie den praktischen Ergebnissen beeinflußt.

Zwischenergebnis

Legt man die dargestellten Begründungsansätze des Art. 103 II GG an und verlangt Bestimmtheit auch für den Weg der Entscheidungsfindung, der die Bestimmtheit des Ergebnisses prägt, stellt sich wegen der dargestellten Nachteile der staatsanwaltschaftlichen Rechtsfindung ein Verlust an Bestimmtheit ein.

Wegen den soeben genannten Erwägungen ist ein Verlust an Bestimmtheit zu erwarten, je mehr inhaltliche Aspekte der Staatsanwaltschaft als Justizbehörde zur Beurteilung und Verfahrensbeendigung überlassen werden. Bei weitreichenden strafprozessualen Opportunitätsnormen handelt es sich bei einem erhöhten Umfang um ein Maß an Bestimmtheit, daß von Sinn und Zweck nicht mehr ausreicht, um dem Einzelnen die Folgen seines Handelns aufzuzeigen. Ein derartiger Verlust an Bestimmtheit führt daher nach dem hier eingenommenen Verständnis zu einem Verfassungsverstoß. Rechtspolitisch sind jedoch aufgrund der Gepflogenheiten der Praxis sowie der Rechtsprechung des BVerfG nicht damit zu rechnen, daß dies einer Angleichung tatsächlich im Wege steht.

Ob Aspekte der Schuld wegen der weitergehenden Verankerung dieser Rechtsfigur in der Verfassung im Falle eines Vorgehens über die Opportunitätsnormen zur Gefahr eines Zirkelschlußes führen, kann offen bleiben, da wegen des hier angenommenen Bestimmtheitsverlust bereits ein verfassungswidriges Vorgehen erfolgt.

Wie sich gezeigt hat, ist eine Diskussion anhand der klassischen Trennlinie von Prozeßrecht und materiellem Recht nicht hilfreich gewesen. Wegen der teilweise materiellen Aspekte der Einstellungsrichtlinien, die wiederum die Anwendung der Einstellungsnormen steuern, muß man diese betonen. Stellt man die inhaltlichen Kriterien heraus und unterstreicht, daß die Verortung von Aspekten „sowohl als auch" nicht dazu führen kann, daß über den beurteilenden Maßstab gleich mitentschieden wird, kann eine Lösung nur aus Sinn und Zweck des Art. 103 II GG erfolgen.

3.5) Kompetenzvorgaben

Für Deutschland ergeben sich Bedenken gegen zentral geregelte Einstellungsrichtlinien noch aus einem weiteren Grund. Die Organisation der Justiz und auch der Strafverfolgungsbehörden ist Ländersache. Die Bedeutung des Föderalismus für das Justizwesen und damit auch für die Einstellungsrichtlinien, die in deren Zuständigkeit in Anlehnung an das englische Recht erlassen werden könnten, liegt darin, daß es mangels Kompetenz zum Normerlaß eine bundeseinheitliche Regelung nicht geben kann. Die Länder, die sich bei ähnlichen Vorhaben zwar meist auf Musterentwürfe einigen, sind in der Ausgestaltung jedoch im Rahmen der Gesetze nach ihren Vorstellungen frei und sollen nach dem Wesen des Föderalismus gerade unterschiedliche Regelungen wählen, wenn es Besonderheiten in ihrem Bereich zu berücksichtigen gilt. Eine rechtliche Vereinheitlichung kann somit allenfalls über Musterentwürfe und Rahmenvorgabe erreicht werden, was jedoch unterschiedliche Einstellungskriterien zur Folge haben kann. Daß dies, aber auch die faktische Umsetzung wie bei der Verfolgungsintensität, zu äußerst unterschiedlichen Ergebnissen führen kann, je nach dem, wo im Bundesgebiet sich das zu beurteilende Ereignis zuträgt, ist dann eine naheliegende Konsequenz.

Daran kann auch die Rolle generell gültiger Vorgaben für die Einstellungspraxis der deutschen Staatsanwaltschaft nichts ändern. Zwar finden sich für die Einstellung des Verfahrens zahlreiche Ziffern in der bei Bund und Ländern gleichermaßen eingeführten Richtlinie für das Strafverfahren und das Bußgeldverfahren (RiStBV-Nr. 88-105). Die hier maßgebliche Nr. 93 „Einstellung nach §§ 153, 153 a StPO" regelt nur das Verfahren mit Behörden, Körperschaften des öffentlichen Rechts oder Staatsorganen vor der Einholung der gerichtlichen Einstellungszustimmung, I und II, sowie die Prüfung einer Wiedergutmachungsauflage, III. Weitere verbindliche Vorgaben, die zumindest von ihrem Charakter her bundeseinheitliche Wirkung zeigen können, sind nicht vorhanden.

Zudem sind diese Richtlinien wegen der Mannigfaltigkeit des Lebens nur Anleitung für den Regelfall und ermöglichen nach der selbständigen und verantwortungsbewußten Prüfung bei einer Besonderheit des Einzelfalls eine Abweichung von der Richtlinie[1366].

Der Sinn des Föderalismus, Unterschiede zu berücksichtigen und eben nicht national zu handhaben, kann auch innerhalb eines Bundeslandes zu Unterscheidungen führen, denn in einer Großstadt wie Frankfurt/Main muß anders vorgegangen werden als im ländlichen Raum. In Deutschland kann man dabei schon auf die Erfahrungen von Einstellungsrichtlinien im Bereich des BtMG, wie sie im Gefolge der Cannabis-Entscheidung auch in den Blickpunkt der Öffentlichkeit gerückt sind, zurückgreifen[1367].

In einer empirischen Untersuchung der Einstellungspraxis in den unterschiedlichen Bundesländern ergeben sich zwar Bedenken neben Art. 3 I GG auch aus Art. 72 II Nr. 3 GG, wenn die Handhabung zu unterschiedlich ausfällt. So kann man sagen, daß im Bereich von Cannabis grundsätzlich eine einheitliche Einstellungspraxis vorliegt, anders hingegen bei sog. harten Drogen, wo in einigen Bundesländer gar nicht eingestellt wird, bei anderen sogar noch bis zu gewissen Gramm-Mengen[1368]. Wie dargelegt, kommen die praktisch erzielten Ergebnisses den gewollten Zielen jedoch oft näher, als es die rechtstheoretischen Bedenken erahnen lassen[1369].

[1366] Einführung RiStBV Kleinknecht/Meyer-Goßner, StPO, S. 1830

[1367] 17. Abschnitt C IV 2.3.1

[1368] Vgl. die Untersuchung von Aulinger, NStZ 1999, 111 ff.; FAZ vom 18.11.1998, Nr. 268, S. 7: „...uneinheitlich handelt die Justiz indes bei Delikten, in denen es um Erwerb und Besitz sogenannter 'harter' Rauschgifte geht.....Auch die Praxis der Staatsanwaltschaften ist so uneinheitlich, daß die Abweichungen zwischen den einzelnen Ländern bei der Strafverfolgung die in Artikel 72 des Grundgesetzes verbürgte Rechtseinheit in Deutschland verletzten und die 'Erheblichkeitsschwelle' überschreiten."

[1369] Vgl. 17. Abschnitt IV 3.1.1.2

Interessant ist dennoch vor allem die Darstellung der Bedenken gegen Einstellungsrichtlinien. Die Schaffung von Spielräumen ist eben genau Ziel einer solchen Regelung, aber anders als in England existiert in Deutschland keine zentrale Strafverfolgungsbehörde, sondern es ist den föderalistische Strukturen Rechnung zu tragen. Diese verhindern eine exakte Übertragung derselben Kriterien, die so auch nicht gewollt ist. Angesichts der bundesstaatlichen Strukturen spricht in Deutschland viel mehr für eine materiellrechtliche Lösung als für ein Vorgehen über Einstellungsrichtlinien. Denn anders als im Zentralstaat darf somit auch im Strafrecht nicht übersehen werden, daß sonst die Kompetenzordnung des GG letztlich umgangen wird, wenn das Strafrecht als Materie des Bundesgesetzgebers durch Exekutive der Länder geregelt werden kann. Die Öffnung von Kriterien für die Einflußnahme der Politik und ihrer stark divergierenden Unterschiede wie etwa Bayern oder Schleswig-Holstein. Dieses bereits existierende Beispiel verdeutlicht, wie auch politische Vorstellungen, die in den Bundesländer wegen ihrer Eigenständigkeit von Land zu Land, je nach den politischen Mehrheitsverhältnissen möglich sind, zu einer mit unter stark abweichenden Praxis führen können. Der Föderalismus kann in diesem Bereich deshalb zum Problem werden, weil materielles Strafrecht und StPO der Bundesgesetzgebung, die Justizorganisation und die interne Regelung der Staatsanwaltschaft hingegen in der Gestaltungshoheit der Länder liegen und damit auch den unterschiedlichen Rechtspolitiken ausgesetzt sind.

In England gibt es mit dem CPS ein zentrales Strafverfolgungsorgan mit zentralen Handlungsanweisungen, die einheitlich umgesetzt werden können. Eine Untergliederung des Staatsgebietes in so eigenständige Einheiten wie die Bundesländer liegt nicht vor. Die Umsetzung einer einheitlichen Richtlinie ist aus rechtlichen Gründen nicht gehindert. Deshalb kann man sich bei der Beurteilung nicht nur von Grundrechten oder Gewaltenteilung leiten lassen, sondern auch von Aspekten der Staatsorganisation, denn es wird sonst nicht bedacht, daß sich mit einem eher zentralistischen Staat und dem föderalistischen Staatsgebilde auch in dieser Weise unterschiedliche Strukturen gegenüberstehen, die auf den ersten Blick weder mit dem Strafrecht noch mit dem Strafprozeßrecht etwas zu tun haben und auf den ersten Blick nicht zu erwarten waren.

Daß diese Bedenken nicht aus der Luft gegriffen sind und bereits die gegenwärtigen Regelungen solchen begegnen, ist in der Literatur schon durch verschiedenen Stimmen kritisiert worden[1370]. Die Weisungsbefugnis der Staatsanwaltschaft wird als ein Problem der Einflußnahme erkannt, daß in Deutschland die Kriterien der Einstellung von Bundesland zu Bundesland unterschiedlich sind. Der politische Charakter, der diesem Weisungsrecht innewohnt, ist durchaus gewollt, um übergeordneten Interessen Rechnung tragen zu können, führt aber letztlich zur Vergrößerung jenes Graubereichs, den zu vermeiden man aus Gründen der schon genannten Grundrechte und Rechtsprinzipien bemüht ist. Über eine mögliche gewollte kriminalpolitische Wirkung hinaus droht daher auch eine Mehr an parteipolitischen oder populistischen Einflußnahmen auf einzelne

---

[1370] Sehr deutlich etwa Aulinger, zitiert in FAZ vom 18.11.1998, Nr. 268, S. 7: In dem Verhalten Schleswig-Holsteins, aber auch Hamburgs und Niedersachsens deuteten sich Entwicklungen an, „ die die gesetzlichen Grundentscheidungen des BtMG in Frage stellen und auf eine Korrektur des geltenden Rechts durch administrative Steuerungsversuche im Wege allgemeiner Weisungen an die Staatsanwaltschaften hinauslaufen“.

medienwirksame Strafverfahren und die Festlegung zur Eröffnung einer Hauptverhandlung notwendiger Voraussetzungen.

Konsequent ist deshalb ein Plädoyer für eine Verlagerung der strafprozessualen Einstellungsvorschriften in das materielle Recht[1371]. Die Überprüfung einzelner, normierter Tatbestände auf ihr Vorliegen hat den Vorteil, daß die Überprüfung voll in richterlichen Hand ist und eben nicht dem geschilderten Graubereich der Staatsanwaltschaft unterfällt. Diese Forderung wird nicht zum ersten Mal erhoben. Naucke beschäftigt sich zwar vom Thema her mit der Behandlung von Bagatelldelikten[1372]. Es erfolgt eine Auseinandersetzung mit den Einwänden gegen das Einstellungsverfahren zur Erledigung von Bagatellstraftaten und dem Problem von Opportunitätsvorschriften. Dabei bedenkt er auch die Rolle der Staatsanwaltschaft. Bei einem solchen Vorgehen sieht er ihr zu viel Spielraum eingeräumt sowie weitere Schwächen des Vorgehens über Einstellungsnormen eintreten und ausgehend von den jetzigen Möglichkeiten eigentlich nur geringen Spielraum für Änderungen. Er sieht im Wandel der Strafzwecke unter Zurückstellung der Vergeltung, den auch das BVerfG mitgemacht hat, auch Auswirkungen auf das Begründungsverständnis ganz anderer Problemkreise wie etwa dem Kernbereichsargument bei Ordnungswidrigkeiten oder eben der prozeßrechtlichen Lösung kleinerer Vergehen.

Auch Naucke setzt sich für eine alternativen Behandlung von Kleinkriminalität durch die Einführung von materiell-rechtlichen Bagatelldelikten ein. Sein Ratschlag geht dahin, Einstellungsnormen in das materielle Recht zu übernehmen[1373].

Schon diese interessanten Alternativvorschläge zum geltenden Recht zeigen primär, daß es vom deutschen Rechtsempfinden wegen der materiell-rechtlichen Bindungswirkung und aus dem systematischen Rechtsverständnis heraus, welches im Gegensatz zum einzelfallbezogenen topischen Denken steht[1374], besser erscheint, auch diese Aspekte gesetzlich zu regeln, etwa als spezialgesetzliche Ausnahmetatbestände oder, entsprechend dem Gedanken des „vor die Klammer ziehen" gleichsam vorweggeschaltet, im Allgemeinen Teil. Diese materiell-rechtliche Bindungswirkung ist als Vorteil zu verstehen, weil der Richter unter Beachtung des Gesetzes darüber befindet und nicht die Staatsanwaltschaft als Anklagebehörde mit dem ihr eigenen Ermessen.

Wegen der staatsanwaltschaftlichen Richtlinien als von Praktikern geforderte Vertatbestandlichung ist es in einigen Regelungsbereichen zwar zu gewisser Durchnormierung gekommen. Diese haben daher deutlicher den Charakter von allgemeinen Normen als etwa die grundsätzlichen Regelungen höchstrichterlicher Entscheidungen. Dennoch besteht die Gefahr eines regionalen Sonderstrafrecht der Staatsanwaltschaften. Hinzu kommt die Forderung der Praxis nach Präzisierung. Eine prozessuale Lösung ist keine

[1371] So zuletzt Vultejus, ZRP 1999, 135 ff.
[1372] Naucke, Gutachten für den 51. DJT, D 76
[1373] Für die Auflagen des § 153 a StPO hält er es für vorzugswürdig, nicht als Teil der Einstellungsnorm zu ergehen, sondern eigenständige Rechtsfolgen im AT zu normieren Vgl. insgesamt Naucke, Gutachten für den 51. DJT, D 115
[1374] Vgl. zuvor 14. Abschnitt A 4

wirkliche Alternative zu einer materiell-rechtlichen, denn ohne die Regelungsmechanismen, die für materiell-rechtliche Lösungen typisch sind, besteht offenbar auch innerhalb der prozessualen Lösung kein Auskommen, wenn an deren Stelle nur hausgemachte Normen der Exekutive treten. Wie dargelegt ist nicht nur die Tatsache, daß normiert wird relevant, sondern auch in wessen Aufgabenbereich.

3.6) Zusammenfassung

Eine Anwendbarkeit des Art. 103 II GG auf strafprozessuale Einstellungsnormen ist nach Sinn und Zweck erforderlich. Durch Verlagerung von Entscheidungen in die Einstellungsnormen tritt ein Bestimmtheitsverlust ein. In Kumulation mit der Verlagerung von tat- und täterbezogenen Aspekten in die Strafzumessung erfolgt dies auf jeden Fall. Der Verstoß gegen den Bestimmtheitsgrundsatz wird verstärkt, wenn man diesen weiter anwendet (AT) und restriktiver versteht als die sehr weiten Vorgaben der Rechtsprechung von BGH und BVerfG[1375]. Der eher geringer Maßstab an die Bestimmtheit, welcher nur Negativdefinitionen erfaßt, hat kaum Fälle ergeben, wo ein Gesetz wirklich gescheitert ist. Allerdings ist die Entscheidung zur Nötigung des BVerfG eine bedeutsame, wo die Auslegungspraxis eines Gesetzes scheiterte und welche das prominentestes Beispiel in der jüngeren Vergangenheit sein dürfte. Der sich abzeichnende Verlust an Rechtssicherheit wird vor diesem Hintergrund noch bedrohlicher, denn wenn etwas erst einmal als Gesetz verabschiedet worden ist, besteht keine Hoffnung, daß es von den Gerichten unter Hinweis auf das Bestimmtheitsgebot noch gestoppt wird.

Als Fazit ergibt sich weiterhin: Das Rechtsprechungsverfahren bietet zwar keine vollwertigen funktionalen Äquivalente für genaue Strafgesetze. Durch die richterliche Unabhängigkeit und durch Vorschriften über den Ablauf des Verfahrens und der Entscheidungsfindung sind eine Reihe institutioneller Vorkehrungen gegeben, die eine gewisse Annäherung sowohl an die Ziele des Bestimmtheitsgebots wie des Gewaltenteilungsprinzips ermöglichen. Der Entscheidungsvorgang bei der Staatsanwaltschaft ist weder von der Organstruktur her noch verfahrensmäßig in gleicher Weise abgesichert, denn staatsanwaltliche Entscheidungen werden nicht in einem besonderen Verfahren getroffen. Die Staatsanwaltschaft ist der Konzeption nach dazu bestimmt, im gerichtlichen Verfahren mitzuwirken, nicht aber, dieses zu ersetzen. Es ist bis zu einem gewissen Grade unvermeidlich, daß sich der Gesetzgeber eines Teils der Rechtssetzungsbefugnis begibt; er ist aber nicht frei, an wen diese gelangt. Ein Ermessen kann nur an eine Instanz weitergegeben werden, nämlich den Richter.

Nur dieser ist befugt, Differenzierungen vorzunehmen, die der Gesetzgeber durch das Nichteinführen etwa von engen Fassungen, Privilegierungen, Qualifizierungen usw. unterlassen hat. Die Delegation muß auf die dritte Gewalt beschränkt bleiben, denn nur bei dieser Gewalt sind institutionelle Vorkehrungen getroffen, die Einbußen an gesetzlicher Bestimmtheit bis zu einem gewissen Grad ausgleichen und den Bestimmtheitsgrundsatz nicht wirkungslos machen. Nur bei der Rechtsprechung wird die im Rückzug des Ge-

---

[1375] Die von der Literatur als Schwäche bezeichnet werden und welche den Gerichten einhellig vorgeworfen wird.

setzgebers liegende Beeinträchtigung der Gewaltenteilung durch die rechtsprechungsinternen Kontrollmechanismen und Machthemmnisse aufgefangen, denn fehlende Differenzierungen, Abstufungen, Fallgruppen zu entwickeln ist Aufgabe der Rspr., nicht der Staatsanwaltschaft. Als Folgerung ergibt sich, daß Regelungsbefugnisse, wie sie sich aus der Unbestimmtheit des § 153 a StPO ergeben, nur auf die Rechtsprechung übertragen werden dürfen. Rechtspolitisch ist jedoch aufgrund der Gepflogenheiten der Praxis sowie der Rechtsprechung des BVerfG nicht damit zu rechnen, daß dies einer Angleichung im Wege steht. Eine entsprechend § 153 a StPO begründete Zuständigkeit der Staatsanwaltschaft verstößt nach der hier eingenommenen Sicht sowohl gegen das Bestimmtheitsgebot des Art. 103 II GG als auch gegen das Gewaltenteilungsprinzip[1376].

V) Zusammenfassung der Untersuchungsergebnisse

1) Schuldauffassung

1.1) Verfassungsrechtliche Vorgaben hinsichtlich der Schuld

Durch den Vergleich ist nachgewiesen worden, daß die englische Schuldvorstellung von der deutschen einfachrechtlichen abweicht[1377]. Die Vorgaben der Verfassung bzw. die Ansicht des BVerfG ergeben, daß es eine entwicklungsgeschichtlich nicht zu trennende Wechselwirkungen zwischen dem einfachen und dem Verfassungsrecht gibt. Das Schuldprinzip ist zwar in der Verfassung verankert. Die inhaltlichen Vorgaben des BVerfG lassen jedoch einen weiten Rahmen, den das einfachrechtliche Verständnis ausfüllen kann. Wegen der Wechselwirkung zwischen dem strafrechtlichen und dem verfassungsrechtlichen Schuldbegriff sind Details der Ausformung sowie einzelne Fallkonstellationen nicht als solche an der Verfassung meßbar. Die Darstellung des Schuldbegriffs und der mens rea haben eine Vielzahl von Verästelungen erfahren, ohne das diese letztlich verfassungsrechtlich verankert sind. Die Entstehung und deren ideengeschichtlicher Hintergrund zeigen zudem, daß die These von der verfassungsrechtlichen Verankerung angesichts der zeitlichen Abfolge nicht zwingend sind[1378].

Die Feststellung, ob und wie sich das englisches Bild in die deutschen Vorgaben einpaßt, ist angesichts deren Weite bis auf einige wenige Aspekte nicht maßgeblich.

Verfassungswidrig sind hingegen Gestaltungen, bei denen der Einzelne, und sei es auch aus Gründen der Strafzwecke wie der negativen Generalprävention, zum Objekt staatlichen Strafens wird oder der Aspekt des Anders-Handeln-Könnens nicht in dem ausreichenden Maße berücksichtigt wird, wie es der Wahrung des materiellen Schuldgrundsatzes bedarf. Fallgestaltungen des englischen Rechts, die insbesondere bei einem intellektuellen Zurückbleiben hinter dem *reasonable man*, die Individualität des Anders-Handeln-Könnens nicht ausreichend berücksichtigen, widersprechen dem deutschen Schuldverständnis.

1376 So Kauschs Ansicht schon zum status quo, aaO, S. 184

1377 14. Abschnitt A

1378 17. Abschnitt C I 1-3

1.2) Verbotsirrtum

Das Maß an Klarheit und Rechtsverbindlichkeit, daß eine ausdrückliche gesetzliche Regelung mit sich bringt, verlangt eine Normierung mit dem Inhalt des § 17 StGB und wird nur so dem zentralen Gedanken des Schuldgrundsatzes in genügender Weise gerecht. Wegen der erwähnten Wechselwirkung zwischen strafrechtlichem und verfassungsrechtlichem Schuldgrundsatz sind keine zwingenden Anhaltspunkte für die Verankerung einer materiell-rechtlichen Regelung zum Notstand wie etwa § 35 StGB aus diesem Grundsatz heraus zu erkennen, so daß dieser bei alleiniger Verwurzelung im Schuldgrundsatz entbehrlich wäre.

Bei einer Bewertung des Vergleichsergebnisses vor dem Verfassungsmaßstab läßt sich als Gesamtergebnis festhalten, daß ein andersgeartetes Schuldverständnis, wie es im Vergleich für England nachgewiesen wurde, nur in den zuvor genannten besonderen Konstellationen zu einem Verstoß gegen verfassungsrechtliche Vorgaben führen würde[1379].

1.3) Unterteilung des Sanktionssystems in Ordnungswidrigkeitenrecht und Strafrecht

Vom Verfassungsmaßstab her bedarf es einer deutlichen formale Trennung durch Beibehaltung der bisherigen Trennung. Auch wenn inhaltlich eine unterschiedliche Berücksichtigung von Rechtsverstößen stattfindet, ist die Etikettierung wegen der unterschiedliche Relevanz wichtig. Die Eingriffsstärke in die grundrechtliche Position und die Schwere der Handlung durch das Trennsystem werden letztlich formalisiert. Eine Abschaffung der Unterteilung durch ein einheitliches Sanktionenrecht ist deshalb wegen der fehlenden Möglichkeit zur Differenzierung abzulehnen. Dies ist nicht primär aus dem Schuldgrundsatz zu folgern oder aus dem verfassungsrechtlichen Gebot der Verhältnismäßigkeit, sondern nach der hier eingenommenen Sicht ist vielmehr Art. 3 I GG maßgeblich[1380].

1.4) Strafbarkeit juristischer Personen

Aus verfassungsrechtlichen Gründen besteht keine Möglichkeit einer echten kriminalstrafrechtlichen Verantwortlichkeit, da eine wesensmäßige Anwendung des grundrechtliche fundierten Schuldgrundsatzes nicht in Betracht kommt und somit eine strafrechtliche Haftung ausgeschlossen ist[1381]. Die pragmatischen Begründungsansätze des englischen Rechts sowie die zukünftige Entwicklung im Bereich *manslaughter* zeigen die antezipierte Entwicklung hin zur kompletten Strafbarkeit juristischer Personen. Einer Einführung in Deutschland steht entgegen, daß damit faktisch keine Grenzen mehr zur natürlichen Person erkennbar sind. Auch das deutsche OWiG stützt sich nicht direkt etwa auf eine Körperverletzung, sondern allenfalls auf ein Pflichtverletzung, wenn juristische Personen zur Verantwortung gezogen werden.

[1379] 17. Abschnitt C I 4

[1380] 17. Abschnitt C I 5

[1381] 17. Abschnitt C II

2) Anderweitige Lösungsansätze

2.1) Abschaffung gewisser Verteidigungseinreden und deren Lösung in der Strafvollstreckung

Es besteht die verfassungsrechtliche Notwendigkeit einer gesetzlichen Regelung zum entschuldigenden Notstand. Da es mehrere denkbare Lösungsansätze gibt und wegen des Beurteilungsspielraums des Gesetzgebers qualitativ unterschiedliche Ausgestaltungsmöglichkeiten bestehen, welche einzig dem Rechtmäßigkeitserfordernis genüge tun müssen, ist eine modifizierte vollstreckungsrechtliche Lösung aus Gründen des Beurteilungsspielraums nicht zu beanstanden [1382]. Die organisatorische Lösung in der Strafvollstreckung läßt sich zwar mit Verweis auf eine Änderung des konkreten Verfahrens bei einer Übernahme beantworten. Das Verfahren einer Anhörung läßt sich schneller anpassen als die materiellen Fragen, verdeutlicht hingegen die unterschiedliche Grundkonzeption der Rechtsordnungen als Ausprägung eines grundsätzlich anderen Rechtsfindungsverständnisses.

2.2) Abschaffung gewisser Verteidigungseinreden und deren Lösung in der Strafzumessung

Angesichts des großzügigen Prüfungsmaßstabs für die Rüge der Gleichbehandlung ungleicher Sachverhalte gilt, daß Art. 3 I GG nicht schon dann verletzt ist, wenn der Gesetzgeber Differenzierungen, die er vornehmen darf, nicht vornimmt. In welcher Weise eine abweichende Regelung getroffen wird, ist ihm regelmäßig zur alleinigen Entscheidungen überlassen.[1383].

2.3) Rücktritt vom Versuch

Der allgemeine Gleichheitssatz des Art. 3 I GG verlangt keine einfachgesetzlich Normierung des Rücktritts vom Versuch. Solange eine Berücksichtigung der unterschiedlichen Ausgangslagen in entsprechender Form erfolgt, ist der allgemeine Gleichheitssatz gewahrt. Eine einfachgesetzliche Normierung des Rücktritts vom Versuch ist in das Ermessen des Gesetzgebers gestellt und dabei nicht an eine Verortung auf der Tatbestandsseite geknüpft[1384].

2.4) Strafzumessung

Allein der vom BVerfG angenommene Grundsatz der Schuldangemessenheit des Strafens als Ausformung des Schuldgrundsatzes steht einer geringeren als der schuldangemessenen Bestrafung nicht entgegen. Verhältnismäßigkeitserwägungen sprechen vielmehr für eine Auswahl sanktionsloser Beendigungsmaßnahmen von Strafverfahren, so daß die verfassungsrechtlichen Vorgaben zur Strafzumessung nicht verletzt werden[1385].

[1382] 17. Abschnitt C III

[1383] 17. Abschnitt C III

[1384] 17. Abschnitt C III 3

[1385] insgesamt 17. Abschnitt C III 4

Die verstärkte Einbeziehung von Aspekten, die auch auf Tatbestandsseite beachtet werden können, in die Strafzumessung, verstößt zwar nicht gegen das Differenzierungsgebot des Art. 3 I GG.

Dem Verfassungsgebot der Bestimmtheit wird durch Sicherungsmechanismen des einfachen Rechts Rechnung getragen. Das Schuldprinzip und die kodifizierten Strafzumessungsgrundsätze geben dem Straftäter einen gewissen Grad an ausgleichender Sicherheit, gleichzeitig ist unbestreitbar, daß die richterliche Strafzumessung mehr Spielraum ermöglicht und auch in den Kontrollmöglichkeiten geringer ist als eine Regelung auf der Tatbestandsseite. Die Übernahme einer „weichen" Schuldlösung, die die Berücksichtigung von Aspekten, die sich gesetzlich verankert zur Beurteilung der Straftat heranziehen lassen, in stärkerem Maße dem Richter bei der Strafzumessung überläßt, führt zu einem Verlust an Regelungsgenauigkeit für die verlagerten Bereiche.

Eine Verschiebung von Beurteilungsaspekten in die Strafzumessung bringt eine Verringerung der Bestimmtheit mit sich, weil die die Anforderungen an Rechtsfolgen weniger streng sind. Angesichts der Weite der verfassungsgerichtlichen Überprüfung ist nicht gesichert, daß die sich einstellende Verfassungswidrigkeit auch festgestellt wird. Da eine weitest gehende Regelung auf Tatbestandsseite vorzugswürdig ist, ist dieser Bestimmtheitsverlust nach der hier eingenommenen Sichtweise verfassungswidrig.

2.5) Verurteilung ohne Bestrafung

Weitergehende Verurteilungsmöglichkeiten, die bei Offenheit der Tatbestandsmerkmale zu einem Schuldausspruch ohne Strafausspruch führen, verstoßen gegen den sozialen Ehr- und Achtungsanspruch und die allgemeine Handlungsfreiheit[1386].

3) Stärkere Gewichtung prozeßrechtlicher Grundsätze

3.1) Die Grundsätze der Rechtsstaatlichkeit und der Gleichbehandlung verlangen die Aufstellung von verbindlichen, inhaltlich bestimmten und plastischen Richtlinien für die Entscheidungstätigkeit des Staatsanwalts. Zudem muß die gerichtliche Kontrolle seiner Ermessensausübung gewährleistet sein. Weiter gibt es keine eindeutig nachweisbare Präferenz des GG für das Legalitätsprinzip oder Opportunitätsprinzip[1387]. Da die Anwendbarkeit des Art.103 II GG auf strafprozessuale Einstellungsnormen nach Sinn und Zweck erforderlich ist, tritt durch die Verlagerung von Entscheidungen in die Einstellungsnormen nach der hier eingenommenen Sichtweise ein Bestimmtheitsverlust ein, welcher durch Kumulation mit der Verlagerung von tat- und täterbezogenen Aspekten in die Strafzumessung erhöht wird. Dieser Verstoß gegen den Bestimmtheitsgrundsatz wird verstärkt, wenn man diesen weiter anwendet (AT) und restriktiver versteht als die sehr weiten Vorgaben der Rechtsprechung von BGH und BVerfG mit ihrer eher geringen Maßstabsdichte. Der sich abzeichnende Verlust an Rechtssicherheit wird vor diesem Hintergrund bedrohlicher, denn nach Verabschiedung eines Gesetzes besteht keine

[1386] 17. Abschnitt C III 5
[1387] 17. Abschnitt C IV 1

Hoffnung, daß es von den Gerichten unter Hinweis auf das Bestimmtheitsgebot noch gestoppt wird[1388].

3.2) Prozeßrechtliche Einstellungsnormen sind darüber hinaus in ihrer Wirkung äußerst fraglich, wenn diese der Korrektur materiell-rechtlicher Ergebnisse dienen und nicht von einer bloßen dienenden Funktion des Prozeßrechts geleitet werden. Durch diese Nutzung mittels bewußter Herbeiführung von Ergebnissen, die das materielle Recht wegen Unvollständigkeit oder Ungenauigkeit nicht erreichen konnte oder aus dem Rechtsempfinden heraus nicht erreichen sollte, erfolgt gleichsam ein Durchgriff der Einzelfallgerechtigkeit durch das System auf den Einzelfall mittels einer -nur bedingt überprüfbarer- Entscheidung.

Selbst wenn die Berücksichtigung von Schuldaspekten bei der Verfahrenseinstellung letztlich nur zu einer Änderung der Institution führt, die die Berücksichtigung vornimmt, nämlich die Staatsanwaltschaft statt des Gerichts, so liegt genau hierin die dargelegte verfassungsrechtliche Problematik. Da auch die §§ 153 ff. StPO in Deutschland von der Konzeption her grundsätzlich nicht ohne eine Gericht gedacht sind, liegt in der Veränderung der Rolle des Gerichts hin zur Überprüfung der staatsanwaltschaftlichen Einstellungsentscheidung die inhaltliche Relevanz. Dabei ist deutlich zu machen, daß die fehlende Unmittelbarkeit bei der Zustimmung des Gerichts zur staatsanwaltlichen Einstellung einen Verlust an Sachstand und Kenntnisnähe bedeutet, womit die Beteiligungsform des Gerichts maßgeblich verändert wird und in ihrer Bedeutung minimiert.

Schon die Einleitung eines Strafverfahrens ist grundrechtsrelevant und daher ein Nachteil. Selbst wenn ein Absehen von Strafe erfolgt, wäre es bei materieller Straflosigkeit gegebenenfalls schon gar nicht zu einer Verfahrenseinleitung gekommen und somit wäre keine Grundrechtsrelevanz ausgelöst worden. Die Grundrechtsrelevanz, die bereits der Ermittlungstätigkeit zukommt, ist deutlicher Nachteil einer prozessualen Lösung. Die Tatsache, daß trotz einer Einstellung keine Vorstrafe vorliegt, ist deutlich zu unterscheiden von der Grundrechtsrelevanz einer der Einstellung vorausgehenden Ermittlung. Bei den Entscheidungen nach §§ 153 ff. StPO ergibt sich das zusätzliche Problem der Überprüfung des Ermessens der Staatsanwaltschaft. Auch weil die Praxis der §§ 153 ff. StPO in Deutschland trotz rechtspolitischen Streits seit Jahren grundsätzlich anstandslos praktiziert wird, ist eine verfassungsgerichtliche Beanstandungen aufgrund des weiten Prüfungsmaßstab unwahrscheinlich. Selbst wenn die praktische Handhabung in Deutschland teilweise rein faktisch, auch für den Fall, daß sie noch weitgehender gerät, unbeanstandet bleibt, wird aufgrund der vorherigen Überlegungen die Ausweitung strafprozessualer Einstellungsnormen abgelehnt. An den rechtspolitischen Vorgaben des BVerfG würde eine Angleichung jedoch nicht scheitern[1389]. Ein verstärkter Verfahrensabschluß durch strafprozessuale Einstellungsnormen widerspricht nur nach dem hier eingenommenen Standpunkt verfassungsrechtlichen Determinanten, insb. dem Bestimmtheitsgebot.

[1388] 17. Abschnitt C III 4.3
[1389] 17.Abschnitt C IV 2

3.3) Da nicht mehr jede staatliche Entscheidung bei einer umfassenderen Verfahrenseinstellung der Staatsanwaltschaft gerichtlich überprüfbar ist, führt die stärkere Gewichtung materieller Gesichtspunkte zu einem Rückgang an Justiziabilität[1390]. Der Staatsanwaltschaft zustehender Beurteilungsspielraum schränkt den Umfang einer möglichen gerichtlichen Überprüfbarkeit ein und beschneidet die Rechtsweggarantie des Art. 19 IV GG in ihrer Geltung, obwohl bei Art. 19 IV GG insbesondere die vergleichsweise geringfügigen Anforderungen an das Erfordernis der Rechtswegeröffnung und -garantie herauszukehren sind. Durch den Haschisch-Beschluß sind Berührungspunkte wie bei englischen Konstellationen deutlich gemacht worden, wobei die konkrete Übernahme englischer Vorgehensweise derartige Probleme auslösen würde[1391]. Eine Änderung der Aufgabenbreite der Staatsanwaltschaft in dem genannten Rahmen ist daher bei einer solchen verfassungsrechtlichen Sicht unter Hinweis auf die Rechtsweggarantie unzulässig.

18. Abschnitt: Schlußteil

Nach den umfangreichen Darstellungen zum englischen Strafrecht und der Beschreibung des Strafrechtsverständnisses in Deutschland sowie den Vorgaben des Verfassungsrechts an letzteres soll an den Ausgangspunkt dieser Arbeit, die europäische Rechtsangleichung, zurückkehrt werden. Die aufgeworfenen Fragestellungen waren konkretisierende Problembetrachtungen für die Frage nach der Möglichkeit der Strafrechtsangleichung.

Auch wenn die Neuerungen des Amsterdamer Vertrag nur eine Möglichkeit darstellen bei der Europäisierung des Strafrechts[1392], waren sie für die vorliegende Arbeit der Ausgangspunkt. Deutlich geworden sein dürfte aber auch, daß auch andere Vorhaben auf diesem Gebiet die Verfassung nicht unbeachtet lassen dürfen. Die im Rahmen der hier gewählten Vorgehensweise gewonnenen Ergebnisse sollen nun in den Prozeß der Rechtsangleichung eingeordnet werden und lassen Schlüsse auf die weitere Entwicklung zu (I). Eine so im Fluß befindliche Materie läßt daneben auch Raum für weitere Anmerkungen im Kontext, die einen Ausblick auf die Zukunft beinhalten (II).

I) Bewertung und Konsequenzen für die (materielle) Rechtsangleichung

Die eingangs aufgeworfene Frage, ob eine materielle Strafrechtsangleichung allein mit der Betrachtung auf die nationalen Strafrechtsordnungen beschränkt bleiben kann, ist negativ zu beantworten. Es ist deutlich geworden, daß es nicht nur, wie häufig allein in den Vordergrund gestellt, einer Sichtweise bedarf, die Dogmatik und Strafrechtsstruktur beachtet, sondern vor allem in Deutschland auch die deutsche Verfassung und deren Ausstrahlungswirkung in das einfache Recht die ihnen gebührende Beachtung finden müssen.

[1390] 17. Abschnitt C IV 3.1.2

[1391] 17. Abschnitt C IV 2

[1392] Vgl. 1. Teil sowie 5. Abschnitt II

Eine nur auf das einfache Recht beschränkt Diskussion läuft Gefahr, gleichsam die Rahmenvorgaben der Verfassung zu vernachlässigen. Gerade diese aber sollen angesichts des Spielraums, den sie für eine Gestaltung des einfachen Rechts offen lassen, stärker in den Mittelpunkt der Betrachtung rücken. Sie zeigen die von Verfassungsseite her erforderlichen Mindestanforderungen an das Strafrecht auf und eröffnen die Möglichkeit, jenseits vom scheinbar zwingenden Anforderungen des einfachen Rechts, gegebenenfalls andere Lösungsmöglichkeiten zu finden und somit Annäherungsmöglichkeiten zu schaffen. Letztlich ist allerdings auch zu erkennen, daß die Verfassung nicht für jedes Detail fruchtbar zu machen ist, welches der einfachgesetzlichen Rechtsordnung innewohnt oder in sie eingefügt werden soll. Da, wo dem Gesetzgeber von Verfassungs wegen gesetzgeberische Beurteilungsspielraum eingeräumt ist, kann es auch im Falle einer scheinbaren bzw. tatsächlichen verfassungsrechtlichen Möglichkeit zur Änderung Argumente gegen ein solches Vorgehen geben. Dies sind Gründe der Rechtssicherheit, der Verfahrenseffizienz, der besseren Mitwirkungsmöglichkeit von Seiten des Angeklagten und ähnliche Aspekte, aus denen heraus eine Änderungen nicht unbedingt angebracht ist, selbst wenn nicht schon verfassungsmäßig fundierte Positionen des Täters berührt sind. Dies sollte hier, soweit es nicht verfassungsrechtlich verdichtet ist, nicht weiter verfolgt werden, denn die Blickrichtung war immer nur die verfassungsmäßige Vereinbarkeit, während hingegen die Zweckmäßigkeit als Aspekt der Rechtsangleichung im Rahmen dieser Arbeit von nachrangiger Bedeutung sein soll.

Eine weitergehende Bewertung ergibt, daß gerade auch das Zusammenspiel von Wirkungsmechanismen einer anderen Rechtsordnung zu Verlusten in einem zentralen Bereich für das Strafrecht, der Bestimmtheit, führen kann. Als Konsequenz für die materielle Rechtsangleichung ergibt sich, daß diese eingeordnet sein muß in ein konzertiertes Vorgehen, welches Straf-, Strafprozeß- und Strafvollstreckungsrecht berücksichtigt und auch die ungeschriebenen Rahmenvorgaben einer Rechtsordnung beachtet. Derartige Überlegung müssen Gegenstand eigenständiger Arbeiten sein.

Ein Zusammenhang zwischen englischen Vorgehensweisen und altbekannten, umfassend diskutierten verfassungsrechtlichen und praktischen Probleme in Deutschland ist nicht zu verkennen. Vermeintlich ausgestandene Streits gewinnen im Zuge der Europäisierung des Strafrechts wieder an Bedeutung, da sie ein Spiegel des Rechtsempfindens sind.

Wie gerade die Auseinandersetzung mit dem Schuldverständnis gezeigt hat, ist das Rechtsdenken, der Unterschied im gedanklichen Herangehen an ein Rechtsproblemen bei unterschiedlichen Rechtskreisen, sehr groß und sehr tiefgehend[1393]. Da es die Problemlösung maßgeblich beeinflußt, ist eine Harmonisierung, die nur am vordergründigen

---

[1393] Über diese Unterschiede können auch wohlwollende Bezeichnungen, welche die Entwicklungszusammenhänge herauskehren, etwa das Strafrecht „als Teil eines internationalen Kulturzusammenhangs zu verstehen“ (Melia, GA1998, 118, 118 unter Hinweis auf Jeschecks Programm in dessen Vorwort zur 5. Aufl. seines Werkes AT) sowie die Linie des „gemeinsamen europäischen Erbes“, in das die Dogmatik des AT eingeordnet wird (aaO, S. 123 unter Hinweis auf Tiedemann, wonach ein offener oder ungenauer Text nur durch eine aktive Lehre und ihre enge Verzahnung mit der Rechtsprechung teilweise wettgemacht werden) nicht hinweghelfen.

ansetzt, wie etwa beim Gesetzeswortlaut, noch dazu von BT-Delikten, kaum dazu geeignet, Einheitlichkeit auch im Ergebnis sicher zu bewirken.

Die besondere Struktur verfassungsrechtlicher Bestimmungen wie etwa des Art. 1 I GG muß man wird auch im rechtsvergleichenden Kontext klar. Eine „Selbstreflexion der Verwurzelung auf Meta-Ebene", welche die Zuschreibung von Rechten anhand qualitativer Kriterien vornimmt, ist letztlich im Menschenbild in Art. 1 I GG gespeichert, etwa, daß niemand mit Macht beeinflußt werden soll. Dies ist in der rechtlichen Diskussion auch auf die Zukunft gerichtet und wie ein qualifiziertes Differenzierungsgebot zu werten. Eine andere Vergangenheit als Engländer und andere Europäer bewirkt spezifische Besonderheiten, die auch in gegenwärtigen und zukünftigen Auseinandersetzungen Bedeutung haben. Die tabuisierende Kraft der NS-Vergangenheit, welche allerdings Überzeugung für die Geltungskraft des Tabus voraussetzt, liegt gedanklich der Ausgestaltung vieler verfassungsrechtlicher Normen und damit auch dem einfachen Recht zugrunde, wie die Entwicklung des entschuldigenden Notstands zeigt[1394].

Die in der rechtpolitischen Diskussion, gerade bei der Strafbarkeit juristischer Personen herangezogene Wendung „andere machen es anders" ist eben gerade keine Argument als solches. Vielmehr erklären sich Unterschiede vor diesem entwicklungsgeschichtlichen Hintergrund und können nicht aus schlichtem Zwecksmäßigkeitsdenken[1395] über die spezifisch gesetzten Grenzen hinweg negiert werden. Für die rein tatsächliche Angleichung hat sich auch gezeigt, dass die (Verfassungs-)Rechtsprechung gewissen Schritten dann nicht entgegensteht, wenn ein gesetzgeberischer Beurteilungsspielraum oder tatsächlich praktizierte Abläufe gerichtlich geduldet oder akzeptiert werden.

Gerade jene Aspekte, die einem Strafrechtsystem gleichsam vorausliegen, neben dem Rechtsdenken auch die Strafzwecke, an rechtsphilosophischen Aspekten orientierte rechtspolitische Erwägungen und ein spezifisch vom Rechtskreis geprägtes Rechtsempfinden, sind in ihren Auswirkung auf das Ergebnis einer gerichtlichen Entscheidung von nicht zu unterschätzender Relevanz. Ihre Bedeutung zu negieren durch ein nur am positiven Recht ansetzendes Vereinheitlichungs- oder Angleichungsvorhaben hieße, genau jenen Skeptiker Recht zu geben, die ein Unterfangen des Aufeinanderzugehens, gleich welchen Terminus man sich bedienen will, recht zu geben und damit letztlich jegliche Schritte zu unterbinden.

Dabei lassen sich die Vorgaben der Strafzwecke oder des Prozeßrechts und die Tatbestände eines Besonderen Teils mit dem Bildnis eines hereinleuchtenden Rahmens gleichsetzen, in dem verschiedene Punkte positioniert sind. Selbst wenn man diese inhaltliche Punkte in ihrer Lage nun gleichstellt, die Rahmen aber unterschiedlich sind, sei es in einem Fall eine Raute, im anderen ein Quadrat, so bleibt aber deren Auswirkungen auf die Punkte unberücksichtigt, die Strahlungswirkung der Strafzwecke et c. führt wie

[1394] Vgl. 14. Abschnitt C I

[1395] Die Warnung, „..immer mehr Rechtsnormen drohen beliebig zu werden zu Gunsten des angeblich Zweckmäßigen", wird auch bei Entwicklungen des nationalen Rechts, etwa den strafprozessualen Eingriffsbefugnissen wie den sog. generellen Speichelproben, erhoben; vgl. DER SPIEGEL vom 17. 03. 03, Nr. 12, S. 52.

bei einer Lichtbrechung angesichts der unterschiedlichen Einfallswinkel zu anderen Ergebnissen.

Die aufgeworfenen Probleme können auch außerhalb einer Angleichung Beachtung erfahren. Wenn es zu einer gegenseitigen Anerkennung von gerichtlichen Entscheidungen in Strafsachen kommt, wie sich dies in der EU-Konferenz von Tampere[1396] abzeichnet, dann gelangen möglicherweise Entscheidungen im anderen Land zur Vollstreckung, die weder im Weg noch im Ergebnis dem rechtlichen Anspruch des vollstreckenden Landes genügen. Die gegenseitige Anerkennung von gerichtlichen Entscheidungen und einzelstaatlichen Rechtsnormen soll eine langwierige Harmonisierung von Einzelfragen zwar vermeiden[1397]. Dabei werden allerdings die erheblichen Unterschiede etwa des Strafverfahrensrechts vernachlässigt. Gerade Fragen der Beweis- und Beweisverwertungsrechts, die sich unmittelbar auf das Ergebnis der Urteilsfindung auswirken[1398], weisen erhebliche Unterschiede auf, so daß ein „Denken vom Ergebnis" her Gefahren hervorruft. Zu recht wird daher drauf hingewiesen, daß Anerkennung und Annäherung des Strafrechts keine Gegensätze, sondern sich gegenseitig ergänzende Konzepte sein können[1399]. Sich nur auf die formelhafte Beteuerung des „Ausdruck des Vertrauens in die Rechtssysteme der Partner"[1400] zu flüchten, scheint angesichts der bestehenden immensen Unterschiede eher politisches Wunschdenken[1401] und Füllstoff für die Erfolgsbilanz am Ende der Ratspräsidentschaftszeit[1402].

Deutlich geworden ist vielmehr auch, wie viele Faktoren außerhalb der Tatbestandsbeschreibung auf dem Weg zur konkreten Strafe relevant sind. Zwar sind gemeinsame Tatbestände und Definitionen bei Straftaten eine wesentliche Voraussetzung für die gegenseitige Anerkennung gerichtlicher Entscheidungen in der EU, aber auch für die Auslieferung von Straftätern.

Zu recht weisen daher mittlerweile auch Politiker[1403]darauf hin, daß selbst wenn die derzeit noch sehr unterschiedlich gestalteten Strafrahmen, welche in einigen Rechtsordnungen fehlen, übereinstimmten, noch keineswegs sichergestellt sei, daß auch in jedem

---

[1396] Näher zu den Handlungsempfehlungen dieser Regierungskonferenz: Janicki, Beweisverbote, S. 528 ff..

[1397] Wasmeier, Strafrecht der EU, S.12 f. sieht das Prinzip der gegenseitigen Anerkennung seit Tampere als Leitbild der europäischen Integration.

[1398] Kühne, Strafprozeßrecht, § 3 RdNr. 47 f. weist auf die unterschiedlichen Strukturen der Beweisverbote hin und warnt vor einem „Beweismittelshopping" ebenso wie vor der Angleichung des europäischen Strafverfahrensrechts auf niedrigstem Niveau.

[1399] Wasmeier, aaO.

[1400] So die damalige finnische Ratspräsidentschaft, F.A.Z. Nr. 241 vom 16.10.1999, S. 1

[1401] Auch Kühne, Strafprozeßrecht, § 3 RdNr. 49 weist bei einem solchen Schritt darauf hin, das fremde Verfahrenssystem in seinem eigenen Zusammenhang zu analysieren um erkennen zu können, ob eine ausländische Entscheidung ihrer Substanz nach dem entspricht, was nach deutschem Verständnis ein rechtskräftiges Urteil ausmacht.

[1402] Die Bedenken Deutschlands gegen die Einführung von Mehrheitsentscheidungen in der Innen - und Rechtspolitik ist vor diesem Hintergrund verständlich, F.A.Z. Nr. 127 vom 05.06.1999, S. 4

[1403] Etwa der damalige rheinland-pfälzische Justizminister Mertin in der Pressemitteilung des Ministeriums für Justiz vom 29.05.2002 anläßlich einer GROTIUS-Tagung der ERA, Trier

Mitgliedstaat die gleiche Strafe verhängt werde. Hinzu kommen eben Unterschiede in der Strafvollstreckungspraxis, was die Dauer angeht. „Ohne eine gewissenhafte Bestandsaufnahme bei den einschlägigen Rechtsordnungen der europäischen Mitgliedsstaaten laufen wir Gefahr, daß eine Strafharmonisierung lediglich auf dem Papier erreicht wird“[1404].

II) Ausblick

Die Prägung einfachen Gesetzesrechts durch Rechtsnormen, die in der Normenhierarchie eine übergeordnete Stellung einnehmen, ist mitbestimmend für die Rechtsanwendung. Solange es keine geltende europäische Verfassung gibt[1405], die in ihren Vorgaben die inhaltlichen Standards variiert, muß der Stellenwert einer nationalstaatlichen Verfassung Beachtung finden.

Gerade bei einem Weg, der durch eine Veränderung der nationalen Strafrechtsordnungen hin zu einer Annäherung gelangen will, ist eine Vereinbarkeit der verschiedenen Rechtsebenen im nationalen Bereich erforderlich. Die zwingenden Vorgaben, aber auch die von Verfassungs wegen eröffneten Gestaltungsspielräume, geben mehr als nur einen gedanklichen Anstoß. Dies darf bei allem Harmonisierungsstreben im einfachgesetzlichen Bereich nicht vergessen werden[1406]. Die Vorstellung, daß, gleichsam einer Heilserwartung, die in einer Europäisierung des Strafrechts gesehen wird, weil neue effiziente Instrumentarien gebracht werden sollen, diese schnellstmöglich auf dem Nenner bestehender Gemeinsamkeiten vorangetrieben werden muß, kann angesichts der Komplexität und den Hintergründen des nationalen Rechts nicht geteilt werden.

Angesichts des deutlichen Eingriffs in die nationale Souveränität, zu welcher das ius puniendi Inbegriff ist, steht trotz der zahlreichen Beiträge die Diskussion[1407] inhaltlich

---

[1404] Warnung des damaligen rheinland-pfälzischen Justizministers Mertin, Pressemitteilung des Ministeriums für Justiz vom 29.05.2002 anläßlich einer GROTIUS-Tagung der ERA, Trier

[1405] Nach dem Scheitern des sog. Verfassungsgipfels, der Sitzung des Europäischen Rates am 13./14.12.2003 in Brüssel, war das Vorhaben eines europäischen Verfassungsvertrages zunächst auf unbestimmte Zeit verschoben worden (F.A.Z. Nr. 291 vom 15.12.2003, insb. S.1). Das 265-seitige Werk sieht in Art. 172 I Mindestvorschriften und Rahmenvorgaben für das Strafrecht vor. Zudem ist die Grundnorm des Art. 41 Erster Teil zu beachten, der die Angleichung von Gesetzen unter den Vorbehalt der Erforderlichkeit stellt und Subsidiarität konstituiert. Art. 49 normiert innerhalb der Grundrechtscharta ein auch das Strafrecht erfassendes Bestimmtheitsgebot. Der am 29.10.2004 erfolgten Unterzeichnung des Verfassungsvertrages durch die Staats- und Regierungschefs in Rom sollte dann bis Ende 2006 die mitgliedsstaatliche Ratifikation folgen, damit ein vorgesehenes Inkrafttreten zum 01.01.2007 hätte erreicht werden können. Nach dem Scheitern entsprechender Volksabstimmungen in Frankreich und den Niederlanden im Jahre 2005 ist dieser Prozeß erneut ins Stocken geraten und soll nach einer „Denkpause“ unter der deutschen Ratspräsidentschaft im ersten Halbjahr 2007 grundlegend neu angegangen werden.

[1406] Die Überarbeitung des Amsterdamer Vertrages durch das Vertragswerk von Nizza und dessen Auswirkungen, etwa durch die Ausweitung der Möglichkeit von Mehrheitsentscheidungen, die teilweise erhebliche Kritk erfahren haben, brauchen im Rahmen dieser Arbeit nicht berücksichtigt werden, vgl. schon F.A.Z. Nr. 127 vom 05.06.1999.

[1407] Literatur bis 2001 bei Satzger, Europäisierung, S. 719 ff.. Zuletzt etwa Vogel GA 2003, S. 314 ff., Fußnote 1, spricht in seinem Artikel zur Harmonisierung von Literaturflut und zeigt in einer Zusammeneher still, denn die Vielfältigkeit und Komplexität verhindert vorerst einen weiteren Fortschritt. Zwar ist der faktische Druck groß, aber auch die Widerstände sind riesig[1408]. Zudem orientieren sich alternative Lösungsansätze an partiellen Bereichen unter Bestehen lassen der nationalen Rechtsordnungen und deren Unterschiede[1409].

Sollte ein europäisches Strafrecht unabhängig von den nationalen Strafrechtsordnungen eines Tages Wirklichkeit werden, dann kann dieses eine an Menschen- und Grundrechten orientierte Ausrichtung nur erhalten, wenn auch übergeordneten Kriterien Rechnung getragen wird, wie sie sich aus den Verfassungswerten der Mitgliedsstaaten ergeben. Auch kommt dem GG und somit dem zuvor Dargestellten eine maßgebliche Bedeutung zu, weil es dann mittelbar die entsprechenden Standards mitprägt.

Dies ist zum gegenwärtigen Zeitpunkt noch eine äußerst langfristige Perspektive, die erst ansatzweise in die politische Diskussion eindringt[1410] und im Rahmen dieser Arbeit keine Erörterung mehr findet.

---

fassung Entwicklungstendenzen auf; Schoch, VBlBW 2003, 297, 299 beschreibt die neueren Impulse für die nationalen Rechtsordnungen auch im Strafrecht; zu den gegenwärtigen Strafrechtsinitiativen auch Lüderssen, GA 2003, S. 71 ff..

1408 Ein europäisches Strafverfahren würde in Deutschland aller Wahrscheinlichkeit nach den Wegfall des Amtsermittlungsprinzips bedeuten. Berufsgruppen wie die deutschen Richter wären sicher dagegen.

1409 Der europäische Haftbefehl, der fast drei Dutzend Straftaten erfaßt, sieht nur noch die Einhaltung formaler Erfordernisse wie Erlaß, Zustellung und Vollstreckung vor, verzichtet inhaltlich hingegen auf das Erfordernis der beiderseitigen Strafbarkeit. Gedanke ist, daß jedem zugemutet werden kann, dort, wo er sich aufhält bzw. lebt, die Regeln zu kennen und sich anzupassen. Probleme stellen in diesem Zusammenhang die U-Haft und deren Umstände sowie die Rechte in dieser Phase dar; ferner die Wirksamkeit von Hilfe durch den EuGH sowie die Bestrafung in hochpunitiven Ländern. Vgl. auch Brüner/Hetzer, NStZ 2003, S. 115 ff. mit Vorschlägen zur europäischen Beweisführung und einem eigenständigen Vorverfahren als Konsequenz der mangelnden materiellen Strafrechtsharmonisierung.

1410 vgl. zur Grundrechtsdebatte schon den Beitrag von DiFabio, F.A.Z. Nr. 268 vom 17.11.1999, S. 11; ebenso zur Forderung des EU-Parlaments nach einem „verfassungsgebenden Prozeß" sowie der Ausarbeitung einer Charta der Grundrechte, die bei einer Zweiteilung des Vertragswerks dem Ausführungsteil vorangehen soll, F.A.Z Nr. 270 vom 19.11.1999, S. 4. Durch die Konvente unter dem Vorsitz von Roman Herzog (Grundrechtsteil Dez. 1999- Oktober 2000) und V. Giscard D`Estaing (Verfassung Februar 2002-Juli 2003) ist dies umgesetzt worden und mündete in den Text eines Verfassungsvertrages. Zum Stand einer europäische Verfassung: siehe Fußnote 1405

Literaturverzeichnis

I. Literatur zum englischen Recht

Allen, Michael J.
Elliott and Wood`s cases on criminal law. 7. Auflage, London, 1997

Allen, Michael J.
Textbook on Criminal Law. 3. Auflage, London, 1995

Allridge, Peter
The Doctrine of Innocent Agency. Criminal Law Forum 1990, 45 ff.

Ashworth, Andrew
Principles of criminal law. 2. Auflage, Oxford, 1995

Ashworth, Andrew
Principles of criminal law. 3. Auflage, Oxford/New York, 1999

Ashworth, Andrew
Ein repressiver Umschwung der englischen Strafjustiz.
ZStW 109 (1997) S. 677 ff.

Ashworth, Andrew
Grunderfordernisse des Allgemeinen Teils für ein europäisches Sanktionenrecht-- Landesbericht England. ZStW 110 (1998), S. 461 ff.

Ashworth, Andrew
Sentencing and Criminal Justice. 2. Aufl., London, 1995

Ashworth, Andrew
The Criminal Process-An evaluative Study, 2. Aufl., Oxford, 1998

Ashworth, Andrew/Fionda, Julia
Prosecution, Accountability and the Public Interest. Crim.L.R. 1994, 894 ff.

Atiyah, P.S.
Pragmatism & Theory in English Law. London, 1987

Bailey, Stephen H./Gunn, Michael J.
Smith and Bailey on the Modern English Legal System. 2. Aufl., London, 1991
Smith and Bailey on the Modern English Legal System. 3. Aufl., London 1996

Baker, J.H.
An Introduction to English Legal History. 3. Aufl., London, 1990

Baker, Estella
Taking European criminal law seriously. Crim.L.R. 1998, 361 ff.

Baltes, Theo
Die Strafbarkeit des Versuchs im englischen Recht und in den Tochterrechten. Freiburg i.Br./Trier, 1953

Barendt, Eric
Is there a United Kingdom Constitution? OJLS 1997, 137 ff.

Becker, Walter Gustav
Das common law als Methode der Rechtsfindung. Tübingen, 1952

Behrendt, Hans-Joachim
Der Vorsatz im englischen und amerikanischen Strafrecht.
Freiburg i.Br., 1969
Benditt, Theodore M.
The Rule of Precedent in: Goldstein, Laurence: Precedent in Law.
Oxford, 1987
Buchanan, Alec/Virgo, Graham
Duress and Mental Abnormality. Crim.L.R.1999, 517 ff.
Caenegem, R.C. van
Judges, Legislators and Professors: chapters in European legal history. Cambridge, 1987
Card, Richard
Card, Cross & Jones - Criminal Law. 13. Aufl., London, 1995
Clarkson, Christopher M./ Keating, H.M.
Criminal law: Text and materials. 3. Aufl., London, 1994
Cohen, David
The development of the modern doctrine of necessity S. 974 ff. in: Eser, Albin/ Fletcher, George P., Rechtfertigung und Entschuldigung Rechtsvergleichende Pespektive II. Freiburg i.Br., 1988
Commission of the EC (ed.)
The System of Administrative and Penal Sanctions in the Member States of the EC Volume I--National reports: United Kingdom by L.H. Leigh. Luxem bourg, 1994
Crofts, Thomas
Die strafrechtliche Verantwortlichkeit von Kindern in England.
ZStW 108 (1996) S. 214 ff.
Cross, Rupert/Ashworth, Andrew
The English Sentencing System. 3. Aufl., London, 1981
Cross, R./Harris, J.W.
Precedent in English Law. 4. Aufl., Oxford, 1991
Cross, Rupert
Precedent in English Law, 3. Aufl., Oxford, 1977
Crown Prosecution Service (CPS)
Annual Report for the period April 1998-1999. London, 1998,
http://www.official-dokuments.co.uk/ document/cps/hc675/ 675.htm
Crown Prosecution Service
What is the CPS ? et c., http:// www.cps.gov.uk/cps
David, Lucas
Die Bindung des Richters an das Präjudiz im englischen Recht.
Winterthur, 1962
Daw, Roger
The "Public Interest" Criterion in the Decision to Prosecute.
JCL 1989, 485 ff.
Daw, Roger
A Response. Crim.L.R. 1994, 904 ff.

De Boor, Hans Otto
Die Methode des englischen Rechts und die Deutsche Rechtsform. 1934
Devlin, Patrick
Judges and Lawmakers. Modern Law Review 1976, 1 ff.
Dicey, A.V.
Introduction to the Study of the Law of the Constitution.
9. Aufl, London, 1956
Duff, Anthony
Intention, agency and criminal liability. Oxford, 1990
Emmins, Christopher J./Sprack, John
Emmins on criminal procedure. 6. Aufl., London, 1995
Eser, Albin/Fletcher, George P. (Hrsg.)
Rechtfertigung und Entschuldigung
Rechtsvergleichende Perspektiven Bd. I S. 17-65. Freiburg i.Br., 1987
Field, Stewart/ Jörg, Nico
Corporate Liability and Manslaughter: Should we be going Dutch? Crim. L.R.1991, 156 ff.
Fletcher, George P.
Rethinking Criminal Law. Boston, 1978
Gardner, John/Jung, Heike
Making Sense of mens rea: Anthony Duff's Account. OJLS 1991, 559 ff.
Geldart, William
Introduction to English Law. 11. Aufl., Oxford, 1995
Gibson, Bryan/Cavadino,Paul
Criminal Justice Process. Winchester, 1995
Giles, Marianne
Judicial Law-Making in the Criminal Courts: the case of marital rape. Crim.L.R 1992, 407 ff.
Gobert, James
Corporate Criminality: New Crimes for the Times. Crim.L.R. 1994, 722 ff.
Graf von Bernstorff, Christoph
Einführung in das englische Recht. München, 1996
Griew, Edward
Bestrebungen zur Kodifizierung des Strafrechts in England und Wales. ZStW 100 (1988), S. 931 ff.
Grünhut, Max
Das englische Strafrecht in: Edmund Mezger/Adolf Schönke/Hans-Heinrich Jescheck (Hrsg.), Das ausländische Strafrecht der Gegenwart, Bd. 3. S. 133-253. Berlin, 1959
Hart, H.L.A.
Punishment and Responsibility. Oxford, 1968
Hastettler,H.
The Politics of Punishment. Chichester, 1993
Hatchard, John/Huber, Barbara
Comparative Criminal Procedure. London, 1996

Henke, Martin
Utilitarismus und Schuldprinzip bei der schuldabhängigen Strafe im angelsächsischen Rechtskreis. Bonn, 1990

Hetherington, Thomas
Prosecution and the Public Interest. London, 1989

Home Office
Case screening by the CPS: How and why cases are terminated
Home Office Research Study 137.London, 1994

Home Office
Public Interest Case Assessment Schemes-Home Office Research Study 138. London, 1995

Home Office
Criminal Statistics England and Wales 1998. London, März 2000

Hoyano, Allan & Laura/Davis, Gwynn/Goldie, Shelagh
A Study of the Impact of the Revised Code for Crown Prosecutors. Crim. L.R. 1997, 556

Huber, Barbara
Die lebenslange Freiheitsstrafe - Rechtsgrundlage und Praxis in England. JZ 1977, S. 16 ff.

Huber, Barbara
England und Wales S. 11 ff. in: Perron, Walter (Hrsg.):
Die Beweisaufnahme im Strafverfahrensrecht. Freiburg i.Br., 1995

Huber, Barbara
Landesbericht Großbritannien in:
Eser, Albin/Huber, Barbara (Hrsg.): Strafrechtsentwicklung in Europa 5.2
Landesberichte 1993/1996 über Gesetzgebung/Rechtsprechung/
Literatur. Freiburg, 1999

Huber, Barbara
Landesbericht Großbritannien in:
Eser, Albin/Huber, Barbara (Hrsg.): Strafrechtsentwicklung in Europa 4.1
Landesbericht 1989/1992 über Gesetzgebung/Rechtsprechung/
Literatur. Freiburg, 1993

Huber, Barbara
Landesbericht Großbritannien in:
Eser, Albin/Huber, B. (Hrsg.): Strafrechtsentwicklung in Europa 3 Teil 1
Landesbericht 1986/1988 über Gesetzgebung/Rechtsprechung/
Literatur. Freiburg, 1990

Huber, Barbara
Landesbericht Großbritannien in:
Eser, Albin/Huber, B. (Hrsg.): Strafrechtsentwicklung in Europa 2 Teil 1
Landesbericht 1984/1986 über Gesetzgebung/Rechtsprechung/
Literatur. Freiburg, 1988

Huber, Barbara/Hohlfeld, Ulrike
Landesbericht Großbritannien in:
Eser, Albin/Huber, Barbara (Hrsg.): Strafrechtsentwicklung in Europa Landesberichte 1982/1984 über Gesetzgebung/Rechtsprechung/ Literatur. Freiburg, 1985

Huber, Barbara
Die Freiheitsstrafe in England und Wales. Köln, 1983

Jackson, R.M./Spencer, J.R.
Jackson`s Machinery of Justice. 8. Aufl., Cambridge, 1989

Jaffe, Louis Leventhal
English and American Judges as lawmakers. Oxford, 1969

Jescheck, Hans-Heinrich
Die Schuld im Entwurf eines Strafgesetzbuchs für England und Wales im Vergleich mit dem deutschen Recht S. 56 ff. in: Geppert, Klaus (Hrsg.): Festschrift für Rudolf Schmitt zum 70. Geburtstag. Tübingen. 1992

Kadish, Sanford H.
The Decline of Innoncence. CLJ 1968, 273 ff

Kerll, Horst-Wolfram
Das englische Notwehrrecht. Freiburg i.Br., 1977

Kewley, Ada
Murder and the Availability of the defence of duress in the Criminal Law. JCL 1993, 298 ff.

Kiralfy, Albert
The Burden of Proof. London, 1987

Lacey, Nicola/Wells, Celia/Meure, Dirk
Reconstructing Criminal Law. 2. Aufl., London, 1994

Laing, J.A.
The prospects of a theory of criminal culpability: mens rea and methodological doubt. OJLS 1994, 57 ff.

Lanham, David
Larsonneur Revisited. Crim.L.R 1976, 276 ff.

Lewis, P.E.
The CPS and the Acquittals by Judge: Finding the Balance. Crim.L.R.1997, 653 ff.

Livingstone, Stephen/Owen, Tim
Prison Law - Text and materials. Oxford, 1993

Lord Windlesham
Life Sentences: law, practice and release decisions, 1989-93. Crim.L.R. 1993, 644 ff.

Law Commission
A Criminal Code for England and Wales Bd. 1, Report and Draft Criminal Code Bill Working Paper No. 177. London, HMSO, 1989

Law Commission
Legislating the Criminal Code: Involuntary Manslaughter LawCom. No. 237. London, 1996

Law Commission
Consultation Paper No. 122. Legislating the Criminal Code. Offences against the Person and General Principles. London HMSO, 1992

Law Commission
Intoxication and Criminal Liability Consultation Paper No. 127. London, 1993

Law Commission
Consultation Paper No. 134. Consent and Offences against the Person. London HMSO, 1994

Law Commission
Legislating the Criminal Code: Offences against the Person and General Principles LawCom. No. 218. London, November 1993

Law Commission
Legislating the Criminal Code: Consents to prosecution LawCom No. 255. London, 1998

Law Commission
Criminal Law: Consents to Prosecution LawCom Consultation Paper No. 149. London, 1997

Law Commission
Attempt and Impossibility in relation to Attempt, Conspiracy and Incitement, LawCom, London, No. 102

Law Commission
Published Working Paper No. 31. London, 1970

Law Commission
Criminal Law-Bail and the Human Rights Act 1998-A Summary LawCom. Consultation Paper No. 157

Leigh, Leonard H.
Strict and Vicarious Liability-A Study in Administrative Criminal Law. London, 1982

Loewenstein, Karl
Staatsrecht und Staatspraxis von GB Bd. I-Parlament-Regierung- Parteien. Berlin, 1967

Loewenstein, Karl
Staatsrecht und Staatspraxis von GB Bd. II-Justiz-Verwaltung- Bürgerrechte. Berlin, 1967

Lundmark, Thomas
Umgang mit dem Präjudizienrecht. JuS 2000, S. 546 ff.

Lyall, Francis
An introduction to British law. Baden-Baden, 1994

Mackay, R.D.
Mental Condition Defences in the Criminal Law. Oxford, 1995

McColgan, A.
The Law Commission Consultation Document on Involuntary Manslaughter-Heralding Corporate Liability? Crim.L.R. 1994, 547 ff.

Milgate, H.P.
Duress and the Criminal Law: Another About Turn by The House of Lords. CLJ 1988, S. 61 ff.
Murphy, Peter
Blackstone `s Criminal Practice 1997. London, 1997
Neß, Joachim
Trunkenheit und Trunksucht im englischen Strafrecht. Hamburg, 1961
Nijboer, Johannes Frederikus
Beweisprobleme und Strafrechtssysteme-Proof and Criminal Justice Systems. Frankfurt/Main, 1997
Norrie, Alan
Subjectivism, Objectivism and the Limits of Criminal recklessness. OJLS 1992, 45 ff.
Packer, Herbert L.:
The limits of the Criminal Sanction. Stanford, 1968
Papdelides, Andreas
Der Attorney-General in England, der Attorney-General in Zypern und die Staatsanwaltschaft in Deutschland. München, 1975
Pechstaedt, Volkmar von
Stalking-Strafbarkeit nach englischen und deutschem Recht. Göttingen, 1999
Radbruch, Gustav
Jurisprudence in the Criminal Law. Journal of Comparative Legislation and International Law 1936, 212 ff.
Radbruch, Gustav
Der Geist des englischen Rechts. 4. Aufl. Göttingen, 1956
Reed, Alan
The Need for a new Anglo-American Approach to Duress. JCL 1997, 209 ff.
Robertson, David
Judicial Discretion in the House of Lords. Oxford, 1998
Robinson, Paul H.
Criminal Law Defenses: A Systematic Analysis. 82 (1982) Col.L.R., 199-291
Sayre, H.
Mens rea. H.L.R. (1934) Bd. 45, 974 ff.
Schwarz, Andreas B.
Das englische Recht und seine Quellen in: Goldschmidt, Siegfried/Heymann, Ernst/Richter, Reinhold/Titze, Heinrich/Wolff, Martin (Hrsg.), Die Zivilgesetze der Gegenwart, Bd. 2: Das Zivilrecht Englands in Einzeldarstellungen S. 5-100. Mannheim, 1931
Shute, Stephen
The Place of Public Opinion in Sentencing. Law Crim.L.R. 1998, 465 ff.
Smith, John/Hogan, Brian
Criminal Law. 8. Aufl., London, 1996
Smith, Anthony T.H.
Judicial Law Making In The Criminal Law. 100 Law Quarterly Review (1984) S. 46 ff.

Smith, A.T.H.
On actus reus and mens rea in: Glazebrook, P.R. (Hrsg.) Reshaping the Criminal Law - Essays in Honour of Glanville Williams S. 95 ff.. London, 1978

Smith, A.T.H.
Error & Mistake in Anglo-American Criminal Law in: Eser, Albin/ Fletcher, George P. Rechtfertigung und Entschuldigung-- Rechtsvergleichende Perspektive II S. 1076. Freiburg i.Br., 1988

Smith, John C.
Justification and Excuse in the Criminal Law. London, 1989

Smith, J.C.
Offences Against the Person: The Home Office Consultation Paper. Crim.L.R 1998, 317 ff.

Smith, K.J.M.
Must Heroes Behave heroically ? Crim.L.R. 1989, 622 ff.

Stallworthy, Mark
Rationalising the law of manslaughter and Dabbling in Corporate Crime. JCL 1997, 324 ff.

Stephens, Sir James Fitzjames
A history in the Criminal Law in England, Bd. III. London, 1883

Straub, Gernot
Täterschaft und Teilnahme im englischen Strafrecht. Bonn, 1952

Sullivan, G.R.
Expressing Corporate Guilt. OJLS 1995, 281 ff.

Sullivan ,G.R.
The attribution of culpability to limited companies. CLJ 1996, 515 ff.

Sullivan , G.R.
Intoxicants and diminished Responsibility. Crim.L.R. 1994, 156 ff.

Tevlin, Aidan
Motives for Prosecution. JCL 1993, S. 288 ff.

The Royal Commission on Criminal Justice
Report. London, 1993

Thomas, D.A.
The Crime (Sentences) Act 1997. Crim.L.R. 1998, 83 ff.

Tidow, Alfred
Der Schuldbegriff im englischen und amerikanischen Strafrecht. Bonn, 1952

Turner,Cecil J.W.
Kenny`s Outlines of Criminal Law. 19. Aufl., Cambridge, 1966

Virgo, Graham
The Law Commission Consultation Paper on Intoxication and Criminal Liability. Crim.L.R 1993, 415 ff.

Wasik, Martin
Abandoning Criminal Intent. Crim.L.R 1980, 785 ff.

Wasik, Martin
Excuses at the Sentencing Stage. Crim.L.R. 1983, 450 ff.

Watzek, Jens
Rechtfertigung und Entschuldigung im englischen Strafrecht-- Eine Strukturanalyse der allgemeinen Strafbarkeitsvoraussetzungen aus deutscher Perspektive. Freiburg i.Br., 1997

Weigend, Thomas
Absprachen im ausländischen Strafverfahren. Freiburg i.Br., 1990

Wells, Celia
Corporations and Criminal Responsibility. Oxford, 1993

Wells, Celia
Swatting the Subjectivist Bug. Crim.L.R 1982, 209 ff.

Wells, Celia
The Corporate Manslaughter Proposals: Pragmatism, Paradox and Peninsularity. Crim.L.R. 1996, 545 ff.

Wells, Celia
Corporations, Culture, Risk and Criminal Liability. Crim.L.R. 1993, 551 ff.

Wells, Celia
Die strafrechtliche Verantwortlichkeit von Unternehmen in England und Wales - Sich wandelnde Vorstellungen und Gesetzesformen.
ZStW 95, S. 676 ff.

Viehweg, Theodor
Topik und Jurisprudenz. 5. Aufl., München, 1974

Ward, Richard
Walker & Walker`s English Legal System. 8. Auflage, London, 1998

Wilcox, A.F.
The Decision to Prosecute. London, 1972

Willms, Elmar Wilhelm
Die Strafbarkeit der „company“ im englischen Recht. Aachen, 1966

Williams, Glanville
Textbook of Criminal Law. 2. Aufl., London, 1983

Williams, Glanville
Textbook of Criminal Law. 3. Aufl., London, 1994

Williams, Glanville L.
Criminal Law - The General Part. 1. Aufl., London 1963

Williams, Glanville
The Theory of Excuses. Crim.L.R 1982, 733 ff.

Williams, Glanville
The defence of necessity. Current Legal Problems 6 (1953), 216 ff

Williams, Glanville
Oblique intention. CLJ 1987, 417 ff.

Williams, Glanville L.
The mental element in Crime. Jerusalem, 1965

White, Stephen
Offence of Basic and Specific Intent. Crim.L.R 1989, 271 ff.

Yeo, Stanley
Fault in Homicide. Sydney, 1997

Zander, Michael
Cases and Materials on the English Legal System. London, 1999

II. Literatur zum deutschen Recht

Ackermann, Bruni
Die Strafbarkeit juristischer Personen im deutschen Recht und in ausländi schen Rechtsordnungen. Frankfurt/Main, 1984

Albrecht, Peter-Alexis
Unsicherheitszonen des Schuldstrafrechts. GA 1983, S. 193 ff.

Alexy, Robert
Theorie der Grundrechte. 2. Aufl., Frankfurt/Main, 1994

Arzt, Gunther
Notwehr, Selbsthilfe, Bürgerwehr - zum Vorrang der Verteidigung der Rechtsordnung durch den Staat in: Grünwald, Gerald: Festschrift für Friedrich Schaffstein: zum 70. Geburtstag am 28.07.1975, S. 77 ff.. Göttingen, 1975

Aulinger, Susanne
§ 31 a BtMG - Der Auftrag des BVerfG und die Rechtswirklichkeit. NStZ 1999, S. 111 ff.

Badura, Peter
Der Eigentumsschutz des eingerichteten und ausgeübten Gewerbebetriebs. AöR 98 (1973), S. 153 ff

Baumann, Jürgen
Grabgesang für das Legalitätsprinzip. ZRP 1972, S. 273 ff.

Bernsmann, Klaus
„Entschuldigung" durch Notstand. Köln, 1989

Bettermann, Karl August
Grenzen der Grundrechte. Berlin, 1968

Blei, Hermann/ Mezger, Edmund
Strafrecht Bd. 1 AT. 15. Aufl., München, 1973

Bloy, Rene
Die dogmatische Bedeutung der Strafausschließungs- und Strafaufhebungsgründe. Berlin, 1976

Bockelmann, Paul
Willensfreiheit und Zurechnungsfähigkeit. ZStW 75 (1963), S. 372 ff.

Bohnert, Joachim:
Grundriß des Ordnungswidrigkeitenrechts. Berlin, 1996

Bohnert, Joachim
in: Boujong, Karlheinz: Karlsruher Kommentar zum Gesetz über Ordnungswidrigkeiten. 2. Aufl., 2000

Brenner, Karl
Ordnungswidrigkeitenrecht. München, 1996

Burkhardt, Björn
Der Rücktritt als Rechtsfolgebestimmung. Berlin, 1975

Bruns, Hans-Jürgen
Das Recht der Strafzumessung. 2. Aufl., Köln, 1985

Bydlinski, Franz
Juristische Methodenlehre und Rechtsbegriff. 2. Aufl., Wien, 1991

Commission of the EC (ed.)
The System of Administrative and Penal Sanctions in the Member States of the EC Volume I - National reports: F.R. Germany by Thomas Weigend. Luxembourg, 1994

Cornils, Karin
Harmonisierungsbedarf zur grenzüberschreitenden Tatbeteiligung in:
Eser, Albin/ Huber, Barbara/ Cornils, Karin: Einzelverantwortung und Mitverantwortung im Strafrecht. Freiburg i.Br., 1998

Dannecker, Gerhard
Strafrechtlicher Schutz der Finanzinteressen der Europäischen Gemeinschaft gegen Täuschung. ZStW 108 (1996), S. 577 ff.

Dencker, Friedrich
Beschleunigung des Strafprozesses--Vereinfachte Feststellung von Sachverhalte, die von den Verfahrensbeteiligten als <unstreitig> bezeichnet werden. StV 1994, S. 503 ff.

Eckl, Peter
Legalitätsprinzip in der Krise ? ZRP 1973, S. 139 ff.

Eidam, Gerd
Straftäter Unternehmen. Müchen, 1997

Eidam, Gerd
Spartentrennung in der Rechtsschutzversicherung. Hamburg, 1984

Erb, Volker
Die Schutzfunktion von Art. 103 II GG bei Rechtfertigungsgründen.
ZStW 1996 (108), S. 266 ff.

Eser, Albin
Empfiehlt es sich, die Straftatbestände des Mordes, des Totschlags und der Kindestötung (Paragr. 211 bis 213,217 StGB) neu abzugrenzen?
Gutachten Deutschland für den 53. Deutschen Juristentag. Berlin, 1980

Faller, Hans
Verfassungsrechtliche Grenzen des Opportunitätsprinzips im Strafprozeß in: Spanner, Hans (Hrsg): Festgabe für Theodor Maunz zum 70. Geburtstag, S. 69 ff.. München, 1971

Feuerbach, P.J.A. v.
Lehrbuch des gemeinen in Deutschland geltenden peinlichen Rechts, Hrsg. Karl Joseph Anton Mittermaier 108 (1847). 2. Neudruck der 14. Aufl. Giessen 1847. Aalen, 1986

Fischer, Daniel J.
Die Normierung der Strafzwecke nach Vorbild der U.S. Sentencing Guidelines - eine Chance für das deutsche (Steuer-) Strafrecht ?
Baden-Baden 1999

Frank, Reinhard von
Über den Aufbau des Schuldbegriffs. Festschrift der jur. Fakultät der Universität Gießen 1907, S. 101 ff., als Sonderdruck. Achenbach, 1974
Frister, Helmut
Schuldprinzip, Verbot der Verdachtsstrafe und Unschuldsvermutung als materielle Grundprinzipien des Strafrechts. Berlin, 1988
Gallas, Wilhelm
Zum gegenwärtigen Stand der Lehre vom Verbrechen. ZStW 67 (1955), 1 ff.
Geisler, Claudius
Zur Vereinbarkeit objektiver Bedingungen der Strafbarkeit mit dem Schuldprinzip. Berlin, 1998
Gillmeister, Ferdinand
Strafzumessung aus verjährten und eingestellten Straftaten.
NStZ 2000, 344 ff.
Göhler, Erich
Gesetz über Ordnungswidrigkeiten-OwiG. 12. Aufl., München, 1998
Göhler, Erich
Die strafrechtliche Verantwortlichkeit juristischer Personen in: Beszamolok, Nemet, Deutsche Landesberichte zum X. Internationalen Kongreß für Rechtsvergleichung - Sektion V-. Berlin, 1978
Götz, Volkmar
§ 79 Innere Sicherheit in: Isensee, Josef/Kirchhof, Paul: Handbuch des Staatsrechts der BRD-Band III - Das Handeln des Staates, S. 1007 ff.. Heidelberg, 1988
Grützner, Heinrich/Pötz, Paul-Günter
Internationaler Rechtshilfeverkehr in Strafsachen. 2. Aufl., Heidelberg, Loseblatt-Ausgabe
Groß, A. von
Gutachten in: Verhandlungen des 2. DJT. Bd. I (1861), S. 131 ff.
Haberl, Gunther
Die Strafbarkeit des Umgangs mit „nicht geringen Mengen" im Betäubungsmittelgesetz. Sinzheim, 1998
Haft, Fritjof
Der Rücktritt des Beteiligten bei Vollendung der Straftat. JA 79, S. 306 ff.
Hardwig, Werner
Pflichtirrtum, Vorsatz und Fahrlässigkeit. ZStW 78 (1966), S. 1 ff.
Hassemer, Winfried
Kennzeichen und Krisen des modernen Strafrechts. ZRP 1992, S. 378 ff.
Hassemer, Winfried
Rechtfertigung und Entschuldigung im Strafrecht-Thesen und Kommentare in: Eser, Albin/Fletcher, George P. (Hrsg.). Rechtfertigung und Entschuldigung - Rechtsvergleichende Perspektive, Bd. 1, S. 175-227. Freiburg i.Br., 1987
Heine, Günter
Die strafrechtliche Verantwortlichkeit von Unternehmen.
1. Aufl., Baden -Baden, 1995

Heinitz, Ernst
Gedanken zur Strafrechtsreform: Vorträge Ernst Heinitz, Thomas Würtenberger, Karl Peters. Paderborn, 1965
Heghmanns, Michael
Auswahlermessen der Staatsanwaltschaft bei Anklageerhebung und gesetzlichem Richter. StV 2000, S. 277 ff.
Hertz, Adolf
Geschichte des Legalitätsprinzips. Freiburg, 1935
Hesse, Konrad
Grundzüge des Verfassungsrecht. 8. Aufl., Karlsruhe, 1975
Hill, Hermann
Verfassungsrechtliche Gewährleistungen gegenüber der staatlichen Strafgewalt S.1305 ff. in: Isensee, Josef/Kirchhof, Paul: Handbuch des Staatsrechts der BRD Band VI Freiheitsrechte. Heidelberg, 1989
Hirsch, Hans Joachim
Die Frage der Straffähigkeit von Personenverbänden. Opladen, 1993
Hirsch, Hans Joachim
Strafrechtliche Verantwortlichkeit von Unternehmen.
ZStW 107 (1995), S. 285 ff.
Hugger, Heiner
Zur strafbarkeitserweiternden richtlinienkonformen Auslegung deutscher Strafvorschriften. NStZ 1993, S. 421 ff.
Isensee, Josef
Anwendung der Grundrechte auf juristische Personen § 118 in: Isensee, Josef/ Kirchhof, Paul: Handbuch des Staatsrechts der BRD - Band V Allgemeine Grundrechtslehren. 2. Aufl., Heidelberg, 2000
Isensee, Josef
Das Grundrecht auf Sicherheit - Zu den Schutzpflichten des Verfassungsstaates. Berlin, 1983
Jakobs, Günther
Strafrecht-Allgemeiner Teil. 2. Aufl., Berlin, 1993
Jarass, Hans D./ Pieroth, Bodo
Grundgesetz für die Bundesrepublik Deutschland - Kommentar. 6. Aufl., München, 2002
Jahrreiß, Hermann
Zum Ruf nach dem sogenannten Kronzeugen in: Warda, Günter u.a. (Hrsg), Festschrift für Richard Lange zum 70. Geburtstag S. 765 ff.. Berlin, 1976
Jescheck, Hans-Heinrich/Weigend, Thomas
Lehrbuch des Strafrechts-Allgemeiner Teil. 5. Aufl., Berlin, 1996
Jescheck, Hans-Heinrich
Lfg. 1: Einleitung §§ 1-2. 11. Auflage, Berlin, 1992
Lfg.11: §§ 13-14. 11. Aufl., Berlin, 1993
in : Jähnke, Burkhard (Hrsg.): Strafgesetzbuch - Leipziger Kommmentar

Jescheck, Hans-Heinrich
Grundsätze der Kriminalpolitik in rechtsvergleichender Sicht
in: Kühne, Hans-Heiner: Festschrift für Koichi Miyazawa.
Baden-Baden, 1995

Jung, Heike
Konturen und Perspektiven europäischen Strafrechts. JuS 2000, S. 417 ff.

Jung, Heike
Straffreiheit für den Kronzeugen? Köln, 1974

Pfeiffer, Gerd (Hrsg.)
Karlsruher Kommentar zur Strafprozessordnung. 3.Aufl., München, 1993
Karlsruher Kommentar zur Strafprozeßordnung und zum Gerichtsverfassungsgesetz. München, 5. Aufl., 2003

Kaufmann, Arthur
Unzeitgemäße Betrachtungen zum Schuldgrundsatz im Strafrecht.
Jura 1986, S. 225 ff.

Kausch, Erhard
Der Staatsanwalt-ein Richter vor dem Richter?
Untersuchung zu § 153 a StGB. Berlin, 1980

Kim, Hak-Tai
Grenzen des funktionalen Schuldbegriffs. Saabrücken, 1995

Kleinknecht/Meyer-Goßner, Lutz
StPO. 45. Aufl., München, 2001

Kohlhaas, B.
Unzulässige Durchbrechung des Legalitätsprinzips. GA 1956, S. 241 ff.

Koller, Christoph
Die Staatsanwaltschaft-Organ der Judikative oder Exekutivbehörde? Die Stellung der Anklagebehörde und die Gewaltenteilung des Grundgesetzes. Frankfurt/Main, 1997

Krahl, Matthias
Die Rechtsprechung des Bundesverfassungsgerichts und des Bundesgerichtshofs zum Bestimmtheitsgrundsatz im Strafrecht
(Art.103 II GG). Frankfurt/Main, 1986

Krey, Volker
Keine Strafe ohne Gesetz-Einführung in die Dogmengeschichte des Satzes „nullum crimen, nulla poena sine lege“. Berlin, 1983

Krey, Volker
Studien zum Gesetzesvorbehalt im Strafrecht. Berlin, 1977

Krey, Volker
Gesetzestreue und Strafrecht. ZStW 101 (1989) S. 838 ff.

Krey, Volker
Besonderer Teil ohne Vermögensdelikte Band 1. 12. Aufl., Stuttgart, 2002

Krey, Volker
Zur Problematik richterlicher Rechtsfortbildung contra legem.
JZ 78, S. 361 ff., S. 428 ff., S. 465 ff.

Krümpelmann, Justus
Die strafrechtliche Behandlung des Irrtums in: Beszamolok, Nemet, Deutsche Landesberichte zum X. Internationalen Kongreß für Rechtsvergleichung-Sektion V-. Berlin, 1978
Kühl, Kristian
Strafrecht-Allgemeiner Teil. 3.Aufl., München, 2000
Kühl, Kristian
Der Einfluß der Europäischen Menschenrechtskonvention auf das Strafrecht und Strafverfahrensrecht der Bundesrepublik Deutschland.
ZStW 100 (1988), S. 406 ff.; S. 601
Kühne, Hans-Heiner
Strafprozessrecht. 5. Auflage, Heidelberg, 1999
Strafprozessrecht. 6. Auflage, Heidelberg, 2003
Kühne, Hans-Heiner
Vom Strafrecht, von der Kriminologie und vom Mythos der Rationalität.
GA 1994, S. 503 ff.
Kühne, Hans-Heiner
Europäische Methodenvielfalt und nationale Umsetzung von Entscheidungen Europäischer Gerichte. GA 2005, S. 195 ff.
Lackner, Karl/Kühl, Kristian/Dreher, Eduard
StGB. 23. Auflage, München, 1999
Lagodny, Otto
Strafrecht vor den Schranken der Grundrechte. Tübingen, 1996
Laubenthal, Klaus/Baier, Helmut
Durch die Ausländereigenschaft bedingte Verbotsirrtümer und die Perspektiven europäischer Rechtsvereinheitlichung. GA 2000, S. 204 ff.
Leibholz, Gerhard/Rinck, Hans-Justus/Hesselberger,Dieter
Grundgesetz für die Bundesrepublik Deutschland: Kommentar an Hand der Rechtsprechung des Bundesverfassungsgerichts. 7. Aufl., Köln, 1993
Lüderssen, Klaus
Grenzen des Legalitätsprinzips im effizienz-orientierten modernen Rechtsstaat - Schluckt das Verfahrensrecht die sichernden Funktionen des materiellen Rechts? in: Denninger, Erhard/Lüderssen, Klaus: Polizei und Strafprozeß im demokratischen Rechtsstaat. Frankfurt/Main., 1978, S. 188 ff.
Maier, Hans Christian
Die Garantiefunktion des Gesetzes im Strafprozeß. Pfaffenweiler, 1991
Mangoldt, von Hermann/ Klein, Friedrich (Hrsg.)
Das Bonner Grundgesetz-Kommentar. 4. Aufl., München. 1999
Marquardt, Hanno
Die Entwicklung des Legalitätsprinzips. Mannheim, 1982
Marxen, Klaus
Die „sozialethischen" Grenzen der Notwehr. Frankfurt/Main, 1979
Maunz, Theodor
Deutsches Staatsrecht. 20. Aufl., München, 1975
Maurach, Reinhart/Zipf, Heinz
Strafrecht Allgemeiner Teil - Teilband 1. 8. Auflage, Heidelberg, 1992

Maurach, Reinhart/Gössel, Karl-Heinz/Zipf, Heinz
Strafrecht Allgemeiner Teil - Teilband 2. 7. Aufl., Heidelberg, 1989
Münch, Ingo von/ Kunig, Philipp
Grundgesetz - Kommentar Bd. 1 Präambel bis Art.20. 4. Aufl., München, 1992
Münch, Ingo von/Kunig, Philipp
Grundgesetz-Kommentar Bd. 3 Art. 70 bis Art. 146. 3. Aufl., München, 1996
Naucke, Wolfgang
Empfiehlt es sich, in bestimmten Bereichen der kleinen Eigentums- und Vermögenskriminalität, insbesondere des Ladendiebstahls, die strafrechtlichen Sanktionen durch andere, zum Beispiel zivilrechtliche Sanktionen abzulösen, gegebenenfalls durch welche?
Gutachten D für den 51. Deutschen Juristentag. München, 1976
Naucke, Wolfgang
Wissenschaftliches Strafrechtssystem und positives Strafrecht.
GA 1998, S. 263 ff.
Nelles, Ursula/Velten, Petra
Einstellungsvorschriften als Korrektiv für unverhältnismäßige Strafgesetze ?
NStZ 1994, S. 366 ff.
Neumann, Ulrich
Neue Entwicklungen im Bereich der Argumentationsmuster zur Begründung oder zum Ausschluß strafrechtlicher Verantwortlichkeit.
ZStW 99 (1987) S. 567 ff.
Ossenbühl, Fritz
Rechtsquellen und Rechtsbindungen der Verwaltung in: Erichsen, Hans-Uwe/Badura, Peter: Allgemeines Verwaltungsrecht. 12.Aufl., Berlin, 2002
Otto, Harro
Die Strafbarkeit von Unternehmen und Verbänden. Berlin, 1993
Otto, Harro
Grundkurs Strafrecht. 6. Aufl., Berlin, 2000
Peters, Karl
Strafprozeß. 4. Aufl., Heidelberg, 1985
Pohl- Sichtermann, Rotraut
Geldbuße gegen Verbände: § 26 OWiG. Bochum, 1974
Pott, Christine
Die Außerkraftsetzung der Legalität durch das Opportunitätsdenken in den Vorschriften der §§ 154, 154 a StPO. Frankfurt/Main, 1996
Rath, Jürgen
Zur actio libera in causa bei Schuldunfähigkeit des Täters.
JUS 1995, S. 405 ff.
Rausch, Heinz
Zur heutigen Problematik der Gewaltentrennung. Darmstadt, 1969
Reinhardt, Michael
Konsistente Jurisdiktion. Tübingen, 1996

Rittner, Fritz

Die werdende juristische Person: Untersuchungen zum Gesellschafts- und Unternehmensrecht. Tübingen, 1973

Rotberg, Hans Eberhard

Ordnungswidrigkeitengesetz. 5. Aufl., 1975

Roxin, Claus

Strafrecht Allgemeiner Teil Bd. 1. 3. Auflage, München, 1997

Roxin, Claus

Zur Problematik des Schuldstrafrechts. ZStW 96 (1984), S. 641 ff.

Roxin, Claus

Über den Rücktritt vom unbeendeten Versuch in:
Lüttger, Hans(Hrsg.): Festschrift für Ernst Heinitz
zum 70. Geburtstag am 01.Januar 1972, S. 251 ff.. Berlin, 1972

Roxin, Claus

Strafverfahrensrecht. 25. Aufl., München, 1998

Rüfner, Wolfgang

Grundrechtskonflikte in: Starck, Christian: Bundesverfassungsgericht und Grundgesetz. Tübingen, 1977

Rüfner, Wolfgang

§ 116 Grundrechtsträger in: Isensee, Josef/Kirchhof, Paul: Handbuch des Staatsrechts der BRD-Band V - Allgemeine Grundrechtslehren.
Heidelberg, 1992

Rudolphi, Hans-Joachim

Das virtuelle Unrechtsbewußtsein als Strafbarkeitsvoraussetzung im Widerstreit zwischen Schuld und Prävention in: Bönner, K.H./de Boor,W. (Hrsg.): Unrechtsbewußtsein-Mit Beiträgen von Rüdiger Deckers u.a.. Basel, 1982

Sachs, Michael

Die Auswirkungen des allgemeinen Gleichheitssatzes auf die Teilrechtsordnungen § 127 in: Isensee, Josef/ Kirchhof, Paul: Handbuch des Staatsrechts der BRD - Band V - Allgemeine Grundrechtslehren.
2. Aufl., Heidelberg, 2000

Schmidt, Eberhard

Straftaten und Ordnungswidrigkeiten - Betrachtungen zum Entwurf eines Gesetzes über Ordnungswidrigkeiten. JZ 51, S. 101 ff.

Schmidt - Bleibtreu, Bruno/Klein, Franz

Kommentar zum Grundgesetz. 9. Aufl., Neuwied, 1999

Schmidt- Salzer, Joachim

Entscheidungssammlung Produkthaftung Berlin
Bd. 4: Strafrechtliche Entscheidungen Register. Berlin, 1982
Bd. 5,2: Strafrecht mit Urteilsanmerkungen und einer Einleitung.
Berlin, 1988

Schultz, Günther

Blick in die Zeit. MDR 1958, S. 18 ff.

Serwe, Hans

Abschied vom Legalitätsprinzip. Kriminalistik 1970, S. 377 ff.

Schäfer, Gerhard
Praxis der Strafzumessung. 3. Aufl., München, 2001
Schmidt, Reiner
Einführung in das Umweltrecht. 5. Auflage, München, 1999
Schönke, Adolf/Schröder, Horst/Lenckner, Theodor
Strafgesetzbuch-Kommentar. 25. Aufl., München, 1997
Schreiber, Hans-Ludwig
Strafzumessungsrecht. NStZ 1981, S. 338 ff.
Schreiber, Hans-Ludwig
Gesetz und Richter. Frankfurt/Main, 1976
Schroth, Hans-Juergen
Unternehmen als Normadressaten und Sanktionssubjekte.
1. Aufl., Gießen, 1993
Schröder, Friedrich-Christian
Die Notwehr als Indikator politischer Grundanschauungen in: ders. (Hrsg.): Festschrift für Reinhart Maurach zum 70. Geburtstag, S. 127 ff.. Karlsruhe, 1972
Schröder, Friedrich-Christian
Legaliäts- und Opportunitätsprinzip heute in: Baumann, Jürgen/Tiedemann, Klaus (Hrsg.): Einheit und Vielfalt des Strafrechts, Festschrift für Karl Peters zum 70. Geburtstag, S. 411 ff.. Tübingen, 1974
Schünemann, Bernd
Nulla poena sine lege ? Berlin, 1978
Schünemann, Bernd
Moderne Tendenzen in der Dogmatik der Fahrlässigkeits- und Gefährdungsdelikte. JA 1975, S. 511 ff.
Schünemann, Bernd
Unternehmenskriminalität und Strafrecht. Köln, 1979
Stächelin, Gregor
Strafgesetzgebung im Verfassungsstaat. Berlin, 1998
Stächelin, Gregor
Don`t „Legalize it", but „Opportunize it". JA 1994, S. 245 ff.
Stern, Klaus
Das Staatsrecht der Bundesrepublik Deutschland Bd. III/1. München, 1988
Strathenwert, Günter
Strafrechtliche Unternehmenshaftung? S. 295 ff. in:
Geppert, Klaus (Hrsg): Festschrift für Rudolf Schmitt zum 70.Geburtstag. Tübingen, 1992
Streng, Franz
Schuld ohne Freiheit? Der funktionale Schuldbegriff auf dem Prüfstand. ZStW 101 (1989), S. 273 ff.
Streng, Franz
Strafrechtliche Sanktionen: Strafzumessung und ihre Grundlagen.
2. Aufl., Berlin, 2002

Terbach, Matthias

Rechtsschutz gegen die staatsanwaltschaftliche Zustimmungsverweigerung zur Verfahrenseinstellung nach § 153 II , 153 a II StPO. NStZ 1998, S. 172 ff.

Tiedemann, Klaus

Tatbestandsfunktionen im Nebenstrafrecht: Untersuchungen zu einem rechtsstaatlichen Tatbstandsbegriff, entwickelt am Problem des Wirtschaftsrechts. Tübingen, 1969

Tiedemann, Klaus

Zum Stand der Irrtumslehre, insbesondere im Wirtschafts- und Nebenstrafrecht in: Schlüchter, Ellen (Hrsg.), Kriminalistik und Strafrecht-Festschrift für Friedrich Geerds zum 70. Geburtstag. Lübeck, 1995

Tiedemann, Klaus

Die „Bebußung" von Unternehmen nach dem 2. Gesetz zur Bekämpfung der Wirtschaftskriminalität. NJW 1988, S. 1169 ff.

Többens, Hans W.

Die Bekämpfung der Wirtschaftskriminalität durch die Troika der §§ 9, 130 und 30 des Gesetzes über Ordnungswidrigkeiten. NStZ 1999, S. 1 ff.

Tröndle, Herbert/Fischer, Thomas

Strafgesetzbuch und Nebengesetze. 49. Aufl., München, 1999

Strafgesetzbuch und Nebengesetze. 51. Aufl., München, 2003

Volk, Klaus

Zur Bestrafung von Unternehmen. JZ 1993, S. 429 ff.

Vultejus, Ulrich

Legalitäts- und Opportunitätsprinzip. ZRP 1999, S. 135 ff.

Wagner, Walter

Zum Legalitätsprinzip in: Festschrift für den 45. Deutschen Juristentag. Karlsruhe, 1964

Volk, Klaus

Entkriminalisierung durch Strafwürdigkeitskriterien jenseits des Deliktsaufbaus. ZStW 97(1985), S. 871 ff.

Walter, Michael

Wandlungen in der Reaktion auf Kriminalität. ZStW 95 (1983), S. 32 ff.

Weigend, Thomas

Anklagepflicht und Ermessen. 1. Aufl., Baden-Baden, 1978

Welzel, Hans

Das deutsche Strafrecht. 11. Aufl., Berlin, 1969

Wessels, Johannes/Beulke, Werner

Strafrecht, Allgemeiner Teil. 31. Aufl., Heidelberg, 2001

Wolter, Jürgen

Strukturen eines ganzheitlichen Straftat-, Strafprozeß- und Strafzumessungssystems S. 1 ff. in: Wolter, Jürgen/ Freund,Georg: Straftat, Strafzumessung und Strafprozeßrecht im gesamten Strafrechtssystem. Heidelberg, 1996

Wolter, Jürgen

Verfassungsrechtliche Strafrechts-, Unrechts- und Strafausschlußgründe im Strafrechtssystem von Claus Roxin. GA 1996, S. 207 ff.

Wolter, Jürgen
Verfassungsrecht im Strafprozeß- und Strafrechtssystem. NStZ 1993, S.1 ff.
Zipf, Heinz
Strafprozessrecht. 2. Aufl., Berlin, 1977
Zipf, Heinz
Die mangelnde Strafwürdigkeit der Tat. Salzburg, 1975

III. Weitere Literatur zum europäischen Recht und zur Rechtsvergleichung

Bantekas, Ilias/Nash, Susan
International Criminal Law. 2. Aufl., London, 2003
Bleckmann, Albert
Die Überlagerung des nationalen Strafrechts durch das Europäische Gemeinschaftsrecht S. 107 ff. in: Küper, Wilfried (Hrsg.)/ Stree, Walter/ Wessels, Johannes: Beiträge zur Rechtswissenschaft: Festschrift für Walter Stree und Johannes Wessels zum 70. Geburtstag.
Heidelberg, 1993
Bottke, Wilfried
Die Struktur von Täterschaft und Teilnahme bei aktiver Begehung und Unterlassung als Baustein eines gemeineuropäischen Strafrechtssystems in: Schünemann, Bernd/De Figueiredo Dias, Jorge (Hrsg.), Bausteine des europäischen Strafrechts--Coimbra-Symposium für Claus Roxin. Köln, 1995
Bömeke, Patrick
Rechtsfolgen fehlgeschlagener Absprachen im deutschen und englischen Strafverfahren, Frankfurt am Main/Berlin, 2001
Brüner, Franz-Hermann/Hetzer, Wolfgang
Nationale Strafverfolgung und Europäische Beweisführung?
NJW 2003, S.115 ff.
Cadoppi, Alberto
Towards a European Criminal Code ? in: Watkin, Thomas G., The Europeanisation of Law. Oxford, 1998
Cadoppi, Alberto
Towards a European Criminal Code? in: European Journal of Crime, Criminal Law and Criminal Justice 1986, 3 ff.
Corstens, Geert/Pradel, Jean
European Criminal Law. Paris, 2002
De Figueiredo Dias, Jorge
Resultate und Probleme beim Aufbau eines funktionalen und zweckrationalen Strafrechtssystems in: Schünemann, Bernd/De Figueiredo Dias, Jorge (Hrsg.), Bausteine des europäischen Strafrechts--Coimbra-Symposium für Claus Roxin. Köln, 1995
Dannecker, Gerhard
Strafrecht der Europäischen Gemeinschaft in: Eser, Albin/Huber, Barbara Strafrechtsentwicklung in Europa 4.3. Freiburg i.Br., 1995
Dannecker, Gerhard
Strafrecht in der europäischen Gemeinschaft. JZ 1996, S. 869

Dannecker, Gerhard
Die Entwicklung des Strafrechts unter dem Einfluß des Gemeinschaftsrecht. Jura 1998, S. 79 ff.
Dannecker, Gerhard/ Fischer-Fritsch, Jutta
Das EG-Kartellrecht in der Bußgeldpraxis. Köln, 1989
David, Rene/Grasmann, Günther
Einführung in die großen Rechtssysteme der Gegenwart. 2. Aufl., München, 1988
Delmas-Marty, Mireille (Hrsg.)
Corpus Juris der strafrechtlichen Regeln zum Schutz der finanziellen Interessen der Europäischen Union. Köln, 1998
Dine, Janet
European community criminal law? Crim.L.R. 1993, 247 ff.
Eser, Albin
Entwicklung des Strafverfahrensrechts in Europa. ZStW 108 (1996), S. 86 ff.
Esser, Robert/Herbold, Anna Lina
Neue Wege für die justizielle Zusammenarbeit in Strafsachen - Das EUROJUST-Gesetz. NJW 2004, S. 2421 ff.
Esser, Robert
Auf dem Weg zu einem europäischen Strafverfahrensrecht - Die Grundlagen im Spiegel der Rechtsprechung des Europäischen Gerichtshof für Menschenrechte (EGMR) in Straßburg. Berlin, 2002
Götz, Volkmar
Auf dem Weg zur Rechtseinheit in Europa ? JZ 1994, S. 265 ff.
Gordon, William
European legal history and the Europeanisation of Law
in: Watkin, Thomas G., The Europeanisation of Law. Oxford, 1998
Großfeld, Bernhard
Kernfragen der Rechtsvergleichung. Tübingen, 1996
Hendler, Edmundo S.
Sistemas procesales penales comparados. Buenos Aires, 1999
Hoffmann, Markus
Gerichtliche Zusammenarbeit in Europa. ZStW 109 (1997), S. 265 ff.
Huber, Barbara(Hrsg.)
Das Corpus Juris als Grundlage eines europäischen Strafrechts Freiburg 2000
Janicki, Kathrin
Die strafprozessualen Beweisverbote in Deutschland und England und ihre Auswirkungen auf die grenzüberschreitende strafrechtliche Zusammenarbeit in Europa. Baden-Baden, 2002
Jescheck, H.H.
Entwicklung, Aufgaben und Methoden der Strafrechtsvergleichung. Tübingen, 1955
Jescheck, H.H./Kaiser, Günther
Die Vergleichung als Methode der Strafrechtswissenschaft und der Kriminologie. Berlin, 1980

Jung, Heike
Grundfragen der Strafrechtsvergleichung. JuS 1998, S. 1 ff.
Jung, Heike/Schroth, Hans-Jürgen
Das Strafrecht als Gegenstand der Rechtsangleichung in Europa. GA 1983, S. 241 ff.
Jung, Heike
Criminal justice-a European Perspective. Crim.L.R. 1993, S. 237 ff.
Köhne, Rainer
Die richtlinienkonforme Auslegung im Umweltstrafrecht-dargestellt am Abfallbegriff des § 326 I StGB. Trier, 1997
Kühl, Kristian
Europäisierung der Strafrechtswissenschaft. ZStW 109 (1997), S. 777 ff.
Kühne, Hans-Heiner
Ne bis in idem in den Schengen Vertragsstaaten - Die Reichweite des Art. 54 SDÜ im deutsch-französischen Kontext. JZ 1998, S. 876 ff.
Kux, Stephan
Die Zusammenarbeit im Bereich Justiz und Inneres in: Romain Kirt (Hrsg.) Der Vertrag von Amsterdam-Ein Vertrag für alle Bürger. Wien, 1998
Lüderssen, Klaus
Europäisierung des Strafrechts und gubernative Rechtssetzung. GA 2003, S.71 ff.
Melia, Manuel Cancio
Rechtsvergleichende Bemerkungen zum Allgemeinen Teil des portugiesischen Strafgesetzbuches aus spanisch-deutscher Sicht. GA 1998, S.118 ff.
Mir Puig, Santiago
Das Strafrechtssystem im heutigen Europa in: Schünemann, Bernd/De Figueiredo Dias, Jorge (Hrsg.), Bausteine des europäischen Strafrechts -- Coimbra-Symposium für Claus Roxin. Köln, 1995
Moccia, Sergio
Die systematische Funktion der Kriminalpolitik-Normative Grundsätze eines teleologisch orientierten Strafrechtssystems in: Schünemann, Bernd/De Figueiredo Dias, Jorge (Hrsg.), Bausteine des europäischen Strafrechts -- Coimbra-Symposium für Claus Roxin. Köln. 1995
Moll, Dietmar
Europäisches Strafrecht durch nationale Blankettgesetzgebung ? Göttingen 1998
Müller- Graff, Peter- Christian
Institutionelle und materielle Reformen in der Zusammenarbeit in den Bereichen Justiz und Inneres S. 259 ff. in: Hummer, Waldemar (Hrsg.) Die Europäische Union nach dem Vertrag von Amsterdam Wien. 1998
Musil, Andreas
Umfang und Grenzen europäischer Rechtssetzungsbefugnisse im Bereich des Strafrechts nach dem Vertrag von Amsterdam. NStZ 2000, S. 68 ff.
Nanz, Klaus-Peter/Silberberg, Reinhard
Strategien für das Europa von morgen. Starnberg, 1998

Nelles, Ursula
Europäisierung des Strafverfahrens - Strafprozeßrecht für Europa? ZStW 109 (1997), S. 727 ff.
Oehler, Dietrich
Fragen zum Strafrecht der Europäischen Gemeinschaft in: Vogler, Theo: Festschrift für Hans-Heinrich Jescheck zum 70. Geburtstag. Berlin, 1985
Oppermann, Thomas
Europarecht. 2. Aufl., München, 1998
Pache, Eckhard
Anmerkungen zu EuGH -- Urteil vom 27.10.92, Rs. C- 240 / 90. EUR 93,173 ff.
Pache, Eckhard
Die Justitiabilität des Unionsrechts. EuR 1999, 1 ff.
Paliero, Carlo Enrico
Grunderfordernisse des Allgemeinen Teils für ein europäisches Sanktionenrecht- Landesbericht Italien. ZStW 110 (1998), S. 417 ff.
Pechstein, Matthias/König, Christian
Die Europäische Union. 3. Aufl., Tübingen, 2000
Perron, Walter
Strafrechtsvereinheitlichung in Europa in: Dörr, D./Dreher, Meinrad (Hrsg.): Europa als Rechtsgemeinschaft. Baden-Baden, 1997
Perron, Walter
Auf dem Weg zu einem europäischen Ermittlungsverfahren? ZStW 112 (2000), S. 202 ff.
Perron, Walter
Hat die deutsche Straftatsystematik eine europäische Zukunft? in: Eser, Albin u.a. (Hrsg.): Festschrift für Theodor Lenckner zum 70. Geburtstag. München, 1998
Perron, Walter
Sind die nationalen Grenzen des Strafrechts überwindbar ? ZStW 109 (1997), S. 281 ff.
Rheinstein, Max
Einführung in die Rechtsvergleichung. 2. Aufl., München, 1987
Ruegenberg, Guido
Tagungsbericht „Das Corpus Juris als Grundlage eines europäischen Strafrechts" 04.-06. März 1999 ERA Trier. ZStW 112 (2000), S. 269 ff.
Satzger, Helmut
Die Europäisierung des Strafrechts. Köln, 2001
Schick, Peter J.
Grunderfordernisse des Allgemeinen Teils für ein europäisches Sanktionenrecht - Landesbericht Österreich. ZStW 110 (1998), S. 473 ff.
Schoch, Friedrich
Impulse des Europäischen Gemeinschaftsrechts für die Fortentwicklung der innerstaatlichen Rechtsordnung. VBlBW 2003, S. 297 ff.

Scholz, Rupert/Hofmann, Hans
Perspektiven der europäischen Rechtsordnung. ZRP 1998, S. 295 ff.
Schmidt- Jortzig, Edzard
Die Zukunftsperspektiven von EUROPOL. ZEUS 1/98
Schomburg, Wolfgang
Strafsachen in der Europäischen Union. NJW 1999, S. 540 ff.
Schomburg, Wolfgang
Justitielle Zusammenarbeit im Bereich des Strafrechts in Europa: EURO-JUST neben Europol ! ZRP 1999, S. 237 ff.
Schroth, Hans-Jürgen
Der Einfluß der Europäischen Menschenrechtskonvention auf das Strafrecht und Strafverfahrensrecht Großbritanniens. ZStW 100 (1988), S. 470 ff.
Schulte-Nover, Sandra
Strafrichter in Deutschland und England-
Ein systematischer Rechtsvergleich im Hinblick auf die richterlichen Kompetenzen im Strafverfahren. Frankfurt/Main, 2003
Schünemann, Bernd
Die Funktion der Abgrenzung von Unrecht und Schuld in: Schünemann, Bernd/ De Figueiredo Dias, Jorge (Hrsg.), Bausteine des europäischen Strafrechts-- Coimbra - Symposium für Claus Roxin. Köln, 1995
Schwarzburg, Peter/Hamdorf, Kai
Brauchen wir ein EU-Finanzstrafgesetzbuch? NStZ 2002, 617 ff.
Sicurella, Rosaria
Towards a European Legal Area: A few guidelines for European Rules of Evidence in Criminal Proceedings S. 23 ff. in: Höpfel, Frank/Huber, Barbara: Beweisverbote in Ländern der EU und vergleichbaren Rechtsordnungen. Freiburg i.Br., 1999
Sieber, Ulrich
Europäische Einigung und Europäisches Strafrecht.
ZStW 103 (1991), S. 957 ff.
Sieber, Ulrich
Das Sanktionensystem zum Schutz der europäischen Gemeinschaftsinteressen in: Schlüchter, Ellen (Hrsg), Kriminalistik und Strafrecht-Festschrift für Friedrich Geerds zum 70. Geburtstag. Lübeck, 1995
Sieber, Ulrich
Europäische Einigung und Europäisches Strafrecht. Köln, 1993
Sieber, Ulrich
Memorandum für ein Europäisches Modellstrafgesetzbuch.
JZ 1997, S. 369 ff.
Stein, Sibyl
Ein Meilenstein für das europäische „ne bis in idem“. NJW 2003, 1162 ff.
Stein, Sibyl
Zum europäischen „ne bis in idem“ nach Art. 54 des Schengener Durchführungsübereinkommens. Frankfurt/Main. 2004
Streinz, Rudolf
Der Vertrag von Amsterdam. Jura 1998, S. 57 ff.

Thomas, Sven
Die Anwendung europäischen materiellen Rechts im Strafverfahren. NJW 1991, S. 2231 ff.

Tiedemann, Klaus
Grunderfordernisse des Allgemeinen Teils für ein europäisches Sanktionenrecht- Generalbericht. ZStW 110 (1998), S. 497 ff.

Tiedemann, Klaus
Der Allgemeine Teil des Strafrechts im Lichte der europäischen Rechtsvergleichung in: Eser, A.. /Schnittenhelm, Ulrike/Schumann, Heribert: Festschrift für Theodor Lenckner. München, 1998

Tiedemann, Klaus
Europäisches Gemeinschaftsrecht und Strafrecht. NJW 1993, S. 23 ff.

Tiedemann, Klaus
Die Europäisierung des Strafrechts in: Kreuzer, Karl F./Scheuing, Dieter H./ Sieber, Ulrich (Hrsg): Die Europäisierung der mitgliedstaatlichen Rechtsordnungen in der Europäischen Union. 1. Aufl. 1997

Tiedemann, Klaus
Verfassungsrecht und Strafrecht. Heidelberg, 1991

Tiedemann, Klaus
Der Allgemeine Teil des europäischen supranationalen Strafrechts in:
Vogler, Theo/Hermann, Joachim: Festschrift für Hans-Heinrich Jescheck zum 70.Geburtstag. Berlin, 1985

Tiedemann, Klaus
Lehren von der Straftat im Allgemeinen Teil der Europäischen Rechtssysteme. GA 1998, S. 107 ff.

Tiedemann, Klaus
Der Strafschutz der Finanzinteressen der EG. NJW 1990, S. 2226 ff.

Ukrow, Jörg
Die Fortentwicklung des Rechts der Europäischen Union durch den Vertrag von Amsterdam. ZEUS 1998 Heft 2, S. 142 ff.

Vogel, Joachim
Wege zur europäisch-einheitlichen Regelungen im allgemeinen Teil des Strafrechts. JZ 1995, S. 331 ff.

Vogel, Joachim
Elemente der Straftat: Bemerkungen zur französischen Straftatlehre und zur Straftatlehre des *common law*. GA 1998, S. 127 ff.

Vogel, Joachim
Harmonisierung des Strafrechts in der Europäischen Union. GA 2003, S. 314 ff.

Vogler, Theo
Die strafrechtlichen Konventionen des Europarats. JZ 1992, S. 586 ff.

Wasmeier, Martin
Das Strafrecht der Europäischen Union - Textsammlung. Baden-Baden, 2003

Wattenberg, Andreas
Der < Corpus Juris >-Tauglicher Entwurf für ein einheitliches europäisches Straf- und Strafprozeßrecht? StV 2000, S. 95 ff .

Winkler, Sebastian
Kapitel 2: Justiz und Inneres in: Bergmann, Jan/Lenz, Christofer: Der Amsterdamer Vertrag - Eine Kommentierung der Neuerungen des EU- und EG-Vertrages. Köln, Rechtsstand: August 1998

Wyngaert, Christine van den/ Kuehne, Hans-Heiner u.a.
Criminal procedure systems in the EC. London, 1993

Koch, Harald/Magnus, Ulrich/Winkler von Mohrenfels, Peter
IPR und Rechtsvergleichung. 2. Aufl., München, 1996

Weigend, Thomas
Strafrecht durch internationale Vereinbarung - Verlust an nationaler Strafrechtskultur? ZStW 105 (1993), S. 774 ff.

Wolter, Jürgen
35 Jahre Verfahrenskultur und Strafprozeßverfassungsrecht in Ansehung von Freiheitsentziehung, (DNA-)Identifizierung und Überwachung. GA 1999, S. 158 ff.

Wolter, Jürgen
Menschenrechte und Rechtsgüterschutz in einem europäischen Strafrechtssystem in: Schünemann, Bernd/De Figueiredo Dias, Jorge (Hrsg.), Bausteine des europäischen Strafrechts -- Coimbra-Symposium für Claus Roxin. Köln, 1995

Zapatero, Luis Arroyo
Grunderfordernisse des Allgemeinen Teils für ein europäisches Sanktionenrecht - Landesbericht Spanien. ZStW 110 (1998), S. 438 ff.

Zuleeg, Manfred
Der Beitrag des Strafrechts zur europäischen Integration. JZ 1992, S. 761 ff.

Zweigert, Konrad/Kötz, Hein
Einführung in die Rechtsvergleichung. 3. Aufl., Tübingen, 1996

SCHRIFTEN ZUM STRAFRECHT UND STRAFPROZESSRECHT

Herausgegeben von Manfred Maiwald

Band 1 Christian-Peter Frees: Die steuerrechtliche Selbstanzeige. Zur kriminalpolitischen Zweckmäßigkeit des § 371 AO. 1991.

Band 2 Norbert Joachim: Der Hörensagenbeweis im Strafverfahren. 1991.

Band 3 Alfred A. Göbel: Die Einwilligung im Strafrecht als Ausprägung des Selbstbestimmungsrechts. 1991.

Band 4 Karl-Heinz Vehling: Die Abgrenzung von Vorbereitung und Versuch. 1991.

Band 5 Heiko Hartmut Lesch: Das Problem der sukzessiven Beihilfe. 1992.

Band 6 Dirk Schwerdtfeger: Besondere persönliche Unrechtsmerkmale. 1992.

Band 7 Stefan Göhring: Polizeiliche Kontrollstellen und Datenverarbeitung. § 163 d StPO und novellierte Polizeigesetze der Länder zwischen Strafverfolgung, Gefahrenabwehr und vorbeugender Straftatenbekämpfung. 1992.

Band 8 Werner Kemper: Horizontale Teilrechtskraft des Schuldspruchs und Bindungswirkung im tatrichterlichen Verfahren nach der Zurückverweisung. §§ 353, 354 Abs. 2 StPO. 1993.

Band 9 Owadias Namias: Die Zurechnung von Folgeschäden im Strafrecht. 1993.

Band 10 Jan Zopfs: Unfallflucht bei eindeutiger Haftungslage? Unverzüglichkeitsgebot und Wahlmöglichkeit in § 142 Abs. 2 und 3 StGB. 1993.

Band 11 Stefan Hiebl: Ausgewählte Probleme des Akteneinsichtsrechts nach § 147 StPO. 1994.

Band 12 Ralf Krack: List als Straftatbestandsmerkmal. Zugleich ein Beitrag zu Täuschung und Irrtum beim Betrug. 1994.

Band 13 Henning Radtke: Zur Systematik des Strafklageverbrauchs verfahrenserledigender Entscheidungen im Strafprozeß. 1994.

Band 14 Bernd J. A. Müssig: Schutz abstrakter Rechtsgüter und abstrakter Rechtsgüterschutz. Zu den materiellen Konstitutionskriterien sog. Universalrechtsgüter und deren normentheoretischem Fundament – am Beispiel der Rechtsgutsbestimmung für die §§ 129, 129a und 324 StGB. 1994.

Band 15 Heinz Koriath: Über Beweisverbote im Strafprozeß. 1994.

Band 16 Burkhard Niepoth: Der untaugliche Versuch beim unechten Unterlassungsdelikt. 1994.

Band 17 Karsten Altenhain: Die Strafbarkeit des Teilnehmers beim Exzeß. 1994.

Band 18 Ina Walbaum: Schuldspruch in der Revisionsinstanz nach freisprechendem Urteil des Tatgerichts. 1996.

Band 19 Birgit Dalbkermeyer: Der Schutz des Beschuldigten vor identifizierenden und tendenziösen Pressemitteilungen der Ermittlungsbehörden. 1994.

Band 20 Thomas Hackner: Der befangene Staatsanwalt im deutschen Strafverfahrensrecht. 1995.

Band 21 Hartmut Loritz: Kritische Betrachtungen zum Wert des strafprozessualen Zwischenverfahrens. 1996.

Band 22 Heinz-Hermann Berghof: Therapie und Strafe im Betäubungsmittelrecht. Recht und Wirklichkeit der Behandlung Drogenabhängiger unter besonderer Berücksichtigung der §§ 35 ff BtMG. 1995.

Band 23 Oliver Mertens: Strafprozessuale Grundrechtseingriffe und Bindung an den Wortsinn der ermächtigenden Norm. 1996.

Band 24 Sönke Bahnsen: Das Akteneinsichtsrecht der Verteidigung im Strafverfahren. Dogmatische Grundlagen und Einzelprobleme im Lichte einer rechtsstaatlichen Verfahrensgestaltung. 1996.

Band 25 Dirk Schwieger: Der Vorteilsbegriff in den Bestechungsdelikten des StGB. 1996.

Band 26 Stephanie Meinecke: Die Auswirkungen von Verfahrensfehlern auf die Strafbarkeit nach den Aussagedelikten. 1996.

Band 27 Ute Lambrecht: Strafrecht und Disziplinarrecht. Abhängigkeiten und Überschneidungen. 1997.

Band 28 Carsten Momsen: Verfahrensfehler und Rügeberechtigung im Strafprozeß. Die Strukturen der Revisionsberechtigung unter besonderer Berücksichtigung des Begriffs "Rechtsnormen, die lediglich zugunsten des Angeklagten gegeben sind" in § 339 StPO. 1997.

Band 29 Ursula Epp: Die Abgeordnetenbestechung – § 108 e StGB. 1997.

Band 30 Bernd Scheiff: Wann beginnt der Strafrechtsschutz gegen kriminelle Vereinigungen (§ 129 StGB)? 1997.

Band 31 Ulrike Fontaine: Max Grünhut (1893-1964). Leben und wissenschaftliches Wirken eines deutschen Strafrechtlers jüdischer Herkunft. 1998.

Band 32 Claudia Keiser: Das Kindeswohl im Strafverfahren. Zur Notwendigkeit eines am Kindeswohl orientierten Umgangs mit minderjährigen Opfern und Zeugen, den Möglichkeiten de lege lata und den Erfordernissen de lege ferenda. 1998.

Band 33 Wiebke Schürer-Mohr: Erlaubte Risiken. Grundfragen des "erlaubten Risikos" im Bereich der Fahrlässigkeitsdogmatik. 1998.

Band 34 Stephan Voigtel: Zum Freibeweis bei Entscheidungen der Strafvollstreckungskammer. Eine Untersuchung zu ausgewählten Fragen des Beweisrechts im gerichtlichen Verfahren in Strafvollstreckungs- und Strafvollzugssachen. 1998.

Band 35 Volkmar Wißgott: Das Beweisantragsrecht im Strafverfahren als Kompensation der richterlichen Inquisitionsmaxime. Die Judikatur des Reichsgerichts zum strafprozessualen Beweisrecht. 1998.

Band 36 Susanne Merz: Strafrechtlicher Ehrenschutz und Meinungsfreiheit. 1998.

Band 37 Uwe Schlömer: Der elektronisch überwachte Hausarrest. Eine Untersuchung der ausländischen Erfahrungen und der Anwendbarkeit in der Bundesrepublik Deutschland. 1998.

Band 38 Michael Liedke: Die Vermögensstrafe gemäß § 43a StGB in ihrer kriminalpolitischen Bedeutung. 1999.

Band 39 Danja Domeier: Gesundheitsschutz und Lebensmittelstrafrecht. Zur Konkretisierung der Verkehrspflichten und ihrer Strafbewehrung, insbesondere mit Blick auf §§ 8 ff. LMBG. 1999.

Band 40 Ritva Westendorf: Die Pflicht zur Verhinderung geplanter Straftaten durch Anzeige. Eine kritische Betrachtung der §§ 138, 139 StGB im Kontext der Unterlassungsdelikte. 1999.

Band 41 Hans Theile: Tatkonkretisierung und Gehilfenvorsatz. 1999.

Band 42 Nicole Lange: Vorermittlungen. Die Behandlung des staatsanwaltschaftlichen Vorermittlungsverfahrens unter besonderer Berücksichtigung von Abgeordneten, Politikern und Prominenten. 1999.

Band 43 Tanja Gunder: Der Umgang mit Kindern im Strafverfahren. Eine empirische Untersuchung zur Strafverfolgung bei Sexualdelinquenz. 1999.

Band 44 Sven-Markus Thiel: Die Konkurrenz von Rechtfertigungsgründen. 2000.

Band 45 Jan Schlüter: Die Strafbarkeit von Unternehmen in einer prozessualen Betrachtung nach dem geltenden Strafprozeßrecht. 2000.

Band 46 Detlef Heise: Der Insiderhandel an der Börse und dessen strafrechtliche Bedeutung. Eine Untersuchung des neuen deutschen Insiderrechts speziell unter Bezugnahme auf die strafrechtstheoretischen und strafrechtsdogmatischen Grundlagen. 2000.

Band 47 Hermann Wichmann: Das Berufsgeheimnis als Grenze des Zeugenbeweises. Ein Beitrag zur Lehre von den Beweisverboten. 2000.

Band 48 Rainer T. Cherkeh: Betrug (§ 263 StGB), verübt durch Doping im Sport. 2000.

Band 49 Kristian Hohn: Die Zulässigkeit materieller Beweiserleichterungen im Strafrecht. Eine Untersuchung über Erscheinungsformen und Grenzen der Lösung beweisrechtlicher Probleme im materiellen Strafrecht. 2000.

Band 50 Malte Rabe von Kühlewein: Der Richtervorbehalt im Polizei- und Strafprozeßrecht. 2001.

Band 51 Donata Meinecke: Die Gesetzgebungssystematik der Versuchsstrafbarkeit von Verbrechen und Vergehen im StGB. 2001.

Band 52 Joachim Bock: Begriff, Inhalt und Zulässigkeit der Beweislastumkehr im materiellen Strafrecht. 2001.

Band 53 Gabriele Rose: Grenzen der journalistischen Recherche im Strafrecht und Strafverfahrensrecht. 2001.

Band 54 Wiebke Reitemeier: Täuschungen vor Abschluß von Arbeitsverträgen. Zum Verhältnis zwischen dem Straftatbestand des Betrugs und dem Anfechtungsrecht wegen arglistiger Täuschung (§§ 263 Abs. 1 StGB, 123 Abs. 1 Alt. 1 BGB). 2001.

Band 55 Peter Rackow: Das DNA-Identitätsfeststellungsgesetz und seine Probleme. 2001.

Band 56 Frank Zschieschack: Geiselnahme und erpresserischer Menschenraub (§§ 239a, 239b StGB) im Zwei-Personen-Verhältnis. 2001.

Band 57 Natascha Sëyfi: Das Sicherungsverfahren (§§ 413 - 416 StPO). 2002.

Band 58 Dirk Seiler: Die *Sperrwirkung* im Strafrecht. 2002.

Band 59 Dorothee Sydow: Die actio libera in causa nach dem Rechtsprechungswandel des Bundesgerichtshofs. 2002.

Band 60 Inga Metrikat: Die Unterbringung in einer Entziehungsanstalt nach § 64 StGB – Eine Maßregel im Wandel? Eine vergleichende, empirische Untersuchung zur Entscheidung des Bundesverfassungsgerichts vom 16.03.1994, BVerfGE 91, 1 ff. 2002.

Band 61 Sabine Caroline Bechtoldt: Die Erledigungserklärung im Maßregelvollzug des § 63 StGB. Eine empirische Untersuchung der Erledigungserklärung und zugleich rechtsdogmatische Erörterung ihrer Rechtskraftproblematik. 2002.

Band 62 Sandra Schulte-Nover: Strafrichter in Deutschland und England. Ein systematischer Rechtsvergleich im Hinblick auf die richterlichen Kompetenzen im Strafverfahren. 2003.

Band 63 Tim Schurig: Belehrung und Beratung des Beschuldigten über sein Aussageverhalten. Eine gemeinsame Aufgabe von Gericht und Verteidigung? 2003.

Band 64 Markus Laski: Die strafrechtlichen Bezüge des Bundes-Bodenschutzgesetzes. 2003.

Band 65 Gunnar Lüer: Die Versäumung im Berufungsverfahren. Das strafprozessuale Anwesenheitsprinzip im Spannungsfeld von autonomer Subjektstellung und öffentlichen Interessen am Beispiel des § 329 Abs. 1,2 StPO. 2003.

Band 66 Thomas Grützner: Die Sanktionierung von Submissionsabsprachen. Eine Untersuchung der bestehenden Möglichkeiten einer Bekämpfung von Submissionsabsprachen unter besonderer Berücksichtigung des § 298 StGB. 2003.

Band 67 Bettina Noltenius: Kriterien der Abgrenzung von Anstiftung und mittelbarer Täterschaft. Ein Beitrag auf der Grundlage einer personalen Handlungslehre. 2003.

Band 68 Bettina Kraft: Tendenzen in der Entwicklung des Jugendstrafrechts seit der Jugendgerichtsbewegung. 2004.

Band 69 Jessica Däbritz: Die Bestimmung strafbaren fahrlässigen Verhaltens in der Forschung am Beispiel ärztlicher Humanerprobungen. Ein Beitrag zur methodischen Ermittlung und inhaltlichen Bestimmung von Sorgfaltspflichten in der Humanforschung. 2004.

Band 70 Maike Steenbock: Über die Unfallflucht als Straftat. Eine kritische Untersuchung zum Zusammenhang der Strafbarkeit der Unfallflucht mit den Besonderheiten des Straßenverkehrs. 2004.

Band 71 Holger Mann: Beschleunigungspotential im Jugendstrafverfahren. 2004.

Band 72 Dorothee Krutisch: Strafbarkeit des unberechtigten Zugangs zu Computerdaten und -systemen. 2004.

Band 73 Heinz-Helmut Fuhrmann: Das Begehen der Straftat gem. § 25 Abs. 1 StGB. Unter besonderer Berücksichtigung der sogenannten "eigenhändigen" Delikte. 2004.

Band 74 Gerwin M. Moldenhauer: Eine Verfahrensordnung für Absprachen im Strafverfahren durch den Bundesgerichtshof? 2004.

Band 75 Dirk Busch: Konzernuntreue. Eine Untersuchung spezifischer Untreuestrafbarkeit innerhalb von Konzernverbindungen mit Aktiengesellschaften und Gesellschaften mit beschränkter Haftung. 2004.

Band 76 Mitsuru Iijima: Die Entwicklung des strafrechtlichen Unrechtsbegriffs in Japan. Eine kritische Betrachtung aus strafrechtsdogmatischer und rechtsphilosophischer Perspektive. 2004.

Band 77 Lena Barbara Kötter: Private Elemente in der Strafvollstreckung. Zur Privatisierung von Bewährungshilfe, Gerichtshilfe und gemeinnütziger Arbeit. 2004.

Band 78 Martin Maria Laufen: Der Wucher (§ 291 Abs. 1 Satz 1 StGB). Systematische Einordnung und dogmatische Struktur. 2004.

Band 79 Maike Aselmann: Die Selbstbelastungs- und Verteidigungsfreiheit. Ein Beitrag zu den Garantiewirkungen von Verfahrensrechten im Hinblick auf die Beweiswürdigung, Strafzumessung und Strafbarkeit des Beschuldigten im Strafprozess. 2004.

Band 80 Ingmar Wolf: Graffiti als kriminologisches und strafrechtsdogmatisches Problem. 2004.

Band 81 Misuk Son: Straftatfolgen im deutschen und koreanischen Strafrecht. Ein prinzipieller Vergleich. 2004.

Band 82 Matthias Saal: Die Beteiligung an einer Schlägerei (§ 231 StGB). Ein Plädoyer für die Streichung der schweren Folge. 2004.

Band 83 Michael Stüber: Die Entwicklung des Prinzips der Unmittelbarkeit im deutschen Strafverfahren. 2005.

Band 84 Patrick Gerberding: Das Rechtsmittelsystem im US-amerikanischen Strafverfahren. Eine rechtsvergleichende Betrachtung. 2005.

Band 85 Rouven Seeberg: Aufgedrängte Nothilfe, Notwehr und Notwehrexzess. 2005.

Band 86 Andre Knoerchen: Schadenswiedergutmachung über anwaltliche Schlichtungsstellen. Rechtsökonomische Analyse eines Modellprojekts. 2005.

Band 87 Andreas Quante: Sanktionsmöglichkeiten gegen juristische Personen und Personenvereinigungen. 2005.

Band 88 Gundula Momsen-Pflanz: Die sportethische und strafrechtliche Bedeutung des Dopings. Störung des wirtschaftlichen Wettbewerbs und Vermögensrelevanz. 2005.

Band 89 Klaus Kleinbauer: Rechtsmittelverzicht und Rechtsmittelzurücknahme des Beschuldigten im Strafprozeß. 2006.

Band 90 Manuel Fumagalli: Rechtsprobleme vorgeburtlicher Diagnoseverfahren. Die personenrechtliche Begründung von Pränataldiagnostik und Präimplantationsdiagnostik. 2006.

Band 91 Matthias Dann: Staatliche Tatprovokation im deutschen, englischen und schottischen Recht. Rechtsvergleichende Untersuchung unter besonderer Berücksichtigung europäischer und internationaler Entwicklungslinien. 2006.

Band 92 Shahryar Ebrahim-Nesbat: Die Herausbildung der strafrechtlichen Teilnahmeformen im 19. Jahrhundert. 2006.

Band 93 Christoph Paglotke: Notstand und Notwehr bei Bedrohungen innerhalb von Prozesssituationen. 2006.

Band 94 Sebastian Olk: Die Abgabe von Sacherklärungen des Angeklagten durch den Verteidiger. 2006.

Band 95 Bernadette Pape: Legalverhalten nach Sexualdelinquenz. Eine empirische Analyse der Delinquenzkarrieren nach Sexualstraftaten an Kindern. 2007.

Band 96 Uttam Das: Möglichkeiten der Angleichung materiellen Strafrechts zwischen England und Deutschland im Rahmen des Art. K 31 EUV. 2007.

Band 97 Dennis Miller: Die Beteiligung am Verbrechen nach italienischem Strafrecht. Ein Beitrag zur Geschichte und Gegenwart von Einheits- und Differenzierungsmodellen der strafbaren Beteiligung mehrerer Personen. 2007.

www.peterlang.de

Peter Lang · Europäischer Verlag der Wissenschaften

Norman Norbert Kulpa

Das anwendbare (materielle) Recht in internationalen Handelsschiedsgerichtsverfahren

Ein rechtsvergleichender Ansatz ausgehend vom UNCITRAL-Modellgesetz mit besonderer Berücksichtigung des österreichischen, deutschen, schweizerischen, englischen sowie französischen Rechts

Frankfurt am Main, Berlin, Bern, Bruxelles, New York, Oxford, Wien, 2005.
458 S.
Europäische Hochschulschriften: Reihe 2, Rechtswissenschaft. Bd. 4102
ISBN 978-3-631-53454-0 · br. € 74.50*

Diese Arbeit befasst sich mit dem anwendbaren (materiellen) Recht in internationalen Handelsschiedsgerichtsverfahren. Grundlage der Diskussion ist das UNCITRAL-Modellgesetz über die internationale Handelsschiedsgerichtsbarkeit. Anhand dieses Modellgesetzes werden die allgemeinen Bestrebungen, die auf dem Gebiet des anwendbaren Rechts in der internationalen Schiedsgerichtsbarkeit existieren, dargelegt sowie die Geschichte, Entstehung und Auslegung der betreffenden Normen diskutiert. Der Systematik der Gesetze folgend, behandelt die Arbeit die Rechtswahlmöglichkeiten der Parteien sowie die Rechtsbestimmungsmöglichkeiten des Schiedsgerichts. Des Weiteren wird die Ermächtigung zur Entscheidung nach Billigkeit diskutiert sowie die Berücksichtigung der Vertragsbestimmungen und Handelsbräuche. Rechtsvergleichend werden sodann ausgewählte nationale Schiedsverfahrensgesetze betrachtet.

Aus dem Inhalt: Anwendbares Recht in internationalen Schiedsgerichtsverfahren · Geschichte des UNCITRAL-Modellgesetzes über die internationale Handelsschiedsgerichtsbarkeit · Rechtswahl durch die Parteien · Rechtsbestimmung durch das Schiedsgericht · u.v.m.

Frankfurt am Main · Berlin · Bern · Bruxelles · New York · Oxford · Wien
Auslieferung: Verlag Peter Lang AG
Moosstr. 1, CH-2542 Pieterlen
Telefax 00 41 (0) 32 / 376 17 27

*inklusive der in Deutschland gültigen Mehrwertsteuer
Preisänderungen vorbehalten

Homepage http://www.peterlang.de

Kolibri 360 GmbH
Ferdinand-Jühlke-Straße 7
99095 Erfurt, Deutschland
produktsicherheit@kolibri360.de

Druck:
CPI Druckdienstleistungen GmbH
im Auftrag der
Kolibri 360 GmbH
Ferdinand-Jühlke-Str. 7
99095 Erfurt